陳夢家著作集

西周銅器斷代

上　册

中 華 書 局

圖書在版編目(CIP)數據

西周銅器斷代/陳夢家著. —北京:中華書局,2004.4
(2024.4 重印)
ISBN 978-7-101-01173-9

Ⅰ.西… Ⅱ.陳… Ⅲ.中國-古代史-研究-西周時代
Ⅳ.K224.07

中國版本圖書館 CIP 數據核字(2003)第 031342 號

責任編輯: 趙 誠 俞國林
責任印製: 管 斌

陳夢家著作集
西周銅器斷代
(全二册)
陳夢家 著
*
中 華 書 局 出 版 發 行
(北京市豐臺區太平橋西里 38 號 100073)
http://www.zhbc.com.cn
E-mail:zhbc@zhbc.com.cn
北京市白帆印務有限公司印刷
*
787×1092 毫米 1/16 · 58¾印張 · 2 插頁 · 692 千字
2004 年 4 月第 1 版 2024 年 4 月第 6 次印刷
印數:4101-4400 册 定價:380.00 元

ISBN 978-7-101-01173-9

考古學專刊

甲種第二十七號

西周銅器斷代

上冊

陳夢家 著

中國社會科學院考古研究所編輯

陳夢家著作集

出版説明

陳夢家先生(1911—1966)是我國現代著名的詩人、古文字學家和考古學家,浙江上虞人。1932年于中央大學畢業後,先後在青島大學、燕京大學、昆明西南聯大任教。1944—1947年在美國芝加哥大學講授中國古文字學,並蒐集流散在歐美的商周青銅器資料。歸國後,擔任清華大學教授,1952年調至中國科學院考古研究所任研究員。

陳夢家先生因研究古代宗教、神話、禮俗而治古文字,再由研究古文字而轉入研究古史及考古學。在甲骨學、西周銅器斷代及簡牘研究方面,均卓有建樹,爲國内外學術界所推重。

我們此次出版陳夢家先生的著作,除收有殷虛卜辭綜述、西周銅器斷代、漢簡綴述、尚書通論、西周年代考、六國紀年、中國文字學、中國古文獻學概要(英文稿)等專著以及新詩集夢家詩集外,還將搜集陳夢家先生已刊和未刊的文章,分别輯爲夢甲室存文(散文集)和陳夢家學術論文集出版。

"陳夢家著作集"的出版,得到陳夢家先生内弟趙景心、景德、景倫三先生的鼎力支持,我們表示由衷的感謝。中國科學院考古研究所爲陳夢家先生遺稿的整理付出了巨大的努力和艱辛的勞動,敬致謝忱。

謹以此書的出版,紀念陳夢家先生和趙蘿蕤女士。

中華書局編輯部

2006年6月

1955年夏　　商承祚摄

目　　録

上編　西周器銘考釋

---

* 没有編號的,都是未作存目之器,下同。

下編 西周銅器總論

* 作者在目録原稿的武、成間文獻記録項下批註"補成王後",是擬增加講述"成王以後文獻記録"的一節,但題目未定。

外編　相關論著

圖　版

上編　西周器銘考釋

一、武王銅器

1.天亡𣪕

圖象　商周 298,大系圖 254

銘文　三代 9.13.2,大系録 1

乙亥,王又大豐,王凡三方。王
祀于天室,降天亡"又王
衣祀于王不顯考文王
事、喜上帝"。文王見才上,不
顯王乍省,不𩛥王乍賡,不克
乞衣王祀。丁丑,王鄉大宜,王降
亡"勛□復㯱"。隹朕
又慶,每揚王休于隩*皀。

銘 8 行 78 字。器通高 23.9,口徑 21,座高 9.8,寬 18.5 釐米。

陳介祺舊藏,今在故宫博物院**。簠齋吉金録 3.1 曰"武王時器,四耳方座,𣪕名不見文,以形稱之。余藏三十年,今日定爲毛公聃季𣪕。癸酉(紀元 1873 年)七月二十九日乙亥,陳介祺記"。攈古録 3.1.72 曰"山東濰縣陳氏藏,四耳方坐,出關中"。愙齋集古録賸稿曰"與毛公㽙鼎同時出關中"。陳介祺毛公鼎拓本題記云"道光(紀元 1821—1850 年)末年出土於岐山"。由癸酉上推三十年爲紀元 1844 年,當道光之末。器與毛公鼎同出於岐山,所以陳氏定爲毛公聃季之𣪕。該器出土已一百十餘年,器形罕見流傳。一九五六年終,聞琉璃廠自滬購得四耳方座𣪕有七十餘字者,以爲必係此器,往視果然,爲之歡欣。器完整無缺,光澤甚好,乃西周第一重器。

孫詒讓説"此𣪕文字古樸,義難通曉;審繹辭意,似是周武王殷祀祖考時助祭臣工所作"(古籀餘論 3.12—14)。銘文記"王衣祀于王不顯考文王",則銘文之王爲武王無疑。

---

* 作者在考古學報 1956 年 3 期發表的西周銅器斷代(五)文末,即原第 70 器長由盉(現第 103 器)之後,有附記云"本文從第一器起,誤釋銘文中'尊彝'之尊爲'奠祭'之奠,應予更正"。但是,作者在對本書已發表部分進行多處訂正時,對此未作具體改動,因而這次出版仍一律保持原貌。

** 現藏中國歷史博物館。

郭沫若考定此爲武王時器，與陳孫之説都是正確的。

劉心源説“天亡，據文義決定是作器者名。……又王讀佑王，謂助祭也”（奇觚 4.11—12）。所説甚是，所以舊名此器爲大豐𣪘或聃𣪘，都是不確切的。天亡或稱亡，猶令方彝或稱夨、或稱令。古文可以名字合稱，也可以分稱。

第一行第三字“王”字不清，吴大澂所釋如此。“王又大豐”應從孫氏讀作“有大禮”。周禮大行人注云“大禮曰饗食也”，司儀注云“小禮曰飧，大禮曰饗食”。大禮是饗射之禮，行於辟雍，詩靈臺正義引五經異義云“韓詩説曰辟雍者……所以教天下春射秋饗……”。此説與西周金文相合：

麥 尊　才璧雝，王乘于舟爲大豐，王射大龏禽（大系 20）

遹 𣪘　乎漁于大池，王鄉酉（本書 104）*

静 𣪘　射于大池（大系 27）

公姞鬲　子中漁口池（本書 98）

井 鼎　王漁于寏池（三代 4.13.2）

古有射魚之法，而大池即辟雍，所以漁於大池、射於大池和王乘於舟爲大豐而射於辟雍，應是同類之事。

史記封禪書述秦制曰“灃滈有昭明、天子辟池”，索隱云“樂産云未聞。顧氏以爲璧池即滈池。……武王都滈，既立靈臺，則亦有辟雍耳。張衡亦以辟池爲雍”。以辟池爲璧，與麥尊同；稱之爲池，與遹𣪘、静𣪘同。詩靈臺毛傳云“水旋丘如璧曰辟雍”；泮水鄭箋云“辟雍者築土雝水之外，圓如璧”；獨斷上云“天子曰辟雍，謂水流四面如璧”。凡此秦、漢人對於辟雍爲環璧之水，都是正確的。辟雍指環水及環於水中的丘及其上的建築，合而言之爲辟雍，分而言之爲池與臺。水的部分有不同的稱謂：璧池，辟池，大池，滈池和靈沼（靈臺）。詩文王有聲“鎬京辟雍”，劉昭續漢書郡國志注引孟康云“長安西南鎬池”。豐、鎬兩池相距二十五里，所以封禪書説昭明、天子辟池在灃、滈。因爲辟池在滈，所以又稱滈池。

辟雍内水中丘上的建築，也有不同的稱謂。所謂昭明、靈臺都指池中丘上的建築。亦是明堂：封禪書説“天子曰明堂辟雍，諸侯曰泮宫；周公既相成王，郊祀后稷以配天，宗祀文王於明堂以配上帝”。此段記録是重要的，由此説明明堂與辟雍一致的關係和周公祀文王於明堂，都與此𣪘相符合。封禪書又記漢武帝時濟南人公王帶的“明堂圖中有一殿，四面無壁，以茅蓋，通水圜宫垣，……以拜祠上帝焉”。此雖是方士的傳説，但此明堂在圜水之中，屋而無壁，都合乎明堂、昭明、靈臺的稱謂。

戰國晚季對於祭天之處尚有其它的稱謂。逸周書度邑篇云“定天保，依天室”，又世俘篇云“戊辰王遂禦循追祀文王”，“若翼日辛亥祀於位，用籥於天位”，“辛亥薦俘殷王鼎，

* 括號内云“本書××”號，乃本書中所釋各器的編號。一律省“器”字，下同。

武王乃翼矢珪矢憲告天宗上帝";吕氏春秋孟冬紀及月令"天子乃祈來年於天宗",漢書律曆志下引古文武成曰"武王燎於周廟,翌日辛亥祀於天位"(此本之世俘)。禮記明堂位曰"昔者周公朝諸侯於明堂之位"。凡此天室、天位、天宗都是祀天的明堂。

明堂本爲祀天之所,而戰國晚季以來記述乃有宗祀文王於明堂之説。封禪書"宗祀文王於明堂以配上帝",本之孝經。大戴記明堂曰"或以爲明堂者,文王之廟也"。禮記樂記曰"武王克殷……祀乎明堂而民知孝",注云"文王之廟爲明堂制"。淮南子齊俗篇曰"周公……克殷殘商,祀文王於明堂"。周頌我將序云"祀文王於明堂也"。禮記祭法曰"周人……祖文王而宗武王",注云"祭五帝五神於明堂曰祖",是祖文王是祀文王於明堂;封禪書之"宗祀文王",義亦如此。

由於對明堂辟雍之制的瞭解,才能解釋此毁的前四行。"王又大禮"是王有大禮於辟雍的池中,所以王凡三方是汎舟於大池中的三方。"王祀於天室"是王祀於辟雍内水中丘上的明堂,所祀者是文王與上帝。周先王中只有文王祀於明堂,以配上帝。

"降天亡又王"是降命天亡佑助王以二事。所助祭之二事:一爲"衣祀不顯考文王事",一爲"喜上帝"。前者應作一句讀,庚嬴鼎曰"王客□宫衣事"(大系 22),可以爲證。孫氏讀"衣祀"爲"五年而再殷祀";卜辭"衣"爲祭名,始於祭上甲,衣祀爲從頭至尾的遍祀先王。康誥曰"小子封,惟乃丕顯考文王",與此器武王之稱其父爲"不顯考文王"相同。此足證康誥爲武王誥其弟康叔之文。"喜"應讀作商頌玄鳥"大糦是烝"之糦,釋文引韓詩云"大饎,大祭也",説文饎之或體作糦。詩天保、泂酌皆作饎,大田"田畯至喜",鄭箋云"喜讀爲饎"。喜上帝即祭上帝。衣祀文王與大祭上帝都行於天室,天室當係明堂,所以後世有宗祀文王於明堂以配上帝的傳述。

第四行文王至衣王祀,述武王克商之事。"文王見才上",見字不確。詩文王"文王在上""在帝左右",謂文王在上帝左右。猶鐘曰"先王其嚴才帝左右"(大系 69),虢叔旅鐘曰"皇考嚴才上,異在下"(大系 118),皆指先王先祖在上,護佑下方。此毁"文王才上"義亦近此。"不顯""不䜌"是作器者所以美稱時王(即武王)。"不顯王乍省"説武王以文王爲典型:大誥曰"爾克遠省,爾知文王若勤哉";大盂鼎曰"雩我其遹省先王"(本書 74);㝬鐘曰"王肇遹省文武"(本書 208)。凡此省或遹省,義爲遵循。"不克乞衣王祀"謂武王因文王之護佑,以文王爲典型,乃克終訖殷王之祀,就是滅殷。

第六行第一字"乞"與第一行"三方"之三,形近而異。"三"字是等齊平列的三畫,"乞"字則兩等畫之間一小横畫。卜辭有此字,于省吾始考定爲乞字(殷契駢枝Ⅰ:55—58)。讀其文乃悟此毁的"乞"字非"三"字。"乞衣王祀"之祀可有兩種解釋:一釋爲歷年,召誥曰"我不可不監於有夏,亦不可不監於有殷。……有夏服天命惟有歷年。……有殷受天命惟有歷年。……我受天命丕若有夏歷年,式勿替有殷歷年"。若如此説,則"乞殷王祀"爲終迄殷王的歷年,亦即終其天命。一釋爲祭祀,魯世家封武庚"以續殷祀",管蔡世家令微子

“以續殷祀”。此謂繼續殷王的祭祀,則“乞殷王祀”爲終迄其祭祀,亦即終其天命。

第六行丁丑爲第一行乙亥的第三日,乙亥的乙字不清,由此推補。乙亥爲大禮於天室,丁丑則饗大宜。宜祭見於殷世刻辭:

宜于庚宗 前1.45.5 武丁刻辭

宜于義京 前6.2.2

貞羽辛亥乎帚宜于殸京 續4.26.2

酌大宜于殸亯 上21.6武文卜辭

甲寅貞來丁巳奠獻于父丁,宜卅牛 上27.10

隮宜于召 己酉方彝 晚殷金文

隮文武帝乙宜 𢀛其卣

隮宜于王姜 令𣪘(本書15) 西周初期金文

卜辭金文宜作㘽,與俎爲一字。卜辭宜於宗於京,皆特殊的祭法,又作爲用牲之法。武文卜辭“酌大宜”則與此𣪘同。隮宜於王姜者致牛牲於王姜:楚語下曰:“子期祀平王,祀以牛,俎於王,王問於觀射父曰祀牲何及?”注云“致牛俎於昭王”。俎即胙,説文以爲“祭福肉”。

第七行“王降亡”以下四字,是王命,不詳其義。

“隹朕又慶”,又慶即有慶,亦見秦公𣪘(大系288),郭沫若釋。周語中“晉既克楚于鄢,使郤至告慶于周”,注云“告慶,以勝楚之福告王也”。又慶者有成,似指告成功于先王。朕應釋作賸,説文“賸迻書也”。“每揚王休”亦見君夫𣪘(大系30)。末一字隮下有一字,乃是𣪘字的省寫㿝。1953年,山西洪趙縣永凝東堡出土銅𣪘“乍□□彝㿝”(文參1957:8:43頁)。三代7.14.6𣪘“𤼈姬乍寶隮㿝”。

以上據1939年昆明講稿而稍加改易。其中一部分曾刊於郊與射一文中(清華學報13:1:17,1941),聞一多據以採入其釋文中(聞一多全集Ⅱ:603—608)。楊樹達引度邑篇“天室”和漢書律曆志“天位”以釋此𣪘的天室(積微居金文説162),又讀祀爲年歲(歷史研究1954:2:119頁),均和此文所述相同。

此𣪘不但是西周最早的一件可斷代的銅器,並且在形制上有其特殊的意義。四耳和方座,是西周的特色,而四耳之𣪘僅限於西周初期,如宜侯夨𣪘、井侯𣪘、大保𣪘(本書5、58、23)以及商周彝器通考下册247、248、254、255、256等。帶方座的𣪘,盛行於西周初期,但在西周中期或其後,也仍然有出現的。

此𣪘器身和座身的花紋是一致的,也代表僅僅行於武成時代一種西周初期形式的花紋:開口的龍頭與迴旋的龍身。它和中爯𣪘(商周290,柏景寒銅器圖録20)器身的花紋一樣,該器的時代也不能晚於成王。

2.保卣

圖象 上海 36

銘文 録遺 276

乙卯,王令保及

殷東或五侯,祉

兄六品,蔑曆于

保,易賓,用乍文

父癸宗寶隮彝。遘

于四方迨王大祀、祋

于周,才二月既望。

銘7行46字。行款據卣蓋,器蓋同銘。

此卣與一同銘之尊,近年出土於河南(傳出于洛陽唐寺門)。1951年夏於徐森玉先生處見卣銘拓本,以爲重要,追尋原物,歸上海市文管會。尊銘同於卣而行款稍異,今歸河南省文管會。兩器圖象和拓本,均承徐先生寄贈*。

作器者名保。成王時代周公子明保,亦稱明公、明公尹,見於令方彝,與此器之保恐無關係。明保、明公、明公尹是周公子之食邑於明者,保、尹是其官名,公是其尊號。金文中尊稱它人可以稱以官名或尊號;自稱則多私名,亦可以附以官名,而很少自稱官名而附私名的。三代2.51.7"小臣乍隮彝"鼎,三代11.19.8"大史乍隮彝"尊及"大保鑄"鼎,均以官名爲作器者主名。

今定此器爲武王時器,其理由如下:(1)銘曰"王令保及殷東國五侯",應指武王時王令保逮殷東國五侯,説文"及,逮也",廣雅釋詁一:"及,至也。""殷東國五侯"即蒲姑與四國。左傳僖四"昔召康公命我先君大公曰,五侯九伯,女實征之,以夾輔周室"。史記漢興以來諸侯王年表:"太公于齊,兼五侯地,尊勤勞也。"漢書地理志:"殷末有蒲姑氏,皆爲諸侯,國此地。至周成王時蒲姑氏與四國共作亂,成王滅之,以封師尚父,是爲太公。"四國或是四國多方,並非一定四个國。五侯應指蒲姑、商奄、豐白、東尸等五國。(2)此器銘文字體接近晚殷𠬝其三卣,其款式也是殷式的。(3)卣與尊的形制花紋,也不能晚於成王。

"王令"以下只有所命之國名而無所命之事,當與康侯殷(本書4)、麥尊(大系20)同爲命侯。此處的"王令"應視作封侯,且與銘末所述二月既望王大會四方祭祀於周有關。

"祉兄六品"之祉,應依郭沫若小盂鼎考釋所説,"即詩書中所習見之虚詞誕"。其字若在動詞之前,義近於乃。令殷"公尹白丁父兄于戍,戍冀嗣乞",兄字與此器之兄同形,義爲貺。所謂品字,西周金文有:

---

* 卣,現藏上海博物館。尊,現藏河南省博物館。

省北田四品　乍册友史鼎　薛氏 1.29

易臣三品　井侯毁(本書 58)

易玉五品　穆公鬲

盂以區入,凡區以品　小盂鼎(本書 75)

品可以指玉、田、臣、區(即所毆獲之俘虜)。此毁所䝨的六品,很可能指臣隸,猶左傳定四分魯公以"殷民六族"。此品是楚語下所説高於"醜"的"品",參西周文中的殷人身分(歷史研究 1954:6;殷墟卜辭綜述 611、628 頁)。

蔑曆於保的主詞應爲王,謂王蔑曆保。三代 3.27.1"屯蔑曆于□衛",此屯是衛之下司。金文蔑曆以後,常常接着賞錫。

"易賓"似當讀作"王錫賓"。"錫"是動詞,"賓"是賓詞。此作爲名詞之"賓"其意義當與動詞之"賓"相同。西周金文曰:

叔氏吏貧安曩白,賓貧馬轡乘　公貿鼎(本書 93)

王姜令乍册睘安夷白,夷白賓睘貝、布　睘卣(本書 31)

王吏小臣守吏于夷,賓馬兩、金十鈞　小臣守毁(三代 8.47.3)

王令盂寧登白,賓貝　盂爵(本書 33)

王命𫟹罘弔䜌父歸吴姬饔器,自黄賓𫟹章一、馬兩,吴姬賓帛束　𫟹毁(本書 162)

嬰賓豖章、帛束……大賓豖䚃章、馬兩,賓嬰䚃章、帛束　大毁(本書 183)

令史頌省穌……穌賓章、馬三匹、吉金　史頌毁(本書 206)

中幾父史幾吏于者侯者監,用厥賓乍丁寶毁　中幾父毁(三代 7.50.2)

凡此皆周王命其近臣使於(命於)侯伯,侯伯賓獻諸臣。凡此侯伯多爲異姓的侯伯,他們賓獻於王的使者之物爲:(1)布、帛,(2)馬匹,(3)璋,(4)貝、金。所謂賓是賓貢:周禮大宰"二曰嬪貢",注云"嬪貢皮帛之屬";楚語下曰"公貨足以賓獻",注云"賓、饗贈也,獻、貢也"。晚周儀禮嘗記儐使之制:覲禮曰"侯氏用束帛乘馬儐使者,使者再拜受","侯氏再拜稽首,賓之束帛乘馬";聘禮曰"賓用束錦儐勞者,勞者再拜稽首受"。凡此侯氏儐天子使者以束帛、乘馬,和金文所賓多爲布帛、乘馬,極相符合。

此器的"易賓",應解爲五侯易賓於保,當指王錫保以侯伯賓貢之物。金文"易""賓"雖皆爲贈賞物品,但在用法上有别:"易"爲自上賞賜於下,"賓"爲侯伯奉敬於天子的使者。

"遘于"至銘末,爲以事記時,和晚殷的刻辭相同,如:

才正月遘小甲彡夕,隹九祀　明 61　乙辛卜辭

遘于武乙彡日,隹王六祀彡日　考古圖 4.29　晚殷金文

才正月遘于妣丙彡日大乙奭,隹王二祀　鄴三 1.32

才六月遘于日癸劦日　三代 3.29.2

所謂"遘于"者遘于某種祭祀。此卣所記爲遘于四方會王大祀於周。依殷制,月名通常在

"遘于"之前,此則在後。康誥之首有"四方民大和會……見士于周",與此卣之句相近。

"祾"字從示友聲,疑當作"祐"。"祐于周"當指西土之周。説文"祐,助也,從示右聲"。此卣文辭頗多與殷代刻辭相同的,分述如下:

1."東或"之或從弋從回,西周金文則從亘,是其省形。卜辭亦有回字(林 2.2.16),象邑外四界之形。

2.兄字之形與𠨘其卣、𡨦兄癸斝、宰丰骨和卜辭(珠 193)相同,西周初期令𣪘"兄于戍",亦如此作。

3.曆字從甘從厂從埜,與晚殷卣文"蔑女曆"(三代 13.42.2—3)同形。

4.稱其父廟爲"宗",與卜辭同。

5.遘于云云,同殷辭。

6."迨"是説文古文"會"字,見卜辭(珠 193)和晚殷金文(三代 4.7.2)。

7.西周望字作朢,此省月,與卜辭同。

8.銘首爲干支,銘末記月,同殷辭。

但其文辭也有不同於殷的,如王字下一横平而兩端上翹,已接近成王時的中爯𣪘、令彝和小臣謎𣪘;祾字爲卜辭所無;"既望"爲月分之名,不見於殷代。月分之名,當是周人之制。

此卣與尊,銘文相同而花紋同類,這種尊、卣成組的銅器,最常見於成王及與成王相近時的銅器組中,如:

尊、卣同銘的　召　趞　乍册睘　乍册䰧　𢜰

尊、卣同銘又有它器的　士上(又有盉)　䇹(又有觥)　卿(又有觚)　員(又有觶)

保卣和保尊在形制上的重要意義,在其是殷末至西周初期(成王)的尊、卣的過渡形式。作爲殷末與成王之間的過渡形式,與我們由它們銘文定爲武王時器,是恰恰相應的。它與以下的各器同形制:

善彝 119,121　泉屋 2.62　恆軒 58　寶藴 97　懷米 1.25

故宫 8.16　形態學 39.4 下　卣與觥 17a

凡此諸器,我以前定爲西周初期,少數的可以上及殷末,稱之爲卣的第九種形式。它的特點在於蓋。這種形制的蓋,到了成王時期,在左右邊緣上有直立的"角"。

尊的形制和商周下册 515、534、535 等器相近,它們的銘文都表示是成王前後之器。這種尊,承襲了殷代尊的形式而使其輪廓自方折趨向圓渾。尊身仍可劃分爲三節:上部爲口及其下沿,中部鼓出爲花紋部分,下部爲圈足。三部分之間由中部鼓出部分作爲分界。這種形制只存在於西周初期。

尊和卣花紋的主題都是平面化的獸面文,上下匡以小圈文。這些都是殷式的遺留。

尊銘在圈足内壁上,作範時上打格子,從拓本上尚可以清晰的看出。這種作法,在西周銅器上,也不乏其它的例子。

二、成 王 銅 器

甲、克 商

3.小臣單觶

圖象 未著録

銘文 三代14.55.5,大系録1

王後坖克商,

才成自,周公易

小臣單貝十朋,用

乍寶䵼彝。

銘4行22字。

潘祖蔭舊藏,無圖*。

第一行記王後克商,克前一字從厂從圣。説文曰"汝潁之間謂致力于地曰圣,从土从又,讀若兔窟"。圣就是掘。此處假作屈、詘、絀、黜:詩泮水"屈此羣醜";書序"既黜殷命",詩有客箋和周本紀作"既絀殷命",秦策"詘敵國"注云"詘服也"。王後絀克商,是成王第二次克商,即克武庚之叛。淮南子齊俗篇稱周公"放蔡叔,誅管叔,克殷殘商",克殷即克商,殘商即殘商奄。武王伐紂,則爲前克商,即第一次克商。

後檢方濬益考釋此器,亦同此説。方曰"文曰王後叚克商,當謂成王克武庚之事,以武王先已克商,故此云後也"(綴遺24:15)。

卜辭金文某自之自乃是師戍所在,此銘"才成自"而競卣曰"隹白懋父以成自即東命戍南尸",是以成地的師旅東伐南夷。據管蔡世家"封叔武于成",而注家對於武王弟成叔的封地不一其説:一以爲在今濮縣東南,管蔡世家正義引"括地志云在濮州雷澤縣東南九十一里,漢郕陽縣,古郕伯姬姓之國,其後遷于成之陽",又漢書地理志廩丘縣南有成故城。二以爲在今安丘北,春秋隱五"衛師入郕",杜注云"郕,國也,東平剛父縣有郕鄉",續漢書郡國志以爲成本國。三則爲左傳桓三"公會杞侯於郕",在今寧陽東北九十里,地在曲阜之北。此三地都名郕,都在魯境。競卣"以成自即東"則成地應不甚東,似以濮縣之成較爲合

---

* 現藏上海博物館。圖象見文物1981年9期圖版叁·1。

適。此成介於東西朝歌與曲阜之間,乃是克商以後、踐奄途中的中點。

作器者小臣單,受錫於周公,當是從周公東征之人。

此東征的周公,當是文王子周公旦。西周金文中的周公見於以下各器:

小臣單觶　王後坐克商……周公易小臣單貝十朋

塱方鼎　隹周公于征伐東夷、豐白、尃古(本書6)

令方彝　夨告於周公宮(本書19)

禽毁　王伐楚侯,周公某(本書13)

周公方鼎　周公乍文王隟彝(博古2.3)

沈子它毁　作怙于周公宗(本書77)

徙盤　徙乍周公彝(三代6.37.2)

井侯毁　作周公彝(本書58)

帥隹鼎　用自念于周公孫子(綴遺4.13.1)

以上各例,前五例都是周公旦的生稱,後四例都是後人追念周公而作的。

4.康侯毁

圖象　商周259

銘文　録遺157

王朿伐商邑,祉

令康医圖于衛,

湆嗣土迭罕圖

乍厥考隟彝。𣶒。

銘4行24字。器高24,徑41釐米。

器在英國 Neill Malcolm 處,1947年夏見於倫敦*。傳1931年與一羣有"康医"及"迭"的銅器出土於河南北部。出土之地有三種説法:一以爲出衛輝府,即今汲縣;一以爲出濬縣;一以爲出輝縣固圍村。此三地,都在衛地範圍以内。

第一行首句"王朿伐商邑",朿伐兩字是一動詞組。朿即刺,刺和伐同義:樂記注云"一擊一刺曰伐",詩皇矣箋云"伐謂擊刺之",牧誓傳云"伐謂擊刺"。由此可知刺伐商邑即攻擊商邑。

周初攻伐商邑有先後兩次,先是武王伐紂,後是成王伐武庚。但此次刺伐商邑之王必須是成王,因封康叔於衛在成王伐武庚以後,諸書記載相同:

左傳定四　分康叔以……命以康誥而封于殷虚。

---

* 此毁曾由英國倫敦大學的大維德基金會保管,1977年歸不列顛博物館。

逸周書作雒篇　殷大震潰……俾康叔宅于殷。

史記衛世家　以武庚餘民封康叔爲衛君，居河淇間商虚。

凡此殷、殷虚、商虚皆指一地，即𣪘文"祉令康侯圖于衛"之衛。衛所都之地，諸書皆以爲是朝歌，兹將有關的材料節録於下：

帝王世紀　帝乙復濟河北，徙朝歌，其子紂仍都焉。(周本紀正義引)

漢書地理志　朝歌，紂所都，周武王弟康叔所封，更名衛。

括地志　紂都朝歌，在衛州東北七十三里朝歌故城是也，本妹邑，殷王武丁始都之。(周本紀正義引)

衛世家正義　衛城在衛州衛縣西二十里，本朝歌邑，殷都也，不□□□，康叔爲君居河淇間故商虚，即朝歌是也。

衛世家索隱　宋忠曰康叔從康徙封衛，衛即殷虚，定昌之地。

周本紀正義　武庚作亂，周公滅之，徙三監之民于成周，頗收其餘衆，以封康叔爲衛侯，即今衛州是也。

淇水注　自元甫城東南逕朝歌縣北，竹書紀年晉定公十八年淇絶于舊衛，即此也……其水南流，東屈逕朝歌城南，晉書地道記曰本沬邑也。詩(桑中)云爰采唐矣，沬之鄉矣。殷王武丁始遷居之，爲殷都也。……今城内有殷鹿臺，紂昔自投于火處也，竹書紀年曰武王親禽受辛於南單之臺，遂分天之明。南單之臺蓋鹿臺之異名也。武王以殷之遺民封紂子武庚于兹邑。……周討平，以封康叔爲衛。……後乃屬晉。地居河淇之間，戰國時皆屬于趙。

漢書地理志　而河内殷虚，更屬於晉。師古注云："殷虚，汲郡朝歌縣也。"

左傳定四杜注　殷虚，朝歌也。

以上各書，都以爲殷末紂時都於朝歌，武王伐紂和成王封康叔之衛都是朝歌。武庚所封，亦應在此。朝歌、殷虚、商虚、沬、妹、衛、舊衛並是一地，而妹者即酒誥"明大命於妹邦"和易"帝乙歸妹"之妹。朝歌故址在今淇縣東北，而今淇縣城西南距汲縣(舊衛輝府治)約爲25公里。

此銘王所伐的商邑，當指朝歌而言。較早的書、詩皆有商邑之稱，而與四方或殷國爲對文：

酒誥　辜在商邑，越殷國滅無罹。

立政　其在商邑，用協於厥邑；其在四方，用丕式見德。

殷武　商邑翼翼，四方之極。

牧誓　俾暴虐於百姓，以姦宄於商邑。

周本紀　武王徵九牧之君，登豳之阜以望商邑。

後者本之逸周書度邑篇。及戰國晚世至漢世之書曰：

荀子儒效篇　殺管蔡，虚殷國。

淮南子泰族篇　而誓紂牧之野，入據殷國。

凡此殷國，似亦指商邑。

金文的動詞“令”字可有三種用法：(1)爲命令之令，如大盂鼎(本書74)“王才宗周令盂，王若曰”以下即命書内容；(2)爲賞賜之義，如考𣪕(吉金文録3.21、22)“王令考赤市”；(3)爲令其爲侯，如麥尊(大系20)“王令辟井侯出坏侯于井”。此器“征令康侯啚于衛”即乃令康侯於衛，命啚爲侯。

此康侯啚當是康侯封：古文邦、封一字，啚、鄙一字；説文“邦，國也”，廣雅釋詁四“鄙，國也”。封與鄙當是一名一字。西周金文稱康医、康医丰(三代3.3.4)，尚書康誥、酒誥稱封，史記稱康叔封，左傳定四稱康叔，易晉卦有康侯。康是侯衛以前的封地，衛世家索隱云“康，畿内國名”。

左傳定四記成王封康叔以殷虚而“命以康誥”。今所傳尚書中的康誥、酒誥、梓材三篇都是命封的，韓非子説林篇“康誥曰毋彝酒”，今在酒誥，故皮錫瑞謂據此則三篇實同一篇(參尚書孔傳參正卷20.2)。書序以爲成王所作都有問題。康誥開首(王若曰以前50字)有一段記事，與康誥本文恐無關係，乃它誥錯簡。漢書藝文志説“劉向以中古文校歐陽大小夏侯三家經文”“脱召誥二簡，率簡二十五字者脱亦二十五字”。康誥開首50字本是兩簡，當是三家今文，但召誥原有舊序，此50字應是别篇的篇首。如此説則康誥或是武王封康叔封於康的誥命，故曰“孟侯，朕其弟小子封”。酒誥和梓材都以“王曰封”開始，不是成王口氣，也是武王所命。這個推測若可成立的話，那末封於武王時食邑於康，而此康與酒誥的妹邦或在同一範圍之内，乃是康誥所説的“東土”。

卜辭和西周金文多以“眔”用爲名詞與名詞之間的連詞，所以“湏司土逘眔啚乍厥考隮彝”應是康侯與湏之司徒兄弟所作文王的祠器。

此器之“湏”從水味聲，應釋作沬或沐。卜辭地支之“未”或作“木”，所以沐即沬：説文“沬，洒面也”，“沐，濯髮也”，義既相近，聲亦相同。地名之沬或作妹，所以沬司土即妹司徒。酒誥曰“妹土嗣，爾股肱”很可能是“妹司土，爾股肱”之誤。同出土有沬白逘諸器，則逘又爲妹地之伯。其人爲文王之子，餘無可考。

此器若認爲二人所作，則應名爲“康侯啚沬司土逘𣪕”；若認爲後者所作，則應名爲“沬司土逘𣪕”。今爲簡便計暫名爲“康侯𣪕”。但必須指出一點，即凡屬沬或沬白諸器都有同一的族名(在銘前或銘末)，而康侯諸器則無。如此，此器應屬於沬白所作。

于省吾和楊樹達(歷史研究1954,2,121—122頁)均不以啚字爲人名，因此不以眔爲連詞。他們的讀法必須以沬司土爲作器者，而厥考乃指此人之父。我於1937年6月因見同年4月號柏林頓雜誌載有此器，所作考釋如上，而未曾顧慮及此。

康侯與沬白逘之器有以下四組：

甲、康侯組　近年出土,銘"康医"二字

斤　弗利亞中國銅器 47

戉 1—2　雙劍 I 2:41—42

矛　清華大學

鸞鈴　録遺 530

觶　在英國 Herbert Ingram 處

罍　未見

乙、康侯諸器

乍册䰧鼎　三代 3.30.3　有康侯,銘十四字

康侯鼎　三代 3.3.4　有康侯丰,銘六字

康侯鬲　寧壽 12.26　有康侯,銘二字

丙、沐白逘組

卣 1—2　尊古 2.14,賸稿 29

尊　尊古 1.35

甗　尊古 2.25

鼎　三代 3.16.3

鼎　録遺 67(與三代 3.5.6 不同範)

丁、逘組

盉　盧目録(1940)22,美集録 A329

鼎　三代 3.5.6

爵 1—3　三代 15.37.4—6

盤　商周彝器通考上册 41 頁,録遺 490

以上四組除乙組外,都是近年同時出土的。丙、丁兩組都有與康侯𣪘相同的族名。此三組雖是一家之物,但作器有先後,要皆在成王時期以内。

此𣪘的形制和花紋(圓渦紋、直鑿紋)與傳安陽出土的大理石𣪘(安陽遺實 63)相似,可證此𣪘上承殷制。但此𣪘耳上聳立的獸角却是西周初期的特色,亦見於大保𣪘(本書 23)和商周 251、249、254 等𣪘。大保𣪘是成王時器。商周 249、254 都是四耳𣪘,商周 254 又是帶方座的,皆是武、成之間的形式。商周 249 出土於鳳翔一帶。由此可知成王之時,一方面繼承了殷末銅器的典型,一方面已經開創了它自己的特色。

5.宜侯夨𣪘*

* 作者在手稿眉批中將此器改定爲康王。

圖象　文參 1955:5:59,五省 11

銘文　文參 1955:5:60,録遺 167

隹四月辰才丁未,〔王〕省珷王

成王伐商圖,遂省東或圖,

王立于宜,宗土□鄉。王令

虔医夨曰:□侯于宜;易豐

鬯一卣,商鬲一,□彤弓一,彤矢百,

旅弓十,旅矢千;易土:氏川

三百□,氏□百又廿,氏宅邑卅

又五,〔氏〕□百又卌。易才宜

王人〔十〕又七生;易奠七白,

氏閇〔佰〕又五十夫,易宜庶人

六百又□十六夫。宜医夨揚

王休,乍虔公父丁隮彝。

銘 12 行約 130 字,有十餘字殘失不清。器高 15.7,口徑 22.5,腹深 10.5,圈足徑 18 釐米。

器在江蘇省文管會*。1954 年 6 月間,江蘇省丹徒縣龍泉鄉煙墩山南麓斜坡上出土,共銅器 12 件。這一組銅器的形制、花紋都一致地屬於西周初期。此組銅器,既没有殷代所常見的觚、爵,也没有西周晚期所出現的盨、匜。

第二行"成王伐商圖,遂省東或圖",遂字不清。兩圖字應讀作邊鄙之鄙;圖之作鄙,猶金文國之或作國。銘記成王伐商鄙,則武庚之叛,成王東踐奄之事,乃是事實。此商鄙當指商奄或商丘之鄙。因伐商奄或商丘之鄙,遂省於東國之鄙一即宜。西周初期金文如:

　　卿鼎　公違省自東(本書 37)

　　中鼎　王令中先省南或(大系 6)

大約皆成王時器,都提到省東省南。

第三行"王立于宜,宗土□鄉",成王赴于宜而饗之。爾雅釋詁"赴,至也"。

第三行末至第四行記王命虔侯夨侯於宜。"侯于宜"與麥尊王令井侯"侯于井"同例。夨既命爲宜侯,所以第十一行自名爲宜侯夨。殷銅器宜子鼎曰"丁卯,王令宜子迨西方于省"(三代 4.7.2),宜爲國名。

第四行之末到第十一行記賞賜物品之數。共分五類:

第一類是鬯及鬯具。第四行末字是鬯之名。西周金文所錫之鬯通常是"秬鬯一卣",

---

* 現藏中國歷史博物館。

惟此器和史叔隋器(本書 54)的"焚鬯"爲異。

商下一字是挹鬯的玉具,稱爲瓚;稱之爲"商瓚",是商的挹鬯之玉具。同此的瓚字,見於以下西周金文:

小盂鼎　即立,鬲賓(本書 75)
卯毁　易女鬲四章瑴(本書 158)
師詢毁　易女秬鬯一卣,圭鬲(本書 207)
敔毁　使尹氏受贅敔圭鬲(本書 165)
毛公鼎　易女秬鬯一卣,僎圭鬲寶(本書 201)

除小盂鼎瓚讀作贊外,其餘圭瓚、瓚璋之瓚都是瓚。郭沫若釋敔毁曰"圭鬲連文,乃謂圭瓚也。……圭瓚乃用以灌鬯"。

圭瓚的形制,漢世注者不一其説。詩旱麓鄭箋云"圭瓚之狀,以圭爲柄,黄金爲勺,青金爲外,朱中央矣"。周禮典瑞注引鄭衆云"於圭頭爲器,可以挹鬯裸祭,謂之瓚",引鄭玄云"瓚槃大五升,口徑八寸,下有槃,口徑二尺";考工記玉人注云"瓚如盤,其柄用圭,有流前注"。國語魯語韋昭注云"鬯圭,裸鬯之圭,長尺二寸,有瓚,以祀廟"。

第二類是弓矢。共是兩組:第一組爲彤弓一,彤矢百;第二組旅弓十,旅矢千。大凡弓矢之錫都是一弓百矢:書文侯之命"彤弓一,彤矢百;旅弓一,旅矢百";左傳僖二十八及文四"彤弓一,彤矢百;旅弓矢千;秬鬯一卣"。杜預注"旅弓,黑弓";旅弓旅矢亦見白晨鼎(大系 99—100)。由一弓百矢之例,則不其毁"弓一矢束"之束當指一百(本書 212)。小盂鼎"弓一,矢百"(本書 75)。周禮大司寇"入束矢于朝"注云"古者一弓百矢,束矢其百个與"。周禮司弓矢注:"每弓者一箙百矢。"

第三類是錫土。錫土之下共分四項,只有"厥川""厥宅邑"可辨,所謂厥指宜地的川和宅邑。所不能辨的兩項當有田。卯毁和小克鼎(本書 158、186)等都有錫田的記載,但"錫川"之事,僅見於此。詩江漢"錫山土田",釋文言本或作"錫之山川,土田附庸"。閟宫亦有"乃命魯公,俾侯于東,錫之山川,土田附庸"。最近承郭沫若先生來信見告應讀作"易□邑卅又五,□百又卌",説 35 是 140 的 4 倍,古有四井爲邑説,所缺之字或是井。若如此説,則此器錫土四項可能是:川、田、邑、井。

第四類是賜族。"易才宜王人十又七生",生即姓,姓即指"殷民六族"、"殷民七族"之族。

第五類是人鬲,即奴隸。共分三等:第一等是"奠七白",和大盂鼎(本書 74)的"邦司""夷司王臣"之以"白"爲人的單位者相同;第二等是"人口"若干夫,和中甗(大系 8)之"人口卌夫"可能是相同的;第三等是宜的庶人六百幾十六夫,和大盂鼎"人鬲自御至于庶人六百又五十又九夫"相同。由於此器,可知"庶人"是奴隸中的最低的一級。參閲西周文中的殷人身分(歷史研究 1954:6)

第十一行之末至第十二行，記作器者宜侯夨因成王之賞錫而作其父虔公父丁的祭器。

作器者夨亦見於洛陽出土的令方彝、令尊和令毁。此諸器並同出的乍册大方鼎（本書67）在銘末都有“鳥形册”的族銘，乃是一家之器。此毁之父爲父丁，與令方彝、令尊相同，而據令毁夨令曾從王東征至於炎。然則此毁的宜侯夨和令方彝、令尊、令毁的作册夨令應是一人。但諸器鑄作有先後之别。

令方彝、令尊　八月甲申王令周公子明保，丁亥明公令乍册夨告於周公宫，十月癸未明公朝至於成周（本書19）

令毁　九月既死霸丁丑，乍册夨令從王伐楚白才炎（本書15）

宜侯夨毁　四月丁未，夨從成王省東或圖

前兩項夨令是乍册，後一項夨是宜侯，因知前兩項應在前。十月令在成周，則九月令在炎當在次年，而四月夨在宜應在第三年。

此器形制、花紋與尊古1.44一器很相似，惟後者有珥而此器無之。四耳方座之毁是西周的特色，此器四耳而圈足甚高，確是武成時代的作品。此器出土於丹徒，但其形制、花紋與中原關中所出無異。

乙、伐東夷

6.塱方鼎

圖象　未著録

銘文　金文曆朔疏証1.10

隹周公于征伐東
尸、豐白、尃古，咸𢦏。公
歸𩰫于周廟。戊
辰，畬秦畬，公賁塱
貝百朋，用乍隮鼎。

銘5行35字。器高26.8，口徑16×21.1釐米。

器曾爲黨匪毓崑所得*。傳1924年在鳳翔西四十里之靈山，黨匪大事挖掘，獲銅器數百件。此鼎或即其中之一。金文曆朔疏証以爲“鳳翔秦文公墓出土”，金文分域編以爲寶鷄出土，並説“五行，行六字，紀周公東征事，饕餮文，鎏金，下作雷文”。

---

* 此鼎曾爲美國艾弗里·布倫戴奇所得，現藏舊金山亞洲美術館。見布倫戴奇藏品中的中國古代青銅器（Bronze Vessels of Ancient China in the Avery Brundage Collection, 1977）圖版30；參看考古與文物1982年2期圖版陸·1。

第一二行記“隹周公于征伐東夷、豐伯、尃古”三國而“咸𢦏”之。“于征伐”是一動詞組,“于”義爲“往”:詩棫樸“周王于邁”箋云“于往”。令毁“隹王于伐楚白”,大誥“予惟以爾庶邦于伐殷逋播臣”。凡此二“于伐”均與此銘同。由大誥之文,知此銘“隹”字即惟字。

成王周公之伐東國,即書詩所謂東征,大誥“肆朕誕以爾東征”,破斧“周公東征,四國是皇”,都指此次戰役。東征的主要敵國是商奄與薄姑,它們所佔據的土地分在魯與齊,它們被征服以後都被遷移。

豐白亦見豐白車父毁(攈古 2.3.48),係西周晚期器。考釋引“許印林説豐字上體已泐,以筆勢定爲豐字。濟寧州金石志載楊石卿跋,據射禮注古豐國之君云云,謂豐爲國,伯爵,車父字”。此毁若出在濟寧,則古豐國在今曲阜之西南方。金石索卷一所録門匜爵、癸父爵、魚觚謂“得之任城”即濟寧,都是殷周間器。

此方鼎周公所伐的尃古即薄姑(或作蒲姑),他和奄君是誘致武庚叛周的主使者,見於尚書大傳。此雖僅見載於較晚的書傳中,但由於西周金文的互証,乃知其可靠。左傳昭九“及武王克商,蒲姑、商奄,吾東土也”。周之東土舉蒲姑與商奄,可知其重要。周初之分封齊、魯正是針對了蒲姑與商奄,齊監視着蒲姑,魯監視着奄。這可由蒲姑的地望説明之。

濟水注曰“薄姑去齊城(案指臨淄)六十里。……濟水又逕薄姑城北,續漢書郡國志曰博昌縣有薄姑城。地理書曰吕尚封於齊郡薄姑,薄姑故城在臨淄縣西北五十里,近濟水。史遷曰獻公徙薄姑。城内有高台。春秋昭公二十年齊景公飲於台上,曰古而不死,何樂如之?晏平仲對曰,昔爽鳩氏始居之,季荝因之,有逢伯陵又因之,薄姑氏又因之,而後太公又因之……”。漢書地理志齊地“殷末有薄姑氏,皆爲諸侯,國此地;至周成王時,薄姑氏與四國共作亂,成王滅之,以封師尚父,是爲大公”。周本紀正義引“括地志云薄姑故城在青州博昌縣東北六十里(案此説有誤),薄姑氏殷諸侯,封於此,周滅之也”。續山東考古録博興縣下云“薄姑國城在東南十五里,今柳橋”。

以上三書,除括地志記里數方向有誤外,可知薄姑爲殷末諸侯,故城在臨淄西北五六十里今博興縣東南境内,周成王時與四國共叛周,成王滅之,以爲齊之封地。

古薄、亳通用,薄姑氏與商人之以亳名其邑與社,或有關係。自山東博興以外,地名博者多與薄姑有關:臨淄西南有博山縣,漢書地理志泰山郡有博縣(今泰安附近),又琅邪郡有姑幕,注云“或曰薄姑”,濰水注“浯水……東北逕姑幕縣故城東……故薄姑氏之國也。晉十三州志闞駰曰周成王時薄姑與四國作亂,周公滅之,以封太公”。姑幕故城,據一統志云在“今諸城縣南五十里”。續漢書郡國志下邳郡取慮有蒲姑陂,今江蘇睢寧西南。凡此諸城和睢寧的薄姑或許是周公滅薄姑氏後南遷之地。

尚書序曰“成王既踐奄,將遷其君於蒲姑”。續山東考古録云“今(博興)縣東北十許里有奄城,俗曰嫌城,即奄君所遷”。齊乘卷四引元和志説薄姑城在今“博興東北俗呼爲嫌城者是”。

第二行"咸𢦏",義爲皆殘滅之:説文"咸,皆也","𢦏,傷也"。

第三行第二字,祭名,見於卜辭。第五字廟從宀從朝,與西周金文廟字不同。

第四行"飲秦飲",第二飲字指酒漿。説文"秦,禾名"。秦飲是酒名。

此鼎出土後,盛傳爲金鼎,又説是鎏金鼎,恐皆不足據。西周時代並無金製之鼎,而鎏金術發達較遲。曾見某些西周銅器因合金關係,表面有近乎赤金之色,但依然是青銅成分。鎏金之説,大約因此而誤。圖録中又有錯金的𣪘與西周器,亦不可據。

此器拓本流傳極少,所以重爲製版。器形照片,尤不易見。器是方鼎,並不甚大。器身四面都是一對大鳥。每一面的兩鳥是尾對尾的,頭向器角,所以此面的鳥喙與隣面的鳥喙相交於器角,其喙伸出角線之外,成爲扉。四足各爲扁形之鳥,喙亦伸出,與扉相應。這樣結構的方鼎,是罕有的。西周初期的大鳥,通常是頭向頭的,集中於一面的中界。扁形鳥獸形之鼎足,只見於所謂"文王鼎"的圓鼎下(如武英 18),而方鼎多是圓柱形足。博古圖 2.3"周公乍文王隮彝",也是方鼎,鼎身是獸面紋,而鼎足與此器同。周公方鼎應與此器爲同時代,兩個方鼎的周公都是周公旦。

7.旅鼎

圖象 未著録

銘文 攈古 2.3.80.1(摹本),三代 4.16.1,大系録 12

佳公大保来
伐反尸年,才
十又一月庚申,公
才盩自,公易
旅貝十朋,旅用
乍父隮彝。丫。

銘 6 行 34 字。福建長樂梁章鉅舊藏,1954 年夏見於上海羅伯昭處,承賜拓本及攝影*。器高 22,口徑 16.9 釐米。

山東金文集存説此鼎與𣪕鼎、遇甗(本書 78)都是"光緒二十二年丙申出土於黄縣之萊陰",而貞松堂集古遺文 4.21.1 則只記甗出土於黄縣。

此銘的"反夷"是東夷,由下器自明。此銘的"大保",郭沫若以爲即召公君奭。但據令方彝(本書 19),周公子明保又稱明公,他是師保之官而又有公的尊號,明公伐東國見於金文,則公大保也可能指明公。

此鼎爲分襠鼎,花紋爲獸面紋,和獻侯鼎(本書 32)、貞松 1.16、泉屋 1.2、1.3 等器相

* 現藏故宫博物院。

近。此四器都是成王時器。

8.小臣謎𣪘

圖象 善彝70,71,商周305,大系圖78

銘文 三代9.11,大系録10

𫊸東尸大反,白懋父
以殷八自征東尸。唯
十又一月,遣自𩰬自,述
東陕,伐海眉。雩氏復
歸才牧自,白懋父承
王令易自遳征自五
齵貝。小臣謎蔑曆眔
易貝,用乍寶䵼彝。

銘8行64字。器、蓋同銘。

同銘者共兩器兩蓋,傳1930年出土於汲縣。二器一蓋先在劉體智處,一蓋在琉璃廠肆中,後皆歸於中研院史語所。

𫊸即退,説文"退,往也",籀文作遣,或體作徂。費誓"徂茲淮夷、徐戎並興",義爲往昔。

逸周書作雒篇"俾康叔宇于殷,俾中旄父宇于東",孫詒讓周書斠補謂中旄父即康叔之子康伯髦、左傳昭十二之王孫牟;郭沫若以爲亦即此𣪘之白懋父。金文"懋"字從心從埜,與説文野之古文相同。據左傳之文,王孫牟事康王,而史記説康叔、冉季是武王幼弟,在成王時康叔子是否成人,甚是疑問。至於康伯與中旄父,一稱伯一稱仲,當非一人。中旄父、康伯髦、王孫牟、白懋父是否完全一人,是很難確定的。其中只有髦、牟一人之説,因時代相同,比較可靠。

此𣪘出土於衛國,銘言以殷之八師征東夷,而歸於牧,即朝歌之牧野,則作器者當屬於衛侯的部下,應無可疑。

此𣪘記十一月"遣自某自,述東陕,伐海眉"。説文"述,循也",述東陕當指沿泰山山脈或勞山山脈的北麓。廣雅釋詁"隥,阪也",爾雅釋詁"滕,虚也"。隥或滕與陕同音相假。東陕與海眉皆非專地名,乃指一帶區城,海眉即海隅、海濱。廣雅釋詁"澳、濱、湄,厓也",爾雅釋丘"通谷溦",釋文"溦,本又作湄",滱水注引爾雅郭景純注云"溦,水邊通谷也"。海眉之眉與湄、溦皆指水邊的通谷或崖岸。海眉亦即海隅:廣雅釋丘"隅,隈也",説文"隈,水曲隩也",而隩(澳)與湄皆訓厓。今山東半島沿掖、黄、福山、榮成等縣之地,在勞山以北,當是齊之"海隅"。爾雅釋地"齊有海隅",注云"海濱廣斥";吕氏春秋有始覽"齊之海隅",注云"隅猶崖也"。管子輕重甲篇曰"齊有渠展之鹽",張聰咸據胡渭禹貢錐指,以爲即爾雅之海隅。史記貨殖列傳説太公所封之齊"地瀉鹵",有魚鹽之利。此毁下文的五齵,即指海眉之諸隅,字所以從鹵,正指其地之産鹽鹵。

逸周書大匡篇"管叔自作殷之監,東隅之侯咸受賜於王"。東隅之侯當指嵎夷等。堯典曰"宅嵎夷曰暘谷",傳云"東表之地稱嵎夷",釋文引馬云"嵎、海隅也,夷、萊夷也"。説文"嵎夷在冀州暘谷",玉篇"堣夷,日所出"。海隅在極東海角,傳説爲日出之地,是在成山。史記封禪書述齊之八神,"七曰日主,祠成山,成山斗入海,最居齊東北隅",集解引韋昭曰"成山在東萊不夜,斗入海",今之成山頭。自成山而西至黄縣,是古萊夷萊國所在,今黄縣東南二十里有萊子城。史記齊世家説"營丘邊萊,萊人夷也,會紂之亂而周初定,未能集遠方,是以與太公争國"。此萊是東夷,而前述之旅鼎記伐反夷而器出於黄縣萊陰,是周初伐反夷曾至於黄縣,事平之後乃有周族封於該地,因有屬於周初銅器的殉葬物。

由上所述,可知此毁"伐海眉"之海眉,乃指齊之海隅,古萊夷之地。孟子滕文公下説周公"伐奄三年討其君,驅飛廉於海隅而戮之,滅國者五十"。此記周公東征至於海隅和此器可相印証。

此銘第五行後半至第七行之首曰"白懋父承王令易師率征自五齵貝",是説白懋父奉成王之命錫貝於凡從征於五齵之殷八師。此五齵即五隅或五嵎,乃指海眉之諸嵎(大約掖縣以東海岸上)。錫貝勞師在"粤厥復歸才牧師"之後。"承王令"猶管蔡世家説"周公旦承成王命伐誅武庚",周本紀則作"奉成王命"。

牧在朝歌之南。書牧誓曰"王朝至於商郊牧野",周語上曰"以致戎於商牧",詩大明曰"矢於牧野",閟宫曰"於牧之野"。説文作坶,云"朝歌南七十里地",清水注云"自朝歌以南,南暨清水,土地平衍,據臯跨澤,悉坶野矣。郡國志曰朝歌縣南有牧野。竹書紀年曰周武王率西夷諸侯伐殷,敗之於坶野"。

第三行"遣自某自",郭沫若説"遣即趞尊、疐鼎、班毁等之趞",是以此毁之"遣"爲人名。若如此讀,則"自"與"述""伐"爲平列的動詞。若讀遣爲遣派之遣,則它爲動詞而"自"爲介詞,與同銘的"率征自五齵貝"句法相同。若如此讀,則"遣"的主詞應是白懋父。明公毁曰"唯王令明公遣三族伐東或",此遣自是遣派之遣。卜辭金文"自"多用作介詞,在動詞之後。此器遣字不從"走",與人名之趞不同。

此毁雖樸素無紋,但其形制有三點特色:(1)有蓋,(2)附耳二,(3)圈足下有足三。殷代的毁亦偶而有蓋的,但西周初期以後毁之有蓋始爲常例。毁耳自殷以來多作半圓形,只有盂才作附耳。圈足之下再有相當高的三足,其作用與毁之附方座者相同。凡此三種特色常見於西周初期的毁中,舉例如下:

附耳有蓋　商周 283、284

附耳三足　頌齋 11

二耳三足　攀古 1.24

四耳四足有蓋　精華 119,商周 303

二耳四足有蓋　十六 2.13

四耳四足　西清 31.8

二耳四足　西清 14.7　大系圖 4

附耳有蓋有座　西清 27.13

附耳有座　商周 299

以上各器,都是屬於西周初期的。附耳與蓋有關係,此可由鼎之有蓋者多作附耳,可爲証明。

9.疐鼎

圖象　十六 1.17,大系圖 4

銘文　攈古,大系録 8

王令趞戠東反

尸,疐肇從趞征,

攻朋無啻,省于人

身,孚戈,用乍寶隩

彝,子子孫其逌寶。

銘 5 行 33 字。

錢坫舊藏。攈古録金文曰"朱建卿説又有一鼎六行,用作下云庚君寶尊彝鼎其萬年永枼子孫寶用,與此不同。徐籀莊有考釋"。見從古 11.5—6。

兩"趞"字從郭沫若釋定。但摹本上此二字不同,或係剔誤,錢氏云"此二字稍泐",可証。

第一行第四字,舊釋載,字從邑從戈,乃是説文戠字(經籍作載)。此處是動詞,假作截或裁:詩常武"截彼淮浦",廣雅釋言"裁,制也"。

第三行四字,錢氏釋"攻戰無敵",郭氏釋"攻躍無敵"。方言一"蹌,登也",攻朋即攻登。

銘末"子孫永寶"是西周銅器銘文的常語,但因時代先後,變化也很多。大率在西周初期多稱"子子孫永寶",如班毁、小臣宅毁(本書 12、17)和厚趠方鼎(大系 14)等。

與此鼎同作器者的若干它器,就其圖象可考者,都是屬於西周初期的。此組銅器如下:

卣　十六 2.19,泉屋 2.65

尊　十六 2.21

甗　十六 3.6

尊　攈古 1.3.23.4

觥　美集録 A662(蓋銘見三代 11.21.2)

此鼎形制樸素,僅口沿下弦紋一道。與它同時代同形制的鼎有以下諸器:

員鼎　善吉 1.30

勅𪒠鼎　善彝 23

立鼎　頌續 8

小臣氏樊尹鼎　寶蘊 28

小臣逋鼎(本書 28)

寓鼎(本書 70,康王)

善彝 23 與獻侯鼎(本書 32)都是用"乍丁侯障彝",所以兩鼎是同時之作;獻侯鼎記"唯成王大桒才宗周",則兩鼎俱作于成王之時。寓鼎是爲召伯父辛而作,作器者乃召公之子,約當康王之時。由此可証𪒠鼎之王是成王。

10.䨻鼎

銘文　三代 4.18.1—2,大系録 14

隹王伐東尸,溓公令䨻

眔史旗曰"以師氏眔有

𤔲後或戜伐𦝫",䨻孚貝,

䨻用乍𡨦公寶障鼎。

銘 4 行 35 字。

器二,銘同,近年出土。

書序曰"成王既伐東夷"。此器伐東夷之王,自是成王。第三行第四字是動詞,從𢦏,與上器之𢦔同義。第三行第六字是所伐之國名,右半是肉,左半是獸形,不能識。金文"能"字從肉,其左半的獸形與此稍異。若是能字,當指熊盈之熊。

此同銘的二鼎,未見圖象。但由於銘文中所涉及的人物,都屬於成王時代的,故可定爲成王時器。其涉及的人物有:

溓公　亦見厚趠方鼎(續考古 4.17),𤔲鼎(賸稿 7)

史旗　員卣(大系 14,日本 73),員尊(日本 145)

員卣曰"員從史旗伐曾,員先内邑,員孚金,用乍旅彝"。此曾,經籍作繒或鄫。漢書地理志曰"繒,故國,禹後",屬東海郡;説文曰"鄫,姒姓後,在東海"。春秋襄六"莒人滅鄫",又哀七"公會吴于鄫",杜注云"鄫,今琅邪鄫縣"。左傳僖十六"會于淮謀鄫,且東略也",杜注云"鄫爲淮夷病故"。周本紀正義引"括地志云繒縣在沂州承縣,古侯國"。大清一統志:故城在今山東嶧縣東八十里,在郯城之西、淮水之北。

由員卣所記伐曾的地望,可推知東夷所在。但員卣之曾,拓本不清,郭沫若釋爲會,以爲即鄶國,今密縣東北。

丙、伐 東 國

11.明公毁

圖象 西清 13.8,商周 301,大系圖 57

銘文 三代 6.49.1,大系録 4

唯王令明公

遣三族伐東

或;才□,魯医又

□工,用乍旅彝。

銘 4 行 22 字。清宫舊藏,後爲潘祖蔭所藏*。

明公即令彝的明公、周公子明保、明公尹。明公是周公之子,其官是保,食邑於明;他和周公長子伯禽不是一人。伯禽曾爲大祝之官,後封於魯,稱魯侯或魯公。明保事,詳下第 19 器令方彝。

銘記王令明公以三族伐東國,東國即東土。下器班毁所記是同時事,而稱所伐者爲東國某戎**。此兩器所伐的東國可能如韋昭吴語注所説的"東國,徐、夷、吴、越",乃指徐戎淮夷。此器伐東國的主帥是魯侯伯禽:魯世家曰"伯禽即位之後,有管、蔡等反也,淮夷、徐戎,亦並興反,於是伯禽率師伐之於費",尚書序曰"魯侯伯禽宅曲阜,徐、夷並興,東郊不開,作費誓",費誓曰"徂兹淮夷、徐戎並興。……甲戌,我惟征徐戎"。魯世家曰"寧淮夷東土,二年而畢定",即班毁所述"三年静東國"。

此器"魯侯"前"才"後一字是地名,郭沫若釋爲獮字,以爲即費。第四行第五字,原從車,隸定省略,下同。

此器器形,異乎尋常有座之毁,素而無紋。

12.班毁***

圖象、銘文 西清 13.12,大系圖 76、録 9

隹八月初吉才宗周,甲戌

王令毛白更虢城公服,甹

---

* 現藏上海博物館。

** 作者後將班毁改歸康王時期。

*** 1972 年 6 月,北京市文物管理處從廢銅中將該器選出,現藏首都博物館。參看郭沫若班毁的再發現,文物 1972 年 9 期。

王立,乍四方亟,秉繁、蜀、巢,
令易矜、鑾,咸。王令毛公以
邦冢君土駿戜人伐東或
㾓戎,咸。王令吳白曰:“以乃
自左比毛父。”王令吕白曰:
“以乃自右比毛父。”趞令曰:
“以乃族從父征,出城,衛父
身。”三年靜東或,亡不咸斁
天畏,丕畀屯陟。公告厥事
于上:“隹民亡出才,彝杰天
令,故亡允才,顯隹敬德,亡
逌違。”班拜稽首曰:烏虖,不
杯丮皇公,受京宗懿釐、毓
文王王姒聖孫,登于大服,廣
成厥工;文王孫亡弗懷井,
亡克競厥剌。班非敢覓,隹
乍邵考爽益曰大政,子子孫
多世其永寶。

銘20行197字。城、厥、登、懷等字,改用今文寫録。

西清以爲“毛伯、毛公、毛父實一人也”,並以爲此器之毛公爲成王末之毛公,當指顧命之毛公。西周初有兩毛公:一爲毛叔鄭,見逸周書克殷篇及周本紀,古今人表“毛叔鄭,文王子”,與武王同時,左傳僖廿四“文之昭也”,廣韻豪部以爲“周武王弟毛公”;一爲顧命之毛公,當成王之末康王之初,古今人表列周公、毛公都在成王時。

此器之毛白、毛公、毛父是一人;王令毛白更虢城公以後,乃稱毛公,王命邦冢君吳白、吕白左右毛公出征,對吳、吕二伯言,故稱毛父。趞令班“從父征”,則班是毛白、毛公的子輩。此器之“公”、“皇公”、“邵考”、“文王孫”都是班所以稱其父輩毛公。毛公是文王之孫,則他不可能是文王子、武王弟的毛叔鄭,而應是顧命的毛公。廣韻豪部曰“毛,周武王弟毛公,後以爲氏,本居鉅鹿,避讎滎陽也”,此語似有所據。漢書地理志説“東虢在滎陽”,而此器王令毛白更虢城公之服。所謂更某某之服者賡續某某之服:趩鼎曰“更厥祖考服”,而祭統述孔悝鼎曰“纂乃祖服”“纂乃考服”,左傳襄十四周王賜齊侯的命書曰“纂乃祖考”。城在河南鄭地,是屬於“東”的範圍,故此毛伯可能是逸周書作雒篇“俾中旄父宇於東”之中旄父。

甹字從兩由,郭沫若以爲“乃假爲屏”,是。“甹王位”猶毛公鼎王曰“甹朕位”,左傳僖廿四“昔周公弔二叔之不咸,故封建親戚以屏藩周”,定四“昔武王克商,成王定之,選建明德以藩屏周",漢書地理志"昔周公營雒邑,以爲在於土中,諸侯藩屏四方"。"乍四方亟"猶毛公鼎的"命女亟一方",君奭"作汝民極",商頌殷武"商邑翼翼,四方之極",韓詩齊詩作"京邑翼翼,四方是則",故鄭箋訓極爲則效。

郭沫若以此器的繁、蜀、巢三者爲南國的國名,並舉春秋時晉姜鼎曾伯簠爲証,是正確的。説文"鄛,南陽棘陽",此據段注本,大徐本作棗陽。棘陽故址在今河南新野縣東北。尚書序"巢伯來朝,芮伯作旅巢命",周禮象胥序官正義引鄭玄注云"巢伯殷之諸侯,聞武王克商,慕義而来朝";書仲虺之誥注引鄭玄注云"巢,南方之國"。路史國名紀丁"巢,子姓"。西清27.30有毁曰:

隹巢来钕、王令東宫追以六自之年。

乃是西周初期器,由此知西周初與殷同姓之巢叛服無常。春秋文十二"楚人圍巢",據左傳文由於"羣舒叛楚……遂圍巢",左傳昭廿四吴"遂滅巢及鍾離而還"。春秋之巢,當在安徽巢縣。

曾伯簠曰"克狄淮夷,印燮蠶湯",蠶湯即繁陽,水北曰陽,故字亦從水。古地名繁陽者有三:一、史記趙世家"廉頗將,攻繁陽,取之",正義云"括地志云繁陽在相州内黄縣東北二十七里";二、魏志文帝爲壇於繁陽,受漢帝之禪,以漢潁陰地之繁陽亭爲繁昌縣,今河南臨潁西北三十里有繁城鎮;三、左傳襄四"楚師爲陳叛故,猶在繁陽",杜注云"繁陽、楚地,在汝南潁陽縣南",今新蔡縣北;又左傳定六楚"子期以陵師敗於繁陽",亦此地。春秋襄元"次於鄫",杜注云"鄫,鄭地,在陳留襄邑縣東南",故洧水注曰"鄫人者鄭人也"。金文曾伯、曾侯、曾姬等器都是鄭地之曾,監臨淮水北的繁陽、淮夷。據路史國名紀丁繁乃商氏後。

蜀不知何在,竹書紀年"夷王二年蜀人吕人来獻瓊玉賓於河用介珪",或即此蜀。

此器毛公更服之城,亦在鄭地:西周中期金文有城虢中毁(三代7.14.1),又有奠虢中毁(西清27.28,三代8.17.3—8.18.2),疑城即鄭。史記鄭世家集解"徐廣曰虢在成皋",即此城。毛公之服地在鄭、虢之地,可以監臨在其南的淮北的巢(新野)、繁(新蔡),猶春秋時曾伯在鄭地之鄫監臨繁陽、淮夷一樣。

"王令毛公以邦冢君"即指下吴、吕二伯言,所謂"左比""右比"是二伯在毛公中軍的左右。左傳哀四"司馬起豐析與狄戎以臨上雒,左師軍于菟和,右師軍于倉野"。左師、右師的部署與此相似。"左""右"二字都從"口",令方彝"左"字從言,與後世"左"之從"工"者不同(本書19)。乃自與乃族不同,自是吴白、吕白所率的軍隊,族乃貴族子弟兵。此吕白和吕白毁(西清27.11)的吕伯是一人,可能是齊大公之子丁公吕伋。

土駿即徒御。戠人身分與徒近,春秋時弔尸鎛齊公錫弔尸的"戠徒四千爲女敵寮",可能爲"庶人"。伐東或,見上器。

趞令班"以乃族從父征,出城,衛父身",猶毛公鼎"以乃族干吾王身",乃令班出虢城隨毛公出征,以班族護衛毛公之身。

“三年静東國”,是説三年而東土畢定,同於孟子、周本紀和詩東山所述。

“亡不咸斁天畏”即無不咸服天威,爾雅釋詁一“懌,服也”。“丕畀屯陟”猶多方“惟天不畀純”。

“公告厥事于上”以下引句内兩“才”字應讀作“哉”,是語詞。引句内容,大致謂民非愚拙,但因昧於天命,故無允當;若上(王)惟敬德,則民無違矣。末句與君奭“越我民罔尤違”相近。“亡卣違”即多士的“無違”,卣攸同音,爾雅釋詁“攸、違,遠也”。

“不秠”猶“丕顯”,師遽毁“敢對揚天子不秠休”,方彝作“不顯”(本書115、116)。“丮”義與“厥”“其”相似,乃領格第三人稱代名詞,徐王子鐘(録遺4)“以樂嘉賓,及丮生友”,與此同。“班拜稽首曰”以下述其皇公(即毛公)是文王之孫,登於大服(虢城公服),廣成其功(静東國)。“懷井”即懷型。“亡克競厥剌”猶詩執競之“無競維烈”。“京宗”疑即大宗,西甲1.36方鼎曰“隹四月才成周,丙戌王才京宗”,器制花紋屬康王時。

“惟作卲考爽謚曰大政”者述作班之父毛公爽明的行迹,名之曰大政。左傳昭十五周王對晉籍談曰“且昔而高祖孫伯黶,司晉之典籍,以爲大政,故曰籍氏”。説文“謚,笑貌”,“諡,行之迹也”,北堂書鈔卷九四引説文“謚,行之迹也”。後世謚、諡二字通用,此器之字省“言”旁。

此器自劉心源、郭沫若考釋以後,始能通讀大義。郭氏定此器爲成王時器,是正確的。此器四耳、四足並其獸面紋皆表示它不能晚於成、康。所惜原器拓本,所未能見。嚴可均全上古三代文13.6曾據拓本寫録其文,而有兩處異文:第一行作“王才宗周”,第二行作“成王令毛白”,此器20行,除末行未足行外,其餘都是10字一行;若於第一二行各增“王”字“成”字,則成爲11字一行。此是可疑之點。

劉心源古文審5.1—6引今本竹書紀年穆王“十二年毛公班、井公利、逄公固帥師伐犬戎”,否定了西清以此器爲成王東征淮夷徐戎之役。于省吾穆天子傳新証(考古社刊6:283)和楊樹達積微居金文説122—123同引穆天子傳卷四、五以爲作器者是穆王時的毛公、毛班。凡此全不顧此器的形制、花紋以及銘文的史實,是所不採。

本書92毛公旅方鼎,銘6行90字,難以通讀。鼎銘的毛公,與此器毛公或是一人*。

丁、伐蓋楚

13. 禽毁

圖象　十六2.3,大系圖58

* 這段考釋發表後,作者所加眉批云:“此毁作者班,追述其皇公之功業,顧命毛公見存于康初,故若昭考即毛公,則此器應屬康初以後。若昭考非毛公,則作于成王時。”

銘文 三代 6.50.1,大系録 4

王伐楚厌,周公

某,禽祝,禽又

敐祝;王易金百寽,

禽用乍寶彝。

銘 4 行 23 字。錢坫、劉喜海、王蘭谿舊藏,1954 年夏見于上海羅伯昭處*,承賜照片拓本。器高 13.7,口徑 18.8,底徑 15.5 釐米。

所伐之國,疑即蓋侯。蓋即墨子耕柱篇、韓非子説林上所述周公征伐之商蓋,左傳昭九作商奄,昭元作奄。奄、蓋皆訓覆而古音並同,所以吴世家吴公子蓋餘左傳昭廿七作掩餘。蓋侯即孟子所謂的奄君。説文"郁周公所誅,郁國在魯",續漢書郡國志"魯國古奄國",周本紀正義引"括地志云兗州曲阜奄里即奄國之地也",集解引"鄭玄曰奄國在淮夷之北"。據竹書紀年,南庚遷于奄,盤庚自奄遷于殷,則奄舊爲商都,所以左傳定四説"因商奄之民,命以伯禽而封于少皞之虚"。左傳昭元"周有徐、奄",杜注云"二國皆嬴姓",正義云"世本文也"。

諸書都説周公伐奄,與此器合。

此器的禽當是伯禽。魯世家"周公卒,子伯禽固已前受封,是爲魯公"。魯頌閟宫或稱魯公或稱魯侯。左傳昭十二則謂熊繹等與"禽父並事康王"。成、康金文則稱爲:

禽 本器

魯侯 明公毁(本書 11)

魯公 魯侯熙鬲(本書 66)

大祝禽 大祝禽鼎(尊古 1.24,十六 1.15)

此不同稱謂的四器,也代表了其先後次序。禽與魯侯是伯禽的生稱,乃屬于成王時器。本器的周公是生稱,凡生稱的周公只限于成王時,因他卒于成王時。魯侯熙鬲的魯侯熙是伯禽子,所以"文考魯公"指已卒的伯禽,當在康王初之後。大祝禽或是伯禽爲侯以後所作的王官,鼎是大祝禽所自作,它可能作于康王之世。就鼎與鬲而説,它們的形制與花紋與成王時器稍有差異而不大。由此可見二事:一、成、康之間銅器的變化還不很大,很不容易從形制花紋上區分出来;二、由于前者可推想成王在位年數恐不很長。

西周金文之稱"魯侯"者有以下諸器:

魯侯爵 商周 442,三代 16.46.6

魯侯鴞尊 三代 6.37.3"魯侯乍姜享彝"

魯侯壺 三代 12.8.7

* 現藏中國歷史博物館。

魯侯鬲　三代 5.17.7

除前二器屬于西周初期外,其它二器在其後。

魯侯爵似爵而缺柱,它的花紋、銘文當屬成王。魯侯鴞尊李宗岱舊藏,潘祖蔭説:"此器作鴞鳥,形制絶奇異,銘爲大亞形,此蓋銘也。"(綴遺 18.28)就其所描寫的形制推想,當屬於鴞卣一類,應在西周之初;銘中之姜即成王之后王姜。

此器十六摹本粗疏,有失原意。今由實物照片可知此花紋實沿殷式之舊而仍盛行於成王時代的。

14.岡劫尊

圖象　商周 515

銘文　商周上頁 395*,參吉金文選下 3.9 同銘卣之釋文:

王征䔢,易岡

劫貝朋,用乍

朕蒿且缶隮彝。

銘 3 行 16 字。

吉金文選所録,稱之爲岡卣**,而釋第五、六兩字爲"岡佉",以岡爲作器者,誤。卣文第五字作岡,第六字從去從刀,疑劫字。尊文第五字,據拓本是從剛從牛,今從卣文簡之爲岡,以求省便。容庚讀祖缶爲人名,不知缶是寶之假借。第三行第二字從二艸,即高祖之高。第三行第一字也非朕字。

尊、卣同銘,爲西周初期的常制。此尊形制花紋亦確屬成王時器。此組銘文所伐之國,與禽毀同,都是成王所伐的奄。

15.令毀

圖象　精華 12,商周 296,大系圖 75

銘文　三代 9.26.2,9.27.1,大系録 2

隹王于伐楚白,才炎。隹九

月既死霸丁丑,乍册夨令

隮宜于王姜,姜商令貝十朋、

---

* 商周僅録文,並無拓本。

** 此尊、卣同銘。卣曾爲美國艾弗里·布倫戴奇所得,現藏舊金山亞洲美術館。見布倫戴奇藏品中的中國古代青銅器(Bronze Vessels of Ancient China in the Avery Brundage Collection,1977)圖版 35 左。參看考古與文物 1982 年 5 期封底。

臣十家、鬲百人。公尹白丁

父兄于戍,戍冀𤔲三。令

敢揚皇王宣、丁公文報,用

稽後人,享隹丁公報。令用

弃展于皇王,令敢展皇王

宣,用乍丁公寶𣪕,用隮史于

皇宗,用鄉王逆造,用

匓寮人、婦子,後人永寶。

雋册。

銘12行111字。兩器同銘,而行款稍異,此據三代9.26.2銘文較清的一器寫録其文如上。相傳1929年有大批銅器羣出土於洛陽東北五里邙山麓的馬坡,其數約在50—100之間。其中包含兩個主要的組,一組是令家之器,一組是臣辰之器。令彝、令尊同銘各一器,令𣪕同銘者兩器,乍册大鼎同銘者至少三器。

此兩器今藏巴黎David Weill處*,1946年春見之於紐約一倉庫中,當時攝影並量其尺度如下:高25,口徑17,寬28.2,方座寬19.1×19.1釐米。銘在器内底。兩器俱失蓋,自來著録諸書誤以兩銘爲一蓋一器,不知實是二器,並無蓋銘。

"于伐楚白"即往征楚伯。逸周書作雒篇"凡所征熊、盈族十有七國",熊族之國楚,是其一。金文所記之伐蓋、伐海眉(飛廉?)與文獻所記之淮夷、徐戎,是東征的盈族(見世本)。此器"才炎"即在郯,秦本紀、潛夫論、漢書地理志都説郯爲盈姓之國;而左傳昭十七郯子以少皞爲其始祖,與秦人同。

西周初之郯與春秋之郯不在一地。齊世家"桓公二年滅郯,郯子奔莒",集解云"徐廣曰一作譚"。齊桓公二年當魯莊公十年(公元前684年),所以春秋莊十曰"齊師滅譚",杜注云"譚國在濟南平陰縣西南"。是譚即郯,在今歷城縣東75里龍山鎮。春秋大事表以譚爲子姓,當有所本。世本説時(亦作邿、詩)爲子姓,左傳襄十八齊禦晉師於平陰、晉"克邿",杜注云"平陰西有邿山",當爲子姓邿國最初之地。齊乘引三齊記以爲平陰是"殷帝乙之都",表示此地嘗爲殷人的居邑。濟水注述原武"水出譚城南平澤中,世謂之原武淵,北徑譚城東,俗謂之布城也(布或本作有)"。布或奄之誤。

春秋時代的郯,見載於春秋宣四、成八、襄七和左傳昭十七;竹書紀年越"朱句三十五年滅郯",是在公元前414年。此所滅者即漢書地理志東海郡的"郯,故國,少昊後,盈姓",今郯城縣西南。此郯可能是周初滅炎以後南遷之國,猶成王既伐奄與薄姑,遷徙其國。

此器與下召尊同記九月才炎,乃同時器。此器的主帥是白丁父,其征伐的目的是楚

---

* 現藏巴黎基美博物館。

伯,故前述宜侯夨毁(本書 5)記此作器者令於次年四月東征至於宜;召尊的主帥是白懋父,故前述小臣謎毁(本書 8)記該器的作者於十一月隨白懋父伐東夷至於海眉,萊地出土的旅鼎(本書 7)記旅隨公大保伐東夷亦是十一月,可能是同時。由此可見,以平陰之炎爲根據,東可以伐黄縣一帶的東夷(萊),南可以伐曲阜的奄(蓋)以及淮上楚熊之族。

王姜、姜是一,郭沫若説"乃成王之后",是。乍册睘卣史叔隋器(本書 31、54)的王姜,三代6.37.3 魯侯鴞尊與本書 40 息伯卣(器形見善吉 3.33)的姜,都可能是一個人。姜賞令以臣、鬲,乃是奴隸,詳西周文中的殷人身分(歷史研究 1954:6)。王姜賞令以貝和臣、鬲,令白丁父貺之於令之戍地,所以銘言敢揚皇王之賞錫、丁公之文報;又説敢揚皇王之錫,用作丁公之寶毁;又説用啓告後人,報于丁公。"丁公文報"即丁公之報,即琱生毁"報婦氏帛束、璜""白氏則報璧"。"後人"即後嗣,君奭"我不以後人迷",康王之誥"用敷遺後人休"。

銘文三見丁公,即上文的"公尹白丁父"。令彝(本書 19)周公子明保,又曰明公、明公尹,保和尹是其官職,公是尊稱。以此例之,白丁父之官職是尹,其尊稱是公,故可以稱丁公。令彝稱其父爲父丁,丁是廟號;此父丁在宜侯夨毁稱爲"虔公父丁",所以此器的丁公决不是令父。白丁父可能是姜姓齊侯吕伋,齊世家又稱之爲丁公。

此器之作,是爲紀念丁公,當時丁公尚在。此例在銅器中亦是存在的。此器之作,用以奠使于皇宗、用以饗王、用以享燕同僚,乃是實用之器。

器銘末"某册"二字乃是族名,凡令一家之器,均有此銘記。

此器紋飾腐蝕,略近于吕鼎(尊古 1.27),鼎銘曰:

隹五月既死霸,辰才
壬戌,王居于大室,吕
祉于大室。王易吕鬯
三卣、貝卅朋。對揚王休,
用作寶齋,子子孫孫永用。

似已入于康世。稱王居于大室,則大室非宗廟,乃是宫寢。

戊、白懋父諸器

16. 召尊

圖象 上海 37

銘文 録遺 205

唯九月才炎自,甲
午白懋父賜召白
馬,每黄、髮微,用𠬝

不杯。召多用追于
炎不朁白懋父友,
召萬年永光,
用作團宮旅彝。

銘7行46字。同出者尚有一同銘之卣,1948年見于北京。1951年7月歸上海市文物管理委員會*,徐森玉先生見賜兩器的拓本及照片。

此兩器記九月甲午白懋父才炎賞錫召以白馬,召與召圜器(本書25)之召疑是一人。兩器所述,與前令器同月同地,應是同時之作。此錫"白馬"当是馬一匹,與乍册大鼎錫"白馬"同例,当是乘馬。"每黄、髪微"乃是形容白馬的黄拇斑髪。金文"敏揚"之敏或作每,尔雅釋訓"敏,拇也",拇即足大拇。説文髪的或體同此器;説文"黴,中久雨青黑也,從黑微省聲",義爲黑斑點,音義都近于霉。

第三行末字,不識,是動詞。其下二字見于:

長由盉　敢對揚天子不杯休(本書103)
師奎父鼎　敢對揚天子不杯魯休(本書111)
歸伯毁　敢對揚天子不杯魯休(本書196)
守宫盤　祼周師不𠀚(本書133)
師遽毁　敢對揚天子不杯休(方彝作"不顯")(本書116)
番生毁　番生不敢弗帥井皇且考不杯元德(三代9.37.1)

其義近于丕顯,故與不顯互用。

第五行末字原從口,假作賄,尚書序"賄肅慎之命",傳云"賄,贈也"。

此召所作的尊和卣,樸素無紋,只有提梁兩端有羊頭,蓋上項上中間有小羊頭。

此種形式和下列五器相同:

員父尊　夢續24,傳易州出土
嬴季卣　商周667
乍册䚄卣　　　　明保　　(本書20)
乍册睘卣　王,王姜,十九年　　(本書31)
乍册睘尊　君　　(本書31)
令方彝　王　明公,明保,令　　(本書19)
令毁　王,王姜　令,白丁父,九月才炎(本書15)
矢毁　成王　矢　　(本書5)
史叔隋器　王,王姜　大保　　(本書54)

---

* 尊、卣均藏上海博物館。

召尊　　　　　　　　　　　　白懋父,九月才炎(本器)

除同形制的五器外,我們又附列了銘辭内容相互有關的後五器,以資聯繫。由此形制的銘辭的聯繫關係,可以得到以下的結論:(1)所有諸器的王是成王,王姜是成王的君后,凡此諸器以及可與此諸器相繫聯的各器,都是成王時代的。(2)"隹十又九年"可以確定爲成王十九年,則成王在位至少19年。(3)召和令諸器,依其史實乃屬于成王初期的,而召器和成王十九年的睘器在形制和花紋上是極相近似的,只有字體稍有早晚的差别。由此可見某一形制可以存留若干年,我們對銅器斷代不可以單憑形制作生硬的分别。(4)召所作的尊、卣與成王以前殷器的形制有所不同,它們代表了成王時代典型的"西周"的尊和卣的形式。(5)由于樸素的召器與繁縟的令器同屬于成王初期,可知銅器的年代不決定于花紋的繁簡。但簡樸式乃西周初期成、康兩朝較爲流行的風尚,與繁縟式並行;西周初期以後,則中庸式更爲盛行。

17.小臣宅𣪘

圖象　貞圖32,商周266

銘文　三代6.54.1,大系録12

隹五月壬辰,同公才豐,
令宅事白懋父。白易
小臣宅畫甲、戈九、易
金車、馬兩。揚公、白休,
用乍乙公䵼彝,子子孫
永寶,其萬年,用鄉王出入。

銘6行52字。羅振玉舊藏,1955年在旅順廢銅中重現,今在旅順博物館*。

豐即豐邑,近鎬京。同公亦見沈子它𣪘(本書77)"作怙于周公,宗陟二公,不敢不怙休同公"。是同公與周公同時。

此器白懋父錫小臣宅四事:甲、戈、車、馬。甲即甲衣,廣雅釋器:"函、甲、介,鎧也。"周禮考工記"函人爲甲"以革爲之;左傳莊十一"蒙皋比而犯之",據杜注則是虎皮;楚辭九歌"操吴戈兮披犀甲"。此器的甲字,則象干盾之形。舊或誤釋爲干,或誤釋爲十。卜辭卜人名"古"、金文大盂鼎(本書74)"戎""古"、庚贏卣(本書73)"姑"皆從"甲",都與此器"甲"字相同。西周金文其它的戎字則從"十"(即金文甲子之甲),小篆"戎"字則從"甲"。金文甲冑之"甲"與甲子之"甲"雖有繁簡之别,其實是同源的。小盂鼎(本書75)的"貝冑一,金甲一",十五年趞曹鼎(本書113)的"甲,殳",都與此器之"甲"字同形。小盂鼎的金甲是青銅甲,此器的畫甲當是在革皮上施以漆繪。

---

* 現藏中國歷史博物館。

金車即銅製車件所作之車，並非全爲銅製的。昜即廣雅釋器"赤銅謂之錫"。周禮巾車"一曰玉路，錫樊纓"，注云"錫，馬面當盧刻金爲之，所謂鏤錫也"。詩韓奕"鉤膺鏤錫"，説文"錫，馬頭飾也"。"馬兩"是馬一對，西周金文凡賞馬常是三匹，因一車三馬，而此與小臣麦鼎(博古 2.14)錫以兩匹。

此器爲乙公的祭器，而又用以"饗王出入"，是兼爲實用之器。

此器也屬于簡樸式的花紋，與召尊(本書 16)等應是同時之作。西清 13.6—7(其一又見陶續 1.30)乃是一對繁縟式的方彝，銘中的乍册宅，可能即是小臣宅。顧命"丁卯命作册度"，于省吾説"尚書度多與宅通，古文作宅，今文作度。作册宅，宅乃作册之名"(尚書新証 4.22—23)。並引此方彝爲証。宅爲白懋父之小臣當在成王初期，其爲作册當在成王晚世，所以顧命提到他。

若此器的小臣宅與方彝的作册宅是一人，則此器的乙公即方彝的父乙。

18. 御正衛毁*

圖象　武英 58，商周 267，大系圖 59

銘文　三代 6.49.6，大系録 11

五月初吉甲申，
懋父賞御正衛
馬匹自王，用乍
父戊寶隮彝。

銘 4 行 23 字。舊在熱河行宫，曾在北京故宫武英殿陳列**。

懋父即白懋父，此猶伯禽之或稱禽父。御正是官名，亦見一爵(善彝 155)，此爵有"公大保"之稱，當是召公的生稱，乃成王時器。御正猶左傳襄九、廿三校正、馬正之類。

"懋父賞御正衛馬匹自王"與下第 25 器召圜器"休王自彀賞畢土方五十里"同例，"自王"之王應與令方彝之"自王"同爲王城地名，詳下令方彝。

此器與衛鼎(善彝 28)爲一人所作，鼎銘曰：

衛肇乍厥文
考己中將鼎，
用孝壽、匄永福，
乃用鄉王出入

---

* 作者眉批云："此器作顧龍之紋，近共王諸器，應在康世。又'王'字亦不類成王體。"在其所列器目表中列的康王時期爲第一件器。

** 現藏臺北"中央博物院"。

事人罡多朋

友,子孫永寶。

除此二器外,衛之有關諸器如下:

衛卣	衛作季衛父……	精華 78
衛尊	衛作季衛父……	善吉 3.85,日本 153
衛父卣	衛父作……	恆軒 66,西清 15.27
白衛父盉	白衛父作嬴……	善彝 108

凡此四器的衛可能是御正衛,季衛父是衛的季父,白衛父也許與衛無關,但都是西周初期器。

小臣謎毁和召尊以下各器,都有白懋父。尚有兩器,記白懋父北征:

吕行壺	唯三月,白懋父北征……	西清 19.8
師旂鼎	唯三月丁卯,師旂衆僕不從王征于方,雷吏厥友弘以告于白懋父……	本書 76

乃一時之作。方是北方地名,詩小雅出車"往城于方",六月"侵鎬及方",鄭箋云"鎬也方也皆北方地名"。武丁卜辭所伐之方,即此方。小校 9.93.1 有銅兵器銘曰"叡司土北征蒿、□",秦本紀繆公三十六年"大敗晉人,取王官及鄗",皆即六月之鎬,在晉。

白懋父北征的兩器,似當在成王後半期或康王時期。吕行壺是簡樸式的壺,與商周 714、715 兩壺是同時的。師旂鼎項下一圈鳥紋,身尾已顯分離,表現爲稍遲的形象。另有一簡樸式鼎(夢郼 1.14)銘曰:

唯八月初吉

辰才乙卯,公易

旂僕,用乍

文父日乙寶

隮彝。𦣻。

可能是一人之作,因它和丁侯鼎(善彝 23)相同;後者因丁侯之稱與獻侯鼎同屬于成王時,參下第 32 器。

己、明保諸器

19.令方彝

圖象 精華 10—11,賸稿 36—37,弗利亞 21—22,美集録 A646,商周 603,大系圖 55

銘文 三代 6.57.1(器)、6.56.2(蓋),大系録 3

隹八月辰才甲申,王令周公子明

保尹三事、四方，受卿事寮。丁亥，
令夨"告于周公宫"，公令"造同卿
事寮"。隹十月月吉癸未，明公朝至
于成周，造令：舍三事令罜卿事
寮、罜者尹、罜里尹、罜百工、罜者矦——矦、
田、男；舍四方令。既咸令，甲申明公用牲
于京宫，乙酉用牲于康宫。咸既用牲于
王，明公歸自王。明公易亢師鬯、金、小牛，曰：
"用祷。"易令鬯、金、小牛，曰："用祷。"廼令曰："今
我唯令女二人亢罜夨爽左右于乃
寮以乃友事。"乍册令敢揚明公尹
厥宦，用乍父丁寶䵼彝。敢追
明公賞于父丁，用光父丁。册、雋、册。

器銘14行187字，蓋銘同而行款稍不同。器高34.1，寬24.6，口17.7×19.3，底15.7×18.2釐米。傳1929年洛陽馬坡出土，實僅一器，著録者每誤爲兩器。今在弗利亞美術陳列館。又有一尊(善彝132)與之同銘而行款略有不同。

郭沫若定此器爲成王時代的，十分正確。學者因見此器有康宫，以爲康王之廟，則器應作于康王之後。此説蓋不明于古代宫廟的分别。

宫與廟是有分别的。宫、寢、室、家等是生人所住的地方，廟、宗、宗室等是人們設爲先祖鬼神之位的地方。易繫辭下"上古穴居而野處，後世聖人易之以宫室"，説文"宫，室也"，爾雅釋宫"宫謂之室，室謂之宫"，"其内謂之家"。宫、室、(或寢卧之)寢與廟是對立的，故詩思齊"雍雍在宫，肅肅在廟"，閟宫"路寢孔碩，新廟奕奕"。在西周金文中有一通例，即"王才"之語不是王在某地(如宗周、成周、周、鎬京、豐、奠、魯、吴等)便是王在某宫(如康宫、邵宫、新宫、師某宫等)某寢(如康寢等)某室(如成大室、穆王大室等)或某应(如減应等)。南宫柳鼎(本書164)有"王才康廟"，但此爲王在康廟册命，非王居于康廟。金文記"王才某"而"旦王各廟"；其例如下：

同毁　王才宗周，各大廟(本書157)
敔毁　王才成周…王各于成周大廟(本書165)
免毁　王才周，昧爽王各于大廟(本書128)
師兑毁　王才周，各大廟(本書170)
大克鼎　王才宗周，旦王各穆廟(本書185)
師兑毁　王才周，各康廟(本書170)
吴方彝　王才周成大室，旦王各廟(本書114)

蔡毁　王才減应，旦王各廟（本書 139）

元年師事毁　王才減应，甲寅王各廟（本書 145）

鄠毁　王才周邵宫，丁亥王各于宣射（大系 148）

虢盤　王各周廟宣廟（本書 215）

由最後二例，知宣射在周廟之内，故王在（王城之）邵宫而于丁亥各于（成周）周廟之宣射（榭）。由君夫毁“王才康宫大室”知大室在宫内，故吴方彝王在宫中之成大室而旦各于廟，吕鼎曰“王居于大室”。大室乃宫寢中的大室，故爾雅釋宫曰“室有東西廂曰廟，無東西廂有室曰寢”，所謂有室郭注以爲“但有大室”。是宫寢但有大室，而金文的大室在宫寢之内。西周金文記王册命臣工于大室，亦即在宫見臣工，與左傳、國語之“朝于某宫”同。

由上知宫爲居住的宫室，所以西周金文有：

周公宫　本器

庚嬴宫　庚嬴卣（本書 73）

康宫　康鼎（本書 156）

成宫　吕壺（大系 84）

屖宫　宰屖父毁（考古圖 3.15）

師录宫　師晨鼎、師俞毁、諫毁（本書 134—136）

師田宫　三代 10.45.2

師𣐼宫　大師虘毁（本書 137）

師秦宫　博古圖 3.31—32

大師宫　善鼎（大系 36）

師汓父宫　牧毁（大系 59）

凡稱宫者除庚嬴爲女子外，多是師。康鼎的康宫是康的宫室*，猶辟宫爲宰辟父之宫（考古圖 3.15）。此器的周公宫與在宗周的大師宫，其性質正是相同的。周語上“彘之亂，宣王在邵公之宫”，韋註云“在邵公之宫者避難奔召公也”。邵公之宫猶周公之宫。

此器的上官與下屬二人的名稱，前後數稱：

周公子明保——明公——明公尹——明公

夨——令——乍册令　令毁乍册夨令，宜侯夨毁虔侯夨、宜侯夨

由最後一器知令事成王，則此方彝的王亦是成王，而此生稱的周公乃是周公旦。然則周公子明保究應是誰呢？

前述明公毁、禽毁二器（本書 11、13），記周公長子伯禽事。此周公子明保乃周公次子君陳，見漢書古今人表。禮記坊記鄭玄注云“君陳蓋周公之子，伯禽弟也”；禮記檀弓上正

---

* 作者眉批：“師穎毁、輔師嫠毁有‘周康宫’，故知康宫非康之宫。”

義引鄭玄詩譜曰"周公封魯……元子世之,其次子亦世守采地,在王官"。正義因謂君陳即公之次子。尚書序曰"周公既殁,命君陳分正東郊成周,作君陳"。東郊即東土,由費誓序可知。

君陳應是此器的明保,其理由如下:(1)君陳是周公次子,而此器明保是周公子。(2)尚書序説君陳分正東郊成周,而此器明保於成周尹三事、四方,爾雅釋言"尹,正也"。(3)君陳之"君"猶君奭之"君"乃是保或大保之官。君奭稱召公爲保爲君,顧命稱召公爲大保;此器稱明保爲保爲公爲公尹,而乍册大鼎有"皇天尹大保"之稱(本書67),是尹之爲保亦猶君之爲保。君陳、明保其官職是君、尹、保,明是其封邑,公是其尊稱。此器稱君陳爲"明公尹"猶顧命稱君奭爲"召大保奭"、金文之稱"公大保"。是君陳乃周公之次子,傳受"周公"的爵位,世守周的采地,爲王官。惟此器作時,周公尚在,故稱明公。(4)説文"田,陳也",詩東山釋文"古田、陳音同"。小臣傳卣曰"王才鎬京命師田父殷成周年"(三代8.52.1),乍册䰧卣曰"隹明保殷成周年"(善彝118),師田父恐即是明保,詳下第20器。

"三事、四方"即下所述"舍三事令""舍四方令"。詩雨無正"三事大夫,莫肯夙夜;邦君諸侯,莫肯朝夕",以三事大夫對邦君諸侯,猶此銘以三事對四方,四方是四方的諸侯。左傳成二"王使委于三吏",杜注以爲"三吏"即"三公",周書大匡"三吏大夫",即三事大夫。據盠方彝"參有𤔲:𤔲土、𤔲馬、𤔲工"(本書122),則三事大夫乃司徒司馬司工。

左傳文七"同官爲寮",是卿事僚不止一人。詩十月之交"皇父卿士",常武"王命卿士,南仲大祖,大師皇父",是皇父爲卿士之爲大師者。卿士之長,後世稱冢卿,左傳襄十四衛定姜曰"先君有冢卿以爲師保",是衛制亦以冢卿兼師保。此銘周公、明保先後爲卿事僚的首長,則周公、明保先後爲卿士之爲師保者。

此銘以八月甲申王令明保,後三日丁亥告於周公宫,至十月癸未始朝至於成周,相隔二月。"朝至"即"東至",詳下,則王命明保之地並周公之宫當在西土。善鼎曰"王才宗周,王各大師宫",此大師宫之在宗周者。周公當成王時爲大師,此在宗周之大師宫與周公之宫不知是否一地。周公子明保不親告而令令"告於周公宫",可証八月甲申之時王和明保在一地而與周公不在一地。明保使令告於周公宫,而公(即周公)令令"造同卿事寮",是卿事寮本屬於大師周公所掌。由此可見明保代理"周公"的職位,與文獻所載周公次子世爲"周公"之説相符合。"告於周公宫"而公令"造同卿事寮",則周公是生稱而宫是周公所居之宫;卿事寮先受掌於周公,因王命而授於明保。

自八月甲申至十月癸未,恰是六旬。至此"明公朝至于成周"。王令之時稱爲明保,此時代周公至成周尹三事四方,故此以下稱公或公尹。"朝至"之詞見於以下各篇:

召誥　太保朝至于洛　周公朝至于洛

洛誥　予惟乙卯朝至于洛師

牧誓　王朝至于商郊牧野

凡此洛、洛師、牧並成周由西土的周説來都屬於東國,所以朝至也者謂東至。金文朝字一旁象日出草中,一旁象水潮之形。日出東方爲朝,故朝有東義:考工記匠人建國"以正朝夕",正義以爲"言朝夕即東西也",爾雅釋山"山東曰朝陽"。

"舍令"之事亦見於小克鼎與毛公鼎(本書186、201)。前者是王命善夫克"舍令於成周"。爾雅釋言"逮,及也",金文作眔。"舍三事令"以下及於卿事寮至諸侯。此銘的諸侯是住在成周的諸侯,西周中期金文曰"命女司成周里人眔諸侯大亞"(善彝81),可証有些諸侯住在成周而其地位與"里人"等,受管制。召誥"周公乃朝用書命庶殷:侯、甸、男、邦伯……庶殷丕作",記在洛之新邑命殷諸侯營新邑,新邑即此器之成周。所以左傳昭卅二曰"昔成王合諸侯城成周,以爲東都"。成王之時,百官與受管制的殷諸侯皆在成周新邑,故多士曰"惟三月周公初于新邑洛,用告商王士"。尚書序"成周既成遷殷頑民,周公以王命誥,作多士";周本紀"成王既遷殷頑民,周公以王命告,作多士、無逸";穀水注"昔周遷殷民于洛邑,城隍逼狹,卑陋之所耳,晉故城成周以居敬王";漢書地理志河南郡雒陽下班固自注云"周公遷殷民,是爲成周"。凡此皆以成周爲殷民遷居之邑。逸周書作雒篇"俘殷獻民,遷于九里"(據四部叢刊本,玉海引作雒亦作九里,一本誤作九畢),孔注云"九里:成周之地"。此九里當是韓非子説林篇之臼里,戰國策韓策之九里(一本誤作九重)。尚書序"康王命作册畢分居里成周郊",亦謂命作册畢公分正成周郊里居的殷人。此里居於九里的殷民,即召誥的"庶殷",酒誥的"百姓里居"、"殷獻臣",召誥的"讎民百君子",逸周書商誓篇的"百官里居獻民"、"百姓里居君子"、"百姓獻民",作雒篇的"殷獻民"。所以金文中的"成周里人眔諸侯大亞",大約即指此里居于成周郊九里中的殷侯殷百官百姓。後漢書鮑永傳"賜永洛陽商里宅",注引東觀漢記作上商里,陸機洛陽記"上商里在洛陽東北,本殷頑人所居,故曰上商里宅"。元河南志卷二上商里條:"賜鮑永洛陽商里宅。"

"者尹"即諸尹,卜辭有"多尹",酒誥有"庶尹",顧命有"百尹"。

"里君"亦見于史頌𣪕(本書206)"……里君百姓……于成周"。逸周書嘗麥篇"閭率里君",管子小匡篇"擇其賢民,使爲里君"。周語中及左傳襄九之"司里",魯語上之"里人"(注云里宰也),禮記雜記之"里尹"(注云閭胥里宰之屬),可能皆是"里君"之類。

左傳襄十四"百工獻藝",周語上"百工諫",凡此"百工"近于酒誥的"百宗工",都是有技藝的人而在官者。西周晚期金文如伊𣪕的"官司康宮王臣妾百工"(薛氏2.11),則已淪爲奴隸,與此方彝的百工,有所不同。

此器的"諸侯:侯、甸、男"乃指亡殷的諸侯,參西周文中的殷人身分(殷墟卜辭綜述611—628)。明公"舍三事令"及于殷之諸侯,其"舍四方令"則及于當時分封的諸侯。此器文法應如此讀才順。我過去以爲"四方令"及于其上文的"諸侯侯田男",是錯誤的。

"既咸令"謂既已舍了三事令與四方令。召誥"厥既命庶殷",文例與此同。

銘記十月癸未明公舍令于成周,次日甲申用牲于兩宮。説文"牲,牛完全",用牲是用全牛。召誥"用牲于郊,牛二",春秋文十五"用牲于社",春秋莊廿五"用牲于社于門"。春秋用牲于社,乃由于日食,其義爲釁社除災。召誥記三月庚戌日庶殷攻位于洛汭,五日甲寅而位成,又三日丁巳而用牲于郊,其義爲奠基。殷虚發掘中常在基址内外埋有牛、羊、犬,似亦爲奠基而用牲(參學報 4:293—300)。我們前已論到宫爲宫室而非宗廟,則明公用牲于京宫、康宫當也是爲了奠基。

"咸既用牲於王,明公歸自王",是明公既已用牲于京宫及康宫,乃自王歸至某地。明公在癸未舍命于成周而次日甲申用牲于兩宫,則京宫、康宫所在之王去成周不足一日的路程,應是王城。卜辭金文介詞"于""自"之後可以是地名也可以是身分或人名,但介詞"于""自"之前的動詞"用牲""歸"皆説明王爲地名。以王爲地名,始于唐蘭,他釋此銘説"歸自王城復至于成周也。王城、成周相距蓋不過卅里。詩六月來歸自鎬,與此辭例略同"(國學季刊 4:1:26)。我們以下將述明王城爲西周天子居住之所,戰國策東周策所謂"西周者故天子之國也"(此西周指戰國時西周公所居之河南、王城)。明公在王二日,即遄歸,正足以説明京、康二宫之用牲乃爲奠基。至唐氏以爲歸于成周,則銘無明文。

舍令于成周與用牲于王,既已畢事,明公乃歸而賞錫其從行的兩個下屬,一爲師、一爲作册之官的。師名尢,即説文訓爲"曲脛之人也,象偏曲之形",古文作尪。何毁(本書179)"赤市朱黄"之黄作此,古黄、王音近。攈古 1.26 一器,應是同人爲父癸而作,其器形、花紋並屬成王時。明公賞賜二人相同,並告二人用以祭其先者;乃命此二人左右于其僚友,是指明公所屬的卿事僚。受賞二人中之一乍册令遂因追明公之"賞于父丁",作此器"用光父丁"。銘記明公賞令以鬯、金、牛三事,用金鑄器用牛爲牲以祭其父丁,所以第十行第二字作爲祭祀的動詞,應是祭其先者。

此器銘文近 200 字,是成王時銘文之最長者,對於周初歷史極關重要。此器出土後,考釋者頗多。郭沫若以王爲成王而以明保爲伯禽,唐蘭以"自王"爲王城而以王爲昭王,馬叙倫以明保爲周平公而亦以王爲昭王。此三家都各有得失,而郭氏排斥衆説明此爲成王時器,實與原器形制、紋飾和銘文内容相符合。自 1935 年來,曾考釋此器先後十易其稿,廿年以來屢不能定。最近二年中,因令器之出土于丹徒,河南縣城的實地勘查與漢魏洛陽城的調查,以及其他有關西周器的出現,乃重爲考定,並述西周都邑的考証于後*。

20. 乍册翻卣

圖象 善彝 118,商周 668,大系圖 166

銘文 三代 13.39.2,大系録 4

* 見本書下編總論部分。

隹明保殷成周年，

公易乍册𩁹鬯、貝，𩁹

揚公休，用乍父乙

寶𢀛彝。□册。

器銘4行27字，蓋同銘。劉體智舊藏。傳1929年與令諸器同出土于洛陽馬坡*。作器者與波斯頓美術館一盤（精華152，三代17.3.3）當是一人之作。

此器應與小臣傳卣（三代8.52.1）並讀，其銘曰：

隹五月既望甲子，王［才鎬］

京令師田父殷成周年，

師田父令小臣傳非余，傳□

□朕考□。師田父令余□□

□寮官，白□父賞小臣傳□。

揚白休，用乍朕考日甲寶［𢀛彝］。

所謂"非余"亦見于友鼎（頌1），疑是説文"璠璵，魯之寶玉"。

比較兩器，則師田父可能即明保，亦即周公次子君陳。

周禮大宗伯"殷見曰同"，明保殷成周即明保至成周殷見東都的三事大夫與内外諸侯，如令方彝所述。方彝與此二卣的殷于成周，不一定是同一年的事。但有可知者二事：一成王時周公子明保代其父爲東方的公尹、宣王命于東都百官和諸侯；二、凡舍命皆行于成周，此與成周里居殷民及其它的諸侯大亞有關。

周禮秋官大行人"十有二歲王巡守殷國"，"凡諸侯之邦交，歲相問也，殷相聘也，世相朝也"，"歲"、"殷"、"世"説明時間上有區别。孫詒讓正義曰："大宗伯注云：殷見四方，四時分來，終歲則徧。蓋殷同即在王都。"又引金鶚曰："夫殷見之禮，四方諸侯畢至，故有殷名。"

此器代表成王時的簡樸式，但其提梁之兩端無小羊頭，其時代較早。

21. 士上盉

圖象 善彝107，美集録A331、R305，商周476，大系圖194

銘文 三代14.12.2，大系録15

隹王大龠于宗周造

居鎬京年，才五月

既望辛酉，王令士

* 同作器者之尊，現藏倫敦不列顛博物館。

上罘史寅"寂于成周,替
百生豚"罘賞卣鬯、貝,用
乍父癸寶隮彝。臣辰册光。

銘6行50字,鋬下亦有族名臣辰册光4字。器高22.3,寬21釐米。劉體智舊藏,今在弗利亞美術陳列館。器與令器同出,因附于此。

第四字,郭沫若以爲夏祭之名。其字疑是龢(即和)之初文,小爾雅廣言"龢,和也"。大和于宗周猶召誥"四方民大和會……和見士于周"。大和于宗周與下殷同于成周,是不同的。前者可能是同姓諸侯的和會,後者是異姓侯民的集會受命。殷見之事皆行于成周,見前器所述。

第八字釋爲造字,與令方彝同。第二行第一字,或釋饔,疑是居字。字從宀從食從乃得聲,後者説文以爲即詩"我姑酌彼金罍"之姑。此字亦見于吕鼎"王居于大室",麥尊"會王居鎬京",皆成、康時器。此器上記王行大禮于宗周,下言出居鎬京,則此二者的性質可以分辨:宗周之于豐、鎬,猶成周之于王(周)。

士與史皆官名,士亦見下士卿尊(本書36)。此器記王錫二人之事,與令方彝同:方彝是令所作,此器爲父癸而作,則作器者應是士上或史寅中之一人,今取前者。凡王命二人者,一般都是作器者先列,令鼎(大系14')、㒼毁(本書162)都是如此。所以此器應稱士上盉。

第4行末字即説文珏(或作瑴)字,此假作割或穀。詩甫田"以穀我士女"。此言穀百生豚即分百姓以豚。替字用法可參辛鼎,鼎銘云"用替厥剸多友",亦作動詞(録遺89)。

此銘罘字是二短語的連詞。王令士上、史寅殷於成周並賞二人以鬯、貝。

銘末四字是族名,舊題此器爲"臣辰",今正。

此有"臣辰"族名的一羣銅器,傳1929年出土洛陽馬坡。我們前已述及,它們是同時代的,而有先後之别;它們不全是同時的,而是同家族的。這樣一次一坑出土的一家的許多類型之器,對於研究形制、花紋具有特别重要的意義。可惜當出土後,即已分散。今據所見所聞,分組録各器于下,以資形制學的比較研究:

甲、士上組

1盉 2尊(白鶴4,日本141,三代11.35.3) 3卣(善彝123,白鶴譔19。美集録A630與此非一)

乙、父癸組

4盉(善吉8.34) 5鼎(貞圖1.16) 6、7毁(三代7.16.1—2,3—4) 8毁(善彝55) 9爵(Leventritt) 10爵(頌續87)

丙、父乙臣辰組

11鼎(Wacker) 12鼎(賸稿5) 13鼎(安大略NB3226,同上器) 14鼎(三代

2.46.8) 15、16 爵(三代 16.33.6—7) 17、18 爵(善齋 6.46—47) 19、20 卣(福格,梅葉爾) 21、22 毁(福格) 23 尊(拓本)

丁、父乙微組

24 鼎(三代 2.19.8) 25 毁(商周 262) 26 爵(巖窟 1.41) 27 觶(三代 14.42.4) 28 毁(普塞耳) 29 尊(奇觚 5.5,1892 年出土) 30 毁(三代 6.11.6,圈足下三足,高 20、口 17.5 釐米) 31 毁(馮德培)

戊、父辛組

32 鼎(三代 2.48.1) 33 鼎(三代 2.27.3) 34 甗(賸稿 8,9) 35 尊(三代 11.21.7)

己、臣辰微組

36 壺(三代 12.6.5—6) 37 毁(安大略 NB4107) 38 盤(安大略 NB4108) 39 盉(安大略 NB4109)

庚、微組

40、41、42 爵(頌齋 20,三代 16.25.10、15.2.4)

此外尚有兩壺,一屬父辛組(哈德),一是父己(歐德),未見。

上述四十餘器,其族名可分爲二類:甲、臣辰微(1—7,11—23,35—39),乙、微(8—10,24—34,40—42)。35 尊作"小臣微辰父辛",則它器的臣都是小臣之省。臣辰與微雖是同一家族的族名,應有分别:臣辰是"小臣辰"之省,最初當是人名;微可能是封地。以"小臣"爲族名猶召公世家以"大保"爲族名,皆以官爲其氏。

庚、燕、召諸器

22. 小臣摅鼎

銘文 録遺 85

召公□匽,休
于小臣摅貝五朋,
用乍寶隩彝。

銘 3 行 17 字。器不知所在。

器形所未見,就其字體文例定爲成王時器,召公應是召公奭的生稱。第三字構形複雜,不能識,但它介于兩名詞之間,必須是表示行動作爲的動詞。它和䧹鼎(本書 70)的"才匽"有所不同。

燕世家説"周武王之滅紂,封召公于北燕",由于此器召公不"在燕"而是往(?)于燕,則召公亦猶周公之未就封于魯,並未就封于燕。就此點而言,鄭玄與司馬貞之説甚是正確:

檀弓上正義引鄭玄詩譜謂周、召二公"元子世之,其次子亦世守采地,在王官";燕世家索隱説"亦以元子就封而次子留周室,代爲召公"。史記所述周諸侯世家,其篇名可分爲三類:

(1)齊太公、魯周公、燕召公

(2)吴太伯、衛康叔、宋微子、越王勾踐、田敬仲完

(3)管蔡(曹)、陳杞、晉、楚、鄭、趙、魏、韓

(3)以國爲篇名,(2)以國與開國之君爲篇名,而(1)則以始就封者之父與國爲篇名。(1)中的魯、燕實際上爲魯、燕諸侯世家,而周公、召公之世在王室者,並不在世家文内。

此器之小臣乃燕侯(召公元子)之小臣,故與下燕侯盂皆是燕器而非召器。召公至燕而以五朋賞于其子燕侯之小臣,此人乃作器以記其光寵。

召公、召白之器有以下各例:

大史友甗"大史友乍召公寶隮彝"(本書72)

害鼎、白害盉、龢鼎"召白父辛"(本書70、71)

五年琱生毁"琱生又吏召來合事……召白虎曰"(本書166)

六年琱生毁"召白虎告曰……用乍朕烈且召公嘗毁"(同上)

後二器乃西周中期器,其它(詳後論梁山七器)則屬于康世而召公、召白爲故後的追稱。

召公享壽高,至康王之時猶爲大保,見顧命。論衡氣壽篇"邵公,周公之兄也,至康王之時尚爲太保,出入百有餘歲矣。傳……邵公百八十……"。風俗通義卷一七國篇也説召公"壽百九十餘乃卒"。此種傳説固不免夸大其辭,但召公應是歷史上享高壽的一人。春秋時吴器者減鐘曰"若召公壽,若參壽",孟子盡心篇趙注云"壽若召公",必有所本。

左傳僖四"管仲對曰昔召康公命我先君大公曰",服虔云"召公奭"。檀弓上正義引鄭玄詩譜"召公封燕,死謚曰康公",史記亦或稱召康公。謚法之興甚晚,召公死稱康公,不知何所本。我曾見康公盂和康公斝蓋,是成、康之器而相傳出于衛輝,應是康侯封之器而非召康公,詳下。

夢續17有一殘毁的底座,銘曰"大保錫厥臣某金,用乍父丁隮彝"。某字(作器者名)從利從否,不識。器底的花紋同于禽毁(本書13),故可定爲成王器,作器者乃召大保之臣。

23. 大保毁

圖象 尊古2.7,商周281

銘文 三代8.40.1,大系録13

王伐录子耶,戲厥反,王
降征令于大保,大保克
敬亡遣,王辰大保易休
余土,用兹彝對令。

銘4行34字。梁山七器之一,鍾衍培、李宗岱、溥倫舊藏,尊古齋售出,今不知何在*。梁山七器的出土,或以爲在道光間(1821—1850年,頌續考釋9),或以爲在咸豐間(1851—1861年,綴遺4.2)。梁山今山東梁山縣,在壽張縣東南、鄆城縣東北、東平縣西南。此一地區内,在殷、周之際頗多小國。

涵清閣金石記説"濟寧鍾養田(衍培)近在壽張梁山下得古器七種:鼎三,彝一,盉一,尊一,甗一;此(指害鼎)其一也。魯公鼎、犧尊二器已歸曲阜孔廟"。綴遺4.2説"咸豐間山左壽張所出古器凡三鼎、一𣪘、一甗、一盉,其銘皆有大保及召伯等文,許印林(瀚)明經定爲燕召公之器,而以出山左爲疑"。此兩種記録,大致相同,而後者少録了犧尊一,即大保鴞卣。梁山七器應是:

1.大保方鼎　本書68　鍾、李、丁彦臣、端方

2.大史友甗　本書72　鍾、李、住友

3.白害盉　本書71　鍾、李、錢有山、溥倫、端方、容庚

4.害鼎　本書70　鍾、李、陶祖光、清華大學

5.大保𣪘　本書23　鍾、李、溥倫

6.大保鴞卣　遺寶附24、遺寶36**

7.魯公鼎

最後一鼎,可能是周公乍文王鼎,清世學者多誤讀金文周字爲魯。據諸城金石記"周魯公作文王鼎,出縣西三十里石屋山,咸豐三年(1853年)出土"。此鼎最先見于宋書博古2.3—5;清代圖録如西清2.1—5,西甲1.5—7,西乙1.4—5,寧壽1.12—13,積古4.6—7,懷米2.3—4,著録多器,王國維列入疑僞之器,今不詳論。

除(7)外,其它六器有大保(1、4、5、6)、召公(2)、召白父辛(3、4)的名稱,所以許印林以爲召公器。(1)—(5)曾經鍾衍培、李宗岱兩氏收藏,應確定爲梁山出土的;(6)流傳不詳,其銘同于(1),所以同出的可能極大。此六器,它們的形制花紋都是西周初期的,不能晚于康王。

除此羣銅器外,凡有"大保"字樣的銅器不一定皆出梁山,而梁山所出銅器有早于或晚于此羣的,無關于"大保"之器。山左金石志"黄小松曰器凡二器(指亞秋舟爵)近人從壽張梁山土中得之",此是乾隆間事而器屬殷末周初。綴遺7.2.2句盤,方氏曰"與大保鼎、𣪘諸器同出山東壽張",而器屬西周晚期。凡以前著録所稱某器出某地,自有其一定的供給出土地的價值,可以參考;但我們仍應審慎的就其形制、年代而分别加以處理。清理、調查或發掘記録不很詳確的出土物,也應該如此處理。

---

* 大保𣪘早年流于美國,1968年歸弗利亞美術館。

** 大保鴞卣出土後不久即流入日本,現藏白鶴美術館。

西周初期金文中的“大保”可分爲三類：

甲、生稱的大保

大保　大保方鼎、鴞卣、𣪘，𣪘(夢續17)，史叔隋器(本書54)

公大保　旅鼎(本書7)，御正良爵(善彝155)

皇天尹大保　乍册大方鼎(本書67)

乙、追稱的大保

壽鼎　光用大保(本書70)

丙、族名之大保

鼎　三代3.10.3

鼎　陶續1.16(三代3.6.5)

三代3.6.4(山東金文集存以爲出梁山)

西甲1.10

虎鼎　寧壽1.28—29

彝　三代6.42.8

其屬於丙類的多是“文王鼎”式的扁足方鼎，“大保”二字或在“某乍寶彝彝”之後，或在其前而皆有空隔，故知其用作“族名”。

梁山七器，大保與召公、召白同出，則知此組銅器是召公世家所作，而大保應指召公，尚書所稱，有以下各例：

召誥　惟大保先周公相宅　大保朝至於洛

君奭　周公若曰君奭　公曰君，告汝朕兄保奭(兄原作允，從于省吾尚書新証2.38改)

顧命　乃同召大保奭　大保率西方諸侯

由此知大保、君奭、保奭、召大保奭並是一人。君、保、大保是其官職，公是其尊稱，召是其封地之名。西周金文稱之爲召公、召白，詩江漢稱召公、甘棠稱召伯。據君奭，周公稱保奭爲我之兄，故白虎通不臣篇曰“召公、文王子也”而論衡氣壽篇曰“邵公、周公之兄也”。

召公在尚書中的稱謂，似可以“君奭——召誥——顧命”三篇爲次序，表示“君、保——大保——召大保”的先後關係。召公爲君、保或爲較前之事。君奭一篇提到武王，當在成王之初。大約武王至成王初，召公爲保，至成王東征之時(旅鼎、大保𣪘等)已爲大保，故成王既歿而顧命稱他爲“召大保”，乍册大鼎稱他爲“皇天尹大保”(本書67)。以此推論，則我們前所述武王時代的第二器中的“保”，可能是“保奭”。

西周初的君、保、大保、公尹是地位很高的官職，而周、召二公尤其是關乎周王室存亡的大局。尚書序曰“召公爲保，周公爲師，相成王爲左右”，周本紀本之曰“召公爲保，周公爲師，東伐淮夷”。燕世家曰“其在成王時，召公爲三公，自陜以西召公主之，自陜以東周公主之",乃本之公羊傳隱五之文。此二公分治東西,與顧命之"大保率西方諸侯"、"畢公率東方諸侯"之説,意義相同。詩江漢説"文、武受命,召公維翰",與洛誥"周公誕保文、武受命"之説,意義相同。成王銅器頗記周公東征之事,而旅鼎及此器則召公東征的記録。此二公之所同。詩召旻曰"昔先王受命,有如召公,日辟國百里",亦追述召公輔武王開拓疆域之事。總之,當武王受命之初,周、召兄弟輔助其兄武王伐殷,左右成王,平定四方之亂,是功勞相當的。

所謂三公之大保的職位與召公大保在周初的顯赫,已如上述。但西周之初另有一種職事,其官稱也是保。

師保之保最早是以女子擔任的保姆,漸發展而爲王室公子的師傅,至周初而爲執王國大權的三公。政治上的大保與保已成爲一專由男子擔任的官職,而維持較古意義的保姆之"保"仍同時存在,亦同時並見于一個時期的金文内。

此器記录子之反,王降征令于大保,大保克敬無譴,王使大保錫土于余土之地,大保因作此器以述(或揚)王命。所征之录疑在南土。金文分域篇 12.12 記一太保玉戈銘,謂見藝林月刊,又引"陜西金石志寶鷄出土。……徐榕生又云出所謂召公墓"。銘中的厲侯亦見宋出土安州六器的中尊,厲字與玉戈銘相同(戈文增攴)。春秋僖十五"齊師曹師伐厲",杜注云"厲、楚與國,義陽隨縣北有厲鄉",漢書地理志南陽郡"隨、厲鄉,故厲國也",今湖北隨縣北四十里有厲山。此玉戈銘與安州六器關係甚大:

中鼎　隹王令南宫伐反荆方之年,王令中先省南國　大系 6

中尊　王大省公族于庚辱旅,王易中馬自厲侯四　大系 7

中甗　王令中先省南國…以厥人戍漢中州　大系 8

凡此諸器,可能與玉戈銘同時。若此玉戈銘是可靠的話,則召大保有征南之事,故江漢之詩周王勉召虎以"召公是似"。

大保毁王所伐者,疑與楚爲近,宋世著録小臣夌鼎(嘯堂 1.10)曰:

正月王才成周,王□于楚、䴢,令小臣夌先省楚应。

可以爲証。則此器大保所征的录亦近于楚。

此毁四耳,耳部形制紋飾同于康侯毁、德毁(本書 4、51),故暫定爲成王時器。梁山七器,有屬于康王的,如大保鼎(本書 68)等。

附記玉戈銘　本文第 23 器下曾引述"玉戈銘",未據拓本,頗多錯誤;承商承祚先生寄示摹本,容庚先生見告陶齋古玉圖已見著録,并此致謝。後來想到,昔年在華盛頓弗利亞美術館實親見此器,字小如米,未暇細辨其真僞。現在檢出放大銘文照片,補爲製版。又所藏玉器拓本中,亦有此戈全形與銘文拓本,辨爲真器真銘。原物曾藏端方,流失海外,甚可嘆息。陶齋古玉圖 84 頁著録,記曰"此器有銘廿九字(案實廿七字),以銘文觀之,當爲西周之器。劉師培有考”。劉考未見。戈長67.4,最寬10釐米;1919年出國。銘兩行,第一行23字,第二行4字,陶齋古玉圖摹本誤分爲兩行又二字,是不對的。第十三字正在戈身中部,爲一長劃所刻去,因知銘文先刻,後刻紋飾。驗其刀口,確切無疑。昔年在哈佛福格博物館見一玉戈,亦刻銘一行,花紋行款地位相同,而是殷末之器。陶齋玉戈銘重釋如下:

六月丙寅王才豐令大保省南或帥漢徣㲃南令𠫑侯辟用(?)

鼃走百人

“或”字被削去,“徣”字見令方彝、士上盉、䵼毁(本書19、21、58)諸器(皆成王器),官字從攴,厲字從阜從攴,“用”字待考。“走百人”之“走”乃一種奴隸的身分名詞。

24.匽侯盂

圖象 文參1955:8,五省20

銘文 文參1955:8,録遺511

匽侯乍餴盂。

銘1行5字。器高24,口徑34,寬38,底徑23.5釐米。1955年5月12日凌源縣海島營子村農民在馬廠溝小轉山子北坡上耕地所獲。同時出土的一組計16件(内2件殘器),可分爲:

烹飪器 鼎1,甗2,另一器當屬殘器之内

盛食器 無耳毁1(銘魚父癸),有耳毁2(一銘蔡),盂1

盛酒器 罍2,卣2(一銘史戉乍父壬,一銘義乍父庚)

壺1,鳥獸尊1

盛水器 盤1,另一器當屬殘器之内

其中壺與鳥獸尊或不屬於此組,如此烹飪、盛食、盛酒三種器各爲4件,盛水器2件,共爲14件,乃一組完整的隨葬銅器。

所謂“餴盂”亦見於要君盂(孫詒讓舊藏)。説文“餴,滫飯也”,或體作饙。詩泂酌正義引字書“饙,一蒸米也”,爾雅釋言“饙,餾,稔也”,釋文云“饙,一蒸飯也”,孫炎注云“蒸之曰饙”。此字有動、静二義:動義爲蒸飯之蒸,静義(名詞)爲所蒸之飯。西周金文此字加於兩種器名之前:1.盛食器之毁、盨、簠、盂,2.烹飪器之鼎、鬲。故所謂饙盂即飯盂。説文“盂,飯盂也;盌,小盂也”,此據北宋刊大徐本。漢書東方朔傳“置守宫盂下”注云“盂,食器也,若盋而大,今之所謂盋盂也”。由此知盛飯之器,小者是盌而大者是盂。凌源出土的燕侯盂,與毁相聯繫,乃是飯盂。

西周初期之盂,傳世者很少。除最近丹徒、凌源出土外,還有:

白盂 西甲16.1(今在故宫博物院)

康公盂 陀里多美術博物館(美集録A814)

永盂　弗利亞25

可與新出兩盂比較。1947年在紐約見抗戰間出土“燕医作旅盂”一對，有蓋，口徑19、高19釐米；惜不記其形制。銘文見下頁插圖。

我舊藏“中乍寶毁”（今贈考古研究所，口徑21.5，高至耳15.8，高至口14，兩耳間24釐米）。形與凌源燕侯盂同而自名毁，可知兩者在功用上相同。西清27.13（有蓋、座）、頌11、尊古2.6都是盂形而自名爲毁；考古圖3.19白百父毁自名爲毁，亦作盂用。尊古2.2、美集録A232（有座），商周284、美集録233（有蓋），以及小臣謎毁（本書8）又扶風齊家村出土宏組之盂（約夷王，文物59:11:73）都是盂形。盂在西周中期後半仍存在，毁、盂之别恐在大小，盂通常較大。凌源出土的燕盂，由其花紋來看，屬於成王，其圈足上的花紋和士上盉（本書21）部分的相同。同出土的各器，盤最可注意。盤尚未有耳而其花紋是一帶蟬紋，凡此皆表示它爲殷式之遺。它和“延乍周公”盤（商周829）的花紋相同，而後者有耳，器作於周公既没之後，當屬於成末康初。由此可知盤之有耳，大約發生在此前後，而殷器中所特有的蟬紋至此漸次消失。蔡毁的花紋、史戍卣蓋上的花紋分别的近於禽毁、趞卣（本書13、30），所以都是成王時的。凌源其它諸器，如鼎上的鳥紋，毁和甗的獸面紋都是成王時代的。如此説，則盂銘的燕侯可能爲召公奭之元子而就封於北燕者，則此組銅器之出土於長城外東北凌源，乃大可玩索。

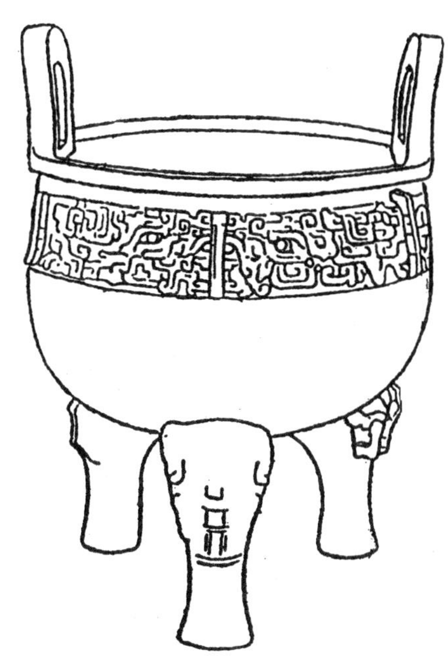

凌源東南出土鼎

1941年在凌源東南的喀喇沁左旗小城村洞上甲南溝屯農民修路發現銅鼎一（見上圖），高“一尺九寸，口徑一尺七寸，重150斤”，見載顧鄉屯第二集50頁。其形制早於大盂鼎，當屬於成王時期，有銘不詳。此鼎出土地與此次出銅器羣之地相隣接，則此一帶地方在西周初期當爲燕人的重鎮之一。

西周銅器而爲燕侯（白、公）所作的，舊時著録不多，近日頗有增，並記如下：

1. 燕侯作饙盂　本器
2. 燕侯作旅盂一　下頁圖
3. 燕侯作旅盂二　下頁圖
4. 燕侯旨鼎一　匽侯旨初見事於宗周，王賞旨貝廿朋，用乍姒寶隮彝。　泉屋1.2
5. 燕侯旨鼎二　匽侯旨乍父辛隮。　攀古2.14，綴遺4.10

6.亞盉　亞曩侯矣,匽医易亞貝,乍父乙寶隩彝。　三代 14.10.7—8

7.燕白匜　匽白聖乍正也,永用。　録遺 499*,冠斝補 6

8.燕公匜　匽公乍爲姜乘般匜,萬年永寶用。　懷米 2.12,三代 17.31.1

以上 1—6 的“匽”字都没有上一横畫,和本書第 22 器小臣擅鼎及第 70 器梁山出土富鼎同;7—8 兩器是西周中期或晚期的,7 的匽字同於 1—6 而 8 則從匚。8 之匽公可能是齊國之晏。春秋金文燕作匽,戰國金文增邑作郾。凡此匽字,潘祖陰説“當爲燕之假借字”(攀

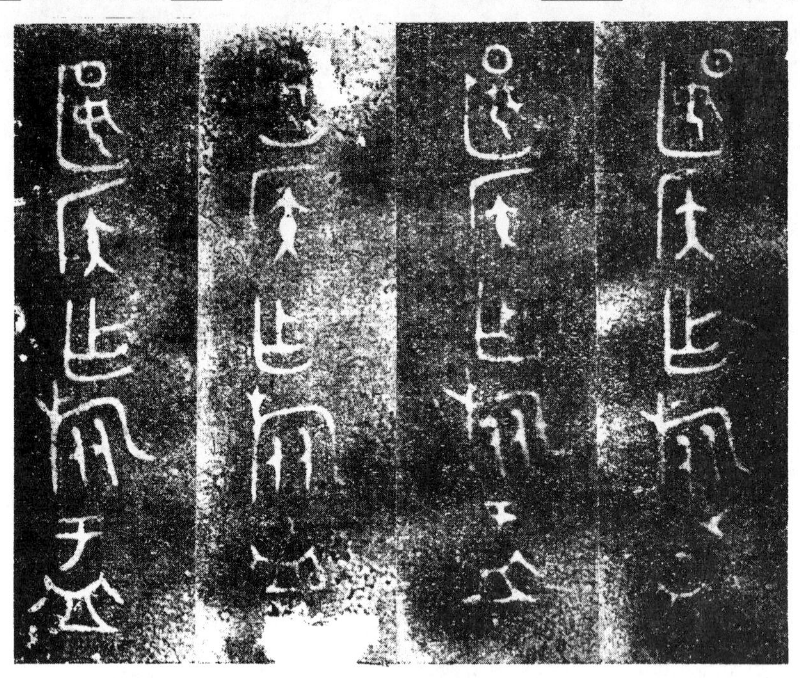

燕侯旅盂(兩器,器、蓋銘)

古 1.15),是正確的。秦、漢之際,不知何故凡匽國一律改爲燕。朱駿聲説文通訓定聲嬴下云“鄭語嬴、伯翳之後也。伯翳子皋陶偃姓,蓋以偃爲之,偃嬴一聲之轉”。如其説可立,則匽之改燕當在秦滅燕之後,以匽爲秦姓,所以改去之。

亞盉出土於北京近郊(或説出蘆溝橋)。潘祖蔭説“同治丁卯(1867 年)間京師城外出土數器,蔭得一爵外:利津李氏(佐賢)得盉一、爵一、觚一、卣一,俱一人所作器,内盉銘中正有匽侯字”(攀古 1.15)。此器後歸潘氏,所以綴遺 14.27 作潘氏藏。

西周初期燕侯之器除上述六器外,尚有梁山出土的富鼎,銘曰“……才匽,侯易富貝、金”則侯自是燕侯。此諸器的出現,有了以下的重要的意義:一、由於它們分别出於凌源、北京和梁山,指出了西周初期燕國所及的範圍,大致和戰國時燕國南北長城所包圍的相同。二、由於它們的形制、花紋、銘文和同時的宗周銅器是一致的,説明了西周初期諸侯銅

* 現藏故宫博物院。

器的同一性。我們若以凌源出土的燕器和丹徒出土的宜器相比較,可見南北相距如此之遥遠而銅器不因國别、地域而多有差異。這是西周銅器最值得注意的。

上述第二事,應加説明,藉以修正我從前的説法。1940 年我在海外中國銅器圖録的概述中,曾説到東周銅器可以由地域分爲五系,以燕、趙爲北土系,並説它最易受到長城外的地方文化的影響;又過分的强調了銘文中若干方言的存在,以説明東周銅器的地域性。1947 年在一次講演中,曾特别提到銅器區域分組的重要性,以爲燕、趙接壤,所以燕、趙銅器自成一系(學報 7:16)。當時實未見到燕器實物,不過作此推想而已。1951 年春,唐山賈各莊出土一狩獵壺,當時看了以爲它屬於戰國的初期(公元前五世紀)而與晉、趙的李峪銅器爲一系。1952 年考古研究所在賈各莊的發掘,果然獲得極多的銅器,而確乎具有李峪銅器的諸種性質,使我們更具體的看到李峪與唐山之間的聯繫。安志敏在其報告中(學報 6:57—116)並引述了朝陽北票出土銅盤與唐山出土銅盤之相似。由於此次凌源燕器之出土,可知朝陽戰國銅盤之相似乃是可以理解的,而凌源朝陽俱在燕境。春秋末、戰國初,李峪、朝陽、唐山銅器的相似,是時代相近、地域相近的原故;但此等春秋末、戰國初的燕、趙銅器實上承自西周初的宗周式的燕、趙銅器,雖有少數的由於地域所特别發展的部分和所受塞北的地方文化的影響,但其主要的形式依然是西周的傳統。我們不可以過分强調地域性,而應從其所經歷的發展過程中所保存的主要的共同來源,見其大同小異。我們也不可以割裂的舉示某一時期的銅器特點,而應推源其所從來的發展過程,以見其演變的自漸而大。從前我們對於壽縣出土的戰國晚期楚器與新鄭出土的包含一部分較早期春秋的鄭器,頗以爲二者各有其特異的地方性。蔡國在春秋末從河南南部南遷於壽縣的州來。1955 年出土的蔡侯銅器,其時代介於早期的鄭器與晚期戰國的楚器之間,蔡之都邑上蔡,新蔡本在鄭、楚之間,而這批銅器正説明了它上承春秋鄭器、下啓戰國楚器,是二者的過渡。如此就可理解壽縣楚器的所從來,也可以理解何以早期楚器之接近於中原了。

辛、畢公諸器

25. 召圜器

圖象　澂秋 50,大系圖 196

銘文　澂秋 50,三代 13.42.1,大系録 81

隹十又二月初吉丁卯,

召啓進事、旋走

事皇辟君,休王

自穀吏賞畢土

方五十里,召弗敢諲

王休畢，用乍歆宫

旅彝。

銘7行44字。陳寶琛舊藏*。器高9.5，口徑10釐米。

啓、肇皆是門户之象，爾雅釋詁“初、肇，始也”，所以啓、初義同。“啓進事”猶燕侯旨鼎的“初見事”。第二行五、六兩字，亦見麥尊，郭沫若讀爲奔走。第五字從止，爾雅釋詁“止，待也”，釋宫“室中謂之時……中庭謂之走”。所以第五、六兩字義爲奔走。

西周初期金文的“君”指君后，於成王時爲王姜，詳下第31器乍册睘卣。召因事於王后，故王錫之畢土。西周金文：

中方鼎　今兄畀女褔土，乍乃采

大保毁　錫休余土

亳鼎　公侯錫亳杞土…

所以畢土乃王錫於召的采地。楊樹達讀畢土，與此同(積微居金文説136)。

榖，地名，疑在河南。左傳定八“單子伐榖城”，杜注云“榖城在河南縣西”，地臨榖水，故址在今洛陽西北。又湖北榖城縣亦古榖國，春秋桓七“榖伯綏來朝”，杜注云“榖國在南鄉筑陽縣北”。

銘云“吏賞”是説王自榖地使人來賞召以畢土。

畢近豐、鎬，乃文武周公的葬地。周本紀贊曰“所謂周公葬(我)〔於〕畢，畢在鎬東南杜中”。周本紀正義引“括地志云周文王墓在雍州萬年縣西南二十八里原上也”，“括地志云武王墓在雍州萬年縣西南二十八里畢原上也”，集解引“皇覽曰文王武王周公冢皆在京兆長安鎬聚東杜中也”；魯世家“葬周公於畢從文王”，正義引“括地志云周公墓在雍州咸陽北十三里畢原上”。孟子離婁篇“文王生於岐周，卒於畢郢”，趙注云“畢，文王墓，近豐、鎬之地”。凡此畢、畢原、畢郢當在今西安西南附近。

此王賞畢土之召疑是畢公高。左傳僖廿四“畢，文之昭也”。漢書古今人表“畢公、文王子”，但管蔡世家武王同母兄弟不數召、畢。周本紀周初封建，亦不數畢。魏世家曰“魏之先畢公高之後也，畢公高與周同姓，武王之伐紂而高封於畢”，索隱引“馬融亦云畢、毛，文王庶子”。逸周書和寤篇“召邵公奭、畢公高”，畢公名高始見於此。説文“邵，高也”，潁水注“召者高也”，法言脩身篇“公儀子董仲舒之才之邵也”，説文羔下云“照省有聲”。可知召與高音近義通。

畢在周京畿内，方五十里已不爲小；由畢公封地大小，可推測周初封地亦近乎此。王制所説“公侯田方百里，伯七十里，子男五十里”，又説“天子之縣内，方百里之國九，七十里之國二十有一，五十里之國六十有三”。以五等爵分配大小，自屬後世追想之制；但由此記

* 現藏中國歷史博物館。

載，亦可知傳說的封地通常在50—100里之間。

尚書序曰"康王命作册畢分居里成周郊，作畢命"，周本紀作"作册畢公"。尚書序曰"成王將崩，命召公、畢公率諸侯相康王，作顧命"。據顧命"乃同召大保奭、芮伯、彤伯、畢公、衛侯、毛公"，此六人中惟畢、毛稱公而召大保是召公。此三公當係顧命的"太保、太史、太宗皆麻冕彤裳"。顧命説太史"御王册命"，則作册畢公當是作册（官名）的首長，亦即太史，故以下所述各器多有關於尹、史及作册。

"休王"云云與以下諸器同其文例：

公貿鼎　公貿用揚休鱻（本書93）

易鼎　休毗小臣金（三代4.4.2）

幵尊　幵寡中休（本書52）

瀕事毁　鬥休易瀕事貝（三代7.26.1）

小臣擅鼎　休于小臣擅貝五朋（本書22）

效父毁　休王易效父吕三（三系82）

尹姞鬲　休天君弗望穆公……（本書97）

豦毁　休朕匋君公白易厥臣弟……（本書120）

可證"休王"不能如郭沫若讀作孝王。郭氏因讀休王爲孝王，因此將以下各器列入孝王。諸器是：

(1)𤔲父方鼎　西清3.25,29，商周139，周金2.55

(2)效父毁　懷米1.22，日本106B

(3)陵貯毁　西清27.30

(4)效卣　周金5.78

(5)效尊　白鶴9，商周544，日本156

(1)(2)有"休王"之稱，(3)有"東宫"之稱，(4)有"效"和"公東宫"之稱。(2)的形制（尤其是兩耳）近於本書第23器大保毁，其花紋主題近於本書第1器天亡毁，所以必須是成王時的。(1)(2)的形制、花紋都是不晚於成王的。至於效和效父未必是一人。

第五行末字，亦見它器，或作望，假作忘。

此器形制極小，僅可用作飲器或食器，舊以爲尊或卣，均不切合。王國維跋文以爲是釬，今暫名之爲圜器。

26.𪊨毁

圖象　夢郼1.25

銘文　三代6.53.2，大系録23

隹九月既望庚寅，楷

白于遘王,休亡尤。朕
辟天子,楷白令厥臣獻
金車,對朕辟休,乍朕文
考光父乙。十枼不諲獻
身才畢公家,受天子休。

銘6行52字。羅振玉舊藏,云"近出保安,未箸録"。據説出土時殘破,今驗圖録,有修補的痕迹。它的形制花紋和禽殷(本書13)全相近似,所以可能修補不錯。

作器者"身才畢公家",是説獻乃畢公家之人,家乃家族、家室,西周金文屢見"王家""我家",其義相當。此器的畢公應是生稱。望殷曰"死司畢王家"(大系62),器在西周初期之後。我們若定獻器爲成王或康王初期的,則畢公應是畢公高,而銘之中"王"與"天子"前後互舉,則天子之稱起於成王之時。小臣静卣(本書64)亦"王"與"天子"並見於一銘。第二行的"休亡尤",猶兮甲盤的"休亡敃"(本書213)。參積微124頁。

畢公尚見於史話殷(大系22),銘曰:

乙亥,王賞畢公,
廼易史話貝十朋,
話占于彝,其
于之朝夕監。

原器形所未見,但就字體文例來看,應在成、康時。畢公是作册,故其下屬有"史"。

傳世段殷(大系24),應是成、康以後器。銘記"王才畢蒸…念畢中孫子",此畢中疑是畢公之子。獻身在畢公家而受命于楷白,此人恐卽畢仲。尊古1.49有"楷中乍旅"盂,與楷白或是一人,乃畢仲。白是侯伯,仲是兄弟排行,楷是封地,疑是説文櫨字,音近于鄠。貞圖1.14的吹方鼎亦成王時器,乃吹作器以祭任姓女而嫁於楷者。由此可以試列周初畢公世家如下:

畢公——(畢仲)……段
‖
楷中

27.奚方鼎

圖象 未著録

銘文 録遺92

隹二月初吉庚
寅,才宗周,楷中
賞厥嬘鬣
遂毛兩、馬匹,對

揚尹休，用乍己公

寶噂彝。

銘6行32字。此器極爲難得，1950年見于北京廠肆*，高不過30釐米。

作器者的上司是尹，其人亦卽前器的主賞者，乃畢公之子畢仲。畢公是作册，故其子襲爲尹，尹亦作册。此銘第二行第六字（卽主賞者之名），起初不敢認爲"中"字，因它與金文伯仲之中不同，上畫是平的。及比較前器所論的"棈中乍旅"盂，其第一字與此器全同而中作伯仲之中。因知中乃中之異體。說文史字解云，"從又持中，中，正也"，金文小篆史字從中，許愼以爲是中正之中，是正確的。王國維釋史（觀堂集林卷六）以爲史所從之中卽周禮"凡射事飾中舍筭"之中，"中"乃盛筭之器，亦用以盛簡策。對於王氏此說，久所致疑，今因此器而可釋然於懷。

"遂毛"乃是建於首車上的旗子。"毛"字和本書92毛公旅鼎的"毛"同作。說文"旄，幢也"，建於車上，故詩出車曰"建彼旄矣"。衛詩干旄毛傳曰"注旄於干首，大夫之旃也"，正義引"李巡曰旄、牛尾著干首"。爾雅釋天"注旄首曰旌"，郭注云"載旄於竿頭"。但旄不一定是著牛尾於竿首，亦可以羽，故左傳定四"晉人假羽旄於鄭"，襄十四曰"范宣子假羽毛於齊而弗歸"。以羽爲旄而建於主車，稱爲"遂毛"。周禮司常"掌九旗之物名……全羽爲旞，析羽爲旌……道車載旞"。說文曰"旞，導車所以載全羽以爲允，允進也"，字或從遺。"遂毛"當是於竿上戴以五采的全羽，立於導車（首車）之上。一車兩干，故此器賜"遂毛兩"。有此遂毛之賜，則作器者不但有車，而且有一列車。衛、鄭、齊皆大國諸侯，始有遂毛，則作器者身分可知。

此方鼎形制特異之處，在其兩耳伏獸，乃有直立之角的龍。這種形式的鼎並此凡四見：一見於尊古1.12（三代2.2.7—8）是圓鼎而有蓋者，屬於武、成器；二卽下將述及的康王初的大保方鼎和成王鼎（本書68、69）。

此方鼎器四面和四足的花紋同於厚趠方鼎（商周138），後者陳介祺舊藏，與續考古圖4.17的素方鼎同銘而器形花紋全不相似；銘文所及的人物則當屬成王，詳本書10 疐鼎下。今由此方鼎而知陳介祺的方鼎雖與宋人圖録不同，可能還是真的。若如此，則此方鼎的形制、花紋俱屬成王。

28. 小臣逋鼎

圖象　未著録

銘文　録遺82

小臣逋卽事於西，

---

* 此鼎曾爲美國艾弗里·布倫戴奇所得，現藏舊金山亞洲美術館。見中國青銅時代的禮器（Max Loehr：Ritual Vessels of Bronze Age China，1968）圖版54。

休中易遖，丨鼎。

揚中皇，乍寶。

銘3行17字。器甚小，高不過20釐米。

此鼎今在清華大學，1949年前後購於北京廠肆。器殘破，銘文填以黑色物，不能施拓，此據照像本。

作器者之名，原從“夫”，今爲簡便計，省去。此器主賞者中與前器的“中”字寫法相同，故與上器的主賞者或是一人。此人又見本書52麃尊，比較尊文，知皇與休同用，猶麃尊“寡中休”，爾雅釋詁“皇，休，美也”。尊的形制、花紋、銘文都可定爲成王時器。

此器的“卽事于西”與前器相校，可知西指宗周西土，猶本書36臣卿鼎之“自東”指魯地。第二行末字“鼎”應續第三行之末讀爲“乍寶鼎”，此種越行續讀的文例，亦見盂爵及乍册益卣（本書33、83），是少見的。第二行僅記“易遖”而不記所賜之物，也極其簡省。

所謂“卽事”卽就事，成王時小臣静卣“小臣静卽事”（本書64）與此同。又燕侯旨鼎“初見事於宗周”（泉屋1.2），弄鼎（三代3.46.3—4）“己亥，弄見事於彭，車弔賞弄馬……”，亦成王時器。

此鼎爲簡樸式，毫無花紋，項下收束，近於頌續8的立鼎。其時代當屬成王晚期。

29. 乍册魖卣

圖象、銘文　未著録

隹公大史見服于宗周年，

才二月既望乙亥，公大史

咸見服于辟王、辨于多正。

雩四月既生霸庚午，王遣

公大史。公大史在豐，賞乍册魖馬。

揚公休，用乍日己旅隫彝。

銘6行63字，器、蓋同銘。解放前傳洛陽出土。器高23.5，寬21.5，器口10×12釐米。今在傅晉生處*。

此公大史疑卽作册畢公，故附述於此。懷米2.10有大史罍，其形制屬於成王。安州六器中中方鼎（大系6）有隨王南行的大史，立政第二命書“周公若曰：太史司寇蘇公……”。此器與大史罍、中方鼎及立政的大史俱稱大史而不名，其位甚尊，與大保等，因此很可能是畢公。梁山七器有大史友甗（本書72），則屬於康世。左傳襄四“昔周辛甲之爲太史也”，杜注云“辛甲，周武王太史”。逸周書王會篇有大史魚。

* 現藏故宫博物院。

成王時銅器惟周公、大保、大史最尊,或者就是所謂三公。

"見服"與"咸見服"是一事,謂在宗周見服於王。見的主詞是大史,服是直接賓詞而王是間接賓詞。公大史率諸侯使見於王,故曰咸見服。咸,皆也。服是侯服:酒誥稱諸侯爲外服,班毁(本書12)"王令毛白更虢城公服",井侯毁(本書58)"割井侯服",詩蕩"曾是在位,曾是在服",毛公鼎(本書201)"才乃服"。此器大史見服於王與顧命"大保率西方諸侯入應門左,畢公率東方諸侯入應門右"之事相類。小盂鼎(本書75)記"三左三右多君入服西,明、王各周廟……奠其旅服,東鄉",所述亦諸侯分班見於王之事。

正,長也,"多正"猶多方之"大小多正"、大盂鼎(本書74)之"二三正"。"公大史咸見服於辟王、辨于多正"應作一句讀,謂公大史既見服於辟王又辨於多正。又此句可有另一解說,以"見服"爲一動詞組,與"辨"並立,謂公大史自己"見服"於王、"辨"於多正,故曰咸。若如此解,則"見服"指公大史自己之朝見辟王。

第五行"公大史"重文據器文,蓋文不顯。金文"在某地"之在作"才",此作"在";大盂鼎才、在互見而以"才"表時地。尹卣(嘯堂1.41)才、在互見,曰"唯還在周辰才庚申",與此器同,時亦相近。

自二月乙亥至四月庚午共56日,王乃遣公大史自宗周歸於豐邑,故曰"在豐",則公大史居於豐邑,遂賞其乍册某以馬。作册名䰠,見説文鬼部,解云"鬼貌"。

此器與乍册翻卣、乍册睘卣(本書20、31)同爲簡樸式的卣,但晚於該二器,因它少去蓋沿中和器項下的小羊頭而蓋上的立角已縮短,故可能爲成末康初之器。若如此,則公大史之爲畢公,更屬可能。

此器的重要除上述以外,其關於月象一事,足以解決歷來的糾紛。本文於西周月象,未作個別分析,因綜述於此。

西周金文月象之名有四:(1)月吉(令方彝)、初吉,(2)既生霸、既眚霸(揚毁等),(3)既死霸,(4)既望。自劉歆以下,對於月象有四種説法:

(1)劉歆　見漢書律曆志

初一　朔、死霸、既死霸(武成)

初二　旁死霸(武成)

初三　朏(召誥、畢命)

十五　望、生霸、哉生霸(顧命)

十六　既望(召誥)

十七　既旁生霸(武成)

(2)王國維　見生霸死霸考(觀堂集林卷一)又見兮甲盤跋(別集補遺)

初吉　　一日至七、八日

既生霸　八、九日至十四、五日

既望　十五、六日至二十二、三日

既死霸　二十三日以後至於晦

(3)新城新藏　見東洋天文學史研究(沈譯本49頁)

初吉　大月三至九日　小月二至八日

既生霸　十至十六日　九至十五日

既望　十七至二十三日　十六至二十二日

既死霸　二十四至下月二日　二十三至下月一日

(4)董作賓　四分一月説辨正(中國文化研究所集刊第二卷)

初吉、既死霸、朔　大月一日　小月一日

哉生霸、旁生霸、朏　三日　二日

既生霸、望　十六日　十五日

旁生霸、既望　十七日　十六日

(1)(4)兩説以月象爲定點,但採用了不見於金文的名稱,其採用所謂"古文尚書"的資料,最不可取。(3)是補充(2)王氏之説的,皆以月象代表七、八天。召誥"二月既望,越六日乙未",是以既望爲固定的一日,故可自此數過六日爲乙未;由此點而言,王氏之説很不穩固。今重爲推算以下五事:

甲、召誥　越若來三月,惟丙午朏…若翼日乙卯周公朝至於洛則達觀於新邑營

康誥　惟三月哉生霸,周公初基作新大邑於東國洛

兩處所記一事,丙午朏是初三,則三月哉生霸乙卯是十二日。哉生霸當是金文的既生霸。説文"霸,月始生霸然也,承大月二日,承小月三日"。元年師事毁(本書145)"隹王元年四月既生霸,王才減应,甲寅王各廟"。可證既生霸爲定點。

乙、吕鼎　六月既望乙亥　四月既生霸辰才丁酉(本書143)

設四月在次年,此年六月至次年四月之中必須加一閏月始得四月丁酉。設六月既望乙亥爲十六日(承大月),則次年四月丁酉是十四日;設乙亥爲十七日(承小月),則丁酉是十五日。如此則當有閏之年,既望是十六、七日,既生霸是十四、五日。但此器前後兩銘屬於幾年之事,未可一定。

丙、本器　才二月既望乙亥　四月既生霸庚午

設乙亥爲十六日(承大月),則四月庚午爲十二日,設乙亥爲十七日(承小月),則庚午爲十三日。如此則當無閏之年,既望爲十六、七日,既生霸是十二、三日,與尚書十二日相合。

上兩例的"既望"皆從舊説以爲十六、七日。説文"望,月滿與日相望以朝君也";釋名釋天"望,月滿之名也,月大十六日,月小十五日,日在東月在西遥相望也";論衡四諱篇"十五日日月相望謂之望"。是以月之十五日爲望,毫無可疑。但"既"字有二義:一訓已,一訓

盡。春秋桓三"日有食之,既",杜注云"既,盡也",公羊、穀梁曰"既者盡也"。既望可以是十六、七日,亦很可能是十五、六日,"既"乃月滿之滿。

丁、令毁 隹王于伐楚伯才炎,隹九月既死霸丁丑(本書15)

召尊 隹九月才炎師,甲午白懋父賜白馬(本書16)

兩器記同時同地之事。丁丑至甲午共18日,設既死霸爲九月初一,則甲午爲九月十八日。既死霸不可能在九月十五日以後,因如此則九月無甲午。説文"霸,月始生霸(小徐本作魄)然也,承大月二日,承小月三日";顧命釋文引"馬(融)云魄,朏也,謂月三日始生兆朏,名曰魄";鄉飲酒義"象月之三日而成魄也";論衡調時篇"月三日成魄,八日弦,十五日望";白虎通日月篇"月三日成魄"。諸書所述,以月之初二、三日爲月魄初生,則初一、二日應是死霸。

戊、令方彝 隹八月辰才甲申 隹十月月吉癸未(本書19)

月吉卽初吉。詩小明"二月初吉",周語上"自今至于初吉",韋注云"二月朔日也",論語鄉黨"吉月必朝服而朝",注"孔曰吉月,月朔也",正義"云吉日月朔也,詩云二月初吉,周禮云正月之吉,皆謂朔日也"。周禮大宰"正月之吉"注"吉謂朔日"。説文"朔,月一日初蘇也"。經義述聞卷三十一"朔日不謂之吉日亦不謂之吉月"條曰"其在月之上旬者謂之初吉","上旬凡十日,其善者皆可謂之初吉,非必朔日也"。王國維受此暗示,因有初吉爲一日至七、八日之説。

自八月甲申至月吉癸未恰整60日,是一大月一小月又一日。因此,若十月月吉癸未是朔日初一,則八月甲申亦是初一;若癸未是初吉上旬,則甲申亦是初吉上旬。乃此器只記癸未是月吉,則二説不可通了。若九月、十月是連大月,則癸未可以是朔日。金文"初吉"與"既死霸"雖未見於一銘,但二者同時存在,似可無疑。既生霸如上所推應是初一朔日,則吉日、初吉應另有解。

1. 吴方彝 隹二月初吉丁亥……隹王二祀(本書114)

2. 趩觶 隹三月初吉乙卯……隹王二祀(本書132)

3. 鄐毁 隹二年正月初吉,王才周邵宫,丁亥,王各于宣射(大系148)

1、2相差27天。3則説明,初吉非丁亥,乃一定點。又盠方彝"唯八月初吉",盠方尊"唯王十又二月,辰才甲申"(本書122),亦可證"初吉"是某一日。

月吉疑是"三日始生兆"之朏,説文以爲"月未盛之明也",乃月魄初生之象。説文"蛣、蛣蚍,蝎也",説文叙謂"隨體詰詘"爲象形,從吉之字本有直義而亦有屈義:廣雅釋詁一"結,曲也",釋詁四"結,詘也",禮記月令注"結猶屈也"。從出之字有屈義亦有初義:説文"茁,初生出地貌"。吉與屈、詘古音相近。

由上所述,可以小結如下:(1)月象應是定點的,表示月中魄之盈虧生死;(2)既死霸是初一,月魄死盡;(3)月吉、初吉是初三朏,月魄始生未盛;(4)既生霸是十二、三日,月魄已生而未滿;(5)既望是月魄生滿。這些推定,尚待以後新出的銘文加以修正,才更可加以確定。

壬、"王才"諸器

30.趞卣

圖象　美集録 A613

銘文　三代 11.34.2—3,大系録 5

隹十又三月辛卯,

王才庠,易趞采曰

趙,易貝五朋。趞對

王休,用乍姞寶彝。

銘 4 行 28 字,器、蓋同銘,三代誤以爲尊。器高 24.2,口 16.3×22 釐米。潘祖蔭舊藏,1945 年冬見於紐約古肆。上海市文管會有一同銘之卣,通高 30.8,口徑 9.2 釐米。形制特異,與此迴然不同。但銘文行款字體則全相同。又有一尊同銘(三代 11.35.1),陳介祺舊藏,高 20.5,口徑 17.5 釐米,今在弗利亞美術館*,見其器近於商周 530,花紋同此器,其照片遺失。

"十三月"亦見於成王時的小臣静卣(本書 64),是置閏月於年終,其制同於殷代前期卜辭中的曆法;殷代後期則改用年中置閏,而周人直到春秋才採用年中置閏之法。由此可見殷、周曆制可能同一來源,而其發展的進度有所不同。殷、周制度的同異,往往有類乎此者。

金文"才"下一字,常是地名,但也可能是宫室建築之名如"王才寢"、"王才大室"、"王才大宫"之類。麥尊曰"會王居鎬京……王以侯内於寢……粤王才㡉……"(西清 8.33)。是㡉(柝)爲鎬京宫寢的一部分,庠(斥)當同此。小臣静卣"隹十又三月王居鎬京",字體與此器極相近,可能是同時所作,此又庠在鎬京的一旁證。庠可能是地名。流沙墜簡廩給第三簡,斥候之斥作庠。

作器者與上疐鼎、班毁(本書 9、12)之趞,應是一人。

康誥采叙於侯、甸、邦之後。采,字書或作寀。爾雅釋詁"尸,采也"注云"謂采地";又曰"采,寮,官也",注云"官地爲采,同官爲寮"。此處所賜之采可能爲"采,寮,官也"之采。郝疏云"下文云采,事也,能其事者食其地,亦謂之采"。禮運"大夫有采,以處其子孫"。韓詩外傳"古者天子爲諸侯受封,謂之采地。然則尸訓采者,蓋爲此地之主因食此土之毛"。采爲采地,而後世九服之名,亦有采,王制曰"千里之内曰甸,千里之外曰采曰流"。此器之采爲采地、采邑,故著采地之名曰某。中方鼎(大系 6)曰"王曰:中,兹褔人入史易于武王

* 見弗利亞的中國青銅器 I(The Freer Chinese Bronzes, vol.1, 1967)圖版 73。

乍臣,今兄畀女褔土,乍乃采”。是以某土爲采地。

此器的花紋與卿卣(澂秋 36、37,美集録 A567)相同。卿組銅器都屬成王時代,詳下第37器臣卿鼎。

31. 乍册睘卣

圖象 未著録

銘文 三代 13.40.3—4,大系録 5

隹十又九年王才庈,王
姜令乍册睘安夷白,夷白
賓睘貝、布。揚王姜休,用
乍文考癸寶𡎖器。

銘 4 行 35 字。吴式芬、潘祖蔭舊藏。有尊(尊古 1.36,三代 11.33.4)曰:

才庈,君令余乍册
睘安夷白,夷白賓用貝、
布,用乍朕文考
日癸旅寶。冂。

互校二銘,知君卽王姜,郭沫若説“君者女君也。……王姜乃成王之后”。前述召尊,證明了王是成王,十又九年是成王十九年,則此王姜或君應是成王之后,當是齊大公之女,故左傳襄十四“王使劉定公賜齊侯命曰:昔伯舅太公右我先王”,或係指吕望之相成王。

王姜稱君,君爲君后之稱。是以春秋稱魯侯之妻爲“小君”(莊 22,僖 2,文 5、17,宣 8,襄 2、49,昭 11),左傳謂之“君氏”(隱 3)。西周金文則稱君、天君、君氏,其例如下:

友鼎 内史龔朕天君其萬年 (頌齋 1)
天君鼎 天君賞厥徵人斤貝 (三代 4.4.1,日本 187)
召圜器 召……事皇辟君……賞畢土 (本書 25)
尹姞鬲 休天君弗望穆公……君蔑尹姞曆……稽首對揚天君休 (本書 97)
公姞鬲 天君蔑公姞曆事,易公姞魚三百 (本書 98)
羌鼎 〔君〕令羌死司軐官,羌對揚君令于彝 (攈古 2.3.34.2)
五年琱生𣪘 婦氏以壺告曰:以君氏令曰…… (本書 166)

以上諸器,最後一器和兩鬲是西周中期,最前三器是西周初期器。第一鼎與尊古 1.33 的友尊乃一人之作。此鼎與尊皆屬於成王時的簡樸式:友鼎同於商周 47 之鼎,友尊形近於趞尊而紋飾近於睘尊、召尊。由此可知成王時的王姜、君、天君、皇辟君都指一人。但此天君、君、君氏之稱沿至成王以後,直到春秋。

此器王姜命乍册;令𣪘王姜賞乍册;友鼎友頌内史與天君之萬年;召圜器召事皇辟君、

賞賜畢土,召是作册畢公。如此則成王君后所直接命令者乃屬作册、内史之官。

王姜令作册所安之夷伯乃是姜姓之夷國。左傳桓十六"衛宣公烝於夷姜",又取公子之娶於齊女者爲"宣姜"。此夷姜是夷國之女:左傳隱元"紀人伐夷",杜注云"夷國在城陽莊武縣",今濮陽。此器夷伯之夷作尸,即此國。左傳又有妘姓之夷,莊十六"晉武公伐夷,執夷詭諸",左傳隱元正義引"世族譜於夷詭諸之下注云妘姓",又引"世本夷,妘姓"。守毁(三代8.47.3—8.48.1)曰"王吏小臣守吏於夷,夷賓馬兩、金十鈞",夷字從大從弓,器屬成王以後,疑是妘姓之夷。

夷白爲姜姓之國,故此器王姜命作册往其國而安之(大行人"王之所以撫邦國諸侯者",注云"撫猶安也")。楊樹達用孫詒讓安爲歸寧之説,以爲"夷伯當爲王姜兄弟或兄子之類"(積微居金文説185—186),又分别左傳之夷有姜、妘兩姓,是正確的。但以紀人所伐之夷爲妘姓、晉人所伐之夷爲姜姓,與上説正相反。

前述保卣(本書2),論王、后使者往於諸侯之國,其動詞爲安、寧、使、省,此諸字義當相近,諸侯儐王、后使者以布、帛、馬、璋、貝、金。其中若貝、金、布、帛之屬頗有作爲貨幣的可能,故尊銘曰"賓用貝、布"。

此組之卣與尊同於召卣、召尊(本書16),代表成王時代簡樸式的尊卣,樸素無紋,只有弦紋和小羊頭。此類簡樸式的尊可分兩類:

一、召尊,睘尊,員父尊(商周541),宿父尊(善彝128)

二、友尊,父乙尊(商周529),䢅尊(兩罍3.14),辛尊(商周548)

第一類尊身尚保存殷以來三段的分界,是較早的;第二類已没有了三段分界,口沿向下向内成一弧線,較晚於前式,乃成王初期以後西周特有的形式。

此卣與乍册쮂卣(本書20)、召卣(上海38)、贏季卣(商周667)、盂卣(商周669)等相同。

32.獻侯鼎

圖象 寶蘊8,商周38,大系圖1

銘文 三代3.50.2,大系録15

唯成王大桒

才宗周,商獻

侯䵼貝,用乍

丁侯障彝。黿。

銘4行20字。瀋陽故宫舊藏,曾在北京故宫寶蘊樓陳列*。同銘者二器,另一文字

---

* 現藏臺北"中央博物院"。

稍壞,見三代 3.50.3,西乙 1.6—7 著録。

成王是生稱,故此器確爲成王時器。第五字是祭名。史叔隋器"隹王奉于宗周",與此同(本書 54)。獻侯下的一個字,可能是其私名。末字是族名。

善彝 23(三代 3.18.6)的"丁侯鼎"是一簡樸式的鼎,其時代當屬於成王,銘中亦記爲丁侯作器,而銘末族名亦同此鼎,所以郭沫若説"與此乃一家之物"。

陝西金石志引乾州志謂丁侯鼎"得於(乾縣)甘谷之西峯巨場中"。丁侯之家並獻侯的采邑,當在此附近。

33.盂爵

圖象　日本 227

銘文　三代 16.41.3,大系録 24

隹王初奉于
成周,王令盂
寧登白,賓丨彝。
貝,用乍父寶尊

銘 4 行 21 字。陳介祺舊藏,後流入日本。是爵銘之最長者,由銘文來看,仍應屬於成王時代。

第四字是祭名,與前器同。惟前器行於宗周,此器行於成周。凡言初者,是初次舉行,如士卿尊及鬳鼎(賸稿 7)。"寧登伯"猶睘尊"安夷伯"。春秋桓七"鄧侯吾離來朝",漢書地理志南陽郡鄧縣云"故國"。春秋之世與楚爲隣,實與楚同姓,楚世家"鄧侯不許也"集解引"服虔曰鄧、曼姓"。西周晚期之鄧孟壺(夢續 25)及鄧白氏鼎(夢 1.12)兩器出於陝西:陝西金石志説壺出土盩厔,鼎則光緒中武功出土。傳世又有復公子白舍毁(攈古 2.2.82)稱"我姑登孟媿",則鄧爲鬼姓。是西周之鄧或在陝境。

第三行末字應接續第四行末字。此種跳行行款,與小臣逋鼎(本書 28)同。

又有盂卣(雙劍 I.32,商周 669),乃簡樸式的卣,與乍册睘卣(本書 20)、召、嬴季諸器相近,但它蓋上邊的兩立角已退縮,表示較晚。爵、卣之盂應仍屬成王時代的,他與康王時大小盂鼎之盂是否一人,待考。

34.蔡尊

銘文　曆朔 1.25

王才魯,蔡易
貝十朋,對揚王
休,乍宗彝。

銘3行16字。曹載奎舊藏,陳介祺拓本。就字體文例來看,此銘的“王”應是成王。

35.新邑鼎

圖象、銘文　文物1963:3圖版捌2.4

癸卯,王東奠新邑;

□二旬又四日丁卯,

□自新邑于柬,王

〔易〕貝十朋,用乍寶彝。

銘4行30字,末三行之首各泐一字。通高20.5,口徑16.3釐米,今在陝西省博物館。據原收藏者說:“解放前出于扶風任家村一銅器羣窖藏中,有銅器目録版一具,當時被破壞。”

癸卯後甲辰至丁卯爲二十四日,故曰二旬又四日丁卯。此是殷制而稍異。卜辭如云“旬㞢二日乙卯”(珠620,自甲辰起算),“二旬㞢一日乙亥”(十三次,自乙卯起算),“三旬㞢六日辛亥”(甲編2911,自丙子起算),凡此與尚書召誥“越三日丁巳”起自乙卯相同。此鼎不作二旬又三日丁卯,而作二旬又四日丁卯,則第二行首字似不是“越”字。此鼎“旬”字從日,㞢作又,可見殷、周之際周人承用殷文而小有變異。

新邑是洛邑成周的初名。成王時銅器銘文已有“成周”之名,而不見於尚書周初誥中。尚書記營邑之事如下:

(1)召誥　惟太保先周公相宅,越若來三月惟丙午朏,越三日戊申太保朝至于洛,卜宅。厥既得卜,則經營。越三日庚戌,太保乃以庶殷攻位于洛汭;越五日甲寅,位成。若翼日乙卯,周公朝至于洛,則達觀于新邑營。越三日丁巳用牲于郊,牛二。越翼日戊午乃社于新邑,牛一羊一豕一。越七日甲子,周公乃朝用書(即多士),命庶殷侯甸男邦伯。……周公曰:拜手稽首旅王若公,誥告庶殷……。旦日其作大邑……。知今我初服,宅新邑……。

(2)多士　惟三月周公初于新邑洛,用告商王士,王若曰:……今朕作大邑于兹洛……今爾惟時宅爾邑,繼爾居,爾厥有幹有年于兹洛。

(3)康誥　惟三月哉生魄周公初基作新大邑于東國洛……。周公咸勤,乃洪大誥治,王若曰:……。

(4)洛誥　周公拜手稽首曰:……予惟乙卯朝至于洛師,我卜河朔黎水。我乃卜澗水東瀍水西,惟洛食。我又卜瀍水東,亦惟洛食。伻來以圖及獻卜。……周公曰:王肇稱殷禮,祀于新邑……。今王即命曰:記功宗以功作元祀。……往新邑……。戊辰,王在新邑烝祭歲……。在十有二月惟周公誕保文武受命惟七年。

以上皆成王元祀事,三月營新邑,十二月王在新邑祭文王、武王。此時尚無“成周”之名而稱此新營之邑爲洛、洛師、東國洛、新邑洛、新邑、大邑、新大邑。多方作于伐奄之後，曰"今爾奔走臣我監五祀……乃自時洛邑，尚永力畋爾田"，已有"洛邑"之稱，仍不爲"成周"。因此，我們以爲稱新邑的三器，約屬于成王元祀至五祀，較早于稱"成周"的令方彝、乍册翻卣、士上盉和盂爵等（本書19、20、21、33）。

"王東奠新邑"與作册大鼎"王東鑄武王、成王異鼎"（本書67）同其文例，王是主詞，奠或鑄是動詞，新邑或異鼎是目的格。説文曰"奠，置祭也"，此處之奠若作祭解，應作"奠于新邑"，猶召誥之"社于新邑"洛誥之"祀于新邑"。鼎銘新邑前無介詞"于"，知奠不作祭祀解，應爲奠定之奠。

據尚書，營新邑于成王元祀（文武受命七年）三月初，則癸卯當在四月晦或五月朔，或更在其後。至十二月戊辰，王尚在新邑。

"□自新邑于柬"，所缺或係作器者名。"自某于某"乃自某地往某地，卜辭有其例，于義爲往（綜述305）。柬是地名，疑即澗上。説文曰"湅，瀐也"，"澗，山夾水也"，"瀐，淅也"。柬，間音同。召公所卜，成周在"瀍水東"，王城在"澗水東，瀍水西"。自新邑到王城需西逾瀍水而至于澗水東岸，故"于柬"乃是往于召公所卜"王城"的基地。作器者隨時王奠定新邑以後，或更奉命去澗東勘察基地，所以王錫以貝十朋。陳邦懷説柬，"疑即尚書召誥所云之澗水"。他因未能辨明新邑爲成周，故以于柬爲往于澗水。鼎銘之柬應爲陸地澗（湅）水因而得名，故字不從水。

36. 士卿尊

圖象　善彝131，商周534

銘文　三代11.32.7

丁巳，王才新邑，初

□，王易嗾士

卿貝朋，用乍

父戊隫彝。子黑。

銘3行23字。劉體智舊藏，傳洛陽出土。

第二行首字，構形極複雜，從素從追從土，它與殷末卜辭（前2.39.1）所見一樣，乃是祭名。洛誥"戊辰王在新邑烝祭歲"，與此銘所記同例。銘末子黑，乃是族名。

此器形制與保尊、召尊（本書2、16）等相同，但中段有獸面紋，尚存殷代法式的遺風。此銘"新"字和第二行首字都同于殷末的卜辭，而其稱成周爲"新邑"，皆表示此器應屬成王的初期。

癸、其它諸器

37. 臣卿鼎

圖象 澂秋 4

銘文 三代 3.41.1

公違省自東,

才新邑,臣卿易金

用乍父乙寶彝。

銘 3 行 18 字。吴式芬、陳承裘舊藏。此組之器,後來多歸於陳氏,今已分散。卿組各器如下:

(1)臣卿鼎 澂秋 4

(2)臣卿𣪘 澂秋 15 丹京博物館 遠東 27:516

(3)臣卿尊 澂秋 26 福格博物館 美集録 A438;R318

(4)卿卣一 澂秋 36

(5)卿卣二 澂秋 37 福格博物館 美集録 A567;R319

(6)卿觚 澂秋 40

(1)(2)同銘,臣卿爲父乙作器;(3)(4)大略同銘,銘六字或七字,卿爲厥考作器;(6)卿爲父乙作器,銘七字。(6)之父乙即(1)(2)之父乙,所以卿與臣卿亦是一人。就花紋説,(1)(2)相同,(3)—(5)大部分相同,(6)接近于(3)—(5)而不同。(1)(2)應稍早于(3)—(5)。

由前器所論,此鼎與同銘之𣪘都有"新邑"之稱,應屬于成王的初期。但臣卿與前器的士卿恐非一人:臣卿與士卿稱謂不同,臣卿父乙而士卿父戊,士卿有族名,士卿尊的花紋不同于卿組的。卿卣同于趞卣(本書 30),都是成王時的。可定爲成王時的觚是很少的,卿觚乃一個極好的例子。

此銘的"東"即魯頌"乃命魯公俾侯於東"、東山"我來自東"之東,乃指山東魯地。此可與第 28 器小臣逋鼎之"即事于西"相對照,西應指岐、豐。此銘的"公"可能即周公。爾雅釋詁"違,遠也",説文"省,視也"。此謂周公遠省自東,至於新邑,乃錫臣卿以金。"臣卿"之臣猶獻𣪘(本書 26)"令厥臣獻"之臣,後者之獻乃畢公之臣,則臣卿可能爲周公之臣。

38. 克乍父辛鼎

圖象 癡盦 3

銘文 録遺 88

叙辛白蔑乃子克

曆,宔絲五十寽,用作
父辛寶䵼〔彝,辛〕白
其並受□□□□。

銘4行約29字,今存23字。舊藏李泰棻,今在吉林大學。通耳高八寸八分,口徑七寸五分。此鼎出土時當有殘破,修補者補足銘文左方角並僞刻六字,如癡盦3所見。録遺88所録是未補的。

作器者是父辛之子克,辛白蔑克曆,並錫以絲五十捋,因作此鼎以紀念父辛並及于辛白。宔有休錫之義,詳皼𣪘(本書100)。一捋即一把,一手五指所可把握的,此數應爲單位名詞。舀鼎"絲三寽",亦同。五十捋疑爲五束,參下舀鼎(本書143)。

西周銅器往往是子孫爲其父祖所作,傳之子孫永寶用,故其銘文常對父祖而設辭,本身稱名爲第一人,父若祖爲第二人,本身的上司或賞錫者施命者爲第三人。此鼎銘文,克是第一人(本身),父辛是第二人(對方),辛白是第三人(他方)。三方的領格人稱代名詞不同:本身用朕、我,對方用乃,他方用厥、其。此處的"乃子"係作器者本身對對方父辛而設辭,"乃子"即爾之子,非辛白之子。

賸稿8(三代5.9.2—3)方甗銘曰:

乃子乍父
辛寶䵼彝。冊克冊。

此"乃子"亦是對父辛而言。此釋作"克"字的與鼎文克字稍異,可能甗與鼎是一人所作,因爲:(1)同是乃子爲父辛而作,(2)同屬于成王時形制花紋,(3)字體相同,(4)鼎文作器者克與甗文銘末之克可能是一。此器應稱克乍父辛甗。

此類稱謂,惟行于西周成、康時。以下三器亦是其例:

匚方乍父癸鼎　匚方乍父癸彝。　録遺64
乃孫乍且己鼎　乃孫乍且己宗寶𪊨鬲,匚方。　三代3.21.3,故宫27
乃孫乍且甲罍　乃孫𣪕乍且甲罍,其𨙸□永寶,其乍𡧊。　故宫藏

可見匚方是祖己之孫父癸之子,所謂乃孫是對且己而言,而本身置于銘末。此二鼎的形制、花紋、字體都是成王時的。與此二鼎同文例的,尚有兩𣪘(三代8.11.3;8.12.1)

且日庚,乃孫乍寶
𣪘用笹享孝,其
子子孫其永寶用。傘。

此即對方列于銘首,本身列于銘末。此二器形制未詳*,大約亦是西周初期的。

另有一成王時代的簡朴卣,銘曰(考古圖4.8,博古10.41,嘯堂38)"文考日癸,乃沈子

---

* 三代8.12.1的圖象,見日本110。

亖乍父癸肇宗隫彝”。此與首例相似,惟作器者本身亖標明;且前稱其“文考日癸”,次稱“乃沈子亖乍父癸”,兩者關係甚明。

它毁曰“也曰:拜稽首敢□邵告朕吾考令,乃鴅沈子”(本書 77),又曰“沈子”,“乃沈子”,凡此均對其“考”而言。“沈子”猶效尊之稱“巡子”(本書 80)。

39. 亖卣

圖象 考古圖 4.8

銘文 博古 10.35,嘯堂 38

文考日癸,乃沈

子亖乍父癸肇

宗隫彝,其以父

癸夙夕卿爾

百婚遘。單光。

考古圖云:“右得于河南河清。”河南張氏景先器。

此器就其形制花紋來説,是西周初成、康時器。

下列各器,同具一族名,當是同時出土一家之器。

1. 彝 考古圖 4.9 形如方鼎而無足,似鑑。河南張氏。

2. 觚 考古圖 4.10 素面無棱。河南張氏。

3. 毁 考古圖 4.11

4. 盉 考古圖 4.12 廬江李氏。

5. 甗 考古圖 4.13 河南張氏。

6. 尊 考古圖 4.14 素弦紋,小羊首,同卣。東平榮氏。“得于河南河清”。

1—5 同銘,族名之外“乍從彝”。6 之花紋出土地皆同卣,銘作“乍坐♀”。

乃沈子,詳第 38 器克乍父辛鼎。上稱日癸,下稱父癸,所指是一。卿即合字,令鼎“卿射”即合射、會射。中考父壺曰“用祀用卿”,義與此同。

卣是成王時的簡朴卣。

40. 息白卣

圖象 頌讀 52

銘文 三代 13.36.4(蓋),13.36.5(器)

隹王八月息白

易貝于姜,用

乍父乙寶隫彝。

銘3行17字。蓋舊藏海鹽吾進,器曾藏劉體智*。

此器與召卣(上海38)、乍册睘卣(本書31)同屬成王時的簡樸式。後者的王是成王而王姜是成王后,亦即此器的姜。魯侯鴞尊(綴遺18.28;三代6.37.3)曰"魯侯乍姜享彝",亦屬同時之作,姜亦成王后王姜。

此器作者從自下,象鼻息形,故暫釋爲息。

41.中乍且癸鼎

銘文　三代3.23.1

　侯易𠁧貝

　三朋,用乍

　且癸寶鼎。

銘3行12字。

此器之中,疑即南宫中鼎之𠁧。爲區別起見,𠁧隸作中,中隸作仲。

42.奢毁

銘文　三代6.51.4

　隹十月初吉辛巳,公

　𡚬易奢貝,才鎬京,用乍

　父乙寶彝,其子孫永寶。

43.𦣻毁

銘文　三代6.49.4

　隹八月甲申

　公中才宗周易

　𦣻貝五朋,用乍

　父辛隮彝。㝨。

公中見亳鼎。銘文末字爲㝨。

44.亳鼎

銘文　三代4.2.2

　公侯易亳杞

---

* 現藏廣州市博物館。

土槳土𡵂
禾𩴊禾,亳
敢皇公中休,
用乍蕈彝。

公侯、公中當是一人,侯是爵名,中是排行。公中與但稱中者恐非一人。皇假作光,方毁"用永皇方身"(本書 89),盠駒尊曰"𦬃皇盠身"(本書 122)。小臣逋鼎"揚中皇"(本書 28)。攈古 21.20.2 有"亞中吗,亳乍父乙隫彝"。分域續 9.31 載亳鼎開封出土,"兄云蓬萊郝劍晴藏,與集古遺文著録十餘字者文同,乃一時出器"。

45.交鼎

銘文 三代 3.23.6
交從嘼,逨即王,
易貝,用乍寶彝。

根據此器銘文,長由盉應讀作"穆王蔑長由。巳,逨即井白"。

46.鄂叔毁

圖象、銘文 上海 32
噩叔乍
寶蕈彝。

銘 2 行 6 字。器通高 18 釐米。今在上海博物館,1959 年于舊銅料中檢出。此毁有方座,四耳,乃西周初期通行之制。

47.鄂侯弟□季卣

圖象、銘文 文物 1964:7 圖版肆 2
噩灰弟𣄨
季乍旅彝。

銘 2 行 8 字。器高 21.8,口 11.3×13.8,底 11.3×14.1 釐米。今在上海博物館。此與下器係自湖北運滬舊銅料中檢出。

48.鄂季毁

圖象、銘文 文物 1964:7 圖版貳 4
噩季奞父
乍寶隫彝。

銘2行8字。器高12.3,口徑15.3釐米。今在上海博物館。失蓋。

文獻及金文所載鄂侯有四。一、殷本紀記紂時“以西伯昌、九侯、鄂侯爲三公”,集解引徐廣云“鄂一作邘,音于,野王縣有邘城”,故城今沁陽縣西北。左傳僖廿四年“邘、晉、應、韓,武之穆也”,杜注亦云“河内野王縣西北有邘城”。野王的邘城應是武王之後的封邑,但它和殷代之鄂相近。廣韻十虞韻于字下“邘氏,周武王第二子邘叔,子孫以國爲氏”。二、史記晉世家曰“晉人復立孝侯子郄爲君,是爲鄂侯。鄂侯二年魯隱公初立,鄂侯六年卒”。索隱曰“系本作郄,而他本亦有作都”。左傳隱五曰“曲沃莊伯以鄭人邢人伐翼。……翼侯奔隨。……秋,王命虢公伐曲沃而立哀侯于翼”。隱六曰“翼九宗、五宗、頃父之子嘉父逆晉侯于隨。納諸鄂,晉人謂之鄂侯”,杜注“鄂,晉别邑”。桓二曰“惠之四十五年,曲沃莊伯伐翼,弑孝侯,翼人立其弟鄂侯,鄂侯生哀侯”。所述與史記不同。三、西周初期金文鄂侯貞、鄂叔𣪘及鄂季𣪘三器則屬于西周初期。四、西周中期金文鄂侯御方鼎及禹鼎(本書154、190)之鄂侯乃孝王前後時人。

地名鄂者亦有四:一、沁陽之鄂。殷帝乙、帝辛卜辭中所記沁陽田獵區中有鄂,與雍(今沁陽東北)、召(今邵源鎮)、向(今濟源縣南)、盂(今沁陽西北)相鄰(詳殷虚卜辭綜述260頁)。二、夏縣之鄂。晉世家曰“唐在河、汾之東,方百里,故曰唐叔虞”,集解引“世本曰居鄂。宋忠曰鄂地今在大夏”,正義引“括地志云故鄂城在慈州昌寧縣東二里。按與絳州夏縣相近,禹都安邑,故城在縣東北十五里,故云在大夏也”。三、鄧縣之鄂。楚世家曰“當周夷王之時,王室微,諸侯或不朝,相伐,熊渠甚得江、漢間民和,乃興兵伐庸、楊、粤,至于鄂”,正義引“劉伯莊云地名,在楚之西,後徙楚,今東鄂州是也。括地志云鄧州向城縣南二十里西鄂故城是楚西鄂”。四、武昌之鄂。楚世家又曰熊渠“乃立其……中子紅爲鄂王”,集解引“九州記曰鄂今武昌”。正義引“括地志武昌縣鄂王舊都,今鄂王神即熊渠子之神也”。此四地名與四鄂侯及鄂王之關係,可推測如下:

殷代鄂侯　應在河南沁陽之鄂

晉之鄂侯　應在山西夏縣之鄂

周夷王時楚之鄂王　應在湖北武昌之鄂

西周初期金文之鄂侯　夏縣之鄂或武昌之鄂

西周中期金文之鄂侯　武昌之鄂

前述三項大約無問題,而後兩項尚有待商榷。

上海博物館所藏“鄂叔”、“鄂侯弟”、“鄂季”三器,都是西周初期器,可能屬于成王。後二器據説出于湖北,則有可能屬于武昌之鄂,那麽楚地之有“鄂侯”,遠在西周之初。但此二器形制和人名稱謂與周相近,似非楚人之器,所以很有可能都是山西之鄂,即唐叔,因叔虞居鄂,故有鄂侯之稱。銘稱“鄂叔”或即叔虞。

宋世出土安州六器的中甗有“先省南國”、“才鄂自𠂤”及“以厥人戍漢中州”等語,鄂字摹本不清,如郭釋可據,則西周初期之鄂自似在武昌(東鄂)或鄧縣(東鄂)。

據楚世家周夷王時楚熊渠因伐庸、楊、粤而"至于鄂"(所述與禹鼎爲一時事),繼之封其中子紅爲鄂王,則此鄂即鄂王所在的武昌。鄂王是楚族,與妘姓鄂侯御方不是一人,則在熊渠封其中子紅爲鄂王以前,武昌之鄂應爲御方之地。

49. 徝方鼎

圖象、銘文 上海 28

隹三月王才
成周,征珷
祼自蒿,咸。
王易徝貝廿朋,
用乍寶隮彝。

銘5行25字。通高24.9,口徑14.5×17.3釐米。今在上海市文管會*,作器者名字,是德字而省心,直字而增彳。金文編未録。珷是武王之武的專字,西周初期穆王以前文武或作玟珷,其例如下:

珷王 宜侯夨毁 (武王,成王 乍册大方鼎)
珷王 中方鼎
不顯玟王……在珷王嗣玟乍邦 大盂鼎(文王 天亡毁、班毁)
朕不顯且玟、珷 歸白毁(此晚) (丕顯文、武,師訽毁、毛公鼎;王肇遹省文、武,㝬鐘)

由此可見昭王以前文、武可以作玟、珷,昭王以後只作文、武。除文、武以外,其它周王無加"王"字偏旁的。由于珷王讀作武王,則珷應讀作武而非"武王"合文。

傳世有殷末周初之際的兩器,均傳出土洛陽者,亦述祼事。我方鼎(善彝45,尊古2.18—19,三代4.21.1)曰:

隹十月又一月丁亥
我乍御祉且乙、匕乙、
且己、匕癸,征礿絜
二母,咸;與遣祼二
秝、貝五朋,用乍
父己寶隮彝。亞(形中)若。

另一乃在故宫之卣(三代13.38.5—6)曰:

* 現藏上海博物館。

辛亥,王才廙,降令

曰:"歸祼于我多高。"

処山易嫠,用乍

毓且丁障。(冈)

以上兩器的祼字從示從𡕒,郭沫若釋祼,是正確的。今此鼎從示從𠬝,亦是祼字。我方鼎的"祉礿絜二母"與此器"祉珷祼",文例相似。此器蒿字從高從茻,與岡刼尊(本書14)"高祖"之高同形,是"祼自高"猶卣銘之"歸祼于我多高",高疑指高祖而言。卜辭卜祭先祖有"自大示""自上甲""自大乙""自且乙祼,若"(後下22.10)等,猶此器之"自高"。

此鼎記三月王在成周祼祭武王及其先祖。洛誥是"周公誕保文、武受命惟七年",即成王元年,記"王在新邑烝祭歲,文王騂牛一,武王騂牛一",又曰"王賓殺禋咸格,王入太室祼"。所記是成王初年在成周新邑祼祭先祖,此鼎稱"王才成周",當在稍後。作器者參預祼祭,故得錫貝廿朋。

此鼎形制、花紋、字體、文例俱屬成王時。鼎足下端已微現馬蹄形,此與殷式方鼎所異之處。又其筆鋒(如隹、三等字)近于井侯毁(本書58)而略早,兩者皆以"隹三月"爲起句。

50.𢓊毁

圖象、銘文　美集録A220,R321

王益𢓊貝廿朋,

用乍寶障彝。

銘2行11字,右行。器高27.1,口徑21.9,兩耳之間32.5,座高10.8,寬20釐米。今在福格博物館。

作器者與前方鼎作器者應是一人。此銘二行亦即前銘之末二行,惟"易"作"益"。三代8.37.2毁銘曰"嗌貝十朋",嗌字與説文古文同形,故吴榮光、劉心源等均釋作嗌。此古文嗌字假借爲易。楊樹達"謂賜字從易聲,易假爲益"(積微居金文説69),即舉上説毁銘爲證。益、易古是一字,非僅古音相同而相假借。今由𢓊所作三器,二器作益,一器作易,知益之即易。本器益字象水溢出于皿之形,去皿字下部象圈足之形,此字就是金文的"易"。故知本器的"益"乃古式的"易"。説文以易爲蜥易的象形,失其朔義。益、易象水溢出于皿之形,故有增益、增加之義。殷武丁卜辭的"易"字和西周初期金文相近,而在西土的成王時代銅器居然保存了更古形式的寫作"益"的"易"。由此可見殷、周文字的相互關係,説明了不但在武王勝殷以前殷周兩國的銅器發展可以是平行的,即其文字的發展也是同源而平行的,則其語言之屬于一系更是當然的事了。

銅器銘文行款以自右至左爲正,此器右行,實出于製模者的錯誤。將此銘與下器比較,可知原來也是左行,但製模者將原來所書寫的底子反摹于模上,故此兩行不但右行且字皆反書。比較兩器亦可知雖同以"益"爲"易",且字體確乎相近而非一人所書,故"王""益""且"等字作風稍有不同。關于銘文左行是正,尚有一例。傳世又二同銘之卣:(甲)三代13.29.5—6,美集録A582左行,(乙)三代13.29.7—8,美集録A583,右行。(乙)不但改左行爲右行,字皆反書而其中"乍"字倒書。又三代6.49.1邐毁(今在故宫)亦是右行反書。

由上所述,則關于銅器銘文的行款與製作可得而言者有下列各事。(1)銘文以左行爲主,亦偶有右行的,有些右行顯然是製模者摹反。(2)製模者在摹録文字時偶有致誤之時,在拚範及鑄作過程中可以擠歪、擠散、擠落某些字。(3)銘辭的書寫者與鑄作者不是一人;同一器主的銘文可以由不同人書寫,故同一器主之器銘除時有早晚而影響字體外,亦有因書寫者的作風不同而稍異。(4)不同字體稍異,即寫法亦有所不同,如徝之三器,"益""易"並見。由于銘文所表現的情況,亦足以解釋同一器主的若干器,其形制、花紋的稍異,亦由于鑄作者之並非一人,不僅由于時有早晚。

此器爲有方座的毁,其形制近于美集録A221、222,其兩耳近于康侯毁與井侯毁(本書4、58)。它應是成王時期的。

51.弔徝毁

圖象、銘文　美集録A219,R320

王益弔徝臣嫊
十人,貝十朋、羊百,
用作寶䵼彝。

銘3行18字。器高23.9,口徑20,兩耳之間31,座高8.9,寬17.9×17.1釐米。

此器作者與前器是一人,"易"皆作"益"。

臣嫊猶臣妾,字從女從素,不可識,當是女隸女奚。西周初期錫女隸者,此爲僅見,且與羊百同錫,亦所未有。

此器形制與前器同,但花紋則近似武王時的天亡毁。周漢遺寶17一毁與此極相似而無方座。

52.兟尊*

圖象　懷米1.12,周金5.7(全形拓)

銘文　三代11.33.2

隹四月王工从,
兟各中,中易兟𩰫。

* 現藏上海博物館。

㚤寡中休,用乍
文考隩彝,永寶。

銘4行27字。"寡中休"猶小臣逋鼎(本書28)"揚中皇",爾雅釋詁"皇,休,美也"。各,詳㠯𣪘(本書85)。中作𠁩,與逋鼎同,是一人。與中盤、休𣪘亦是一人。第二行末字疑爲瓚字。

53.中盤

銘文 三代17.15.3

弔皇父易中貝,中揚弔休,
用乍父丁寶隩彝,孫子其
永寶弔休,萬年不望。◇刀。

銘3行30字。"中揚弔休"猶㚤尊"㚤寡中休",小臣逋鼎"揚中皇"。

作器者之考爲父丁而族名爲◇刀,見于下列各器:

休𣪘 西清28.3,三代6.38.7,恆軒36,攀古1.45,"休乍父丁寶𣪘。刀"。
◇刀乍父丁𣪘 三代6.40.6—8(三器),冠斝1.21
子𠆢刀父甲盉 三代14.7.4
刀✦父癸鼎 三代2.40.2
◇刀父戊爵 三代16.12.1

父丁𣪘與中盤同族名同考名,當係一人所作。休𣪘同族名、考名而作器者名休,即小臣逋鼎之休中。

父甲、父癸、父戊諸器,皆同族所作。

三、成康銅器

54.史叔隋器*

圖象　故宫博物院院刊 2:184

銘文　同上,録遺 161

隹王𠦪于宗周,
王姜史叔吏于大
保,賞叔鬱鬯、白
金、𤔲牛。叔對大保
休,用乍寶奠彝。

銘 5 行 32 字,器蓋同銘。器高 19,寬(連耳)17.4×22,蓋高 6.8,寬 13.5×18 釐米。1951 年 7 月見于杭州浙江省文物管理委員會,共一對**。此器雜在許多僞造的銅器中,審視再三,定爲真器而佳者,其形制尤所罕見。

上文第 32 器獻侯鼎曰"隹成王大𠦪才宗周",與此器或是同一時器。此器的王當是成王,王姜是成王之后,大保是召公,已詳于前。此器應確屬于成王時,前偶遺忘,今補于此。

叔爲王姜的下屬,其官職是史。王姜命其史名叔者使于大保,大保錫之鬯、金、牛三事。"鬱鬯"亦見小子生尊(本書 59)。𤔲牛參大作大中𣪘(本書 121)。"白金"之賜亦見于考古圖 7.13。史記平準書曰"金有三等,黄金爲上,白金爲中,赤金爲下"。集解云"駰案漢書音義曰白金、銀也,赤金、丹陽銅"。説文"銅、赤金也",而銀、鐐、鋈三字俱訓"白金"。是所謂三等之金乃指黄金、銀和銅。西周金文所錫之"金"或是黄金,"赤金"見录𣪘、曶鼎(大系 34,本書 143)。

西周金文奠彝之奠多從阜旁,亦有僅作奠者。近壽縣出土蔡侯諸器有"奠缶"與"盥缶"之别,此奠字决非尊字。詳륿𣪘(本書 57)。

此器形制特異。器和蓋的口部作隋方形(即長方形而圓角者),器的口沿下和蓋上有四個相對的貫耳,蓋的"冠"(即蓋頂小圓圈足)上和器的圈足上各有四個相對的穿孔。這

* 作者在其器目表中將此器列爲成王器。

** 現藏故宫博物院。

四對貫耳和穿孔，乃所以穿系。因此器無可以把握的兩耳，則器乃用繩類提攜的。它和頌續53(商周645)一器相似而約略同時，該器圓口，無耳，器沿下兩貫耳。1954年秋考古研究所在洛陽西郊發掘，在816號西周墓中出土一圓形之蓋(高8，徑27.5釐米)，也是四貫耳四穿孔(洛陽中州路圖版肆拾.1)，與史叔器相類。由此蓋的尺寸，可知它可能是㲃類的蓋而非卣類的。由于此蓋出土時却立如盤，中盛牲體殘骨，則知它的功用和盨蓋相同。史叔器的隋口和西周晚期的盨相似，可能是它的前身。

此器花紋同于禽㲃(本書13)，故可確定爲成王時器。

隋方形之器，在殷末周初已經存在。賸稿8—9之甗，花紋與此同。尊古2.18—19之我方鼎，以及下將述及的北子方鼎、應公方鼎都是隋方形的口，時代皆在周初而不晚于成王。麥方鼎(商周143)亦是隋方形之口而屬于康初，詳下。

55. 北子方鼎*

圖象　未著録

銘文　三代6.42.4

北子乍母癸

寶尊彝。

銘2行8字。器高19，口徑12.8×15.4釐米。山西洪洞劉鏡古(肇鑑)舊藏，1955年見原器于顧鐵符處。以前著録，均誤以爲彝。

北子諸器，見于以下：

北子觶　北子𦰩乍旅彝　綴遺24.19.2

北子尊　北子乍彝　西清9.15

北子盤　北子宋乍文父乙寶尊彝　攈古2.1.53.1

綴遺曰“北與北白鼎同，即邶國也”。北白之器，見于以下：

北白鼎　北白乍尊　三代2.41.8，遺文2.22

北白鬲　北白乍彝　三代5.14.8，綴遺4.14.2，攈古1.2.53.4

北白㲃　北白邑辛㲃　故宫藏

北白卣　北白𢦚乍寶尊彝　商周666，三代11.26.2(誤以爲尊)，小校2.46.4(誤以爲鼎)

盛昱舊藏，今在波士頓美術館(美集録A617)。

遺文曰“光緒十六年(庚寅，公元1890年)直隸淶水張家窪出土古器十餘，皆有北白字，此鼎其一也”。綴遺曰“此曰北白自是國名，字亦作邶”。攈古録引“許印林謂即邶”。王國維

* 作者在器目表中將此器列爲成王器。現藏故宫博物院。

曰"余謂邶即燕…邶之爲燕可以北伯諸器出土之地證之"(觀堂 18.1—2)。

北白諸器出于燕地,乃西周初邶國之器,似可無疑。方氏以北子之器亦屬諸邶,恐不可據。北子器出江陵,與北白之北不同,北子器應屬西周初楚之與國之器。北白皆僅限于西周初期,可認作武、成間殷遺的鑄作。成王誅武庚,更封衛、宋、燕而北器遂亡。北白器出土之地,或以爲邵公封地。

上述兩組銅器,僅北子方鼎和北白卣尚存其形制,後者可定爲成王初器。此鼎花紋簡朴,口作隋方形,口下凸起一道而施以直劃(劃數 6—8 不等),距離亦不等,乃在範上隨意所作。在劃紋的凸帶兩邊則爲圈紋帶,亦不很整齊。在四邊帶的中間各鑄小獸頭一。此器在簡朴和規矩不嚴之中,實有美巧可喜之處,而與通常所見殷末周初銅器别具一種風格。

56.應公觶

圖象　未著録

銘文　攈古 1.1.25.4,綴遺 24.18.1

雁公。

銘 1 行 2 字。器高 12.5,口徑 6.5×8 釐米。吴式芬舊藏,後經火焚,稍有殘裂,已修復。綴遺曰"此觶有柄,製作特異"。

雁即應字。雁公即應公。傳世應公諸器,約如下述:

應公觶銘

壺	應公乍寶奠彝	三代 12.7.4—5,故宫藏
方鼎	同上	三代 3.3.3,綴遺 4.22.2
卣	應公乍寶彝	西清 16.1
毁	應公乍旅彝	西清 13.18
	同上	西清 13.19,三代 6.29.2 素,潘祖蔭藏
鼎	同上	綴遺 4.21 韓韻海藏
	同上	綴遺 4.22.1,三代 2.48.8,潘祖蔭藏
尊	應公乍寶奠彝	三代 11.23.5,綴遺 18.27.1,陳介祺藏
	應公乍寶彝	綴遺 18.27.2,銘在口内横行
鼎	二器,十六字	三代 3.36.2—3,綴遺 4.23.1—2

綴遺 4.21 曰"左傳僖公二十四年傳曰邘、晉、應、韓,武之穆也。杜注應國在襄陽城父縣西。按今之應城,是其地也。水經滍水注應城故應鄉也,應侯之國。博古圖有應侯敦,釋應爲雍……其説殊誤。……鷹、應一字"。方氏所論,都是正確的。

以上應公諸器都是一時之作,當在西周初。此觶與諸器也是同時所作,但其銘文特點有三:(1)應字多從一目,(2)公字下部不合口,(3)僅有作器者名應公二字。銘文在器内底,地位很小,所以僅鑄二字。

殷末周初的尊,有時亦有安置一半月形柄的,如商周 531—533。觶而有柄的,惟見此器。由此可見尊、觶的關係。此觶爲隋圓口,柄安在較寬的一邊,所以以手持柄,觶口的尖出部分正好對正了人口。它之作爲飲酒之杯,是最近情理的。

57.鼂毁

圖象 未著録

銘文 録遺 163

隹正月初吉丁卯,鼂
造公,公易鼂宗彝一肆、
易鼎二、易貝五朋。鼂對
揚公休,用乍辛公
毁,其萬年孫子寶。

銘 5 行 40 字。器高 12.7,口徑 19.6,兩耳之間 27 釐米。解放前後傳河南出土,今在傅晉生處*。

作器者名從貝從黽,字書所無。第二行第一字亦見于上文令方彝、士上盉(本書 19、21)兩器。今釋爲造,廣雅釋言"造,詣也",説文"造,就也"。造公猶詣公。此器之造從㣶從止,上文令方彝、士上盉等器之㣶均應釋爲造,"造居"、"造同卿事寮"、"造令"則假造爲就。

此銘記公所錫之三事,每事之前都有動詞"易"。三事是(1)宗彝一肆,(2)鼎二,(3)貝五朋。(1)(3)二事都有單位詞,由此可知鼎不在宗彝之内,又可知宗彝是成組成套的。此點關係最大,應加申述。

西周金文賞錫銅器的,見以下各例:

小臣夌鼎 易鼎、馬兩 (博古 2.14)
史獸鼎 易豕鼎一、爵一 (本書 63)
卯毁 易…宗彝一 (本書 158)

前二器是成王時器。所謂宗彝與將彝是不同的,宗婦某某所作鼎、毁、壺、盤等器而銘曰"爲宗彝、將彝",由此可知二者之不同。二者不同的涵義可由各個銅器的自銘中得其大概:

* 現藏故宫博物院。

宗彝　豚卣、静卣、参卣、卣(三代12.59.1—2)、蔡尊、参尊、蔡姞尊、尊(三代11.23.7)、中追父方彝(三代6.35.8)、己酉方彝、盟爵(三代16.41.1)、小克鼎

旅宗彝　卣(寧壽7.4—5,三代13.40.2)

宗奠彝　𠭯卣(嘯堂38.2)

寶隩宗彝　天方彝、方尊、方觥(考古1963:8:414)

宗彝奠壺　曾姬無卹壺

將彝　屯鼎、婦姑鼎、善鼎、師湯父鼎、姬鼎、史頌鼎、大克鼎、鬻母鬲、婦姑甗、白衛父盉、君夫𣪘、敔𣪘、趞小子𣪘、史頌𣪘、王𣪘(三代6.29.1)、白享父𣪘(三代6.35.4)、師望盨

旅將彝　免簠

賸器將彝　叔姬簠

奠將彝　剌鼎、蔡姞𣪘

將彝奠𣪘　𤔲中𣪘

由此可以分别出所謂

宗彝有　卣、尊、方彝、觥、爵、壺、鼎(僅一見)

將彝有　鼎、鬲、甗、角、盉、𣪘、盨、簠

它們的功用是有所不同的:

宗彝是盛酒器的卣、尊、方彝和壺

將彝是(1)烹飪器的鼎、鬲、甗

(2)温酒器的角、盉

(3)盛食器的𣪘、盨、簠

金文將彝之將從鼎,所以烹飪器多爲將器。但此種分别亦非十分嚴密的,如大克鼎自稱將彝而小克鼎自稱宗彝。前者傳世僅一件而後者有七器,有可能是七個成肆的宗彝,如此器的"宗彝一肆"。周本紀"封諸侯,班賜宗彝,作分殷之器物",集解:"鄭玄云,宗彝,宗廟樽也。"

銅器器銘中所自名的不同的器物名稱,有關銅器的分類、組合及其功用,可以説明與解决若干問題。大致説來,器物名稱及其附屬用詞(形容性的)可以分爲:(1)最大的共名,如"彝"、"器"之類;(2)有限度的共名,如"宗彝"、"將彝"、"旅彝"、"奠彝"、"行器"、"行具"、"媵器"、"祭器"、"祠器"、"奠器"等;(3)專名如"鼎"、"壺"、"豆"、"盤"等;(4)一般性的形容詞如"寶彝"、"寶器"之"寶"。其中以(2)(3)兩項最重要,因爲它們可以决定某種形制的器物的名稱、類别及其功用。後者應分别爲二:一是器物本身的實際功用,如盛食器、烹飪器、盛酒器、温酒器、水器等等;二是器物所以製作或何時何地所用,如"祭器"、"行器"、"媵器"等等,也可以説是器物的性質。

本器的"宗彝一肆"之肆作𢽶,疑即𨽸(肆)。從𠂈從𣪊,即説文殺之古文,殺肆古通用。後者西周金文用作句首語詞之𨽸一從𣪊從巾(見金文編3.29),經典作肆。春秋金文肆或作聿,或從金從聿(金文編9.17),聿即隶字。邵鐘"大鐘八隶",洹子孟姜壺"鼓鐘一錄",聿就作隶。此器的"宗彝一肆"應是鼎(將彝)以外的一組銅器:或是大小相次的一類銅器,或是大小相等的一類銅器,或是數类有關銅器的組合。肆之從𠂤,猶陳、肆互訓而陳爲行列。

此器花紋中的鳥,較之成王時代的已略有伸長而尾與身尚未脱離,當在成、康之際或康王時。此器的鳥形介于成王奠鼎與師旂鼎(本書69、76)之間。

因此器"宗彝一肆"之語,以上曾對于彝器名稱及其組合有所論述。據上所推論,可得以下的一些事實:

1."彝"和"器"是銅器最大的共名;

2.在彝和器之前所加之字如"宗"、"將"、"奠"等皆表示一定的意義;"宗彝"和"將彝"顯然是兩種不同性質的組合,"奠器"和最常見的"奠彝"不是尊彝而是奠祭時所用之器;

3.彝器的功用不僅指其本身的實際功用(如鼎是炊器),須分别它之所以鑄作和所以施陳(如大克鼎是將彝而小克鼎是宗彝);有限度的共名的研究,可以闡明某類彝器的性質,而專名只説明該器的實際功用;

4.彝器羣或組合中,有某些器(特别是鼎和𣪘)往往以若干個構成一具或一肆,其花紋形制是相同的,其容量大小或則相次遞減或則相同;樂器組和鼎組通常是相次遞減的,𣪘組則常是同等大小的;樂器與鼎雖都是相次遞減的,但樂器是爲了可以因器體大小發出不同的音調,鼎是爲了盛載不同體積的牲體,𣪘則無此需要;

5.成肆的宗彝和成具的鼎、𣪘在西周時代已經存在,并不始于東周;它在一個包括種種實際功用的銅器組合中自成一個系列;

6.有限度的共名的研究,應該和同坑出土的器物作對照,才可以解決該銅器羣的組合、類别和性質;還應該進一步和禮書的記載作比較,用以復原出土實物在行施某種儀禮當中的實際行列、數目及其作用,并可以借此考定禮書所述制度的時代。

58.井侯𣪘

圖象 精華103,猷氏13—14,商周282,大系圖61

銘文 三代6.54.2,大系録20

隹三月,王令㷀眔内史

曰:"𫺕井㑦服,易臣三

品:州人,重人,庸人。"拜

稽首、魯天子"寏厥瀕
福,克奔走上下,帝無冬令
于右周"。追考,對不敢
豢,卲朕福盟,朕臣天子。
用册王令,乍周公彝。

銘8行68字。舊日或稱爲周公彝。器大于常器,二十年前出土,今在不列顛博物館。近接王獻唐先生賜函,承告此器出土經過。王先生曾記録云:"一九二九年揚州城北六十里公道橋鎮挖河出土,同出大小二鼎、卣、壺數件,皆無銘。周公彝爲當地警官劉某攫去,適濟南估人鴻寶齋萬恩溥往揚州購貨,親至其地,以二百元從劉某購得,其餘三件(鼎、壺)由估人艾少卿經手,以二千元購得。彝毁一耳,由濟南修銅名匠大胡麻子(世寬)補修,售于上海,流入英國。壺有蓋,爲艾自購。"

井侯器出土于揚州,和宜侯器出土于丹徒,都是值得注意的。一九三〇年十二月,儀徵縣破山口(距長江北岸約六里)曾出土一羣銅器四十餘件,今存十三件,藏江蘇省博物館(文參1956:12:31),就其形制花紋來看,和揚州、丹徒出土的都是西周初期(成、康時代)的銅器。此三地相去不遠。

銘分四句:第一句述王命,第二句井侯旅天子之命,第三句井侯自誓之辭,第四句作器的原由。

焚是人名,亦見大小盂鼎、燚𣪘及𦁖𣪘(本書74、75、85、94),方濬益讀爲榮字。第二行第二字是芥之繁文,説文芥的籀文從茻,與此同從。方言三"蘇,介,草也。……自關而西……或曰芥;……沅湘之南或謂之萻",注云"音車轄"。此處當作動詞,假介爲匃。詩七月"以介眉壽",金文作"用匃眉壽",廣雅釋詁三"匃,予也";詩既醉"介爾景福"、酌"是用大介",介并訓爲賜予。服爲命服,左傳僖二十八周王命晉侯"錫之大輅之服",周語上則謂"太宰以王命命冕服"。此言予井侯以命服并賜以三品之臣。井侯之井即左傳僖二十四周公之胤之邢,説文"邢,周公子所封,地近河内懷";衛世家"而迎桓公弟于邢而立之"。邢地有二:一、漢書地理志趙國下"襄國,故邢國",今邢台縣;二、漢書地理志河内郡平皐下注應劭曰"邢侯自襄國徙此",左傳宣六"赤狄伐晉圍懷及邢邱",今温縣附近。漢書古今人表邢侯、周公子。本器的井侯當是井侯延,詳下。錫臣三品:州或即左傳隱十一與鄭人之州,杜注云"今州縣";重或即鄭語己姓之董;庸或即左傳文十六"庸人帥羣蠻以叛楚",杜注云"今上庸縣"。召誥"拜手稽首旅王若公"與此器"拜稽首魯天子"相同。尚書序"周公既得命禾,旅天子之命",旅字周本紀作魯、魯世家作嘉,説文曰"旅、古文以爲魯衛之魯"。魯天子即嘉美稱揚天子之休,故下述其稱揚之語(釋文在引號内)。第四行第六字亦見麥尊,或假作酬報之酬。"厥"是天子的代名詞,"瀕福"于省吾讀爲頻福即多福;又讀上下與帝斷句,于説是(考古社刊4:25)。"克奔走上下"之"奔走"與"上下"見于以下:

詩清廟　駿奔走在廟

大盂鼎　享奔走畏天畏

效卣　效不敢不萬年奔走揚公休

書君奭　大弗克恭上下

書召誥　毖祀于上下

書洛誥　惟公德明光于上下

大克鼎　肆克智于皇下，琜于上下

毛公鼎　虩許上下若否雩四方

所謂"帝無冬令于右周"即帝無終命于有周。多士"殷命終于帝"，召誥"天既遐終大邦殷之命"，與此義同。上述三語是井侯嘉美天子之辭，尚書序中的嘉禾，當係此類。

"追考"即追孝，謂追孝于其祖考；"對不敢豕"即述不敢墜。"邵朕福盟"與"朕臣天子"是兩對句，前二字都是動詞，後二字都是名詞。兩"朕"字在此不能作代名詞用。邵朕疑當讀作超騰；福盟是盟祀。"朕臣天子"即"臣天子"，西周金文之例如下：

朕臣天子　本器

畯臣天子　頌鼎、追殷、克盨、梁其鼎、白梁其盨(本書 192、187、191，三代 9.5)

農臣先王　梁其鐘(本書 191)

臣天子　師俞殷(本書 135)

可知朕、畯、農等字同義，省之則但曰臣(動詞)。

册字較"乍册"之册多出二短劃，此處是動詞。册王令即書王命，王命指第二、三行王所命賜服、賜臣二事。册本是所以書寫王命的竹簡，引申爲書寫、爲策命。廣雅釋詁四"册、誎，書也"；誎通作刺，釋名釋書契"書稱刺，書以筆刺紙簡之上也"，漢書外戚傳下師古注云"刺謂書之于刺版也"。西周金文所記内容有許多種，其中記述王命的最有關于歷史而實具古代檔案官文書的價值。西周金文有明白説明記録王、公之命的：

天亡殷　隹朕又慶(本書 1)

大保殷　用茲彝對令(本書 23)

史話殷　話占于彝(本書 26 引)

中方鼎　䣄于寶彝(大系 6)

師旂鼎　弘以告中史書，旂對厥賀(概)于奠彝(本書 76)

羌鼎　羌對揚君令于彝(擦古殷 2.3.34)

縣妃殷　肆敢隊于彝曰……(大系 38)

翏生盨　用乍旅盨，用對刺(本書 153)

凡此對、隊都假爲述，對令即述命。䣄亦同對、揚，中尊"中䣄王休"而中方鼎"中對王休令"，它器作"揚王休"、"對揚王休"。占即笘，玉篇訓寫，與天亡殷之假朕爲謄同義，説文

“賸，迻書也”。

末句謂因册王命而作周公之器，則此器作者是受王命的井侯；井侯是周公之胤，很可能是其子輩。但此處有兩個問題：一、“乍周公彝”是周公的用器還是祀器；如係前者則當成王時，否則則在周公已歿之後。二、此井侯是誰。爲此應并述與井侯有關的麥組于下。

麥組銅器有以下六器：

(1)本器　作周公彝

(2)麥方尊　西清 8.33，大系 20

王令辟井医出坏医于井……乍册麥易金于辟医……

(3)麥方彝　西清 13.10，大系 21

才八月乙亥，辟井医光厥正吏，贊于麥宂，易金……

(4)麥方盉　西清 31.31，泉屋 I：101，商周 478，三代 14.11.4，大系 21

井医光厥吏麥，贊于麥宂，医易麥金……

(5)麥方鼎　商周 143，麻朔 1.51，録遺 91，大系 21

隹十又一月井医延贊于麥，麥易赤金……

(6)延盤　猷氏 47，商周 829，三代 6.37.2

延乍周公奠彝

以上的宂字原從宫、九聲，此處是宫室之名，尊古 2.6 伯梡毁“乍厥宂室寶毁”；三代 3.16.7 鼎“毁子乍厥宂團宫鼎”，廣雅釋宫“宂、窟也”，乃是黄土地帶穴居的復室。由此可推井侯所屬正吏麥的居處當在黄土地帶，可能即在古邢邱（今温縣）一帶，今豫東地區尚有穴居。左傳襄三十“鄭伯有耆酒，爲窟室而夜飲”。

由六器互校，可知麥是井侯的吏、正吏、乍册。井侯侯于井，或即井侯延，亦即作周公奠彝（盤）之延。此二延字從廴不從彳，麥方鼎征、延二字，可以互證。

此六器雖均屬于井侯及其乍册麥者，但鑄作年代并不在一時，器的形式及器銘内容亦有所異。可以分爲三類：

(1)(6)都是爲周公所作的，“作周公彝”可能是“作周公奠彝”之省。此兩器形制、花紋、字體都不能晚于成王末。(6)上的蟬紋流行于殷器，西周初雖有而是罕見的，如第 24 器匽侯盂下所述淩源出土的盤。(1)的四耳則是武、成流行的形式。

(2)(3)都是“奠彝”，是爲井侯的出入逆造而作的，都有繁縟的成王時代的花紋，都有扉。但此二器，(2)記二月井侯與天子射于辟雍之事，(3)記八月井侯光臨麥宂之事，所以此二器可能是相近的而不一定是同時的。它們的時代亦當在成王之末，或成末康初。

(4)(5)都是素的方形器，在銘文中明著其器名，都是爲“從井侯征事”而作的，應是同時之作。據(5)則記十一月井侯臨麥之事。(4)的形制較晚于白害盉（本書 71），該器作于康王初以後，則此(4)亦不能早于康王初期。

59.小子生尊*

圖象、銘文　西清 8.43

隹王南征,才□,王
令生辨事□公宗,
小子生易金,鬱鬯,用
乍毁、寶奠彝,用對
揚王休,其萬年永
寶,用鄉出内事人。

銘6行43字。此器重要,惜摹本有兩字未摹全:第一行第六字地名,第二行第五字或是介詞“于”。第三行第七字摹如“首”,與史叔隋器(本書54)互校,始知第六字是鬱字省鬯者,而第七字是“鬯”字所誤摹。

西周金文和周書所錫多是秬鬯,説文以爲“黑黍也”。鬱鬯之錫,僅見此器及史叔隋器;又有一壺(西清19.16,貞圖1.42,三代12.8.1)曰:

孟截父乍鬱壺。

字與此兩器同作。字省鬯,從大不從缶。集韻鬱的古體作欝,字彙補引作欝,雖係很晚的字書,却保存古形。此兩書的鬱字省鬯從司,都和金文極相近似而稍有譌誤。説文林部“鬱、木叢生者,從林鬱省聲”。許慎以所省之字(在鬯部的)爲鬱鬯的本字,解曰“芳草也,十葉爲貫,百廿貫筑以煮之”。其在經籍,則用鬱字,其實這才是本字。周禮鬱人“和鬱鬯以實彝而陳之”,鄭玄注云“筑鬱金以和鬯酒”,鄭衆注云“鬱,草名……若蘭”;又序官鄭玄注云“鬱、鬱金香草也,宜以和鬯”。周禮鬯人“掌共秬鬯而飾之”,鄭玄注云“秬鬯,不和鬱者”。由是可知鬯、秬鬯與鬱、鬱鬯二者是有區别的:前者是黑黍所釀成的一種酒,後者是用鬱金香草擣而煮出的汁水而和之于秬鬯者。單獨的稱爲秬或鬯的,應指黑黍釀成的鬯酒而非和有鬱金草汁的,這是鄭玄之解,大約是對的。許慎以爲“鬯、以秬釀鬱草”,則本諸江漢毛傳“秬、黑黍也,鬯、香草也,筑煮合而鬱之曰鬯”。宜侯夨毁(本書5)所錫的某鬯,疑是“盡鬯”,字假作藎草。

“用鄉出内事人”是用鄉王出入使人之省,同例的有:

小臣宅毁　用鄉王出入(本書17)
伯矩鼎　用音王出内事人(三代3.23.2)
衛鼎　乃用鄉王出入事人(善彝28)
鼎　用鄉王逆舟事人(三代3.28.1)
麥方彝　用贊井医出入(大系20)

---

* 在器目表中,作者將此器和伐荆三器列爲成王器。

都是成、康器。此器"其萬年永寶"之語,亦與小臣宅𣪘同。

由第四行則知作此尊以外,同時尚作𣪘及其它彝器。

"辨事"之辨亦見乍册魆卣(本書29)。廣雅釋詁二"辨,徧也",左傳定八"辨舍奠于季氏之廟"。廣雅釋詁一"辨,使也",則辨事或即辨使。"公宗"或是天宗之類,待考。周禮夏官有小子,司社稷五祀之祭祀;此尊王令小子生辨使于公宗,或指祭祀,但亦有"治事"的可能。

此尊口圓而方腹,是所謂"方尊"者。它和服方尊(商周556,參倫78,故宫3)完全同形制而花紋不同;它和麥方尊(大系圖199)花紋全同而後者形制同于令方尊(商周554)。此類方尊的出現,僅限于殷末與周初成、康之際,所以小子生尊應與麥器同時,即約當成王之末,或成末康初。

此王可能是成王或康王,"王南征"可能是南征楚、荆,同時之器有以下各事:

(1)過白𣪘　夢郼1.24

過白從王伐反

荆,孚金,用乍

宗室寶尊彝。

(2)𤞷𣪘　大系録26

𤞷駭從王南征

伐楚荆,又得,用乍

父戊寶尊彝。吴。

(3)𨞪𣪘*　十六2.13,三代7.21.7,大系録26

𨞪從王伐荆,

孚,用乍餴𣪘。

(4)誨鼎　薛氏9.99,復齋29

唯弔從王南

征,唯歸,隹八

月才皕𡨦,誨

乍寶鬲鼎。

(1)(2)之荆從井,從刅;(3)更省井作刅,方濬益以爲荆字。吴世家"太伯之犇荆蠻,自號句吴",索隱曰"荆者楚之舊號,以州而言之曰荆;蠻者閩也,南夷之名"。穀梁莊十四、廿八"荆者楚也",詩漸漸之石序"荆舒不至"鄭注云"荆謂楚也",晉語六"鄢之役,晉伐鄭,荆救之",韋注云"荆、楚也"。説文"荆、楚木也",廣雅釋木"楚、荆也"。左傳昭十二載楚靈王

* 現藏中國歷史博物館,圖象見文物1959:12:59。

之言曰"昔我先王熊繹,辟在荆山",是楚得名于山。毛詩所載,采芑有蠻荆,閟宫有荆舒,殷武有荆楚。故知荆、楚、荆蠻、蠻荆所指是一,皆爲芈姓之遺。鄭語述此姓,有荆芈、蠻芈之稱。楚姓亦作曼,音與蠻近。左傳文十二"羣舒叛楚",正文引"世本(羣舒)偃姓",是荆舒當是荆地之舒。荆楚之族在淮水之南長江南北一帶,占地甚廣,種類繁多。

小校 5.34.1 之尊有"從王女南攸"之語,或者亦是同時之作。

上述諸器可以説明反荆、楚、楚荆三名是一,都是王南征的敵國。此四器并小子生尊都特别載明"從王南征"。(4)據復齋 25 云"畢良史少董得古器于盱眙榷場"。以上的字體、文例都屬于成、康時,而(1)(3)兩器形、花紋都可以定爲成王時器。

郭沫若從唐蘭之説,定(1)—(3)爲昭王時器。唐説則根據左傳僖四"昭王南征而不返"和竹書紀年"昭王十六年伐楚荆,涉漢,遇大兕","十九年天大曀,雉兔皆震,喪六師于漢"。其事亦見于吕氏春秋音初篇"周昭王親將征荆蠻"(左傳僖四正義引)和沔水注。唐説以銘文的内容和史書記載對照,是相符合的。但我們考慮再三,必須移此諸器于成王時代,是有理由的:一、上述"唯王南征"諸器的形制、花紋、銘文屬于成世,可能稍晚而不能晚至昭世。二、史書所記武庚之叛,南方的熊族(即楚)亦參予而成王伐之。三、上文令𣪘(本書 15)記王(應是成王)伐楚白,宜侯夨𣪘(本書 5)記成王親征至宜,大保𣪘(本書 23)曾論及召公可能有南征的事。後者曾提到安州出土的中組諸器,涉及"反虎方"、"省南國"、"戍漢",頗與楚有關。中組所述南宫和"唯臣尚中"很可能是顧命"大保命仲桓、南宫毛"二人,古今人表作中桓南宫髦。其述王在"夔陴"或即鄭語與楚同姓之夔越。安州六器有三件是朴素的方鼎,這種方鼎在成、康時代是較爲通行的,成、康以後很少有方鼎。

60. 睘尊

圖象 濬縣 12

銘文 同上 13

佳公𩡧于宗周,
陾从,公亥䖒洛
于官,商睘貝,用
乍父乙寶尊彝。

銘 4 行 24 字。1932—1933 年濬縣發掘,出土墓六十。同墓所出的,據濬縣彝器(下列器名後括弧内數字是頁數)所録的有鼎(4)、甗(6)、卣(15)、素𣪘(8)、爵(18)、斨(32.3)各一,九戈(22)等。由它們的形制、花紋、銘文可以判斷都是屬于成、康時的銅器。

作器者名或從阜或省,字近于説文睦之古文,或是睦或陸字,睦、陸古相通用,同訓厚。第一行第三字,依文法當是動詞,字近于金文的"原"字。此地大約是往于宗周之義。

此"公"疑是衛康公,即康侯。前文所提及的康公盂以及康公斝,俱有康公之名。後者據説1933年與康侯諸器同出濬縣,其地乃衛國所在。光緒十四年(1888年)河南出土的賢毁(善彝64)曰"唯九月初吉庚午,公叔初見于衛,賢从,公命事……"。此公叔恐即康叔而稱公,銘與此器可相比較,器制花紋亦皆同時。

第二行四、五兩字,不詳其義。"洛于官"猶競卣之"各于官"。洛、各皆假爲格。爾雅釋詁"格,至也",釋言"格,來也";方言一"假、狢……至也,邠、唐、冀、兖之間或曰假或曰狢",方言二"儀、狢,來也。……周、鄭之郊齊、魯之間曰狢,或曰懷"。官假作館:説文"館,客舍也",廣雅釋宫"館,官舍也"。古有候館、公館之設。周禮遺人"五十里有市,市有候館",魯語上"宿于重館"注云"館、候館也",儀禮聘禮"及館"注"館,舍也,遠郊之内有候館,可以小休止沐浴"。禮記雜記"諸侯行而死于館"注云"館、主國所致舍",雜記"大夫次于公館以終喪"注云"公館、公宫之舍也",禮記曾子問"公館復"注云"公館若今縣官舍也",漢書車千秋傳注云"館、舍也"。此器之"官"當指宗周館諸侯的公館,覲禮"天子賜舍,曰:伯父,女順命于王所,賜伯父舍"。

第三行第三字商即賞,前述令毁、獻侯鼎(本書15、32)等成王器賞字俱作商,惟此器商字較複雜,近于小臣傳卣(三代8.52.1)賞字所從之商。

此尊是作器者爲父乙而作,但同墓所出的爵則爲父癸而作。同墓所出的卣則是另一作器者,并署有亞矢的族名。此族名是殷代一大族而仍見存于西周初器中,大别爲四類:

一、兩字上下連書,多出土于安陽,如鄴一2.5(矛)、鄴二1.1—2(執鐘)、1.26(爵)、1.30(爵)、1.34(盤)、巖窟2.9(戈)、2.29(戈)、2.62(斨)、遺寶38(尊)、39(罍)、48(斝)。這些多屬于殷代。

二、矢字寫在亞内,如三代14.35.6(觶),亦是殷代的。

三、兩字上下分書,如濬縣出土的卣和三代16.46.7(角)、16.33.3(爵)、16.33.4(爵),多西周初器。

四、兩字分書而亞中有"其医"或"其"字樣,此可分爲兩種:一如鄴三1.36(斝)、巖窟1.8(鼎)、1.46(爵)等,傳1941年安陽出土,乃殷器;一如三代14.10.7—8的亞盉有匽医字樣,清季北京出土,乃西周初燕器,詳匽侯盂(本書24)。

由上三、四兩項可知有此族名的銅器,可以是西周初期的,但此族見存于殷代,恐是殷人的一族。濬縣西周墓中而有此族名,可證殷遺有服事于衛的,此器的作者或也是衛侯的官吏;亞盉之亞受錫于燕侯,但服事于燕侯的殷遺。

由上所論,則此尊的時代應在成王或成、康之際,作器者或是殷遺。濬縣發掘出來的銅器,確乎有西周初期之物,但同時發掘諸墓亦有晚于此者。凡此都要重加分析。此次的發掘已經二十餘年,學者或但憑銘文臆測公爲衛武公,是很不正確的。這批材料的正確的分别的斷代,對于今後的發掘工作與古器物的研究,是有很大的關係的。

61.耳尊

圖象　未著録

銘文　録遺 206

佳六月初吉,辰才辛

卯,侯各于耳𡨦,侯休

于耳,易臣十家。長師

耳對揚侯休,肈乍京

公寶尊彝。京公孫子

寶,侯萬年壽考黄

耇,耳日受休。

銘 7 行 52 字。器高約 25,口徑 20 釐米。傅晉生藏器 * 。花紋近于趞卣(本書 30),形制亦屬成、康時。錫臣十家之語,可補以前著録所未及。最末三句頌辭有韻,乃西周銅器所罕見。第二行第六字是宫室之名,與麥器可相比較。

爾雅釋詁“黄髮……耇老,壽也”。黄髮亦可單言黄,詩南山有台“遐不眉壽”、“遐不黄耇”及行葦“以祈黄耇”箋云“黄,黄髮也”。周頌烈祖“綏我眉壽、黄耇無疆”,閟宫“黄髮眉壽”、“眉壽黄髮”,與此銘近。師奎父鼎“眉壽黄耇”(本書 111),師俞𣪕“黄耇眉壽”(本書 135),與“壽考黄耇”意亦相近。

62.𤔲鼎**

圖象　賸稿 7

銘文　三代 3.47.3

王初□𠁣于成

周,溓公蔑𤔲

曆,易睘□□□。

𤔲揚公休,用乍父

辛尊彝。冄。

銘 5 行 28 字。遺文補 1.11 曰“己巳(1929 年)出洛陽”***。

本書第 10 器𢉏鼎曾論及此器,以爲成王時。器是成王時通行的素鼎,僅有弦紋兩道。三代 6.43.6 𣪕“司土𤔲乍氏丂寚障彝”。似爲一人所作之器。

---

* 現藏故宫博物院。

** 作者在器目表中將此器列爲成王器。

*** 現藏故宫博物院。

銘爲銹所掩，第三行所錫之物似是環及其它之物。第一行第四字似是恆的繁文，卜辭恆字從月在兩畫之間，此則在四畫之間。

63. 史獸鼎*

圖象　善彝27，商周50

銘文　同上，三代4.23.3

尹令史獸立工
于成周。十又二月
癸未，史獸獻工
于尹。咸獻工，尹
賞史獸𩰫、易豕
鼎一、爵一。對揚皇尹
不顯休，用乍父
庚永寶尊彝。

銘8行50字。金傳聲、劉體智舊藏。立工、獻工舊以爲立功、獻功，待考。尹、皇尹應是皇天尹之省。三代3.51.3有先獸鼎，先獸即史獸，二者爲一人。

64. 小臣静卣**

銘文　綴遺12.1，攈古2.3.58.1

隹十又三月王
居鎬京，小臣静
即事，王易貝五十朋，
揚天子休，用乍
父丁寶尊彝。

銘5行31字。圖象未見。

十三月，亦見趞卣（本書30）；即事，亦見小臣趆鼎（本書28）；王與天子前後互稱，亦見獻𣪘（本書26）及井侯𣪘（本書58）。五十朋之錫，亦見效尊（本書80）。以上皆西周初器，故此器小臣静亦當在成、康時，與静卣、静𣪘（三代6.55.2、13.41.2）之静可能是一人，静器應在康王時，都在鎬京。

---

* 現藏臺北"中央博物院"。

** 作者在器目表中將此器列爲康王器。

65. 耳卣

圖象　泉屋62,海外45,卣與觥29,商周635

銘文　三代13.36.6—7

寧史易耳,耳休

弗敢且,用乍父

乙寶蹲彝。斤。

銘3行17字。容庚以爲毁器。

"弗敢且"猶易鼎之"弗敢喪",且假爲殂亡之殂。

耳與耳尊之耳或是一人。

四、康王銅器

66.魯侯熙鬲

圖象、銘文　美集録 A123,R442

魯侯獄乍彝,

用享鬻厥

文考魯公。

銘 3 行 13 字。器高至口 17.1,腹徑 14.5 釐米。1947 年見于波士頓美術館。是年冬,爲文考定,刊于 ARTIBUS ASIAE 10:2。今述其要。

魯侯的下一字是其私名,乙辛卜辭作地名。字從𦣞而左右各一犬,説文有之,解曰"獄司空也,从㹜𦣞聲",與獄字結構相似,玉篇以爲伺字。今以爲乃魯煬公熙之名,熙與此同一聲符。魯世家曰"魯公伯禽卒,子考公酉立。考公四年卒,立弟熙,是爲煬公。……六年卒"。索隱云"熙一作怡"。熙與怡、怡與伺古音相同。此器的魯侯是煬公熙,熙是考公之弟而伯禽之子,故此銘的"文考魯公"乃指魯公伯禽。作彝以將享其文考,則在伯禽已卒之後。

此器銘雖簡略的記述伯禽父子的關係,但因其制作時代之可以估定,實爲解决周初成、康年代的關鍵所在。决定周初年代的基本材料是:

(1)竹書紀年記西周 257 年,則西周元年應在公元前 1027 年;

(2)左傳昭十二記禽父事康王,則伯禽尚存于康世;

(3)魯世家魯公年數,上推魯煬公應在公元前 994—前 989 年,魯考公應在公元前 998—前 995 年,則伯禽在位當在公元前 1027—前 999 年的 26 年;

(4)據上所推,則成王年數應不長于 26 年;

(5)據成王金文,成王年數應不短于 19 年。

基于以上各條,我們定康王爲公元前 1004—前 967 年,如此康王的最初六年乃是伯禽最後的六年。這些材料的組織和年代的推定,還需要實物的證明。

今有此鬲,可確定爲魯煬公所作享祭伯禽之器。它的器形、花紋和字體、文例都不能晚于康王之世,而可以合適的排列在成王與康王之間。據以上推定的年代,煬公在位正當康王七年至十二年,與此器之應在康王初期是相符合的。

立耳深腹之鬲,是殷末通行的形式,延至西周初期。過去著録的(如商周 146—153)都没有出土地記録,其銘文又甚簡略,不能明確的斷代。此鬲是惟一的例外。其足部、腹底分襠和獸面紋都和成王時代的分襠鼎(即所謂鬲鼎者)相近。但它的獸面紋和殷代與成王時代的,已稍有所不同:眉上的獸角已有變化,眉目與鼻之間直立的一條平凸帶,顯然爲以前獸面紋所没有的。凡此皆表示它適當于康王初期的斷代。

67.乍册大方鼎

圖象 (1)善彝 43 (2)善彝 44

銘文 (1)三代 4.20.3,大系録 17 (2)三代 4.20.2 (3)三代 4.20.4*

公束鑄武
王、成王異鼎,
隹四月既生
霸己丑,公賞
乍册大白馬,大
揚皇天尹大保
宖,用乍且丁寶
奠彝。□册。

銘 8 行 41 字。此鼎與令器同出,詳令毁、乍册翻卣、士上盉(本書 15、20、21)。同銘之鼎已著録者凡三器,1941 年 4 月在昆明桃園村接獲第四器拓本,遂作記重考。善彝第二器,銘文筆劃與其它三器有所不同,若非僞作,則係剔誤,但器是真的。

郭沫若考定此器作於康王之世,作器者乍册大是乍册令之子,父子同官;又説公束即召公奭。都是正確的。史興鼎"史興才井,乍束寶隮彝"(録遺 83),此"束鑄"猶"乍束"也。又以爲"異"省示,是説文祀的或體,則似若可商。廣韻職部曰"匲,大鼎",集韻以爲"鼎名",玉篇則從匚從異,注云"大鼎",是異鼎爲大鼎之稱。楚世家"居三代之傳器,吞三翮六翼以高世主",索隱云"謂九鼎也,空足曰翮,六翼即六耳,翼近耳旁,事具小爾雅"。乍册大自乍之鼎高不過一尺,而皇天尹大保公束所鑄成王武王之異鼎當是大鼎,或翼近耳旁之鼎。

召公所鑄祭祀武王、成王的異鼎,可能就是下將述及的二鼎:一爲"大保鑄"鼎,一爲"成王奠"鼎。此二者都是方鼎,而耳上都有特殊的匍伏之獸;所謂異鼎,或即指此。前者之銘有主詞、動詞而無賓詞,後者之銘有賓詞而無主詞動詞,合而觀之,則知大保所鑄者爲致祭成王之奠鼎。這兩鼎原非一對,但原來或有"大保鑄""武王奠"和"大保鑄""成王奠"的兩對;異鼎之異或是比翼之義。

---

* 前二鼎,現藏臺北"中央博物院";第三鼎,現藏美國弗利亞美術館。

此鼎的"公朿鑄"猶言"大保鑄",公朿應是大保召公奭。説文奭"讀若郝",廣韻昔部同爲施隻切,而"赤""郝"同爲昌石切。説文朿"讀若刺",廣韻昔部刺、七迹切,與"赤""奭"可説是同音的。公朿是召公奭,則銘言"皇天尹大保"即指銘首的公朿。召公奭存在于康王之世并爲大保,和顧命的記述適相符合。

若不是由于銘文所表示的世次關係,我們并不容易分别乍册大鼎與其父輩乍册令所作的方彝與毁的差别。就花紋與銘文來説,大器與令器亦有一部分相因襲之處。此鼎口沿下的兩尾獸形和方彝器口沿下的相似而有早晚的不同;鼎銘的"賞"字從商從貝同于方彝而晚于毁文(作商),其它的字大致相近。就字體説,毁早于方彝,方彝早于方鼎。但此處應指出,銅器(與一切古器物)的斷代不可以是刻板的、固定的。器形、紋飾、字體、文例和制度雖然都一定的向前發展,它們各自有其發展的過程,彼此之間只有平行發展的關係而不一定是等速度發展的關係。康世的方鼎已經向前發展爲較新于成世的形制、紋飾,但仍可能保存成世的字體、文例;或者相反的,字體、文例已經改新了而仍保存舊的形制、紋飾。在這些地方,銘文本身所説明的世次與年代是決定性的。以下諸器中,亦有實例可以證明此説。

68. 大保方鼎

圖象　未著録

銘文　攈古 1.2.5.3,綴遺 4.2.1,三代 2.32.4

大保鑄。

銘1行3字。此爲梁山七器之一,詳大保毁(本書23)。今在天津市藝術博物館,見文物1959:11:59。高50.7,口徑23×36釐米。其圖象罕有傳本,我于1948年偶然得之北京古肆中,乃端方石印的全形拓本。據所印的,高約60,寬約36釐米。因此拓本,方知它是方鼎;窓齋7.6以爲毁,敬吾2.51以爲鬲,都因未見原器而致誤。

此方鼎與一同出的鴞卣同銘。鑄字從鬲從火從皿而無後來增入的形符"金"、音符"壽",故爲鑄字的最古形式。吴式芬以第三字"疑鑄字",是。

此鼎的形制大體上近于成王鼎(本書69):耳上匍伏的雙獸,四棱上的"扉子",足上的扉子與突出的獸頭。前二者又是此二鼎與奚方鼎(本書27)所共有者。此三方鼎形制雖相同而稍有差異:第27器的花紋同于成王時的厚趠方鼎(商周138,參本書第9器考釋),是較早的;大保方鼎的花紋(上帶爲獸面紋,下爲蕉葉紋,都是變形的),非當時一般方鼎所常具的;成王鼎的花紋是成、康方鼎所常見的,它較之康世的乍册大方鼎的乳丁更老一點。

與大保方鼎同出同銘的鴞卣(安陽遺寶圖版36,插圖23、24),較之殷代的鳥尊爲簡朴。卣銘的鑄字同于康世的乍册大方鼎,都從兩"又"持鬲,而大保方鼎没有兩"又"。鼎、卣雖係同時(康世)之作,而其飾文中的"鑄"字却有早晚之别。

69.成王方鼎

圖象　美集録 A77

銘文　綴遺 4.1.2,小校 2.21.6

成王尊。

銘 1 行 3 字。沈秉成(仲復)舊藏,今在納爾遜美術館。器高 28.5,口徑 15.5×18.1 釐米。吴大澂曰"此成王廟中之鼎"(小校 2.21.6),綴遺以爲"康王時所作"。吴、方都讀尊爲尊,以爲尊即尊彝,成王尊爲成王之尊,則是錯誤的。

前已釋明尊是加于"彝"和"器"以前的一個形容字,用以表明彝器的性質或作用。"尊彝"或"尊器"亦可省稱爲尊,此例常有。依西周金文通例"某乍某尊彝","乍"以前之某是主詞乃作器者名,"乍"是動詞,"乍"以後某尊彝之某乃受祭者名而尊彝必與受祭者名相銜接。由此通例,可知緊接于尊或尊彝以前的人名或廟號乃受祭者的名號。如此則"成王尊"者乃後人所作致祭成王的尊鼎。下列諸例,亦可以説明之:

(1)康侯豐乍寶尊　　三代 3.3.4 鼎

(2)剌肇乍寶尊　　三代 3.27.3 鼎

(3)王乍母癸尊　　三代 16.46.4 角,三代 6.28.8 彝

(4)田告乍母辛尊　　尊古 1.25 鼎

(5)匽侯旨乍父辛尊　　恆軒 1.16

(6)乍厥考寶旅尊　　尊古 2.14 卣蓋

乍厥考寶旅尊彝　　同上卣器

(7)王乍又將彝　　三代 6.29.1

(8)王乍臣坒彝　　擴古 1.3.9.1

(1)—(5)尊下皆無名詞。由于(6)乃一器對銘,可知尊爲尊彝之省;由(3)—(5)知緊接于尊前的母癸、母辛、父辛是受祭者名;由(7)(8)知凡王自作器者則"王"後必有動詞"乍"。又善鼎曰"用乍宗室寶尊"(三代 4.36.2)則知尊器陳于宗廟。

尊古 1.24"大祝禽鼎"方鼎,人名與器名相接,而鼎上的乳丁亦近于乍册大方鼎,似乎也應定爲康世後人致祭伯禽之鼎。但我們終于否定此説者,由于大祝禽乃是生稱,致祭伯禽之器應稱之爲魯公(如魯侯熙鬲)或父某;所以"大祝禽鼎"乃是大祝禽之鼎。其形制雖近于康王初的乍册大鼎,其鑄作年代亦可能在伯禽事康王爲大祝之時,但其鑄作則當伯禽生時。

成王鼎既作于康世,則此器與小盂鼎上的成王都是成王死後的所稱。成王的生稱、死

稱如一,其他各王亦當如此。

此鼎的乳丁較之大祝禽和乍册大的方鼎雖略長而鋭端,但器的時代應在康世。此鼎項下的一對鳥,身已修長,較之成王時的令方彝顯然是晚的。它的形式介于令方彝(本書19)與師旂鼎(本書76)之間,所以雖晚也當在康王之初。此鼎的耳,比大保鼎更接近于上文奚方鼎(本書27),這點也説明它應在康王之初。

70.𤔲鼎

圖象 未著録

銘文 攈古2.3.50.1,綴遺4.9.1,小校3.4

隹九月既生霸辛

酉,才匽。侯易𤔲貝、金。

揚侯休,用乍召

白父辛寶𣪘彝。

𤔲萬年子子孫孫

寶。光用大保。

銘6行39字。器高24.8,口徑19.6×21.2釐米。梁山七器之一,曾藏鍾養田、李宗岱,1948年冬歸于清華大學。器銘原爲土銹所掩,因此清世以來著録摹本,不能通讀全文。後經剔清,乃有較清楚的拓本。

據銘文,作器者𤔲是召白父辛之子,于九月才匽,侯(當是匽侯)錫以貝、金,乃作其父的𣪘彝以光大保。令方彝"用乍父丁寶𣪘彝,敢追明公賞于父丁,用光父丁"(本書19),所光者即作𣪘彝所祭之父丁,則此鼎所光之大保當即作𣪘彝所祭之召白父辛。此父辛是燕侯旨之父,亦見于以下各器:

父辛　　匽侯旨鼎二(恒軒1.16)

召白父辛　𤔲鼎、白𤔲盉、龢鼎、龢爵(綴遺4.8,攈古2.1.55.1—2,善吉6.53爵)凡此旨、𤔲、龢等人都是兄弟行,其所作器應是同時的。

此鼎之"侯"應是匽侯旨,乃召白父辛之子。詩甘棠、黍苗、崧高等篇的召伯和江漢的召公應是召公奭,故梁山七器中,鼎盉稱召白而甗稱召公。然則匽侯旨是召公奭之子而非召公;就封于燕者是召公次子,故鼎銘曰"才匽"而小臣𪼈鼎(本書22)記"召公□匽"是召公至于匽而不曰"才匽",可證召公本人不曾就封于燕。

據顧命之文,召公奭在成王既没之後康王即位之時猶爲大保,則凡有"召白父辛"的諸器應屬召公以後,至早在康王初以後。匽侯旨鼎一形制同于成王時的旅鼎而銘曰"匽侯旨初見事于宗周",則當在成王時;匽侯旨鼎二形制略晚于前者而銘有"召白父辛"之語,當屬于康王初以後的康王時代。𧊒鼎形制雖近于成王時的素鼎，因有"召白父辛"之語亦當屬于康王初以後的康王時代。與此鼎同出的大史友甗"乍召公寶尊彝"，亦可證其作于召公以後。

匽侯旨當爲召公的次子而就封于燕者，可能是第一個燕侯。此人延至康世，其同輩的𧊒亦延至康世。據此鼎銘𧊒在燕受侯錫，則出土地的梁山當爲他居住之邑。

此鼎朴素，僅項下一帶弦紋。本書第9器𡧊鼎下曾列述成、康時的素鼎而誤定此器爲成王，應正。成王與康王的素鼎的發展的趨向是鼎腹弧度的改變：即自口沿向下的弧線到足部以上處向外伸出，口徑小于腹徑而最大腹徑不在鼎腹中部而在下部。如此鼎，從照片上觀察，腹部的左右兩線形成一梯形；在此以前的鼎，形成大約爲平行的直線或對稱的微向外拋的弧線。這個腹部弧線的改變，姑名之爲"傾垂"。此種現象，同樣的表現在同時期的尊、卣等器的發展上。

71.白𧊒盉

圖象　頌續56，商周477

銘文　攈古2.1.55.1—2，三代14.9.7—8

　白𧊒乍召白

　父辛寶尊彝。

銘2行10字。器蓋同銘而行款略異。梁山七器之一。

作器者與前器是一人，此由出土地與受祭之父考相同，可作明證。金文"白"字的用法有三：一爲侯伯，在封邑地名之後，如此器的召伯；一爲伯叔，如此器的伯𧊒；一爲白色，如召尊、乍册大鼎（本書16、67）所賞的白馬。

此器與士上組之盉（善彝107）和乍册麥組之盉（泉屋1：101）同屬于四足盉類。它們是西周初期（尤其是成、康時代）的代表形式。它們是從分襠的三足盉衍化而來的，故其腹部底下尚殘留微爲分襠的形式。就此殘留的微爲分襠的程度，可分别時代的先後，即士上——白𧊒——麥爲次序，最後幾乎成爲平底腹。士上屬于成王時，已詳本書第21器。麥組當如郭沫若所定，在康世。

72.大史友甗

圖象　泉屋1：11，商周183

銘文　攈古2.1.42.1，三代5.8.5

　大史友

　乍召公

寶蹲彝。

銘3行9字。梁山七器之一。同出土的鼎、盉銘䨣稱其父爲召白,此則大史友作蹲器以祭召公,召白、召公所指是一。作器者作召公的蹲彝,則在召白已死之後,應在康世。

友字從友從口。西周初期金文孝友、朋友之“友”作三形:(1)作友,從雙又,如令毁(本書15);(2)從友從口,如農卣(本書附23);(3)從友從甘,如曆鼎(三代3.45.1)。此器“大史友”應是大史之名友者,與酒誥“大史友”之指大史僚友者不同。此人見于以下各器:

(1)友鼎　頌齋1　内史令友事,易金一鈞、非余

(2)友尊　尊古1.33　友乍旅彝

(3)友父鼎　三代3.5.4　考乍友父蹲鼎

前兩器友字倒寫,都是成王式的素器,應在成王時。第三器則爲考所作以祀友父者,當作于友死以後;器形未見。吉金文選下2.15録考毁,未見器銘拓本及器形。善彝68之友毁,似稍晚,與大史友恐非一人。

甗之形制,自殷末至西周初期,變化較少。此器項下花紋,應不能遲于康王。

73.庚赢卣

圖象　美集録A631

銘文　三代13.45,綴遺12.25—26

隹王十月既望,辰才己丑,

王逄于庚赢宫。王蔑庚赢

曆,易貝十朋,又丹一㡿,庚赢

對揚王休,用乍厥文姑寶

蹲彝,其子子孫孫萬年永寶用。

器銘5行53字,蓋同銘同行款略同。器高29.1,寬17.8×28.8釐米。吴雲舊藏,今在福格博物館。

第二行第二字是各或偣的繁文,見睘尊(本書43)。第三行“丹一”下是單位詞,字從庐從木,即説文柝字,説文訴、趆均從厈。柝假爲柘、槖或秅。説文“柘、百二十斤也”,即一槖、一石。金文厈,唐蘭釋庐(斥)是也。説文“丹、巴越之赤石也”,漢書地理志上注“丹、赤石也,所謂丹沙者也”。據梓材,丹所以塗棟梁,乃是顔料。此處所錫之丹,有可能作爲婦女所用之脂粉。

作器者猶王姜、庚姜之例,都是已嫁的婦人,當是赢姓之女而婚于庚者。王錫以丹粉,而作器以紀念其文姑。姑于爾雅釋親有二義:一、“父之姊妹爲姑”,即今所謂姑母;二、“婦稱夫之父曰舅,稱夫之母曰姑”,即今所謂翁姑。金文之姑,多爲翁姑,如:

鼎(賸稿6)　姬乍厥姑日辛蹲彝

卣(陶齋 2.36) 婦闟乍文姑日癸莫彝

皆殷、周之際器。

作器者亦見于另一鼎(西清 3.39),銘曰:

隹廿又二年四

月既望己酉,王

客琱宫衣事。丁

巳,王蔑庚嬴曆,

易覂(祼)璋、貝十朋,對

王休,用乍寶貞。

方濬益、郭沫若并以此鼎與卣爲一人所作。雖鼎文嬴從"女"而卣文從"貝",此兩器的作器者應是一人,因兩器的花紋都是同一時期的。郭沫若以爲卣的字體與鼎的形制與大盂鼎(本書 74)相彷彿,"故以次于康世"。我們則以爲應着重于兩器所代表的鳥紋,它們正是從成王時代的鳥形變爲後一時期新形式的鳥形的標準形式。對于此一種新式鳥形的發生以及其演變,是解決康王時代若干組銅器的關鍵。

所謂"鳥"形可大别爲三類:一是成對的小鳥,二是成條的長鳥,三是單個的大鳥。小鳥佔據次要的帶紋上,如令方彝(本書 19);大鳥占據主要的腹部,如𡆥方鼎(本書 6)。此兩種因自殷代,見于成王銅器;惟占據器項下一帶的長鳥興于西周初期而漸有變化:即鳥身與尾部的逐漸分離,鳥啄發展爲一長條垂于鳥首之前。爲簡便計,稱前者爲"分尾",後者爲"垂啄"。長鳥的變化亦影響于大鳥,因此庚嬴卣所代表的正是分尾而垂啄的長鳥與垂啄的大鳥。至于鳥首之向前或向後(向尾),似無時代的差别。兹將有關的各器的不同鳥形,序列于下:

1. 不分尾的長鳥 岡刼尊,成王方鼎
2. 成對的小鳥 令方彝,录𣪘(白雍父)
3. 不垂啄的大鳥 𡆥方鼎
4. 分尾的長鳥 師旂鼎(白懋父),𩁹鼎(師雍父),录𢦏卣(白雍父),静卣,縣妃𣪘(白辟父)
5. 垂啄的長鳥 穚卣(師雍父),庚嬴鼎
6. 分尾而垂啄的長鳥 庚嬴卣,嬴氏鼎,静卣,競卣(白屖父)
7. 垂啄的大鳥 麥尊,小子生尊,庚嬴卣,静𣪘,静卣,效尊,己侯𣪘,效卣(白辟父),師湯父鼎

由于同一作器者而同有不同形式的鳥,可知 4—7 是約略同時的,即是大鳥、長鳥的垂啄與長鳥的分尾,發生于同一時期。它們的時代先後,約如下述:

成王時 成對的小鳥——令

不分尾的長鳥——罔叔

不垂啄的大鳥——塱方鼎

康王初　不分尾的長鳥——成王方鼎

分尾的長鳥——白懋父

垂啄的大鳥——麥、生

康王時　小鳥——雍父的一器

分尾的長鳥，垂啄的長鳥——雍父

分尾而垂啄的長鳥——競卣(白屖父)

分尾而垂啄的長鳥，垂啄的長鳥，大鳥——庚嬴

康王時　分尾的長鳥，垂啄的大鳥——效

垂啄的大鳥——師湯父

由此可見成世的大鳥、小鳥、長鳥不見于康王以後，康初興起的分尾與垂啄之鳥仍流行于康王以後。庚嬴、效、静、雍父各組銅器，應序列于康王之世，最晚是昭世。這種新形式的鳥，盛行于康王後半期以至昭王時，師湯父器是最晚的。

我們若以遹毁、刺鼎、長甶盉(本書103—105)作爲穆王時的標準器，則上述各組應在穆王以前，成王、康初以後。

庚嬴兩器尚有同時的三器

(1)鼎　　夢郼1.7　嬴氏作寶鼎

(2)方鼎　吉金文選下1.17　丙戌王格于公室，嬴氏蔑曆，錫貝，用乍公寶奠彝

(3)盉　　善彝108，善吉8.32　白衛父乍嬴將彝，孫孫子子萬年永寶

(1)(3)都是分尾的長鳥，而(3)是康王時代的形式的四足盉。(1)(3)的"嬴"字分别同于庚嬴的卣和鼎。嬴氏與嬴可能即庚嬴。

庚嬴所作器及其有關之器都屬于同一主題與形式的鳥紋，此在效、静、雍父有關諸器亦復如此。此可見銘文有關的諸器，其器形雖有不同，却常用同一種主題形式的花紋。

此器作者爲一婦人，王親臨其宫室而賞錫之，其人當是公侯的妻氏。方濬益以爲"禮無君適臣妻之文"，故作了迂迴的解釋。不知西周君后與公侯的妻氏，其地位很高，即如保氏的女官，也同樣的因受賞錫而鑄器。

74.大盂鼎

圖象　恆軒9—12，曆朔1.32，商周45，上海29

銘文　三代4.42—43，擦古3.3.31—36，從古16.31—36，綴遺3.22—27，奇觚2.34—

41,愙齋 4.12—17,大系録 18

銘兩段,前段 10 行,後段 9 行,共 19 行 291 字,平均每行 15 字,惟有“一人”“五十”“六百”等語的,則行多一字或二字,末行亦多一字。器通高 102.1,耳高 21.3,耳寬 26.4,足高 31.5,足底圓徑 10.8,口徑 78.4,腹徑 83,腹圍 258,腹深 49 釐米;重 153.5 公斤。

吴式芬曰“器出岐山禮村,江蘇嘉定周雨樵廣盛令岐山時得之”。吴大澂曰“是鼎于道光初年(公元 1821 年—)出郿縣禮村溝岸中,爲岐山令周雨樵所得,旋歸岐山宋氏;同治間項城袁小午侍郎以七百金購獲之,今歸吾鄉潘文勤公。癸酉(公元 1873 年)冬大澂視學關中,袁公出示是鼎”。劉心源曰“鮑康觀古閣叢稿跋此鼎云:道光間岐山出土,初爲宋氏所得,置祕室,不以示人。周雨樵偵知之,遽豪奪去;余曾乞其打本,請觀則不可。雨樵逝,此鼎復出,左相國(宗棠)購以重資。心源案:光緒初(公元 1875 年—)潘文勤(祖蔭)師聞鼎在關中,函致左文襄乞打本,左即遣人輂鼎贈之”。方濬益曰“岐山郭氏舊藏,今歸潘伯寅尚書。……按道光中岐山河岸崩,出三大鼎,皆爲邑紳郭氏所得,周雨樵大令宰岐山,取其一以去,故當時頗有傳拓。同治甲戌(公元 1874 年),鼎復自周氏出,左文襄公方督師關隴,購之以寄尚書于京師,余于尚書邸中曾審視數過,平生所見大鼎,此爲最巨矣”。凡此記載,都以爲器出郿縣的禮村(岐山是隣縣),時在道光初,先後經邑紳郭氏、周廣盛、左宗棠、潘祖蔭等人收藏。潘氏罷官以後,舁歸蘇州宅中,一直保存到 1951 年,由潘氏後人潘達于先生贈獻政府,今陳列在上海博物館*。是年八月,我因徐森玉先生之約,前往蘇州運取此鼎和大克鼎等,得以作了較長時間的觀察。鼎在抗日戰争期間曾埋入地中,但再度出土後并無損蝕。原器完整無瑕,未經修理。

所見銅器中的重器,此鼎應爲第一環寶。銘文之長雖不及毛公鼎,但内容更爲重要而形制厚重雄偉。此器重量不及殷代的司母戊方鼎和大克鼎,而制作精于後者。制作、銘文和體量又都超過虢季子白盤。小盂鼎和曶鼎也是有關史實的重要長銘,而惜乎器已不存,不能見其形制。小盂鼎的出土,據王國維説“此鼎與大盂鼎同出陝西郿縣禮村,宣城李文翰宰岐山,遂攜以歸……器亦亡佚”(别補 12)。吴式芬曰“器出陝西岐山縣,安徽宣城李文翰令岐山時得之”。傳説此器亡佚于太平天國之際,而另一説則以爲項城袁氏實藏此器,重埋入土,今不知所在。

此鼎徐同柏、吴大澂、王國維均定爲成王之器。方濬益曰“至其文字則固周初之書體,猶存科斗遺意”。方氏于其彝器説(綴遺卷首)“以書勢分時代之先後”,他分周代文字爲三系:一、周初文字“畫中肥而首尾出鋒者,科斗也,古文體也”,二、周中葉文字“畫圓而首尾如一者,玉箸也,籀篆體也”,三、春秋戰國文字“其文仍是籀書而體漸長,儼然小篆”。其所區分,大致不錯而稍嫌寬闊;以字體作爲斷代的一法,是有其一定的功用的。郭沫若則以

* 現陳列在中國歷史博物館。圖象、銘文見上海博物館藏青銅器 29。

此“鼎爲康王器，下小盂鼎言用牲禘周王、□王、成王，其時代自明”。郭氏就銘文内容，證其爲康王器，極爲確當。我們從其它方面加以補充：1.字體近于井侯毁、麥方鼎、庚羸鼎(本書57、73)，去成王令毁(本書15)字體不遠；2.所錫“冂、衣、市、舄、車馬”同于麥尊，不同于成王及昭穆以後的賞賜；3.形制近于成王時的一些鼎，晚于商周22(約殷、周之際)的大鼎；其腹部亦漸形傾垂；4.項下分化了的獸面紋與足上的獸面紋接近康王時的大保方鼎；5.文、武王都加“王”字偏旁，中方鼎和歸芻毁(大系6，本書196)武王之“武”亦如此作，而宜侯夨毁(成王時)和乍册大鼎(康初)(本書5、67)則作“武”；乍册魖卣和尹卣(本書29，嘯堂41，皆成王時)“才”表時而“在”表地，此鼎則“才”表地而“在”另有用法。凡此種種，都表示此器雖接近成王而在其後，應序列于康王之世。

此銘在款式上有兩個特點。一是此銘19行，自第1行至19行寬32釐米，每行長33釐米，分前後兩段，第10行與第11行之間空出一行地位，約3釐米。此與大克鼎及宋世、近代出土的禹鼎(本書185、190)相同。禹鼎一銘共20行，在第10行與第11行間空出一行，嘯堂所録如此。大克鼎則兩銘兩段：前段載第一銘的11行，空一行後載第二銘的3行；後段與前段相距約四行間隔，載第二銘的14行。前段銘文有方格，後段無。由大克鼎之例，可知前段的空一行表示兩篇銘文間隔，前後段的間隔與一有方格而一無方格表示前後兩段在製範過程中是分範而製的。由此可推知大盂鼎與禹鼎之所以間隔一行，都是一篇長銘而在製造銘範時分塊施工的。

此銘在款式上的第二特點是“王若曰”的出現。全銘以王的册命爲主，册命分四節，第一節稱“王若曰”，餘稱“王曰”。此事有關于周初的史官代宣王命的制度，詳下“西周的策命制度”。

“不顯文王受天有大令”，有假作佑或祐，令即命。文王是主詞，受是動詞，天佑大命是賓詞。“天有”即“天佑”：詩我將“維天其右之”(周禮羊人疏引作祐)，易大有“自天佑之”；詩小宛“天命不又”，易無妄“天之不佑”；多方“昊天大降喪于殷，我有周佑命”，君奭“天惟純佑命”。所以文王受天有大令即文王受到天佑之大命。

“在武王嗣文乍邦”之在，與無逸“其在祖甲不義惟王”用法略同。乍邦即爲邦、爲王。辟字同于説文辟下所引虞書，此假作辟：説文“辟、法也”，“嬖、治也”，爾雅釋詁“辟，辠也”。廣雅釋詁三“慝、惡也”。“辟厥慝”即刑除紂及其惡臣：逸周書世俘篇曰“則咸劉商王紂執矢惡世百人”，“武王乃廢于紂矢惡臣百人”；周頌武曰“于皇武王，無競維烈；允文文王，克開厥後；嗣武受之，勝殷遏劉，耆定爾功”。

第4行至第6行，比較了周之所以興和殷之所以亡，乃由于用酒的節制與放縱之别。此節應與酒誥相對照。酒誥曰“文王誥教小子，有正有事無彝酒，越庶國飲惟祀，德將無醉”(謂勿常用酒而祭祀飲酒無醉)；酒誥曰“尚克用文王教，不腆于酒，故我至于今克受殷之命”，此即鼎銘“助酒無敢䤖，右、柴、烝、祀無敢擾：古（故）天異臨子，法保先王，□有四方”。酒誥又曰“我聞亦惟曰在今後嗣王（紂）酣身……惟荒腆于酒……庶羣自酒，腥聞上天，故天降喪于殷”，此即鼎銘“我聞殷述（墜）命，隹殷邊侯、田粵殷正百辟率肆于酉，古喪師已（矣）”。

酒誥是王（武王或成王）引文王遺教誥誡康叔封，此鼎銘是王（康王）重復文王武王的遺教，所以説“今我隹井（型）帀于文王正德，若文王令二三正”。文侯之命“肇刑文王”，詩文王“儀刑文王”，我將“儀式刑文王之德”。記載上説殷紂縱酒荒淫，而周人代殷以後，一再誥教戒酒，乃是禮的一大變革。古禮、醴一字，禮之興與酒有密切的關係。在最早的時代行禮飲酒當是農業生産中的酬神的儀式，到了殷代則多用于宗教祭祀，而殷末則爲個人的極度享受。周初針對這種放肆飲酒之風，所以酒誥中明定了嚴峻的法律：“羣飲，汝勿佚盡執拘以歸于周，予其殺。”周初以後銅酒器的減少以及此銘中關于“德”的提出，改變了殷末的風氣，興起了後世奉周公爲創制者的“禮制”。

“匍有四方”，秦公鐘同而“有”作“又”，秦公𣪘作“囿”（大系288、289）。詩執競“奄有四方”，書金縢“敷佑四方”，彔白𢦏𣪘“右辟四方”（三代9.27.2），義皆相近。“畯正”是一動詞組，多士“俊民、甸四方”，義與此相同。述命即墜命：酒誥“今惟殷墜厥命”，召誥“今相有殷……今時既墜厥命”，君奭“殷既墜厥命”。凡此周初誥文所述，均與鼎銘相合。詩文王、禮記大學“殷之未喪師”；洛誥“余往已”，以“已”爲語末語詞，均與鼎銘相合。“法保先王”之法訓常，見爾雅釋詁。

“殷正”與“若文王令二三正”之正指正長。麥尊“辟井医光厥正吏”（大系20），毛公鼎“亦隹先正”、“善效乃友正”，梁其鐘“邦君大正”（本書201、191），上述之“正”均指正長。康誥之外正，酒誥之少正、有正，毛公鼎、云漢之先正，多方及乍册魖卣（本書29）之多正，義均相類。“百辟”見書洛誥，詩桑扈、假樂、烝民、烈文等篇，又見秦公鐘；鄭玄箋以爲是畿内諸侯，孔穎達疏以爲是畿外諸侯，我們以爲應是百官。後世之書則以百辟爲先正：晉語八“公侯祀百辟”，魯語上“其周公太公及百辟神祇實永饗而賴之”，吕氏春秋仲夏“祭祀百辟卿士有益于民者”。介于“殷邊侯田”與“殷正百辟”之間的“粤”字，從雨從于，經傳作粤或越，此處是連詞：經傳釋詞“越猶與也”，大誥“大誥猷爾多邦越爾御事”，可爲證。

“女勿勉余乃辟一人”，“乃辟一人”是“余”（王自稱）的同位詞。爾雅釋詁“辟、君也”；“余乃辟一人”亦可省爲“余一人”，金文及周書習見，乃王之自稱，猶後世稱寡人稱孤。殷末卜辭王亦自稱爲“余一人”，見金124。勉字從兔從刀，舊不釋，此字亦見漢世君有行鏡銘中，西周金文則爲人名（三代8.20.1，又從肉）。從兔之字見的小臣謎𣪘、耳尊（本書8、61）等器。勿勉即詩十月之交“黽勉從事”，漢書劉向傳引作“密勿”。“女妹辰又大服，余隹即朕小學，女勿勉余乃辟一人”，似説盂早年（昧晨）有服位，就事于王之小學，勿勉于王，故有下“今余隹令女盂”云云。

“今余隹令女盂召榮敬雍德經,敏朝夕入諫,享奔走,畏天畏”,是王之新命。榮,方濬益、孫詒讓釋;敬省攴,劉心源釋;經省糸。“諫”從闌柬聲,與説文之“讕”非一字;説文“闌、和説而静也”,乃是諫之本義。召即劭、釗、詔,爾雅釋詁“釗、劭、勉也”,而詔與相、導、左右、助同訓。方言一“釗、薄、勉也,秦、晉曰釗”。釗從刀聲與召同,是“召”爲秦、晉語。榮,郭沫若以爲與小盂鼎之榮并一人之名。召榮即助榮。“敬雍德經”與酒誥“經德秉哲”、陳曼簠“肈勤經德”(大系258)相類。“畏天畏”即畏天之威,詩我將“我其夙夜畏天之威”,與此同。大誥“天明畏”、康誥“天畏棐忱”,畏皆讀威。

“盂,迺召夾死司戎”,經傳釋詞“迺猶其也”。召夾是一詞,一切經音義卷十二引三蒼云“夾輔也”。左傳僖公二十六年“夾輔成王”。禹鼎“夾召先王”(本書190),師訇毁“用夾召厥辟”(本書207),皆謂輔佐其君。“死司”西周金文習見,如康鼎“王命死司王家”(本書156),蔡毁“死司王家……司百工……”(本書139)。死有永義:毛公鼎“死毋瞳余一人才立”(本書201),文侯之命“予一人永綏在位”,可以爲證。“死司戎”即終身管理諸戎之事。小盂鼎述盂告伐鬼方之役,是其職事。

“敏誎罰訟”即慎罰:康誥“克明德慎罰”,多方“罔不明德慎罰”。説文“竦,謹也”,誎即謹,大克鼎亦見此字,舊多誤釋爲諫。䰜毁“命女司成周里人罪諸侯大亞訊訟罰”。“烝四方”即君臨四方,爾雅釋詁“烝,君也”,此用作動詞。

“粤我其遹省先王受民受疆土”,爾雅釋詁“遹,述也”,説文“述、循也”。㝬鐘“王肈遹省文、武勤疆土”(本書208),洛誥“文武受民”,立政“相我受民”,均與此語相類。

“易乃且南公旂用獸”,猶善鼎“易女乃且旂用事”(大系36)。用獸即用于田狩之事。此旗是建于田車上的。“勿法朕令”即詩韓奕之“勿廢朕命”。末行第一字,舊釋“對”,不確。

以上對本銘文字,稍加考證。其中除了與酒誥的對照以外,更重要的内容是此銘所記殷代侯甸之制與周初賞賜奴隸之制,已詳西周文中的殷人身分(歷史研究1954:6)。西周的奴隸情況,宜侯夨毁、奚方鼎、耳尊(本書5、27、61)等器考釋中,已作了部分的增加。

75.小盂鼎

銘文　三代4.44—45,攈古3.3.42—46,綴遺3.27—29,大系録19

銘文約400字,分20行,每行約20字上下。銘爲重銹所掩,傳世有陳介祺粗紙拓本一紙,吴式芬據以摹録,綴遺則據吴書重摹。此拓本曾有羅氏影印本,後入三代。吴氏摹録,看來尚爲忠實。道光初岐山禮村出土三大鼎,俱爲郭氏所有,據綴遺3.33曰“三鼎爲前後兩令豪奪其二,其一方鼎遂深藏不復示人,故無傳拓者。重器鴻文,徒存響象”。

小盂鼎銘釋文

1 佳八月既望辰才甲申昏喪三ナ三右多君入服酉明王
2 各周翰口口口口賓延邦賓隤其旅服東鄉盂呂多
3 旂佩感方呆口口口入南門告曰王盒盂呂口口
4 伐感方口口口馘口執嘼二人隻馘聿八百口十二馘孚
5 人萬手八十一人孚馬口口匹孚車世兩孚牛言五十五牛羊
6 世八羊盂或口曰口口口口乎機我征執嘼一人隻馘
7 言世七馘孚人口口人孚馬百三匹孚車百口兩王口
8 曰嘉盂拜頏首呂嘼進即大廷王令燎口牛口口口
9 譬繼牛故口趞白口口鬼旟鬼旟盧呂新宁從商折
10 譬于口王乎口口令盂以人馘入門獻西旅宮口入
11 寮周翰盂呂口口口口口口入三門即立中廷北鄉盂
12 告劃白即立劃白害口口口于明白鹽白口白告成
13 盂呂書侯侯田口口口口盂征告成賓即立萬
14 賓王乎蕭盂于呂口口口進賓口口大采三周入
15 服酉王各翰祝延口口口口口邦賓不彝口口用
16 牲營周王成王武王口口口將王彝彝述萬室
17 邦賓王乎口口令盂呂區入凡區呂品雩若塌日乙酉
18 三事太夫入服酉王各翰萬王邦賓征王令貿
19 盂口口口章口弓一矢百畫虢一貝胄一金甲一
20 馘戈二矢量八用乍口白寶隤襄佳王廿又五祀

吴式芬摹録之本,始有釋文。方濬益讀第四行首三字爲“伐鬼方”,王國維鬼方考(觀堂13:1—10)未見方釋,亦據鼎文“伐鬼方”論鬼方地望族氏甚詳。郭沫若則定此鼎爲康王之器。

八月既望之望,省月,同于本書第2器保卣。

昧喪即昧爽,亦見免毁,西周金文惟此二器是在昧爽之時朝于宗廟,其他器多記朝于旦時。此鼎記“昧喪,三左三右多君入服酉;明,王各周廟”,則昧爽在旦明以前。小徐本説文曰“昧、昧爽,旦明也,从日未聲,一曰闇也”,混昧爽爲旦明,是不正確的。淮南子天文篇記日初出爲晨明,在旦明以前;説文“晨、早、昧爽也”,是晨明即昧爽。昧爽應在平旦以前,爽是爽明而昧又訓闇,故昧爽乃是將明之謂。日之出没指太陽出入地平綫,地球之外爲大氣所包蒙,大氣中雜水蒸氣乃細末微塵;日出之前與日没之後,日光耀于大氣上反射爲晨昏朦影。此種現象平均當太陽在地平綫下十八度以内始有之,而温帶地方的晨昏朦影約持續一小時半至二小時。魯語下謂“朝、辨色始入,君、日出而視之”是説羣臣朝王者辨色(昧爽)而入,君王則日出(旦)視朝,與此銘可相對照。

多君亦見殷卜辭,當指邦君諸侯。三左三右當指率領邦君諸侯的周室諸侯。顧命“大保率西方諸侯入應門左,畢公率東方諸侯入應門右”,是召公、畢公率左右兩班諸侯入門,與此銘三左三右相類。顧命的三左三右當指“大保奭、芮伯、彤伯,畢公、衛侯、毛公”,可以推測前三人以召公爲首率西方諸侯,後三人以畢公爲首率東方諸侯;前三人的封地在西,後三人的封地在東。

“多君入服酉”與下“三事大夫入服酉”相同。酉或是酒,詩信南山箋云“酒、郁鬯”。方濬益説“蓋左右多君于昧爽時先入共郁鬯之事,既明乃格廟也”。服或是祭祀時服用之物,如此則服與酉都是名詞。

“賓延邦賓”,即儐者延引邦賓(多君),東向。此時王已入周廟,當在門内之東部,或即顧命之東序一類。據大盂鼎,王令盂司戎,則此由盂率入的“邦賓”當是戎族的諸長,器銘第十三、十四行則省爲“賓”。周禮大宗伯“以賓禮親邦國”,顧命東西方諸侯入應門後,“賓稱奉圭兼幣,曰一二臣衛敢執壤奠”:凡此之賓皆指諸侯。“奠其旅服”此服或祭祀之用物,即上文之“入服酉”。

“盂以多旂佩鬼方(?)不□□□入南(?)門”,與逸周書世俘篇“大師負商王紂縣首白旂、妻二首赤旂,乃以先馘入燎于周廟”、“武王乃夾于南門,用俘皆施佩衣衣”所述同類。又世俘篇説“謁戎殷于牧野,王佩赤白旂”,則是戰服上佩載之旂。

“南門”後“王曰”至第七行末“王”以前是盂告兩役的禽獲:

	[第一役]	[第二役]
執嘼	2人	1人

隻馘	4812 馘	237 馘
孚人	13081 人	??人
孚馬	??匹	104 匹
孚車	30 兩	100 + 兩
孚牛	355 牛	
羊	38 羊	

嘼讀若酋。西周周人名鬼方之首爲酋爲嘼，名淮夷之首酋亦曰"邦嘼"，見西周晚期的師寰毁(大系 135)。豪酋之稱，到漢代還存在：漢書宣帝紀"神爵二年羌盧降服，斬其首惡大豪楊玉、酋非首"，注引"文穎曰羌胡名大帥曰酋，如中國言魁"；後漢書西羌傳"强則分種爲酋長"，"及其衰亡，餘種皆反舊爲酋豪云"。馘，説文從耳，或體從首，注云"軍戰斷耳也"，詩皇矣傳"不服者殺而獻其左耳曰聝"，泮水箋"馘、所格者之左耳"。所獲之若干馘即若干左耳。説文此字從首或耳、或聲，金文從爪、或(戈)聲。説文與金文聲符相同，而形符有耳、首、爪之别。以金文形符来看，似軍中所斷者是手，但西周晚期金文敔毁(本書165)曰"長榒蕺首百、執訊卌……告禽馘(從爪)百訊卌"，則馘實是首級。左傳宣公二年鄭獲宋"囚華元，獲樂吕，及車四百六十乘，俘二百五十人，馘百人"，宣公十二年攝叔曰"吾聞致師者，右入壘折馘，執俘而還"。僖公二十八年晉師"獻俘授馘"。史記衛將軍驃騎列傳天子述伐匈奴"獲首虜二千三百級"，"捕伏聽者三千七十一級，執訊獲醜，驅馬牛羊百有餘萬"，上述爲"馘"即"首級"之証。

盂所孚獲的共有三等：一是酋長，僅數人，其動詞爲執；二是左耳或首級，其數次于所俘之人，其動詞爲獲，所以爾雅釋詁訓馘爲獲；三是人、馬、車、牛、羊，其動詞爲孚(即俘)，爾雅釋詁訓俘爲取，金文的"孚"兼指囚人與擄物。執、隻、俘三種動詞亦見于卜辭：執是生擒，隻是獲死者(包括田獵所得)，俘是掠取。伐鬼方前後兩役，俘人一萬三千以上，獲耳五千以上，俘獲兩計近于兩萬人，可見戰事的激烈和用兵規模之大。所俘有車馬，則知鬼方亦有車馬之備，它的文化决非低級的。

鬼方之名見于武丁卜辭，乃是殷代一大方國。方濬益説"此與梁伯戈并曰鬼方，自是西方諸戎之通稱"，未爲確當。五帝本紀索隱曰"匈奴，别名也。唐虞已上曰山戎，亦曰熏粥，夏曰淳維，殷曰鬼方，周曰玁狁，漢曰匈奴"。王國維鬼方昆夷玁狁考(觀堂十三)推衍此説，并以昆夷亦爲鬼方。凡此混同數名，都是不對的，詳殷虚卜辭綜述第八章第五節(275 頁)。殷代鬼方或在太行山之西的晉南地區，到了西周或已在陝西境内，所以才可以與北殷氏相勾結，如鼎銘以下所記。

此銘上稱鬼方(鬼字從戈)，下稱鬼昏(字從誩從疒)，昏(或聞)乃是北蠻，所以梁白戈(三代 19.53.1)稱鬼方緣，説文"䜌，日旦昏時也"，音義與昏同。

第八行開首"王曰"之下一字不清，當是王嘉許盂之語，疑是"嘉"字。虢季子白盤"王孔加子白義”(本書215)。盂拜稽首以謝王之嘉許,乃進酋于大廷,王令榮訊其叛逆之故。榮訊問的結果,大意説越白(當是周人)侵犯(?)鬼方,所以鬼方與商相合爲亂。此商應是西周時代的北殷氏。殷本紀殷後有北殷氏,索隱云“北殷氏蓋秦寧公所伐亳王,湯之後也”;秦本紀寧公“三年與亳戰,亳王奔戎,遂滅蕩社”,索隱云“西戎之號曰亳王,蓋成湯之胤,其邑曰蕩社”。

第九行第二字是説文𨙻字,假作鞫:説文訓“窮治罪人也”,公劉傳訓“究也”。既窮究諸酋,乃折之于某處,疑當在廟内之地。折是折首,西周金文記“折首若干”,逸周書克殷篇“以黄鉞折懸諸大白”,孔注云“折,絶其首”,周本紀譯其意爲“斬紂頭縣大白之旗”。

第十行“以人馘入門,獻西旅,[以]口入寮周廟”,此謂盂以人馘入南門,獻之于西旅。此西旅當是南門内周廟室前的一個位置。郊特牲“台門而旅樹”注云“旅、道也,樹所以蔽行道”,禮記雜記下注云“旅樹、門屏也”,爾雅釋宫“屏謂之樹”。是旅乃門内之行道。此銘上記王各周廟,邦賓東向,則王在廟之東廂或東序,此西旅當在廟之西廂或西序之前,羣臣所立,逸尚書有旅獒之篇,尚書序在武王分器之篇後叙此篇曰“西旅獻獒,大保作旅獒”,孔傳云“西戎遠國貢大犬”,釋文云“獒,五羔反,馬云作豪,酋豪也”。正義引鄭玄之説“西戎無君名,强大有政者爲遒豪,國人遣其遒豪来獻,見于周”。馬融、鄭玄讀獒爲豪酋之豪,是正確的。但所謂西旅,由此鼎所示,當是大廟南門内之地,在廟室之外,故繼之以“入寮周廟”。

此銘記西周初在周廟中獻燎伐鬼方所獲的俘馘,是此器最重要的記録。由此可以証明逸周書世俘篇所追記武王克殷時的獻俘之禮,是可信的。世俘篇説“庚戌,武王朝至燎于周……武王乃夾于南門,用俘皆施佩、衣衣,先馘入;武王在祀,大師負商王紂縣首白旂、妻二首赤旂,乃以先馘入燎于周廟。……乙卯,武王乃以庶國祀馘于周廟……告于周廟”。與此銘所述相近。成王時有兩器記同類之事:本書第6器塱方鼎記周公伐東夷、豐伯、薄姑,歸而祭“于周廟”,相當于祭之字不識;此周是岐周,周廟在此。三代8.50.4記王伐來魚、淖墨“至,燎于宗周”。合觀兩器,則知征伐歸来,有獻燎之祭于宗周周廟。西周中期以後金文,亦有記同類之事的:

> 虢季子白盤 搏伐玁狁,于洛之陽,折首五百,執訊五十,是以先行。趄趄子白,獻馘于王。王孔加子白義,王各周廟宣榭爰饗。 (本書215)
>
> 不其𣪕蓋 王令我羞追于西,余来歸獻禽。(此是獻于秦國之廟) (本書212)
>
> 敔𣪕 長榜𢦔首百,執訊卌,奪孚人四百,獻于榮白之所。……隹王十又一月,王各于成周大廟,武公入右敔告禽,馘百訊卌。 (本書165)

其事亦皆行于宗廟,或在宗周或在成周。成周之大廟有宣榭,亦即序;無惠鼎(三代4.34.2)之周廟有圖室。此鼎所記周廟則有南門、西旅和大廷。

此器所記門、廷,有關乎門朝之制,最爲重要。全銘所記約如下述:

(1)甲申　昧爽,三左三右多君入服酉
明,王各周廟……邦賓奠其旅服,東鄉
盂……入南門,告曰
盂……以嘼進,即大廷……折嘼于□
盂以人聝入門,獻西旅,以□入寮周廟
(2)　□,入三門,即立中廷,北鄉,盂告
(3)　大采,三周入服酉
王各廟……用牲啻周王、武王、成王
王乎□□令盂以區入
(4)乙酉　□,三事大夫入服酉
王各廟……王令賞盂

全銘記甲申、乙酉兩日之事,其地點有所不同。甲申之明、大采和乙酉日王三次各于廟。甲申在明與大采間的某時,盂入三門立中廷。在不同的地點與時辰中,進行不同的儀式。(1)是盂告禽獻俘獲于周廟,(2)是盂與其他侯伯告周王于中廷,(3)是周王禘先王于廟,(4)是王賞盂于廟。此所記述,相當于左傳僖廿八城濮之役後,晉軍"振旅愷以入于晉,獻俘,授馘,飲至,大賞"。虢季子白盤"獻戒于王……爰鄉……王易……",銘文與文獻記載一致。

(1)盂在周廟南門内的大廷中,獻馘于西旅,邦賓皆東鄉,則王當立于東廂或東序。(2)盂在三門内的中廷北鄉告王,則王當南向而立于王宫的大室(即寢)前。此中廷在三門之内,似指王宫在宗廟之後,周禮隸僕注云"詩曰寢廟繹繹,相連貌也,前曰廟,後曰寢"。

西周金文,王策命羣臣,羣臣北向而立于中廷,大廷和東向而立僅見此器。逸周書中則有"大庭""少庭"之名:大匡篇"王乃召冢卿三老三吏大夫百執事之人于大庭",酆保篇"王在酆,昧爽,立于少庭",大開篇"王才酆,立于少庭"。清金鶚對于中廷曾説"爾雅釋宫兩階間謂之鄉,中廷之左右謂之位,指内朝路寢庭,蓋三朝惟内朝有堂階也"。

舊説王有五門,周禮閽人注"鄭司農云王有五門:外曰皐門,二曰雉門,三曰庫門,四曰應門,五曰路門,路門一曰畢門。玄謂雉門三門也"。朝士注同。顧命有南門、畢門、應門,詩緜有皐門、應門,是詩書有皐應畢三門而無雉庫,而較晚之書有之。庫門見作雒篇、檀弓下、郊特牲,周禮司士、師氏,雉門見春秋定三。明堂位"庫門、天子皐門,雉門、天子應門"。宋劉敞、清焦循均主天子三門無皐、庫,戴震考工記補注曰"天子諸侯皆三門三朝",又曰"天子之門不聞有庫、雉,諸侯之門不聞有皐、應"。應門一曰朝門,考工記匠人注云"正朝謂之應門,謂朝門也",爾雅釋宫"正門謂之應門",注云"朝門";皐門,左傳襄十七作澤門,杜注以爲南門。由上所述則三門之異稱如下:

一門　南門　皐門　澤門

二門	正門	應門	朝門
三門	路門	畢門	

因三門而有三朝三廷之别。周禮朝士掌外朝，宰夫掌治朝，大僕掌燕朝。朝士鄭玄注云“周天子諸侯有三朝，外朝一，内朝二；内朝之在路門内者或謂之燕朝”。朝士鄭衆注云“外朝在路門外，内朝在路門内”。大宰、宰夫鄭玄注云“治朝在路門外”。魯語下“天子及諸侯合民事于外朝，合神事于内朝，寢門之内婦人治其業焉”；韋昭注云“内朝，在路門内也”，“外朝，君之公朝也”，“内朝，家朝也”，“寢門，正室之門也”。凡此皆以内朝、燕朝、家朝在路門内，治朝與外朝在路門外。據鄭玄内朝有二之説，則治朝應介于外朝與燕朝之間。此説乃與玉藻相符合，玉藻曰“皮弁以聽朔于大廟，朝服以日視于内朝；朝、辨色始入，君、日出而視之；退適路寢聽政”。此以大廟、内朝、路寢爲三朝，最爲近實。所謂燕朝，亦即内朝；大僕注云“燕朝，朝于路寢之廷”，左傳成六“韓獻子從公立寢廷”，左傳成十八“殺國佐于内宫之朝”，凡此皆是燕朝。所謂路寢，大僕注云“大寢、路寢”，大寢或路寢之廷或寢廷乃是大室前的中廷：爾雅釋宫“室……無東西廟曰寢”，郭璞注云“但有大室”，是大室即寢。西周金文，王策命于大室前之中廷即内朝，故金鶚定中廷爲内朝路寢廷，是十分正確的。

據上所述則典籍上三朝之制雖不甚明確，但尚可推測其大概。由此可與本器作一對照：

←典籍→				←小盂鼎→		
（一門内）	外朝	公朝	大廟	南門内	大廟	大廷
路門外	治朝	内朝	正朝	（二門内）		
路門内	燕朝	内朝	路寢、寢廷	三門内	（大室）	中廷
	家朝	内宫之朝				

顧命一篇，今分爲顧命與康王之誥，前者自“逆子釗于南門之外”至“諸侯出廟門俟”當指在周廟大朝；後者于應門内告諸侯，當是内朝。由顧命之文，似乎應門是三門而畢門是二門。鄭衆所注五門的次第，未必完全無誤。

古文字“廟”從朝，朝廷之朝當源自大廟朝見羣臣。西周金文趞鼎曰“唯三月王才宗周，戊寅王各于大朝”，此大朝亦即玉藻之大廟。由于王者朝見羣臣，羣臣立于大廷或中廷之中，所以後世有“朝廷”之稱。今有此器，乃可分别大廷在周廟而中廷爲三門内内朝路寢之廷。兹據此器所示門廷之制，爲圖示意如下：

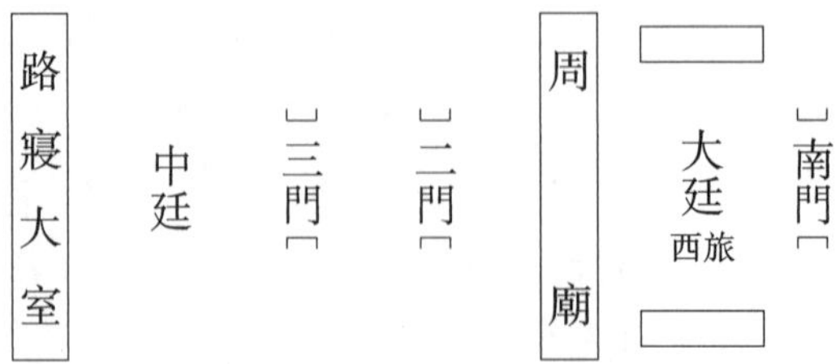

此銘自第二行“王各周廟”起至第十一行“入寮周廟”記在周廟大廷中舉行告俘馘的儀

式。其次序是:(1)邦賓入門就位,(2)盂告(告曰至孚車百口兩)于宗廟以兩役俘馘之數,(3)獻酋于大廷,王命榮訊酋,(4)折酋,(5)以人馘入門,獻于西旅,(6)入燎于周廟。

十一、十二行之"告成"舊釋"告咸"。綜述411卜辭大乙又名成,從戌從丁,與此同形。告成即告慶,詳琱生毁(本書166)。江漢記平淮夷,詩曰"經營四方,告成于王"。

此銘自第十一行"入三門,即立中廷"至"大采"以前記盂與諸侯告王于中廷。其次序是:(1)盂告,(2)費伯及其它從征之多伯告,(3)盂與從征之侯、甸告,(4)邦賓即立,王乎贊之。第十三、十四行的"贊賓""王乎贊"之贊,詳本書第5器宜侯夨毁。此所記載,當爲王享宴諸侯邦賓。贊與宥同訓助:周禮大行人"賀慶以贊諸侯之喜"注云"贊、助也",左傳僖二十五"晉侯朝王,王享醴,命之宥"杜注云"宥、助也"。左傳僖二十八"晉侯獻楚俘于王……王享醴,命晉侯宥"。如此則銘文"贊賓"即"宥賓"。左傳僖二十八晉侯獻楚俘于王,王既饗宥之,復策命賞錫,與此銘先享後錫相當。

此銘自十四行"大采"至十七行"凡區以品",記大采之時王禘于周廟,并行祼賓之禮。大采之采僅存下部,它約當上午八時左右的時辰,詳殷虚卜辭綜述第七章第三節。兩祼字作𧶠,王國維釋儤爲祼(釋宥,觀堂別補2—3),此鼎省卩。祭有祼事,饗亦有祼事,詳許維遹饗禮考(清華學報14:1)。

此銘所記時王用牲啻(即禘)周王、武王、成王,"武王"兩字清晰可辨,周王即文王,詩棫朴有"周王",詩序以爲即文王。文王稱周王,周之稱王始于昌,所以詩、書金文都有"文、武受命"之說。

"令盂以區入,凡區以品",是命盂以上述孚獲的牛、羊、車、馬分類以入;區即毆,師寰毁曰"毆孚士、女、牛、羊"。盂在廟告中所述兩役的孚獲,是分次入獻的:(1)進酋于大廷,(2)以人、馘入門獻西旅,(3)以區(車、馬、牛、羊)入。此三事皆入于周廟,但(1)(2)在旦時,(3)在大采時。

"三周入服酉"與"三左三右多君入服酉""三事大夫入服酉"同其文例,則"三周"應與多君、三事大夫同爲一種人稱。舊釋周,細審銘文,其上部似尚有筆劃。周、壽古音同,三周疑即三壽、三老:閟宮箋"三壽,三卿也",張衡東京賦薛綜注"三壽,三老也",逸周書大匡篇"王乃召冢卿、三老、三吏大夫、百執事之人,朝于大廷"。

此銘自十七行末至二十行記乙酉日王在廟賞錫盂。"三事大夫"見詩雨無正,與"邦君諸侯"爲對文,乃指朝内的大夫。十月之交"擇三有事"傳云"有司、國之三卿",常武"三事就緒"傳"爲之立三有事之臣"。三事亦作三吏,如上所引大匡篇及左傳成二"晉侯使鞏朔獻齊捷于周,王弗見。……王使委于三吏,禮之如侯伯克敵使大夫告慶之禮"。毛公鼎的"參有司",亦同。凡此"三"字乃是多、諸之義,不一定是三人。

"王各廟,贊王邦賓、征",讀爲贊王之邦賓與邦正,正即正長、正吏之正,或指三事大夫之類。此乙酉日在廟贊邦賓、邦正,與甲申日大采以前在中廷贊邦賓有所不同。

十九和二十行之首記王賞盂的物品,因字有掩没,不能尽知,大約有九項:(1)□□,(2)□覃□,(3)弓一,(4)矢百,(5)畫臯一,(6)貝胄一,(7)金甲一,(8)㦰戈二,(9)矢□八。(2)之第二字似覃字,則此項或是“金簟弼”。

(5)之臯字從夲從虎,孫詒讓疑爲臯之古文(古籀餘論 3.54—56)。左傳莊十“蒙臯比而先犯之”杜注云“臯比、虎皮”,正義引服虔注舉樂記“倒載干戈,包之以虎皮,名之曰建臯”(今本作建櫜)爲釋,左傳僖廿八“胥臣蒙馬以虎皮”,則虎皮可以包干戈,可以蒙馬,可以爲甲衣。建或從革作鞬,説文以爲“戢弓矢者”,方言九以爲“所以藏弓”,樂記鄭注以爲“是干戈之藏”,李善注鮑照擬古詩以爲“所以盛弓”,廣雅釋器以爲“弓藏”之名。建臯之臯或作櫜,廣雅釋器亦以爲弓藏,説文以爲車上大橐,引“詩曰載櫜弓矢”。詩時邁鄭箋櫜訓韜,孔疏正義曰釋詁文櫜者弓衣,一名韜,故内弓於衣謂之韜弓。左傳昭元釋文以爲“弓衣”,僖廿三釋文以爲“受弓器”,杜預注以爲“矢房”,檀弓注以爲“甲衣”,少儀注以爲“鎧衣”,樂記注以爲“兵甲之衣”。如此可知建與臯同類,都可以兼爲藏弓(或兵甲)之器與鎧甲衣。是以皮革爲之,所以金文從虎,文獻或從韋,管子兵法篇“舉韓章則載食而駕”。藏弓器與鎧甲并名臯,猶函爲矢房又爲鎧甲。此器之臯從虎,是皮革所制;稱之爲畫,則上有紋繪;叙在弓矢之後,則爲弓矢之藏;是皮革之囊,故可以“包”、可以“袒”(少儀)、可以“垂”(左傳昭元)。此器之臯從夲聲,説文説“一曰讀若瓠”,音與臯近。説文“弢,弓藏也”。

(3)(4)賞弓一矢百,西周制凡賞錫弓矢其比例總是一與百,詳本書第 5 器宜侯夨毁。

(6)亦見魯頌閟宫“貝胄朱綅”。胄是頭盔,以貝爲飾。(7)是銅制之甲,本書第 17 器小臣宅毁“白易小臣宅畫甲,戈九”則是畫皮之甲。金甲即鎧,周禮司甲注“甲,今之鎧也”,賈疏云“今古用物不同,其名亦異;古用皮謂之甲,今用金謂之鎧,從金爲字也”。

(8)戈前一字是形容字。(9)矢後一字疑從兩至,見師湯父鼎(本書 118)。

銘末“隹王廿又五祀”,舊釋如此。昔日在昆明審羅氏影印拓本,似應作卅。本銘“卅八羊”之卅,直立兩筆距離與此略等。

此器所賞以弓矢爲主,并及其它兵器,與二十三年大盂鼎所賜命服不同。王制“諸侯賜弓矢然後征”,盂未賜弓矢以前已曾專征鬼方,王制乃後世之説。西周時代,賞賜之物因時有先後而稍異,初期多貝、金,晚期多成套的車馬件。此器所賞與以下諸器可作比較(有*者爲侯伯所賜):

小盂鼎	弓	矢	臯		甲	胄			戈	矢臺	
豦毁*						胄[2]	衣[1]	干[3]	戈[4]		(本書 120)
趞曹鼎	弓	矢	臯	盧	甲	胄		殳			(本書 113)
白晨鼎	弓[2]	矢[3]	臯[5]			胄[6]	旅[1]		戈[4]		(大系 36)
同卣*	弓	矢	(本書 102)								
不嬰毁*	弓	矢	(本書 212)								

敱𣪘* 弓 矢 (本書 100)

静𣪘 弓 (大系 27)

以上除白晨鼎以數字標明其次序外,其它是原序。其中旅是甲衣,盧乃是盾屬:廣雅釋器"樐,盾也",説文"櫓,大盾也"。凡此賞錫都是一套兵器,包括射擊的、防衛的和裝置兵器的。甲、胄、盾、矢箙四者就是既夕禮隨葬的"役器:甲胄干笮",注云"此皆師役之器","笮,矢箙也"。

此器訊問鬼方之榮,亦見于大盂鼎,當是一人。除此外,又見于本書第 58 器井侯𣪘(約當康王初),并另一𣪘(商周 319,三代 8.49.1—2),其蓋銘曰:

隹十又二月既生霸丁

亥,王吏榮蔑曆、令𢦏邦,

乎"易緣旂,用保乃邦"。𤔲對

揚王休,用自乍寶器,萬年

以厥孫子寶用。

此銘通讀有問題,王使榮蔑𤔲之曆,并命賜以邦地某。"乎"以下的言辭,當是榮代宣的王命。

器銘不能晚于西周中期,器形(瓦弦紋)雖見于穆王時器,但亦可能較早時已流行。此器附志于此,有可能是康王二十五年前後之器。

上述係據 1939 年春昆明講稿,1942 年秋在龍泉鎮據三代拓本,曾復寫一遍。1955 年借到于省吾先生原拓照片(即此次製版的),據之更有所增釋與改定。但因拓本不精,仍有空白未能隸定者約七十字。故知求得清楚的拓本,是考釋此銘的關鍵所在。王獻唐先生來信見告,日照曾有此鼎拓本兩份:一份爲丁麐年所得,後歸端方;一份爲許印林所得(吴録當據此本),後歸其弟子丁懋吾,傳其孫丁希農。王氏説此人尚在西安,拓本可能還在。此説與我前所知陳介祺一拓是人間惟一之本,有所出入。清季以来,此鼎拓本不清,流傳又少,因此如此重要的銘文,考釋的不多。方濬益和孫詒讓僅見摹本,考釋文字,亦少有精當之處;對于此銘所見的歷史和制度,發揮更少。因理舊稿,爲之增補。

76.師旂鼎

圖象、銘文 善彝 31

此器十分重要,與吕行壺(西清 19.8)同記白懋父北征,已詳本書第 18 器御正衛𣪘下。參看郭沫若釋文(大系考釋 26)。郭氏因白懋父見于可以定爲成王時諸器,故序此鼎于成世。今從花紋形制上来看,似應下移至康初。

77.它𣪘

圖象 善彝 84,大系圖 79

銘文　同上,三代 9.38.1,大系録 23

它曰:拜稽首敢□邵告朕
吾考令,乃鵬沈子乍袦于周公、
宗陟二公,不敢不袦休同公,克成
妥吾考以于顯顯受令。烏
乎,隹考□□,念自先王先公,
乃妹克衣,告剌成工;𩁹吾考
克淵克□,沈子其顧懷多公能福。
烏乎,乃沈子妹克蔑、見厭
于公,休沈子肇斁□貯積,
乍兹毁,用𩰬鄉己公,用格多公;其
丮哀乃沈子它隹福,用水霝令,
用妥公唯壽。它用懷佐我多弟
子我孫,克又井斆,懿父廼□子。

銘 13 行 149 字,傳洛陽出土,曾藏劉體智,後歸中央博物院籌備處。

舊稿曾引錢坫漢書斠注之説,以爲沈是姬姓,據新唐書宰相世系表和廣韻"沈,文王第十子聃季食采于沈,即平輿沈亭"。如此則"沈子它"應是作器者之名。郭沫若考釋,即如此説。今以爲如此讀法,有可商之處。

金文之"乃"是領格第二人稱,義爲"你的"。器銘開始稱"它曰",依金文通例,若它是"沈子",應稱"沈子它曰"。銘首它告于"朕吾考"(我的父),而下稱"乃沈子",義爲你的沈子,則此"沈"字在文法上應爲"子"的形容詞而非國邑封地之名。下列可相比較之西周金文辭例:

文考日癸,乃沈子壴乍父癸旅宗隩彝　嘯堂 1.38
帥隹懋兄念王母……乃□子帥隹　綴遺 4.13
公易厥巡子效……　效尊

其第一例與本銘相同。本銘中一稱"乃鵬沈子",兩稱"沈子",一稱"乃沈子",一稱"乃沈子它",銘首銘末兩稱"它"。沈子猶巡子,乃作器者它對其父考自稱之詞,故冠以領格第二人稱"乃"。效尊(本書 80)之效自稱爲巡子而稱其上輩爲"公";此器第十、十一行祈其己公與多公降福于"乃沈子它",則它是其己公(父考)和多公周公二公等的下一代,而"子"不一定是親子。如此它是周公(多半是旦)的下一世,則此器似應在康王之時。此器的花紋承襲殷式,亦不能晚于康世。銘追念先王先公克衣(殷),則當在成王之後,先王指武王、成王,先公指周公等。

第二行第一字隸定爲吾字,實非吾字。此字是金文簠所從,應讀爲甫或胡,義訓大。

甫考猶文考、皇考、烈考，此處是生呼其父考的美稱。"朕吾考"即我大父。它之父令它乍祐于周公、宗陟二公，它不敢不祐休同公，"同公"應指周公及二公。乍祐、宗陟與祐休，其義不詳，當爲祈福祐、祈庥庇之義。"克成妥……受令"與大誥"克綏受茲命"語法相近，謂可以承繼其父所受之命。第二行第五字廣韻"呼官切，音歡"。管子侈靡"鴅然若謞之静"。漢鄭季宣殘碑"虞放鴅口"，隸古定尚書驩兜作鴅吺。

第五、六兩行追念先王先公之克殷。郭沫若曰"衣即是殷，書康誥壹戎殷，禮中庸作'壹戎衣'。又易益"利用爲依遷國"，依亦是殷。西周初期金文，殷國之殷皆作衣。"顯懷"即永懷。"多公"應指周公以及同時之諸"公"。自"烏乎"至"能福"是第二句。

第八行"烏乎"起是第三句，謂它見厭于公，以其貯積作爲此𣪘以饗己公并格多公。厭字省厂，毛公鼎"皇天弘厭厥德"（本書 201），洛誥"萬年厭于乃德"，叔尸鐘"余弘厭乃心"（大系 244），周語下"克厭帝心"，韋昭注云"厭，合也"。此"見厭于公"之"公"與第十行"己公"第十二行"用妥公唯壽"之"公"是一人，它對此"公"自稱爲"沈子"，乃其父或父輩。此"公"在作器時尚見生存，故它一則見厭于公，又作器以饗此公，又祈此公之壽。"它唯福"與"公唯壽"同文例，郭沫若説"本銘唯與隹兩見，而用例有别……唯福、唯壽則爲訓爲有"。郭氏又説"彝銘通例，銘生人言饗，死人言亯言格"，凡此分辯，都極精當。第十一行"水"字，郭氏以上下文義推定爲"乞"字，未有説。

第九行"𩚬"説文"設飪也"，"飪，熟食也"。

第十二行"它用"至銘末，是第三句，乃它自勵之辭。"懷佐我多弟子多孫"是懷佐它之姪輩與孫輩而不及其子，由此亦可知它是祖父之輩。"我孫"以下九字，郭讀作"克守型教，懿父乃是子"，最後二字是否"是子"，待考。康誥"于父不能字厥子"，義與此相近。

郭沫若列此器于昭王；容庚則因"周公見于令方彝，同公見于宅𣪘"，定此器于成王。二説或遲或早，皆有可商。與此蓋花紋相同之器，見于長安 1.16，泉屋 36，夢續 16，皆屬西周初期器。此器花紋、字體都是較早的，而銘文追念先王先公克殷，故暫隸于康世。

78.遇甗

圖象　泉屋 1:12，商周 184，大系圖 46

銘文　三代 5.12.2，大系録 32

銘 7 行 38 字。光緒二十二年出土于山東黄縣之萊陰。初歸黄縣丁樹楨，今在日本住友氏處。

此器銘所提到的專名詞有四：(1)作器者，(2)作器者的上司師雍父，(3)作器者所使之國——甫，(4)作器者及其上司所戍之地——由自。除此器外，尚有九器之銘或者與此四名之一相聯繫，或者與有師雍父名之其人名（如競）相聯繫。我們將此十器混合成一大羣：

甲、本器

乙、鼎　夢續 6，三代 4.13.13

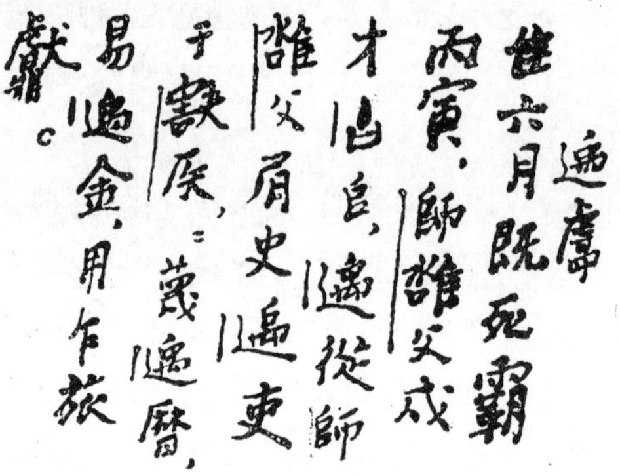

甲 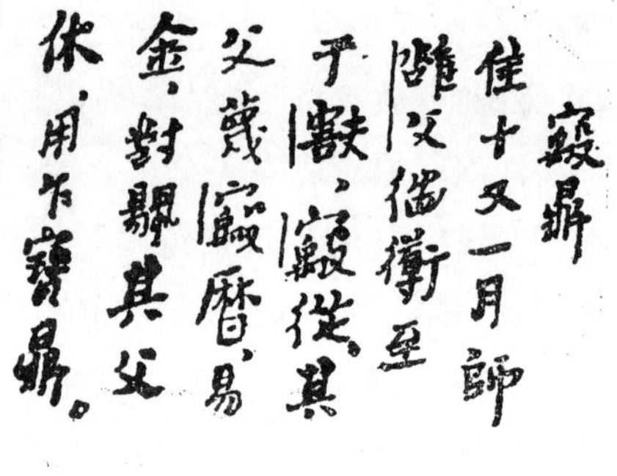　　乙

丙、鼎　三代 2.42.8　銘四字

丁、卣　博古 10.33

　　䢅從師雍父戍于由自

戊、臤尊　兩罍 3.13—14

　　隹十又三月既生霸臤從師雍父戍于由自之年……中競父易金

己、录毁　泉屋 3:105，海外 24，商周 278，三代 7.35.2

　　白雍父来自甫，录乍厥文考乙公隣毁

庚、录𢦏卣　陶齋 2.39

　　录𢦏尊　善彝 127

　　淮尸敢伐内國，女其以成周師氏戍于由自。白雍父……文考乙公

辛、競卣　大系圖 175，三代 13.44.3—4

　　隹白犀父以成自即東，命戍南尸。正月既生霸辛丑，才坏……

壬、競毁　大系圖 64 録 37

　　白犀父蔑御史競曆

癸、縣妃毁　善彝 57

　　隹十又二月既望辰才壬午白犀父休于縣妃曰

以上十銘的彼此之間的關係如下：

　(1)師雍父　甲、丁、戊

　(2)白雍父　己、庚

　(3)甫侯、甫　甲、乙、己

　(4)由自　甲、丁、戊、庚

　(5)遇、𩫏　甲、乙、丙

(6)录　己、庚　另有二短銘之毁(三代 7.19.4,7.35.2)

(7)中競父、競父　戊　另有短銘的中競毁(頌齋 10)

(8)競　辛、壬　另有短銘諸器(本書 79)

(9)白犀父　辛、壬、癸

其中(1)(7)由戊銘知其爲同時之人;(8)(9)由壬銘知其爲同時之人;(2)(6)由己、庚兩銘知其爲同時之人;而(1)(2)實是一人。(7)之競從大,(8)之競從人,可能是不同的寫法。雍父或稱"師"是其官職,或稱"白"是其尊稱。由己銘上稱"白雍父"下稱"白",則知"雍父"可以獨稱;由乙銘上稱"師雍父"下兩稱"其父"知"其"指"雍","父"也是尊稱如"白"。同例,競、競父、中競父、中競應是一人,其分别是凡自稱作競(稱競者皆其自作之器),被人尊稱爲競父。師雍父、白雍父皆被稱之名,其自名當作雍而已。

甲銘記六月之事,乙銘記十一月之事,應屬同一年事,作器者從師雍父自所戍之甾自至于某侯之地。作器者遇是師雍父的某史,此某史之某從尸從月,字不可識,當是一種官名。此人吏(使)于某侯,此某侯之"㝬"應是"甫"字,季宫父簠的簠字從之。甫或甫侯乃是周初南國的屏障:説文曰"鄜,汝南上蔡亭","郙,炎帝太岳之後,甫侯所封在潁川,讀若許",詩王風揚之水"戍甫""戍申""戍許",傳云"甫,諸姜也";詩崧高"維申及甫,維周之翰",傳云"甫,甫侯也",尚書吕刑之篇,禮記、孝經、尚書大傳、史記周本紀引作甫刑,吕即甫。甫(吕)、申、許都是姜姓,見周語中、下和陰溝水注引世本。申、吕的地望,鄭語引史伯之言曰"當成周者南有荆、蠻、申、吕、應、鄧、陳、蔡、隨、唐",則在成周(洛陽)的南方。齊世家集解引"徐廣曰吕在南陽宛縣西",而據漢書地理志宛故申伯國。續漢書郡國志新蔡有大吕亭,則與説文甫在上蔡之説相近,較爲可信,地在汝淮之間。甫與淮夷之地相近,所以與白雍父有關的庚、辛兩銘提到淮夷、南夷之内侵。但金文之㝬也可能是胡,金文簠亦從古聲;左傳定公十五年楚滅胡,漢書地理志汝南郡"汝陰,故胡國","陽安,應劭曰道國也,今道亭是",續漢書郡國志曰"汝陰本胡國",今安徽阜陽縣西北二里有胡城。今定爲甫侯之甫。甫在汝南,與道相近,故省道而至于甫。

此甫侯,至春秋時尚見存,傳世有㝬侯之孫陳之鼎(貞圖 1.17,三代 3.11.2),乃是春秋晚期的鼎,和代表新鄭晚期的大鼎(新鄭 28)形制、花紋都相近。甫侯之孫所作鼎,自名爲"于",與都、蔡、宋諸國春秋時代之附耳有蓋大鼎而自名"于"者相同(學報 1956:2:107),應是方言。都、蔡都是成周以南的國度,則甫在上蔡、新蔡之間,應較可信。

甲銘六月師雍父戍于由,命遇使于甫;乙銘十一月"師雍父省道至于甫",似甫在由之南而由在成周之南。庚銘淮尸入侵而王命录以成周師氏戍于由,則由當在成周之南淮水之北。其字于甲、丁作由,戊、庚從由從丰(疑是玉)。由即金文胄字所以。本書第 7 器旅鼎傳與甲、乙兩器俱出黄縣之萊陰,旅鼎的盩自疑即由自,集韻盩音胄。又疑此字象杵形,乃是"許"字,應隸作舌。與此器前後相近的麥盉(三代 14.11.4)和剌鼎(本書 105)的御字和舀鼎(本書143)的許字都從舌,可以爲証。然則此所謂"戍于舌自"猶揚之水的"戍許"了。

乙銘所謂"省道"應是巡省道國。郭初以爲道國,後改爲道路。今案"省道"猶史頌鼎(本書26)之"省鮇"。左傳僖公五年"於是江、黄、道、柏方睦於齊,皆弦姻也"。左傳昭公十一年楚滅蔡後"靈王遷許、胡、沈、道、房、申于荆焉",杜注"道、房、申皆諸侯"。

以上十銘,其賞錫之物大致爲三類:一爲金,如甲、乙、戊、己、壬等銘;一爲貝,如丁、庚等器;三爲玉器,如辛、癸等器。金、貝之錫,是西周初期最通行的。

以上一羣銅器的年代,有不同之説。郭沫若將它們列入穆王時期。他以爲它們的形制典重不失周初之風,字體亦尨是;由銘辭内容來説,引後漢書東夷傳以爲穆王時一方面征戍一方面與淮夷通往還,并以"某侯"之某是荆舒之舒。容庚在商周彝器通考時代章,引周本紀周成王"襲淮夷……作周官"的書序文,以爲庚銘的淮夷即成王所伐,故定此羣爲成王時器。吴其昌金文曆朔疏証卷五傅會了三統曆,定此羣爲周宣王伐淮夷之器,以爲詩江漢、常武記是役者。由此可知同樣的引用征伐淮夷的史實,而可有完全不同的結論。這羣銅器從形制、花紋和字體上來看,是决不屬于西周晚期的。吴氏用錯誤的曆法所作的銅器斷代,這是顯明的例子之一。

我們在本書第73器庚羸卣下,曾就康王時代所興起的分尾、垂啄的長鳥、大鳥花紋,定師雍父諸器在康王後半期而白犀父諸器約略與之同時。師雍父組之庚銘述"淮尸敢伐内國",而白犀父組之辛銘述"命戍南尸",二者當有分别,但淮夷、南夷當不甚遠。銅器銘文的研究,極需要和历史文獻相印証,但也不可以爲文獻所拘束;反之,銅器銘文所表達的歷史事實,足以補充文獻之不足與空白。西周初以至西周末,淮夷爲患,經久不止,後漢書東夷傳所記述不過根據流傳史料所記的幾件大事而已。

此羣銅器雖可暫定爲康王後半期器,但其中若己、壬兩器仍有成王時期的作風,故知此一羣應不能更晚于昭王之世。郭沫若曾指出乙器"形制花文與師旅鼎同,知相隔必不甚遠"。我們在御正衛毁(本書18)曾述及記載白懋父北征的師旂鼎(本書76,即郭氏稱爲師旅鼎的)當在成王後半期或康王時期,在本書第73器下則由該鼎的鳥形定爲康王初器并與我們上述之羣加以時序的排列。至競組時代,詳于下節。

甲器出土時地,黄縣王道新所撰黄縣志稿金石目曰"光緒二十二年春,城東魯家溝田中起古銅器十:鐘三,鼎二,一鼎破碎,鐘無款識;尚有盤一壺一,盤無款識,壺亦破碎;若甗若盉若觶。皆有銘。俱歸丁幹圃"。此稿本未刊行,王獻唐先生見告。其中卣文見三代13.30.4,一鼎銘見三代2.49.2。銘曰:

　　𨟻白乍旅貞。

此銘文雖簡略而極重要,因爲考証如下。

其第一字,金文編列入附録(下 14 後)而未釋。今以爲即“𧃒”字之省,假作萊,乃是萊國之名。克鼎(本書 185)之贅,假作𧃒或賚;和師𤼈𣪘(本書 168)之𤼈所從之𦬕都和鼎文相近而從來得聲。萊與𧃒、賚與𧃒是相通假的:説文“萊,蔓華”,爾雅釋草“𧃒,蔓華”;説文“賚,賜也”,詩江漢傳“𧃒,賜也”。此𧃒白應是萊伯。晏子春秋三齊景公“伐𨟻”,孫星衍音義云“𨟻即萊也”。春秋宣七“齊侯伐萊”,杜注云“萊國今東萊黄縣”。春秋襄六“齊侯滅萊”。左傳定十齊魯夾谷之會,“若使萊人以兵劫魯侯”,孔子稱萊人爲“裔夷”,杜注云“萊人齊所滅萊夷”。此萊夷當是殷後子姓之國,殷本紀贊和左傳隱元正義引世本,來爲子姓,春秋大事表卷五亦以萊爲子姓。

萊伯之鼎出土于黄縣萊陰,乃萊國之地。師雍父組之甲器亦出土于此,則知西周初之萊地已有周人駐戍,因其地本是子姓之族。由旅鼎和小臣謎𣪘(本書 7、8)可知成王征東夷,曾至于此。王獻唐以爲萊爲姜姓(見黄縣㠱器 143 頁)。

79. 競卣

圖象　海外 48,商周 662,大系圖 174

銘文　三代 13.44.3—4,大系録 36

隹白犀父以成自
即東,命戍南尸。正
月既生霸辛丑,才
𨙵,白犀父皇競各
于官,競蔑曆,賞競
章,對揚白休,用乍
父乙寶𣪘彝。子孫
永寶。

銘 8 行 51 字。1926 年或其前一年,出土于洛陽邙山之廟溝,今在日本住友氏處。下文稱爲競組的甲器。

“成自”,詳本書第 3 器小臣單觶。“戍南夷”猶師雍父組之“戍許”,舊讀戍爲伐,以爲是伐淮夷,不確。𨙵是師旅所經之所。“官”假作館,詳𦔻尊(本書 60)。“皇”假作光,“皇競各于官”即光競而至于其客館。所賞之章,即璋。殷代一鬲(三代 5.38.1)“王光商御貝”,光賞之光猶此器之皇。𨙵,見鄂侯鼎(大系 90),王國維以爲大伾山,待考。

競組銅器,應出于一墓。因係盜掘,出土後分散,其大部分入開封藺估手,轉爲懷履光所得;另有二𣪘(即大系圖 64 所録者)運至北京後亦爲懷氏所得。1946 年 3 月,我在加拿大的多倫多博物館得見此羣的大部分,但該館所稱一墓所出共 14 件之説,并不可信。玆根據我當時的記録,列可認爲競組的諸器于下:

甲、卣 住友氏

乙、毁 NB2672

高14.3,口徑19.9,兩耳之間27.2釐米。銘曰:

隹六月既死霸壬申,

白屖父蔑御史競曆,

賞金,競對揚白屖父休,

用乍父乙寶障彝毁。

丙、毁 NB2673

高14.3,口徑20.3,兩耳之間28釐米。修補。銘同乙。

丁、卣二 NB2664

高23.5,兩耳之間23釐米。器、蓋同銘,銘曰:

競乍父乙旅(從車)。

戊、尊 NB2662

高19,口徑17釐米。修復。銘同丁。

己、盉 NB2663

高19,柄喙之間20釐米。蓋内有銘同丁,因修理失迹。

庚、鼎 NB2666

高20.8,口徑18釐米。破裂。銘四字僅存"競乍"二字。

以上七器,都是競爲父乙而作,確爲一人所作。但在花紋上可以分爲不同的幾類:

(1)成王時的三格變形獸面紋 乙、丙、庚

(2)成王式的簡樸式尊、卣 丁、戊

(3)康王初分尾的長鳥 己

(4)康王時垂喙而分尾的長鳥 甲

(1)可以比較禽毁、史叔隋器(本書13、54)等器的花紋,都是成王時器。(2)的卣近于成王時代的素卣,但尊則近于師雍父組的㲇尊(大系33);此二尊屬于獻侯鼎(本書32)下所説的第二類簡樸式尊形,乃成王初期以後的形式。由于庚、丁、己同銘,則知(1)(2)(3)應是同時的,即康王初期。甲和乙、丙雖同有白屖父,而乙、丙早于甲,甲屬于康王初以後的康王時代。由乙器,知競是御史之官。師雍父組的戊銘記師雍父戍許之年,中競父錫金,則師雍父、中競父同時,中競父可能是競,而競與白屖父同時,則師雍父、白屖父、中競父(競)都是同時的,都在康王時,稍後于白懋父。縣妃毁(大系38)有白屖父,其分尾的長鳥近于競組的己器,亦是康王時的。

80.效尊

圖象　白鶴9,商周544,日本156,大系圖201

銘文　三代11.37.1,大系録87

隹四月初吉甲午,王雚于
嘗,公東宫内鄉于王,王易公
貝五十朋,公易厥巡子效王休
貝廿朋,效對公休,用乍寶
尊彝。烏虖,效不敢不
邁年夙夜奔走揚
公休亦,其子子孫孫永寶。

銘7行68字。攈古録目云"見長安市"。與之同銘的卣(周金5.78—79,三代13.46.2、3),攈古録目云"山東諸城劉氏藏,得之河南",綴遺12.13云"器出洛陽市"。此一對器,商周上398頁以爲長安出土。當出土于河南境内,或即洛陽所出。

方濬益謂"雚當釋觀,嘗爲地名"。郭沫若同此讀法。若依此讀法,則"内鄉于王"的主詞和"王易公"之"公"是"公東宫"。"公東宫"可能和"公大保"同例,則"東宫"乃是官名,亦見穆王以後的曶鼎(本書143)。第二種讀法以嘗公爲一人稱,則"東宫"必須爲另一人,是"内鄉于王"的主詞,"東宫"或是官名,或是姓氏如南宫之例。第三種讀法,可讀作"嘗公東宫",嘗爲東宫的封邑,則"内鄉于王"省去主詞。第四種讀法,可讀爲"嘗公東宫",即嘗公之東宫(宫室)。

雚應讀作灌。國語周語上"王乃淳濯饗醴。及期,鬱人薦鬯,犧人薦醴,王祼鬯,饗醴乃行"。此先灌後饗之禮,與此器同。王灌于嘗地,公東宫納饗禮所用之牲物于王,王因錫公以貝五十朋,公以王所錫貝之二十朋轉賜于效。效是公之巡子。此字從巛從步,郭沫若釋爲順字;以爲順子即孝順之子。"内鄉于王"猶鄂侯御方鼎(本書154)之"内醴于王"。"休亦"應連讀,是一名詞,亦假爲奕。召圜器(本書25)"召弗敢忘王休異"之"休異",與此同。

郭沫若因此兩銘有效和東宫,以爲與曶鼎的效父和東宫是同一人,而後者有穆王之名,故定在孝王之世。我們以爲效器的花紋、形制和字體都應屬于西周初期的,在本書第73器庚贏卣下曾定爲康王時代。效尊和效卣的大鳥紋與麥尊(大系圖199)是同時的,應該定于康世。古人單名的居多,所以前後之器可以有同名的,不一定是同時的。若僅以銘文内的單名互相繫連,是可以致誤的。東宫或係官名,參本書第133器守宫盤。

本書第12器班毁下曾論及西清27.30一銘,因巢之入侵,"王令東宫追以六師",此東宫可能即效器的東宫,因爲它的形制花紋是西周初期的。本書第25器召圜器下,曾論及效器并分别效與效父不是一人。懷米1.22的效父與曶鼎的效父雖係同名,更顯然的不是一人;前者是成王時代的,後者是穆王以後的。

81.寧㲃蓋

圖象　未著録

銘文　録遺152

寧肈諆乍乙考

奠㲃,其用各

百神,用妥多

福,世孫子寶。

銘4行21字。僅存蓋,器失。易縣陳氏舊藏,今在中國歷史博物館。

"用各百神"即用格多神,神見于西周金文:

乍册益卣　用乍大御于厥且考父母多申

㝬鐘　隹皇上帝百神,保余小子

杜伯盨　其用享孝于皇申且考

可見神非上帝,亦非人鬼。國語周語中"以供上帝山川百神之祀",韋昭注云"百神,丘陵墳衍之神也"。

"用妥多福"即"用綏多福",亦見蔡姞㲃(三代6.53.1)。

"世孫子"之語,西周中期漸通行。

此器大鳥花紋,與前述庚嬴卣、效尊(本書73、80)及下82中所述己侯貉子等器相近,故可以定爲康王時器。易縣陳氏同時所出有另外一㲃蓋,亦在中國歷史博物館。此第二器與此同銘而有所不同:花紋是大獸面紋,銘文中的"乙"是順的(此器是反的),字口稍損,可能是剔壞的。

82.貉子卣

圖象　西清15.9,周金5.87a(蓋)、5.87b(器),商周670(缺蓋),美集録A626

銘文　三代13.41.2(蓋),13.40.5(器),大系録234

唯正月丁丑,王各于

吕𣪕,王牢于厥,

咸宜。王令士道

歸貉子鹿三,貉

子對揚王休,

用乍寶隩彝。

銘6行36字。器原藏故宫,共二器。綴遺12.11—12云西清古鑒著録一"全器,今歸李山農(宗岱)",一"失蓋,潘伯寅(祖蔭)尚書所藏"。考古社刊第四期潘文勤金石手札鈔(致方濬益書)第四通曰:"貉子卣一器蓋俱完者歸山農,姪所得者失蓋。"其説需更正。原在清宫兩器,第一器即上所箸録的,器爲潘氏所得,蓋爲李氏所得。第二器,箸録于西清15.11,器銘箸録于三代13.41.1,蓋已失去,器爲李氏所得。李宗岱舊藏,今在美國米里阿波里斯市皮斯百 A.F.Pillsbury 處,其蓋是第一器之蓋,器是第二器之器。潘器李蓋,是西清的第一器,字體行款相同,應是真的本來的全器。此器之蓋頂作一圈足形,亦是西周初期形式。第二器的銘文行款不同于第一器,審其刻劃,乃仿第一器而成,而有誤刻。此器之蓋頂作帽頂形,乃是更早的形式。1945年春,我于皮氏處一再審視原器,定其蓋是第一器之蓋,是真的;其器是第二器之器,乃是僞作。

方濬益釋第二行第二字爲"畋之異文",又引"説文牢、閑養牛馬圈也……此蓋王至雍畋獵有所獲而牢閑之,因命士道歸貉子以三鹿。廣雅釋詁歸、遺也。國語晉語敢歸之下執政,注歸、饋也。書序王命唐叔歸周公于東,作歸禾;史記周魯公世家作饋。論語歸孔子豚,孟子注亦引作饋"。中方鼎"中乎歸生鳳于王"(大系6),周本紀"作歸禾",集解引徐廣云"歸一作餽"。又説:"此二器器蓋各有八鹿,正以歸鹿作器,故肖其形以爲飾歟?"凡此所述,皆有灼見。但他讀吕爲雍,以"貉子蓋北狄君長",則猶有可商之處。

此器記王田獵獲鹿之事。第二行第二字是田獵之田,第六字是陆,從厂從去從欠,玉篇"欠厥,張口也"。説文云"陆,依山谷爲牛馬圈也",漢書揚雄傳蕭該音義引三蒼云"因山谷爲牛馬圈謂之陆",是"王牢于陆"是王將所獵獲之獸牢閑于山谷間。但陆不但是牢閑牛馬于山谷之圈,亦是驅逐禽獸于山谷而田獵之法:

文選吴都賦劉淵林注　陆,闌也,因山谷以遮獸也。

文選上林賦郭璞注　因山谷遮禽獸爲陆。

漢書揚雄傳下李奇注　陆遮禽獸圍陳也。

漢書司馬相如傳上蘇林注　陆,獵者圜陳遮禽獸也。

若如此説,則"王牢于陆"是王爲圜陳毆逐禽獸于山谷間而捕獵之。應以後説爲勝。齊語"環山於有牢",注"牢,牛羊豕也,言雖山險,皆有牢牧也"。

四時獵名,諸書不一其説,大約有三説:(1)左傳隱五,周禮大司馬,爾雅釋天;(2)公羊傳桓四;(3)穀梁傳桓四,太平御覽卷八三一引韓詩内傳。三説比較如下:

	春	夏	秋	冬
(1)	搜	苗	獮	狩
(2)	苗		蒐	狩
(3)	畋	苗	蒐	狩

(3)説春田同于此器,但成王時器員鼎(三代4.5.4)則王獸(狩)于正月既望,與此不同。四時獵名,書本記録并不能視作定論。

"咸宜"即諸皆合宜,商頌玄鳥"殷受命咸宜"。

"士道"之士是官名,見士上盉(本書21)。

“歸貉子鹿三”猶西周初中方鼎“中乎歸生鳳于王”(大系6),命毁“王才華王易命鹿”(美集録A233)。

郭沫若説“貉子即己姜毁之己侯貉子”,又説“殆宗周初葉康、昭時器”。凡此推斷,都有灼見。

己侯貉子毁(夢續20)曰“己侯貉子分己姜寶……”。花紋是康王時的大鳥,字體花紋又近于康王時的庚嬴器(本書73),故可定在康王時。

杜預世族譜(左傳隱元正義引)“紀,姜姓,侯爵”。西周初期,東土之齊是姜姓,而在河南南部的申、許、吕也是諸姜。齊世家集解引徐廣曰“吕在南陽宛縣西”,而説文“郘,南陽縣”(段注以爲南郡之誤)。春秋之紀在山東壽光境内,其在周初或與申、許、吕地相近,故此器王田于吕而歸己侯貉子以鹿三。

83.乍册益卣*

圖象 攀古2.18

銘文 三代13.46.1,大系録13

乍册益乍父辛隩,
氏名義。曰:子子孫孫寶
不录,益子子征先盡
死,亡子,子弘有孫不
敢娣□觥鑄彝;
用乍大禦于氏且
匕,父母;多申毋念
戈朩,勿斁益鰥寡,
遝祐(袧)石宗不剌。

銘9行61字。潘祖蔭舊藏,今在上海博物館。舊拓有七字爲銹所掩蔽,綴遺12.31摹録有誤。兹據新拓本。

作器者名與説文嗌之古文相近,今釋爲益。第二行末字實應移至第一行“尊”字前,越行續讀之例亦見成王時小臣逋鼎及盂爵(本書28、33)。“乍册益乍父辛隩,厥名義”,與班毁曰“隹乍邵考爽益曰大政”(本書12),秦公鐘曰“作盄龢鐘,厥名曰□邦”(大系290),裦石磬曰“自作造磬,厥名曰裦石”(考古圖7.15)諸例相同。

此銘三“子”字皆有重文,似皆作子解,不必爲重文。“子孫不录”即不禄,不禄即本銘

---

* 此器在作者的總器目表中未列入,在手稿上標明成康器,但在未發表的康王銅器目録中列有作册益卣,今暫歸入康王銅器下。

下文"死"。晉語曰"又重之以寡君之不禄"注云"士死曰不禄",曲禮下曰"壽考曰卒,短折曰不禄",又曰"大夫曰卒,士曰不禄,庶人曰死"。爾雅釋詁曰"無禄,卒以死也",左傳昭公七年謂公孫段"今無禄早世,不獲久享",公羊傳隱三年"大夫曰卒,士曰不禄"注云"不禄,無禄也"。禮記雜記曰"君訃于他國之君曰寡君不禄,敢告于執事。夫人曰寡小君不禄。……大夫訃于同國適者曰某不禄,訃于士亦曰某不禄"。禮書以"不禄"爲某一等人稱死亡,但君與小君之卒與士之卒皆稱不禄,則此種分别並不嚴格。

子征、子弘是乍册益之二子而父辛之孫。子征先死,無子。說文血部曰"盡,傷痛也",下引周書(酒誥)之文,字從二百從血,金文則從二自從皿。征亡子即無子,與"子弘有孫"爲對。弘之孫不是征之嫡孫,不能爲其尸,故曰"不敢弟□兄"。弟作娣,說文所無,古音矢與弟同,故此字可以假作兄弟之弟。弟與兄之間一字甚繁複,不能辨識。鑄彝或應續兄而讀。

䢅即禦字,與卜辭(河 312,鄴三 37.8)及我鼎略同,乃是祭名,見于卜辭及西周初金文:

乙亥卜賓貞乍大御自上甲　後下 6.12　武丁卜辭

乙酉卜亘貞乍御斳庚不併　京大 994

□亥卜貞三示:御大乙、大甲、且乙五宰　佚 917(庚甲或晚)

御王自上甲肜大示　前 3.22.4

丁未貞其大御王自上甲盟用白豖九,下示汎牛,才父丁宗卜　摭續 64(參綜述 467)武乙卜辭

乙未貞大御其遘羽曰　後上 26.6

我乍䢅祉且乙、匕乙、且乙、匕癸,征礿㪟二母　我方鼎　晚殷

說文曰"禦,祀也",禦引申爲禁止、抗禦,近于禳祓之祭。秦本紀德公"二年初伏,以狗禦蠱",吕氏春秋仲秋紀"天子乃儺,禦佐疾",凡此禦皆抗禦之義。卜辭及晚殷銅器禦祭的對象是先且、且匕、父母,所禦者(即祈福的對象)是時王,故此銘"用乍大禦于厥祖妣父母"爲句,多申(神)應爲毋念的主詞。

"父母"以下三句,是祈求之詞。勿敄即勿侮,敄字半爲銹掩。毛公鼎曰"迺敄鰥寡"(本書 201)。末行第一字從由(貴所從)從小從辵,疑是遺字,旂乍父戊鼎曰"文考遺寶責,弗敢喪"(三代 3.34.3),遺字與此同,亦從小。第二字從示從呂或句,丩與金文州所從者同。

石宗即祏宗,說文曰"祏,宗廟主也,周禮有郊宗石室,一曰大夫以石爲主,从示从石,石亦聲"。左傳莊公十四年原繁曰"先君桓公命我先人典司宗祏",杜注云"宗祏,宗廟中藏主石室",釋文云"祏音石,藏主石函也";昭公十八年"使祝史徙主祏於周廟,告於先君",杜注云"祏,廟主石函";哀公十六年"使貳車反祏於西圃",杜注云"西圃,孔氏廟所在;祏,藏主石函"。祏音石,有石室、石函、石主諸義,左傳"宗祏"即此器"石宗",應爲盛主之所,以石爲主。所謂不剸,應是固存不毁。說文曰"剸,擊也",廣雅釋詁一云"斷也",廣雅釋言

云"斫也"。

博古2.34"益乍寶鼎",形與巖窟1.11同,是成、康時器。益與乍册益或是一人。此卣項下一帶顧龍紋與士上卣(善彝123)相近,其時代應屬成、康。

84.敔毁

銘文 三代8.44.1—2,大系録92

隹三月初吉丁亥,王才周,
各于大室,王蔑敔
曆,易玄衣赤☐,敔對
易王休,用乍文考父丙奠
彝,其萬年寶。

銘5行40字。嘉興張讓木舊藏。蓋銘有殘,器銘全如上。

此毁與十四字敔毁(十二鏡三)係同人所作,與孝王時敔毁(本書165)非同一人。

衣從衣丄聲。甲骨卜辭牡從丄,象公牛之陽;金文楙從𣏟,故知丄音同于矛。説文曰"袤,衣帶以上",籀文從楙。赤袤即玄衣而于衣帶以上作赤色者。

85.𢦚毁

圖象 西甲6.42

銘文 三代6.49.5

隹正月甲申,𢦚
各,王休易厥臣
父𢦚贊王祼
貝百朋,對揚天子
休,用乍寶隮彝。

銘5行30字。舊拓僅得22字,此次新拓,銘全清晰。今在故宫博物院。

"𢦚各",應作一句。瓓方鼎曰"王鄉酉,尹光瓓,隹各,商貝"(三代4.10.2),宰椃角曰"王各,宰椃從,易貝五朋"(三代16.48.1),此二器皆殷器。𩰫尊曰"𩰫各中,中易……"(本書52),厚趠方鼎"隹王來各于成周年"(大系14')。

"王休易"至"百朋"是一長句,大意爲王休易其臣父貝百朋以酬𢦚贊王祼事之勞。此句主句爲"王休貝百朋"而以"易厥臣父𢦚贊王祼"爲形容"休"的分句,即"休"的原故。小臣謎毁"王令易自遂征自五齵貝"(本書8),謂王令錫貝于凡從征五齵之自,文例與此近似。效尊"公易厥巡子效王休貝廿朋"(本書80),則是以分句"王休"形容"貝"。臣父猶臣弟之例,𪊨毁曰"𪊨拜稽首,休朕匋君公白,易厥臣弟𪊨"(本書120),當是一種身分稱謂。

“贊王祼”猶周禮鬱人“以贊祼事”。周禮小宰“凡祭祀,贊王幣爵之事,祼將之事”,注云“謂贊王酌鬱鬯以獻尸”。小宰又曰“凡賓客贊祼”。王易百朋,唯此與塱方鼎(本書 6)。

此𡿺見于康王時的大小盂鼎、井侯毀及昭王時的𢇍毀(本書 74、75、57、94);而此器是四耳之毀,其形制同于宜侯夨毀(本書 5),故仍定爲康王器。

86.萬諆觶

圖象 西清 8.42

銘文 三代 11.35.4

萬諆乍兹晨,用
享𨜏尹人歙,用
醽侃多友,其則
此𨟻𣪘。用寍室
人,𡕒人萬年寶
用,乍念于多友。

銘 6 行 36 字。清宫舊藏。西清記其高及口徑均爲四寸五分,名之爲尊。

第五字乃是器名,字泐下部,應是𩰤字。師趛鬲(三代 4.11.1)自銘爲𩰤,與此同,乃改爲鬵。此器則假爲𧣾:説文觶之或體作𧣾,晨從辰聲。此器形制介于習見之觶與觚之間。

第二行第二字,乃遷字所從;第五字當是飲。第三行第一字從酉從畣(拓本不清),説文曰“歠也”,亦即訓飲。第四行第二字從酉從㫃,三代 7.11.5—6 果毀有㫃字,似係人名,此當是飲義。第四行第三字是祼。廣雅釋言“則,即也”,“其則此”云云謂其即此飲祼。説文曰“觶,鄉飲酒角也,禮曰一人洗舉觶,觶受四升”,又曰“觶實曰觴,虚曰觶”,禮記投壺“奉觴曰賜灌”注云“猶飲也”,是觶爲奉觴賜灌之具。

第五行第二字是先後之後,省彳,諸家所釋均誤。

此器之尹人、多友、室人、後人乃指四種人:尹人是師尹之人;多友猶𧗟鼎之“多朋友”(三代 4.15.2),即朋友僚友;室人猶家人,是宗室、公室之人,所謂兄弟諸子婚媾;後人指後嗣子孫。克盨曰“隹用獻于師尹、朋友、婚媾”(本書 187),多父盤曰“使利于辟王、卿事、師尹、朋友、兄弟、諸子、婚媾”(攈古 3.1.74),可相比較。令毀曰“用匓寮人、婦子、後人永寶”(本書 15),婦子後人猶此器的室人後人。説文曰“寍,安也”,用寍室人即用安兄弟諸子婚媾。

此器形制特異。其花紋爲“顧鳥”,近于御正衛毀及方毀蓋(本書 18、89),故定于康世。

87.保侃母𣪘蓋

圖象　雙劍Ⅰ上12

銘文　三代7.23.2

保侃母易貝

于庚宫,乍寶𣪘。

銘2行11字。傳河北出土。于省吾舊藏,今在故宫博物院。

此器與保㚸母𣪘(三代6.45.5)、保𨑹母壺(三代12.12.4)之保都是保母之保,其名字稱某母或從女旁,可證皆是女人;其人錫貝于女君,其從屬的關係可知。禮記內則"保乃負之"注云"保,保母也";後漢書崔寔傳注云"阿保謂傅母也";説文曰"娿,女師也,讀若阿"。是阿、保、傅都是保母、傅母、女師。説文曰"姆,女師也,從女每聲,讀若母";士昏禮和內則作姆,公羊傳襄三十"傅母"一本作姆。是姆、姆、母也就是保母、傅母、女師。此銘侃母之母固然爲女子通用之詞,如男子稱父,但亦可以讀作保母之母。史記倉公傳"故濟北王阿母"索隱云"案是王之嬭母也",正義引"服虔云乳母也"。是漢世乳母亦稱阿母。

此銘的"庚宫"舊釋爲"南宫",字與南有别。此庚宫乃指庚姜,有𣪘銘(三代6.45.5)曰:

保㚸母易貝

于庚姜,用乍旛彝。

銘辭行款體例均同侃母𣪘蓋,乃是同時之作。庚宫、庚姜當如保𨑹母壺錫貝于王姤一樣,乃是王后。成王之后曰王姜,此庚姜疑是康王之后,因保𨑹母延至昭王之時。𣪘蓋形制不能晚于康世,而字體似略晚于成世。

88.吕白𣪘

圖象、銘文　西清27.11

吕白乍厥宫

室寶隮彝,

𣪘,大牢,其萬

年祀厥助考。

銘4行19字,器蓋同銘。

吕白當是班𣪘(本書12)的吕白,因兩器時代相當。宫室即家室。

此銘𣪘字應讀爲動詞,謂用此盛大牢以祭祀祖考。説文勹部"民祭祝曰厭匓"。

此器有蓋,兩耳,作象卷鼻之形,班𣪘四珥下垂成足,其端亦正象卷鼻形。

89.方𣪘蓋

圖象、銘文　日本304(以爲壺蓋)

櫨医乍姜氏寶鼎彝。

方事姜氏乍寶𣪘:用永

皇方身,用乍文母櫨

妊寶𣪘,方其日受宔。

銘4行33字。據尊古齋舊照片,今在日本。

方作方,櫨医與方是一人,所乍姜氏之彝即下述的方盤、方盉。此𣪘則爲其母妊氏而作,故知方與任通婚姻而櫨則爲姬姓,師趛盨曰"師趛乍櫨姬旅盨"(三代10.38.1)可證。

"用永皇方身"即永光、永休方身,盠駒尊"䓣皇盠身"(本書122),亳鼎"皇公中休"(本書44),均與此同。"方其日受宔"猶耳尊"耳日受休"(本書61),宔訓休,詳敷𣪘(本書100)。

櫨侯、櫨妊亦見以下兩器:

(1)櫨医壺　櫨医乍旜彝　録遺223

(2)吹方鼎　吹乍櫨妊隩彝　貞圖1.14,商周136,三代3.9.2

與此器之方乃是一人。奚方鼎(本書27)之櫨中,獻𣪘(本書26)之櫨白與此爲一族,乃是畢仲之後之吕白,詳獻𣪘。惟方爲叔氏,故與上述兩器恐非一人。

方所作尚有三器:

(1)方壺　方乍壺　貞圖1.41,商周714,三代12.3.6—7

(2)方盉　方乍盉　三代14.10.5—6,日本253

(3)方盤　三代17.7.2,日本91

方敢乍姜般,

用萬年用楚

保罛弔方。

"用楚保罛弔方",猶師察𣪘"用楚弭白"(本書147),楚即胥即佐也。此保與保卣(本書2)之保有關。"乍姜盉""乍姜般"即方𣪘所謂"乍姜氏寶鼎彝"。此方所事的姜氏,或係成王后王姜的家。方爲叔氏,故與櫨中非一。

方𣪘花紋,可參看御正衛𣪘和萬諆觶(本書18、86),方壺是素面而高的壺,其形制屬于西周初期。方形之𣪘見商周251、287,西清13、30。

録遺374觶銘曰:

弔傳乍櫨

公寶彝。

此亦櫨氏一家。周棘生𣪘(三代7.48.2)"乍櫨娟媅賸𣪘",則櫨氏與娟姓通婚姻者。

90. 己姜𣪘蓋

圖象　夢續20,遠東8.27.C67、21.18

銘文 三代 8.2.2

己医貉子分

己姜寶，乍毁。

己姜石用𩞾、

用匄萬年。

銘 4 行 19 字。器失，存蓋，口徑 15.5 釐米。羅振玉舊藏，今在瑞典京城遠東博物館。

己侯即紀侯，己侯鐘出于壽光縣紀王臺，可以爲證。左傳隱公元年"八月紀人伐夷"，杜注云"夷國在城陽莊武縣，紀國在東莞劇縣"，正義引杜預"世族譜：紀，姜姓，侯爵"，與此銘合。續漢書郡國志北海國"劇有紀亭，古紀國"。餘詳下己侯鐘（本書 163）。

貉子與貉子卣均是紀侯名。此毁記己侯分其女以寶，因以作器。説文曰"寶，珍也"，魯語上曰"莒太子僕弑紀公，以其寶來奔"，韋注云"寶，玉也"。魯語下曰"古者分同姓以珍玉，展親也；今異姓以遠方之職貢，使無忘服也，故分陳以肅慎氏之貢"。分即頒賜。

第三行用下一字，似從重，己侯鐘之鍾（假作鐘）所從與此相近。此字當爲祭祀一類的動詞。

此蓋作大鳥紋，應是康王時器。

另有一有蓋之毁，器、蓋同銘（三代 7.27.4—5）曰：

己医乍姜

𡭴毁，子子孫

其永寶用。

攈古 2.1.82 曰"器有獸面雙環，與它敦異，當與紀侯鐘同時所作"。據其字體，約與己姜毁同時而稍晚。

91. 盂毁

圖象 張家坡圖版叁 學報 1962：1 圖版壹

銘文 張家坡圖版伍 學報 1962：1 圖版貳

盂曰：朕文考眔毛公，

遣中征無需，毛公易

朕文考臣自厥工，對

揚朕考易休，用宖厸

彝，乍厥子子孫孫其永寶。

銘 5 行 42 字。通高 25.5，口徑 23.4，座高 8.3，寬 22.5 釐米。1961 年 10 月 30 日長安張家坡出土，同銘者共三器。此坑出土銅器共 53 件，詳本書 150，學報 1962：1 郭沫若有考釋。

此銘開首“盂曰”與它毁(本書77)“它曰”同文例;“朕”字寫法與諸器異而同于大盂鼎、史獸鼎及㢊毁(本書74、63、120);此銘追述其父從毛公征無需事與班毁(本書12)追述其父從毛公静東國乃同時事。以上諸器均可定爲康王,而此毁作大顧鳥形,與康王時器静毁(商周271)、效尊(本書80)、己姜毁、庚嬴卣(本書90、73)同。

此毛公即班毁之毛公,亦即下器毛公旅鼎之毛公,與趞中非一人。趞中乃虢城公,參本書下編虢國考。㝛鼎(三代4.21.2)之趞中亦虢之後,然鼎銘較晚,與此銘非一人。

無需當爲成王、周公所征熊、盈十有七國之一,其國待考。需字從雨從而,西周金文不見“而”字,唯東周齊國子禾子釜(大系261)有“而”字與此相近而稍異于小篆。“而”作亢,象人垂立之形,與“天”作大之别在兩臂曲度而已。大徐本說文鉉引“李陽冰據易雲上於天,云當從天”,未可厚非。文獻中從需與耎之字往往互通,耎實亦需字。

參考古63:5:280補白,“毛公易朕文考臣自厥工”者毛公錫臣于盂父。“自厥工”乃加于“臣”的形容詞。此厥字似指毛公,謂所錫之臣出自毛公征無需戎工所俘獲。考爲父,無生死之别。“對揚朕考易休”謂對揚毛公所賜于盂父所錫之休(臣)。“用宖幺彝”謂用鑄此器,宖有鑄義,詳昭王時敷毁(本書100)。“乍厥子孫”之厥指盂父。“朕文考”似生稱其父,白中父毁曰“隹五月辰才大室,白中父夙夜事走考,作厥寶隩毁”(陶續1.37)。亦生稱父爲考。

92.毛公旅方鼎

圖象　周金2.5

銘文　三代4.12.1

毛公肈鼎。亦
隹毁,我用𩫏
罪我友𩛥,其
用昚,亦弘唯
考,緣母又弗
讟,是用壽老。

銘6行25字。銘文有韻。

第五行第二字,與本書第65器耳卣的緣是一字,此處是肆。形制簡單,花紋一道,可能昭王時。今在上海博物館。

93.公貿鼎

銘文　三代4.12.2

隹十又二月初吉

壬午,叔氏吏
貧安曩白,賓
貧馬轡乘。
公貿用揚休
鱻,用乍寶彝。

銘6行31字。元和顧氏舊藏,今不知何在,未見器形。

作器者公貿,又字貧,貿、貧皆從貝,當爲一名一字。安與賓,詳保卣(本書2)。所安之曩白,詳曩白組(本書127)。

轡,金文編以爲轡字,可商。此字當表示數字,謂馬若干乘。休鱻疑即休魯,厲敖𣪘曰“而易盠厲敖金十鈞”(三代8.53.1),與此略同。

據銘文字體,定爲康王時。

五、昭王銅器

94.𧈧𣪘

圖象　恆軒 29(有蓋),商周 319(失蓋)

銘文　三代 8.50.1

唯十又二月既生霸丁

亥,王吏榮蔑曆令𢦏邦,

乎"易䜌旂,用保乃邦"。

𧈧對揚王休,用自乍寶

器,萬年以厥孫子寶用。

銘5行44字。潘祖蔭舊藏。同銘一器,曾藏吳雲,附耳,有蓋。見兩罍 6.23,三代 8.49.1—2。兩器行款略異,潘器銘左行,令下邦字和厥字,拓本未現。吳器與潘器形制與瓦弦紋均相同,惟吳器有附耳,潘器無。吳器今在故宫博物院。

井侯𣪘、大小盂鼎(本書57、74、75)三器,已定爲康王時器,銘中皆有人名榮,與此器之榮可能是一人。小盂鼎作于王二十五年,而康王在位暫定爲38年,則榮或活動于康王後期。西甲 6.42(三代 6.49.5)的四耳𣪘,亦榮所作,器亦西周初期形制。

此銘文法,前三行省略賓詞人名(即作器者),故所蔑所命所錫的人,同指作器者。王命七字中的"乃"是對作器者而言,"乃邦"指命(即賜)于作器者的某邦。此邦名不釋,徐同柏以爲是"康叔名,蓋對字異文",因稱此爲封敦,以爲是康侯封器。這是錯誤的。作器者名字,亦見于毛公旅方鼎(本書92),該鼎亦是西周初期器。

所錫之旂是䜌旂,即懸鑾鈴之旂。文選東京賦"鸞旗皮軒",薛綜注云"鸞旗謂以象鸞鳥也",則以旗象鳥形爲説。禮記明堂位之"鸞車",詩信南山之"鸞刀",皆以有鑾者名車或刀,則鑾旗應是有鑾之旗。

95.無其𣪘*

圖象　夢郼 1.31,商周 321,大系圖 103

銘文　三代 9.1.1—2,大系録 107

---

* 作者已將此器移入夷王時期,此仍其舊。

隹十又三年正月初
吉壬寅，王征南尸，王
易無其馬四匹。無其
拜手稽首曰：敢對揚
天子魯休令，無其用乍
朕皇且釐季隮毁，無
其其萬年子孫永寶用。

銘7行58字。傳世凡三器同銘同形制，此羅氏舊藏。

此器若定爲昭王時，則與昭王南征的史實相應。初學記七引竹書紀年"昭王十六年伐楚荆"，"十九年……喪六師于漢"。

作器者名無其，其字從己從其。錫馬四匹即一乘。西周銅器所記錫馬之數有匹、兩、四匹、乘、十匹、卅二匹等而以四匹爲常數。此器及兮甲盤（本書213）"四匹"分書，餘器多合書。皇且釐季亦見大克鼎（本書185），乃兄弟行。

96.友毁

圖象　西清27.1（有蓋），善彝68（失蓋），商周320

銘文　三代8.51.2

隹四月初吉丁卯，王
蔑友曆，易牛三，友
既拜稽首，升于厥
文取考；友對揚王
休，用乍厥文考尊毁，
友罡厥子子孫永寶。

銘6行45字。曾藏故宫和潘祖蔭，後歸劉體智。

作器者名友，字從甘與從口同，詳大史友甗（本書72）。"文取考"即文祖文考，故下文稱文考。王錫友以三牛，友既拜稽首以後，遂以此牛升祭于其祖考。升假作登或烝，爾雅釋詁"烝，祭也"，釋天"冬祭曰烝"，注云"進品物也"。禮記雜記下、淮南子主術"丞，升也"，周語上、中注"烝、升也"，周語中"禘郊之事則有全蒸"，注"全烝，全其牲體而升之也"。拜稽首同麐毁（本書120），祖作取見師虎毁（本書108）。

以上三器，我們暫推定爲昭王時器。康王與穆王，都有或多或少的標準斷代器，惟缺乏可以確定爲昭王時的。除了銘文和字體以外，我們僅就形制方面提出兩組。一組即以上的三毁，都有瓦弦紋，具有此種形制花紋之器，亦見于可以定爲穆王時代的，故可能在昭王時已經開始。三器全是瓦紋，一器之桊，可能是大小盂鼎（本書74、75）等之桊，故可推此縈生存于康王後半期與昭王時期。另一組是尹姞所作的三鬲(本書97),乃較晚于成、康時代的獸面紋。兩鬲中的穆公亦見于𢦏𣪘(本書125),扶風出土,此器郭氏定于宣王而是無耳的瓦紋𣪘,應是較早的。

97.尹姞鬲*

圖象、銘文 冠斝12

穆公乍尹姞宗室于
繇林。隹六月既生霸
乙卯,休天君弗望穆
公聖粦明𢏚事先王、
各于尹姞宗室繇林,
君蔑尹姞曆,易玉五
品,馬四匹;拜稽首對揚
天君休,用乍寶齋。

銘8行65字。傳世同銘者兩器,另一器今在美國Albright美術館,高34,口徑28.8釐米,拓本載商周金文録遺97。曾與公姞齋先後見之于紐約市。此三器,花紋形制大同而僅有極小差異,乃是一家所作。後二器見美集録A127、128。

穆公與尹姞當是夫婦,都是生稱;此器稱尹姞,下器則稱公姞。"尹姞"、"公姞"與"王姜"同例,乃是身分地位稱號與姓的結合,公尹是其夫穆公的稱號。此銘的"天君"與"君"同指一人,"天君"在下器銘中兩見,乃指周王之后,詳乍册睘卣(本書31)下。天君或君是王后之稱,在乍册睘卣指成王之妻后,在此器則指銘中時王的王后。

"休天君"之休,總冒以下各句,其用法詳召圜器(本書25)。"望"假作忘。

穆公爲其妻尹姞在某林之地作了宗室,天君不忘穆公如何聖明的服事先王,因親臨于尹姞的宗室而以玉和馬賞錫之,則作器者應是尹姞而非穆公。學者或稱此器爲"穆公鼎",應正。王后天君臨于尹姞的宗室而賞錫尹姞,其賞錫的緣故由于穆公有功于"先王",則此天君似是作器當時的前王之后,而穆公應是"先王"的公尹。左傳昭十二"燮父、禽父并事康王",事康王猶此銘的事先王。

第五行宗室與繇林之間,省去介詞"于"。"各于"的主詞是天君。"事先王"前四字,形容穆公的聖粦、明𢏚:説文"粦,目精也",與聖皆指耳目聰明;方言十三"𢏚,曉明也",與明皆指明白。繇林疑即桃林。周本紀"牧牛于桃林之虚",集解"孔安國曰桃林在華山東",正義"括地志云桃林在陝州桃林縣西"。説文"䛠,相呼誘也",䛠即圝。"䌛,跳也",故繇、桃

---

* 作者在器目表中列此器爲穆王時器。

音同字通。

此器天君錫尹姞以“玉五品,馬四匹”,猶鄂侯御方鼎“玉五瑴,馬四匹”(本書 154),玉五品可能指五對成副之玉。左傳莊十八“虢公、晉侯朝王,王饗醴,命之宥,皆賜玉五瑴,馬四匹”。所錫與此同。

此器自稱爲“齋”,下一器自稱“齋鼎”,則齋當是一種鼎名。西周初期自稱齋的多是方鼎,而此器實是鬲形,疑假借爲鬻。説文以爲“鼎之圜掩上者,從鼎才聲”,岐山曾出康季鬻,“王乍康季寶隮鬻”(考古 1964:9:472),爾雅釋器以爲“圜弇上”者,郭璞注以爲“鼎斂上而小口”。戰國時有一種款足鼎,圜掩上、小口而有蓋,當是從此形式發展而來的。三代 5.16.2 箸録一鬲而稱“齋鼎”,猶薛氏 9.100 誨鼎自銘“寶鬲鼎”(本書 59 引),鬲鼎可能是齋之類。

我們暫定此器并下器于昭王時,是從花紋和字體兩方面推定的。此大獸面紋稍晚于我們定爲康王時的魯公熙鬲(本書 66),而後者亦近于齋的形式。尹姞三器的字體介乎康王與穆王諸器之間,故宜在昭王時。此三器,不能晚于昭王,可能上及康世而絶非成王時器。若如此,則銘中的“先王”是康王而天君是昭王之后。

98.公姞鬲

圖象、銘文 美集録 A128、R400

佳十又二月既生
霸,子中漁口池,
天君蔑公姞曆,
吏易公姞魚三百,
拜稽首對揚天
君休,用乍齋鼎。

銘 6 行 38 字。器通高 31,高至口 25,口徑 27,寬 35 釐米。1947 年見之紐約市古肆中。

此器形制花紋與尹姞所作的相同,故尹姞當是公姞。此器述子中漁于其池,天君使他以魚三百錫公姞。以生魚賞錫,僅見此器及井鼎(三代 4.13.2),井鼎銘曰:

佳七月王才
鎬京,辛卯王
漁于䆫池,乎
井從漁,攸易
魚,對揚王休,
用乍寶尊鼎。

亦約略同時之作。魚、漁分别不大,可能同一作。“池”字不清。

此公姞鼎,漁下池名(池字從水從它)爲銹所掩,依文法例應作“漁于某池”,子中是主詞而不知何人。“吏易”者天君使子中以所漁之魚三百尾錫于公姞。

此器鬲字從鼎,與三代5.16.2之鬲同。鼎與鬲之分在實足與款足,但兩者俱是炊器,可相通用,故金文“甗”字從鬲亦多從鼎。説文曰“鬲,鼎屬”,西周初期金文鬲爲一種奴隸的稱謂而無作器名的。

傳世有次尊(三代11.35.2)和次卣(三代13.39.5—6)同銘,後者曾藏潘祖蔭,器形不詳。尊今在故宫,項下一帶分尾的長鳥紋。尊銘曰:

佳二月初吉丁卯,公
姞令次司田人,次
蔑曆,易馬易裘,對
揚公姞休,用乍寶彝。

與此鬲可能是同時之作。

99.郭伯馭毁

圖象 美集録A192

銘文 三代8.50.4

佳王伐逨魚徣伐
淖黑,至,寮于宗周。
易郭白馭貝十朋,敢
對揚王休,用乍朕
文考寶隮毁,其萬
年子子孫孫其永寶用。

銘6行45字。此器花紋近于静毁(商周271)而稍晚,與井季毁(西清13.29)、卣(商周660)花紋相同,可定爲昭、穆間器。

100.𢿌毁

圖象 冠斝上24

銘文 録遺160

佳八月初吉
丁亥,白氏賓𢿌,
易𢿌弓、矢束、
馬匹、貝五朋,𢿌用

從永揚公休。

器、蓋同銘。銘5行28字。今在故宫博物院。

賓字從貝,僅見,殷末西周初乍宔,或從止,其義有三:

(1)作爲鑄作義 己酉方彝(博古8.15),孟毁"用宔絲彝",父戊方彝(録遺507),亞𠧧丁父卣(鄴初1.20),宰德鼎(三代2.47.6),父丁毁(三代6.43.2),父乙卣(美集録A579、R138)。其中之父戊方彝、亞𠧧丁父卣均有亞號,宔均作宩。

(2)作爲休美義 令方彝"乍册令敢揚明公尹宔"(本書19),令毁"令敢揚皇王宔"(本書15),乍册大鼎"大揚皇天尹大保宔"(本書67),方毁蓋"方日受休"(本書89),耳尊"耳日受休"(本書61)。

(3)作爲賞賜義 召夫方彝(陶續1.30,西清13.6.7)"𠧧宩乍册宅箙八箙",乃子克鼎"宔絲五十寽"(癡盦3,録遺88),孟卣"兮公宔孟鬯束"(雙劍I1.32)。

此器"賓敹,易敹"猶小臣逋鼎"休中易逋"(本書28),休某者贊美某,猶稍後之"蔑某曆"。此器從貝,則爲賞賜之義甚明。説文休之或體作庥,與此從宀者同。

所錫之"弓矢束",猶不嬰毁之"弓一矢束"(本書212)。凡錫弓矢,一弓百矢,矢束是百矢,詳宜侯夨毁(本書5)。此器束字象束木之形,説文"束,縛也,從口木"。

"用從永揚公休",罕見。公即白氏。

此器應定爲昭王時。(1)字體如吉、丁、揚等字尚有令毁之遺風,去周初不遠;(2)瓦紋寬,腹共五道,較之縣毁、無其毁、友毁及遹毁(本書94—96,104)之作七道以上者爲原始,又有耳而無珥。(3)所賞賜亦同周初與穆王及其後者不同。

101.寓鼎

圖象、銘文 未著録

隹十又二月丁丑,寓
獻佩于王姤,王姤易寓
曼絲,對易揚王
姤休,用乍父壬寶隩鼎。

銘4行32字。故宫藏器。佩是佩玉。説文云"佩,大帶佩也",詩子衿"青青子佩"傳云"佩,佩玉也",詩女曰鷄鳴"雜佩以贈之",左傳定三"蔡昭侯爲兩佩"注云"佩玉也",周禮玉府"共王之服玉、佩玉、珠玉"注云"佩玉,王之所帶者"。凡下奉上謂之獻。周禮玉人注云"古者致物于人,尊之則曰獻,通行曰饋",春秋莊卅一"齊侯來獻戎捷"注云"獻奉上之辭",曲禮下"五官致貢曰享"注云"致其歲終之貢于王謂之獻也"。歸夆毁"獻貟"(本書196)、屖敖毁"戎獻金"(三代8.53.1)則是四裔獻貢于上國。寓以佩玉獻王后,王后錫寓以曼絲,曼絲即素絲。此器曼字省目,説文云"縵,繒無文";晉語五"乘縵、不舉,策於上帝"注云"縵,車無文"。曼絲當即縵帛之類。管子小匡篇"諸侯以縵帛鹿皮四介以爲幣",霸形篇"諸侯以縵帛鹿皮報",皆以縵帛對文錦而相比,乃是較賤的。韓非子十過篇"縵帛爲茵",春秋繁露制度篇"庶人衣縵",應是素帛。

"對易"下一字𡐨,疑與"易"相合爲一"揚"字,如此銘文作"對揚王姤休",才通順。金文揚或從玉,此從圭猶從玉也。但此"揚"字今隔太遠太長。此字疑即卲王之卲,從𠃬從二土,乃垗之象形;又圭或堯之省,燒、卲古音近。

作器者寓亦見以下三器:

鼎　三代3.51.2　吴大澂舊藏。

隹二月既生霸

才鎬京,□□

蔑寓曆,□□

乍册寓拜稽

首對王休,用乍□

□。

卣蓋　三代13.36.3　殘存銅片,潘祖蔭舊藏。

寓對揚王

休,用乍

幽尹寶䵼彝,

其永寶。

晉𣪘　陝西13

晉人事寓乍寶𣪘

其孫子永寶。

器上飾分尾長鳥紋。

此三銘字體與寓鼎同,是寓爲乍册之官。

王姤猶王姒、王姜之例,乃王后之姓。字作㚸,與始、㚸,㚸、㚸、㚸、㚸、㛃皆有分别,不能混一之而皆釋爲姒。以下兩器中的賜命者與此器的賜命者是一人:

壺　録遺231,三代12.12.4(蓋)　故宫(器、蓋全)

王姤易保𢓊

母貝,揚㚸休,

用乍寶壺。

角　綴遺26.28,三代7.26.1(以爲𣪘)

姤休易厥瀕

事貝，用乍
隮寶彝。

此兩器是同時的。壺的作器者是保姆，角的作器者是“瀕事”之官。瀕字在井侯毁（本書58）可讀作頻，但此處似應讀作涉，涉事猶毛公鼎（本書201）的褺事，古音涉、褺相近，乃王后近侍之官。此王姤所令者爲乍册、保姆與褺事，猶成王之后王姜所令者是乍册與内史等。

文王之后爲王姒，成王之后爲王姜，故此王姤可能是康王或昭王之后，而不能再晚。周語上曰“昔昭王娶于房曰房后……生穆王焉”，杜注云“房，國名”。左傳昭十三年有房國，春秋大事表卷五曰“今河南汝寧府遂平縣是”。左傳隱二“莒子娶于向，向姜不安莒而歸”，隱三“又娶于陳曰厲嬀”，文三“穆伯娶于莒曰戴己”，姜、嬀、己皆姓，則房后之后或是女姓而非后妃。（左傳莊十八“陳嬀歸于京師，實惠后”，此稱后。）㚸字從女從口從ㄋ，叔尸鎛夏后之后作司（大系242），説文以爲司“從反后”，是后、司通用。此字似可釋姤，即后姓專字。三代7.17.1毁文之甲㚸亦是此姓。

今定此姤爲昭王之后，除了字形外，因保迦母亦見于保侃母毁（本書87），後者錫貝于庚宫即庚姜，當是康王之后。

102. 同卣

銘文　三代13.39.1—2

隹十又二月，夨
王易同金車、
弓矢，同對揚
王休，用作父
戊寶隮彝。

銘5行25字。器、蓋同銘。傳陝西鳳翔縣出土。愙齋誤以爲敦，且僅録器銘。

方濬益曰“一月二字合文，自是借月上横畫爲十有二月也”（綴遺12.25）。方氏于夨字謂“義不可曉”。1942年春作此器考釋，將“夨王”連讀，而徘徊于夨國之王或周某王的對比，十餘年中屢思不得其解。王制曰“諸侯賜弓矢然後征”，覲禮曰“天子賜侯氏以車服”，此器王所賜正是車服弓矢*。

1958年2月12日

---

* 作者1966年1月在此手稿上眉批：“應據零篇（二）補夨王諸器，仍是夨王之器。參不嬰毁。”（金文考釋零篇是作者1942年手稿）後未能補作。

六、穆王銅器

103.長由盉

圖象　五省 28,陝西 36

銘文　録遺 293

隹三月初吉丁亥,穆王
才下淢应,穆王鄉醴、即
井白大祝射,穆王蔑長
甶;以來即井白,井白氏寅不
姦,長甶蔑曆,敢對揚天
子不杯休,用肇乍隮彝。

銘 6 行 56 字,在蓋内。郭沫若和李亞農曾有考釋,見文參 1955:2:128,學報 9:177—181。于省吾亦曾論及,見東北人民大學人文科學學報 2:236,1956。

此器 1954 年 10 月出土于長安縣斗門鎮普渡村中,其詳見陝西省文管會的長安普渡村西周墓發掘報告(學報 1957:1:75)。同出此墓的銅器多件,有的是農民掘出的,有的是文物清理隊清理出來的(1—6 號)。我們檢驗出土器物,可以分爲四項:

甲、屬于西周之初的

鼎三　003,6 號,又追交一件

甗一　005 銘"寶甗"　五省 30.2　陝西 37

罍一　1 號　五省 33　陝西 41

勺一　015

卣一　007 銘"白甪父"　陝西 39

觚二　008 有銘　五省 32.1　陝西 40,009 殘塊

爵二　009(五省 32.2、陝西 38"白甪"二字。白甪即白甪父),010

壺一　012

乙、屬于穆王時而有銘文的(均爲長甶所作)

毁二　001,5 號　五省 29　陝西 34、35

盉一　004　五省 28　陝西 36

盤一　006　陝西 44

丙、樂器一組

鐘三　2,3,4 號　陝西 45

丁、穆王以前

鬲二　013,014　陝西 32、33

鼎一　002(乍寶鼎)　五省 30.1　陝西 28

另件等五　016,017,113,203,204

以上甲、乙兩項是從形制、花紋、銘文加以分别的,丁項應分隸于甲乙兩項中;丙項最早同于乙,不能是西周初期的。

此一墓的銅器,并非鑄于同一個時期,至少可分爲西周初與穆王兩期。最重要的乃是乙項中的四件,它們都是同一時同一個人所作的,都可確定爲穆王時代的。這對于斷定穆王時代銅器,是最新最好的標準器。其中盉文最長最重要。

作器者的名字,第一字于盉文從女,其它三器不從女;第二字在説文中兩見。説文卷九次于鬼下的部首是甶,訓"鬼頭也,象形",敷勿切,㽬字從之;卷十前于思的部首是囟,訓"頭會腦蓋也,象形",息進切,或從肉從宰,思字從之。此字亦見卜辭,是酋長之稱,詳殷虚卜辭綜述。爲了方便計,此人名可讀作長思。

穆王在某某应,某某是地名:上一字是下,第二字從水從或,疑即淢。此字亦見元年師事𣪘、蔡𣪘(本書 145、139)。应字郭沫若釋居,可商。此字在西周初期金文中數見,中期亦有,其前總是一地名。字或從宀或從厂或從广,立聲。卜辭明日次日作"羽日",或以"立"爲聲符,小盂鼎則從日從羽從立。説文"昱,明日也,從日立聲",爾雅釋言"翌,明也"。卜辭之"羽日"、"翌日",尚書大誥、召誥、顧命作翼日,可證"立"、"異"同音,故廣韻職部昱、翊、廙、翼等字俱作與職切。是金文之应即説文之"廙,行屋也",屋假作幄,亦見殷、周之際金文后且丁尊(三代 13.38.5—6)"辛亥王才廙降令曰"。揚𣪘有司应之官,即周禮"幕人掌幕幄帟綬之事",鄭衆注云"帟,平帳也",字與廙近。

此銘兩"即井白"之即,用義不很明。左傳定四"用即命于周"杜注云"即、就也",方言十二"即、圍,就也",玉篇"即、就也"。"穆王鄉醴、即井白大祝射"者穆王饗醴并就井白與大祝同射,此先饗後射之禮。鄂侯御方鼎"鄂侯御方内醴于王……王休宴,乃射"(本書 154),此先燕後射之禮。禮記射義"古者諸侯之射也,必先行燕禮;卿大夫士之射也,必先行鄉飲酒之禮"。當穆王之即井白等射,作器者或有所執事,故蔑曆于王。"氏寅不姦"指井白的誠敬不僞:爾雅釋詁"祇,敬也",金文省示;説文"寅,居敬也",金文從弓;寅字也可能是彌字。廣雅釋言"姦,僞也",逸周書寶典"不誠之行故曰姦"。是氏寅是誠明,不姦也是不僞、不不誠,四字兩詞而其義正反相成。"以來(銘從辵)即井白"者*,王與作器者同

* 作者對這句銘文的讀法,後有改變,見本書第 45 器。

來于井白之所，而井白誠敬不僞，作器者預于斯役，故再蔑曆于王。作器者兩次參預王役、再受王之嘉勉，故作器以揚天子之休。由此可見作器者當是穆王左右親信的隨員，而其器出于豐、鎬遺址，乃更有意義了。作器者乃隨穆王至于井白所在之地，于王之行屋行饗射之禮，并至于井白之所，是下減當是井白所在之地。

同墓出土不同時的另外較長之銘有二：

(1)罍銘(陝西 41)

蘇乍且己

奠彝，其子子

孫永寶。戈。

(2)卣銘(陝西 39)

白宵父曰休□

非余、馬，對揚父

休，用乍寶奠彝。

(1)是西周初期的銘文形式。(2)器已殘破，“非余”之賜多見成王時器，詳本書第 20 器作册翻卣下。“宵”字拓本不清。

104. 遹𣪘

圖象　善彝 83，商周 307，大系圖 82

銘文　三代 8.52.2，大系録 27

隹六月既生霸穆王才

鎬京，乎漁于大池，王鄉

西。遹御，亡遣。穆王親易

遹𩰬。遹拜首稽首敢對

揚穆王休，用乍文考父

乙隮彝，其孫孫子子永寶。

銘 6 行 55 字，鄒安曰“此器庚戌年(公元 1901 年)秦中出土，爲陶齋所得，在所編吉金録之外”(周金 3.40)。後歸劉體智。應有蓋，不見流傳。

王國維跋此器曰“此敦稱穆王者三，余謂即周昭王之子穆王滿也。何以生稱穆王，曰周初諸王若文、武、成、康、昭、穆皆號而非謚也”(觀堂 18.5)。這是一個重要的發現，一則説明了周代王名的生稱，一則以王名作爲金文斷代的標準之一。長甶盉亦是生稱穆王，更足以證明王説的正確。

但此器的三稱穆王，“穆”字下有一般作爲重文的二短畫，故或者以爲當讀“穆穆王”。

詩文王"穆穆文王",則此"穆穆王"可能不是穆王。我們以爲仍當是穆王:一則因此器的形制花紋應在此時;一則金文的專名(國名、人名和數字)常常以重文號作爲"指標",詳我所作中國文字學(講稿)。

關於鎬京,詳本書下編通論部分的"西周金文中之都邑"。鎬京大池即辟雍,詳天亡毁、公姞鬲(本書 1、98)兩器考釋。在鎬京大池行饗射之禮,其事甚有關於古禮制,而祇見於西周初期和穆王時器:

麥尊 ……鎬京……才辟雍,王乘于舟爲大豐,王射大龔禽……王以侯内于寢(大系 20)

静毁 隹六月初吉,王才鎬京……雩八月初吉庚寅,王以……射于大池(大系 27)

井鼎 隹七月王才鎬京,辛卯王漁于□池,乎井從漁,攸易魚(三代 4.13.2)

公姞鬲 隹十又二月既生霸,子中漁□池……吏易公姞魚三百(本書 98)

本器 隹六月既生霸,穆王才鎬京,乎漁于大池……遹御……穆王親易辟

由此可見周王漁於大池即漁於鎬京之辟雍,往往乘舟而射,既射即以所獲的魚禽或納於寢廟、或賞錫於其從御之人,其時間則在六月、七月、八月。後世記載,有可參校者録之於下:

魯語上 古者大寒降、土蟄發,水虞於是乎講罛罶,取名魚,登川禽,而嘗之寢廟,行諸國〔人〕。

吕氏春秋季春紀 天子始乘舟,薦鮪於寢廟。月令及淮南子時則同

吕氏春秋季冬紀 命漁師始漁,天子親往,乃嘗魚,先薦寢廟。月令同

淮南子時則篇 季冬之月,命漁師始漁,天子親往射魚,先薦寢廟。

凡此天子乘舟射魚,登川禽,薦之寢廟,皆與金文符合。但其時間在季春季冬,與金文之在夏季者不合。吕氏春秋所謂"乘舟"即乘舟於辟雍射魚,武王銅器天亡毁"王又大豐王凡三方"即王汎舟於辟雍之三方,與麥尊相校可知。淮南子所謂"射魚"猶春秋隱五"公矢魚於棠"之"矢魚",禮射義曰"天子將祭,必先習射於澤"。

此器先漁而後饗即先射而後饗,與長由盉先饗而後射,正好顛倒其次序。此所饗者是酒,彼所饗者是醴,此又一不同。由此知同屬穆王之時,其禮制可有不同者。

此器的"遹御"猶井鼎的"井從漁",皆謂侍從周王往漁,亦即王漁的侍從。月令注、鄭語注、廣雅釋言、吕氏春秋知士篇注和戰國策齊策注並云"御、侍也",大射儀注云"御猶侍也"。宋世著録的害毁(嘯堂 56—58)曰"官司夷僕、小射,底魚",此底魚之官即左傳襄二十五"申蒯侍漁者"之侍漁(參考古社刊 4:40—42 釋底漁)。杜預注云"侍漁,監取魚之官",於古當爲從漁之官。其職與僕、射同列,蓋既爲侍從而又司射魚之事。但西周初,有侍漁之人,尚未有底魚之官。

"無遣"是當時短語,亦見大保毁(本書 23)、小臣夌鼎(博古 2.14)。遣即譴 ,廣雅釋詁"譴,責也",無遣即無可譴責。

王漁於大池，其方法是漁（網、釣）或射（射、弋），其所獲是水中之魚或水上之禽。此器“王漁于大池”而賞錫以川禽，則知亦嘗有於池上射禽之事。本銘第四行第二字，是王所錫之物，字從鳧𢆉聲，其聲符疑是説文之𥁕，音如米。其字應是鳧類之禽，或即是鳧而加聲符者。爾雅釋鳥舍人及李巡注並云“鳧，野鴨名”（曲禮下正義引），爾雅釋鳥“鸍，沈鳧”注云“似鴨而小”，曲禮下正義及本草拾遺引尸子並曰“野鴨爲鳧，家鴨爲鶩”，詩鳧鷖傳“鳧，水鳥也”，詩女曰鷄鳴“弋鳧與雁”箋云“言無事則往弋射鳧雁以待賓客爲燕具”。可知鳧是水上之鳥，是所謂野鴨，可以弋射而烹食者。鳧是禽之一，爾雅釋鳥曰“二足而羽謂之禽”。

親易之親從宀，説文訓“至也”，此仍是親。字從辛從見，辛與親相通，金文“辛巳”或作“亲巳”（善彝78）。

此器稱“孫孫子子”，與康王時麥尊、麥方彝（大系20、21）相同。

此器紋飾是全部瓦紋，環耳，圈足下有小足三。這種形制和紋飾，到共王時期仍然流行。

105. 剌鼎

圖象　商周55

銘文　三代4.23.3，大系録31

隹五月王才□，辰才丁
卯，王啻：用牡于大室
啻邵王，剌御。王易剌
貝三十朋。“天子萬年，剌對
揚王休”，用乍黄公隮
將彝，其孫子子永寶用。

銘6行52字。先後藏於姚覲元、方濬益、徐乃昌、容庚。

此記時王禘祭邵王，邵王即周本紀“康王卒，子昭王瑕立”之昭王。此器的時王應在昭王之後，很可能是穆王。

“用牡……啻邵王”與小盂鼎“用牲啻周王、武王、成王”（本書75）、大毁“用啻于乃考”（本書183）同其文例，啻即禘。此器“用牡于大室”與令方彝“用牲于京宫”（本書19）同其文例。

時王禘祭先王，作器者侍奉王左右，得錫三十朋，因作此器。“天子萬年”是受賜以後的答詞，猶言“萬歲無疆”。詩江漢記王命錫召虎以後“虎拜稽首，天子萬年，虎拜稽首，對揚王休，作召公考”，與此同其文例。是“天子萬年”與“對揚王休”都是受賜以後拜稽首的頌辭。左傳僖廿八記周王賜晉文公命，晉侯受命後曰“重耳敢再拜稽首，奉揚天子之丕顯休命",可以助證。

今定此器於穆王之世,除了銘文表示應在昭王以後一點外,從形制、花紋和字體三方面,亦可以推定它應在穆世。

此鼎形制接近本書第78器遇甗下所述師雍父組的乙器(康王後半期)和共王時代的第111器師毛父毁,後者的花紋與此相類。花紋作一長條的龍形,其首部向尾,故名之曰"顧龍"。師雍父組的乙器和共王時代的若干器都是"顧龍"。此器並長由盉、遹毁(本書103、104)的字體,可以定爲西周中期之初的,已經脱離了西周初期"晝中肥而首尾出鋒"的作風,成爲"晝圓而首尾如一"的作風(借用綴遺齋卷首語)。這種字體的改變,在康王後半期已經開始。它們是比較緊凑的,到穆王以後就漸形鬆散。此器某些字的寫法和用法還有保存西周初期的,如:(1)啻假爲禘,在共王以後則假作嫡或適;(2)"其"字寫法同於本書第76器師旂鼎(康王初);(3)"御"字的結構同於康王時的麥盉(大系21),早期的"御"省彳,較晚的則從辵。

七、共王銅器

106.趞曹鼎一

圖象　上海 44,大系圖 256

銘文　三代 4.24.3,大系録 38

隹七年十月既生

霸,王才周般宮。旦,

王各大室,井白入

右趞曹,立中廷,北

鄉;易趞曹載市、冋

黄、緣。趞曹拜稽首

敢對揚天子休,用

乍寶鼎,用鄉朋友。

銘 8 行 56 字。舊藏吴大澂、費念慈,今在上海博物館。器通高 28.4,口徑 38.6 釐米。

作器者共有二器,此器作於七年,第二器作於十五年而生稱“共王才周新宮”,所以此七年是共王七年。由第二器知作器者乃是史官。

本器及以下共王諸器,有一些與以前金文不同之點:(1)西周中期金文,只有到了共王才有完備的右者與史官代宣王命的制度,才具體的表現在銘文上,而其銘文的格式漸固定爲一種新形式。這就是説,策命當時地點(如此器的王各大室)、儐右之人(如井白)、受命者所立的地位(中廷北向)。在此以前,只有很少數的銘文如吕鼎(尊古 1.27)記王在大室錫吕,小盂鼎(本書 75)記受命者“即立中廷北鄉”。但這種制度,應該在此前已經有了。(2)西周初期的“乍册”至此改爲“内史”,只有吴方彝還稱乍册(本書 114),此期有了“乍册内史”、“乍册尹”的官名(以上可參看通論部分“西周的策命制度”)。(3)西周初期至穆王時,王常在豐、鎬;共王時的銅器多記“王才周”即洛陽的。根據紀年,穆王至共、懿的王都不必常在豐、鎬而在西鄭。漢書地理志“懿王居槐里”。(4)西周初期有生物之賜(牛、羊、鹿、魚、foot等)和彝器之賜(鼎、爵等),更多的是金、貝之賜,中期已漸没有;自共王起,最多的是命服、武具和車具,只有少數賜貝的。以上就銘文的形式與内容,割分周初至穆王百年間爲一階段,共王開始了另一階段。

般宮亦見同時期的利鼎(本書 107),從後者的“般”字來看,此字是否“般”字,尚待考訂。

右者(即儐相)井白,應即長甶盉(本書103)穆王時代的井白,可見井白兼事穆、共二王。此井白或即禹鼎(本書190)之穆公。除穆王器一見外,在共王之世的銅器上,他出現了九次:

(1)"右者"井白　趞曹鼎一、二,利鼎,師虎毁,豆閉毁等器(本書106—109、113)

(2)"右者"司馬井白　師奎父鼎、走毁(本書111、112)

(3)井白　"井白乍旅甗"　泉屋I:14,商周188,三代5.5.6

"井白乍龢鐘"　綴遺2.2

井白甗項下花紋同於十五年趞曹鼎,所以是共王時代的。這是殷式的甗存在到西周而可斷代之一例。鐘原藏定遠方氏,曰"又趙德甫古器物銘有井白敦,與此或爲一人"。鐘形制不悉,它應該近於穆王時的鐘。

井白見存於穆王時,到了共王十二年的走毁(本書112),他被稱爲"司馬井白"。我們以前擬定穆、共兩王各爲二十年,所以即使長甶盉作於穆王之初,到共王十二年,他還可能見存於世。

此銘所記賞錫之物是命服與鑾旂。"鑾"省金,乃鑾旂之省,比較下利鼎即知。爾雅釋天曰"有鈴曰旂",是金文之單稱"旂"者乃是鑾旂。參緐毁(本書94)。

"市"前一字是其顔色,從韋𢦏聲而𢦏從才聲,故其字是紂或緇字:説文曰"緇,帛黑色也",詩緇衣傳云"黑色";玉篇曰"紂同緇",檀弓釋文云"紂本作緇",詩行露傳云"昏禮紂帛不過五兩"。周頌絲衣之"載弁"與"絲衣"爲對文,"載"疑是黑色。禮記玉藻曰"韠,君朱,大夫素,士爵韋",此自是後世之制,與金文受賜之作赤、朱、叔等色者不同。士冠禮曰"爵韠",凡此爵色近乎緇而稍有不同。載市、素市即儀禮之緇韠、素韠。𤔲毁(本書144)作"在市",約爲同時之作。西周初期金文,市不言色;共、懿時代的顔色是赤與在,共、懿以後的顔色是朱(三代9.37.1番生毁、本書201毛公鼎)與叔(本書185大克鼎、168師嫠毁)。

此器之作,所以用饗其朋友,應是實用之器。

此器口大而腹淺,項下二行弦紋,全身是素的。它與成、康時期的弦紋素鼎,已有所不同:(1)前者多立耳,此附耳;(2)此器腹部已極"傾垂",詳盂鼎(本書70)。但此鼎和師奎父鼎、趞曹鼎二(本書111、113)還存在西周初期圓柱形的直足,足部還未曾作馬蹄形。

107.利鼎

圖象　未著録

銘文　三代4.27.2,大系録62

隹王九月丁亥,王客

于般宫,井白内右利
立中廷,北鄉。王乎乍命
内史册命利曰:"易女赤
8市、𢆶旂用事。"利拜稽
首對揚天子不顯皇休,
用乍朕文考□白隮鼎,
利其萬年子孫永寶用。

銘8行70字。曾藏徐乃昌,器形未見*。

客即各、格,内即入。器有井白、般宫,故附於上器之後。

"乍命内史"惟見此器。西周中期金文,乍册尹即乍册内史,則此乍命内史即乍册内史。伊殷(三代9.20.2)之命尹亦即乍命内史。

作器者利或以爲即穆天子傳之井利,尚待考證。考古圖3.45有史利簠銘曰"史利乍匳",得于扶風,形制略近于史免簠(陶續1.41)。8應釋予,假作紵。

108.師虎殷

圖象 商周322,上海51
銘文 三代9.29.2,大系録58

隹元年六月既望甲戌,王才杜
空,徲于大室,井白内右師虎即
立中廷,北鄉。王乎内史吴曰:"册
令虎。"王若曰:"虎,截先王既令乃
取考事啻官司左右戲、繁、荆,今
余隹帥井先王令,令女更乃取考
啻官司左右戲、繁、荆,敬夙夜勿
法朕令;易女赤舄用事。"虎敢拜
稽首對揚天子不环魯休,用乍朕
剌考日庚隮殷,子子孫孫其永寶用。

銘10行124字。舊藏潘祖蔭,今在上海博物館。失蓋,又失耳上之環。

此王在杜地之行屋命師虎。漢書地理志京兆有杜縣,秦本紀正義引"括地志云下杜故城在雍州長安縣東南九里,古杜伯國,華州鄭縣也"。

此銘王命内史吴代宣王命,"王若曰"以後至"用事"乃王命。西周官職多是世襲的,故

* 現藏北京師範學院歷史系。

命書中常提及先王命汝祖考以何官,余(今王)今更令汝續其舊職云云。命書一開始,通常直呼受命者之名,如此銘之虎。此命書"虎"後一字從食戠聲,義爲始或昔,爾雅釋詁曰"初、哉……始也",經傳或作載。西周金文之例可比較如下:

中方鼎　中,兹……,今……　(大系 7)
善鼎　善,昔先王既令女……,今余……　(大系 36)
卯毁　䌛乃先祖……昔乃祖,今余……　(本書 158)
師嫠毁　師嫠才昔先王……今余　(本書 168)
輔師嫠毁　裁易女……今余……曾乃令……　(本書 142)
師頯毁　師頯,才先王既令女乍司士……今余……　(本書附 17)
師克盨　昔余既令女,今余隹醽豪乃命　(本書 210)
師訇毁　鄉女……今余……　(本書 207)

由此可知才、䌛、裁、兹、載、昔、鄉等字都是和今字相對的,義爲從前。左傳襄十四周王賜齊侯命"昔伯舅大公……今余命女環……"亦昔今對立。由卯毁之例,則知時間詞的"載"—"昔"—"今"是三層的:載早於昔,昔早於今。酒誥"在昔殷先哲王",君奭"在大甲"、"在昔上帝",凡此之在疑是載字。

此器井白之井與帥井之井寫法不同,井白之井中有一點,帥井之井與同銘荆字所從之井皆無點。名詞之井加一點者,在我的文字學講義中稱爲指標,所以區别動詞之井(型,亦可用作名詞典型、儀刑之型)。此器"帥井先王",猶文侯之命"汝肇刑文、武"、詩文王"儀刑文王"、我將"儀式刑文王之德";牧毁"女毋敢□□先王乍明井"(大系 59)、毛公鼎"女毋敢弗帥用先王乍明井"(本書 201),猶詩抑"克共明刑"。爾雅釋詁刑、範皆訓法,説文曰"型,鑄器之法也"。金文詩、書之刑俱是型字。"帥井"之語見以下各器:

录白㦰毁　子子孫孫其帥井受兹休　(大系 35)
師望鼎　望肇帥井皇考　(大系 63)
虢叔旅鐘　旅敢肇帥井皇考威儀(肇從口)　(大系 118)
禹毁　肇帥井先文且烾明德　(本書 155)
番生毁　番生不敢弗帥井皇且考不杯元德　(大系 130)

凡此所帥井者是儀型其先祖考之德或威儀,與詩之儀刑文王之德相同。金文之"肇帥井"猶文侯之命之"肇井",是帥與井義相同,帥井猶儀刑,師與率、述音義相通,義爲遵循。

祖從且從又,同於友毁(本書 96)。"更乃祖考啻官"猶師嫠毁"司乃祖啻官"(本書 173),更假作賡續之賡,司假作嗣續之嗣,啻假作嫡,即承襲,嫡官猶師嫠毁曰"令女司乃且考舊官"(本書 168)。戲是大軍之旗麾,漢書項籍傳注云"戲,大將之旗也",漢書高帝紀上注云"戲謂軍之旌麾也",史記高帝紀正義云"戲,大旗也",漢書高帝紀上注云"漢書通以戲爲麾”。繁荆郭沫若謂即左傳哀廿三之“旌繁”,杜預注云“繁、馬飾繁纓也”。東京賦曰“咸龍旂而繁纓”,七啓曰“飾玉路之繁纓”,是繁纓與旂相屬,周禮巾車曰“王之五路:一曰玉路,鍚樊纓十有再就,建大常十有二斿”,是樊纓與旌旗皆車上相屬之物。荆,説文以爲“楚木”,漢書郊祀志“以牡書幡”注云“作幡柄也”,荆猶竿也。是左右戲、繁、荆應分讀爲大麾繁纓與旗竿。由此可知師虎所官是掌王之旌旂。三代5.35.1鬲銘中的“右戲”乃是官名。

此器右者是井白而作於王之元年,今以爲當在共王元年。其字體緊凑,近於穆王諸器。共白見於穆王與共王七年器,則此右者共白宜在元年。此器之内史吴與吴方彝之乍册吴當是一人,後者作於王之“二祀”,字體亦與此器相近。共王元二年之間,乍册與内史互用,至此以後乍册廢而但稱内史。

此器的紋飾是全部瓦紋,環耳,由於前器瓦紋與顧龍並存於一器,可見此等全部瓦紋在共王時尚流行。

109.豆閉毁

圖象 冠斝上25

銘文 三代9.18.2,大系録60

唯王二月既生霸,辰才戊寅,
王各于師戲大室,井白入右
豆閉。王乎内史“册命豆閉”。
王曰:“閉,易女織衣,𡆥市,緣
旂,用侲乃且考事,司□俞
邦君司馬、弓矢。”閉拜稽首
敢對揚天子不顯休命,用乍
朕文考釐弔寶毁,用易
壽考,萬年永寶,用于宗室。

銘9行92字。曾藏潘祖蔭、盛昱、長白多氏、蕭山陸氏慎齋*。傳西安出土。失蓋。

此器的右者井白與前述三器的井白當是一人,故應在共王世。王策命豆閉於臣工師戲之大室,師戲猶師虎之例,乃是人名戲而爲師之官者。師戲大室是師戲宫寢中的大室,西周金文王於王宫中、王大室中、先王廟中策命,亦往往於臣工之宫中、大室中策命。王有大室如曶鼎(本書143)的穆王大室,臣工亦有大室如此器的師戲大室。

“織衣”之織省糸,吴大澂所釋(愙齋10.10)。禮記玉藻曰“士不衣織”注云“織染絲織之,士衣染繒也”,是織衣乃有色之絲衣,周頌絲衣傳云“絲衣,祭服也”。戴毁之“織玄衣”

* 現藏故宫博物院。

(本書125),當是絲織的玄色之衣。金文所錫之“裦衣”與“織衣”皆是“玄”色的,惟前者是刺綉而成。

第五行第三字,字書所無,以文義來看,當是賡續、嗣續之義。“邦君司馬、弓矢”是王命豆閉嗣續的官名,“邦君”前二字乃是邦名。西周諸侯邦國亦有司馬(周禮司馬有“家司馬”,注“家、卿大夫采地”)司土、司工及其它同於王室的官職,散盤“散有司十夫”(本書附27)中即有司馬、司工、宰等。由此可見邦君諸侯的官,亦是世襲的,亦由周王親命。

“壽考”之考亦從壽,乃是繁文。“用易壽考”猶它器言“用匄眉壽”。易(賜)本來是主動詞,此用作被動詞。

此器和前器都是全部瓦紋,環耳,原有蓋。此等形制紋飾,見於穆王時(本書104遹𣪘)並共王初期。在共王初期以後,則流行一種與此相承的𣪘,其項下一帶紋飾以外,腹部約三分之二仍爲瓦紋,而不作環耳。此在共王時代爲下將述及的師毛父和走所作之器,應在共王後半期。

110.師毛父𣪘

圖象 博古17.16,大系圖87

銘文 大系録60

佳六月既生霸戊
戌,旦,王各于大室,
師毛父即立,井白右,
内史册命“易赤市”。
對揚王休,用乍寶𣪘,
其萬年子子孫其永寶用。

銘6行47字。

此器的右者井白均同於前四器,可定爲共王時所作。其銘文形式與以前各器相比較是尚未固定成式的,如“旦”以前無王才某地某宫,“井白右”應在“師毛父即立”之前,亦無“北鄉”之語。此係内史代宣王命,其前應有“王乎”。

此器的紋飾由兩部分構成,項下一帶的花紋摹繪不清,腹部是穆王時代已有的瓦紋。由於它已脱離了全部瓦紋的紋飾,故其製作年代近於走所作器。

111.師奎父鼎

圖象 恆軒13,上海46

銘文 三代4.34.1,大系録61

佳六月既生霸庚寅,王

各于大室,司馬井白右
師奎父。王乎内史駒册
命師奎父"易載市、冋黄,
玄衣、黹屯,戈琱戚,旂;用
司乃父官友"。奎父拜稽
首對揚天子不杯魯休,
用追考于刺中,用乍隣
鼎,用匃眉壽黄耇吉康,
師奎父其萬年子子孫永寶用。

銘10行93字。曾藏劉燕庭、吴大澂、費念慈、徐乃昌,今在上海博物館。器通高26,口徑24.9釐米。

此與以下走毁及師瘨毁(本書112、119)都是司馬井白爲右者,走毁作於十二年,是共王十二年前後井白已是司馬之官,異乎以前五器的但稱右者井白。

"霸"字從雨從革、帛聲,漢世遂改既生霸爲既生魄。"易"以前省去"王曰"或"曰",然"易"以後自是命書。

王所賜物凡四:蔽膝同於前趞曹鼎一(本書106),戈等略同於小盂鼎(本書75)和麥尊(大系20),上衣同於頌鼎、休盤(本書192、197)等較晚諸器。"玄衣、黹屯"謂織玄衣而有刺綉之下緣(純)。

刺中疑即列仲,猶"列考"、"列白"。

此器形制及顧龍式花紋,同於以下的趞曹鼎二(本書113),當作於共王十二年至十五年間。

112.走毁

圖象、銘文　西甲12.44,大系圖88、録61

隹王十又二年三月既望
庚寅,王才周,各大室即
立,司馬井白親右走。王
乎乍册尹〔册令〕"走緐疋
益,易女赤〔市、□、黄〕、旂用
事"。走敢拜稽首,對揚王
休,用自乍寶隣毁,走其
眔厥子子孫孫萬年永寶用。

銘8行75字。故宫舊藏。金文分域續9.32丁少山拓本題識云"光緒辛卯七月,氾水西五里虎牢東徧出土”(案此東虢地)。

此器的右者與銘文形式,均同前器。惟井白下所缺一字,郭沫若以意補爲“入”字。據新出師瘨𣪘蓋(本書119),應是“司馬井白親”,所缺一字乃人名。由此可知共王十二年已有“乍册尹”之稱。前所述利鼎(本書107)已有“乍命内史”,二名並行。師晨鼎與師俞𣪘(本書134、135)同年同月同日同地册命,一稱“乍册尹”,一稱“乍册内史”,免盤(本書131)稱“乍册内史”,免𣪘(本書128)稱“乍册尹”,可知二者應相同的。元年師虎𣪘(本書108)之内史吴即二年吴方彝(本書114)之乍册吴。

第四行末一字,有關於斷代,甚屬重要。1942年2月在昆明作右考並釋疋。前者已見本書總論部分“西周的策命制度”,後者節録于下。

諸“疋”字,舊釋正,郭沫若初釋“世”,後改釋爲“足”,云有“繼承之義”、“有足成義,踵續義,似以用後義者爲多”(大系考釋頁79,115,154)。容庚金文編收入足字下。説文卷二疋部曰“疋,足也。……古文以爲詩大疋字,亦以爲足字,或曰胥字,一曰記也”。是許氏以疋、足、胥爲一字。説文楚從林疋聲而金文楚所從之“疋”與諸器動詞之“疋”同形。疋或胥有輔佐之義,爾雅釋詁曰“胥,相也”而“相”與“左右”、“助”同訓,廣雅釋詁二曰“由、胥、輔、佐、佑……助也”;方言六曰“胥、由、輔也”,郭璞注云“胥、相也,由正皆謂輔持也”。兹舉其例並附相關之例如下:

(1)免𣪘 隹又十二月……令女疋周師司林 (本書128)

(2)免簠 隹三月……令免乍司土,司奠還林罘吴罘牧 (本書129)

(3)師兑𣪘一 隹元年五月……王乎内史尹册令師兑疋師和父司左右走馬 (本書170)

(4)師兑𣪘二 隹三元二月……余既令女疋師和父司左右走馬,今余……令女□司走馬(本書171)

(5)善鼎 昔先王既令女左疋某侯,今余……命女左疋某侯監其師戍 (大系36)

(6)同𣪘 王命“同左右吴大父司場、林、吴、牧……世孫孫子子左右吴大父……”(本書157)

(7)南季鼎 白俗父右……用左右俗父司寇 (本書134引)

(8)方盉 用萬年用楚保罘弔方 (三代14.10.5—6)

(9)師嫠𣪘 用楚弭白(“用楚”即“用胥”) (本書147)

由(5)知“左疋”猶左右、輔佐之義。由(3)(4)兩例,知元年五月王命師兑輔佐師和父爲左右走馬之官,至三年二月則正式命師兑爲走馬,故曰“司走馬”。此等輔佐之官,由王任命,任命之時亦錫以命服,故三年再命師兑之時賜金車而不賜命服。(1)(2)之例亦同於(3)(4),王初命免爲周師乍司林之輔佐,賜以命服;後又命免爲司土又兼司林等職。(6)(7)之

“左右”同於(5)之“左疋”,左右某人之某官,即爲某官的副佐,所以南季是司寇白俗父的副佐,賜以命服。由(6)則知此種副佐亦是世襲的。不但官職是世襲的,命服也是世襲的,如(3)曰“易女乃且巾、五黄”,(5)曰“易乃且旂”。

左右走馬猶師寰𣪕(大系 136)之“左右虎臣”,乃王左右之官。元年師兑爲師和父左右走馬之副,三年師兑又爲走馬之官。元年師事𣪕(本書 145)“左右師氏”,師虎𣪕“左右戲、繁、荆”。

由上所説,則疋者與被疋者應是同時之人,故免與周師、善與某侯、師兑與師和父以及師晨鼎“師晨疋師俗”都是同時之人。郭沫若讀足爲續,以爲師兑承繼師和父之官於師和父既死之後。其説與銘文不合。

郭沫若以爲考古圖 7.2 之走鐘與此器乃同一人所作,這是不對的。走鐘形制較晚,約夷王時。

本器因描繪不精,故其花紋,難作比較。

113.趞曹鼎二

圖象 上海 45,大系圖 257

銘文 三代 4.25.1,大系録 39

佳十又五年五月
既生霸壬午,龏
王才周新宫,王射
于射盧,史趞曹易
弓、矢、𢍰、盧、冑、
甲、殳。趞曹敢對“曹
拜稽首敢對揚天子休”,
用乍寶鼎,用鄉朋友。

銘 8 行 56 字。舊藏吴大澂,今在上海博物館。器通高 23.5,口徑 22.9 釐米。

此器之龏王,郭沫若曰“即穆王子共王”,乃是生稱,器作于共王十五年。大克鼎曰“克曰:穆穆朕文且師華父……肄克龏保厥辟龏王(本書 185),則是夷王時善夫克追述其祖恭保共王之事。共王在位年數,太平御覽卷八十五引帝王世紀作二十年,而通鑑外紀三引皇甫謐則作二十五年。宋人書推作十二年,最無根據。今有此銘可知共王在位至少十五年以上,二十年之説較可信從。

新宫亦見下師遽𣪕蓋、師湯父鼎(本書 116、118),後者亦有“才射盧”。由令方彝(本書19)知康宫在王城,由望𣪕(詳下)“康宫新宫”則知新宫是康宫的新建部分;則此在周之新宫應在王城,射盧應是王城康宫内新宫中的建築,是習射之處。

盧字作虜，亦見甲骨文，此銘兩見：一在賞賜之品者假作櫓，廣雅釋器云"盾也"；其一與射聯稱者假作廬，説文曰"廡也，從广虜聲，讀若鹵"。習射之處而以廊廡名，蓋由于陸地習射起源于序。孟子滕文公曰"序者射也"，而説文曰"序，東西牆也"，爾雅釋宫同。孟子"校者教也，序者射也"，都是以聲相訓，所以古音序和射是相同的。爾雅釋宫"無室曰榭"，而鄉飲酒正義云"無室謂之序"，是序與榭是一。春秋宣十六"成周宣榭災"，杜預注云"講武屋"，而西周金文成周有宣㴬，或作宣射，是㴬從射聲與序相通。金文編釋㴬爲序，是正確的。周禮諸子與禮記燕禮皆曰"秋合諸射"，鄭玄注云"射，射宫也"，是射爲㴬。序、射、㴬、榭乃是一字一義所分衍。序是東西牆習射之地，有屋頂有牆而無垣壁，所以春秋宣十六杜注云"爾雅曰無室曰榭，謂屋歇前"，正義云"屋歇前無壁者名榭，如今廳事也"。其制即廊廡，説文曰"廡，堂下周屋"，説文新附曰"廊，東西序也"。序之起源，詳舊作射與郊，載清華學報十三卷一期。

由上所述，則射盧乃是新宫中習射之序，是在宫中東西廂的廊廡。序在宫中，故或曰射宫，禮記射義曰"天子試之于射宫"，穀梁傳昭八曰"其餘與士衆習射于射宫"。大約共王以前的金文多記西都辟雍水射之事，共王、懿王及其後多記東都序廡陸射之事。

此銘中作器者三稱其名，一曰史趞曹，二曰趞曹，三曰曹。由此可知史是其官職，曹是其私名，而趞當是氏名。王策命時，可以但稱受命者的私名，如豆閉則稱閉，師虎則稱虎，不舉其官名與氏名。

此銘記王習射之後，賞賜武器七事于作器者，此等武器，詳小盂鼎（本書 75）釋文中。最後一事的殳，釋名釋兵"殳矛，殳殊也，長丈二尺而無刃，有所撞挃于車上，使殊離也"。詩衛風"伯也執殳"，傳"殳長丈二尺而無刃"，其物當以青銅所制，冒于柲首。乃是兵杖，説文以爲"殳以積竹，八觚，長丈二尺，建于兵車，旅賁以先驅"。

第六行的敢對，謂作器者受賜以後敢致答揚之辭，"曹"以下乃其答辭。

作器者于共王七年始受命爲史，錫命服；至十五年因侍御王射，再錫武器。兩器相距八年，而字體文例無大改變；但紋飾則不同：七年器是樸素的弦紋，此器則爲顧龍式。

新宫之稱，見于師遽𣪘蓋、師湯父鼎（本書 116、118）和望𣪘（大系 62）。後者見録于攈古 3.1.83（蓋文）、85（器文）。蓋文多"入門立中廷北鄉"七字，"敢對揚"省敢字，其字體鬆懈而册、畢、事、揚、寶等字既與器文相異而有譌誤，疑是後刻。今據器文録之如下：

隹王又十三年六月初
吉戊戌，王才周康宫新
宫，旦，王各大室，即立，宰
朋父右望。王乎史年册
令："望，死司畢王家，易女
赤8市、緣用事。"望拜稽

首敢對揚天子不顯休，

用乍朕皇且白□父寶

毁，望萬年子子孫永寶用。

銘9行82字。器形未見。此器郭沫若以爲有新宫而其年月日辰與共王十五年器相衡，次于共世。今由字體、文例和賞賜來看，可以如此安排。若如此，則共王十三年始稱康宫的新建部分爲新宫，十五年仍稱之爲新宫，師遽毁蓋可能爲懿王三年器，仍稱之爲新宫。金匱論古初集師望鼎近於師湯父鼎。

114. 乍册吴方彝蓋

圖象　商周605

銘文　三代6.56.1，大系録58

隹二月初吉丁亥，王才周

成大室。旦，王各廟，宰朏右

乍册吴入門立中廷，北鄉。

王乎史戊册令吴"司旃眔

叔金，易秬鬯一卣，玄衮衣，赤

舄，金車，桒鞃，朱虢靳，虎冟

熏裏，桒較，畫轉，金甬，馬四匹，

攸勒"。吴拜首稽，敢對揚王

休，用乍青尹寶障彝，吴其

世子孫永寶用。隹王二祀。

銘10行102字。曾藏趙秉沖、葉志銑、潘祖蔭，今在上海博物館。

"王才周成大室"者王居于王城王宫中的大室，"旦王各廟"則大室非宗廟。西周金文記王城（即周）王宫中的大室者有四例：

（1）本器　王才周成大室

（2）曶鼎　王才周穆王大室　（本書143）

（3）伊毁　王才周康宫，旦王各穆大室　（大系116）

（4）鬲攸比鼎　王才周康宫徲大室　（本書188）

由（4）知稱徲大室者在康宫之内，不可能是臣工之大室；比較（2）（3）則穆大室可能爲穆王大室之省。如此則成大室可能爲成王大室，徲大室可能爲夷王大室。某王之室者某王寢居治事之所，並非宗廟。郭沫若據此器"成大室乃在周廟之外，以豆閉毁（本書109）師戲大室例之，成殆是人臣之名，唐蘭説爲成王廟之大室不確"。上例（2）—（4）之大室多半是王宫中大室，而本器成大室則亦有可能爲臣工之大室。或如周師录宫之例，應讀作周成大室。師晨鼎(本書134)曰“王才周師录宫,旦,王各大室”,是王在王城可以住在臣工之宫,此大室應是周師录宫的大室。如此“成大室”可能是“成宫”(三代12.29.2舀壺)的大室。但由(2)—(4)之例,成大室亦可能在王宫中。成大室在王宫中,可以是成王大室之省,也可以是大室而名成者。凡此皆不能一定。

乍册吴與元年師虎𣪘(本書108)的内史吴當是一人,因兩銘字體相近而此器紋飾應屬此時。此器作于二祀,當在共王二年。内史吴又見牧𣪘(大系59),但該器形制略晚,其時代待考。

王命吴之官屬于周禮司常之職。旆從白聲,即説文“旆,繼旐之旗也,沛然而垂”,爾雅釋天略同。詩六月曰“白旆央央”,釋名釋兵曰“白旆,殷旌也”;是此旗是白色的,故金文從白,而音與沛然之沛同。孫詒讓以此字爲大白之旗,其説亦通。叔金,郭沫若釋作素錦,是也。爾雅釋天曰“素錦綢杠”郭注云“以白地錦韜旗之竿”,是素錦是纏于旗竿上的白錦。

此銘記王賞錫之品,亦前所未有。“玄衮衣”始見此器。説文曰“衮,天子享先王,卷龍繡于下幅,一龍蟠阿上鄉”,許以爲天子之服,于古則天子所以錫臣工。爾雅釋言曰“衮,黻也”,説文訓後者爲“黑與青相次文”,乃是刺綉之裳,所以左傳桓二杜注云“衮,畫衣也”。凡言錫“金車”者常列舉車附件之錫,始見于此器,亦見于師兑𣪘(本書171)、牧𣪘及毛公鼎(本書201)等。

“世子孫”之語,見于以下各器:

寧𣪘	世孫子寶	(本書81)
師遽𣪘	世孫子永寶	(本書116)
趩觶	世孫子毋敢墜永寶	(本書132)
同𣪘	世孫孫子子左右吴大父	(本書157)
師遽方彝	百世孫子永寶	(本書115)
黄尊	百世孫子永寶	(周金5.9)
守宫盤	百世子子孫孫永寶用勿遂	(本書133)
吴方彝	世子孫永寶用	(本書114)
師晨鼎	世子子孫孫其永寶用	(本書134)
白□𣪘	世子子孫孫寶用	(三代7.26.5)

除第一例外,多共、懿時器,乃一時通行的短語。

此器與趩觶並于銘末作“隹王二祀”,乃承大小盂鼎(本書74、75)的作法,模擬殷制,置于銘末而稱“年”爲“祀”。本器的乍册吴與師虎𣪘的内史吴應是一人,此稱乍册而不稱内史,亦是擬古的一例。在共、懿時期,乍册内史與乍册尹是異名而同實,從此可見由乍册而至尹氏的過渡時期同乍册與内史可以互通。西周中期銅器,較少有獸面紋,此器所作紋飾可以名之爲“中期獸面紋”。

此與下器是西周所見方彝之最晚者，除此二具外，長安1.14亦屬于最晚的方彝。㲃與西周初期的方彝、觥、卣、盉等在共、懿時代尚存其最後的孑遺，後此則簠、盨、匜、盤、壺等盛行而方彝等不用了。至于斝、爵、觚等則在西周初期已經開始不用了。獸面紋在西周中期也是少的，它們已是分解了的獸面。濬縣辛村墓出土的小方匳（濬縣19）則是所見西周銅器中獸面紋之最晚者。

115. 師遽方彝

圖象　商周604，上海58

銘文　三代11.37.2—3，大系録70

隹正月既生霸丁酉，
王才康寝鄉醴，師
遽蔑曆友。王乎宰利
“易師遽瑂、圭一，瑔、章
四”。師遽拜稽首敢對
揚天子不顯休，用乍
文且它公寶隮彝，用
匃萬年亾疆，百世孫子永寶。

蓋銘8行66字。潘祖蔭舊藏，今在上海博物館。器通高16.4，口長9.8，口寬7.6釐米。吴大澂誤以爲方尊。

康寢，或是康宫之寢，或是康大室。此王在大室中饗臣工而命作器者爲之宥，故得賞玉器五品。此器“友”字從友從甘，假作宥。王國維釋宥（觀堂别補2—3）論金文之宥，甚詳確。左傳僖廿五、廿八記王饗醴命晉侯宥；而莊十八曰“虢公、晉侯朝王，王饗醴，命之宥，皆賜玉五瑴，馬三（應作四）匹”，則尤與本銘相符合。

王命作器者宥，嘉其勤勉，故命宰利錫之玉五品，共爲四種：(1)説文曰“瑁，諸侯執圭朝天子，天子執玉以冒之，似犁冠；周禮曰天子執瑁四寸；從玉冒，冒亦聲”。古文從玉從目。此器從玉從面，面、目義通，面、冒聲通。(2)圭、與瑁相配爲一瑴，即一副。(3)説文曰“環，璧也，肉好若一謂之環”。此器省目。(4)説文曰“半圭爲璋”。此四種、五品共爲二組，每組則各以二種成一瑴，五品爲五瑴，共玉五副十件：(1)(2)各一件，(3)(4)各四件。由此可知上文尹姞鬲（本書97）天君錫尹姞的“玉五品”同于此器的五品，鄂侯御方鼎（本書154）王命御方宥而錫之“玉五瑴”同于此器的玉五副。五副玉謂之一區，爾雅釋器曰“玉十謂之區”，郭璞注云“雙玉爲瑴，五瑴爲區”，郭璞注西山經曰“雙玉爲瑴，半瑴爲隻”，而説文以爲“二玉相合爲一珏（即瑴）”。由此器可知玉一瑴並不是一雙或一對相同的玉，而是一副不同的玉。

卯毁(本書158)曰"贊四、章,瑴","四"字補在旁。敔毁、毛公鼎和師詢毁(本書165、201、207)的"圭、贊"亦應分讀爲圭與瓚,瓚是與圭相將之器,詳上文宜侯夨毁(本書5)。

此器以前除尹姞鬲玉馬並賜外,錫玉未附幣。周禮小行人"合六幣:圭以馬,璋以皮,璧以帛,琮以錦,琥以繡,璜以黼"。此自是後世追想之制。尹姞鬲、鄂侯御方鼎和左傳莊十八並以馬四匹附于玉後。大毁(本書183)"𩡧章、馬兩""𩡧章、帛束",則附于璋者或爲馬兩或爲帛束。𦳊毁(本書162)"自黄賓章一、馬兩,吴姬賓帛束",則帛與馬並附贈于璋。史頌鼎(本書206)"賓章、馬四匹"則以玉馬相隨。琱生毁一(本書166)"帛束璜"則以帛束于璜。左傳襄十九"束錦加璧"則以錦加于璧。儀禮覲禮、聘禮及禮記禮器、郊特牲"束帛加璧"則加帛于璧。是先後之制有所不同,而束帛可以加于璋、璜、璧,而璧之所加者或爲錦或爲帛,固無一定。加于玉器璋、璜、璧者名爲帛或帛屬,而帛即幣也:説文曰"幣,帛也",聘禮注、齊策注、淮南子時則篇注並云"幣,束帛也"。此幣之義歧而爲三:(1)貨幣之名,此由于布帛于古代是商品價值的單位名詞,用作貨物交易的媒介。(2)聘享贈賄之名,周禮大宰注云"幣貢,玉、馬、皮、帛也",又曰"幣帛所以贈勞賓客者",士相見禮疏云"玉、馬、皮、圭、璧、帛皆稱幣"。(3)附加于玉器的贈賄之幣,即周禮小行人之六幣:馬、皮、帛、錦、繡、黼,此禮所謂酬幣之幣。

西周金文,饗禮之後王者贈玉幣于臣工;但玉幣之贈賄本不限于王者饗後酬幣,其例有二。一爲上賜下,其動詞爲易,如本書尹姞鬲天君臨其臣工宫而賜玉幣,卯毁、毛公鼎王命其爲官後而有玉幣及其他事物之賜。一爲下獻上,其動詞爲賓或報,如大毁、琱生毁一、𦳊毁及史頌毁。

本文已述昭、穆以來記饗禮各器,兹並西周中期有關各器,彙列于下,以資比較:

效尊	雚(灌)	内鄉			易貝	約昭王(本書80)
長甶盉			鄉醴一射			穆王(本書103)
遹毁			漁一鄉酒	御	易鼑	穆王(本書104)
師遽方彝			鄉醴	宥	易玉	共王(本書115)
大鼎			鄉醴	守	易馬	共王後(本書182)
鄂侯鼎		内醴、祼之	宴一射	宥	易玉、馬、矢	共王後(本書154)

此銘的宰利與利鼎(本書107)之利應是一人,後者可定爲共王器。此器和前器都是中期獸面紋的方彝,它們大約是同時的。此器的字體不能晚于共、懿之世。饗與醴是二,待詳考之。

116.師遽毁蓋

圖象　恆軒39

銘文　三代 8.53.2，大系録 69

佳王三祀四月既生

霸辛酉，王才周，客新宫。

王延正師氏。王乎師朕

易師遽貝十朋。遽拜

稽首，敢對揚天子不

杯休，用乍文考旄弔

𨺅毁，世孫子永寶。

銘 7 行 57 字。舊藏徐乃昌、吴大澂。

"延正"是動詞，爾雅釋詁曰"延，陳也"，延正師氏疑是校閲師氏之事。師氏，詳下師克盨（本書 210）考釋。"不杯"一詞，已是召尊、長由盉、師奎父鼎（本書 16、103、111）等器。前器一人所作而稱"不顯"，則二者義當相近。"世孫子"于前器作"百世孫子"，"百世"合文。世即世世之義。此器稱年爲祀，同于吴方彝（本書 114）；但後者繫年于銘末，此在銘首。

此蓋是全部瓦紋，應屬共王前半期，則此三祀是共王三年，而新宫之稱始見于此。但此三祀還有可能是懿王三年。

117.鄭牧馬受毁蓋

圖象、銘文　未著録

奠牧馬受乍

寶毁，其子子孫孫

萬年永寶用。

銘 3 行 17 字。舊藏羅伯昭，1954 年見之上海*。傳陜西出土，另一蓋在北京侯氏處。録遺 150 所録，行欵與此同而字略小。

牧馬當是官名，僅見此器。周禮司馬有"圉師，掌教圉人養馬"，當屬牧馬之官。

此蓋全部瓦紋，與師遽毁蓋同，故次于此，當是共、懿時器。

118.師湯父鼎

圖象　善彝 35，商周 58，大系圖 8

銘文　善彝 5，三代 4.24.1，大系録 39

佳十又二月初吉

* 現藏故宫博物院。

丙午,王才周新宫、
才射盧,王乎宰雁
“易盛弓、象弭,矢
臺、彤欮”。師湯父拜
稽首乍朕文考
毛弔將彝,其萬
年孫孫子子永寶用。

銘8行54字。曾藏劉喜海、劉體智。

周新宫見趞曹鼎二、師遽毁、師湯父鼎(本書113、116、118)諸器,射盧見後二器和匡卣(本書127)。凡有新宫、射盧之稱者多共、懿時器。

此器記王才射盧錫師湯父以弓矢。所錫凡二事,即有象弭的盛弓和彤幹的矢箭。象弭乃骨製的弓反末,見于詩采薇,孫詒讓所釋。盛字拓本不清,是弓的形容字。欮是說文瘚的或體,說文曰“橜弋也”。爾雅釋言“馹、遽,傳也”,釋文云“郭音義云本或作遷,聲類云亦馹字”。是臺音與驛相同,疑是爾雅釋器“骨鏃不翦謂之志”之志。既夕禮“志矢一乘”鄭注云“志猶擬也,習射之矢”。般庚上“若射之有志”今文射作矢,是矢臺爲射志,即習射的骨矢。

毛弔之毛,拓本不清,容庚所釋如此。

此器項下是長鳥紋,腹中是大鳥紋,尚存康王時的遺風,所以不能晚于共王。共王時代的鼎,其足仍承周初直圓柱之形,至此鼎才開始發生了馬蹄形,但腹部仍然近乎平底,不像懿王後馬蹄足鼎皆收尖。大系圖8採用摹寫圖形,足形不準。金匱論古初集師望鼎,形制構圖與此器最相近。

本書第106至118器,可以名之爲井白組或曹鼎組。其中第106—112諸器皆以井白爲右,兩件趞曹鼎則爲曹所作器,而此兩器作於共王的七年、十五年,明見于銘文。井白已見穆王器,則有共白爲右者當在共王前半期,十二年始有司馬井白之稱。乍册吴方彝、師遽方彝、師遽毁三器,與此組的關係不太緊密,它們可能屬于共王的最初三年,也可能屬于懿王的最初三年。我們很傾向于後說,如此則共王十五年的新宫,到懿王三年仍稱新宫,詳趞曹鼎二(本書113)。

此組所定年代,除新加入器外,大致和郭沫若所定的相同。下作表以見諸器互相的關係。

〔器名〕	〔作器年〕	〔作器者〕	〔右者〕	〔册命地〕	〔册錫者〕	〔花紋〕
師虎毁	元年	師虎	井白	杜空	内史吴册命	瓦紋(本書108)
乍册吴方彝	二年	乍册吴	宰朏	周成大室	史戊册命	獸面紋(本書114)

師遽方彝		師遽		康寢	宰利易	獸面紋(本書 115)
師遽𣪘	三年	師遽		周新宮	師朕易	瓦紋(本書 116)
盠方彝		盠	穆公	周廟	命尹	獸面紋(本書 122)
盠駒尊		盠	師豦	㡿		獸面紋(本書 122)
𢦏𣪘		𢦏	穆公	大室		瓦紋(本書 125)
鄭牧馬受𣪘		牧馬受				瓦紋(本書 117)
趞曹鼎一	七年	趞曹	井白	周般宮		弦紋(本書 106)
七年牧𣪘	七年	牧	公族	才周才師汓父宮	内史吴	(大系圖 66、録 59)
利鼎		利	井白	般宮	内史册命	(本書 107)
豆閉𣪘		豆閉	井白	師戲大室	内史命册	瓦紋(本書 109)
師毛父𣪘		師毛父	井白	大室	内史册命	顧龍(本書 110)
師奎父𣪘		師奎父	司馬井白	大室	内史駒册命	顧龍(本書 111)
走𣪘	十二年	走	司馬井白	周,大室	乍册尹册命	(本書 112)
趞曹鼎二	十五年	史趞曹		周新宮射廬		顧龍(本書 113)
師瘨𣪘		師瘨	司馬井白親	周師司馬宮	内史吴	(本書 119)

119. 師瘨𣪘蓋

圖象、銘文　文物 1964:7:23—27

隹二月初吉戊寅,王才周
師嗣馬宮,各大室,即立。
嗣馬井白親右師瘨入門立
中廷,王乎内史吴册令師
瘨曰:"先王既令女,今余唯
䌛先王令,令女官嗣邑人、師
氏,易女金勒。"瘨拜稽首敢
對揚天子不顯休,用乍朕
文考外季隩𣪘,瘨其萬年
孫孫子子其永寶用,享于宗室。

銘 10 行 103 字。

1963 年 4 月,武功縣普集鎮東北 1.5 公里渭惠渠西,北坡村北數百米處出土𣪘蓋二叠于一短足鼎(魚鱗紋)上。徑皆 19.7 釐米。此鼎與中佴父鼎、仲義父鼎(本書 175、176)等同形制花紋,應屬于孝王時期。簡報謂此批銅器所出非墓葬。我意它或係窖藏,故此鼎晚于同出之師痕毁。

毁蓋同銘者二具:(甲)銘文結體工整,筆劃較細;(乙)結體散漫,筆劃較粗。後者筆劃有不少散失錯亂:第二行"師"反書;第五行首字疒旁有遺筆;第六行"先"旁多一圓圈,"女"似中字;第七行"敢"有遺筆;第八行"顯"、"朕"有錯亂;第九行"毁"、"年"有遺筆;末字"室"移于第十行左。若不是同時出土,頗覺可疑。由此可知甲器可能是原来的範本,乙器銘文係照範本摹刻于範,筆劃既有不同,而製範中字劃又有散失錯亂。二器蓋花紋亦不盡相同,不是一時所鑄。

洹子孟姜壺二器(大系255、256),阮元一器銘文頗有脱略,或亦如此。望毁亦如此,見本文趞曹鼎二(本書113)下。

此器所見人名凡三,内史吴見師虎毁(本書108)及牧毁(大系59),其它井白與作器者之名皆見于説文,痕(從疒從鼎)訓"病也",親訓"笑視也"。金文編所無。

策命之所在"周師司馬宫",即司馬井白之宫,故井白爲右者。司馬宫而又冠以周師者,司馬井白兼爲周師之官。免毁曰"令女疋周師司歔"(本書128),守宫盤曰"周師光守宫事……守宫對揚周師釐"(本書133),凡此周師,郭沫若以爲是同一人名。由此器之稱"周師司馬宫",可以知其不是人名。"周師"猶大毁的"吴師"(本書183),都是官名,與"白大師"、"中大師"、"蔡大師"同例,都是在"師"或"大師"前冠以封國名。守宫盤的花紋形制略早于免毁,所以守宫盤的"周師"和免毁的"周師"可能是同一個爲周師的人,亦可能是先後爲周師的人。周師之官名序于司馬前,似乎略高,井白親先爲司馬而後加周師之官稱。司馬井白親之宫,亦可稱爲周師親宫。較後的師晨鼎、師俞毁和諫毁(本書134—136)都是策命于"周師录宫"而右者爲"司馬共",而受命者除諫外都是師。此"周師录宫"應是周師名录即司馬井白親之宫,而不是周地師录之宫,舊釋有誤。舊釋"司馬共"爲"司馬共",以爲即共伯和,也是錯誤的。據禹鼎(本書190)、禹毁(本書155)稱共爲其文祖而"政于井邦",則司馬共應是司馬井白親的下一代。同例,大師虘毁(本書137)的"周師量宫",乃别一周師名量之宫。三年師晨鼎和十二年大師虘毁俱見"師晨",前者受命于周師录宫,後者受王乎于周師量宫,則量應晚于录,或即是司馬共其人。由此可知录(親)、共或量都是封于井邦的周王族,世爲司馬、周師之官,而凡命"師"以某職事,多策命于周師宫或其它師宫中。由此可知右者與受命者在職務上有一定的關係。

此器司馬井白親,與共王時器之右者井白當係一人。右者井白見七年趞曹鼎,利鼎,元年師虎毁,豆閉毁,師毛父毁(本書106—110);右者司馬井白見師奎父鼎(花紋同于十五年趞曹鼎)而司馬井白親見十二年走毁(本書111、112)。此器稱周師又稱司馬井白親,而周師录之名見于懿孝諸器,則此器宜在共王十二年後。内史吴見元年師虎毁、七年牧毁與二年吴方彝(本書114)之乍册吴或是一人。此器司馬井白之稱約在十二年後,而内史吴已見于元年,則此器若屬于共王十二年至十五年之間或懿王初年,較爲合適,不宜晚于懿王元年。

西周初期史官名乍册,亦間作内史。共王時器以稱内史爲主,共王以後則改稱尹氏,其交遞演變在共王之世,兹列表以明之:

共王元年師虎毁	内史	(本書108)
二年吴方彝	乍册	(本書114)
七年牧毁	内史	(大系59)
利鼎	乍命内史	(本書107)
十二年走毁	乍册尹	(本書112)
師瘨毁	内史	(本書119)
懿王元年師事毁	乍册尹	(本書145)
三年師晨鼎	乍册尹	(本書134)
三年師俞毁	乍册内史	(本書135)
輔師嫠毁	乍册尹	(本書142)
免毁	乍册尹	(本書128)
免盤	乍册内史	(本書131)
孝王元年師兑毁	内史尹	(本書170)
夷王南宫柳鼎	乍册尹	(本書164)
廿年休盤	乍册尹	(本書197)

似在共、懿之際,内史稱爲乍册内史與乍册尹,往後則改稱爲尹氏。

此器的周師、司馬、井白、親分别表示官銜、專職、封爵和私名四者。周師录、鄭大師和師晨代表三種"師"的官銜,三者之間有階級的高下之分,也有中央地方之分。前二者爲例較少,而以"師某"最多見,兹舉西周中期及少數晚期例如下:

輔師嫠毁	更乃且考嗣輔	(本書142)
師嫠毁	既令女更乃且考嗣小輔……令女嗣乃且舊官小輔眔鼓鐘	(本書168)
師虎毁	啻官左右戲、緐、荆	(本書108)
本器	令女官嗣邑人、師氏	
師酉毁	嗣乃且啻官邑人、虎臣……	(本書173)
詢毁	今令女啻官嗣邑人,先虎臣後庸……	(本書195)
師克盨	令女更乃且考𤔲司左右虎臣	(本書210)
免毁	令女疋周師嗣𠭯	(本書128)
師晨鼎	令師晨疋師俗嗣邑人……眔奠人、善夫、官守友	(本書134)
元年師事毁	官嗣豐還左右師氏	(本書145)
師縝毁	才先王既令女乍嗣士,官嗣汸闇	(本書附17)

牧𣪕	王才周才師汓父宫……昔先王既令人乍嗣士 （大系 59）
師兑𣪕	王乎内史尹册令師兑疋師龢父嗣左右走馬、五邑走馬 （本書 170）
豆閉𣪕	王各于師戲大室……嗣□俞邦君司馬、弓矢 （本書 109）
諫𣪕	王才周師录宫……先王既命女𩆜嗣王宥 （本書 136）
師望鼎	大師小子師望……望肇帥井皇考，虔夙夜出内王命 （大系 63）

由此可知凡稱爲"師"的，其職司爲：

虎臣（虎賁氏），司士，走馬（趣馬），邦君司馬（都司馬或家司馬），弓矢

大師（之）小子，見周禮司馬，應是"庶子"，參毛公鼎（本書 201）

師氏，司林（林衡），王宥（囿人），見周禮 司徒

庸（司隸），見周禮 司寇

小輔（鎛師），鼓鐘（鐘師），見周禮 宗伯

左右戲，緐，荆，邑人，奠人，周禮所無

由此可証，今所見周禮六官的隸屬，乃戰國晚期人的編制，與西周官制系統，不盡符合。

𩆜，它器作䌤，宋人釋曈，説文"禽獸所踐處也"，字亦作畽，詩 東山"町畽鹿場"，傳云"町畽，鹿迹也"。其字與𡍥、徸、踵相通：説文"𡍥，跟也"（廣雅 釋詁三"𡍥迹也"），"徸，相迹也"，"踵，追也"（後漢書 皇后紀注"踵，踪也"）。凡此相迹、追踪、承繼之義，引申爲緟，説文"緟，增益也"。金文凡後王重申前王之命，往往有此等辭句，其例如下：

本器	先王既令女，今余唯緟先王令
輔師嫠𣪕	更乃且考嗣輔……今余曾乃令
師𩔊𣪕	先王既令女乍司士……今余隹肇緟乃令
毛公鼎	〔今〕余唯肇𤲞先王命……今余隹緟先王命
大克鼎	昔先王既令女出内朕令，今余隹緟𩫏乃令

廣雅 釋詁"徑，迹也"，故肇巠即肇緟。大克鼎之例，方濬益釋爲"董庸"，孫詒讓釋爲"緟庸"，方云"即再命之辭"（綴遺 4.31），孫云"緟庸乃命即緟復申命之意"（述林 7.15）。二家所釋之義是正確的，但釋庸不確。𩫏是説文就之籀文𩫏所從，應即是就字，周禮巾車"王之五路一曰玉路，鍚、樊纓"注云"三就，三重三匝也"，是緟與就皆訓重複。曾假作增，廣雅 釋詁四上"增，重"。曾與訓增益之緟同義。

此器若爲共王晚期器，則命師𤸫爲官的"先王"應爲穆王。作器者的專職是官司邑人與師氏。𨟻盨曰"雩邦人，正人，師氏人"（大系 132），與此相類。金文邑人或與虎臣、師氏並列，或與奠人對列，所謂邑與奠猶城與郊，詳綜述 324 頁。師氏與邑人或是軍、民之分。師兑𣪕有"五邑走馬"（本書 170），郿𣪕有"五邑祝"（大系 148），柞鐘有"五邑甸人"（本書 204），前二器皆命于"周"乃西土之周都，則五邑應是西土的五個邑。宗周、鎬京、豐邑都在

西土,唯豐稱邑;師酉𣪘(本書173)命于吳而有邑人之職,則虞地亦有邑。

攸勒,金文作攸勒、攸革、肇勒、鋚勒。小雅蓼蕭"肇革沖沖",毛傳云"肇,轡也;革轡首也",分别攸、勒爲二,是正確的。勒,革或作鞥:廣雅釋器"鞥,勒也",廣韻"鞥,轡首也",爾雅釋器"轡首謂之革",説文"勒,馬頭絡銜也","銜,馬勒口中也"。轡首應指馬銜,此器的金勒即青銅馬銜。但勒在廣義上又有絡頭(今稱籠頭)之稱。廣雅釋器七下"羈,勒也",釋名釋車"勒,絡也,絡其頭而引之也"。攸是繮繩,以革爲之而間飾銅飾,故字以從金,説文"鋚,鐵也,一曰轡首銅"。

此二器蓋均失器,其形制近于張家坡出土的師事𣪘,皆有瓦紋。蓋甲形制花紋近于元年師事𣪘(本書145),蓋乙花紋近于五年師事𣪘(本書146)。元年和五年師事𣪘,曾考定應爲懿、孝時器,今因此二𣪘蓋的出現,決定它們爲懿王元年和五年器。

1964年6月20日

120.虘𣪘

銘文 三代6.52.3

虘穎䭫首,休朕匋君公白,
易厥臣弟虘丼五稷,易衣胄
干戈,虘弗敢望公白休,對
揚白休,用乍且考寶障彝。

銘4行41字。孫星衍藏。

金文拜作𢱭,此從𠦬從頁,友𣪘從手從頁(本書96);静𣪘(大系27)、尹姞鬲(本書97)從手從𠦬均與此相近。此𣪘"朕"字寫法與它器不同而同于西周初小盂鼎和史獸鼎(本書75、63)。

作器者受賜于公白,或稱"匋君公白",或稱"白";公其封爵而白其輩分。作器者對"公白"稱"臣弟",就君臣關係言爲君與臣,就兄弟關係言爲伯與弟。敔𣪘作器者受賜于"白氏"而稱"揚公休"(本書100),與此相似。"牧師父弟叔㶣父御于君"(三代8.26.2)及鄂侯弟□季卣(本書47),皆叔、季而稱弟之例。

"休"爲動詞,參召圜器(本書25)。休與下二易字聯讀,即公白"休易"于虘者凡二類,一爲丼五稷,稷説文所無,此爲單位名詞,但丼作何解,待考。其所易第二類爲衣、胄、干、戈,孫詒讓釋爲甲胄干戈,謂第一字"即甲之變體……從甲省,甲爲日名,借爲戎衣之名。……甲胄戎衣與干弋同賜,禮之所宜"(拾遺2.17)。考工記"函人爲甲……權其上旅與下旅而重若一",鄭司農云"上旅謂要以上,下旅謂要以下"。凡甲,聚衆札(革片)以組帛綴屬之,謂之旅,上旅爲衣,下旅爲裳,左傳宣公十二年曰"得其甲、裳",甲指上旅。函人曰"犀甲七屬,兕甲六屬,合甲五屬",注曰屬"謂上旅、下旅札續之數也",謂一甲由幾葉革片接續而成，故左傳成十六曰“養由基蹲甲而射之，徹七札焉”，七札即七屬。“合甲”即管子小匡之“韐甲”，楊注以爲“重革，當心著之，可以禦矢”。

此毁所錫四事可與約略先後同時諸器比較如下：

小盂鼎	弓	矢	臯		冑	甲	戈	（本書 74）
𢊁毁				衣	冑	干	戈	（本書 120）
趞曹鼎	弓	矢	臯	盧	冑	甲	殳	（本書 113）
白晨鼎	弓$_2$	矢$_3$	臯$_5$		冑$_6$	旅$_1$	戈$_4$	（大系 99—100）

可知𢊁毁介于康王二十五年小盂鼎與共王十五年趞曹鼎之間。衣字是否甲衣，尚待証明。

由此器朕、拜等字和所錫物品来看，它應屬昭王前後。

1966 年 1 月除夕

121. 大乍大中毁

圖象　西甲 12.40—41

銘文　三代 8.44.3(器)

唯六月初吉丁巳，王才
奠，蔑大曆，易芻𦍌
剛，曰“用啻于乃考”。大
拜稽首對揚王休，用
乍朕皇考大中隮毁。

銘 5 行 40 字。器、蓋同銘。三代 8.44.3 是器銘。

“王才奠”，參下免毁(本書 128)。

“芻”字亦見揚毁(本書 138)。“司芻”，乃官名。趨子毁(三代 6.43.5)、趨尊之趨均從此。𦍌字于卜辭爲牲色之名，羅振玉以爲騂字。説文“垟，赤剛土也”，廣韻清部“騂，馬赤色也；𤙭，同上；垶，赤土；觪，角弓”；小爾雅廣詁“𤙭，赤也”。或作騂剛，騂牡，凡此從辛之字俱當從𦍌。説文“犅，特牛也”。𦍌剛即騂犅，乃是赤色特牛。洛誥“戊辰王在新邑烝祭歲，文王騂牛一，武王騂牛一”，禮家以爲周尚赤。公羊傳文十三“周公用白牡”，“魯公用騂犅”，注云“白牡，殷牲也”，“騂犅，赤脊，周牲也”。明堂位“夏后氏牲尚黑，殷白牡，周騂剛”。魯頌閟宫“享以騂犧”、“白牡騂剛”，傳云“白牡，周公牲也，騂剛，魯公牲也”。大雅旱麓“騂牡既備”，小雅信南山“祭以清酒，從以騂牡，享于祖考”。檀弓“周人牲用騂”。凡此皆可証周人祭先用赤色特牛。

所謂“芻騂剛”者是芻養的赤色特牛專作犧牲之用者。周禮牧人“凡祭祀，共其犧牲，以授充人繫之”，注云“犧牲，毛羽完具也，授充人者當殊養之”。周禮充人“掌繫祭祀之牲牷，祀王帝則繫于牢，芻之三月，享先王亦如之”，注云“養牛羊曰芻，三月一時，節氣成”。

公羊傳宣三“帝牲在于滌三月”，禮器“三月繫”。少牢饋食禮“少牢饋食之禮”疏云“禮，將祭祀，必先擇牲，繫于牢而芻之，羊豕曰少牢”。芻本芻莝，芻之者之芻當作犓：説文“犓，以芻莝養牛也”，墨子天志篇上“犓牛羊，豢犬彘”，國語楚語下“芻豢幾何”。

由上所述，可知周人尚赤，祭先祖用牢養三月的赤色特牛。此器王錫大以芻騂剛，曰“用啻于乃考”者用禘祭大之皇考大中，猶信南山之“享于祖考”。令方彝明公易令小牛“曰用禘”(本書19)，友毁王錫友牛三“升于厥文祖考”(本書96)。故知賞錫全牛，是使之祭祀其父祖。洛誥祭文、武以騂牛，閟宫祭魯公以騂剛，此器則臣工以騂剛祭其父，可知天子諸侯臣下之祭先祖者，皆得以騂剛。我們于此亦從而瞭解所謂牢、大牢、少牢乃指牛羊之牢養于閑者，專供祭祀賓客之用。

此器環耳失環，圈足下三小足；花紋因摹繪不精，難以確定，似爲分尾長鳥。其形制近于約爲穆、共時的乎毁(商周304，美集録A235)、同自毁(商周314)；“揚”字寫法乃成、康時的。博古11.16有“大中乍父丁隩”卣，乃成、康時器，或即大之父考大中所作。此鄭地之大與大毁、大鼎(本書182、183)之大，時代相距甚遠，決非一人。大之“皇考大中”與盠之“文考大中”是一人，故大與盠應是兄弟，故隸于共世。

1958年1月29日

122.盠組器(盠方彝、盠方尊、盠駒尊)

盠方彝(方尊)　陝西54、55、56

唯八月初吉，王各于周廟，穆公
又盠立中廷北鄉。王册令
尹易盠赤市、幽亢、攸勒，曰：
“用嗣六自、王行、參有嗣：嗣土、嗣馬、
嗣工。”王令盠曰：“歖嗣六自
眔八自㙯。”盠拜稽首敢對揚
王休，用乍朕文且益公寶
隩彝。盠曰：“天子不叚，不其萬
年保我萬邦。”盠拜稽首
曰：“剌朕身，逌朕先，寶事。”

盠駒尊　陝西57、58

隹王十又二月辰才甲申，王
初執駒于㡯，王乎師豦召
盠，王親旨盠駒，易兩犙。稽

首曰:"王弗望厥舊宗小子,
楚皇盠身。"盠曰:"王倗下不其
則,萬年保我萬宗。"盠曰:"余其
敢對揚天子之休,余用乍朕
文考大中寶隩彝。"盠曰:"其
萬年世子孫永寶之。"

1955年3月,陝西郿縣車站鄉東李村坡地上農民取土所掘獲的五件銅器,是近來出現西周銅器中重要的一羣。其詳見考古學報1957年第2期郭沫若先生考釋。五件是同一作器者所作,銘分二組:(1)方彝二和方尊一,方彝的器、蓋對銘;(2)馬尊二,胸前長銘,蓋内短銘(兩器稍異)。馬尊之一僅存蓋(出土時在馬尊腹中),馬身已失。方彝第二器器銘十行因器分兩格,故銘亦分爲兩段。馬尊之腹是空的,但從蓋口下前後作闌格隔住,故容物之處甚小。

此一組銅器應是酒器。關于方彝的功用,舊作中國銅器概述* 曾由同銘的關係推定其爲酒器。與方彝同銘有以下各組:

1.令方彝及方尊(美集録A646)
2.傳方彝及方尊、方觶(美集録A647)
3.榮子方彝及尊、卣及盤、盉等(美集録A648)
4.子蝠方彝及觚、爵、盉等(美集録A639)
5.𦇧方彝及尊、觚、壺、斝等(美集録A636)
6.方彝(猷氏A19)及觥(西清32.13)
7.方彝(泉屋27)及觥(三代17.26.3—4)
8.方彝(鄴二1.11)及勺(頌續96)
9.大亞方彝(鄴二1.12)及大亞勺(雙劍I1.50)(傳出土時勺在罍中)
10.天方彝及方尊、方觥(考古1963:8:414)

由此可知與方彝同銘成組是尊、觥、卣、觚、壺(盛酒器),斝、爵、盉(温酒器)及勺(挹酒器)。此次出土方彝第二器蓋上有二方孔,所以容勺,與師遽方彝(本書115)同。此出土方彝與馬尊同組,猶守宫觥與鳥尊同組(美集録A673,商周685、691)。守宫觥蓋上亦有一方孔,出土時置一勺于内。

作器者名盠,説文所無。此字兩見廣韻:齊部郎奚切,解云"以瓢爲飲器也";薺部盧啟切,解云"簞也";均與蠡同音,説文曰"瓢,蠡也",是盠即蠡之異體,音如離。兹分别兩組銘文,考釋如次。

* 1947年英文稿本。

方彝及方尊銘　10行105字

王于周廟策命。西周銅器銘文之記命于周廟的,多出土于岐周附近:(1)此器羣出郿縣,(2)小盂鼎(本書75)出岐山,(3)塱方鼎(本書6)出鳳翔,(4)虢季子白盤(本書215)出郿縣禮村,或言出寶鷄虢川司(奇觚8.17),(5)無叀鼎(大系143')出土地不詳。逸周書世俘篇曰"武王朝至燎于周……告于周廟",此周亦是岐周,即宗周。

"穆公又"即穆公爲右。此穆公與尹姞鬲(本書97)之穆公是一人,器定爲昭王時。考古圖3.22所載扶風出土之𢦏𣪘蓋(本書125),瓦紋,乃穆王、共王時流行的紋飾。其所錫命服與豆閉𣪘(本書109)同,應是穆王時器。右𢦏者穆公即此器之穆公*。

"王册令尹易……曰……"云云,王令(動詞)尹(即乍册尹,賓詞)錫作器者以命服而策命之。休盤"王乎乍册尹册易休"(本書197),謂王呼乍册尹對休策之錫之。

此器"幽黄"之黄作"亢",與趞𣪘(本書附10)、何𣪘(本書179)同,乃一時的寫法。何𣪘作穆、共流行的瓦紋。1936年我曾作"黄字新釋"一稿(未刊),懷疑"黄"是玉飾,其理由如下:(1)西周金文有"璜"和"玉黄",都是玉器,而與"市"相隨的"黄"絶不從玉;(2)"黄"屬于命服,而與玉器的賞賜是分開叙述的;(3)加于"黄"前的形容詞如朱、赤、悤(青色)、幽都是顔色而非常見的玉色,如金(錦)、回(麻屬之絅)都是材料,如睘(䌹,說文"䌹,白文皃,詩曰䌹兮斐兮,成是貝錦")和五(交午)都是織法;(4)康鼎"命女幽黄、攸革"(本書156),可見"黄"是獨立的命服。據此,"黄"似非玉飾而是常與市相將的服飾;它可能是横束于市外的帶,或紳之類。參看本書下編總論部分"賞賜篇"的考釋。

此銘記王命凡二:(1)王之册命,即"王册令尹易……,曰:用司六自、王行、參有司:司土、司馬、司工";(2)王之口令,即"王令盠曰:覣司六自罤八自埶"。參有司即三司,明指"司土、司馬、司工",即尚書立政之"司徒、司馬、司空",其順序亦同,此三有司乃是六師王師的司土司馬司工。"王行"在"參有司"之前,猶毛公鼎(本書201)"公族"在"參有司"之前。"王行"疑爲王族,猶公行之爲公族。作器者于尊銘自稱爲"舊宗小子",當爲周之同姓子弟。春秋時晉文公作左右中三行(詳史記晉世家),三行即三軍,則此"王行"亦可能是"王師",與"六師"相對。其兼職司六師及八師之蓺,猶南宫柳鼎"司六自牧、陽"(本書164),似指師旅的種植,即同𣪘的埸、林、虞、牧(本書157)。

六師八師之師作"自",見于以下各器:

殷八師	小臣謎𣪘　禹鼎(本書8、190)
成周八師	小克鼎(本書186)　曶壺(大系84)
八師	本器
西六師	禹鼎(本書190)

* 作者後改𢦏𣪘爲共王器。

六師　　　　　般貯毁(西清27.30)　南宫柳鼎　本器

曶壺曰"更乃且考乍冢司土于成周八師",是成周八師有司土之官。此器之參有司當是六師、王行之司土、司馬、司工,非天子之三公。殷八師、成周八自與录刻卣之"成周師氏"(大系33),疑指由成周殷遺所組成的卒伍。參下師克盨(本書210)。西六師則是西土的周人的卒伍。詩小雅瞻洛"瞻彼洛矣……以作六師"。大雅棫"周王于邁,六師及之"。

作器者之"文祖益公"與歸芻毁、休盤、益公鐘(本書196、197、202)作銘當時之益公不是一人,因該兩器晚;畢鮮毁(三代8.26.1)與考古圖3.7之"皇且益公",與此益公亦非一人,因該兩器亦晚于本器。

"天子不叚不其"與尊文"不其則"詞例相當,"叚"、"其"與"其則"似皆是惡義,否定之成爲善義,乃作器者頌美天子之辭。

銘末曰"剌朕身,更朕生,寶事"。剌假作勵,説文曰"勉力也"。更字從辵從叓,亦即説文迒之或體"踁",方言十三云"迒,迹也"。更朕先即賡續或踪迹我之先人。"寶事"即永保守其官職。金文保、寶通用。作器者所寶之事即王令中用事之事,乃指官服或官職。

駒尊器銘　9行92字

銘言"王初執駒",其事見載于典籍。周禮庾人"掌十有二閑之政教:以阜馬、佚特、教駣、攻駒,及祭馬祖、祭閑之先牧,及執駒、散馬耳、圉馬",其所掌凡九事。周禮校人"春祭馬祖,執駒;夏祭先牧,頒馬,攻特;秋祭馬社,臧僕;冬祭馬步,獻馬,講馭夫",是分別四季的祭事和牧事,而執駒與祭馬祖並非相連之事。兹彙各書的記録如下:

呂氏春秋　季春,"乃合纍牛、騰馬遊牝于牧"　(月令,淮南子時則)
周禮牧師　中春通淫
周禮校人　春,執駒
大戴禮夏小正　四月,執、陟、攻、駒
呂氏春秋　仲夏,遊牝別其羣,則縶騰駒　(月令,淮南子時則)
周禮校人　夏,頒馬,攻特
大戴禮夏小正　五月,頒馬
周禮校人　秋,臧僕
　　　　　冬,獻馬

所記互有出入。所謂頒馬即分駒:夏小正曰"五月頒馬"傳云"分大夫卿之駒也,將閒諸則,或取離駒納之,則,法也"。所謂執駒即拘駒:校人注引"鄭司農云執駒無令近母。……玄謂執猶拘也,春通淫之時,駒弱,血氣未定,爲其乘匹傷之",夏小正傳云"執也者始執駒也,執駒也者離之去母也,執而升之君也;攻駒也者教之服車數舍之也"。此三説以夏小正傳爲確。執即縶:詩白駒"縶之維之",月令"執騰駒"釋文云"蔡本作縶",白駒傳云"縶絆維縶也",左傳成九注云"縶,拘執",校人鄭玄注"執猶拘也",書酒誥"盡執拘以歸于周"。説文曰“馵,絆馬也”,或體作縶。

此銘記十二月甲申,王始執駒而分駒于諸侯大夫。銘曰“王初執駒于㡱,王乎師豦召盠,王親旨駒,易兩樸”,此謂王始執駒于馬舍,王乎師豦招作器者來,王親指駒,錫以未調習之樸馬兩匹。嘯堂98鼎銘“王才豐,王乎虢叔召瘩,易駒兩”,與此同。作器者受兩駒之錫,因鑄兩駒尊以爲紀念。

此銘所記“執駒”乃是一種典禮。説文“馬二歲曰駒”,雖係幼馬,已經斷乳。校人離之去母,執而升之君,王則編之入王閑之類,以待調習。所謂“執駒”者,始于駒首加以“籠頭”及“繮繩”,詩白駒所謂“縶之維之”也。

“王弗望厥舊宗小子,𤔲皇盠身”,謂王弗忘其舊宗小子,錫兩駒以光其身。方𣪘蓋曰“永皇方身”(本書89),永皇猶言𤔲皇。“王倗下不其則”之倗下謂御下如何如何,説文曰“倗,輔也,從人朋聲,讀若陪位”。

“余其敢對揚天子之休”之“之”是聯繫兩名詞的連詞;“其萬年世子孫永寶之”之“之”是指示代詞。此種用法,西周初期金文所未見,西周晚期漸通行。“世子孫永寶”之語乃共、懿時通行的短語。

“余用乍朕文考大中寶隮彝”,是作器者之父爲大中。此名亦見大乍大中𣪘(本書121),乃大之“皇考”。

此銘之師豦與豦𣪘(本書120)是一人,字體亦相近;與我們定爲共王時的師遽方彝(本書115)之師遽亦是一人,後者的形制與此次出土的方彝亦相同,惟花紋不同。

駒尊蓋銘

王𩣡駒㡱(第二蓋末字作厚省厂)

易盠駒,

口雷,騅子(第二蓋第三字作駱)。

第二字是拘之繁文,乃拘繫人的專字,此用作縶義,即器銘之“執駒”。“駒㡱”之㡱疑是闌,養駒之所。漢書百官公卿表有閑駒等五監長丞,師古曰“閑,闌養馬之所也,故曰閑駒”。㡱是建築名,麥尊“王才㡱”(大系20),亦是馬厩。厚疑是説文“廄,馬舍也”。第三行前二字“口雷”當是駒所產的種屬專名,猶騊駼之類,騅或駱言其毛色:説文曰“騅,馬蒼黑雜毛”,“駱,馬白色黑鬣尾也”(爾雅釋畜略同)。口雷、駱子之駒,應是白駒。

典籍上的執駒,多在春季,所以維繫之使不近母。至十二月復拘于馬舍,並頒賜羣臣爲乘馬之用。

此兩蓋,出土時第一蓋在馬尊腹中,甚薄,失紐;第二蓋在馬尊蓋口全,較厚,有鈕。若器、蓋原屬一具,則今存馬尊乃是駱子之象。

以上兩組五件銅器,雖係同一作器者,但可分別先後:方彝和方尊,花紋銘文皆同,作于作器者初受命之時;二馬尊作于已受命之後,晚于前者。方彝與方尊在器腹中部正中的圓花圖形,是一種罕見的設計;此圖形亦見于樸素的兩個馬尊的腹旁,但顯示進一步的圖案化,所以是晚的。在字體上,兩組大致相近,但馬尊有兩點是不同的:(1)萬作邁,(2)有了連詞和指示代詞"之"。

在形制上,方彝和方尊都已較西周初期的同類器矮,即器體傾垂向下坐,器身三節,上下兩節皆縮低了。同類的西周初期器有服尊(商周556,參倫78,故宫3)和小子生尊(本書59),後者用康王時流行的大鳥爲主題,近于麥方尊。此次出土方尊的中部則以共王時流行的顧龍爲主題,方彝亦同。方彝上下兩帶所謂"竊曲紋"較簡于普渡村出土穆王時器。

方彝方尊的右者穆公亦見㦰毁(本書125),後者作穆王時的瓦紋。銘文中"幽黄"之黄的寫法,不見于共王以前器;與作器者同時之師豦可能是師遽,此人所作方彝形制與此次出土者同形制,前者可定爲共王時器。馬尊銘"世子孫"之語習見于共、懿時器,而"之"字用法見于共、懿以後器。

就上所述,此組銅器在穆王以後,接近懿王,定爲共王時較爲合宜。

西周金文于"月""日"之間常有"月象"之名。方彝方尊稱"八月初吉"而無日名,此種稱謂亦見于穆王時的遹毁(本書104),共王時的趞曹鼎一、免尊、免盤(本書106、130、131)和害毁(本書160)。此可見"初吉"所指應是一月中的某一日,而月、日之間不書月象乃一時風尚。

1957年3月作

123.姜林母𩂣毁

圖象 頌續39,商周280

銘文 三代7.14.5

姜林母

乍𩂣毁。

原在清宫*,西續13.9著録以爲豆。

第五字從宀從䨮即説文雪字。淮南子説林篇注云"鏏,小鼎,又曰鼎無耳爲鏏,讀曰彗"。此器無耳而稱彗毁。三代10.34.2有一銘曰:

白多父乍成

姬多母寍〔毁〕,

其永寶用享。

羅氏據拓本而入之簋(盨)類,恐未必是盨,因第十字已泐。成姬多母乃姬姓嫁于白多父者,故姜林母當是姜姓女而嫁于林父者。

* 現藏廣州市博物館。

此𣪘形制同于灃西張家坡和客省莊第二期西周墓Ⅱ式𣪘，出土于M128、301、402、426、443（以上均有殉狗），460、KM9、69、139等墓。灃西圖版77.1、3兩器，尤與此器相近。西周第二期約爲穆王或稍後墓葬。此𣪘所飾斜角雷紋帶，見于穆王時長甶盤（學報1957：1：圖版玖）圈足和夷、孝時紀侯鐘、遲父鐘（本書161、163）篆間，其字體亦近于普渡村出土長甶諸器，故可次于共世。

1964年2月12日

124.卻䏎𣪘

圖象　未著録

銘文　録遺165

隹元年三月丙寅，王各
于大室，康公右，卻䏎
易戠衣、赤𤔲市，曰："用
𤔲乃且考事，乍𤔲土。"
䏎敢對揚王休，用乍
寶𣪘，子子孫孫其永寶。

銘6行48字，又重文2。今在廣州市博物館。照像、拓本承商錫永先生見賜。

此銘主詞爲"王"，動詞爲"各"、"易"、"曰"三字，而中間插入"康公右"等五字，文例與一般述右者之銘，稍有不同。

"王"、"土"等字保存了西周初期形式，字體近于四十字敔𣪘（本書84）。

右者之制，不見于共王以前器，而此器所錫衣服同于共王時豆閉𣪘及𢦏𣪘（本書109、125），故此元年或爲共王元年，最早爲穆王元年。紋飾近于師瘨𣪘蓋及五年師事𣪘（本書119、146），故此器宜在共王元年。若所斷不誤，則右者康公疑即密康公。周語上曰"恭王遊於涇上，密康公從，有三女奔之……康公不獻。一年，王滅密"。韋注云"涇，水名。康公，密國之君，姬姓也"；又云"密，今安定陰密縣是也，近涇"。康公事，亦見周本紀，正義引括地志以爲故密國在陰密故城，在涇州。

卻，説文所無，或是佮字。䏎，從肉從乃從口，金文𦀚、𡩜等字從之，初以爲是盈所從之夃，説文段注曰"秦以市買多得爲夃"，經傳代以姑字。能匋尊之"䏎公"（三代11.33.1），亦同此作。

1964年12月14日重作

125.𢦏𣪘蓋

圖象、銘文　考古圖3.23，大系圖108、録143

隹正月乙巳王各于大
室，穆公入右䵼立中廷
北鄉。王曰：“䵼，令女乍嗣
土，官嗣耤田；易女戠玄
衣、赤ꓱ市、緣旂、楚
走馬，取徵五寽，用事。”䵼拜
稽首對揚王休，用乍朕
文考寶𣪘，其子子孫孫永用。

考古圖曰“右得于扶風，惟蓋存。……按此敦形制與伯百父者略相似而無耳”，説相矛盾。故羅更翁曰“愚按前云惟蓋存，又云形制與傳百父者略相似而無耳，圖象亦非蓋形，必是謬誤”。此器失蓋，圖象示其口緣子母口，則是器身而非蓋。此器小圈足，與衛始𣪘(本書178)同。器飾瓦紋，乃穆王、共王時流行的紋飾。其所賜命服，與豆閉𣪘(本書109)同。

1964年11月10日

126.不壽𣪘

圖象　西甲6.34

銘文　録遺159

隹九月初吉戊
辰，王才大宫，王
姜易不壽裘，對
揚王休，用作寶。

銘4行24字。清宫舊藏，今在故宫博物院。

此王姜與王同在大宫，王姜賜裘于不壽，而不壽揚王休，則此王姜是王后無疑。此王姜與成王時王姜非一人，因此器較晚。后與王俱在大宫，疑即大寢。

諸侯國有大宫，左傳鄭(隱十一、桓十四、宣三、宣十二、成十三、昭十八)齊(襄廿五)宋(哀廿六)皆有大宫。隱十一杜注云“大宫、鄭祖廟”，襄廿五杜注云“大宫，大公廟”，注文不確，據襄廿五，齊大宫既非公宫亦非廟；據昭十八，鄭大宫既非公宫，亦非周廟。鄭之大宫，可以盟(宣三)、卜(宣十二)、授兵(隱十一)，齊之大宫可以盟國人(襄廿五)。

此器附耳，“高四寸四分……口徑六寸八分”，形似盂而大小與一般𣪘相同，形制同于中𣪘(本書24引)，仍名爲𣪘。一帶花紋是分解了的獸面紋，近于師遽方彝與吴方彝(本書115、114)，故屬于西周中期。

1958年1月5日

八、懿王銅器

127.匡卣

銘文　三代10.25.1,周金5.84,大系録67—68

佳四月初吉甲午,懿王才

射廬,乍兔丵,匡甫兔䋤二。

王曰:"休。"匡拜手稽首對揚天

子不顯休,用乍文考日丁

寶彝,其子子孫孫永寶用。

銘5行51字。因銘中有"甫"字,各書誤以爲簠。小校4.64.2據朱建卿拓本而名之爲卣。綴遺18.21曰"嘉興姚六榆(觀光)所藏器,據朱建卿助教手拓本摹入",而名之爲尊。

懿作歆,郭沫若説"即恭王之子懿王也"。

射廬之廬從广,即廬。新宫亦見師遽毁蓋(本書116)。此射廬即趞曹鼎二、師湯父鼎(本書113、118)在周之新宫的射廬。此銘記在射廬張兔網而習捕獵之事。兔字舊釋爲"爲"或"象",都不確。大盂鼎勉字從此,石鼓文田車石"雉兔"之兔同此。兔下一字丵即説文虡(虞之篆文,或體作鐻)所從;邵鐘(大系269)虡字所從與此相同,象人企足舉手之形。甲骨文和西周金文的"異"字均從之,交君子鼎(三代3.35.1)人名亦作此形。字乃是説文訓兔網之罝,籀文從虘,或體從組。"乍兔罝"是椓杙布網,詩兔罝曰"肅肅兔罝,椓之丁丁"正義引李巡曰"兔自作徑路,張罝捕之也"。捕兔張網,故詩曰"施于中逵"、"施于中林"。此銘上言作兔網,下言匡甫兔二,甫即捕字。兔下一字從兔從樂,乃是"兔子"之稱,廣雅釋獸"䨲,兔子也",爾雅釋獸郭璞注兔子曰"俗呼曰䨲"。字從需,音與樂近。

此器爲唯一可定爲懿王之器,惜無器形紋飾可資對照。

128.免毁

銘文　三代9.12.2,大系録79

佳十又二月初吉,王才周,

昧爽,王各于大廟,井弔有免即

令,王受乍册尹者,卑册令

免,曰:"令女疋周師司歠,易

女赤Ө市用事。”免對揚王休，

用乍隮毁，免其萬年永寶用。

銘6行64字。舊藏葉志詵、潘祖蔭，今在上海博物館。器身已毁，殘存器底，徑14.9釐米。

西周金文惟此器與小盂鼎（本書75）是于昧爽之時朝于大廟。爽字從日從喪。左傳定四“用即命于周”，杜注云“即就也”，此“即令”謂就命（受命）于王。王因授乍册尹以書（銘作者），俾乍册尹策命免，“曰”後十四字即其命書。有假作右，井弔爲右。

乍册尹即乍册内史，免盤（本書131）爲大約同時之作而曰“令乍册内史易免”；師晨鼎與師俞毁（本書134、135）册命于同年、月、日同一右者同一宫中，而一曰乍册尹一曰乍册内史，可證二者是一。

命書中王命免左右周師司林。周師亦見同時期的守宫盤（本書133），乃是官名，詳師瘨毁（本書119）。散從林從亩從攴。西周銅鐘自銘曰“大散鐘”，即周語下“王將鑄無射而爲之大林”之大林，賈解云“大林，無射之覆也，作無射，爲大林以覆之，其律中林鐘也”。左傳襄十九年“季武子以所得于齊之兵，作林鐘而銘魯功矣”。

此器的井弔、周師與免與它器相聯繫成一組，可以作爲斷代的標準。其中右者井弔尤關重要。

“井”字在西周金文中有不同的寫法，必需澄清。説文分别“井”和“幵”，井是部首而幵不是。説文分别如下：(1)從井的有耕、阱、荆（罰罪也）、邢（鄭地）、型等字；(2)從幵的有刑（頸也）、形、鈃、荆、邢（周公子所封地）等字。井和幵形既相近而由其所孳乳字可知它們音相近，所以互有混淆。然而許慎必需如此分辯者，尤其分别周公後之邢與鄭地之郱，一定是有原因的。西周金文隸定爲井者，可以分爲兩式。第一式是範型象形，井字兩直畫常是不平行而是異向外斜下的，中間並無一點；卜辭井方和殷尹光鼎（恆軒4）的井方、井侯毁（本書58）和麥組諸器的井侯，都如此作。大多數“帥井”（詳師虎毁）之井都是沿襲此式的。但有兩個例外，師虎毁“帥井”（本書108）、它毁“井教”（本書77）和曆鼎“孝友唯井”（三代3.45.1）都當作型講而作第二式；兮甲盤作爲刑罰講之井介乎第一、第二兩式之間，無點（本書213）。第二式是井田象形，井字兩直畫常是平行的，中間常有一點，井白、井叔、井季、井公、井人等的井字，屬于此式。許慎分别邢、郱是正確的；但是誤以型從井，誤以荆從幵，應加修正。吴其昌金文世族譜（1.18，2.6）則作如下的分别：周公後姬姓之邢的井侯、井白，井字中無一點，姜姓之鄭井的井叔、井季，井字中有一點。我們根據拓本觀察，則知井叔、井季之井都有一點，兩直兩横都平行，井白之井有兩種；(1)兩直兩横平行而無一點，屬于穆王器（本書103）和較早的共王器（本書106、109）；(2)兩直兩横而有一點，屬于較晚的共王器（本書107、108、110、111、112、203）。因此，我們以爲井白之井屬于井叔、

井季一類,可以兩直兩横而没有一點。由上所述,則西周金文的开與井可分爲以下兩類:

(一)幵類 兩横平行,兩直不平行而向外斜,中無一點

殷尹光方鼎(三代 4.10.2)的井方,西周初期井侯諸器,昭王及共王初以後的"帥井"

(二)井類 兩横兩直平行,常有一點

(甲)中無一點的

穆王及共王初的井白,康王時它毁"井教"(本書 77)、曆鼎"孝友唯井"(三代 3.45.1),西周初期的史興鼎(録遺 83)"史興才井",共王初師虎毁"帥井"

(乙)中有一點的

穆王及其後的井白、井季、井公、井邦、井人、井邑以及銘末的井與奠井

(二)類中作爲氏名的,有以下十項:

(1)井白

(2)井叔 子、井叔右 免尊、毁,師察毁(本書 147)

丑、咸井叔右 趩觶(本書 132)

寅、井叔 舀鼎(本書 143)

卯、井叔 季魯毁(西清 13.29)"文考井叔"

附 同上五字毁(三代 7.10.7)

(3)奠井叔 奠井叔鐘(三代 1.3.3)、甗(綴遺 9.31.1)

奠井叔康盨(三代 10.33.3—4)

奠井叔甗父鬲(三代 5.22.1)

附 奠叔甗父鬲(三代 5.21.3)

(4)井季 井季夐卣(商周 660,泉屋 67,三代 13.19.3—4)、尊(參倫 76,故宫 9,三代 11.23.3)、鼎(集古遺文 2.33.3)

(5)井公 舀壺(商周 725,大系 84)

(6)奠井(銘末) 康鼎(商周 64,大系 71)

(7)井(銘末) 叔男父匜(恆軒 90,三代 17.38.1)

白章父鼎(頌續 14)

(8)井邦 禹鼎(本書 190)

(9)井人 井人鐘(本書 203)

(10)井邑,井 散盤(本書附 27),大克鼎(本書 185)

上述(1)—(10)的名字,可分爲三:(一)私人名字。康鼎"王才康宫……康拜稽首……奠井",則康爲私名而奠井乃其氏名,故盨稱"奠井叔康"。叔男父之男父是字。(二)氏名。井氏之名有四:奠、井、奠井、咸井。由(3)下二鬲奠井叔某父可以稱奠叔某父,知奠井即

奠。康鼎奠井二字在銘末，白章父鼎、叔男父匜"井"一字在銘末，可以推知奠井即井。咸井叔即奠井叔，有許印林之說可採。凡不系"奠"之井白、井季諸器不晚于共王，凡系"奠"之井叔諸器不早于共王，是先有井氏而後食邑于鄭而改稱奠井，由奠井而省稱奠，此與姬姓鄭虢之鄭不同。井氏之井應在陝、晉，即井邦井邑之井。(三)宗法排行即白、叔、季。比較(2)卯和(4)，此季某即井季某。(2)卯之器乃季某爲其"文考井叔"而作，則此井叔爲井季某之父輩。金文之例：凡某公、某白、某叔、某季之某爲氏名或封邑名，凡白某、白某父、叔某、叔某父之某或某父乃是字。稱某公者多爲世守其邑者如周公之周。

由上所述，則井氏諸器的稱謂，可如下表：

[氏]	[排行]	[名字]	[氏在銘末]	[例器]
井	白			利鼎等
井	叔			免尊等
奠井	叔	康		盨
		康	奠井	鼎
		叔男父	井	匜
奠井	叔	獸父		鬲
奠	叔	獸父		鬲
奠井	叔			鐘、甗
咸井	叔			趩觶

氏名的奠井、咸井、奠、井指同一個氏，凡有此氏名者乃一家之器，但不是一切井叔皆屬于同一個人。此輩有井叔，上一輩下一輩都可以有井叔。茲就形制、花紋及銘文内容定井氏諸器的先後如次：

昭或其前	井季某之文考井叔
約昭、穆時	井季
穆王時	井白(與下井白可能非一人，參禹鼎)
共王時	井白，司馬井白，司馬井白親(本書119師瘨毁)
約懿王時	免組之井叔、咸井叔
約孝王時	奠井叔康(盨)、康鼎
夷王及以後	井白章父、井叔男父

由此可知免組之井叔與奠井叔康可能是一人，而此稱奠井應稍後于單稱井叔的。以上井叔的稱謂對于解決禹鼎、禹毁(本書190、155)的時代有關。

説文謂邢、鄭地，鄭玄詩譜謂鄭桓公封于宗周之咸林，即漢之鄭縣。許印林據此以爲"咸井叔云者猶阮書綏賓鐘銘云鄭井叔也"，又說井"當爲邢之借字"(攈古3.1.61)。方濬益亦以爲井即説文鄭地之邢，井白鐘、鄭井叔鐘、井季卣"疑皆一家之器"(綴遺2.1—2)，又謂鄭井叔甗"與鄭井叔妥賓鐘、井叔康簋疑皆一人所作器"(綴遺 9.31.1)。郭沫若康鼎的釋文,以爲"康即奠井叔盨之奠井叔康,亦即舀鼎之井叔。……康名,井叔字,奠食邑所在地也。……西奠咸林實井叔康之舊封也"。依郭説,則井叔即奠井叔。

三家所述,有與我們上述相合的。由上所述,則知井爲鄭井,井叔不指一人,免組的井叔可能是奠井叔康,井季諸器早于井白、井叔諸器,井氏之稱早于奠井氏之稱。所不能決定者是井的姓和它與鄭桓公之鄭的關係。

井白、井叔爲王朝策命時的儐右,極有可能是周同姓的公族。下列三器可資研究:

(1)弔男父匜　乍爲霍姬賸旅匜(三代 17.38.1)

(2)白試父鬲　乍井姬季姜隮鬲(三代 5.26.2)

(3)袁盤　　用乍朕皇考奠白奠姬寶般(大系 117)

由(2)則井爲姬姓,由(1)則井氏之弔男父嫁其女于霍故曰霍姬。但左傳僖廿四説霍是"文之昭也",世本云"姬姓",井、霍通婚乃是同姓爲婚,故(3)之鄭姬乃鄭伯之妻而作器者之母。

西周中期當穆、共之時東西土有兩鄭:一爲東土的鄭或鄭虢,奠虢中(西清 27.28)即城虢中(三代 7.14.1),亦即成王時的虢城(西清 13.12)。地在河南新鄭、成皋一帶,即東周的鄭國。一爲西土的鄭或西鄭,大𣪘(本書 183)、免尊(本書 130)"王才奠"和奠井氏諸器之奠。關于此西鄭的地方及其與鄭國封地的關係,見以下各條:

(1)竹書紀年(事類賦注引)　懿王元年,天再旦于鄭。

(2)穆天子傳卷四"天子入于南鄭"郭璞注　今京兆鄭縣也,紀年穆王元年築祇宫于南鄭,傳所謂王是以獲没于祇宫者。

(3)竹書紀年(太平御覽卷一七三引)　穆王所居鄭宫、春宫。

(4)史記鄭世家　鄭桓公友者,周厲王少子而宣王庶弟也,宣王立二十二年友初封于鄭。封三十三歲,百姓皆便愛之,幽王以爲司徒。……東徙其民雒東,而虢、鄶果獻十邑,竟國之。二歲,犬戎殺幽王於驪山下,並殺桓公。此本鄭語乃東寄孥與賄,虢鄶受之十邑,皆有寄地。幽王八年而桓公爲司徒,九年而王室始騷,十一年而斃。

(5)世本(鄭世家索隱引)　桓公居棫林,徙拾。

(6)漢書地理志京兆尹鄭縣"周宣王弟鄭桓公邑,有鐵官"臣瓚曰　周自穆王以下都于西鄭,不得以封桓公也。初桓公爲周司徒,王室將亂,故謀于史伯而寄帑與賄于虢、會之間。幽王既敗二年而滅會,四年而滅虢,居于鄭父之丘,是以爲鄭桓公。無封京兆之文也。應劭曰宣王母弟友所封也,其子與平王東遷更稱新鄭。

(7)汲冢紀年(開元占經三引)　殤叔(原誤作殤帝升平)二年,天一夕再啓于鄭。

(8)竹書紀年(洧水注引)　晉文侯二年(案當作十二年),周厲王(厲誤作惠,據朱右曾改)子多父(朱右曾説古文友與多相似)伐鄶,克之,乃居鄭父之丘,名之曰鄭,是曰桓公。

(9)鄭玄詩譜　初宣王封母弟友于宗周畿内咸林之地,是爲鄭桓公,今京兆鄭縣是其都也。(秦本紀正義引作宣王封其弟于咸林之地)

互校(6)(8),則知臣瓚所述除其案語外都是竹書紀年原文。互校(2)(6),則知郭璞引紀年誤西鄭爲南鄭;穆天子傳之南鄭應是西鄭之誤,郭因而誤之。由(1)(2)(3)(6)(7)(8)六條則知穆王至懿王嘗居于鄭或鄭宫,晉文侯十二年即幽王既敗二年,司徒桓公滅會,四年而滅虢,居于鄭父之丘,名之曰鄭,即後來的新鄭。是據紀年鄭桓公之稱鄭在東周初年,所居之鄭是鄭父之丘,而西周東虢所居,以其在鄭故曰鄭虢,以其在成皋故曰城虢。由此則西周的奠井、奠虢與東周初的鄭,雖皆是姬姓,應分别爲三。至戰國時韓哀侯滅鄭,改號曰鄭,此又是一鄭。

關于西鄭或鄭的地望,班固、臣瓚、鄭玄、郭璞等俱以爲漢京兆尹之鄭縣,秦本紀武公"十一年初縣杜、鄭",集解亦以爲是京兆鄭縣。此鄭可能最初在雍縣。紀年謂穆王都西鄭鄭宫,而秦本紀曰"德公元年初居雍城大鄭宫",正義云"括地志云岐州雍縣南七里故雍城,秦德公大鄭宫城也"。漢書地理志説雍縣有"棫陽宫昭王起",此棫與鄭有關。

世本以鄭初封于棫林,鄭玄作咸林。咸與棫形近相混,喪大記"大夫士以咸"注曰"咸或爲椷",由椷而誤爲棫。左傳襄十四"至于棫林",杜以爲秦地,襄十六"次于棫林",杜注以爲許地。凡此棫林,據金文咸井叔,應作咸林,乃是奠井的封地。若如此説,則最早的奠井在雍,其後徙于京兆鄭縣,故世本曰"居棫林,徙拾",拾疑是京兆鄭縣的舊名。無論如何,世本和詩譜所述桓公的初封,應視作奠井的初封。

以上所論,不能作最後的斷定。所可知者,據金文西周二鄭,奠井在陝西省,奠虢在河南省;據竹書紀年鄭桓公于東周初滅虢、會而居于鄭父之丘,因號鄭;據世本和詩譜西周最初之鄭在京兆鄭縣,或在雍縣。

129. 免簠

銘文　三代 6.52.4,大系録 79

隹三月既生霸乙卯,王才周,

令"免乍司土:司奠還歒、罡

吴罡牧;易織衣,䜌"。對揚王休,

用作旅將彝,免其萬年永寶用。

銘 4 行 44 字。舊藏阮元、丁樹楨。

此器當作于前器之後,免于前器受命左右周師爲司林,此則受命爲司土;前器錫以市,此更錫以衣與旂。織衣之錫,僅見于共、懿器。同𣪘曰"左右吴大父司易、林、吴、牧、"(本書 157),相當于周禮司徒之場人、林衡、澤虞、牧人。此繼免𣪘之後,由司𢿘輔職晉爲司土,故易織衣而無市。

免受命管理奠地的林、虞、牧,即司土之職。𢦏𣪘曰"令女乍司土,官司藉田"(本書 125),是管理王之藉田亦爲司土之職。由此可見司土只是管理某一地段的土地。此官名見于西周初期金文(三代 6.43.6,7.19.1,11.29.3,13.30.2—3 及本書第 4 器康侯𣪘),中期金文始有稱司徒的如揚𣪘(本書 138)及無叀鼎(大系 143')。邑與奠(甸)即國與郊,詳綜述 324,參師晨鼎(本書 134)釋文。此"奠還"與"豐還"同例(學報 62:1:2),此奠或是鄭。

此與前器,皆無圖象可資研究。就傳世銘文而言,沒有早于共、懿以前的簠。此種形制的産生,當在此時。

130.免尊

圖象 寧壽 3.16

銘文 三代 11.36.2

隹六月初吉,王才奠,丁亥

王各大室,井叔右免。王蔑

免曆,令史懋易免載市冋

黄,乍司工。對揚王休,用乍

隩彝,免其萬年永寶用。

銘 5 行 49 字。故宫舊藏。另有一卣(三代 13.43.3)行欵與此同,舊藏金蘭坡、吴大澂、費念慈。

西周金文惟此器與大乍大中𣪘(本書 121)記"王才奠"。

王才周才奠命免而都是井叔爲右,則此井叔當是隨從在王左右的王官。西周官制多世襲的,但亦有兼職,如免先後爲司工、司土之職。揚𣪘(本書 138)記在一次王命中授以司工、司寇等五職,是兼職最多之例。免受命爲司土時受一種服色的命服,受命爲司工時又受另一種服色的命服。禮記玉藻所述一命、再命、三命的不同的服色,雖係後世追記,亦自有一定的根據。共、懿時代的命服以載市與織衣爲其特色。

史懋見史懋壺(三代 12.28.1,舊藏蔣光煦、沈瑋寶、費念慈),記王在鎬京親令史懋並錫貝。壺銘字體與免器相同。

此尊形制是成、康以後,而其花紋承襲周初的。此器易載市,應在免𣪘易赤𣎆市之前,參輔師𠭰𣪘(本書 142)可証。

131.免盤

圖象 商周 833,殷周銅器圖版 25B.155

銘文 三代 14.12.1,大系録 80

隹五月初吉,王才周,令乍册

内史易免鹵百隆。免蔑静

女王休,用乍般盉,其萬年寶用。

銘 3 行 33 字。舊藏何天衢(綬齋),今在柏林民俗博物館。

郭沫若以爲所錫者是鹽鹵,百下一字是盛鹵之器,從阝從𦣞(從肙、又),其説是。晉姜鼎曰"易鹵責千兩"(大系 267),當是鹽漬。

過去箸録者因未見器形,往往誤此爲盉。此器"般盉"即般匜,詳本書 252 頁及學報 12:104。此時匜初行世,因其與盤爲相將之具,故鑄欵于盤而曰"般盉"。

蔑静疑與蔑曆同義,"女王休"即"如王休"。

除上述免器外,尚有二史免簠:

(1)潘祖蔭、端方舊藏者 陶續 1.41,三代 10.19.1

(2)金蘭坡、吴式芬舊藏者(今在山東省博物館) 三代 10.19.2

其字體文例不同于以上諸免器,其花紋亦晚,與免無涉,應不在免組之例。

此盤的顧龍近于共王時代而稍晚。它有附耳而于圈足下立小足,後者是受到同時𣪘有小足的影響。𣪘與周初的盤,無耳亦無相將的匜。只有到了此時,盤匜才確定爲水器,才用以記載較長的王命,所以墨子説"琢之盤盉"。此盤形制,與長安普渡村出土穆王時的盤相同,見本書第 103 器下。

132.趩觶

圖象 冠斝補 2,恆軒 50,大系圖 206

銘文 三代 11.38.1,大系録 85

隹三月初吉乙卯,王才

周,各大室,咸井叔入右

趩,王乎内吏册令"趩

更厥且考服;易趩織衣,

載市冋黄,旂"。趩拜稽

首揚王休對趩蔑曆,

用乍寶隩彝,百世孫子

母敢㒸永寶,隹王二祀。

銘 8 行 68 字。舊藏葉志詵、費念慈、吴大澂。1949 年前後在琉璃廠見一仿製者。其器口徑與高度約爲 15 釐米,形與同時之尊不同,今仍以觶名。

咸井叔,依許印林之説,以爲即奠井叔。咸井之名似早于奠井。咸井叔即咸林井叔。

此咸井叔與免器之井叔可能是一人。

"更厥且考服"可與以下各辭比較:

更虢城公服　　班毁(本書12)
更乃且考啻官　　師虎毁(本書108)
更乃且考司卜事　　㠯鼎(本書143)
司乃且舊官　　師嫠毁(本書168)
司乃且啻官　　師酉毁(本書173)
用纂乃且考事　　害毁(本書160)纂從食從算,説文纂字重文饌。
纂乃祖服　　禮記祭統引孔悝鼎
纂乃祖考　　左傳襄十四周靈王命齊侯

由此知更(賡)、司(嗣)、纂都是同義字,即繼續;服、官、事都是同義字,即官職。爾雅釋詁曰"服,事也"。金文命書中錫命服後系以短語"用事",義爲用此執行其職事。

"内吏"即内史。

此器一帶鳥紋是西周初期的孑遺。器製作時代却應在共、懿之世。此器所賞錫的命服同于共王時器,參本書第111器師奎父鼎。此器"百世孫"之語以及稱年爲祀並置于銘末同于共王時器,參本書第114器乍册吴方彝蓋。

133.守宫盤*

圖象　殷周銅器圖版25B.153,商周832

銘文　大系録81,曆朔4.7,録遺498

隹正月既生霸乙未,王
才周,周師光守宫事,祼周。
師不砳,易守宫絲束,蔖
𦅫五,蔖冪二,馬匹,毳布
三,㝬屖三,珫朋,守宫對
揚周師釐,用乍且乙隩
其百世子子孫孫永寶用,勿遂。**

銘7行67字。舊日箸録者,均以爲尊,高本漢殷周銅器録其盤形而未録拓本。1947年8月,我在倫敦見之于Mrs. Walter Sedgwick家中,始知爲盤。口徑在50釐米以上,圈足内有一陽紋的龜。據懷履光説,1929年洛陽廟坡出土銅器一大羣,有臣辰組的,有守宫組

* 此器作者在器目表中列入共王器。

** 此器釋文是整理者增補的。

的。守宫組的,有以下各器:

(1)觶　商周685"守宫乍父辛隩彝,其永寶"

(2)鳥尊　賸稿38"守宫揚王休,乍父辛隩,其永寶"

(3)卣　美集録A612、R325"守宫乍父辛隩彝,其永寶"

(4)卣　三代13.11.4劉體智舊藏"守宫乍父辛"

(5)—(6)爵二　小校6.68.3—4"守宫乍父辛"

(4)—(6),是否僞刻,待考。(1)—(3)皆屬爲父辛而作,其形制全是西周初期的,與此盤是一家之器而非同時之作。

此盤銘文三段:第一段"隹正月既生霸乙未,王才周,周師光守宫事……";第二段記周師"易守宫絲束"等七事;第三段"守宫對揚周師釐,用乍且乙隩,其百世子子孫孫永寶用勿遂"。

郭沫若以爲此周師與免毁之周師是一人,同列于懿世。今由守宫盤器形花紋,知其與免盤相似而略早,應入共世。此器的顧龍與共王時器(尤其是本書第113器趞曹鼎二,共王十五年作)相近。此器的字體及"百世子子孫孫"之語與吴方彝(本書114)相近,後者可能爲共王初亦可能爲懿王初器。

詩江漢傳云"釐,賜也"。勿遂即勿墜,字亦省辵,如前器。

周師錫于守宫的七事,甚爲奇特,依其順序述之:(1)絲束;(2)苴(麻)之幕五,當是圍于帳四圍的帷;(3)苴(麻)之冟二,當是蓋于帳上的幕,周禮幕人注云"在旁曰帷,在上曰幕……皆以布爲之";(4)馬匹;(5)毳布三,説文曰"罽,西胡毳布也",爾雅釋言"氂、罽也"。周禮掌皮"共其毳毛爲氈",即毛地毯,乃帳中席坐之物;(6)專犀三;(7)璓玉一朋。説文"璗、璓玉也",此七事中(2)(3)(5)乃是帳幕。據周禮幕人、掌次兩職,則知王之會同、軍旅、田役、祭祀大喪常"張帳"。然此守宫所獲之賜,當是守禦王宫設帳之具。

守宫作父辛諸器與守宫作祖乙之盤,時代不同,所以二者只能是一家之物不能是一人所作。我們在本書第80器效尊下曾論及該器的東宫與舀鼎(本書143)的東宫不能是一人。守宫可能是世襲的官名。此可由某所錫的幕具推測之,亦可由其上司周師一名推測之。周師與其它師某不一樣,而同于大毁的吴師(本書183),大鼎記王才某某宫而"大以厥友守"(本書182),此所謂守即守王所在之宫。

自本書第128器至133器,可以名之爲井叔組或免組。前四器爲免所作而其中兩器以井叔爲右,其他兩器則因井叔與周師而與免相繫聯。郭沫若定此六器爲懿王時的。

此組有許多地方近于共王時的井白組:(1)同有乍册尹之稱,(2)同有載市、織衣之錫,(3)同有顧龍的花紋。但此組與井白組也有不同之處:(1)有新興的盤、匜、簠的形式,(2)有乍册内史之稱,(3)記在奠之事較多,(4)很少記王年的,(5)銘文上不與井白組有聯繫。這組銅器的形制與花紋,是不能更晚于懿王的,我們很想把它們放在共王時。今仍舊從郭説置于懿世,其理由是:(1)右者很可能是專職,共王時(元年至十二年)以後,是井白,懿王時是井叔佔據一部分時間;(2)舀鼎的問題,此事重要,略記如下*。

此器僅有兩種拓本傳世:(1)江標未剔本,見周金 2.7;(2)何紹基已剔本,見周金 2.6、三代 4.45—46,小校 3.45 亦已剔本。阮元引錢獻之云"鼎高二尺,圍四尺,深九寸,款足作牛首形",又曰"器爲鎮洋畢秋帆尚書沅所藏","秋帆畢公得之于西安"(積古 4.39—40)。奇觚 2.21 曰"此鼎已燬于兵火","江建霞藏原拓四紙"。郭沫若以爲已剔本除未剔全外,尚有剔損誤者;細檢拓本未有剔誤剔損之處。有某些字未剔清,兩行末缺一二字未剔出。拓本高約爲八寸左右(器深九寸而已),佔據鼎口沿以下直抵款足空當處,其落入款足上端的一二字,剔工所未剔出。今據拓本痕迹,可知前十行之末正當款足上,皆行末缺二字;末七行又當款足上;中間六行介于二款足之間,行缺一字。此器自銘爲"牛鼎"而不足以載全牛,款足則與本書第 97、98 兩器相近。

此鼎銘第一段曰"隹王元年六月既望乙亥,王才周穆王大室。……令女更乃且考司卜事……。王才還(?)空,井叔易舀赤金……,用絲、金乍朕文考宄白將牛鼎"。王才穆王之大室,則知此非穆王而是穆王以後的時王。此王不是共王,因爲師虎毁曰"元年六月既望甲戌王才杜空",同是元年六月既望而日辰地點不同,後者右者井白是共王時人,則此有井叔存在的元年應該是懿王元年。此鼎銘第三段的匡和匡季與懿王時的匡或是一人。青山莊 35、36"舀乍寶隩彝"卣、尊,其花紋是顧龍,與免組的相近。美集録 A384"史舀乍寶彝"爵,另有尊在歐洲,同銘。與青山莊 35、36 之卣與尊大約是同時的。

舀是人名而屢見于不同時代諸器上:

(1)司卜舀　鼎(本書 143)　井叔　文考宄白　赤8市

(2)冢司土舀　壺蓋(大系 84)　井公　文考釐公　赤市、幽黄

(3)宰舀　蔡毁,大師虘毁(本書 139、137)　右者

(4)士舀　克鐘"王乎士舀召克"(本書 184)

(5)舀父　師害毁(三代 8.33.3—8.34.2)

(1)(2)恐非一人,容庚善齋考釋已疑之。(2)(3)(4)當懿、孝時。

134. 師晨鼎

銘文　攈古 3.2.21—22,大系録 99

隹三年三月初吉甲戌,王

才周師录宫。旦,王各大室,

即立,司馬𢦏右師晨入門

* 以下基本内容見于後作之舀鼎考釋(本書 143),但亦有未見于彼者,此仍其舊。

立中廷，王乎乍册尹册令
師晨疋師俗司邑人隹小臣、
善夫守□、官犬，罡奠人善
夫官、守友，易赤舄。晨拜稽
首敢對揚天子不顯休令，
用乍朕文且辛公隩鼎，晨
其〔萬年〕世子子孫孫其永寶用。

銘10行103字。器形未見。

右者司馬𢼄，從二父，吴式芬誤釋爲共，金文編隸于𢼄下，郭沫若遂以其人即共伯和，列此器並其相聯屬諸器于萬世，是錯誤的。此右者司馬𢼄應即共王後半期的司馬井白、䚄的下一代，或即井叔。由傳世禹鼎、禹𣪘二器（本書190、155）可以證明𢼄爲右者井氏：禹鼎述其祖考"政于井邦"而稱"𢼄朕辟"，禹𣪘則稱𢼄爲其文祖。"周師录宫"與師瘨𣪘"周師司馬宫"（本書119）爲一，因後者司馬爲司馬䚄即周師录。大師虘𣪘之"周師量宫"（本書137），亦如此。舊釋有誤，今正。則周師非人名矣。此與以下兩器乃王之三年、五年命于周師录宫而右者同爲司馬𢼄，當是懿王之初年。

乍册尹之名見共、懿金文。此器王命晨左右師俗，其人或即白俗父，吴式芬舊藏南季鼎（三代4.24.2）曰：

隹五月既生霸
庚午，白俗父右
南季，王易赤⊖
市，玄衣黹屯，䜌
旂。曰"用左右俗
父司寇"。南季拜
稽首敢揚王休，
用乍寶鼎，其萬
年子子孫孫永用。

銘9行55字。白俗父是司寇，師晨爲之副。其職司爲管理邑人與奠人，邑奠猶城郊，詳殷虚卜辭綜述9:324。管理邑人的有隹小臣、善夫守友及官犬，管理奠人的有善夫官守友。即善夫之官、守、友。犬人，郭沫若以爲是周禮司寇之犬人，是。師俗是司寇之職，故兼理犬人之官。周禮大司寇"大祭祀奉犬牲"，犬人"凡祭祀共犬牲"。

135.師俞𣪘蓋

銘文　三代9.19.1，大系録100

隹三年三月初吉甲戌，王
才周師录宫。旦，王各大室，
即立，司馬㚇右師俞入門
立中廷，王乎乍册内史册
令師俞，䟘司□□，易赤市、
朱黄、旂。師俞拜稽首天子其
萬年眉壽黄耇，畯才立，俞
其蔑曆，日易魯休，俞敢對
揚天子不顯休，用乍寶殷，
俞其萬年永保，臣天子。*

銘10行99字。舊藏沈濤（西雍），器形未見。

此器與前器同年、月、日同宫同右受命，應是同時之作。故前四行與前器幾乎全同，所異者：(1)受命者之名，(2)乍册尹稱乍册内史。此器末行曰"俞其萬年永保，臣天子"，"臣天子"之語始見此器。

所錫之"赤市、朱黄"見師酉殷、頌鼎（本書173、192）、寰盤（大系117）等。康王之誥"諸侯入應門右皆布乘黄朱"，疑爲"皆市赤黄朱"之誤。

136.諫殷

圖象　陶齋2.10，大系圖99
銘文　三代9.19.2—20.1，大系録101

隹五年三月初吉庚寅，王才
周師录宫。旦，王各大室，即立，
司馬共右諫入門立中廷，王
乎内史㝬册命諫，曰"先王既
命女𩁹司王宥，女某不又昏，
毋敢不善。今余隹或司命女，
易女勒"。諫拜稽首敢對揚天
子不顯休，用乍朕文考叀白
隮殷，諫其萬年子子孫孫永寶用。

銘9行101字。舊藏端方、馮恕。陶齋題拓本曰"光緒間（陝西）興平縣出土"。上所釋是器銘，蓋銘有所不同：(1)即立作殷立，(2)既命作即命，(3)勒作攸勒。

---

* 此器釋文是整理者增補的。

此器與前二器受命之宫與右者相同,惟此在五年,晚于前二器二年。某假作謀或敏:説文曰“慮難曰謀”,禮記中庸注云“敏或爲謀”。不又昏即不有昏,即不昏。“女某不又昏,毋敢不善”謂其謀議或敏德之不昏不惡。“或司命女”,或假作又;或、有也,見經傳釋詞;又、或也,見羣經平議。勒是攸勒,此省去攸字,僅見。

代王宣命的史名〓,不是先字,因本銘“先王”之“先”與之異作。揚𣪘(本書138)之内史史〓,蔡𣪘(本書139)之史〓(舊誤以爲尤字),與此同一人。此史是内史屬下之史。

司宥即司囿,周禮“囿人掌囿游之獸禁”,正義云“古謂之囿,漢謂之苑”。説文曰“囿,苑有垣也”,王宥即天子之苑:説文曰“苑,所以養禽獸囿也”,詩靈臺“王有靈囿”傳云“囿所以域養鳥獸也”,吕氏春秋重己篇注云“畜禽獸所,大曰苑,小曰囿”,一切經音義卷十二引三蒼云“養牛馬林木曰苑”。囿是田獵之所,古之“田”象四方界垣之形,籀文圃字象田中四木,此三蒼所以謂養牛馬林木曰苑。此銘“王宥”疑是司馬下之“掌畜”。

此器的顧龍同于𠭰卣的,後者同作器者之鼎大約爲懿王元年之作,則此器的五年當是懿王五年。右者司馬𡙧于懿王五年尚見存,他與共王十二年器上爲司馬井白䚊應是父子。

137.大師虘𣪘

圖象、銘文 上海52

正月既望甲午,王才周師
量宫。旦,王各大室,即立,王
乎師晨召大師虘入門立
中廷,王乎宰𠭰易大師虘
虎裘。虘拜稽首敢對揚天
子不顯休,用乍寶𣪘,虘其
萬年永寶用。隹十又二年。

銘7行70字。傳1941年西安出土。一藏上海博物館,一藏故宫博物院。均器、蓋同銘。王獻唐先生有拓本,此據摹本。直文,無它紋飾,兩耳作獸形,圈足,下無三小足。

量從日從東,説文重部曰“量,稱輕重也,從重省,曏省聲”。揚𣪘及大克鼎之量,乃地名。

説文“召,評也”,爾雅釋詁昭、覲並訓見。下列各器曰:

克鐘 王乎士𠭰召克,王親令……(本書184)
癲鼎 王乎虢叔召癲(本書附4)
大𣪘 王乎吴師召大,易……(本書183)
大鼎 王乎善夫騢召大(本書182)
　　王召走馬雁令取……易大(本書182)

除末例之“召”與乎同用外，其它之“召”疑當作詔見。又爾雅釋詁曰“詔、亮、左右、相、導也”，説文“儐，導也”，周禮“司士擯”，注云“詔王出揖公卿大夫以下朝者”。此器王乎師晨召虘，可作導致、儐右解。

此所錫“虎裘”，僅見于此。玉藻曰“君之右虎裘，左狼裘”。裘字從衣求聲，與次卣(三代 13.39.5)之從衣又聲者不同，後者是否裘字，待考。

“大師”之稱不見于西周初期金文，中期金文曰：

大師宫　善鼎(三代 4.36.2)

白大師　白克壺(考古圖 4.40)

中大師　柞鐘(本書 204)

鄭大師　甗(三代 5.10.2)

蔡大師　鼎(三代 4.18.3)

則宗周有大師宫而諸侯之國有大師之職。詩節南山“尹氏大師”，板“大師維垣”，常武“大師皇父”，十月之交“皇父卿士”，凡此皆王室的大師。據十月之交，皇父之位最高，其次爲司徒、宰、膳夫、内史、趣馬與師氏。

大師虘之器又有豆及編鐘，豆(三代 10.47.5)銘曰：

大師虘乍豊𣪘豆，

用邵洛朕文且考，(魯頌泮水“昭假烈祖”)

用祈多福，用匄永(祈從㫃從言)

令，虘其永寶用享。

虘編鐘傳世共五器(三代 1.17—18)，其中長銘者二具，舊藏陳介祺，今在日本住友氏處：

(甲)海外 135，三代 1.17.1

隹正月初吉丁亥

虘乍寶鐘，用追孝于己

白，用享大宗，用濼好賓，

虘罕蔡姬永寶，用邵大宗。

(乙)海外 136，三代 1.18.1

……

首敢對揚天子不顯

休，用乍

朕文考釐

白龢薔鐘，

虘罕蔡

姬永寶。

中期以後鐘銘多在鐘的鼓與鉦間，惟此二器不同：甲器在鐘面右上邊一行，鉦間三行；乙器在鐘面右邊一行，右上邊一行三字，鉦間三行，甬上兩行(各三字)。在右上邊的一行，字是横行的，與其它各行之作直行者不同。甲器以小突點爲界綫，同于普渡村出土的穆王時鐘，乙器形制則近于己侯鐘(本書163)。它們是沿襲"中期鐘"的甬鐘，其鑄銘的地位尚未有定式，其形制是較早的。此等有長銘之鐘和有長銘的豆，是此時期新出的事物。

此器因在銘末記十又二年，對于師晨組的王年有重大的關係。師晨見于王三年的鼎上，又見于此王十二年的器上，則此王在位當在十二年以上。此器的宰舀，亦見于蔡毁(本書139)，後者所見的史宄與諫毁、揚毁(本書136、138)中内史同名，當是一人。

1943年，郭沫若因見此拓本曾作陝西新出土器銘考釋(説文月刊3:10:153—155)。今檢其文，亦讀師量宮之量爲量。文中亦提及此器與師晨組的關係。他以師晨鼎(本書134)的司馬爲司馬共，即共伯和，故定此組年代爲厲王時器。此説不確。他説："上列諸器銘多具有年月日，大可用爲考訂周代曆法之資料。近時學人每好以劉歆曆法以制殷、周長曆，以金文按之多不合，或則合于此而不合于彼，適足證知曆法有異耳。欲求周代曆法，當就彝銘中求其確屬于同一世代者，比並其所繫之年月日以尋其相互間之關係，如此方得準確。"

郭氏所説周代曆法的重構，非常重要。過去吴其昌金文曆朔疏證和董作賓西周年曆譜之作，都是先有預先擬的各王年數和一定不變的曆法，勉强附合金文材料。我們以爲，西周年曆的重擬，應該有步驟的作去；首先作銅器斷代的工作，從花紋、形制和出土地尋求某組某羣銅器外在的聯繫，再從銘文内容尋求其内部的聯繫；其次有了若干組、羣可以大約斷代的銅器，就其所記年月日推求各王在位的最低年數，從一個王朝的幾組銅器排比其年月日的曆組；最後由于各朝曆組的排比而得西周曆法的大概面貌(曆法可以小小變易的)，將前後相連接的王朝的銅器曆法組串接起來，在串接過程中可以參考文獻記載的王朝年數。

138.揚毁

銘文　(1)三代9.24.2，大系録102b　葉志詵舊藏

　　　(2)三代9.25.1，大系録102a　潘祖蔭舊藏

隹王九月既生霸庚寅，王
才周康宮。旦，各大室即位，司
徒單白内右揚，王乎内史史宄册
令揚。王若曰："揚，乍司工官

司量田甸，罙司空，罙司芻，

罙司寇，罙司工司。易女赤

⊖巿，緣旂。訊訟取徵五寽。”揚

拜手稽首敢對揚天子不

顯休，余用乍朕剌考害白寶

毁，子子孫孫其萬年永寶用。

銘10行107字。器形未見。

此據葉器，生從目，易增目，顯從素。潘器行欵小異，“工司”，作“工史”。

司徒與司土或有分別，司土見西周初、中期金文，司徒惟見此器與無叀鼎(大系143')。今文尚書之舜典、洪範、牧誓、立政俱有司徒。前兩篇乃戰國時所作。後兩篇與司馬、司空並舉，雖在周書亦非西周初的實録。此器命書内記王命揚以五種官職：(1)司工，管理量田之甸；量田猶令鼎之諆田，乃王之藉田；司量田之甸即周禮“甸師掌帥其屬而耕耨王藉”；此或是周禮司馬“量人”之量。非必地名。(2)司空，司王之行屋，即周禮幕人之職，詳長甶盉(本書103)；(3)司芻，乃周禮委人之職，詳大乍大中毁(本書121)。(4)司寇；(5)司工司，即司工史，師寰毁(大系135)曰“反厥工吏”，係似周室派遣于四夷之官吏。

“訊訟取徵五鋝”謂審理訟事得取罰鍰五鋝之數。徵字數見，舊不釋，從貝，或省彳或省辵，應指征取罰欵。西周中期金文多記取徵五鋝，惟番生毁(大系130)及毛公鼎(本書201)則所取徵者爲二十或三十鋝。趞毁“訊小大又陕，取徵五寽”(大系293)，䶂毁“訊訟罰，取徵五寽”(大系104)，牧毁“訊……取徵□寽”(大系59)，䥇毁“取徵五寽，用事”(本書125)，牧及趞爲司士或士，䥇爲司土。

此器由其内史之名，應與諫毁及蔡毁(本書136、139)先後同時。郭沫若以爲單白昊生鐘(本書141，潘祖蔭舊藏，今在上海博物館)之單白即此器的司徒單白。鐘的形制應屬此一時期的，與前器附屬兩鐘相似。

139. 蔡毁

銘文　薛氏14.148—149，大系録87(石刻殘本)

隹元年既望丁亥，王才淢应。旦，王各

廟即立，宰曶入右蔡立中廷，王

乎史㞷册令蔡。王若曰：“蔡，昔先

王既令女乍宰，司王家……”(下略)

銘13行159字。無圖。

“元年既望”未言何月，郭沫若以爲既望本是九月。淢，宋人釋雍，本書第103器長甶盉地名與此同而冠以下字。史㞷舊誤釋“尤”，細審即揚毁(本書138)的内史史㞷、諫毁

(本書136)的内史宄。

此銘記王命蔡與邑同爲王家之宰,命其"司百工,出入姜氏命","凡非先告蔡"不得"有入告,女毋敢弗善效姜氏人",勿使敢有"從獄"者。似其所職是管理姜氏之人。

此銘記所錫之衣物,與吴方彝(本書114)、邑壺(大系84)相同。

自第134器至139器,可以名之爲師晨組或司馬共組。前三器右者是司馬一人,六器中三器因同一内史而相聯繫,二器因同見師晨而相聯繫。六器中有四器是王册命于師某之宫。

此組大約可定爲懿王三年至十二年之器,如此則懿王在位十二年以上。蔡毁的元年,可能是懿王元年。此組的特色是常常在周的某宫内册命,有了長銘的鐘和豆。記載王的策命,已經有了很完整而較固定的形式了。

140.師俞尊

圖象 考古圖4.17,博古6.35—36

銘文 嘯堂26

王女上侯,師
俞從王,𠹌功,
易師俞金。俞
則對揚厥德,
用乍厥文考
寶彝,孫孫子子寶。

銘6行32字。考古圖云"得于京兆"。

此尊形制花紋是西周中期的。

復齋17,積古4.18,攈古2.3.65别有一鼎同銘,惟"用乍"作"其乍","寶彝"乍"寶鼎","孫孫子子"乍"孫子子",末行多一用字。鼎用鼎,已入中期。

此器所作獸面紋,與夷、厲時代鬲上所見的相似,故定此器與師俞毁(本書135)的師俞是一人。

141.單白昊生鐘·豆(鋪)

鐘一 三代1.16.2,大系録103 藏上海博物館

單白昊生曰:不顯皇
且剌考,逨匹先王,龏(鉦間)
堇大令。

余小子肇

帥井朕

皇且考懿

德,用保奠……(鼓左)

鐘二　攈古 3.1.30,綴遺 1.13,大系録 104

〔隹□年□月初〕吉甲戌,王命

□□□□□□周,王若曰:昊

生拜手稽手敢對揚王休。昊

生用乍𨸏公大𩏇鐘,用降多(鉦間)

福,用喜侃前

文人,用𣀔康

𪊨屯魯,用受

□身□□□……(鼓左)

豆　博古 18.15

單昊生乍羞豆,用享。

以上三器是一人所作。兩鐘銘皆不全,各失去相聯的一鐘。單白鐘的形制紋飾,近于懿王時的虘鐘(本書 137 引),還保存後者沿自普渡村穆王時三鐘以小突點爲界綫的形制,但單白鐘的小突點減存三分之一。它的鼓部花紋,只有一半同于遟父、虘、紀侯諸鐘(本書 161、163),另一半是短龍;其篆間飾帶早于虢叔旅鐘(商周 947),而略近于楚公豪鐘(商周 945)。單伯昊生與懿王時揚毁(本書 138)右者司徒單白當係一人,應屬于懿王時代,或孝王初。

同人所作之豆,實是鋪形。博古曰"此器上若盤狀而復穿鏤,于濡物宜非所設,然純旁尚餘四拱,意其必有承盤,是必亡之矣"。四拱之設,或是有蓋。它與夷王時杜祁鋪(本書 200)稍有不同,稱鋪爲豆,其校部大波紋亦早于大克鼎(本書 185),應在夷王之前。

此外,長安 1.24(三代 5.43.1)有象首文鬲,銘曰"單白原父乍中姞隮鬲,子子孫孫其萬年永寶用享"。此器稍晚,原父或係昊生之子。

鐘二"王若曰"以下無命辭,爲特殊之例。

1964 年 11 月 13 日

142. 輔師嫠毁

圖象、銘文　學報 1958:2

隹王九月既生霸甲寅,王

才周康宫,各大室,即立,燚

白入右輔師𠭰。王乎乍册
尹册令𠭰曰"更乃且考𤔲
輔,𢦏易女𢦏市、素黄、䜌旂;
今余曾乃令,易女玄衣黹
屯,赤市、朱黄,戈、彤沙、琱戚,
旂五,日用事"。𠭰拜稽首敢
對揚王休令,用乍寶隩毁,
𠭰其萬年子子孫孫永寶、用事。

銘10行102字。高15.2,口徑21.8,兩耳之間28釐米。

1957年3月,長安縣兆元坡村兆豐社農民平地時發現,11月12日考古所灃西工作隊在灃河兩岸調查時,得之于長安縣五樓鄉政府。今在中國歷史博物館。

康鼎曰"唯三月初吉甲戌,王才康宫,𤰈白内右康"(本書156),與此同地、同右,則康鼎之康宫乃周康宫,非井叔康之宫。右者𤰈白,亦見于康鼎和同毁(本書157),而卯毁、敔毁(本書158、165)的𤰈白與此右者亦是一人。

作器者名𠭰,説文云"引也,從又𠩺聲"。西周金文釐所從之𠩺,或從來或從木。此作器者名亦從木,乃來字之省。輔師是官名,輔師𠭰與師𠭰是一人。十一年師𠭰毁(本書168)之王命曰:"師𠭰,才昔先王小學,女敏可吏,既令女更乃且考𤔲小輔,今余佳𤔲𩫏乃令,令女𤔲乃且舊官小輔罘鼓鐘。"所述之"先王"即此器之"王",所述之"司小輔"及"小輔",即此器之"輔師"及"司輔"。吴大澂説文古籀補14.5云小輔"當讀作少輔,輔傅古本一字",此説不確。小輔既與鼓鐘爲官聯,應皆是樂官。此器之司輔是司鎛,輔師是鎛師。小輔(輔師)與鼓鐘相當于周禮的鎛師與鐘師。周禮"鍾師掌金奏,凡樂事以鍾、鼓奏九夏"注云"金謂鍾及鎛";周禮"鎛師掌金奏之鼓"注云"謂主擊晉鼓以奏其鍾、鎛也"。據周禮鍾師、鎛師皆掌擊鼓鐘、鎛之事,故爲官聯。周禮樂師之次有大師、小師,金文"小輔"之小與"小師"之小相同。此器之輔假作鎛,説文作鎛,經傳作鎛。

樂師多世職,且以職爲氏名。左傳成九鍾儀自謂"泠人也"、"先人之職官也"。此器之𠭰,據師𠭰毁稱其父考爲輔白,是以輔爲氏名。據𠭰所作二器,知其祖考皆世爲司輔之官。其祖之舊官爲"小輔罘鼓鐘",其祖考之舊官爲"司小輔"或"司輔"。𠭰歷事兩朝,三次受命。其一命再命見于此器,其職爲司輔,其三命見于師𠭰毁,其職爲小輔及鼓鐘,恢復了其祖的官職。

三命所賜的命服的服色有所不同:

一命　𢦏市、素黄　䜌旂
再命　赤市、朱黄　玄衣黹屯
三命　叔市、金黄　赤舄

此與玉藻所述“一命緼韍幽衡,再命赤韍幽衡,三命赤韍葱衡”之説,實有所本。但玉藻所述,韍色與衡色有相重者,金文則皆相異。免器于所命不同之官時,賜不同的命服:免尊(本書130)受命乍司工時賜“載市冋黄”,免毁(本書128)受命司歠時賜“赤𝟖市”。由此器可知免尊之受命早于免毁。

“載市素黄”,它器作“載市冋黄”。素或冋,皆是形容“黄”的質或色。素有兩義:就其質地言乃是繒,説文曰“素,白緻繒也”;雜記“韠……純以素”鄭注“素,生帛也”。就其顔色言乃是白色,士冠禮注云“素韠,白韋韠”。

“戈、彤沙、琱戒”,害毁作“戈、琱戒、彤沙”(本書160),故知琱戒與彤沙乃戈的附屬物,其先後次第可以調動。

旗從㫃取聲,此字應釋爲旟,古書與、且聲同。説文旟是“錯革畫鳥”的旗,説文“鴡,王鴡也”,旟之爲畫鳥之旂,疑是鴡的假借。

裁即紂、緇,假作才、載,義爲昔。“才易”即前所錫,與下文“今余曾乃令,易女……”之“今……易”爲對文,參師虎毁(本書108)。曾引申爲增,義爲重:爾雅釋詁四“增,重也”,爾雅釋親“孫之子爲曾孫”,注云“曾猶重也”,周頌維天之命“曾孫篤之”鄭箋云“曾猶重也”。曾乃命即重乃命。毛公鼎曰“今余唯灩先王命”(本書201),灩應釋爲緟,説文“緟,增益也”,經傳作重。

因此銘之輔師嫠即師嫠,可知銅器銘文中的“師”有一部分是樂師。因此銘之輔師即鎛師,可知鎛于西周中期業已存在。我以前稱爲“鏞”的(本書下編484—486頁),可能是鎛。

此器花紋作分尾長鳥,繼承西周初期後半期的形制。據靁德盉(美集録A334)分尾長鳥與分尾短鳥同存,故定此于懿王。

143.曶鼎

銘文 三代4.45.2—4.46.1,大系録83

隹王元年六月既望乙亥,王才周穆王大〔室王〕
若曰:“曶,令女更乃且考嗣卜事,易女赤𝟖、〔䜌旂〕
用事。”王才還应,井弔易曶赤金,𩏂,曶受□□
王曶用絲,金乍朕文考弈白𩰬牛鼎。曶其萬〔年〕
用祀,子子孫孫其永寶。
隹王四月既眚霸辰才丁酉,井弔才異爲□。〔曶〕
吏厥小子𩔂以限訟于井弔:“我既賣女五〔夫,效〕
父用匹馬束絲,限許曰:‘䚃則卑我賞馬,效〔父則〕
卑復厥絲束。’䚃、效父迺許𩛥曰:‘于王參門□□

木枋，用償征賣絲，五夫用百寽，非出五夫〔則又〕
旜。廼𥃝又旜，罕𧇼金。'"井弔曰："才王人廼賣，用□
不逆付𦣞，毋卑式于𥃝。"𦣞𩠹拜稽首，受兹五〔夫〕
曰陪曰恆曰𦔊曰𩠑曰眚，吏寽，以告𥃝。廼卑□
以𦣞酉役羊、絲三寽，用𦤹兹人。𦣞廼每于𥃝〔曰〕：
"女〔其〕舍𩰫矢五秉。"曰："𣏟尚卑處厥邑、田〔厥〕
田。"𥃝則卑□復令曰："若。"
昔饉歲，匡衆厥臣廿夫寇𦣞禾十秭，以匡
季告東宮。東宮廼曰："求乃人，乃弗得，女匡罰大。"匡
廼稽首于𦣞，用五田、用衆一夫曰嗌、用臣曰疐〔曰〕
朏曰奠，曰"用兹四夫稽首"，曰"余無卣具寇，正□
不出從余"。𦣞或以匡季告東宮，𦣞曰："𣏟唯朕〔禾〕
賞。"東宮廼曰："賞𦣞禾十秭，遺十秭，爲廿秭；〔乃〕
來歲弗賞，則貸卌秭。"廼或即𦣞，用田二又臣〔曰〕□，
凡用即𦣞用七田人五夫。𦣞覓匡卅秭。

銘共3節24行407字（未剔出者29字）。第一節5行80字（未剔出者7字），第二節11行188字（未剔出者16字），第三節8行139字（未剔出者6字）。每行約爲18字，未剔出字皆在行末。傳世銘文最長者爲毛公鼎近五百字，此爲第二*，而其内容較前者更爲重要。

此鼎清中葉出土陜西，畢沅所藏，後燬于火。積古齋首先著録（4.35—41），阮元云"器爲鎮洋畢秋帆尚書沅藏"，"得之于西安"，又引錢獻之曰"鼎高二尺，圍四尺，深九寸，款足作牛首形"。奇觚（2.21—28）云"此鼎已燬於兵火"，"江建霞藏原拓四紙……江云篆迹頗有剔壞者"。江標拓本是未剔本，見周金2.7；何紹基已剔本，見三代4.45—46及周金2.6，小校3.45則是另一已剔本。今據何氏拓本，並參酌攈古3.3.46摹本，後者摹録頗近真。奇觚翻本，不可據。

此鼎形制，大約如齋鼎或齋鬲，乃是款足如鬲者。其圍四尺，口徑當爲一尺二寸左右。拓本高約八寸，寬約七寸半，銘自口沿以下，下達款足之上邊，由拓本可見前十行適當款足上部，皆行末缺拓二字，十行以後行末多缺拓一字。郭沫若以爲此鼎拓本除未剔全外，尚有剔損者。細檢拓本摹本，則除行末以外，行中只有一字未剔出，少數字的筆劃有未剔清剔全或剔出者，大致上没有剔誤之處。

此鼎的時代應屬於懿王：(1)銘曰"王才周穆王大室"，則此王在穆王之後；(2)銘記王

* 1978年河北平山發現的中山譽王鼎，銘文469字，如此則𦣞鼎字數居于第三。

“元年六月既望乙亥”王在還应,與師虎𣪘(本書108)元年六月既望甲戌王在杜应,兩者年月和既望相同而日辰地點不同,後者作於共王時,右者井白,則此應在共王以後;(3)井叔與免組的右者井叔是一人,後者屬於共、懿;(4)銘中之匡可能與懿王時匡卣之匡是一人;(5)作器者可能與蔡𣪘、大師虘𣪘(本書139、137)的宰曶是一人。郭沫若據(1)(4)定爲孝王器,我們改移前一王。

第一節記王命曶嗣其祖考爲司卜,有所賞賜,井弔有所賞休,因作此牛鼎。首四行行末各缺二字。井弔所賜二事,一爲赤金,説文曰“銅,赤金也”。其第二事从𦳊,卜辭春或作𦳊(殷契駢枝1:4),此字作𡏹,疑從𦳊,見盠駒尊(本書122)。又參小子生尊(本書59),以爲鬱字。此疑爲純,説文曰“純,絲也”。舍父鼎“辛宫易舍父帛、金”(三代3.51.4),與此相似。下言用“絲、金”乍牛鼎即指井弔所賜者。劉心源亦以爲絲金之絲非玆字。此鼎絲、玆二字有别:絲從二系而玆從二幺。拓本“絲金”、“絲束”、“復厥絲”與“玆人”、“玆四夫”分别甚明,惟“賫絲”(攈古摹作丝)、“絲三寽”(攈古摹作丝)似皆是絲而拓本下筆不顯。

此鼎自名爲“牛鼎”而實不足以容全牛,故知金文之牛鼎、羊鼎、豕鼎皆分别容牲種類,非必大足以容全牲。

第二節記當時奴隸的買賣,交易手段的争執,以及涉訟决的辦法。訴訟的兩造即買賣的兩方:賣方爲曶,其代理人是其小子𩰫;買方是䂣,其代理人是效父,雙方最初所議定的(許)的價格是匹馬束絲,爲五夫的代價,言明由䂣償馬,由效父還絲。但此二人又于參門更定契約,五夫改用百鋝之金,不許反悔,若曶不出五夫,則上告。䂣果上告于井叔,並納金。井弔的判詞是:王人交易不許反悔,應償付于曶,不得使䂣有所沾益。于是曶乃授五夫,使人以酒、羊及絲三寽送詣于䂣,並命䂣舍矢五束于曶之代理人,以爲敗訴的罰金,並訓告數語,䂣皆承諾。

小子官名,乃曶之下屬。“我既”下一字,是説文之“賫,衒也……讀若育”,即鬻,粥之本字,廣雅釋詁三“賣,賫也”,此字與賣字不同,説文出部云“出物貨也,從出從買”。攈古隸作賣,郭氏隸作賫而釋作贖,劉心源釋“賫,爲鬻貨本字,今所用售字也”。齊語“市賤鬻貴”注“鬻,賣也”。大徐本説文“儥,賣也”。周禮胥師注引鄭衆説“儥,賣也”,司市“掌其賣儥之事”鄭玄注“儥,買也”。限,劉心源以爲人名,郭從之。此當爲契約之義,周禮質人“掌成市之貨賄:人民、牛馬、兵器、珍異、凡賣儥者質劑焉,大市以質,小市以劑”,注云“人民,奴婢也”,“大市,人民牛馬之屬,用長券;小市,兵器珍異之物,用短券”。周禮朝士“凡得獲貨賄人民六畜者,委于朝”,注云“人民謂刑人、奴隸逃亡者”。買賣奴婢用質,即此所謂限。説文垠之重文作圻,故從艮從斤可以互通。金文哲從所,即限字。質與哲、晢古音相近而義相通:周禮大司馬及儀禮士冠禮之“質明”,朱駿聲以爲假作晢,齊語“聰慧質仁”,管子小匡“聰明質仁”朱駿聲以爲假作哲。然則此銘之限即質字。説文質字從貝從所,集韻所音垠。又限、券古音相近,釋名釋書契“券,綣也,相約束繾綣以爲限也”,廣雅釋詁四"限,齊也",説文"劑,齊也"。阮元引吴侃叔以限爲券。

匹馬束絲是奴隸五夫的代價。束絲是十紽之絲。束字象束木之形,管子輕重甲篇"夫得居裝而賣其薪蕘,一束十他",詩羔羊"素絲五紽",釋文作它,云"紽本又作佗",他、它、佗、紽古本一字。一束之絲宜爲十端或十他之數。束,注疏以爲五兩、五匹、五合、十端或十箇。穆天子傳注"五兩爲一束",禮記雜記下"納幣一束,束五兩",小爾雅度"匹有五謂之束",周禮媒氏"純、帛、毋過五兩"注"五兩,十端也",儀禮聘禮注"凡物十曰束",禮記雜記下注"十箇爲束",儀禮既夕禮注"十制五合",左傳襄十九注及易賁釋文引子夏傳並云"五匹爲束"。兩、匹、合均指兩端兩箇。是以束帛爲十端之帛。儀禮公食大夫禮注云"束帛,十端也",士冠禮、士昏禮注云"束帛,十端也"。

限許曰以下十四字,乃約中規定償付代價的辦法。"許"者契約雙方所訂的語詞。金文用賨爲賞賜之賞,此器之賞即説文"償,還也",廣雅釋言"償,復也"。是賞、復均謂交付、交易之代價。許字從口,劉心源釋詣,孫詒讓釋詘,均誤,郭釋許是也。

金文之迺,有然後之義,指稍後一個時間。效父迺許某云云,乃指既立約以後,又于王參門更訂一約。此參門當是小盂鼎(本書175)的三門,在王内朝。此與效父等重訂約人的名字,與曶的小子當是一人的名與字,皆從貝從攴。綴遺2.3"師贅乍龢鐘",當係此人。又,此與奠井戠父鬲(三代5.21.3)之戠父也當爲一人。枋字似被剔斷,方之中間一筆應通上下,劉心源、孫詒讓釋榜,郭從之。此木枋疑是書契的版牘,所謂短券,儀禮聘禮記"不及百名書于方"、既夕禮"書賵于方"並注云"方,板也",曲禮下"書方"、中庸"布在方策"並注云"方,版也",管子霸形"削方墨筆"注云"方謂版牘也"。木枋以下十字當是契約内容,亦即重行規定償付代價的辦法:用現金代絲價,五夫用百鋝之金。徵字從貝,金文習見"取徵五寽"郭沫若以爲徵"乃金屬貨幣"。此處"絲"字,從攈古所摹,諸家釋玆。此謂以現金贖買五夫,用金一百寽。旛,劉心源、孫詒讓並釋作祈,郭沫若謂祈即告也(爾雅釋詁)。此字應釋訇,説文言部有讀若元之訇,但此是説文籥之省,解云"窮理罪人也",字亦作鞫或鞠。文王世子公族有罪"亦告於甸人"注云"告讀爲鞠"。詩采芑傳"鞠,告也"。告爲原告訟被告,訇則爲被告被訟,此其别,義皆爲訟。此謂若不出五夫,則將上告。第六行第二字起,謂䛐上告,並交給其金。虢字右旁明晰,義當爲交納,周禮大司寇"以兩劑禁民獄,入鈞金"。

井弔的判詞,似謂既爲王人之間的買賣,不許反復(不逆),應償付曶,䛐不得有所沾益。式,郭沫若所釋。説文以爲貣之古文,解云"副益也"。卑假作埤,説文曰"埤,增也",廣雅釋詁一曰"埤、貣、沾,益也","毋卑式于䛐"者,毋使䛐有所埤貣(沾益)也。"付"字,據拓本及攈古摹本,似從爿從又,乃將字,爾雅釋言"將,逆也"。

曶同意這判決,因此授出五夫,並使用鋝爲代價,告訴對方。迺使人以其酒、羊及絲三寽致送五夫。酒、羊、絲等作爲和解的酬謝。此處的彶似作爲連詞"及"用。寽是用于若干物品的衡名，如貝卅寽(大系32𦸗卣)，“絲五十寽”(本書38克乍父辛鼎)以及“徵五寽”之類。説文“寽，五指持也”，當是一把、一握之義。𢓜，金文編以爲説文至部從刀之“到”的誤字。案此假爲夂部“致(今作致)，送詣也”，歸芻𣪘(本書196)王命中“致”歸白裘，亦送詣之義。

此訟是𦉢勝而𢉅敗，故𦉢每(謀)于𢉅曰，欲對方捨于其小子以“矢五莕”。舊釋作“大五秉”，孫詒讓改大爲矢，郭沫若改釋秉爲束。五前一字確是矢字，五後一字既非秉字，亦非“束”字的剝誤。拓本之字甚清晰，從木從𠬞，即説文莕字，假作拱。莊子人間世“其拱把而上者”釋文引司馬注云“兩手曰拱”，左傳僖卅二“爾墓之木拱矣”注云“合手曰拱”，孟子告子上“拱把之桐梓”注云“拱，合兩手也”。一拱能持矢若干，今推測爲二十枚，則五拱當爲百矢，即束矢。五拱爲束矢，猶五兩爲束帛。

春秋以來典籍，記訟者入矢之事。周禮大司寇“以兩造禁民訟，入束矢于朝，然後聽之”，注云“使入束矢乃治之”。齊語“小罪讁以金分，宥閒罪，索訟者三禁而不可上下，坐成以束矢”，韋注云“以束矢入于朝，乃聽其訟”。管子中匡“過罰以金鈞，無所計而訟者成以束矢”，小匡“重罪入以兵甲犀脅二戟，輕罪入蘭盾鞈革二戟，小罪入以金鈞分，宥薄罪入以半鈞，無坐抑而訟獄者正三禁之而不直，則入一束矢以罰之”。淮南子氾論“齊桓公令訟而不勝出一束箭”。孫詒讓周禮正義曰“據管子所云，蓋訟未斷以前，則令兩入束矢，既斷之後則不直者，没入其矢以示罰，其直者則還其矢”。案諸書所載，束矢乃兩造預交的罰金，敗訟者不得收回。據此鼎銘所記，則敗訟的一方以束矢捨給勝訟的代理人。

此鼎“朩”字兩見，劉心源以爲弋字，謂“即必字之省”，郭氏從之。金文叔字從此，乃説文訓豆之尗而省者。朩字亦見于乍册益卣(本書83，“朩勿歿益鰥寡”)和白佫(農)卣(三代13.42.3，“朩使厥友𡧊農”)，以文例文義推之當爲第三人稱代名詞。“朩尚卑處厥邑、田厥田”似指送詣之五夫，彼等尚處其邑，田其田。若此推測不誤，則此五夫乃務農的奴隸。多士曰“爾乃尚有爾土”，“今爾惟時宅爾邑，繼爾居”；多方曰“今爾尚宅爾宅，畋爾田”。此兩篇是周王訓殷遺之詞，當時的殷民實處于奴隸地位。𦉢以同樣的口吻所説的，正是對五夫所言。比較多方與鼎銘，可證“朩”須作爲第三人稱代名詞。處與居同義。

此鼎卑字皆是俾，義爲使，故此節末句“卑”與“復”之間空出一字應是使者人名，𢉅使某復命于𦉢曰“諾”，表示同意。

第三節記去年饉歲，𦉢之禾十秭被匡衆之奴隸廿夫寇掠以去，因告匡季于東宫。東宫令匡交出寇掠之人，否則大罰之。匡乃以五田四夫謝罪，𦉢不允，必欲償禾，于是匡復出二田一夫。

饉歲乃中等的荒年，穀梁襄廿年曰“一穀不升謂之嗛，二穀不升謂之飢，三穀不升謂之饉，四穀不升謂之荒，五穀不升謂之大飢，又謂之大侵”。因歲饉而寇禾，似爲之預作寬恕的餘地。“匡衆”猶卜辭的“王衆”。金文“厥”、“其”等字介于兩名之間，往往可釋作連詞之

"之",匡衆厥臣廿夫即匡衆之奴隸廿人,臣是臣妾,故稱夫。劉亦云"二十人即匡衆之臣"。所被寇之主,乃以奴隸主之匡季上告于東宫。郭以東宫下有重文是也,重文記號只是一短畫,如鬲攸比鼎(本書188)。"求乃人",孫詒讓所釋並云"責匡季以求寇",又釋"乃弗得女匡罰大"爲"若弗得則大罰之也"。經典"乃"字用作若義者極少,費誓"乃越逐不復,汝則有常刑",乃義爲若。參經傳釋詞卷六"乃猶若也"。余無由具寇云云,是匡對東宫"求乃人"的答覆。所以無從交出寇掠之人,由于其官吏(正)不出相應也,出下一字暫從攈古所摹釋作"從",其右旁孫以爲作夂。具從貝,劉心源曰説文具從貝省,"此不省,具者皆也全也"。攈古亦釋具。孫又云"匡季稽首謝過(此稽首爲請罪,詳周禮大祝孫詒讓正義),自陳無由得寇,請從罰也"。上用五田及衆一夫臣四夫皆匡季與曶以當罰者。但曶對此不同意,又告于東宫,欲"彼(朿匡季)償我之禾",于是東宫乃令匡季償禾,其辦法是:償還原來的十秭,外加十秭,共爲廿秭;若來歲不償則應再加倍付還四十秭。遺,劉心源釋作遺送。楊樹達釋爲加,引左傳成十二"無亦唯是一矢以相加遺",又詩北風傳云"遺,加也"。匡季當饉歲之後,不能付實物,廼又就商于曶,更加二田一夫,共七田五夫相賠償。乃成。

貸,付下從貝,拓本可見。孫、郭從嚴可均釋作倍。付、倍古音相同,此貸字疑與後世賠償之賠,同義。覓字,郭釋作免,于義不安。疑假作賣,既成之後曶賣匡卅秭,以濟其困。

郭沫若據聘禮記"四百秉爲一秅",説文"二秭爲秅",推定秭爲二百秉。案聘禮"禾三十車,車三秅",則一車載一千二百秉。十秭爲二千秉,載二車而不足。卅秭則適載五車。秉即把,非容量之秉。

此鼎的重要性,在于記録了西周中期王人之間有關于奴隸買賣和訴訟程序的實況,並反映了當時商業行爲和貨物代價。(1)奴隸買賣行爲,在當時是合法的,其價值是五夫僅值匹馬束絲或現金百鋝。這些出售的奴隸,在此似乎是單身漢,從事于農業。奴隸中的衆和臣是有級别的,衆的奴隸(臣)代衆的主人(此器的匡)寇掠别個奴隸主的禾,涉訟後需由本奴隸主(匡)償還損失。這種償還或以實物(禾)而加倍,或用田和奴隸折價。在第三節賠償的實例中,一個衆和四個臣(即臣妾之臣),並七田賠二千秉(約兩車不到)的禾,似乎衆貴于臣。(2)訴訟的程序,似乎兩造有預先納金的辦法,訴訟的進行似由兩造的管家(小子)作代理人;敗訴的一方付給對方的代理人以束矢,作爲罰金。在訴訟中,原告控訴,被告答辯,而由上級(井弔、東宫)作判詞;判決以後,雙方仍可以私下重議償付的條件,如第三節所述。(3)買賣人口要預立長券(限或質),載明買賣支付的辦法。這種辦法,也可以中途變更,另立短券(方)。此鼎所見,似乎絲是珍貴的,所以寧願出現金支付;在飢饉之年以後,匡不能償禾,只能用田和奴隸償付。購買奴隸用馬和絲,將出售的奴隸付于對方時也附以酬謝的羊和絲。這可見當時用絲、帛和馬、羊混合做爲交易的代價,詩羔羊、干旄亦是其例。儀禮貴族之間贈送馬匹,也往往附以束帛或束錦,馬羊和絲帛都是所謂酬幣,乃是貨幣的濫觴。在西周中期,貝已經不復爲贈錫所常用,也失去了貨幣的作用。

此鼎銘自阮元以來,清世劉心源考釋之功較大,孫詒讓亦稍有補充。郭沫若重爲通讀全銘並提示此銘在研究古代社會的重要性,尤多貢獻。

1957 年終,寫于錢糧胡同

144.㜸𣪘

銘文　三代 8.19.3

隹八月初吉庚午,王
令㜸在市、旅。對揚
王休,用乍宫中念器。

銘 3 行 23 字。

旅乍㫃,同于白晨鼎(大系 99—100)。爾季鼎"䜌㫃"乍"䜌旅"*。

白晨鼎、爾季鼎皆懿王器。載市見共、懿器。此器應屬懿王。懿王弟㜸爲夷王,此或爲太子時之器乎?

1958 年 2 月 12 日

145.元年師事𣪘

圖象　張家坡圖版柒　學報 1962:1 圖版肆

銘文　張家坡圖版捌　學報 1962:1:5 圖二

隹王元年四月既生霸,王
才淢应;甲寅,王各廟,即立,
遟公入右師事即立中廷。
王乎乍册尹克册命師事
曰:"備于大左,官𤔲豐還左
右師氏;易女赤市、冋黄、麗
㪔,敬夙夕用事。"事拜䭫首,
敢對揚天子不顯魯休令,
用乍朕文且益中隮𣪘,其
邁年子子孫孫永寶用。

銘 10 行 99 字。𣪘四,三有蓋;器、蓋同銘(蓋少一克字)。

甲寅在四月既生霸之後,則既生霸當爲四月的某一天。淢应亦見元年蔡𣪘(本書 139)。長甶盉(本書 103)作"下淢应",則淢有上下。此器淢字從水從或,甚清晰。説文

* 爾季鼎見三代 4.24.2,作者曾名之爲南季鼎。本書 134 引。

“淢,疾流也”。詩文王有聲述文王營豐邑曰“既伐于、崇,作邑于豐,……築城伊淢,作豐伊匹,……維豐垣之,……”。毛傳云“淢,成溝也”,鄭箋云“方十里曰成,淢其溝也,廣深各八尺”,釋文云“字又作洫,韓詩云洫深池”。詩言文王作豐邑,既有域、淢(洫),又立牆垣。周禮遂人注云“洫縱澮横”,故淢有上下之稱。

右者遅公與孝王時害毁(本書160)之右者宰屖父疑是一人,宰屖父即遅公鐘(本書163)之遅父。夷王時伊毁(大系116)曰“皇考遅叔”,亦即此人。

作器者師事,字作旋;而下云“用事”則作事。金文吏、使、旋、事通作事而少有分别。毛公鼎(本書201)卿事寮與褺事分别作旋及事,師寰毁(大系135—136)工事(本書138揚毁作工史)與䌛事分别作旋及事。但令方彝(本書19)及番生毁的卿事寮則或作旋或作事,可知旋、事仍可通用。

西周金文“乍册尹”向不著私名,惟此器銘書克之名。此人若與善夫克爲一人,則早于克爲善夫之時。

“備于大左”應指列于“王行”的左行列。殷代有左右中三師,而春秋時代宋有左右二師(左傳文七),晉獻公作上下二軍(晉世家)。傳世有“東周左自壺”,則爲戰國之器。師事的官職是“官翻豐還。左右師氏”,左右師氏猶左右虎臣、左右走馬是一官職全稱。“豐還”猶免簠(本書129)的“奠還”,皆假作垣。豐邑有淢有垣,見于文王有聲,垣或城外的廓垣。又或假爲環涂之環,考工記匠人“環涂七軌”注引杜子春曰“環涂謂環城之道”。

所錫之物,于市、黄之次有“麗敡”。敡所從之“易”與德毁(本書50)之易相同,故定爲説文之敡,假作裼。玉藻曰“君衣狐白裘,錦衣裼之”,鄭注“君衣狐白毛之裘,則以素錦爲衣覆之,使可裼也。袒而有衣曰裼。……凡裼衣象裘色也”。玉藻曰“裘之裼也,見美也。……君在則裼,盡飾也”。論語鄉黨曰“緇衣羔裘,素衣麑裘,黄衣狐裘”,邢疏云:“凡祭服先加明衣,次加中衣,……次加祭服。若朝服布衣,亦先以明衣親身,次加中衣,冬則次加裘,裘上加裼衣,裼衣之上加朝服”。麗假作驪,説文曰“馬深黑色”;又韜髮之緇帛謂之纚,亦是黑色的。此麗裼當爲羔裘的裼衣。

文且益中,待考。

146. 五年師事毁

圖象　張家坡圖版拾貳　學報1962:1圖版柒

銘文　張家坡圖版拾陸　學報1962:1圖版捌

隹王五年九月既生霸

壬午,王曰:“師事,令女

羞追于齊。儕女十五

昜、登、值、生皇,畫内戈、

琱戚、䢅必、彤沙欥,毋
敗速。”事敢昜王休,用
乍寶毁,子子孫孫永寶用。

銘7行59字。毁三,蓋二;器、蓋同銘。器高23,口徑18.7釐米。

銘述王命“羞追于齊……毋敗速”,與不嬰毁(本書212)“白氏曰:不嬰,駿方厰允廣伐西俞,王令我羞追于西……弗以我車臿于㠱”同例。齊或爲東土之齊,則與禹鼎(本書190)南淮夷入侵或有關。説文曰“迹,步處也,從辵亦聲。蹟,或從足責。速,籀文迹從朿”。金文速同于籀文,亦見師寰毁(大系135)。此假作績,左傳莊十一“大崩曰敗績,……京師敗曰王師敗績于某”,春秋成十六“甲午晦,晉侯及楚子、鄭伯戰于鄢陵,楚子、鄭師敗績”。後漢書西羌傳引竹書紀年曰“(宣)王伐條戎、奔戎,王師敗績”。不嬰毁曰“余命女御追于畧”,御追、羞追之御、羞皆助動字,羞或假爲搜求之搜。此銘“羞追于齊……毋敗績”,似應爲王師征討玁狁之類,與紀年夷王三年烹齊哀公之事無關。

“儕女”猶它器之“易女”而稍有分別。説文曰“儕,等輩也”,此假作齎,説文曰“持遺也”。廣雅釋詁四“齎,送也”,儀禮聘禮記“又齎皮馬”注“齎猶付也”,戰國策西周策“王何不以地齎周最”注“齎,進也”,周禮掌皮注“齎所給予人以物曰齎,今時詔書或曰齎計吏”,史記貨殖列傳索隱“與人物曰齎”。周禮外府“共其財用之幣齎”注“齎,行道之財物也”,漢書食貨志“行者齎”注“齎謂將衣食之具以自行也”。周禮小宗伯“受其將幣之齎”釋文云“齎本又作資”。此銘之儕,似當作爲王使人持遺,送付于師事所在之地,故曰儕而不曰易。

王所予者爲樂器與兵器兩項。師𩛥毁曰“易女戈戣㦰、厚必、彤屖,十五鍚鐘,一□五金”(或“十五鍚,鐘一磬五,全”),與此銘所儕者同類。此器“十五昜”與“敢昜王休”之昜同作;南宫柳鼎(本書164)陽、揚與楚公豪鐘(大系178)“自鑄𨱑鐘”俱從亐,即説文昜字,乃陰陽之陽,周禮大師所謂“陽聲黄鐘……陰聲大吕……”。此銘“十五昜”猶“十五鍚鐘”,登或續上讀,待考。其下“生皇”當指笙簧,皇假作篁、簧。小雅鹿鳴“吹笙鼓簧”,王風君子陽陽“左執簧”,秦風車鄰“並坐鼓簧”,是簧亦可以單稱。

“畫内戈”猶麥方尊之“玄琱戈”,内即戈納。附于此戈之三事,同于訽毁(本書195)、寰盤(大系117)、休盤(本書197)、無叀鼎(大系143)等,詳師𩛥毁(本書169)。

“欥”應與“彤沙”聯讀,乃武器名,師湯父鼎“易盛弓、象弭、矢臺,彤欥”(本書118)。

對揚之揚作昜,與十五昜之昜作昜者小異。

1962年3月4日

147.師寏毁

圖象、銘文 文物1960:2:7

隹五月初吉甲戌,王才莽,

各于大室,即立中廷,井弔
內右師察,王乎尹氏册命:
"師察,易女赤舄、攸勒,用楚
弭白。"師察拜稽首,敢對揚
天子休,用乍朕文且寶毁,
弭弔其萬年,子子孫孫永寶用。

銘7行72字。器通高26.6,口徑24釐米。1956年6月間,出土陝西藍田縣城南約5華里寺坡村北溝道中。出土兩組:一弭叔組,四鬲、二毁、二盨,共十件;二詢毁(本書195)及一同形制花紋而無銘者。弭叔組有銘者三鬲二毁二盨(其一僅存殘蓋),另有一壺,花紋形制同于幾父壺(本書172)、番匊生壺(商周720)。盨器銘曰:

弭弔乍旅須,
其萬年永寶用。

三鬲,形制近中姞鬲(美集録A129,商周159),盨形制花紋同譔季獻盨(商周372),高13.6,口徑17.3釐米,同銘曰"弭弔乍犀妊齍"當是爲妻室所作,則弭弔不姓妊。二毁同銘,皆在蓋内。二毁二鬲存藍田縣文化館,餘在陝西省博物館。郭沫若有考釋,見文物1960:2:5—10,容庚有修訂,見文物1960:8—9:78。

甲戌之甲,寫法同于兮甲盤(本書213)之甲,皆承襲卜辭上甲之甲。右者井叔,見于免組,故可定爲懿王(或孝王)時器。

師察之察或釋家,俱不確,似從宀從求。郭沫若于"用楚"斷句,"弭白師察"聯讀,因曰"弭叔又稱師察或弭伯師察,可知察其名,叔其字,師其官,伯其爵,弭其封邑"。容庚以"用楚弭伯"聯讀,並改讀銘末爲"用作朕文祖弭叔寶毁,其萬年子子孫孫永寶用",因曰"弭叔乃師察的祖父,弭伯乃師察的伯祖父,分師察、弭伯、弭叔爲三個人"。兩説皆誤。我們以爲弭白是師察所輔佐的主官,而弭叔即是師察,應分别爲同時的二個人,弭叔師察是弭白的輔佐。後出師耤毁(本書149),王稱受命者爲師耤,而受命作器者自稱爲弭白,與此同例。"弭白是"用楚"的賓詞,方盉曰"用楚保罕叔方"(三代14.10.4),可以爲證。西周中期銘文如免毁"令女疋周師司歡"(本書128),疋即胥、楚,與此同例,詳走毁(本書112)。銘末"用乍朕文且寶毁,弭叔其萬年子子孫孫永寶用",和同出盨銘"弭叔作旅盨,其萬年永寶用"同例,弭叔皆作器者。容氏改讀是不正確的。師察毁和弭叔盨花紋相同,是同時的。

藍田所出弭叔器,宋代已有出土*。嘉祐間(1056—1063)劉敞(原父)所得有一匜二

---

* 原稿中夾條:"宋張掄紹興内府古器評(津逮秘書本)卷下,周弡生敦二銘一十八字;弡生者恐其姓也。如曰弡仲作寶簠,弡伯作旅匜,則又知其爲一族耳,皆周物也。……考二器銘載制度文鏤略無少異,當是一時所作也。"

簠,也是弭氏一家之器:

(1)弭白匜　考古圖 6.4,博古 21.4,薛氏 130,嘯堂 72、96

(2)弭中簠　考古圖 3.42—44,薛氏 161—164,復齋 19—20,積古 7.5,攈古 3.1.33

匜形制花紋如鄭義白匜(西清 32.4,大系 149),考古圖曰"臨江劉氏""得於藍田,徑四寸有半,深二寸七分"。銘曰:

弭白乍旅也,

其子子孫孫永寶用。

弭白或即師察所胥之弭白,不是弭叔。

簠作獸面紋。考古圖曰"臨江劉氏""得於藍田,形制皆同,縮七寸有半,衡九寸有半,深二寸"。"按原父新得者蓋二器四銘,字有不同"。此或羅更翁按語。薛氏曰"劉原父先秦古器記云右二簠得于驪山白鹿原"(寺坡村在白鹿原之南)。又引集古録云"嘉祐中,原父在長安,獲二古器于藍田,形制皆同,有蓋而上下有銘"。薛氏録四銘即二器器蓋對銘。銘曰:

弭中乍寶匿,睪之金,

鏷鏐(?)鏷鏞,其寡(?)其玄

其黄。用盛朮稻糕梁,用

鄉大正,音王賓,皃具

旨飤。弭中受無彊福,者

友飧飤具飽,弭中畀壽。

宋歐陽修讀"弭中"爲詩六月"張仲孝友"之張仲,清吴式芬改釋弫,孫詒讓始正讀爲"弭"(餘論 3.8),鏷字也是孫氏所考定,他説此字"不見于説文、玉篇,而文選張協七命有鏷越鍛成之語,則古固有此字。其字古書多藉木素之樸爲之。説文金部鋌、銅鐵樸也。石部磺、銅鐵樸石也,(廣雅釋器鐵朴謂之礦朴,朴亦與樸同。)文選王褒四子講德論云精鍊藏于鑛樸。此鏷即鑛樸也。戰國策(秦策)鄭人謂玉未理者璞;金之未鑄成器者謂之鏷字,例亦正同(璞字亦説文所無)"(古籀拾遺中 25—28)。鏷鏐鏷鏞猶吴王光鑑"擇其吉金玄銑白銑",鏐者黄金之美者(説文、爾雅釋器),金文謂之"玄鏐"。鏞即鋁,玉篇"鋁與鑢同",廣雅釋器"鋁謂之錯",説文"鑢,錯銅鐵也",但金文之鏞及鋁疑指錫。其玄其黄指鑄作後青銅的光澤。

朮,阮釋秫,説文曰"稷之黏者"。糕,説文曰"早取穀也",即小米穀子。梁是穀子的精米,三蒼曰"粱,好粟也"。稻從疒。糕字惟見此器。此可知盛于簠者是秫稻粱糕。

用鄉大正即用饗官長,爾雅釋詁"正,長也"。左傳昭十五年晉籍談謂其高祖"司晉之典籍,以爲大政,故曰籍氏"。大政即大正。音即歆,詩生民傳"歆,饗"。皃,疑説文餈字,孫釋饌,説文曰"饌,具食也",于文義較通。飧,亦從孫釋。飽即飽字。

弃,從阮釋,阮引"説文曰𦥑,舉也,張仲爲獻主,故云舉壽"。弃壽猶眉壽,此假作耆。弃音如其,古音和現代廣州語其和耆是完全相同的。

另有近世出土的弭弔乍弔班盨(三代 10.39.4,選青閣舊藏),銘曰:

隹五月既生

霸庚寅,弭弔

乍弔班旅須,

其子子孫孫永寶用。

又有弭中𣐮盤(録遺 494),弭字剔誤,近于般字。此與上器雖不知出土地,但宋代弭中、弭白諸器及此次弭叔諸器皆出藍田,則此二器可能出于此。弭之封地,當即在此處。

1960 年 3 月 5 日

148.中枏父鬲、毁、甗

圖象、銘文 文物 1965:1:59 圖版陸 1.2

隹六月初吉,

師湯父有𤔲

中枏父乍寶

鬲,用敢鄉考于

皇且丂,用旛

眉壽,其萬年

子孫,其永寶用。

銘 7 行 37 字。今在上海博物館。器高 14.2,口徑 19.8 釐米,重 2280 克。

1964 年該館得此器,與 1962 年陝西永壽縣好畤河村所出鼎、匕、盂(文物 1964:7:20—23)者實爲同人所作。匕銘曰:

中枏父乍

匕永寶用。

據説出土時匕在鼎中。此鬲不知何時所出,疑出于一地。銘第一欄七字在唇上,次欄在唇下項上,第三欄以下各欄俱在項下腹内。此等置銘,當日製範時有一定困難,現在拓墨也不易。

作器者名枏,説文訓曰"梅也",字從冄,説文訓曰"毛冄冄也,象形",今或隸作冉,枏或作楠。我初見匕銘,以其字近于柟,後見此鬲枏字從冄甚清楚,金文編所無。作器者是師湯父的有司,師湯父鼎有新宫、射廬乃共、懿時所習見,據其花紋可定爲共王時(本書118)。今因此鬲的出現,需加修改。

作器者是師湯父有司,與此約略同時而稍晚一鼎銘曰"南公有𤔲朁作隩鼎,其萬年子子孫孫永寶，用享于宗室”（周金 2.40，善吉 2.71），亦爲某某之有司。據師湯父鼎銘，王才新宮射廬易以弓矢，則師湯父應是武官，其下屬亦是武官，如下各例：

有司罕師氏、小子合射　　令鼎（大系 14）

參有司：小子、師氏、虎臣　　毛公鼎（本書 201）

前者有司指師氏，小子之正長，後者有司指小子、師氏、虎臣三者之正長。師氏、虎臣或稱左右師氏、左右虎臣乃是王左右的武衛，則有司亦然。周禮諸子曰“諸子掌國之倅”，序官注曰“諸子主公卿大夫士之子者，或曰庶子”。諸子又曰“國有大事則帥國子而致於大子，唯所用之；若有兵甲之事則授之車甲，合其卒伍，置其有司，以軍法治之，司馬弗正”；孫詒讓正義云“置其有司者謂亦置軍吏若伍長卒長之等”；禮記燕義略同諸子作庶子，孔疏云“置立之以有司，謂立其主將使統領之”。由此可知有司是東宮大子所率宿衛親軍之長。陖貯毁曰“王令東宮追以六自之年”，東宮疑大子之稱。左傳文公元年楚公子商臣以宮甲圍成王，又僖公二十八年楚王以東宮之卒從子玉，皆士庶子之受兵甲者。但金文有司亦有泛稱一切職官者，如盠方彝曰“參有司：司土、司馬、司工”，矢人盤曰“矢人有司……堆人有司……凡散有司十夫”（本書附 27）。到了漢代，有司或成爲低級屬吏的代稱，如周禮泉府注云“有司，其所屬吏也”，儀禮士冠禮注“有司，羣吏有事者，謂主人之吏所自辟除府史以下也，今時卒吏及假吏皆是也”。

“用敢鄉考于皇且丂”即用敢享孝于皇祖考。“考于”二字合文，“于”字甚小。西周金文習見“用享孝于……”，惟遲盨作“享考”（三代 10.40.1），而此鬲獨作“鄉考”，鄉假作饗，左傳多借享爲饗，禮記多借饗爲享，二字通用。

西周金文習見“其萬年子孫永寶用”，此鬲獨分割爲“其萬年，子孫其永寶用”。白喜毁曰“喜其萬年，子子孫孫其永寶用”（本書 150），與此同。

師湯父鼎應移于懿世，此鬲並中枏父匕及其同出的鼎亦屬同時。西周初期及較早之鬲，銘文皆在腹内壁上，或在項内或在唇上，此鬲銘自唇至腹内，是過渡的形式，應在西周中期。此鬲花紋爲以長鼻外卷的“象首”（參大系 214 虢叔旅鐘“鼓”紋），以扉爲鼻中的獸面紋，亦見于王白姜鬲（美集録 A130）和鄭鬲（寶蘊 36，商周 156）。王白姜鬲二器（三代 5.24.3—4）銘在項内，一器（三代 5.24.5）銘略長而在腹内，同銘之壺（美集録 A703）形制同于藍田寺坡村出土弭叔組中之無銘壺，花紋近于中枏父匕出土時所在的鼎，它們應是同時的。番匊生壺及幾父壺疑與之前後。我舊定王白姜諸器爲西周晚期，也應提升到西周中期。中枏父鬲的形制，應該提早，尚可以與它同形制的灃西出土陶鬲（五式）比較。此式陶鬲（灃西圖版 75:3.4）極少數的見存于第一期墓葬，而第二期及其以後墓葬比較多見，第二期約當穆王或其後。這説明這類陶鬲存在于西周中期，而顯然與銅鬲互爲影響。濬縣出土的衛始鬲（頌續 21），新鄭出土的“象首文鬲”（商周 171）和上村嶺墓 1631 所出的虢季子㪅鬲（上村嶺圖版 41.1，圖 9.4，27）形制與中枏父鬲相似，花紋亦稍異，其“象首”是承襲西周初期以來長鼻内卷(士上尊、井侯毁等)。衛始鬲足部與此鬲同,稍晚一些;虢鬲與新鄭鬲足部較高應屬于西周晚、春秋初。至于與中枏父匕同出的盂,亦屬同一時期,參函皇父組(本書177)。

中枏父匕長25.8釐米,應是鼎匕。壽縣蔡侯墓出土鼎、鬲皆附匕,它們形制相同而長度有别,鼎匕長25.5釐米而鬲匕長9.6釐米。傳世西周匕(美集録A291—297)皆長31釐米,其形制與中枏父匕相近,惟柄部鏤空,應是鼎匕,我前定它們屬于西周晚期,尚待更定。貞圖2.41𥛍中无龍匕與𥛍中无龍鬲同出,短于鼎匕,應是鬲匕。

1964年10月15日

中枏父毁

圖象、銘文 文物1965:11:46

隹六月初吉,師湯父有

𤔲中枏父乍寶毁,用敢

鄉考于皇且丂,和旛眉壽

其萬年,子子孫孫其永寶用。

銘4行37字,二字重文。器文、蓋文同。今在故宫博物院。通高25.5,口徑21,寬28.8釐米。

中枏父甗

圖象、銘文 考古圖2.17

隹六月初吉,

中枏父乍旅

甗,其萬年子子

孫孫永寶用。

"右得於好畤","内藏"。薛氏16.156。考古圖云按舊圖云"咸平三年(1000年)好畤令黄鄆獲是器,詣闕以獻"。籀史略同(據籀史知所云舊圖爲周秦古器銘碑),稱爲"方甗一,銘二十一字"。形制同圅皇中甗(陝西63)、叔碩父甗(商周195)。

1958年10月30日

149.師耤毁

圖象、銘文 文物1966:1:5

隹八月初吉戊寅,王各于

大室,𢆶白内右師耤即立

中廷。王乎内史尹氏册命：

“師耤，易女玄衣、黹屯、銾市

金鈦、赤舄、戈琱㦸彤沙、攸勒、

䜌旂五，日用事。”弭白用

乍隮毁，其萬年子孫永寶。

銘7行71字。1963年11月出土陜西省藍田縣東南新村外輞川河東岸第二台地上，距1959年出土弭叔等器的寺坡村約13公里。失蓋，高18、口徑19.7釐米。今存藍田縣文化館。

1965年11月15日

150.白庸父組、白首父組（張家坡銅器羣）

1961年10月30日，長安縣張家坡灃西磚廠東門外300米處出土一窖銅器53件。窖口爲0.80×1.20米，距地表不及1米。53件中有銘文者32件，可分爲以下數小組：

（1）盂毁　3件　花紋同於康王時的静毁（商周217）、效尊、紀侯毁、庚嬴卣（本書80、90、73）

（2）元年師事毁　4件　花紋同師瘨毁乙（本書119）、㝬友父毁（扶風10）、白喜毁、蔿毁（本書162）

五年師事毁　3件　花紋同師瘨毁甲（本書119）

（3）白庸父鬲　8件　同中姞鬲（商周159）

白庸父盉　1件　花紋同元年師事毁（本書145）

筍侯盤　1件　花紋同白庸父盉

（4）白首父鎣　1件

白首父盤　1件　複鱗紋，同函皇父盤（本書177）

（5）白喜毁　4件　花紋同師瘨毁乙、元年師事毁、㝬友父毁

（6）白㳄父毁　4件　瓦紋，同于奠虢中毁（商周324）

（7）白壺　2件　素無紋

以上除盂毁屬于康王時外，其它各組大約皆當西周中期後半，約懿、孝時。

白庸父組

鬲，學報1962:1圖版15，張家坡圖版1、2。共八器。高9.8、口徑14釐米。

盉，蓋有銘，學報1962:1圖版14，張家坡圖版23、24。高19.5、口徑17.2釐米。

白庸父乍寶

𥫩，其萬年子子

孫孫永寶用。

盤,學報 1962:1 圖版 17.2、18.2、4,張家坡圖版 29、30。高 10.1、口徑 36.2 釐米。

筍侯乍弔

姬賸般,其

永寶用鄉。

此十器應爲一組,筍侯所作媵女弔姬之盤與白庸父所作之盉是成對相將的盥器。白庸父與弔姬是夫妻,筍侯與弔姬是父女;筍侯乃姬姓之郇,而白庸父與之通婚姻,應非姬姓。盤銘首字原甚漫漶,細察之始定爲筍字。但説文竹部筍字從旬,而金文(此器、筍白盨及鄭筍父諸器)均從旬,説文訓“目摇也”。金文國名之筍,説文作郇,説文通訓定聲“郇,周文王子所封國也,後爲晉地”。左傳僖公廿四年“……郇,文之昭也”。左傳僖公廿四年“師退,軍于郇”,杜注云“解縣西北有郇城”。續漢書郡國志“解縣有瑕城”,劉昭注云“左傳曰咎犯與秦、晉大夫盟於郇,杜預曰縣西北有郇城。博物記曰有智邑”。郇、瑕相隣,故左傳成公六年曰“皆曰必居郇、瑕氏之地”。左傳桓公九年“……郇侯、賈伯伐曲沃”,詩曹風下泉曰“四國有王,郇伯勞之”。西周金文有筍侯、筍伯。

盤銘之末曰“永寶用鄉”,鄉假作享,中枏父鬲曰“用鄉孝于皇且考”(本書 148),亦以鄉爲享。它器皆作享。

盉銘之盉作𥁕,𠂇即季良父盉(三代 14.11.2)𥁕(委)之省。

此組銅器出土時曾據拓本寫釋其銘,後見郭沫若考釋初稿,筍字闕而不釋,曾通函商榷,承其採納。但郭氏既謂鬲是白庸父爲妻室所作,又説筍侯當即伯庸父,又説器羣主人與姬、姞通婚,不是姬姓國,三説自相矛盾。器羣中共出盤二具,白首父所作盤、鎣是一對,而筍侯爲其女白庸父之妻叔姬所作之盤與白庸父自作之盉亦是一對。這是後來研究盤、盉——盤、鎣——盤、匜的關係才發現的。

鬲作直紋,同于孝王時的中姞鬲。盤、盉花文同于元年師事毁,因此定此組爲懿王時代器。

白首父組

鎣 學報 1962:1 圖版 16,張家坡圖版 23、24。高 20.7、口徑 10.1 釐米。蓋有銘。

白首父乍孟姬朕鎣。

盤 學報 1962:1 圖版 17.1、18.1、3,張家坡圖版 29—31。高 9.5、口徑 39 釐米。

白首父乍

孟姬朕般。

毁 考古圖 3.19,“右得于驪山白鹿原。皆徑六寸五分,深三寸”。博古 16.39—40、嘯堂 53、薛氏 13.120b 録其一器。薛氏 13.121 引“先秦古器記曰此敦得于藍田”。復齋 27“畢良史得于盱眙榷場”。銘在腹内。

白首父乍周姜
寶段,其夙夕享,
用旟萬壽。

此四器應爲一組,後二段係北宋出土。據考古圖應是二器同銘,或誤以爲一蓋一器,非是。白鹿原在今西安市東北,距灃西約30公里。前二器是白首父爲其長女所作媵器,後二器爲其妻室周姜所作器,故出于二地。

作器者爲白首父。説文曰“𦣻,頭也”,“首,𦣻同,古文𦣻也”,故𦣻即首字。考古圖釋作伯首父,是。白首父是姬姓,故段銘的周姜應是其妻室,乃姜姓而嫁于周族者。“用旂萬壽”即“用祈萬年”。此窖所出,白庸父之配爲弔姬,白汈父之配爲孃姞,則盉姬有可能爲白喜之配。

此鎣之足作短尖形,與一般之盉之作鼎足形者不同。説文曰“鎣,器也,從金熒省聲,讀若銑”,“銑,金之澤者,一曰小鑿”。廣韻徑部曰“鎣,鎣飾也”,又清部曰“鎣,采鐵,又音營”,廣雅釋詁三曰“鎣,磨也”,都假作銑,惟集韻以爲器名。季良父盉(恆軒95)和王中皇父盉(故宫,三代14.11.2—3)皆與此鎣同形而自名曰“盉”。1947年在瑞典京城所見一盉作鼎足盉形,銘曰“師轉乍寶𠈌”,與轉盤(冠斝1.49,三代17.2.5)爲一對。因此知盉又名鎣,而鼎足與短尖足之盉或名鎣或名盉,並無分别。但稱盉爲鎣以及盉作短尖足形則是懿、孝時代一時的風尚。日本255,上海博物館所藏二器(18337,33483),均與此鎣形制相同,時代相近。泉屋102的鳳蓋盉(海外123,商周483)作圈足,是短尖足的變化,也是同時的,它的形狀接近近世的茶壺。

宋代出土的段,其形制、花紋(長鳥分尾)同于白椃段(尊古2.6)是較早的紋飾。盤作複鱗紋,同于孝王時圅皇父盤。因此定此組爲懿王。

白首父段作盂形而有耳,自名爲段,與白椃段同,後者與美集録A232命段同形制、花紋,亦相近似。舊定命段爲昭、穆前後器,白椃段字體亦早,不能晚于穆、共。

不成組諸器

白喜段　學報1962:1圖版11,張家坡圖版21。高22.7、口徑19.8釐米。器蓋同銘。

白喜乍朕文
考剌公隫段,
喜其萬年,子子
孫孫其永寶用。

白汈父段　學報1962:1圖版12,張家坡圖版19。高22.8、口徑19.7釐米。器蓋同銘。

白汈父乍
孃姞隫段,

子子孫孫永寶用。

白壺　學報 1962：1 圖版 13，張家坡圖版 26。高 64、口徑 17.5 釐米。器蓋同銘。

白乍寶壺。

白喜毁曰“喜其萬年，子子孫孫其永寶用”，與中枏父毁、鬲“其萬年，子子孫孫永寶用”同例，都是在“子子孫孫永寶用”之間更加一其字，則永寶用的主詞是子子孫孫。此器花紋同于元年師事毁和師瘨毁乙，故可定爲懿王。

白沕父之“沕”，郭沫若據器文所釋，不確。器銘之範有誤，蓋銘右旁象獸走形（汏?），又似黽之側形。器作瓦紋，與鄭虢中毁（商周 324）相近，或在孝、夷時。

白壺似亦西周中期器。

1964 年 11 月 22 日

九、孝王銅器

151.𢀛白鬲

圖象　日本 309

銘文　三代 5.28.2

　𢀛白鑄鬲于

　𢀛,其邁年寶用。

銘 2 行 11 字。陳介祺舊藏,今在日本。

此器作直紋,與孝王時中姞鬲(商周 159)等相似,應爲孝王時器。

152.奠井叔三器

盨　三代 10.33.3—4,大系録 71　上海博物館

　奠井叔康乍旅

　頪,子子孫孫其永寶用。

甗　綴遺 9.31.1

　奠井叔乍季姞甗,永

　寶用。

鐘　三代 1.3.3,大系録 72　潘祖蔭舊藏,今在日本

　奠井叔乍

　霝鐘,用妥　　(鉦間)

　賓。　　　　(鼓左)

郭沫若謂康鼎之"康即奠井叔康盨之奠井叔康,亦即舀鼎之井叔"。方濬益謂奠井叔甗"與鄭井叔妥賓鐘、井叔康殷(應作盨)疑皆一人所作器"。二氏所説皆是。

金文盨或從金,此從木,可知盨器原是木製。

霝鐘猶它器作"龢鐘"、"龤鐘"。霝字亦見大克鼎(本書 185)。魯原鐘曰"魯原乍龢鐘,用享孝"(大系 227),用享孝與此"用妥賓"文例相近。

1962 年 2 月 10 日

153. 翏生盨

王征南淮尸,伐角蔿

伐桐遹,翏生從,執訊

折首,孚戎器,孚金;用乍

旅盨,用對剌。翏生眔

大媍其百男百女千

孫,其萬年眉壽永寶用。

銘6行50字。金文分域編(續11.44)謂"近年陝西出土"。傳世共二器,一失蓋,銘見三代10.44.1*;一器蓋全,今在上海博物館**。第一行角下一字從淮從舟,即説文津之古文。古文四聲韵引崔希裕纂古古文津作艇從進。第二行桐下一字從遹從臼,説文繘之籀文從絲從矞,故知應釋作遹。鄂侯御方鼎曰"王南征角、僪",即此角津、桐遹。左傳定二"桐叛楚",杜注云"桐小國,盧江舒縣西南有桐鄉"。哀十五"楚子西、子期伐吴及桐汭",杜注云"宣城廣德縣西南有桐水,出白石山西北,入丹陽湖"。潛夫論作同,偃姓。

此役與鄂侯御方鼎乃同時之事。角、桐皆隣于楚的小國,所以楚之鄂侯從王征伐。此從王南征的翏生,與妘姓爲婚,疑亦南國之人,翏或即蓼。左傳桓十一"鄖人軍于蒲騷,將與隨、絞、州、蓼伐楚師",杜注云"鄖國在江夏,雲杜縣東南有鄖城。……蓼國今義陽棘陽縣東南湖陽城",釋文云"蓼音了,本或作鄝,同"(今河南唐縣南九十里)。楚世家正義引"括地志云安州安陸縣城(今湖北安陸),本春秋時鄖國城"。鄖爲妘姓之國,祝融氏第四子求言處祝融之虚,是爲鄶國,在新鄭,其族類及于新鄭以南,詳世本、鄭語及楚世家。

此役執訊折首以外,並俘獲戎器及金,因乍此器述其功業。對假作述,參井侯毁(本書57);剌假爲烈,爾雅釋詁"烈,業也"。

翏生與大媍當爲夫婦,故祈百男百女千孫。

此器口長方,附耳,失蓋,瓦紋,與弭叔盨(文物1960:2:8)相近。此器形制花紋同于陝西省博物館的一器(陝西101)。

1958年2月3日

154. 鄂侯御方鼎(附鄂侯毁)

圖象　商周上册295圖二

銘文　三代4.32.1,大系録90

王南征伐角、僪,唯還

---

* 今在旅順博物館。

** 參看馬承源關於翏生盨和者減鐘的幾點意見,考古1979年1期。

自征才坏。噩医馭方
内豊于王,〔王〕乃祼之;馭
方宥王,王休宴。乃射,馭
方卿王射:馭方休闌,
王寡;咸酓。王親易馭
方〔玉〕五瑴,馬四匹,矢五
束,〔馭〕方拜手稽首敢
對揚天子不顯休贅,
用乍隩鼎,其邁年
子孫永寶用。

銘11行85字。陳介祺舊藏。

鄂侯之噩,舊釋器,劉心源曰"非器……乃噩字,周禮占夢二曰噩夢,説文未收而吅部作咢。案爾雅釋天太歲在酉曰作噩,史記曆書作鄂,知噩侯即鄂侯也。……馭方,鄂侯名。……贅從貝當是釐,詩江漢釐爾圭瓚,傳釐、賜也"(奇觚2.9)。案爾雅釋天釋文云"噩,本作咢"。劉説是。楚世家曰"當周夷王之時,王室微,諸侯或不朝,相伐。熊渠甚得江、漢間民和,乃興兵伐庸、楊粤,至于鄂"。索隱云"譙周亦作楊越"。正義云"劉伯莊云,地名,在楚之西,後徙楚,今東鄂州是也"。括地志云:"鄧州向城縣南二十里西鄂故城是楚西鄂。"楚世家又曰"熊渠乃立其……中子紅爲鄂王",集解云"駰案九州記曰鄂今武昌";正義"括地志云:武昌縣,鄂王舊都,今鄂王神即熊渠子之神也"。

鄂侯的鄂之所在,有兩説。郭沫若以爲此器之坏爲氾縣大伾,乃山名;以爲"本銘之鄂侯當即殷末鄂侯之後裔","野王縣有邘城",今沁陽縣西北。徐中舒以爲"西周時代,鄂尚在楚西",即鄧縣的西鄂(學報1959:3:63),唐蘭也説"鄂侯御方的鄂,應該是現在河南鄧縣的鄂"(陝西敍言)。我們在禹鼎考釋(本書190)中,不採用此二説,以爲鄂在武昌。

傳世有鄂侯毁三器(武英75,故宫6.14,三代7.45.3—5),銘曰:

鄂侯乍王姞朕毁,王
姞其萬年子子孫永寶。

毁前一字或釋爲媵,故郭沫若以爲鄂"乃姞姓之國與周室通婚姻"。毁銘未系鄂侯私名,可能是御方所作。因爲毁的花紋形制同于禹毁(本書155),都是孝王前後器,與此鼎時代相同。美集録A242及西清28.8—9中叀父毁與鄂侯毁形制花紋全同,應是同時之器。

此銘記王還自南征角、僪,在坏地與鄂侯宴射。此器南征的角、僪與翏生盨南征南淮夷的角津、桐遹當是同時事。説文無僪字,趫下云"狂走也",廣雅釋詁四"僪,狂也"。僪是趫字,因與遹相通用。古虚字遹、越、雩、粤通用,故此遹可能是楚世家所記周夷王時熊渠所伐"庸、楊粤"之粤,索隱云"有本作楊雩,音吁,地名也。今音越。譙周作楊越"。文選恨賦引竹書紀年曰“穆王三十七年(廣韵元部黿下作十七年,太平御覽七三作七年)伐越,大起九師,東至于九江,叱黿鼉以爲梁”,今本紀年作“遂伐越至于紆”六字,或有所本。伐越至于紆即至于鄂,猶熊渠伐庸、楊粵至于鄂,雖屬二王之事,其途徑或相同。此役是王伐南淮夷而鄂侯助平定南國,故歸途中王灌飲之,與之宴射,並有所賞錫。至禹鼎所記,則鄂侯馭方率南淮夷、東夷叛周内伐,武公命禹以車徒“至于鄂”,“敦伐”之,“休獲厥君馭方”。由此可見鄂侯叛服無常,地近淮夷而左右淮夷。

“才坏”,與麥方尊(大系 20)“王令辟井侯出坏侯于井”之坏同形,王國維謂即競卣(本書 79)“命伐南夷……才坏”(從亯)之坏,以爲即大伓(觀堂别補 12),郭沫若以爲“當即今河南汜水縣西北里許之大伓山”。

祼宥二字,從王國維釋宥。王氏曰“王乃儨之者謂王祼馭方也,馭方晵王者謂馭方酢王也”(觀堂别補 2—3)。西周金文的“乃”字,多用作領格第二人稱代名詞,偶亦假作“若”,此器二“乃”字則皆用作“迺”,即作于是、然後解。“乃祼之”之“之”用作賓格代名詞,與君夫毁(大系 30)“其永用之”,皆是較早出現的賓格代名詞。“王休宴”與“王寡”,劉心源一律釋作宴,郭沫若從之,但字形結構殊異,今分别之。休宴即息燕,爾雅釋詁曰“休,息也”。第六行第四字,拓本惟見“酉”字,其上似有“今”,劉、郭並以爲飲字之省。“内豊于王”之王似應有重文,拓本不見。

此鼎述周王還自南征,中途勞其從行的鄂侯,行息燕或燕射之禮,畢致酬幣。可分爲三部分:(1)燕禮,(2)射禮,(3)酬幣。

此鼎先燕後射,同于長甶盉(本書 103)。禮記射義曰“古者諸侯之射也,必先行燕禮,卿大夫之射也,必先行鄉飲酒之禮”。其實先燕後射乃是燕射的兩部分而已。射義孔疏曰“凡天子諸侯及卿大夫禮射有三:一爲大射,是將祭擇士之射;二爲賓射,諸侯來朝,天子入而與之射也;或諸侯相朝而與之射也;三爲燕射,謂息燕而與之射”。考工記梓人曰“張獸侯則王以息燕”,注云“息者休農息老物也,燕謂勞使臣若與羣臣閒暇飲酒而射”。息燕或燕射乃是與羣臣飲酒而射,先燕後射,均與此器合。

此銘記燕禮部分,凡賓主應對之事四:(1)侯納醴于王,(2)王乃灌之,(3)侯酢宥王,(4)王與侯息燕。鄂侯納醴于王猶效尊(本書 80)之“内鄉于王”。灌之即飲之,禮記投壺注云“灌猶飲也”(亦可釋作祼鬯,周語上曰“王乃淳濯饗醴。及期,鬱人薦鬯,犧人薦醴,王祼鬯饗醴乃行”。但此是燕禮,似應釋灌飲)。鄂侯侑王,王遂與之息燕。“休宴”即息宴,當指有樂舞的宴飲,考工記鄭注對于“息”的注釋,不甚恰當。儀禮鄉飲酒“乃息司正”,鄭注云“息猶勞也,勞司正謂賓之與之飲酒”。是息亦爲飲宴。據考工記息燕張獸侯,則息燕之後繼以射,故此銘曰“王休宴,乃射”。

㸚字亦見令鼎(大系 14)及静毁(大系 27),皆涉及射禮。此字説文所無,乃“合”字的孳乳,説文曰“佮,合也”,經典作合。爾雅釋詁曰“偶,合也”,周禮媒氏注云“得耦爲合”。

“馭方合王射”者鄂侯與王對射,爲王之耦。曲禮孔疏云“射法,每兩人相對,以決勝負,名之曰耦”,左傳襄廿九“射者三耦”杜注云“二人爲耦”,周禮掌次注云“耦,俱升射者”。周禮大司馬曰“若大射則合諸侯之六耦”,射人曰“王六耦”。由此可知耦是比射時的對手,故稱“合”。

“馭方休闌,王宧”,是對射的結果。儀禮大射曰“大射正立于公後以矢行告于公:下曰留,上曰揚,左右曰方”;鄭注云“留,不至也,揚,過去也,方,出旁也”。此鼎所記“王宧”謂王所射之矢過去不中,三代11.33.2“宧王休”即揚王休。成王時的小臣逋鼎(本書28)的休中即中盤(本書53)、休𣪕(三代6.38.7)的中與休,一名一字。休闌疑是中侯。廣雅釋詁二曰“闌,遮也”,小爾雅廣器曰“射有張布謂之侯”,闌疑指射布,休于闌即止于闌,謂中侯。既射之後,勝與不勝俱飲,故曰“咸飲”。大射曰“三耦及衆射皆升,飲射爵于西階上”;注云“不勝之黨無不飲”。

以上所述射禮,應參照孫詒讓周禮正義掌次、司裘、大司馬、射人、梓人諸節,儀禮與禮記述射諸篇。

燕射既畢,王乃親錫鄂侯玉五瑴、馬四匹、矢五束。左傳莊十八曰“虢公晉侯朝王,王饗醴,命之宥,皆賜玉五瑴,馬三匹”,與此所同,而此多矢五束。左傳僖廿八“王享醴,命晉侯宥”,賜之弓矢等事。玉五瑴即五品、五副,詳師遽方彝(本書115)。

“拜手稽首”見無其𣪕、歸芻𣪕、揚𣪕、伊𣪕、師嫠𣪕和录白𢦏𣪕。參卯𣪕釋(本書158)。

就銘文内容,可知此時鄂侯臣服于周,先于夷王時禹鼎銘内叛周之鄂侯。此鼎項下“顧龍”花紋一帶,近于共王時的師奎父鼎(本書111);此鼎形制近于夷王時克鼎(本書185、186)等器。因此可判斷此鼎在共王後夷王前,今暫定爲孝王。

1958年2月7日

155.叔向父禹𣪕(附叔向父𣪕)

圖象　商周340,大系圖259

銘文　三代9.13.1,大系録129

叔向父禹曰:余小子司朕
皇考,肇帥井先文且𠭯明
德,秉威義,用𤕌𦓐奠保
我邦我家,乍朕皇且幽大
叔𥂴𣪕,其〔嚴才〕上,降余多
福緐釐,廣啟禹身,勵于
永令,禹其邁年永寶用。

銘7行67字,失蓋。劉喜海、許延暄、潘祖蔭舊藏。今在上海博物館。

作器者名禹,字叔向父。玉篇“蠁(説文重文作蚼),禹蟲也”,故禹、向名字相應,孫詒讓説(餘論3.11)。“皇且幽大叔”,亦見禹鼎(本書190),故知此毁與禹鼎之禹是一人。“先文且𢼸”,即懿王時之司馬𢼸,見于師晨鼎、師俞毁及諫毁(本書134—136)。

“肇帥井先文且𢼸明德,秉威義”,與虢叔旅鐘“不顯皇考叀叔穆穆秉元明德……旅敢肇帥井皇考威義”(大系118)相近。“𩁹匔”,詳毛公鼎(本書201)。其嚴至永令,同于士父鐘“其嚴才上……降余魯多福亡彊……用廣啟士父身,勵于永〔令〕”(三代1.43.2)。大克鼎曰“勵克王服”(本書185),番生毁曰“勵于大服”(大系130),班毁曰“隮于大服”(本書12),方言一“�,登也”,是金文之勵即蹸。與此勵于永令同意。緐釐即繁釐,者減鐘“用旂眉壽緐釐”(大系153')。

此器形制花紋與元年師兑毁(本書170)及白家父毁三器(美集録A243,巖窟1.17,貞圖1.37)全同。師兑毁屬于孝王時龢父組;白家父鬲(陶齋2.55)乃直紋加單鱗帶,是孝王時器,參中義父組(本書176)。因此,禹毁應爲孝王時器,略早于禹鼎。

清世所出又有叔向父毁五器:

1.三代7.36.3.4 增訂大系圖259誤列此爲叔向父禹毁

2.三代7.37.1.2

3.三代7.37.3.4

4.貞松5.23.1.2 (器在故宫)

5.貞松5.23.3.4

皆器蓋對銘,銘曰:

叔向父乍婞

como妘隮毁,其子子

孫孫永寶用。

上海博物館2533所藏一器,高25.6、口徑22釐米,與禹毁形制花紋大略相同,惟項下是單鱗紋一行而禹毁作二行。婞妘當爲叔向父之妻,因禹爲井侯之後,姬姓。叔向父毁,分域續以爲商丘出土,又曰“福山王氏所藏,説文古籀補有盛伯熙朱批云:器出歸德,證非晉叔向器”。

1965年1月28日作

156.康鼎

圖象 寧壽1.17—18,商周64,參倫13,大系圖12

銘文 三代4.25.2,大系録71

唯三月初吉甲

戌,王才康宮,燚
白内右康。王命:
“死嗣王家,易女
幽黄、鋚革。”康拜
稽首敢對揚天
子不顯休,用乍
朕文考釐白寶
隮鼎,子子孫孫其萬
年永寶用。奠井。

銘10行62字(内重文2)。器高22.1、口徑23釐米。

輔師嫠𣪕曰“王才周康宮,各大室,即立,燚白入右輔師嫠”(本書142),故知此鼎康宮爲周康宮。郭沫若云“康宮即井叔康之宮,非周之康宫也”,由後出之𣪕可證其非是。

王所錫爲幽黄與攸勒二事。金文市、黄爲相將之物,惟此銘所錫有黄無市,可證黄爲獨立之物,乃大帶,詳“釋黄”。鋚革即攸勒,詩韓奕及采芑作“鞗革”,此鼎鋚字範上有錯亂。

郭沫若云“康即奠井叔康盨之奠井叔康。……本鼎銘末有‘奠井’二字,即康所自署之下欵”。白章父鼎及叔男父匜(三代3.30.2,17.38.1),銘末所系“井”即“奠井”,皆是作器者的氏名。齊家村23弦紋甗曰:

乍旅獻子子孫孫
寶用□□〔奠〕井。

亦同此例。自殷代以來,銘末所署通常稱爲“族名”的,其中有一部分應是氏名。參中義父鼎釋(本書176)。

此鼎右者燚白亦見輔師嫠𣪕,後者可定爲懿王時器,故此鼎及燚白組皆可定爲懿、孝時,今置于孝。

懿王以前鼎足皆作圓柱形,腹底部近乎平,腹底徑大于口徑。至懿王時師湯父鼎(本書118)* 開始變圓柱足爲馬蹄形足,但腹形未變。至康鼎則足部已具馬蹄形而腹部收尖,成爲後此鍋形腹馬蹄形足的鼎的先導。此鼎項下一帶花紋作糾抱式,開後來史頌𣪕(本書206)式花紋的先河。

1965年2月2日乙巳初一

157.同𣪕

* 作者後將此鼎改定爲共王時期。

圖象　西甲6.29(器),大系圖69

銘文　三代9.18.1(器),三代9.17.2(蓋),大系録74

佳十又二月初吉丁丑,王

才宗周,各于大廟,焂白右

同立中廷北鄉。王命"同差

若吴大父嗣昜、林、吴、牧,自

虒東至于河,厥逆至于玄

水。世孫孫子子差右吴大父,毋

女又閑"。對揚天子厥休,

用乍朕文考叀中隣寶毁,

其萬年子子孫孫永寶用。

銘9行91字(内重文4)。此器,器在故宫,蓋劉鶚舊藏。

此王于宗周大廟命同輔助吴大父司場、林、虞、牧,其職事詳免簠(本書129)。郭沫若以爲師酉毁(本書173)"王才吴,各吴大廟"是吴大父之廟;又説大毁、大鼎(本書182、183)之大是吴大父,均不確。金文吴、虞一字,吴大父應是虞大父。

虒從虎尸聲,應釋作虒,虒、尸(夷)音同(金文編未釋)。漢書 地理志上黨郡銅鞮縣"有上虒亭、下虒聚"(今襄垣縣西有地名虒亭,宋史陳思讓傳周廣順元年敗北漢兵于遞亭)。又上黨郡泫氏縣,注引"應劭曰山海經泫水所出"(泫氏今高平縣,泫水出高平縣西十二里原村,東南流至晉城縣,東北合丹水)。沁水注曰"竹書紀年曰晉烈公元年趙獻子城泫氏。絶水東南與泫水會,水導源縣西北泫谷"。濁漳水注銅鞮水出"縣西北㶩山……其水又東逕故城北……即故縣之上虒亭也。……逕頃城西,即縣之下虒聚也。……又東逕襄垣縣入于漳"。

河,郭沫若釋爲大河之河,金文編隸于河下,恐非。"虒東至于河"應指濁漳水上游。"厥逆至于玄水"應指今高平縣南丹水北的泫水。所指區域是今襄垣南至高平河兩岸。

"毋女又閑"即毋汝有閑,謂汝毋有間歇。"世孫子"是共、懿時期習見之辭,詳吴方彝釋(本書114)。

此器花紋似爲長(或短)鳥分尾。

1965年2月3日乙巳初二

158.卯毁蓋

圖象　懷米2.26,大系圖91

銘文　三代9.37.2,大系録73

佳王十又一月既生霸

丁亥，𠫑季入右卯立中廷，𠫑
白乎令卯曰："䚄乃先且考死𤔲
𠫑公室，昔乃且亦既令乃父死
𤔲𦶡人，不盄，𢦏我家窠用喪。今
余非敢夢先公又進迭，余懋再
先公官，今余隹令女死𤔲𦶡宮
𦶡人，女毋敢不善。易女瓚四、章瑴，
宗彝一𢼄，寶；易女馬十匹，牛十；易于乍
一田，易于宻一田，易于隊一田，易于𢦚一田。"卯拜
手頁手敢對揚𠫑白休，用乍寶䵼
毁，卯其萬年子子孫孫永寶用。

銘12行153字(内重文2)。曹載奎舊藏。小校8.89(積古6.19，從古6.36)録孫淵如、張廷濟所藏器，則是僞刻。

此爲榮白廷見卯而下命書的記録，廷見時有右者榮季，于受命者任以職事，且重加賞錫，與王者廷見之禮相若。師𣪕毁(本書169)載白龢父之命書而稱"白龢父若曰"，與王者之命書作"王若曰"者相同，于受命者亦任以職事，且重加賞錫。此可見西周中葉諸侯公室比擬王室的情景，也反映了封建國家分割土地的史實。由此兩器，也可見公室中有世襲服役的官職。

"死司榮公室"猶"死司王家"之例。榮白命卯繼其先祖考"死司鎬宮鎬人"，鎬是鎬京，詳本書總論三西周金文中的都邑，則榮白當是周的同姓卿士。"不盄"即不淑、不善，詳大克鼎釋(本書185)。此銘謂卯之父承其祖命死司鎬人而不善，故曰"𢦏我家窠用喪"，謂喪其家動。窠從穴從熏省，説文所無，录白㦰毁"虎冟窠裏"，它器作"熏裏"，故知束是熏字的省寫。𢦏作寽，郭沫若釋取，金文編釋孚，均不確。寽、𢦏古通用，此爲語詞。

夢訓亂。懋再舊釋懋爯，不確。懋再猶緟就，謂重命之。"女毋敢不善"與師𣪕毁"毋敢否善"同。所錫共三項：玉器及宗彝，馬牛，田四田。"瓚四，章瑴"即瓚四璋一瑴，"四"字補寫于瓚旁，此範上所補。瑴即瑴，郭璞西山經注云"雙玉爲瑴"，説文曰"半圭爲璋"，章瑴即一圭、二璋。"寶"，參毛公鼎釋(本書201)。金文所錫馬或曰四匹，或曰乘，皆指一車所用。此毁所錫"馬十匹，牛十"，當是耕作所用，非乘馬。"易于某(地)一田"與敔毁"易于某五十田"同例(本書84)，大克鼎則作"易女田于某"(本書185)。某皆地名。

"拜手頁手"，昊生鐘作"拜手䭫手"(本書141)，故知頁假作稽，説文曰"頁，頭也，從百從儿，古文䭫首如此"。説文曰"䭫，下首也"(經典作稽)，"頓，下首也"，"𢷎，首至地也"(經典或作拜)。荀子大略篇曰"平衡曰拜，下衡曰稽首，首至地曰稽顙"，後者即頓首。周禮大祝曰"辨九𢷎，一曰稽首，二曰頓首，三曰空首……"，注云"稽首拜，頭至地也；頓首拜，頭

叩地也;空首拜頭至手,所謂拜手也”。稽,釋文作䭫,同于金文。禮記玉藻曰“君賜,稽首,據掌致諸地”,注云“致首於地,據掌以左手覆按右手也”,尚書太甲孔傳云“拜手,首至手”;公羊傳宣公六年何注云“頭至手曰拜手”。由此可知稽首與拜手有别:稽首是首至地,許慎以爲拜是首至地乃指稽首拜而言;拜手是首至手,即空首拜。大祝九拜,空首(拜手)在稽首、頓首之後,其禮輕于前二者之首至地。左傳僖公十一年王賜晉侯命“受玉惰”,周語上曰“晉侯不敬,晉侯執玉卑,拜不稽首”,韋注云:“禮‘執天子器則上衡’。稽首,至地也。”曲禮注“上衡謂高于心,平衡謂心平”。由此可知稽首之禮重于拜手。

金文所見稽手、拜手之辭有以下各類:

(1)拜稽首　康王時井侯毁、班毁、它毁(本書58、12、77)等至西周末各器

三拜稽首　西周初期農卣(三代12.42.3)

既拜稽首　昭王時友毁(本書96)

(2)拜首稽首　穆王時遹毁(本書104)

(3)拜手稽首　懿王時匡卣、揚毁(本書127、138),孝王時鄂侯鼎、師釐毁(本書154、168),夷王時無其毁、歸芻毁(本書95、196)、伊毁、录白㦰毁(大系116、35)

(4)拜手稽手　懿王時旲生鐘(本書141),孝王時鮮鐘(本書174)均對王

拜手頁手　孝王時卯毁(本書158)對侯伯

拜稽手　宣王時不嬰毁(本書212)對侯伯

䫀稽首　康王時䖒毁(本書120)對侯伯

(5)拜手　夷王時柞鐘(本書204)對侯伯

(6)稽首　孝王時害毁(本書160),夷王時禹鼎(本書190)對侯伯,厲王時師訇毁(本書207)

成王時的銅器爲數甚多,尚未見有任何上述之辭的出現。“拜稽首”可能即“拜首稽首”。穆王時的“拜首稽首”可能即是懿王起的“拜手稽首”,因爲“空首拜”即是“拜手”。“拜手稽首”與“拜手稽手”同出現于懿王時,古音手與首相同,故或以爲“稽手”即是“稽首”;但稱爲“拜手頁手”、“拜稽手”或“拜手”諸器,均屬受命者對所命的侯伯而言,似乎“稽手”是指手掌據地,其禮輕于致首于地。稱“稽首”的三器,其中禹鼎是對侯伯而言,則稽首而不拜也是輕于拜手稽首。此外,㫚鼎(本書143)第三段“用兹四夫稽首”乃請罪之義,與第二段“則拜稽首”不同。

由上所述,則“拜稽首”之詞自康王至西周之末皆通用,而懿王時始有“拜手稽首”與“拜手稽手”之稱。今所傳二十九篇今文尚書和毛詩中所載,有以下各例

拜稽首　虞書舜典、皋陶謨

拜手稽首　商書太甲

周書召誥、洛誥、立政
再拜稽首　周書康王之誥
拜稽首　詩大雅江漢
小大稽首　詩谷風之什楚茨

虞書、商書是西周以後所編作,自不待論。周書四篇向來以爲西周所作,所述成、康之事而作懿王時始有的"拜手稽首"及後來儀禮所有的"再拜稽首",則其成書年代有可疑者。周書大誥亦應爲成正時作,然其"尹氏"官名始見于懿王時的師察毁(本書147)故尚書通論"大誥講義"中曾提及此疑問。合此二例,則今所傳今文周書,至少曾經共、懿以後人的修綴。

1965年2月4日乙巳初三立春

159.白頵父鼎

圖象　兩罍3.6,懷米2.6
銘文　三代4.1.1

白頵父乍朕
皇考犀白、吴姬
寶鼎,其邁年
子子孫孫永寶用。

銘4行23字。

此器所記作器者父母名號,可與其它相關的器比較:

白頵父乍朕皇考犀白、吴姬寶鼎
白椴父乍朕皇考徲白、吴姬隮毁　西甲12.49,三代8.19.4(略同萳毁而無小足)
中叡父乍朕皇考遅白王母遅姬隮毁　三代8.32.2—3(兩器)
中叡父乍媍姬隮般黍粱稻麥,用夙夕餇中氏褰(三代17.10.2)

可證白頵父和中叡父是兄弟,都是犀白、吴姬之子,而吴姬又從其夫稱遅姬。此吴姬可能即萳毁的吴姬,則犀白可能是自黄。"白"某父、"中"某父的伯、仲,乃指兄弟的行輩。白或是爵,見弭弔組。

白頵父可能即袁盤的宰頵(大系117),其時代相合。此鼎與大師乍叔姜鼎(十二架20)同形制,它們項下一帶花紋和夷王時大克鼎、禹鼎(本書185、190)相同,但大克鼎、禹鼎腹部又有寬波紋,似稍晚。我們定此鼎兩毁在孝王之末夷王之初,稍後于萳毁(本書162)而稍早于大克鼎。

160.害毁

圖象　考古圖3.15(一器),博古17.41—42、17.43—44、17.45—46(三器)

銘文　嘯堂 56—58(三器;58 器蓋無銘,餘二器有蓋對銘)

隹四月初吉王才屖宮,宰

屖父右害立。王册命害曰:

"易女桒朱帶、玄衣黹屯、旂、

攸勒,易戈琱戫彤沙,用餴乃

且考事,官𤔲尸僕、小射、底魚。"

害稽首對揚王休命,用乍

文考寶毁,其孫孫子子永寶用。

銘 7 行 74 字。宋代著録三器,一器缺蓋銘。此器考古圖名之爲周敦,博古、嘯堂名之爲宰辟父敦。古文審改爲害敦,是也。屖宮當是宰屖父之宮。"右害立"者宰屖父爲儐佑,立于中廷。"桒朱帶"之賞賜,僅見此器,乃是朱繪的雜帶。易訟卦上九"或錫之鞶帶",本左傳莊廿一周王以後之鞶鑑予鄭伯。説文"帶,紳也",内則"端、韠、紳",伸在韠之次。玉藻"雜帶,君朱緑",注云"雜猶飾也"。説文曰"賁,飾也"。

"玄衣黹屯"見于較早的師奎父鼎(本書 111)和較後的頌鼎、休盤、無叀鼎(本書 192、197、大系 143')等。孫星衍續古文苑于無叀鼎下釋爲"黹屯",讀屯爲純。孫詒讓(拾遺 1.24)以爲即顧命"黼純"之省,但顧命的黼純乃指"重篾席"的緣飾。白晨鼎"其衮衣幽夫"之夫,應是説文"襮,黼領也,詩揚之水曰素衣朱襮"。爾雅釋器"黼領謂之襮"。頌鼎、頌毁"黹屯"與"屯右"並見,屯與屯非一字。其字從○從乇,或是秅之象形,亳從乇得聲而讀如薄,乃假作黼字。此器旂字作㫃,省斤,與休盤同。

此器所錫的兵器,無"厚必",介于較早的共王時的師奎父鼎和較後的休盤、無叀鼎等,所以此器的時代也當在共王以後,夷王以前。

餴字,吕大臨釋饌,即説文籑的或體。朱爲弼釋爲"纂,繼也"(蕉聲館集 1.22)。孫詒讓亦釋爲籑,通作纂(拾遺 1.25)。

王命害的官職是司夷僕、小射與底魚。底魚是刺魚、射魚之職。小射見于大射。夷僕亦見靜毁(大系 27),在學宮中學射,可見害乃司射之官。

西周金文凡王命之後,受命者照例拜稽首對揚王休,但此器與師訽毁、禹鼎(本書 207、190)則只作"稽首"而不記拜。此器對揚之對作𡭊,同于懿王時的白晨鼎(大系 99—100)和𤕌毁(本書 143)。其形制花紋與𦿡毁(本書 162)完全相同,今定此器爲孝王時器。

陳介祺舊藏師害毁二器(三代 8.33,8.34),傳"得之山左"。其辭曰:

𤇾生、智父、師害

叚中邑以召其

辟,休厥成事,師

害乍文考𨻰毁,

子子孫孫永寶用。

孫詒讓讀佼爲佼之異文(餘論 1.32),又曰"召當讀爲昭",書文侯之命"亦惟先正克左右昭事厥辟",引爾雅釋詁文以爲昭字訓相(拾遺 2.13)。師訇毁"用夾召厥辟"(本書 207),與此同義。佼假作傚,詩角弓"民胥傚矣",鹿鳴"君子是則是傚",左傳昭六、昭七引作效。金文"佼""效""學"有别:"佼"爲傚則之傚;"效"爲教,毛公鼎"善效乃友正"(本書 201)即善教乃友正;學爲小學或爲校,如静毁之學射即校射。此三字雖相通用,但意義稍有分别,傚是下則其上,效是上教其下,學是互相比較。

此中呂疑是宰呂。

師害毁與𦳊毁、害毁、師𤼈毁(本書 162、160、168)同形制。

161.遲父鐘

圖象　考古圖 7.5,博古 22.19

銘文　嘯堂 83

遲父乍姬齊姜龢䜌鐘,

用邵乃穆不顯□光,乃

用旂匃多福,侯父罕齊

萬年眉壽,子子孫孫亡疆寶。

銘 4 行 38 字。宋太常所藏。二、三行之間,似有脱失,不甚銜接。

"乃穆"對齊姜而言,義爲乃子。左傳僖廿四"文之昭也""武之穆也""周公之胤也",昭、穆、胤皆訓子嗣。左傳僖五"虢仲、虢叔,王季之穆也",晉世家引作"王季之子也"。"用邵乃穆不顯□光"者,作此鐘以昭示乃子不顯之寵光。"父"即遲父之自稱,齊即齊姜。楊樹達引大雅文王"侯文王孫子"傳云"侯,維也",以爲此器之侯亦當讀維(積微 189)。案尚書酒誥的"惟亞惟服"相當于周頌載芟的"侯亞侯旅",侯當讀惟。此齊姜,可能爲遲父之母,則"乃穆"乃遲父之自稱。

遲父疑即害毁的宰犀父,則所謂"不顯□光"乃指受命作宰。此遲父亦即白遲父,有鼎(巖窟 1.9,録遺 69)銘曰:

白遲父乍䵼鼎。

其花紋近于康鼎(本書 156),形制介于七年趞曹鼎(本書 106)與附耳大鼎(本書 182)之間,其時代可暫定爲孝王。

遲父鼎、鐘和害毁雖有先後,約略同時,均可定爲孝王器。

"姬齊姜"之姬非姓,應侯毁曰"應医乍姬原母隫毁"(考古圖 3.17)應爲姬姓,而原母當係應侯之母或配,姬疑是配偶。

162.𦳊𣪘

圖象 善彝78,商周328

銘文 三代8.50.2—3

隹六月既生霸亲巳,王

命𦳊罕弔䜌父歸吴姬

饔器,自黄賓𦳊章一、馬

兩,吴姬賓帛束。𦳊對楊

天子休,用乍隮𣪘。季姜。

銘5行45字。劉體智舊藏。

辛巳之辛作亲,説文有此字,用乍辛僅見。克鐘親字從辛(本書184),可證辛、亲通用。歸即使使者遠道遺贈于受惠者。器前一字,金文編據説文以爲飴之籀之,以爲假爲飤。唐蘭據原本玉篇以爲乃饗字的籀文。要之,王所歸于吴姬的當是食器。

自黄當是異姓的侯伯,吴姬是其妻室。由白頵父鼎(本書159),可推自黄或即犀白。吴即虞,乃姬姓。吴姬當是虞國之女而嫁于自黄者。左傳昭七"燕人歸燕姬",注云"嫁女與齊"。此器與師事𣪘、師耤𣪘、害𣪘(本書145、149、160)同形制花紋,暫定爲孝王器。

1958年3月5日

163.己侯鐘

圖象 十鐘4,海外128,商周951

銘文 三代1.2.1,大系録235

己医

虓乍

寶鐘。 (鼓左)

攈古録13.38曰"齊乘云壽光縣南三十里,春秋之紀國。通志云紀本在贛榆縣,後遷劇,亦稱紀,城内有臺高九尺,俗曰紀臺。此鐘壽光縣人得之紀侯臺下"。清愛一曰"乾隆間壽光農人得之于紀侯臺下"。臺在壽光縣南二十五里,復南五里有紀王城。巨洋水注曰"巨洋又東北逕劇縣故城西,古紀國也。……城之北側有故臺,臺西有方池"。

此鐘形制花紋,和虘鐘、遲父鐘、鮮鐘相同(商周953,本書161、174),應是懿、孝時器。甬上有環形之"旋",爲它器所無。

此己侯當是譖齊哀公于周王的紀侯。太平御覽卷八十四引紀年曰夷王"三年王致諸侯,烹齊哀公于鼎",周本紀集解引作"三年致諸侯蒴齊哀公昴"。齊世家曰"癸公卒,子哀公不辰立,哀公時,紀侯譖之周,周烹哀公"。公羊傳莊公四年曰"哀公亨乎周,紀侯譖之",徐彦疏引"鄭氏云:懿始受譖而烹齊哀公是也。周語亦有其事"(今周語無此事,或是汲冢之周語)。哀公烹于周夷王三年,則紀侯譖之當在孝王或懿王時。據西周年代考表四所推,齊哀公當懿、孝時。

己侯名虘,與鮮鐘之司土虘同名,若是一人,則紀侯曾爲王官。

1964年11月30日

164.南宫柳鼎

圖象 陝西79

銘文 録遺98

隹王五月初吉甲寅,王才

康廟,武公右南宫柳即立中

廷,北鄉。王乎乍册尹册令

柳𤔲六自牧、陽、大□,𤔲

羲夷陽、甸史;易弁赤市幽

黄、攸勒。柳拜稽首對揚

天子休,用乍朕刺考𨺬

鼎,其萬年子子孫孫永寶用。

銘8行79字。傳1948年前寶鷄縣虢鎮出土。器高38.8,口徑40,腹圍110.8釐米。

元年師兑毁曰"王才周各康廟"(本書170),知康廟在周。"武公右"之右從目,與它器異。南宫柳當是武王時南宫括、成王末南宫毛之後。

六師有司土之官,此銘記王命柳爲大□、六師之牧、陽及某邑之陽、甸史,皆屬于司徒之職。陽即場,牧陽猶同毁之易林吴牧(本書157)。甸史猶甸人,見克盨(本書187),乃甸師。

毛公鼎曰"易女兹关,用歲用政"(本書201)。説文曰"佚,送也","贈,玩好相送也"。易关即賜贈。毛公鼎用作名詞,此爲動詞。

此銘的武公,亦見夷王時的禹鼎與敔毁(本書190、165),應是一人。此鼎形制近于康鼎(本書156);而花紋介于共王十五年趞曹鼎及鄂侯鼎(本書113、154)。鼎底尖圓,足作馬蹄形,乃此時期一種鼎的形式。

1957年6月

165.敔毁

圖象 博古16.39,大系圖98

銘文 嘯堂55,薛氏14.157,大系録92

隹王十月,王才成周。南淮尸

> 遷、殳内伐洭、昴參、泉裕、敏
> 陰、陽洛，王令敔追御于上洛、
> 㷔谷，至于伊，班。長榜蔵首百，
> 執訊卌，奪孚人四百，鬳于𤇾
> 白之所。于㷔衣諱，復仅厥
> 君。隹王十又一月，王各于成周
> 大廟，武公入右敔告禽；馘
> 百、訊卌；王蔑敔曆，吏君氏
> 受；贅敔圭瓚，□貝五十朋，易
> 田于敜五十田、于早五十田。敔
> 敢對揚天子休，用作䵼毁，
> 敔其萬年子子孫孫永寶用。

銘13行140字。

"南淮尸"下二字是族名，猶"禦方厥允"之例。遷疑即翏生毁（本書153）之桐遹，殳爲國名見嘯堂98毁。"内伐"猶禹鼎、不嬰毁（本書190、212）之"廣伐"，皆指外族入侵。"内伐"以下九字皆地名，昴、參本星辰名，故皆從晶。"追御"猶不嬰毁"御追"，惟此器御從㱿，孫詒讓釋御，參金文編御下。王令敔追于上洛某谷至于伊而班師，其所追御的區域即西自上洛（今陝西省商縣）東至于伊川（今河南省大河南），即春秋所謂"晉陰地"，詳不嬰毁（本書212）。入侵之地"陽洛"應爲伊洛之洛。南淮尸内伐至豫境伊、洛之間，疑是從漢水而來。

長榜之榜從木從𦬁，後者即金文鎬京之鎬，説文之𦬁，宋人誤釋爲榜。蔵，宋人釋戠，孫詒讓謂長榜識首百爲"斬首榜而識之……猶云梟首矣"（拾遺1.26）。郭沫若讀爲"長枋載首百"，謂枋即旗柄，猶世俘"懸諸太白""懸諸小白"。蔵疑是檝，説文曰"弋也"，此假作植立之植，動詞。此銘先記敔獻馘俘于榮白之所，次獻于周王，詳不嬰毁。此銘獻于榮白之"首百""執訊卌"即獻于王之"馘百"、"訊卌"，故知首即是馘。金文之"折首"即是"折馘"，左傳宣公十二年"攝叔曰吾聞致師者，右入壘折馘，執俘而還"，即此毁的馘與執訊。魯頌泮水"矯矯虎臣，在泮獻馘，淑問如皋陶，在泮獻囚"，鄭玄箋云"馘，所格者之左耳。……囚，所虜獲者"，正義云"説文囚，所虜獲者，謂生執而系虜之，則所謂執訊者也"。金文訊字作𡧍，正象系虜執拘之形。

"孚人四百"前一字，從衣從雀，説文所無，假作説文之𢧵（今作截，大雅常武曰"截彼淮浦"）。孫曰"襍（截）俘人三（四）百，乃邊民爲南淮人（尸）所俘者，故不與馘絢（訊）同告于王，且下云歸復付乃（厥）君，即以此三（四）百人付其君也"。郭亦略取其説，恐不可據。首百，訊四十，人四百，皆此役所獲而"獻于榮白之所"者。獻，宋人釋圖，今以爲是鬳字。

“所”後八字,甚費解。仅,宋人釋付。此句似指對于俘虜的管制,世俘“用俘皆施佩,衣衣”則俘虜有佩飾並服色,説文曰“卒,隸人給事者爲卒,卒衣有題識者”,又曰“俅,冠飾貌”,疑仅即俅。“衣隸,復仅厥君”,即以衣衣于隸卒,並施佩于其君冠,以資識别。

銘記十月伐南淮尸,十一月告禽于成周大廟。敔以“馘百訊卌”告禽(獻)于王,王嘉勉之而有使尹氏受其禽獲。穆天子傳曰“乃獻良馬四六,天子使孔牙受”,獻,受猶授,受。左傳僖公二十八年晉軍班師回國“獻俘,授馘,飲至,大賞”,獻,授皆自獻功之人而説。王受獻後,有所賞賜,凡三品。一爲圭瓚,動詞爲釐,大雅江漢“釐爾圭瓚”,傳曰“釐,賜也”;二爲貝五十朋,動詞作某,不識;三爲田百田,動詞爲易。説文曰“田五十畝曰畦”,金文一田或爲一畝。

1966年1月21日丙午正月元旦

166.琱生𣪘二器

第一器:圖象　美集録 A 250,商周 311,大系圖 71

銘文　攈古 3.2.25b—26,大系録 133

隹五年正月己丑,琱生又
吏召,來合吏。余獻婦氏以
壺,告曰:“以君氏令曰:余考
止公僕庸土田多諫弋,白
氏從許,公宕其參,女則宕
其貳,公宕其貳,女則宕其
一。”余鼉于君氏大章,報婦
氏帛束、璜。召白虎曰:“余既
訊厌我考我母令,余弗敢
𤔲,余或至我考我母令。”琱
生則堇圭。

第二器:銘文　三代 9.21.1,攈古 3.2.24,大系録 135

隹六年四月甲子王才葊,
召白虎告曰“余告慶”,曰“公
厥稟貝,用獄諫爲白,又祗
又成,亦我考幽白、幽姜令。
余告慶,余以邑訊有𤔲,余
典勿敢封”。今余既□有𤔲,

曰"厌令";今余既一名典獻,

白氏則報璧。琱生對揚朕

宗君其休,用乍朕剌且召

公嘗殷,其萬年子子孫孫寶,用

享于宗。

以上兩器各9行半,行10字,第一銘104字,第二銘105字(内重文2)。

第一器 高20.8,口徑19.5釐米。原藏陝西馬氏,今在美國穆爾氏。

第二器 通高22.3,口徑18釐米。原藏長白多智友,今在中國歷史博物館。

此二器形制、花紋既相同,大小相若,銘文行款、字數亦相等,應爲同時所鑄。第一器銘與第二銘時間先後相接,兩記琱生與召白虎之事,可能是同時所鑄的一個銘文而分載于二器者。舀鼎(本書143)三段並列,第一段"隹王元年……子子孫孫其永寶",第二段"隹王四月……曰若",第三段"昔饉歲……卅秭"。大克鼎(本書185)二段並列,第一段"克曰……畯尹四方",第二段"王才宗周……子子孫孫永寶用"。琱生二器,第一器無結尾,第二器之末始有"其萬年子子孫孫寶,用享于宗"。秦公殷(大系288)則一銘分載于蓋及器。

此二器向来名爲"召白虎殷"是不正確的。銘中涉及召白,然作器者實是琱生,我在美集録一書中已加訂正。

第一銘曰"又吏召,来合吏",又曰"琱生對揚朕宗君其休,用乍朕剌且召公嘗殷",宗君即召白虎,召公則燕之"召公",不一定是第一世"召公奭"。史記燕世家索隱曰"亦以元子就封(于燕),而世子留周室,代爲召公",與周公"元子就封于魯,次子留相王室,代爲周公"(魯世家索隱)同。此二器清代出土,未記出于何地。近年琱生鬲則出土扶風縣北,岐山附近,乃召公初封之召的故地。鄭玄詩譜曰"周召者禹貢雍州岐山之陽地名,今屬右扶風美陽縣"。"文王受命作邑于豐,乃分岐邦周召之地爲周公旦,召公奭之采地"。"周公封魯死謚曰文公,召公封燕,死謚曰康公,元子世之;其次子亦世守采地,在王官。春秋時周公,召公是也"。燕世家索隱云"召者畿内采地,奭始食於召,故曰召公。或説者以爲文王受命,取岐周故墟周、召地分爵二公,故詩有周、召二南,言皆在岐山之陽也"。左傳僖公二十四年杜注"召、采地,扶風雍縣東南有召亭"。水經"渭水又東逕武功縣北"注曰"雍水又東逕召亭,南……亭,故召公之采邑也。京相璠曰亭在周城南五十里,續漢書郡國志郿縣有召亭,謂此也"。郡國志雍縣下注云"左傳邵穆公采邑"。括地志曰"邵亭故城在岐州岐山縣西南十里"。

"又吏召,來合吏"應讀爲"有事召,來合事",琱生到召邑來合事,則銘中婦氏、君氏、止公、白氏應是召白及其家族。此銘記琱生報婦氏以束帛璜,覲召白虎以圭,則召白與婦氏宜爲夫婦。止公或公與君氏似爲召白的父母,故君氏所命税斂止公土田僕庸,召白虎有所從許(諾許)而曰"余或至我考我母令",我母令應指君氏令。第二銘琱生稱召白爲"宗君",

稱其“烈祖召公”,則琱生乃宗君召白的宗室子弟,故得稱其母爲君氏。春秋隱公三年“夏四月辛卯君氏卒”,左傳作“夏君氏卒,聲子也”,正義云“君氏者隱公之母聲子也”。此銘君氏令中之“余”即君氏自稱,女指婦氏,止公是白氏之父,白氏是召白虎。

“余獻婦氏以壺告曰”,“余”承上句乃琱生自稱。“告曰”之主詞應爲琱生,以君氏之令告于婦氏。“余獻婦氏以壺”者疑置君氏令于壺中而致于婦氏,周禮王府“古者致物於人,尊之則曰獻”。君氏之令辭,頗不易解。“多”下二字,不詳其義。庑疑假爲拓取之拓,謂止公之土田,若得白氏許諾,公取三分則汝(婦氏)取二分,公取二分則汝(婦氏)取一分,以爲比率。此似指徹法,公或公私之公,公徹取十之三,則婦氏取十之二,公取十之二,則婦氏取十之一。兩合之,則土地的税歛爲十之五或十之三。琱生于轉述君氏之令後曰“余惠于君氏大章”即君氏賜以大璋,廣雅釋言曰“惠,賜也”。琱生即受賜于君氏,乃以束帛與璜儐報婦氏。金文惟此二器與令段有報字,報即酬報,儐報,無分上下。第一銘琱生報婦氏,第二銘召白報琱生,同謂之報。周禮小行人曰“合六幣,圭以馬,璋以皮,璧以帛,琮以錦,琥以繡,璜以黼。此六物者,以和諸侯之好故”。此銘琱生以束帛璜報于宗君夫人,以束帛爲幣,與周禮所述不同,詳師遽方彝(本書115)。

孫詒讓釋僕庸爲附庸曰“亯古文墉,僕墉土田猶詩魯頌閟官云‘土田附庸’,左傳定四年之‘土田陪敦’。説文土部作培,並聲近假借,與此段借僕爲附例同”。此説似不可據。詩大雅瞻卬曰“人有土田,女反有之,人有民人,女覆奪之”,土田與民人並舉,猶克盨曰“典善夫克田、人”(本書187),民人或人是附于土田的。魯頌閟宫曰“錫之山川,土田、附庸”,詩大雅常武“錫山土田”,釋文曰“本或作錫之山川、土田、附庸”,則附庸與山川、土田並列,乃是所賞賜的僕傭。

“召白虎曰”以下述白氏許諾,重申其父母之令,故曰“余弗敢亂,余或(又)至(致)我考我母令”。孫云“或讀爲有,與又同;至,致之省。言余不唯弗敢辭,又以我考我母命致之琱生”。既受召白之命,琱生乃以圭爲入覲之禮。詩大雅韓奕曰“韓侯入覲,以其介圭,入覲于王”,箋云“諸侯秋見天子曰覲”,説文“玠,大圭也,從玉介聲,周書(康王之誥)曰稱奉介圭”。頌鼎曰“頌拜稽首,受令册,佩以出;反入,堇章”(本書206)(本書198善夫山鼎亦同,省令字),謂受王命以後,既出復入覲以璋。左傳昭公十六年“(韓)宣子私覲於子産以玉與馬”。兩周侯伯亦有朝見臣屬于中廷,如卯段記“榮白令卯曰”(本書158)云云。此第一銘記琱生覲于召白及其婦氏,所具禮儀,可補文獻之闕。

第二銘後于第一銘十四個月,述召虎在鎬京行告慶之禮,琱生以大夫身分參與其事。告慶者諸侯征伐四夷有成,獻捷于周王。周語中曰“晉既克楚于鄢,使郤至告慶于周”,注云“在魯成公十六年也。……告慶,以勝楚之福告王也”。左傳成公二年曰“晉侯使鞏朔獻齊捷于周,王弗見。使單襄公辭曰:蠻夷戎狄,不式王命,淫湎毁常,王命伐之,則有獻捷,王親受而勞之,所以懲不敬、勸有功也。兄弟甥舅,侵敗王略,王命伐之,告事而已,不獻其功。……王使委于三吏禮之如侯伯克敵使大夫告慶之禮。降于卿禮一等。王以鞏朔宴而私賄之。使相告之曰:非禮也,勿籍"。注云"籍,書也"。左傳莊公卅一年曰"齊侯来獻戎捷,非禮也。凡諸侯有四夷之功則獻于王,王以警于夷;中國則否;諸侯不相遺俘"。由此可知凡諸侯以王命征伐四夷,勝則告慶于王,凡所征伐者爲中國,則告事于周,不獻其功;凡諸侯之間不相遺俘獻捷。

告慶亦即告成。西周初小盂鼎記伐鬼方獻俘馘于周廟事,銘曰"……盂征告成",成字舊釋爲咸,與甲骨文大乙又稱成之成同作(綜述411),應是從戌從丁之成字。此𣪘召白虎告慶之事,應即大雅江漢所述"經營四方,告成于王"。江漢六章,前二章述平定淮夷,後四章記"江漢之滸,王命召虎,式辟四方,徹我疆土"並有所賞賜。後四章似據王命召虎的命書所改編而成,故其形式同于記述受命的銅器銘文。鄭箋云"王于江漢之水上,命召公使以王法征伐,開辟四方,治我疆界於天下"。案此徹字與崧高"王命召白,徹申伯土田"及大雅公劉"徹田爲糧",皆謂什一而税之徹。平定淮夷以後,定其治理疆土之法,故稍後之師寰𣪘(大系135—137)、兮甲盤(本書213)乃稱淮夷"舊我員畝人"。

此銘"余告慶曰"至"余典勿敢封"乃召白告慶之辭,"余"即召虎。"今余"至"今余既一名典獻"乃琱生之辭,故繼以"白氏則報璧"于琱生。召白所告者,乃前此王于江漢命召虎"徹我疆土"之事。此銘所述,似與以下兩詩有關。小雅黍苗曰"悠悠南行,召伯勞之";"肅肅謝功,召伯營之,烈烈征師,召伯成之";"原隰既平,泉流既清,召伯有成,王心則寧"。大雅崧高曰"王命申伯,式是南邦,因是謝人,以作爾庸。王命召伯,徹申伯土田";"申伯之功,召伯是營"。二詩當同時,記召白經營南國有成,王心則寧,江漢則曰"四方既平……王心載寧";王命召白徹申伯土田(疆),江漢則曰"王命召虎,式辟四方,徹我疆土"。由此可知崧高、黍苗所述召白爲申伯經營南邦于謝邑,乃執行江漢詩中的王命。

此銘兩曰"余告慶",分述二事。其第一"余告慶曰"下九字,不能通讀,孫釋用下二字爲"獄諫",不確。"又祇又成",郭讀爲"有祇有成",底即底定、底平。有成乃古人習用語,殷本紀曰"巫咸治王家,有成,作咸艾",周本紀曰"王曰天不享殷,乃今有成"。小雅黍苗曰"召伯有成"。"亦我考幽白、幽姜令",亦假爲奕或迹,謂光大或紹繼其父母之令。其第二"余告慶"似指召白營邑于南國,不敢自封,典其名籍以獻,告成于王。金文"既"字後多爲動詞,故"一"或爲劃一之義,"一名典"或爲劃一其名籍,因而獻之于王。琱生"既一名典獻",故召白報之以璧。説文曰"璜,半璧也",琱生報婦氏以半璧,召公則報之以全璧。"琱生對揚朕宗君其休",與𤔲鼎(本書78引)"對揚其父休"同例,"朕宗君其休"即"我之宗君之休",亦即宗君召白之休。

"剌且召公"即烈祖召公,逸周書祭公篇作"列祖召公"。"嘗𣪘"之嘗即蒸嘗之嘗。

此器自孫星衍以来,諸家考釋以孫詒讓較詳,見拾遺中22等。他以爲二銘所記"皆爲土田獄訟之事"。郭沫若則以爲第二銘"所記與大雅江漢篇乃同時事,乃召虎平定淮夷歸告成功而作",江漢之詩,序以爲"尹吉甫美宣王也",故郭隸此二器于宣王時。詩序對于大小雅,不是美宣王,就是刺幽、厲,既不能據此爲大小雅斷代,亦不能據此爲金文斷代。江漢的召虎與此器召白虎,自係一人。但召虎時代,諸書所不詳。江漢毛傳云"召公,召穆公也,名虎",正義引"世本穆公是康公之十六世孫"。

召穆公唯見世本此條,毛傳本此稱召虎爲穆公。燕世家曰"自召公(奭)已下九世至惠侯",當共和時,則召康公(奭)之十六世孫應已入春秋,與召虎世輩不合。周語上"厲王虐,國人謗王,召公告王曰",韋注云"召公,召康公之後穆公虎也",亦本之世本以召虎爲穆公;以召虎當厲王時或本之吕氏春秋。吕氏春秋適威篇曰"厲王天子也……微召公虎而絶無後嗣",是吕氏以周語上"彘之亂,宣王在召公之宫"爲召虎之宫。先漢文籍論召虎年世者,唯見于吕氏此篇。然"召公"與"周公"皆爲世襲,厲王共和時的召公,是否即是召虎,尚無以確定。今可知者:(1)世本召穆公不是召虎;(2)江漢之"王"不一定是宣王。然則召虎的年世只有從琱生的年世加以推定。

此二器是琱生作于王五年、六年,而王十一年師𠭯𣪘(本書168)有宰琱生,在此二器之後。師𠭯𣪘屬于龢父組,當孝王時,則此二器應在孝王初年。二器作解散了的大獸面,與共、懿時代的吴方彝、師遽方彝(本書114、115)相近,早于師𠭯𣪘上的小獸面帶。此器的兩耳形制同于長安1.14方彝。

1965年9月6日

167.琱生鬲

圖象 文物1965:7圖版肆1

銘文 同上,圖九

- 𤔲生乍文
- 考寛中𨼆
- 𪔂,𤔲生其
- 萬年子子孫孫
- 永寶用亯。

銘5行22字(内重文2)。解放前傳出土于扶風縣北岐山一帶。今在陝西省博物館。通耳高26,口徑25釐米。一耳殘失,泛金色。

作器者與琱生𣪘作者應是一人。

器是直耳,短柱足之鬲,而自銘爲𪔂,與陶續1.48之鬲同形制(高23.5釐米),該器銘曰"塱肇家鑄乍𪔂",從辱。師趛鬲與鼎同銘(三代4.10.3,4.11.1)作"𨼆𪔂",從晨。此字亦見字書:

鬠 廣雅釋器曰"鼎也";廣韻燭部而蜀切"大鼎"。從辰。

𩰫　玉篇二百四十五如燭切“大鼎”。從辱。

廣韻與玉篇以其從㞋,故讀與辱同。但金文如白中父𣪘(三代 6.49.3)“㞋才壬寅”之辰作㞋,可知辰、㞋無别。

此器形制在尹姞鬲、公姞鬲(本書 97、98)之後,皆是立耳,而此器已有扉。它和美集録 A 126 及夢續 1.7(商周 169)的“盉鬲”相似,但後二者是附耳。凡此諸器都是短柱足,都是大獸面花紋。此器花紋則作顧龍。殷及西周初之鬲多立耳,高足;西周中期以後鬲無耳,有扉。有扉(附耳或立耳)的短柱足鬲則爲二者的過渡形式。

三代 10.47.4“周生乍𢍜豆,用享于宗室”,周生與此器琱生或是一人。圅皇父組(本書 177)“琱娟”或作“周娟”。

1965 年 5 月 15 日

168.師嫠𣪘

圖象、銘文　傳世共二器,附蓋:

一、潘祖蔭藏器　三代 9.35.1(蓋)、2(器),大系録 138—139,商周 334

二、費念慈、吴大澂藏器*　三代 9.36.1(蓋)、2(器),大系録 139—140

師龢父𢦚嫠叔市,𢀛告于王。隹十又

一年九月初吉丁亥,王才周,各于大

室,即立,宰琱生内右師嫠,王乎尹氏

册令師嫠。王若曰:“師嫠,才昔先王

小學,女敏可吏,既令女更乃且、考𤔲小

輔;今余隹䌛𩏂乃令,令女𤔲乃且舊官

小輔罕鼓鐘。易女叔市、金黄、赤舄、攸

勒用事。敬夙夜勿法朕令。”師嫠拜手

𩒨首敢對揚天子休,用乍朕皇考輔

白𢍜𣪘,嫠其萬年子子孫孫永寶用。

此據器銘,共 10 行 141 字(内重文 3)。

兩蓋銘與器銘有以下的不同:

1.器銘首有“師龢父”至“告于王”十一字,蓋無。

2.器銘“更乃且考司小輔”,蓋無“小輔”。

3.器銘“小輔罕鼓鐘”,蓋無“罕”;器銘“小輔”與“輔白”之轉同形,蓋銘相異。

4.器銘“才昔先王小學”,蓋無“昔”。

---

* 現藏上海博物館。

5.器銘“王若曰”,蓋無“若”。

6.器銘“今余隹”,蓋作“今余唯”。

7.費蓋“金黄”誤作“令黄”。

8.潘蓋“女敏可吏”女字有重文;“敬夙夜”作“夙夜”。

兩器器銘行款、字體相同,部分的掩有重銹,而費器第一行有五字殘泐。兩蓋銘清晰如新,疑是出土後據器銘仿刻,否則必無同時出土而器、蓋銘文腐蝕與清晰俱相異如此之理,亦必無兩蓋銘俱遺漏若干字之理。器銘之一首行摩泐,故作僞者删去前十一字。器銘“罕”字不晰,故仿刻者删去不録。器銘“金”“令”二字同處一横行上,摹者因其字頭相同而誤摹“金”爲“令”。

𢼄爲動詞,謂師龢父奪取師嫠之叔市,故恐告于王。説文殂之古文作𣦸,且、乍古音同。説文曰“𣪠,叉取也”,方言十“担摣,取也”,方言六“掩,索取也……自關而西曰索,或曰担”,説文曰“索,入家搜也”。師龢父奪取師嫠之叔市,故恐告于王而王復賜以叔市。

此銘命書中之“先王”即輔師嫠𣪘(本書142)初命、再命之王(約爲懿王),與此器之“王”(後爲孝王)先後相承。前器之王兩命嫠“更乃且考司輔”,初命賜之載市,再命賜之赤市。司輔即司鎛,乃周禮鎛師之類。銘曰“才昔先王小學,女敏可吏,既令女更乃且、考司小輔;今余隹緟就乃令,令女司乃且舊官小輔罕鼓鐘”,可知前王命嫠賡其祖、考爲小輔之官,今王命嫠賡其祖爲小輔及鼓鐘之官,則嫠之祖爲小輔罕鼓鐘,嫠之父爲小輔,嫠于前王賡其祖、父之舊官(小輔),今王賡其祖之舊官(小輔罕鼓鐘)。鼓鐘猶周禮之鐘師。嫠官職爲鎛師與鐘師,故輔師嫠𣪘稱輔師即鎛師。

大盂鼎“余隹即朕小學,女勿勉余乃辟一人”(本書74),與此器“先王小學,女敏可吏”意義相當。孫詒讓釋此器曰“依王制、内則説周制,王大子八歲入小學,國之子弟亦造焉,故周禮大宗伯鄭注云:王之故舊朋友爲世子時共在學者是也。若然,師嫠蓋亦故舊之臣嘗與先王同在小學者。吏讀爲使,女敏可使乃述先王嘉寵師嫠語,謂其敏於才而可任使。詩小雅雨無正曰云不可使,得罪于天子,亦云可使,怨及朋友。孔疏義可使不可使皆主天子論臣言之,此語與彼正同”(述林7.27—28)。孫説甚精闢。

此器花紋形制同于害𣪘、𦳊𣪘(本書160、162),故可定爲孝王器。又與近年出土的白喜𣪘(張家坡20)及中友父𣪘(齊家10—11,14—15),均相近。

1965年8月30日

169.師訇𣪘

圖象 博古16.27—28,續考5.6—7,大系圖72

銘文 嘯堂53.1,薛氏14.154,大系録98

隹王元年正月初吉丁亥,

白龢父若曰:"師𤔲,乃且考
又𢍭于我家,女右隹小子;
余令女死我家,𣪘𤔲我西
扁、東扁僕馭、百工、牧、臣、妾,
東裁内外,毋敢否善。易女
戈戠𢦏、㕞必、彤尾,十五鍚
鐘,一□五金。敬夙夜用事。"
𤔲拜稽首敢對揚皇君
休,用乍朕文考乙中將毁,
𤔲其邁年子子孫孫永寶用亯。

銘11行111字(内重文2)。續考曰"趙周臣所收"。

此及以下各器的白龢父、師龢父、龢父,向來以爲是衛共伯和。博古圖曰"此銘伯和父者,和衛武公也"。郭沫若據師兑毁師龢父爲司馬(案馬走馬非司馬)而以諫毁等之右者司馬𠈇爲司馬共,"則司馬共當即師龢父若伯龢父,合之則爲共伯和也"。1943年我考釋此器,曾據以下各事定其爲共伯和:(1)井人妄爲龢父作鐘,説文曰"邢,周公子所封,地近河内懷",沁水注引韓詩外傳曰"武王伐紂到邢丘,更名邢丘名懷",衛世家曰"而迎桓公弟晉于邢而立之"。(2)禹鼎所記武公或即衛武公,"政于井邦",或即政于邢邦。(3)"白龢父若曰"與君奭、立政"周公若曰"相同,"王若曰"是王命的形式;師嫠毁"師龢父餀嫠叔市",皆表示爲權臣的特殊。以上各説,均屬錯誤。1951年10月考釋新出禹鼎,始分別周公之邢與鄭井,井人之井是鄭井,龢父組銅器與共伯和無關,它們的年代應屬于孝而不屬于厲、共和、宣王三世。而且,和是衛共伯之名,龢父是另一官職爲師或走馬之人之字,二者不能等同。郭沫若除隸此銘于厲王外,龢父組其餘各器均屬之宣王,現在一律提前至孝王。

此白龢父與師兑毁、師嫠毁(本書170、168)之師龢父應係一人,猶白雍父或作師雍父,"白"是排行或侯伯而"師"是官職。"白龢父若曰"以下是龢父對師𤔲的命書,命之以官並賞錫之,與王者的命書無異。卯毁(本書158)所記侯伯所以命其屬官,既有朝廷右者,又有玉器、宗彝、牛馬及土田的賞錫,比于王者。

𢍭,薛氏及嘯堂釋婚,孫詒讓釋揞,詳毛公鼎釋(本書201)。此銘"死我家"猶卯毁曰"死司𦣻白室",我家者白龢父之家。"女右隹小子",小子疑是官名,猶師晨鼎(本書134)"隹小臣"亦是官名。𤔲爲小子之職而稱師,猶師望爲小子而稱"大師小子師望"。小子師望爲大師之下屬,而師𤔲爲師龢父之下屬。小子,詳毛公鼎(本書201)。

東西扁者城之東西厢,鶡冠子王鈇篇曰"五家爲伍","十伍爲里","四里爲扁",是里爲五十家,而扁爲二百家。左傳隱公十一年曰"乃與鄭人、鄭伯使許大夫百里奉許叔以居許東偏。……乃使(鄭)公孫獲處許西偏"。又僖公十年晉大子申生謂狐突曰"七日新城西偏將有巫者而見我焉”。是許邑及晉之曲沃俱有東西偏,左傳襄公三年杜注云“偏,屬也”,疏云“偏者半厢之名,故傳多云東偏、西偏”。杜注左傳隱公十一年曰“東偏,東鄙也”。左傳莊二十一年“鄭伯享王于闕西辟”正義引服虔云“西辟,西偏也,謂當兩觀之内道之西也”。伊𣪘曰“𣪘官𤔲康宫王臣、妾、百工”(大系116),與此同例,而次序不同。康宫之王臣、妾在百工之前,而此器之臣、妾在百工、牧之後,可知百工的地位實與臣妾同屬于奴隸,與酒誥之“百宗工”有所不同。僕御在百工前,猶康王時大盂鼎所錫“人鬲自御至于庶人六百又五十九夫”(本書74),御在庶人之前。令鼎曰“王御,溓中僕”(大系14'),御,僕皆動詞;左傳哀公二年“初,衛侯遊於郊,子南僕”賈逵注云“僕,御也”。

“東裁”,孫詒讓釋爲“董裁”。董裁内外即治理家内外之事。

白龢父所錫凡兵器及樂器兩項。兵器之戈附以琱戓、厚必,與彤沙三事。當西周初期之賞賜兵器,小臣宅𣪘畫戈(本書17),小盂鼎亦爲戓戈(本書75),麥方尊爲玄琱戈(大系20),共王及其後則爲:

戈琱戓	厚必	彤沙	
一	○	○	111 師奎父鼎(共王)
一	○	一	142 輔師嫠𣪘、149 師耤𣪘(懿王)、160 害𣪘(孝王)
一	一	一	146 五年師事𣪘(懿王)、169 師𣄰𣪘、無叀鼎(孝王)
一	一	一	197 休盤、寰盤、195 訽𣪘(夷王)

由此可知“厚必”之稱始于懿、孝時期。此器厚作𠪚,它器或作歅,即小篆厚所從之𣆪。

此器及它器戈後六字是附屬于戈的三事。戠戓,它器作琱戓,當爲戈上飾物,小盂鼎曰“戓戈二”,麥方尊曰“玄琱戈”。此字後肉從戈,金文編釋爲䤴,疑應釋戛,説文曰“戟也,從戈從百”,爾雅釋詁曰“𦣞,戛也”,字從肉與戛從百同。厚或從欠作歅,考工記曰“廬人爲廬器戈柲……故句兵椑”,鄭玄注云“椑,橢圜也”,出土兩周戈柲之剖面皆作橢長形。此器彤屖,五年師事𣪘作彤沙欶,它器作彤沙。郭沫若金文餘釋之餘以爲緌字,謂戈緌以氂牛毛爲之。周禮夏采鄭玄注曰“緌以旄牛尾爲之,綴于橦上,所謂注旄于干首者”。甲骨文戈字從“内”尾系毛,即此物。

“十五鍚鐘”,詳五年師事𣪘。“一□五金”,薛氏釋作“一磬五金”,磬字不確,但此四字亦爲樂器。奠季盨有“寶鐘六金、隮盨四、鼎七”(考古65:9)

“敬”字所從之苟,製範時“勹”分移于下,故薛氏誤釋爲“敬乃”二字,今正。“敬對揚皇君休”與幾父壺“對揚皇君休”相同,此器皇君指白龢父。

此器花紋與懿王時師湯父鼎(本書118)相似。此𣪘雙耳上立小象鼻,同于中友父𣪘(齊家村10.11.14.15)。

1965年2月14日

170.元年師兑𣪘

圖象 (1)善彝74,大系圖110;(2)善彝75,大系圖111

銘文 (1)三代9.31.2(蓋),9.32.1(器),大系録146;(2)三代9.33.1(器),大系録147

隹元年五月初吉甲寅,王
才周,各康廟,即立,同中右
師兑入門立中廷。王乎内史
尹册令"師兑疋師龢父
𤔲𠂇右走馬、五邑走馬,易
女乃且巿、五黄、赤舄"。兑拜
稽首敢對揚天子不顯魯
休,用乍皇且𪒠公𩰬𣪘,師
兑其萬年子子孫孫永寶用。

銘9行91字(内重文2)。劉體智舊藏(第一器先後曾歸溥倫、丁樹楨)。第二器之蓋(三代9.32.2)是後配,銘是仿刻。

此器與師𪓐𣪘(本書169)都有龢父,都稱元年;但此器"五月初吉甲寅"和該器"正月初吉丁亥",干支不相銜接。這可能不同屬于一王,或正月至五月間有閏月。郭沫若于三年師兑𣪘曰"此與元年器日辰相銜接,元年二年均無閏"。

康廟亦見同時的南宫柳鼎(本書164)。右者同中,見同時的幾父壺(本書172)。"内史尹"惟見此器及三年師兑𣪘。共、懿時乍册尹與乍册内史並存,稍後乃有此"内史尹"。

疋即輔佐,詳走𣪘(本書112)。左右走馬與五邑走馬乃是兩種官職;第二器"左右走馬"之左右作"又右",猶南季鼎"用又右師俗司寇"(本書134引),又右即左右。"走馬"是一種身分,"司……走馬"則爲官職名;猶"虎臣"爲一種身分而"司虎臣"爲官職名。然官職名之"司走馬"可以省去司而稱爲"走馬"。説文走、趨互訓,走馬即趨馬;趨、趣音同,故相假借,文獻作趣馬。周禮夏官序官"趣馬下士"皁一人,徒四人"注云"趣馬,趣養馬者也。鄭司農説以詩曰蹶維趣馬"。校人職曰"凡頒良馬而養乘之。乘馬一師四圉;三乘爲皁,皁一趣馬;三皁爲繫,繫一馭夫;六繫爲廄,廄一僕夫;六廄成校,校有左右。駑馬三良馬之數,麗馬一圉,八麗一師,八師一趣馬,八趣馬一馭夫"注云"駑馬自圉至馭夫凡馬千二十四匹,與三良馬之數不相應,八皆宜爲六字之誤也"。序官曰"圉師,乘一人,徒二人,圉人良馬匹一人,駑馬麗一人"注云"養馬曰圉,四馬爲乘,良,善也,麗,耦也"。據此則良馬與駑馬之官職如下:

良馬	4匹	一圉師,四圉人

	3×4=12 匹	皁,一趣馬
	3×12=36 匹	繫,一馭夫
	6×36=216 匹	廄,一僕夫
	6×216=1296 匹	校,校有左右
駑馬	2 匹	一圉人
	2×6=12 匹	一圉師
	6×12=72 匹	一趣馬
	6×72=432 匹	一馭夫
	432×3=1296 匹	三良馬之數

由上可知良馬一校,有趣馬 108 人;養馬之官職係圉人——圉師——趣馬——馭夫——僕夫——校人。一趣馬之下有良馬 12 匹,圉師 3 人,圉人 12 人。又據周禮夏官序官趣馬下有徒四人,圉師下有徒二人,則一趣馬之下有圉師 3 人,圉人 12 人,徒 10 人,所屬共 25 人。

二鄭對于趣馬的解釋不同,先鄭以爲即詩中的趣馬,乃是較高的官職:小雅十月之交曰"蹶維趣馬,楀維師氏",大雅雲漢曰"趣馬、師氏,膳夫左右"。後鄭則以趣馬是養馬之人,高出圉而次于馭(御)。我們以爲,後鄭是而先鄭不是。周禮馭夫下的趣馬,是卑微之職,與書立政"虎賁、綴衣、趣馬、小尹,左右攜僕,百司庶府"相近。據西周金文,則走馬有二:一爲身分,䎽𣪘所錫有"楚走馬"(本書 125)即"胥趣馬",與大克鼎錫史、小臣(本書 185)同例。大盂鼎所錫"人鬲自馭至于庶人"(本書 74)師𣪕𣪘所司"西扁、東扁僕馭、百工、牧、臣妾"(本書 169),禹鼎禹所率"斯(厮)馭二百、徒千"(本書 190),凡此之"馭"都是近于奴隸的低微之人臣,而趣馬更低于馭。一爲較高之官職,即詩與師氏、膳夫並列的趣馬,大鼎、休盤(本書 182、197)之"走馬",此器之"左右走馬,五邑走馬",三年師兑𣪘之"司走馬",右走馬嘉壺(三代 12.9.4)之"右走馬",吴買鼎之"𦤎父之徒馬"(三代 3.21.5)。凡此走馬謂衆趣養馬之長,猶周禮之校人。

左右走馬與五邑走馬並列,是二者有别。金文有師氏、成周師氏,而元年師事𣪘有"左右師氏";金文有虎臣、而師寰𣪘有"左右虎臣"(大系 135);此器有"左右走馬",而三年師兑𣪘有"司走馬",右走馬嘉壺之"右走馬"是官名;師虎𣪘有"左右戲"(本書 108),而右戲中㬪父鬲(三代 5.35.1)有"右戲"是官名。是"左右"乃軍旅所分左右,故周禮謂校有左右。但左右師氏與成周師氏的分别,左右走馬與五邑走馬的分别,凡稱"左右"者似係王所在地,或仍可釋爲王左右。

五邑當指西土五個城邑。鄸𣪘曰"昔先王既令女乍邑,𩣡五邑祝"(大系 148),柞鐘曰"司五邑甸人事"(本書 204)。凡此五邑與此五邑走馬同。

所錫"乃且巿"猶𡎖盨所錫"乃父巿"(大系 132),巾即是巿。説文謂巿"上古蔽前而已",方言四曰"魏、宋、南楚之間謂之大巾,自關而西謂之蔽厀",是大巾即巿。大盂鼎曰

“易乃且南公旂”,善鼎曰“易乃且旂”(大系 36),王以祖若父之市若旂錫其所命之臣,可有兩種解釋:一王以同等服色之市若旂錫其子孫,二王以原有之市若旂錫其子孫。若依後説,則命服于本人之故後或有交還于王者。

1965 年 3 月 8 日

171.三年師兑毁

銘文 (1)三代 9.30.1(器);(2)三代 9.30.2(器);(3)三代 9.31.1(蓋)

隹三年二月初吉丁亥,王才周,
各大廟,即立,䵼白右師兑
入門立中廷。王乎内史尹
册令:“師兑,余既令女疋師
龢父嗣左右走馬,今余隹
醽豪乃命,命女觏嗣走馬;易
女巹鬯一卣;金車:桒較,朱虢
圅𩏂,虎冟熏裏,右戹,畫轉
畫輯,金甬;馬三匹,攸勒。”師
兑拜稽首敢對揚天子不顯
魯休,用乍朕皇考釐公𩰫毁,
師兑其萬年子子孫孫永寶用。

銘 12 行 128 字(内重文 3)。丁麟年舊藏,今不知所在*,亦無器形流傳。分域續11.14引丁氏“説陝西出土”。其銘文共三,二器銘,一蓋銘。

此器記日干支與元年器相銜接,自元年五月至三年二月,中無閏月。

1965 年 3 月 14 日

172.幾父壺

圖象、銘文 齊家村圖版三

隹五月初
吉庚午,同中寃
西宫易幾父𠂤
桒六、僕四家,金
十鈞。幾父拜稽

* (1)(3)今在上海博物館。(2)(3)又見大系録 150.2、151.1。

首對揚朕皇君
休,用乍朕剌考
隫壺,幾父用追
孝,其萬年孫孫
子子永寶用。

銘10行57字(内重文2)。另一器9行,末行作"萬年子子孫孫永寶用"。1960年10月出土扶風縣齊家村東南100米田地一袋形窖穴中,同出銅器共39件,今在陜西省博物館。壺高60,口徑16釐米。

銘首應記王年及賞賜所在地等,均有省略。"五月初吉庚午同中宄……"與元年師兑毁"元年五月初吉甲寅……同中右",是同一"同中",但不在同一年。宄爲動詞,西宫則似爲周地的宗廟中的一部分建築,見于以下諸器:

唯還在周,辰才庚申,王饜西宫,沯　博古11.18—19,嘯堂41.1　卣
白戜肇其乍西宫寶,隹用妥神褱唬前文人　擦古2.3.61　毁
白叵乍西宫寶隫彝　三代13.31.7—8　卣
㱿弔敬猒于西宫　三代8.37.2　毁
肻弔敬猒于大廟　拓本　鼎

又:西宫可能是人名,"西宫易幾父"句中,西宫爲主詞。此可與以下各例比較:

師毛父毁　旦王各于大室,師毛父即立,井白右,内史册命易赤市(本書110)
郃朐毁　王各于大室,康公右,郃朐,易戠衣赤8市(本書124)
幾父壺　隹五月初吉庚午,同中宄,西宫易幾父……(本器)
柞鐘　隹王三年四月初吉甲寅,中大師右柞,柞易載市、朱黄、䜌(本書204)

宄從宫九聲,疑假作匌或匓,説文曰"匓,飽也,從勹毁聲,民祭祀曰猒匓"。三代8.37.2毁似可讀作"敬猒于西宫",與另一鼎"敬猒于大廟"同以猒爲祭名。

此幾父與傳世毁銘中幾父(陶齋2.5)爲一人,該毁作小波紋帶及瓦紋,銘曰:

中幾父史幾史
于者侯者監,用
厥宕乍丁寶毁。

同中所以錫幾父者凡三事。"示孛六"當是物,示或是示字,孛即賁,假爲羠豶,説文曰"豶、羠豕也","羠,騬羊也"。友毁"牛三"(本書96),卯毁"牛十"(本書158),貉子卣"鹿三"(本書82),與此"示賁六"同例,皆賞賜之生物。"僕四家"是附有家室的臣僕,白克壺"白大師易白克僕卅夫"(大系93),則以夫計。叔尸鎛"釐僕三百又五十家"(大系240—243)。"金十鈞"爲金三百斤,亦見甹鐘(本書205)及守毁(三代8.47.3),皆西周器。

"朕皇君"是幾父所以稱同中,師猒毁稱白龢父爲皇君(大系録98)。

此二壺銘文有陽紋方格,同于大師小子師望壺(三代 12.17.4)。花紋形制則同于二十六年番匊生壺(商周 720)。二壺皆屬于夷王前後。

1961年8月17日

173.師酉殷

圖象、銘文　(1)兩罍 6.10,三代 9.23.1(器),9.21.2(蓋)
(2)兩罍 6.16,三代 9.22.1(器),9.22.2(蓋)
(3)陶齋 2.14,三代 9.23.2(器),9.24.1(蓋)*

隹王元年正月,王才吴,各
吴大廟,公族鳿釐入右
師酉立中廷。王乎史墻册
令師酉:"𤔲乃且啻官邑人、
虎臣:西門尸,𥃝尸,秦尸,
京尸,畀𠂤尸,新;易女赤市、
朱黄、中㬎,攸勒,敬夙夜
勿法朕令。"師酉拜稽首
對揚天子不顯休令,用乍
朕文考乙白、宄姬隩殷,
酉其萬年子子孫孫永寶用。

銘11行106字。(2)器末行少"用"字,(3)器首行末字"各"範跳出,各之口分出。清世出土。

"吴大廟"是虞之大廟,郭沫若釋爲吴大(父)之廟,非是。吴既虞,漢書地理志河東郡大陽下曰"吴山在西,上有吴城,周武王封太伯後于此,是爲虞公,爲晉所滅。有天子廟"。吴大廟應是虞地的天子廟。

公族,官名,詳毛公鼎釋(本書201)。墻,孫詒讓云"當爲墻之異文"(餘論3.28)。𤔲即嗣,師酉繼其先且啻官邑人、虎臣,其子師詢亦世襲此職,詳詢殷釋(本書195)。西門尸至京尸,同于詢殷,次第稍異。"畀𠂤尸"之𠂤,三銘作身,三銘作𠂤,説文曰"𠂤,歸也,從反身",金文應是一字。𠂤尸猶服尸,應爲某一性質之夷。詢殷作"畀隸尸"。

中㬎即中絅,與赤市、朱黄並列,赤、朱皆顔色,中則是性質。説文曰"衺,裏褻衣",玉藻曰"襌爲絅",注云"絅謂有衣裳而無裏",説文"襌,衣不重"。絅爲無裏之單衣,中絅當爲

---

* 整理者按:三殷又見大系録76—78,分藏中國歷史博物館和故宫博物院,器蓋組合有所不同。參看殷周金文集成第8册4288—4291。

貼身單衣。孫詒讓則"蓋冢衺者謂之褐衣,冢它衣者謂之中衣。……中絅者見中衣之爲襌,言其無裏也"(述林 7.15)。金文攸勒或作攸革,惟此器勒字增從爪。

師酉之父爲乙白,母爲姬;據詢毁及師詢毁(本書 207),師詢之祖爲乙白,祖母爲姬,故知乙白、師酉、師詢爲祖孫三代,師酉與師詢是父子。師酉與師詢爲父子,故其官職世襲。在禹鼎後記(本書 195),我們推定十七祀詢毁作于夷王十七年,元年師詢毁作于厲王元年,則此元年師酉毁應早于夷王十七年,即夷王元年或孝王元年。鄂侯毁與叔向父禹毁(本書 154、155)花紋形制相同,與師酉毁(本書 173)亦相近。前二器器項下爲二行單鱗紋,圈足上爲一行單鱗紋;師酉毁三器則項下爲一行複鱗紋,圈足上爲一行單鱗紋,可証複鱗紋與單鱗紋同時並存。禹毁和禹鼎爲一人所作而略早,鄂侯毁與鄂侯鼎是一人同時所作,禹鼎可推定爲夷王時器,鄂侯鼎可推定爲孝王時器,故禹、鄂侯、師酉三毁宜在孝王時。

1965 年 1 月 18 日

174. 白鮮組

分域(12.10)記"癸酉(1933 年)四月清化鎮出土"伯鮮鼎二,甗、匜各一,謂與函皇父組是"一時同地出土者"。此組銅器是存者有以下各器:

鐘一	陝西 126	高 49,口 20×30.8 釐米。
鼎一	陝西 67	高 25.5,口徑 27 釐米。
二	分域引	"又一器至德周氏拓本"
甗一	陝西 68	高 52,口徑 35.5 釐米。
盨一、二	美集録 A255	高 17.5,18 釐米。
三、四	鶴撰 29	高 18.2 釐米。
匜一	分域引柯氏拓本	

盨四、鐘一應係同時所出。

鐘　佳□月初吉□寅,王才成周𤔲土虒
宮,王易鮮吉金,鮮拜稽手,敢對揚
天子休,用乍朕皇考䜌鐘,用侃喜
□□濼好賓,降余多福,子孫永寶。　(子孫或有重文)

鼎　佳正月初吉
庚午,白鮮
乍旅鼎用享
孝于文且,子子
孫孫永寶用。

甗　佳正月初吉庚

午，白鮮乍旅獻，

子子永寶用。（第二子應是孫）

盨　白鮮作旅𣪕，

其永寶用。

匜　白鮮作寶旅匜。（柯氏拓本）

鐘銘在鉦間，爲重銹所掩，拓本不明。曾就原器審讀，首行干支是"初吉(?)□寅"，與它器"初吉庚午"不同。"成周司土虒宫"之宫名人名，亦見于三代7.19.1：

旟𤔲土虒

乍寶隩彝。

與己侯鐘之己侯同名，當是一人。"用侃喜□□濼好賓"，與約懿王時虘鐘"用亯大宗用濼好賓"（本書137引）、兮中鐘"用侃喜前文人"（三代1.12.2）一致。此鮮與畢鮮疑是一人，三代8.26.1銘曰：

畢鮮乍皇且益

公隩𣪕，用旂眉

壽魯休，鮮其萬

年子子孫孫永寶用。

器形未見，待考。

鮮鐘的紋飾和己侯、遲父、虘諸鐘相同，虘是懿王十二年前後所作，它上承穆王長甶墓所出三鐘。遲父鐘（本書161）約當孝王時，則此鐘與己侯鐘（本書163）亦同。此鐘所述司土虒，可能是己侯虒。

白鮮所作鼎、甗爲一時一人所作，而盨、匜亦同人所作旅器。它們的時代亦皆屬孝王。甗與齊家23之井甗相同，與鼎皆爲樸素的弦紋，甗之下部只存象征的饕餮目，已無其它紋飾。鼎與約爲孝王時的大鼎（本書182）相同。

白鮮盨附耳，作單鱗紋帶及小波紋帶。附耳與小波紋帶，同于白康𣪕（善彝73）。盨之出現，約當懿王時，此前所未見。此器是盨而自銘曰𣪕，同于華季益盨（三代7.33.3）。而弭叔、翏生、中義父、鄭井叔康及梁其、克所作已皆自銘曰盨。此器在形制花紋上和稱謂上，似皆代表盨初出現的情況。

此組銅器傳與圅皇父組同出于一窖而時代相同，疑白鮮即皇父，鮮與皇皆訓明、美、好，似白鮮字皇父。白鮮諸器皆自作，而圅皇父諸器皆爲妻室所作。

1964年11月5日

175. 中枏父鼎

圖象　博古3.16—17

銘文 嘯堂 1.15

唯五月初吉丁亥,

啇遷丞,中佣父

伐南淮尸,孚金,

用乍寶鼎,其萬

年子子孫孫永寶用。

銘 5 行 33 字。

此器第二行,宋人釋爲"周伯皋及仲偁父",因稱之爲中偁父鼎。此是摹寫傳録失真。後見翏生盨"王征南淮尸……伐桐遹",改定前三字爲桐遹二字;又因中枏父鬲、匕的出現,改釋作器者爲中佣父,與中枏父是一人,乃師湯父的有司。佣疑是儋字,説文曰"聸,耳曼也","瞻,垂耳也",聸耳或作儋耳,可證。

桐遹是南淮尸之一族。"桐遹及"與敔毁(本書 165)"隹王十月王才成周,南淮尸遹及(舊釋爲殳)内伐……"之及皆是動詞,當爲侵寇之義,説文曰"趿,進足有所擷取也",方言十三曰"扱,擭也",廣雅釋詁曰"扱,取也","及,至也",聘禮注"及猶至也"。不嬰毁"女彶戎,大辜伐"(本書 212)。

此鼎述伐南淮尸而孚金。翏生盨記征南淮尸而"孚戎器孚金"(本書 153),師寰毁記征淮尸而"孚吉金"(大系 135),過伯毁記"伐反荆,孚金"(大系 26),㝬侯鼎記"隻巢孚厥金"(考古 65:9:448),員卣記伐曾(近淮尸之鄫)"孚金"(三代 13.37.1)。凡此皆記因征伐淮尸與荆楚而俘金,似南土盛産銅。逸周書職方篇曰"東南曰揚州……其利金錫",禹貢曰"淮海惟揚州……厥貢惟金三品",而荆州之貢"惟金三品",鄭注云"金三品,銅三色也";考工記曰"吴粤之金錫";左傳僖公十八年"鄭伯始朝于楚,楚子賜之金,既而悔之,與之盟曰無以鑄兵,故以鑄三鐘"。魯頌泮水"憬彼淮夷,來獻其琛,元龜象齒,大賂(輅)南金"。文獻所記淮海、揚州、吴越、荆楚皆以産銅名。

師湯父鼎(本書 118)和師湯父有司中枏父鬲(本書 148),俱已定爲懿王時器,則此器不得早于此。此鼎述所伐南淮尸桐遹,與翏生盨(本書 153)爲同時事,後者可定爲孝王時器,此鼎當與之同時。此鼎與鄧伯氏鼎(大系 31)、陳生寉鼎(武英 26,商周 70),中義父鼎(美集録 A89)的形制花紋相同,都是一道横行魚鱗紋,馬蹄足。

1960 年 3 月 22 日作,1964 年 10 月 21 日改作

176.中義父組

中義父夫婦所作器,1888 年出土于今扶風縣西北(七里橋之北,法門寺之西)的任家村。集古遺文 3.34—35 謂"當時出土凡百二十餘器,克鐘、克鼎及中義父鼎並在一窖中,時光緒十六年(1890 年)也",又 2.32 中義父鼎"光緒中葉與克鼎同出岐山縣法門寺",又 4.5 謂中

姞鬲"光緒間出土"。分域(12.10)曰"仲義父鬲(指中姞鬲)韓古琴拓本題識:光緒戊子(1888年)扶風、岐山之交出𣪘(即盨)二鬲四"。今由著録及各地收藏,得知此組銅器有以下各器:

鼎1 凝盦1,小校2.40.4
2 小校2.40.5
3 三代3.4.7
4 陶齋1.30,獲古1,美集録A89,三代3.39.1
5 貞圖1.22,三代3.38.2
6 三代3.38.1 劉鶚舊藏
7 三代3.38.3
8 三代3.38.4
盨1 三代10.29.1—2 吴大澂舊藏
2 三代10.29.3—4
𨱔1 三代18.15B 潘祖蔭舊藏,上海博物館
2 三代18.15A,同上
鬲1 陶齋2.59,三代5.16.5 端方、劉體智
2 三代5.17.2 丁樹楨
3 菁華96,美集録A129,三代5.17.3
4 泉屋7,三代5.17.5
5—9 三代5.16.4、6、7,5.17.1、4;
10 猗文閣金文
匜1 考古圖6.6 瓦紋

鼎1—3 中義父乍隮鼎(上海博物館)
鼎4—8 中義父乍新
窖寶鼎,其子子
孫孫永寶用。華。(上海博物館)
盨1 中義父乍旅
盨,其永寶用。 華。
盨2 器同盨1,蓋"華"在第二行末
𨱔1—2 中義父乍旅𨱔,其萬年子子孫孫永寶用。(蓋,器銘分五行)
鬲1—9 中姞乍羞鬲。華。
鬲10 中姞乍羞鬲。
匜 中姞義母乍

旅也，其萬年

子子孫孫永寶用。

以上(約)八鼎、十鬲、二盨、二𨱔應是1888年同時出土，一匜則是北宋出土。中義父鼎、盨與中姞鬲均于銘末著一“華”字，乃是族名，故知中義父與中姞應是一家之器；北宋出土匜銘稱“中姞義母”，夫婦同字，故知中義父與中姞義母乃是夫婦。

鼎銘之𥥍，金文編附列于客下，誤。字從宀從咎，當是窖之異體，白椃𣪘“窖室”(三代6.52.1)，麥盉“麥窖”(大系21)，當指宗廟之建築。積微居餘説210以𥥍、窖爲宫字。廣雅釋宫“究，窟也”。“新𥥍寶鼎”猶“窅室寶𣪘”。

北宋出土之匜作瓦紋，與𣁋匜同(善彝98，商周854)；後者同出之𣪘(善彝77，商周313，傳洛陽出土)，應是西周懿、孝時形制花紋。

中義父鼎與中⿰亻冊父鼎(本書175)、梁其鼎(本書191)、凾皇父(小)鼎(本書177)、鄧伯氏鼎(大系31)同形制，鍋形腹，馬蹄足，一道單魚鱗紋。鼎的時代應據鬲而定。

中姞鬲自項以下皆直線紋，在中部有一以二道弦紋隔成的橫帶，足上有相連不斷的扉子。此種形制見于以下各鬲：

1.“虢弔乍隮鬲”　考古圖2.6　無中道，四耳，銘似在項内

2.“帛女乍齊鬲”　博古19.11　銘似在唇上

3.“師□乍寶鬲”　博古19.12；𢆶白鬲　日本309上(奇觚8.3下)；直文鬲　日本309下；白上父鬲　善吉2.22

4.“京姜庚中乍西鬲其永缶用”　博古19.18　銘在項内橫列

5.周直紋鬲　博古19.21

6.吕雠□乍𩰫鬲　陜西88　有附耳，銘在唇上

“白庸父乍弔姬鬲”　學報1962:1:10　多倫多NB5286(傳陜西出土)無銘

7.“弭叔乍犀妊𩰫”　文物1960:2:9　藍田寺坡村出土三器，同銘在唇上

8.陶鬲　學報1957:1“長安普渡村西周墓的發掘”圖版5:2

9.“戲白乍𩛥𩰫”　日本308，泉屋8，商周158　銘在唇上

“召中乍生妣奠鬲”　長安1.25

10.“季友父乍隮鬲”十二雪5，商周163　白家父鬲　陶齋2.55

11.“中姬乍鬲”　頌齋23，商周154　銘在項内橫列，作斜線紋

以上2—7和中姞鬲形制花紋最相近，應爲同時之作。其中藍田寺坡村出土三器，與同出的師察𣪘是一人所作，後者定爲懿王(或孝王)時器。長安普渡村長甶墓爲穆王時墓葬，同出的銅鬲二件，其13號鬲與叔父丁鬲(商周155)及美集録A125鬲相近；其14號鬲形制略近于同墓出土陶鬲而作斜線紋。普渡二銅鬲俱不得晚于穆世。中姞鬲並上述1—7諸鬲，應在此後，今定爲孝王(或懿王)，屬于中期鬲。弭叔鬲亦定在懿王時。此種簡樸

式直紋鬲與繁縟式的中枏父鬲,同爲中期的形式。然後者一直沿用到春秋初期,而前者似僅流行于一時,它們應是模仿陶鬲的繩紋而作成的。戲伯與季友父兩鬲,上闌爲單魚鱗紋,下闌爲直紋,其上闌單魚鱗紋亦見于中義父鼎。9、10上闌均爲魚鱗紋。11則作斜線紋。

中義父或中姞之中,俱是伯仲之仲。1960年扶風齊家村一窖中所出中義編鐘,中作𠁩,與伯仲之仲不同。同窖所出中友父和友父諸器,亦作𠁩,乃是姓氏。傳世的中白御人鼎、中白壺、盨和中子化盤(攈古2.2.38,三代12.18.1、10.27.5、17.13.1)之𠁩,亦是姓氏。

王引之春秋名字解詁與左傳隱元郳子克,桓十八周王子克,僖二十五楚門克,哀十七宋桓司馬之臣克,俱字子儀。故柯昌濟曰"案仲義父即克,周人名克多字子儀"(分域12.10)。以克鼎與中義父鼎同出,故有此説。中義父及中姞所作器,于銘末署一"華"字,此或與大克鼎"聖保且師華父"之華有關。

1964年10月26日

177.圅皇父組

此組出土地點有數説。"西北歷史博物館藏品圖録"第二組(1952)謂"1933年陝西扶風縣任家村出土",陝西21頁則説"1933年扶風縣康家村出土",又引當時經手的人説"與此批(圅皇父器)同時同窖發現者凡一百餘件,每四五器成一叠,放置窖下,均甚整齊"。任家和康家是隣村,俱在法門寺西數里,七里橋東北,今屬扶風縣。金文分域編(12.10)説圅皇父鼎二器,"癸酉(1933年)岐山清化鎮出土,一器與攈古録圅皇父敦同文,又一器文十七",又謂與白鮮鼎、甗、匜乃"一時間出土"。此二鼎今在陝西省博物館。郭沫若曾爲二鼎、一毁、一盤作跋記(説文月刊第二卷315—317頁),謂1935年"此鼎出于岐山縣東鄉之周家橋……。尚有盤一,簠一,甗一,中形鼎二,小鼎一,毁二(一有蓋有銘,一無蓋無銘)。同出土者尚有二壺"。周家橋和清化鎮在齊家溝西,橋在北而鎮在南,相距十餘里,今屬岐山縣。

圅皇父所作二毁一匜,清同治間(約1862—1874年)已經出土,見録于攈古録。今據各家所述並盤、毁銘中所記,列此組内容如下:

鼎　"鼎毁一具,自豕鼎降十又一"

1.大鼎　陝西61　高57,口徑49釐米

2.小鼎　陝西62,録遺82(拓本缺末闌三字)　高29.5,口徑30.5釐米

3—4.中形鼎　出土後散失

5—11.未見。

毁　"鼎毁一具……毁八"

1.蓋有銘　陝西64,録遺162　高25.3,口徑18.6釐米

2.失蓋,無銘　陝西64附(未列圖)　高19.3,口徑18.5釐米

3.器蓋對銘　日本 324,三代 8.40.2,8.41.1,攈古 3.1.4.2(器)—3.1.5.1(蓋)陳介祺

4.器有銘　猷氏 1.41,三代 8.41.2,攈古 3.1.5.2　長安孫氏

5—8.未見

盤　“乍琱娟般盉”

1.陝西 65　高 11.5,口徑 38.2 釐米

“乍琱娟般盉”

壺　“兩鍏”　1—2.出土後散失

罍　“兩鐳”1—2.未見

甗 1.陝西 63　無銘,高 41,口 22×28 釐米

匜 1.三代 17.31.3.4,攈古 2.2.10.3　陳介祺

簠 1.陝西 66　高 10,口 25×30.6 釐米　2.未見

以上凡著録于陝西者,俱係岐山王維之舊藏,今在陝西省博物館,其中簠銘曰“圅交中乍旅匠寶用”雖是一家之器,但與圅皇父不是一組。甗和另一毁雖無銘,由其花紋形制可定爲一組之器。今存毁有器四、蓋三共七件;銘文在蓋者二,在器者二。此等毁的大小相同,器與蓋的配屬,尚有問題。

據盤銘所記,圅皇父一次爲琱娟所作計有鼎 11,毁 8,壺 2,罍 2,般 1,盉 1,共 25 件。出土鼎 4(失 2),毁 4(少蓋 1),般 1,壺 2(失去),共 11 件(又失去 5 件)。今就般銘所記各器,録其銘文如下:

盤　圅皇父乍琱娟般
　　盉,隮器:鼎、毁一具,自
　　豕鼎降十又一,毁八,
　　兩鐳、兩鍏。琱娟其
　　萬年子子孫孫永寶用。(據此器銘器應作琱娟盤)

匜　圅皇父乍
　　周娟也,其子
　　孫孫永寶用。

小鼎　圅皇父乍琱
　　娟隮兔鼎,子子
　　孫孫其永寶用。

大鼎　略同盤銘,惟少兩“一”字。

毁　略同盤銘,惟少兩“一”字,少一“鼎”字。

圅皇父,許印林釋爲“㑒,皇父姓”,以爲即詩十月之交的“皇父,厲王后族”(攈古

3.1.6),是以㿽爲魯詩“閻妻”(毛詩作艷妻)之姓。王國維以爲“周娟猶周姜,即圅皇父之女歸于周而皇父爲媵器者”(觀堂 23.19)。郭沫若遂隸此器于厲世,毁銘“琱娟”匜銘作“周娟”,以爲周是正字(大系 131)。徐中舒據日食、地震推十月之交爲幽王時詩,而非魯詩及鄭箋厲王時詩説。他認爲琱娟是圅皇父之女而納爲幽王的一個后(學報 1959:3:57)。唐蘭以十月之交爲幽王時詩全同徐説;但他以爲“周娟這個人應當是圅皇父(或其兄弟)之妻,即圅氏之妻,圅、閻聲通,也就是‘閻氏之妻’,也就是十月之交的‘閻妻’,因謂圅皇父各器自是宣王末年到幽王初期的作品”(陝西叙言)。

以上各家之説,雖有異同,都將器銘與詩聯繫,似皆不能成立。十月之交所記辛卯日食,唐一行和近世推算,均在幽王六年(前 776 年 9 月 6 日),見朱文鑫歷代日食考,則此詩之作應在此後。我們研究了圅皇父組銅器的形制和某些稱謂,以爲它們應屬于西周中期後半,即孝王前後,和幽王六年相距百有餘年,所以銘中的圅皇父、琱娟和十月之交的“皇父卿士”“閻妻”以及大雅常武的“大師皇父”,雖係同名、同音,並不是一人。

圅皇父鼎、盤銘琱字,匜銘作周,此猶金文“琱戈”之作“周戈”,琱、周二字通用。金文之琱氏是娟姓,字亦作周,周棘生毁(三代 7.48.2)爲其女作“賸毁”而姓娟可證。“琱娟”乃是娟姓的琱氏而嫁于圅皇父者,圅皇父諸器皆爲妻室所作,故不稱“媵器”。娟即妘姓,妘姓之琱(周),在西周金文爲一大族。鄭語曰“妘姓鄔、鄶、路、偪陽……皆爲采衛”,妘爲祝融之後,楚世家謂陸終六子“四曰會人”,集解引“世本曰會人者鄭是也”;索隱引“系本云四曰求言,是爲鄶人,鄶人者鄭是”(雷學淇以爲鄭是鄶之誤)。妘姓之族當聚居于今河南南部,與楚爲隣。

劉心源以爲圅是左傳的圅氏(奇觚 3.31)襄公十六年諸侯伐許“次于圅氏”,杜注以爲“許地”,顧棟高以爲在今葉縣北。皇父的采邑若在此圅氏,則與妘姓之族相近,可以通婚姻。但諸器出土岐山、扶風之間,似屬于王朝的貴族。傳世又有一器銘曰“王中皇父乍䟫娟般盉,其萬年子子孫孫永寶用”(攈古 2.2.75.2,三代 14.11.2—3,今在故宫)。綴遺 14.31 釋爲王仲氏皇父。此王仲氏之皇父與圅皇父同與娟通婚姻;王仲之王爲周王,而閻氏爲姬姓(左傳昭九“晉閻嘉”,姓纂二十四“閻氏,周太王之後)。如此似王中皇父與圅皇父是一人。

圅皇父爲琱娟所作銅器共爲三小組:一組是盥器的“般、盉”,一組是“隮器”的“鼎、毁一具”,一組是盛酒器的“兩罍兩壺”。三組的記數之法不同:第一組盤盉各一,故不記數,其例同于儀禮既夕“兩敦、兩杅、盤匜”;第二組鼎毁各一具(套),分别之“自豕鼎降十又一,毁八”,數在器後,其例同于窓鼎“用爲寶器,鼎二、毁二”(本書未完稿 2);第三組記數于器前,猶既夕“兩敦、兩杅”。三種不同的記數法表明它們是三組。

“盤匜”爲相將之器,故續漢書禮儀志下曰“盤匜一具”。金文及其它所見,約有以下不同的稱謂:

“般盉” 免盤(商周 833,三代 14.12.1)

函皇父盤;“王中皇父乍厦娟般盉”(作鎣形),“婦乍般盉”(愙齋 14.24.3)。婦盉,未見器形。免盉,未見流傳。

“般盅” 大師子大孟姜匜(録遺 502),匽公匜(三代 17.31.1)

“般也” 奠白□士弔皇乍般也(攗古 2.3.8a)

“盉” 季良夫盉(恆軒 93,作鎣形)

“鎣” 白百父鎣(作鎣形);轉鎣(瑞典 103,作盉形)

“顋盉” 毳匜(善彝 98,作匜形)

“盥盌” 齊侯匜(美集録 A830,器作匜形)

“飤盂” 魯大司徒元匜(録遺 512,分域 9.5“器作匜形”)

“盤盂” 墨子明鬼、非命、尚賢、兼愛,吕氏春秋慎勢、求人,戰國策趙策

早期的“般盉”相當于較後的“般匜”,故毳所作是匜而自銘爲盉。靈山衛出土左關鉌乃是匜形量器而自銘爲鉌,鉌和盉同從禾聲。齊、魯的匜,自銘爲“盂”,即墨子等書“盤盂”之盂。函皇父器于盤、鼎稱“般盉”而于匜銘上作“也”即匜。盉與匜是兩種形制附屬于般的,由盉變匜的過渡期中,匜或仍稱爲盉(如毳匜),盉或稱爲鎣。函皇父組在般匜已成爲新制之後而猶稱“般盉”,可知在盉一匜的轉變初期。

“鼎、毁一具”者鼎與毁各一具,猶駇卣“貝一具”(三代 13.36.1—2),貝一具猶爾雅釋器“玉十謂之區”,謂十貝;墨子節葬下曰“璧玉即具”。一具是器物成套者,凡有三類:(1)是相將之器如“盤匜一具”即函皇父之“般盉”乃同作爲盥器的盤和匜兩種形制。(2)是大小相次之器如“𨛭毁”曰“宗彝一肆”猶鐘之成肆,廣雅釋詁二曰“肆,屟,減也”,即此所謂“自豖鼎降十又一”。近世周墓所出大小相次的所謂“列鼎”,即屬此類;皆作奇數,即郊特牲所謂“鼎俎奇而籩豆偶”。函皇父諸鼎,也是大小相次,也是奇數。(3)是大小相等的同類器,如新鄭的八毁,十一鬲;函皇父的“毁八”。

“自豖鼎降十又一”是指豖鼎以下大小相次的十一鼎。鼎之最大者是牛鼎,其次羊、豖。唐李鼎祚周易集解引漢荀爽九家易曰“牛鼎受一斛,天子飾以黄金,諸侯白金;羊鼎五斗,大夫飾以銅;豖鼎三斗,士飾以鐵”(爾雅釋器郝疏引禮圖略同)。淮南子詮言篇曰“夫函牛之鼎沸而蠅蚋弗敢入”,高注云“函牛,受一牛之鼎也”。儀禮聘禮飪鼎九爲牛、羊、豖、魚、腊、腸胃、膚、鮮魚、鮮腊。周禮膳夫曰“王日一舉,鼎十有二物,皆有俎”鄭注云“牢鼎九,陪鼎三”。凡此皆戰國秦漢之制,西周金文則有以下各種:

䵼牛鼎 吕鼎(本書 143)

豖鼎 史獸鼎(本書 63),函皇父(大)鼎

羊鼎 白𢊁父鼎(小校 2.74)

𨻰兔鼎 函皇父小鼎

雝鼎　白遲父鼎(巖窟1.9),𨻰父之走馬吴買鼎(三代3.21.5)

此與三禮所述,稍有不同。鼎一具以牛爲首,其次爲羊、豕或豕、羊,豕以下有兔。禮記曲禮下"凡祭宗廟之禮"所述牲物爲牛、豕、豚、羊、雞、犬、雉、兔、脯、槀魚、鮮魚等十一物,第八爲兔。公食大夫禮"上大夫庶羞二十,加于下大夫以雉、兔、鶉、鴽"。此鶉或即金文之雝(從干,説文從羊)。白遲父鼎高及口徑皆13釐米,應是盛鳥的小鼎。

春秋　"郳王𩞄用其良金壽其𩱧鼎,用鬻庶、腊"　善禮1.74,三代4.9.1

㴞皇父組的年代,應從其全組的形制花紋推定。大鼎和小鼎形制花紋相異,大鼎介于懿王時的師湯父鼎(本書118)與夷王時的克鼎(本書185)之間。小鼎同于約爲孝王時的中義父鼎(本書176)和中佣父鼎(本書175)。試爲比較如下:

大鼎　項下糾目紋同于吕壺蓋,懿王時史免匿(陶續1.41),孝王時與中枏父匕同墓所出之盂(文物1964:7:22)

小鼎、甗　單魚鱗紋,甗形制同于叔碩父鼎(商周195)和約爲孝王時的中佣父甗(考古圖)

毁、盤　複魚鱗紋

㴞交中匿　複魚鱗紋,腹部花紋同于與中枏父匕同墓所出的鼎(文物1964:7:22)

1964年10月28日

178.衛始毁

銘文　録遺137、138

衛始乍

饛粟餕。

器共兩具,有蓋,器蓋同銘。今在故宫。

作器者是姒姓之女而嫁于衛者。

第四字從食懜聲,説文曰"懜,不明也","矇,一曰不明也"。夢、蒙同音假借,故饛即饛,説文曰"盛器滿皃,從食蒙聲,詩(大東)曰有饛簋飧"。第五字從而從水,疑是濡或洏,廣雅釋詁二曰"濡,漬也",説文曰"洏,洝也,從水而聲,一曰煮孰也"。第六字從食從殳,即毁。此三字當釋爲盛濡(或孰)物之毁。此器形似豆簠而豆爲盛濡物菹醢之器。

灃西西周遺址所出V式豆(灃西圖65.4)是一殘片,M437墓中也出一殘片。它們是斂口,深腹,作瓦紋。1963年冬,考古所在白家堡子採集到一完整有蓋者,和此銅毁相近似,但腹較深,圈足較粗。它和西周中期後半的鋪都屬于豆類,都是粗校而中間凸起一道;其不同者,鋪淺盤,直壁而無蓋(春秋初有),此毁腹較深,斂口而有蓋。

毁蓋和師兑毁(本書170)毁蓋的形制紋飾相同,故可定爲孝王時器。

同作器者名見于以下二器:

鬲 頌續21,三代5.23a

衛始乍鬲,以從永征。

𣪕蓋 録遺148

衛㚸乍寶隮𣪕,子子

孫孫其萬年永寶用。

𣪕蓋未見其形制。鬲傳濬縣辛村出土,作象首紋(長鼻内卷),與中栅父鬲(本書175)相似而稍晚,應次于孝世。

1964年11月10日

179.何𣪕*

圖象 續考古3.25

銘文 大系録106,嘯堂97

隹三月初吉庚

午,王才華宫,王

乎虢中入右何。

王易何赤市朱

亢、緣旂。何拜稽

首對揚天子魯

命,用乍寶𣪕。何。

其萬年子子孫孫其

永寶用。

銘9行53字。

華宫亦見大矢始鼎,乃在華地之宫。"王乎虢中入右何"是王呼虢中爲何之儐相而見何。管子小問篇"東郭郵至,桓公令儐者延而上",辛吏𡚱彝(薛氏2.37)"伊𡚱徙于辛吏"。假亢爲黄,同于盠方彝(本書122)和趞𣪕(本書未完稿10)。此器虢仲或應與虢仲盨爲一人。

180.□乍父□盂**

圖象 文物1965:7圖版叁·3

銘文 文物1965:7:17圖七

---

* 此器在器目表中作者批云"應移至夷、厲,與虢仲盨、鄭虢仲𣪕同時"。

** 此器手稿,作者放在孝王夾内,但在稿上和器目表中都未注明王世,今暫附于此。

□乍父□□
盂，其萬年〔永〕
寶，用享宗〔室〕。

高 29，口徑 42 釐米。

形制、紋飾、大小與永壽好畤出土一器（文物 1964:7:2）完全相同。

181. 白考父盤 *

圖象　文物 1965:7 圖版叁·4

銘文　文物 1965:7:17 圖八

白考父乍寶
盤，其萬年子子
孫孫永寶用。

高 10，口徑 40.5 厘米。陝西扶風北岐山附近出土。

此器有流，形制紋飾與武英 85（商周 840）完全相同。

三代 3.32.4 著録一鼎，與此盤同銘，行款亦同，乃同人所作。

1965 年 5 月 16 日

182. 大鼎

圖象、銘文　文物 1959:10:32 圖二

隹十又五年三月既霸丁
亥，王才𩰫㫳宮，大以厥友守。
王鄉醴。王乎善大𩢱召
大以厥友入攼。王召走馬雁
令取鵅䮾卅二匹易大，大拜韻
首對揚天子不顯休，用乍
朕剌考己白盂鼎，大其
子子孫孫萬年永寶用。

銘 8 行 81 字。（曹器）

傳世有三器：（1）西清 2.17，參倫 14，商周 78，三代 4.33.1
（2）西清 2.19
（3）懷米 2.9，三代 4.32.2　（現藏上海博物館）

* 此器情況同 180 器，暫附于此。

(1)是附耳,(2)(3)立耳。皆是素面有弦紋。

孫詒讓釋走馬爲周禮夏官之趣馬,鄭注"趣馬,趣養馬者也。……趣馬官主養馬,故王召之命取馬卅二匹錫大也"(古籀拾遺下17)。

此與大毁之大爲一人。"既霸"猶"既望",乃既生霸之省。善大即膳夫。騕從戛即説文更字,騕疑即鞭字,劉寬碑作鞭,從馬與從革同意。善夫名騕疑與大毁善夫豖爲一人,乃一名一字。

"大以厥友守""大以厥友入攼"即以其僚友虎臣之屬守宫,攼敔王身,詳師克盨(本書210)。大之職當是虎臣之長之"師"。

鴸即説文鷄字,假作騊,猶臯陶之作臯繇。驈從馬貫聲,貫所從之貝同于本銘寶字所從。説文曰"貰,貸也","賒,貰買也",貰賒音近義通,説文曰"騊,騊駼,北野之良馬"。三十二匹乃八乘之馬。

揚字從玉,郭氏誤讀爲"揚王天子不顯休",金文無此例。

原在故宫一器(商周78),與共王十五年趞曹鼎相似而略晚,故定爲懿、孝時器。

1960年3月20日

183. 大毁蓋

圖象 皇儲106,大系圖92

銘文 三代9.25.1,大系録74

隹十又二年三月既
生霸丁亥,王才𩰫㕍宫,王
乎吴師召大易趞睽里。王令
善夫豖曰趞睽曰"余既易大
乃里";睽賓豖章、帛束。睽令豖曰
天子"余弗敢𢽰"。豖以睽道大易
里;大賓豖訊章、馬兩,賓睽訊
章、帛束。大拜稽首敢揚天子
不顯休,用乍朕皇考剌
白隩毁,其子子孫孫永寶用。

銘10行108字。蓋高7,口徑20.9釐米。西甲12.46著録,蓋有銘(三代9.25.2)而器無,蓋與器花紋不同,乃是張冠李戴。此蓋後爲劉體智所得,著録于善禮7.97,其後展轉入于瑞王(皇儲106),高7,口徑20.9釐米。另有第二蓋(三代9.26.1,擦古3.2.35—36,孫星衍、多慧、王錫棨舊藏),第七行多一"賓"字,第八行"大"字缺一筆,其它字體惡劣,或刻劃失落,乃仿刻,應删去。

此銘記王在某某宫召見大,以睽之里錫大。善夫奉王命告于睽曰“余(王自稱)已將汝之里錫大矣”。睽賓贈善夫以璋帛,並令其告天子“余弗敢貪戀也”。善夫與睽乃導大而致里,大賓贈王之使者善夫並里之原主以璋等。

王所在的宫名,其第二字是説文尸部的屒字,金文編列入侲字,非是。吴師猶免毁(本書128)、守宫盤(本書133)之周師,皆先國名次官名,而無私名。召即召見,詳大師虘毁(本書137)。善夫是王之膳夫,據大克鼎(本書185),其職爲“出内王令”。“豖”後兩“曰”字郭沫若釋謂,是。金文“大𣪕鐘”即“大林鐘”,此假作説文“婪,貪也”。説文又曰“河内之北(小徐本作河之北)謂貪曰惏”,乃是方言。吴師疑即虞師,虞封于夏虚,在今山西平陸、安邑一帶。

此記易换居里之事,王以别人所居的里轉易賜贈于大,所易者乃是里宅、里舍,亦即署。魯語上兩記易宅之事。魯文公欲移(魯語作弛,韋注以爲毁也)“孟文子之宅”,孟文子曰“今有司來命易臣之署與其車服,而曰將易而次爲寬利。……唯里人所命次”。韋注云“宅,有司所居也”,“里人,里宰也”。文公又欲移郈敬子之宅,“對曰,先臣惠伯以命于司里。……今命臣更次于外,爲有司之班命事也,無乃違乎? 請從司徒以班徙次”。韋注云“次,舍也,外,外里也”,“司徒掌里宰之政。……故請從司徒徙里舍里”。由此可知卿大夫所居的宅或里舍,乃受命于司徒之屬的里人、司里或里宰。

此銘道字從首從止,夨人盤諸道字同從而增行(本書附27)。許印林據孫、王仿刻之器以爲從頁從舟,釋爲履字,謂“猶今言踏勘正疆界也”(攈古3.2.36),是錯誤的。此導爲導引。

䵼章是大璋,琱生毁作“大章”(本書166),考工記玉人有大璋、中璋之稱。金文從害之字與胡通用,故訓爲大。

此器之“皇考剌白”,大鼎稱“剌考己白”,剌與己疑非謚名。

此蓋花紋同于鄂侯毁及師兑毁一(本書154附,170)。

1958年1月31日

十、夷王銅器

184.克鐘*

圖象、銘文　(1)陶續 1.8,三代 1.20.2—21.1,大系圖 213、録 95—96　端方

(2)三代 1.21.2—22.1,大系録 93—94　丁樹楨

(3)三代 1.22.2,大系録 97　吴大澂、潘祖蔭

(4)三代 1.23.1,大系録 96　丁麟年、徐世昌

(5)陶續 1.10,三代 1.23.2,大系録 94　端方

(6)三代 1.24.1,大系録 97　張燕謀**

隹十又六年九月初吉庚

寅,王才周康剌宫,王乎士

曶召克,王親令克遹涇東至　以上鉦間

于京自,易

克甸車馬乘。　以上左鼓

克不敢豢,尃奠王令,

克敢對揚天子休,用

乍朕皇且、考、白寶龤　以上鉦間

鐘,用匄屯叚

永令,克其萬

年子子孫孫永寶。　以上左鼓

銘 80 字,此據(1)(4)兩鐘相合爲一全銘;(2)(5)兩鐘一銘;(6)一鐘全銘;(3)失相聯之另一鐘,存全銘的上半。由此推知出土克鐘,至少七器。

克鐘與善夫克所作鼎、盨同出于一窖,應是一人。善夫克諸器屬于夷世,而諸鐘應在其前。(1)鐘銘曰“王親令克……尃奠王令”,而善夫克(大)鼎曰“王若曰:克,昔余既令女出内朕令”,是克鐘之作在克爲善夫以前。(2)郭沫若説“克鐘有十六年九月初吉庚寅,克

---

* 作者在手稿中批云“未作完”。

** (1)藏日本藤井有隣館,(2)藏日本寧樂美術館,(3)藏上海博物館,(4)(6)藏天津市藝術博物館。(6)實係鎛。

盨有十八年十二月初吉庚寅……十六年九月初吉中既有庚寅,十八年十二月初吉中不得有庚寅”,“用知此數器不屬于一王”,故定克鐘爲夷世而克鼎爲厲世(大系 111 頁)。但此説是不妥當的,因十六年九月至十八年之間若有閏月,仍舊可俱爲“初吉庚寅”的。(3)克鐘和同出的中義父諸器都不系官名,中義父組可能爲孝王時器。(4)鐘銘的“士曶”不同于善夫克諸器所見的王官,他和以下各器同名:

(1)史曶　史曶爵(美集録 384)　約西周初期

(2)曶　曶尊、卣(青山莊 35、36)　顧龍與免組相近

(3)司卜曶　曶鼎(本書 143)　約懿王時

(4)冢司土曶　曶壺蓋(善彝 103)　約懿、孝時

(5)右者宰曶　蔡殷、大師虘殷(本書 139、137)　約懿、孝時

(6)士曶　克鐘

(3)—(6)官名皆不同,而郭沫若以爲是一人(大系 112),没有充足的理由。

克鐘一組,應早于善夫克諸器,可能爲夷王十六年,也可能爲孝王十六年。但太平御覽卷八十五引史記謂“懿王在位二十五年崩”,“孝王在位十五年崩”,通志卷三引皇甫謐謂懿王“在位二十年,年五十”。然則克鐘十六年,不能是孝王,似仍宜爲夷王。

克組銅器出土地,世有異説。王國維説“克器出于寶鷄縣南之渭水南岸”(觀堂18.3)。羅振玉説王氏之言“據華陽王君文燾言”,而羅則據“廠估趙信臣,言此器實出岐山縣法門寺之任村任姓家。岐山在鳳翔東五十里,在渭北。……趙君嘗爲潘文勤公親至任村購諸器,言當時出土凡百二十餘器,克鐘克鼎及中義父鼎,均出一窖中,於時則光緒十六年(1890 年)也”(貞遺 3.34—35)。據潘祖蔭年譜,得大克鼎于光緒二十五年,次年卒。則此組出土應在十五年前;韓古琴謂中義父諸器“光緒戊子(1888 年)扶風、岐山之交出”(分域12.10),與潘氏得大克鼎年相合。1951 年潘氏後人以此鼎並大盂鼎捐獻政府,我因徐森玉先生之約,前往運取,得見此器。

克所作器有以下各類:

克鐘七器　　十六年克作

大克鼎一器　善夫克作

克盨一具　　十八年善夫克作(容説“盨二”)

小克鼎七器　二十三年善夫克作

185.大克鼎

圖象　上海 47,商周 66,大系圖 16

銘文　三代 4.40—41,周金 2.12,大系録 110—111

克曰:“穆穆朕文且師華父悤

冕厥心，宖静于猷，盄悊厥
德，緯克龏保厥辟龏王，諫
辥王家，叀于萬民，頤遠能
𤞷，緯克智于皇天，琟于上下，
𢐗屯亡敃，易賚無疆，永念
于厥孫辟天子，天子明悊，覭孝
于申，巠念厥聖保且師華
父，勵克王服，出内王令，多
易寶休。不顯天子，天子其萬年
無疆，保辥周邦，畯尹四方。”

王才宗周，旦，王各穆廟既
立，𦞦季右善夫克入門立
中廷，北鄉。王乎尹氏册令

善夫克。王若曰：“克，昔余既
令女出内朕令，今余隹𦞦
𦎫乃令，易女叔市、參冋、苹
悤；易女田于埜，易女田于
渒，易女井、寓、𦃟田于𣪘、以
厥臣妾；易女田于康，易女
田于匽，易女田于𨻰原，易
女田于寒山；易女史、小臣、靈、
鼓鐘；易女井、退、𠣞人𩠡，易
女井人奔于量。敬夙夜用
事，勿法朕令。”克拜稽首敢
對揚天子不顯魯休，用乍
朕文且師華父寶𩰫彝。克
其萬年無疆，子子孫孫永寶用。

銘28行289字。器高92.7，口徑75，耳高22，足高33，腹圍238釐米。潘祖蔭舊藏，今在上海博物館。

十六年克鐘曰“尃奠王令”，此器第一銘曰“出内王令”，可知在十六年以前克已受命爲“出内王令”之職。第二銘作于第一銘之後，記所錫土田等事，而十八年克盨（本書187）記王令尹氏典善夫克田人，則第二銘之命在十八年十二月以前。第二銘所錫爲“叔市”，據輔師嫠及師嫠兩毁（本書142、168）三命叔市，則此第二銘所述王命爲三命，第一銘所述爲再命，克鐘所述或爲初命。

此器共有兩銘：第一銘自第一行至十一行，界以陽文方格；第二銘自第十二行至二十八行，第十二行至十四行界以陽文方格，第十五行起無格文。第一與第二銘之間空一行，相距2釐米；第十四行與第十五行空四行地位，相距8釐米。此兩銘寬59高28釐米。此種分段形式，與大盂鼎、禹鼎等相似；界以陽文方格，亦見于小克鼎（兩器）、師趛鼎、幾父壺、番匊生壺、中白壺、頌壺、宗婦鼎、宗婦毁等。

金文蒽衡作“忄黄”，故知忄即悤字。説文卷一“丨，上下通也，引而上行讀若囟，引而下行讀若退”，囟乃囱之誤。悤䍐即聰勉，勉字參大盂鼎（本書74）。盄假作淑，金文之不弔（䵼卣）不盄（卯毁）即詩書之不淑，參綴遺1.15—16觀堂2.1及經義述聞卷三十一。悊即説文哲之重文，但心部有悊字，解曰“敬也”。哲厥德即敬其德，召誥曰“王其疾敬德”“不可不敬德”“惟不敬厥德”。肆即詩書之肆，句首語詞。辪即説文嬖，詩書作乂，詳王國維毛公鼎考釋。康王之誥曰“保乂王家”，君奭曰“保乂有殷”，猶此銘之“諫辪王家”“保辪周邦”。“叀于萬民”猶無逸之“能保惠于庶民”。“顛遠能敉”亦見番生毁（大系130），猶顧命文侯之命與詩民勞之“柔遠能邇”，堯典“格于藝祖”，今文作“假于禰祖”，故藝與禰相通；“敉”從犬從埶省，乃是爾雅釋天“秋獵爲獮”之獮，此假作邇。“㝬屯亡敃”，師望鼎（大系63）及虢叔旅鐘（大系118—119）作“㝬屯亡敃”，井人鐘作“賁屯用魯”（本書203）。㝬，金文編隸于得下，不確。易賚即錫釐。明悊即明哲，謂明白。班毁“㝬于大服”（本書12）即番生毁之“勵于大服”，故知勵即踰字，方言一曰“登也”。“出内王令”亦見師望鼎，猶詩烝民之“出納王命”。

此第一銘爲稍早之作，第二銘記善夫克第三次所受王命，而第一銘則是克自述其家世及前此所受王命。克之文祖師華父恭保其辟共王，而共王之孫因念于聖保師華父的功績，命克以官。共王與師華父同時，共王之孫與師華父之孫同時，此共王之孫應是夷王。據周本紀，孝王是共王之弟而繼位于其侄懿王之後；據三代世表與世本，懿王、孝王是共王之子而孝王是懿王弟。此種異文，與世次位次無涉，所以夷王爲共王之孫是無問題的。後世傳説以爲厲王在位三十七年而克組銅器之紀年者有在二十七年者，所以郭沫若定克組于厲王。我們在西周年代考中，已詳細考證了厲王在位年數應在15—17年間，所以此組銅器不屬于厲王。克組銅器有醽𩫖二字，亦見它器，宋人釋爲疃京。方濬益釋第二字爲庸，以爲“醽𩫖乃命即再命之辭”（綴遺4.31）。孫詒讓釋第二字爲庸，釋第一字緟，説“説文‘緟，增益也’，緟庸乃命即緟復申命之意”（述林7.15）。第一字應是緟字，經傳作重；第二字應是就字。説文就之籀文作就，𩫖是就之初文，“尤”乃後加聲符。周禮巾車注云“三就，三重三匝也”，是緟與就並爲重復之義。毛公鼎“〔今〕余肇巠先王命……今余隹緟先王命”（本書201），師穎毁“余唯肇緟乃命”（本書附17），師瘨毁“今余唯緟先王令”（本書119）。

"宗周",當在西周之内;西周宣王在位四十六年,厲王、共和和幽王均不足二十年,所以克組不屬于此三王而可能是宣王。在夷王與宣王之間,我們採取夷王之説,是根據了花紋形制的繼承西周中期的上半部。

第二銘記王在宗周的穆廟命錫善夫克,右者與卯毁(本書158)的右者是一人,兩器當相近。作器者自稱"善夫"而王曰"昔余既令女出内朕令,今余隹醽熏乃令",即指第一銘所述"出内王令",則善夫之職亦是出納王命的。醽熏謂重復先王之命,詳師瘨毁(本書119)。王于三命之際,錫克以命服田地等事。分項述之于次。

(1)命服　叔市、參冋、芇悤　叔市是素市。冋、悤和市都是衣服的名稱:玉藻"禪爲絅"注云"絅謂有衣裳而無裏",説文云"幒,幝也"。參和芇是服色:説文云"黲,淺青黑色也","苗,草也"。師酉毁"赤市、朱黄、中絅"(本書173)(字從絲)也是以市、黄、絅爲衣服而以赤、朱、中(芇)爲色。

(2)土田及其僕庸　埜、淖、峪,以厥臣妾此三地名從土、水、山乃指三種田而各所以所在的臣妾,亦猶五年琱生毁的"土田僕庸"(本書166)和左傳定四的"王田陪敦"。詩江漢(據釋文本)和魯頌閟宫曰"錫之山川,土田附庸",山川土田即此銘的三種田,附庸即此銘的臣妾,乃附于田的農隸。

(3)田　康、匽、㙮原、寒山　此四地名當是平地之田、高原之田和山田,没有附于田的臣妾。

(4)祝宗卜史　史、小臣、霝、鼓鐘　此四官名,相當于左傳定四分魯公以"祝宗卜史"。史和小臣是一類,其它二官是樂官。霝從龠霝聲,乃是泠或伶字:左傳成九,楚囚鍾儀自謂"泠人也。公曰能樂乎? 對曰先人之職官也"。周語下"二十四年鐘成,伶人告龢",左傳昭二十一作"泠"。伶乃是協和聲律的樂官,而鼓鐘則是鐘師,亦見師嫠毁(本書168)。

(5)人鬲　井和匔的"人鞣",井的"人奔"相當于大盂鼎的人鬲,乃是介于史、小臣與臣妾之間的人。舊作西周文中的殷人身分(綜述第十八章)一文,對于此銘三種身分,分析未當,補正于此。

此鼎的形制,大致沿襲了大盂鼎的規模而有所不同:柱形足變爲馬蹄形,口下一帶的獸面紋變化保存獸目的竊曲紋,腹部是新出的寬帶波紋。此鼎形制花紋和禹鼎、小克鼎(本書190、186)相同而略早于後者。善夫克盨作于十八年,小克鼎作于二十三年,此鼎當在夷王十八年以前,約當公元前870—前880年間。

186.小克鼎

圖象、銘文　(1)陶齋1.36,大系圖18,録115.1;三代4.31.1　端方、潘祖蔭
(2)陶齋1.34,商周67,大系圖17,録115.2,三代4.30.2　端方、潘祖蔭
(3)陶續1.25,大系圖20,録142.2,三代4.28.2　端方、潘祖蔭

(4)陶齋1.38,大系圖19,録114.1,三代4.28.1　端方、潘祖蔭、馮恕
(5)移林7,三代4.29.2,大系録113.2　丁麟年、徐世昌
(6)三代4.29.1,大系録115',上海48　吴大澂
(7)三代4.30.1,大系録113.1,日本4.31.1

隹王廿又三年九月,王
才宗周,王命善夫克舍
令于成周,遹正八自之年,
克乍朕皇且釐季寶宗
彝,克其日用
朕辟魯
休,用匃康勵屯右、眉壽
永令霝冬,邁年無彊,
克其子子孫孫永寶用。

銘8行72字,行款據第(4)器。此七器銘同,惟(1)(3)兩銘界以方格,與大克鼎同。鼎小于大克鼎。

大克鼎記王命克"出内王令",故此銘記"王命克舍令于成周"。舍令亦見早于此器的令方彝(本書19)和晚于此器的毛公鼎(本書201)。成周八自亦見曶壺(大系84)。克舍令于成周並遹正當地之八自,猶克鐘"王親令克遹涇東至于京自,……尃奠王令"(本書184)。遹正猶師遽毁之"王祉正師氏"(本書116)乃是巡省校閲之義。

此銘克之"皇且釐季"與大克鼎克之"文且師華父"不必是一人,猶禹鼎之皇且穆公與聖且幽大弔並非一人。所謂"且"可以是父之父,可以是叔祖父或其兄弟,亦可以是三代以上之祖。無曩毁"用乍朕皇且釐季"(本書95),與善夫克之皇且或係一人,則無曩與克爲從兄弟。

187.克盨

圖象　菁華122,海外22,柏景寒31—33,大系圖128,美集録A 252

銘文　三代10.45.1,柏景寒頁154,周金3.153,小校9.41b—42a,大系録112,美集録R40.3

隹十又八年十又二月初
吉庚寅,王才周康穆宫,王
令尹氏友史趛典善夫克
田、人。克拜稽首敢對天子
不顯魯休揚,用乍旅盨,佳
用獻于師尹、朋友、昏遘。克
其用朝夕亯于皇且,皇且考其

數數梟梟降克多福,眉壽永令。

畯臣天子,克其日易休無

彊,克其萬年子子孫孫永寶用。

銘10行106字,器蓋同銘。器高19.9,寬(不連耳)21.3釐米。丁麟年舊藏,今在芝加哥美術博物館。周金3.24下録陸心源克毁,鄒安云"據滬上蘇估云此敦經刼火,文細爲伊加刻,旋歸廬江劉氏(體智)"。疑是仿刻,不可信。

史趛是尹氏的僚友,代尹氏典善夫克之田、人,當在大克鼎錫田及人以後,此可證大克鼎作于十八年以前。典即格白毁"用典格白田"(大系64)之典,乃是動詞,義爲簿録。金文甸、田一字,故克鐘之甸車即詩吉日、車攻之田車。田人即甸人,次卣、次尊(三代13.39.5—6,11.35.2)曰"公姞令次司田人",即司甸人,周禮之甸師。南宫柳鼎"甸史"(本書164)亦此類。柞鐘有"司五邑佃人事"。禮記文王世子"公族其有死罪,則磬于甸人",周禮甸師"王之同姓有辠則死刑焉",是甸人即甸師。同禮大祝,儀禮燕禮、大射儀、公食大夫禮、士喪禮,禮記文王世子、喪大記,左傳成十,國語周語中,均有"甸人"。左傳杜注云"甸人,主爲公田者",而周禮甸師"掌帥其屬而耕耨王藉",是主王之藉田者。金文"司田人"乃是官名,猶甸師、甸人之類。此器尹氏友所典之"田、人"之人則指附屬于天子所賜田上的一種人。

師尹與朋友,婚遘並列,當是一種高級官僚的泛稱,並非一種官名。攈古3.1.74一盤銘曰"吏利于辟王、卿事、師尹、朋友,兄弟、者子、婚髜",師友在卿事之次;洪範曰"卿士惟月,師尹惟日",亦以兩者對比,金文"卿事寮"也是一種高級官僚的泛稱。詩節南山"赫赫師尹,民具爾瞻",國語周語下"師尹維旅牧相,宣序百事"。周禮大宗伯"以賓射之禮親故舊朋友",注云"王之故舊朋友爲世子時共在學者"。

"敢對……休揚"與通常的"敢對揚……休"不同,揚在句末。此種變例,亦見于梁其鐘(本書191)、虢叔旅鐘(大系118—119)和追毁(三代9.5—6),皆先後同時期器。

"皇且"二字下有重文記號,"考"下無,所以讀作"皇且,皇且考"。"多福"之稱,較早的銘文如寧毁(本書81)、蔡姞毁(大系192)稱"用妥多福",至此時期則"降……多福",如:

虢叔旅鐘　降旅多福

㝬鐘　降余多福(本書208)

禹毁　降余多福繁釐(大系129)

士父鐘　降余魯多福無疆(大系124)

井人鐘　降余厚多福無疆(本書203)

師俞毁曰"俞其萬年永保,臣天子"(本書135),臣天子之語始見于此。較後而約略同時諸器則作:

畯臣天子　克盨、白梁其盨、梁其鼎、追毁、頌鼎(本書187、191、192)

農臣天子　梁其鐘(本書191)

黔臣先王　師克盨(本書210)

此器作于夷王十八年,約當公元前870年左右。

188.鬲攸比鼎

圖象　大系圖22,日本314

銘文　三代4.35.2,大系録118

隹卅又二年三月初吉壬辰,
王才周康宫徲大室。鬲比
以攸衛牧告于王曰:"女覓
我田,牧弗能許鬲比。"王令
眚。史南以即虢旅。虢旅迺吏攸
衛牧誓曰:"我弗具付鬲比
其且射分、田邑則殺(?)。"攸衛
牧則誓。比乍朕皇且丁公
皇考叀公䵼鼎。鬲攸比其
萬年子子孫孫永寶用。

銘10行103字。字間有方格,如大克鼎。日本黑川古文化研究所藏。

三十一年之"一",郭沫若讀作二,因此"一"平列于年字上端,借年上端一平劃爲"二"。"徲大室"應如"穆王大室""成大室"之例,乃是室名,不是動詞。唐蘭説爲夷王之大室。望毁"王才康宫新宫,旦,王各大室","康宫新宫"猶此器之"康宫屖大室",若"徲"爲動詞應有"旦,王"之語。楊樹達釋徲爲旁側之辟,曰"謂康宫旁之大室也",説亦可通。

比訟攸衛牧于王,曰以下二句十字是比訟牧之辭,是面對牧説的,第一句的"女""我"即第二句的牧、鬲比。曶鼎(本書143)亦同,其訟效父之辭,第一句的"女"即第二句的效父。彼鼎之訴訟由于對方變更成約,成約書于賀(限),其共同議定者爲"許"。此鼎的訴訟由于對方違反成約,約文内容未提,但"弗能許"云云即指未能履行原議的條款。此鼎下述牧之誓辭,答應歸還比以租賦田邑,則所未履行原許的義務是此。

覓字舊釋保釋孚,均不確。拓本上半從爪,下半不清,郭釋覓較近,義當爲租借,猶曶鼎銘末"覓匡卅秭"爲貸匡以禾若干也。廣韻"覓,求也",説文"購以財有所求也"。此謂"女覓我田",則知我田是鬲比之田,牧是租賃于鬲比者。"王令眚",假作省,爾雅釋詁"省,察也",樂記注"省,審也"。"史南以即虢旅"者史南奉王命以就虢旅,使其審察比、牧的訟辭,士師曰"察獄訟之辭"。

虢旅審察的結果,當是比直而牧曲,此由牧之誓辭可見。楊樹達引周禮司盟"有獄訟者則使之盟詛"以釋誓,其説近是而可商。盟與誓有别,説文曰"誓,約束也",曲禮下曰"約信曰誓,涖牲曰盟"。訴訟當事人在公證人前保証一定義務的履行,即所謂誓。此等誓辭是判訟者所擬定,故銘曰"虢旅迺使攸衛牧誓曰",誓辭以後又有"攸衛牧則誓"是牧根據此誓辭而誓約。由此可見誓辭亦即判辭。

一般誓辭是以反面的"我若不如此則甘願如何"來保證其所承諾的。此器亦然。牧的正面之辭是"具付鬲比其且射分,田邑","其"義如連詞之"之",即將比之租謝分和田邑完全交還。郭讀"且射"爲"租謝"而無説,楊據史記、漢書以爲謝即錢財。楊讀"射"斷句,郭通下讀至田邑爲一句。今以爲"租謝分"指田與邑的田賦和租金,分讀如齊語"小罪讁以金分"、淮南子氾論"有輕罪者贖以金分"之分。"則敓"者我若不具付則將如何,當是情願受罰之意。

此器所記訴訟雙方,攸衛牧之牧與鬲攸比之比都是私名。"攸衛"是封于攸者,衛疑即酒誥外服"侯、甸、男、衛、邦伯"之衛。鬲攸比又稱鬲比,又稱鬲個攸比,鬲和攸都是其封邑,因與牧鄰界。攸衛牧之牧與牧毁(大系 59)之牧可能是一人。

比所作一盨,早于鼎七年,亦記田地交割之事,善夫克參與其事。二十三年善夫克鼎之二十三年,是夷王二十三年,則比所作器之二十五年、三十二年乃在夷王之末。此鼎字體亦近于大小克鼎、虢叔旅鐘(本書 185、186,大系 118—119)與克鐘(本書 184)約同時。

鼎與盨皆作鱗紋。鼎的花紋形制同于毛公鼎(本書 201)及三十七年善夫山鼎(本書 198)。

189.鬲比盨

圖象、銘文 三代 10.45.2,商周 263 頁圖 14,大系圖 130,録 116

隹王廿又五年七月既〔望□□,王〕才
永師田宫,令小臣成友逆哩□
内使無䫏大史旟曰:章厥會
夫乇鬲比田,其邑×、×、×,復
友鬲比其田;其邑复、盜;言、印
臭鬲比。良厥小宫乇鬲比田,其
邑及罡句商兒罡讎戋;復
限余鬲比田,其邑競、楙、才
三邑、州、瀘二邑。凡復友。復友鬲
比日十又三邑。厥右鬲比善夫克。鬲
比乍朕皇且丁公文考叀公
盨,其子子孫孫永寶用。

出土同作器者共三器,此器外一鼎、一五字盨(西清 29.22,三代 10.27.1,今在故宫),兩盨花紋形制相同,而鼎與盨皆有鱗紋。作器者之名:

鼎　　　鬲比—比—鬲攸比　鬲從口

此盨　　鬲比　　　　　　鬲從口

五字盨　攸鬲　　　　　　鬲從二口(三代 10.27.1)

夨人盤　㸒從鬲　　　　　鬲從二口,攸從火(本書未完稿 27)

鬲或從一口或從二口,實非鬲字,劉心源據玉篇以爲嗝字;王國維跋此盨(澂秋頁 23)以爲説文鬲字,並以爲與鼎盨之鬲比、與盤銘之攸從鬲爲一人,並謂鬲爲地名以爲氏名。我舊以此爲贊字,金文用法有三:一用爲圭瓚之瓚,詳宜侯夨毁(本書 5);一用爲贊助之贊,詳麥組;一爲地名,而作氏名者,即鬲比等器。今爲書寫和稱謂方便計,仍作鬲。比字,郭氏釋從,亦可。

此器難讀,且首二行下端殘泐若干字。郭曰"章、良二人于同日以邑里與鬲比交换,王命史官典録其事"。銘中若干動詞費解,但可知者所謂"復友"乃指償付貸賄,凡復賄于鬲比者共十三邑,皆是附于田的邑。而其租貸關係有所不同:

章　吒鬲比田,其邑三;付賄于鬲比之田及邑二

良　吒鬲比田,其邑三;付質賒于鬲比田,其邑五

皆付賄所謂吒者兩共附六邑之田,所謂付賄者兩共七邑,而總之爲付賄十三邑,則吒是租借之義。"限余",郭釋爲"限賒,言付以期限假借也"。此限亦可能爲質,限余即質賒,説文曰"質,以物相贅","贅,以物質錢"。吒,説文有之,假爲寄託之託,即租用其田。此器之乇即度字所從。

會夫、小宫,郭以爲是官職名,是。此二人殆章與良的代理人,猶曶鼎的小子某和效父。"章厥""良厥"之厥,郭以爲訓爲"之",甚是。

"臾鬲比"及"日十又三邑"之日,均不可解。

"厥右鬲比善夫克",郭釋右爲"券契之右側",而以善夫克爲證人。此器"克"字,拓本不甚顯,但善夫克與鬲比確爲同時。疑章、良所租之田爲鬲比所有,而其邑或在克界。王國維以此器有善夫克,因謂"是知此器出土之地去克鼎、散盤相近矣"。

與此同形制花紋的一盨,銘曰:

攸鬲乍旅盨。

當是同時所作。

郭云此器之内史無嬰與無㠱毁(本書 95)之無㠱必係一人。後者與小克鼎皆稱"朕皇且釐季",則善夫克與無㠱同祖。

1958 年 1 月 1 日

190. 禹鼎

圖象、銘文　陝西 78,録遺 99

禹曰：不顯趄趄皇且穆公，克
夾召先王，奠四方。緯武公亦
弗叚望賸聖且、考幽大
弔、懿弔，命禹沙、賸且考、政
于井邦。緯禹亦弗敢态睗
쯧賸辟之命。烏乎哀哉！用
天降大喪于下或，亦唯噩
侯、駿方逹南淮尸、東尸廣
伐南或、東或，至于歷内。王
迺命西六自殷八自曰："屢
伐噩侯駿方，勿遺壽幼。"緯
自彌守匌匡，弗克伐噩。緯
武公迺遣禹逹公戎車百
乘，斯、御二百，徒千，曰："于□朕
肅慕叀西六自殷八自伐
噩侯駿方，勿遺壽幼。"雩禹
以武公徒御至于噩，章伐
噩，休隻厥君駿方。緯禹稽首對
揚武公不顯耿光，用乍大
寶鼎。禹其萬年子子孫孫寶用。

銘20行206字，計重文3，合文3(二百，厥君，駿方)。

宋代出土的周穆公鼎，著録于博古圖(亦政堂刊本)2.21—23，薛氏10.113—116及嘯堂1.13。博古曰"右高一尺二寸二分，耳高三寸一分，闊三寸五分，深七寸七分，口徑一尺二寸五分，腹徑一尺三寸五分。容三斗六升。三足。重五十斤。銘二百三字，湮滅不可識者五十九字。是鼎得于華陰，迺秦故地"。薛氏云"謹按宣和重修博古圖録云銘二百一十二字，湮滅不可辨者八十二字，是鼎得于華陰，迺秦故地"。多出九字。據嘯堂所作釋文，原文第十行與第十一行之間，應有空間，故薛氏引博古圖增一行字數。

郭沫若舊作兩周金文辭大系，因宋人摹本將作器者之名誤摹作"成"，故稱此器爲成鼎。

近年出土同銘之器一具，今在陝西省博物館。傳1942年9月，扶風法門寺之任家村一坑出土銅器百餘件，瓦器一件，此鼎初爲徐某所得。鼎通高55(陝西作53)，耳高12.5，足高21，口徑46.5，容深25.5，腹圍149釐米；重38.5公斤。銘文、形制、花紋都和博古圖所載相同，惟出土地、高度與重量不同，銘文行款小有不同。新出土的大于宋世出土的。傳世成組而同銘之器如小克鼎和頌鼎，其銘文内容和形制花紋雖各自相同，但銘文行款往往小有差異。此由于成組之器往往大小相次,銘文製范各異,所以行款稍異。今以宋人所録穆公鼎行款與新出禹鼎相校,則有一行不同,即今出禹鼎第二行末字“亦”于宋世出土者則在第三行首字。由此可知宋代出土的與近年出土的,不是同一器。新出禹鼎諸“考”字寫法與宋代出土的,亦不同其方向。新出禹鼎206字,若去其重文爲203字,與宋代所録同數。

“趄趄”即桓桓,重言形况字。牧誓“尚桓桓”,周本紀集解引“鄭玄曰威武貌”。周頌桓“桓桓武王,保有厥土”;魯頌泮水“桓桓于征,狄彼東南”;虢季子白盤“趄趄子白”(本書215)。凡此桓桓皆稱贊人身威武的儀態。

穆公是禹之皇祖,亦見昭王時公姞鬲(本書98),穆王時盠器(本書122)及載毁(本書125),後二者均爲右者。新出土器,“穆”字寫法略異,而宋本所録明係穆字,今仍舊釋。“克夾召先王奠四方”,宋代摹本多誤。師訇毁曰“乃聖且考左右先王乍厥爪牙,用夾召厥辟奠大令”(本書207),與此相同。夾即夾輔,左傳僖廿六謂周公、大公“夾輔成王”。一切經音義卷十二引三蒼云“夾,輔也”。召即左右,爾雅釋詁“詔、亮、左右,相導也”,義又爲助。史記魯仲連傳集解引郭璞云“紹介,相佑助者”。

武公是禹之上司。武公于此銘凡四見,但此首見之“武”字“止”在“戈”右,其它三“武”字反是。武公亦見南宫柳鼎及敔毁(本書164、165),後者寫法也是“止”在“戈”右。“弗叚望”即“弗暇忌”,無時或忘也。師寰毁“今余弗叚組”(大系135—136),晋姜鼎“不暇妄寧”(大系267),同其用法。此器三見“朕”字,俱從貝,乃是朕之繁文。沙,與寰盤(大系117)沙字同,或釋仦,非。豆閉毁“用併乃且考事”(本書109)假借爲消或捎,義爲肖。此銘謂武公亦不忘禹之聖祖幽大弔聖考懿弔,因命禹紹繼其祖考,政于井邦。

此銘四見肆字(經典作肆),一見雩字(經典作越或粤),皆是句首語詞。

“惷”字亦兩見毛公鼎,乃是説文“惷,愚也”之省。“睗”字亦見毛公鼎及虢季子白盤(本書201、215)等,乃是“易”字之繁文。惷易謂動易。效是禹之文祖,見叔向父禹毁(本書55)。此謂禹亦不敢動易其文祖效之命,政于井邦。禹之文祖效,見于懿王時師晨鼎(本書134)等器,乃當時右者,稱司馬效。故此銘曰不敢動易“朕辟之命”者謂受命政于井邦。

“烏乎”亦見西周初期班毁、它毁、效尊(本書12、77、80)及其後的毛公鼎。“哀哉”亦見師訇毁,曰“哀才!今日天疾畏降喪”,與此略同。此銘云“用天降大喪于下或”,猶小雅小旻“旻天疾畏,敷于下土”。魯頌閟宫曰“奄有下國”“奄有下土”,是下國即下土。秦公鐘曰“不顯朕皇且受天命竈又下國”(大系289—291)。

噩侯馭方之“馭”並此銘“徒御”之御,銘並作馭。馭方是噩侯的私名。此噩侯是姞姓之國,詳鄂侯御方鼎(本書154)。

此銘“弗克伐鄂”,“西六師殷八師伐鄂侯馭方”,“武公以徒御至于鄂”,可知“伐鄂”“至于鄂”之鄂應是鄂侯之鄂。銘所記伐鄂之役,即是楚世家所記之役,曰“當周夷王之時,王室微，諸侯或不朝，相伐，熊渠甚得江、漢間民和，乃興兵伐庸、揚、粤，至于鄂……乃立其……中子紅爲鄂王，……皆在江上楚蠻之地"。集解引五州記以爲鄂即武昌，正義引括地志以爲鄧州白城南爲楚西鄂。據此，周夷王時，當武公以徒御至于鄂的同時，楚熊渠亦因伐庸、揚、粤而至于鄂，則鄂侯之鄂應是武昌之鄂。此役以後，既已滅鄂，熊渠乃立其中子紅爲鄂王以據有馭方故地。楚世家曰"熊渠卒，子熊摯紅立"，索隱與正義並云"即上鄂王紅也"。此時之楚當都于鄂，而稱其先世所居丹陽，即鄧縣之鄂爲"西鄂"。（宋翔鳳過庭録謂楚始南陽，在丹、淅入漢之處。）

此銘所記，述馭方率南淮夷、東夷廣伐南國東國，至于歷内。"廣伐"一詞，亦見不嬰𣪘（本書212）。"歷内"，宋人摹作"歷寒"，不確。此當作歷汭。據水經注，歷水在歷城之東，又歷城之西有匡山，此銘之匡疑是匡山。

"廙伐"亦見兮甲盤（本書213）。㝬鐘曰"王𦵯伐其至，戮伐厥都"（本書208），此銘云"廙伐噩……𦵯伐噩"，略同。此役，王命西六師殷八師出伐鄂，"勿遺壽幼"，即勿遺老少。召誥曰"則無遺壽耇"，左傳僖公廿八年王子虎盟諸侯曰"及其玄孫，無有老幼"。哀十一年齊伐魯，魯人"老幼守宫"。

自即師。彌所從之爾與金文女姓𡢁字所從者同，廣雅釋詁三曰"彌、久也"，假作説文"镾，久長也"。説文"匌，帀也"。此謂西、殷之師久守圍于東土之匡，故弗克伐南土之鄂。于是武公乃别遣禹率武公之戎車百輛及徒御一千二百人南伐至于鄂。

"戎車"之戎，僅"戈"部清晰，但確是戎字無疑。詩小雅采薇、六月、采芑（伐玁狁），魯頌泮水（伐淮尸）均用"戎車"。斯假作廝，韓策"卒不過三十萬而廝徒負養在其中矣"。史記蘇秦列傳"廝徒十萬，車六百乘，騎五千匹"，索隱云"廝、養馬之賤者"，正義云"斯音廝謂炊烹供養雜役"，淮南子覽冥篇"廝徒馬圉"注云"廝、役也"；公羊傳宣十二"廝役扈養"，漢書陳餘列傳"有廝養卒"。廝爲養馬之賤役，故或謂之"廄養"。此銘述西周戎車（即兵車）之制，車百乘，廝與御二百人，徒一千人；則一車一御一廝十徒。左傳定四記成王放蔡叔而予之"以車七乘，徒七十人"，左傳僖廿八丁未獻楚俘于王，"駟介百乘，徒兵千"，則是車一乘徒十人，與此合。左傳閔二"齊侯使公子無虧帥車三百乘，甲士三千人以戍曹"則是一車甲士十人，亦與此合；然則徒即甲士。一車十甲士，即一車十虎賁，詳下師克盨（本書210）。關於古代車制，孫詒讓周禮正義於司馬序官下引述甚詳，可資參考。

"曰"下二十一字，係武公命禹之命。"于"下一字，從匚，不可識。徐釋匡，不確。説文曰"肅，持事振敬也"，"慔，勉也"；爾雅釋訓曰"肅肅，敬也"，"慔慔，勉也"。此命重復王命，以西六師殷八師伐鄂侯馭方，勿遺壽幼。然禹則以武公百乘戎車，率徒御至于鄂，敦伐鄂，獲其君馭方。隻即獲字。塱盨曰"卑復虐逐厥君厥師"（大系132），敔𣪘曰"復付（𠬝）厥君"（本書165），厥君均謂所征敵師之長，亦即異姓諸侯之稱。魯頌泮水"淮夷卒獲"。

"武公不顯耿光"猶毛公鼎"文、武耿光"。立政曰"以覲文王之耿光，以揚武王之大烈”。

宋代與近代同銘的禹鼎兩器，一出土于華陰，一出土于岐山。據免毁考釋（本書128），鄭井之井，應在雍縣與京兆鄭縣，後者今華縣。清一統志曰“鄭縣故城在華州北”。如此兩器出土地皆在鄭井封地，銘所謂“政于井邦”乃指鄭。

作器者名禹，亦即與叔向父禹毁是一人。禹毁曰“禹曰：余小子司朕皇考，肇帥井先文且𡧧明德……乍朕皇且幽大弔𩰫毁……禹其邁年永寶用”（大系129）。比較鼎與毁，則其世系如下：

	（高祖）	（曾祖）	（祖）	（父）	（本身）
［鼎］	皇且穆公	𡧧朕辟	聖祖幽大叔	聖考懿叔	禹
［毁］		先文祖𡧧	皇祖幽大叔	皇考	叔向父禹

由是知叔向父與禹乃是一人。禹之先世在免毁考釋中已有所論述，屬于鄭井一家，見于金文的依其年世排列于下：

［時代］	［禹鼎］	［同時它器］
昭王（或穆王）		穆公（97 尹姞鬲）
穆王		井白（103 長由盉）
共王	穆公	穆公（122 盠方彝、方尊，125 𢦏毁）
		右者井白（108 元年師虎毁，106 七年趞曹鼎，107 利鼎，109 豆閉毁，110 師毛父毁）
		右者司馬井白（112 十二年走毁，111 師奎父鼎）
		右者司馬井白𩛥（119 師𤸫毁）
懿王	𡧧	右者司馬𡧧（134—136 三年師晨鼎，三年師俞毁，五年諫毁）
		右者咸井叔（132 趩尊）
	幽大叔	右者井叔（130 免尊，128 免毁，147 師察毁）
孝王	懿叔	奠井叔康（152 盨）
	禹	叔向父禹、叔向父（155 毁）

據鼎銘，禹之祖幽大叔與考懿叔命禹型法其祖考爲政于井邦，則其祖若考應爲“井叔”，禹自身亦爲“井叔”，故毁稱“叔向父禹”。如此，則禹之祖、考幽大叔與懿叔可能爲懿、孝時的咸井叔與奠井叔康；禹之皇祖穆公可能是穆、共時的井白。穆公見存于昭、穆時，其後分爲白氏、叔氏兩支，共王時的井白爲右，其後懿王時的司馬𡧧和咸井叔或井叔皆爲右，應爲世襲。

此鼎的花紋、形制和小克鼎（本書186）十分相同，應是同時之作。後者既可確定作于夷王二十三年，則此禹鼎亦約略同時。㝬鐘（本書208）乃厲王胡追述其父夷王南征之功，銘曰“王肇遹文、武，勤疆土，南國服子敢陷處我土。王敦伐其至，撲伐厥都。服子乃遣閒來逆昭王，南夷、東夷具見廿又六邦”。夷王平定南國判亂的南夷、東夷以後，來朝見王的有二十六邦，可見聯合叛亂的至少有二三十邦。此役或即禹鼎所記鄂侯所率南淮夷、東夷的叛亂，武公承王命與禹敦伐鄂，獲其君。主酋既獲，全勝可知，則鼎銘之役可能即是鐘銘之役。夷王事蹟，史記所記簡略。後漢書西羌傳曰"夷王衰弱"，荒服不朝，乃命虢公帥師伐太原之戎，至于俞泉，獲馬千匹"，注云"見竹書紀年"。左傳昭廿六"至于夷王"，愆于厥身，諸侯莫不並走其望，以祈王身"。如左傳所記，諸侯臣服，故不朝者乃荒服四夷；據竹書紀年，夷王伐戎有獲，並非衰弱。後漢書東夷傳曰"厲王無道，淮夷入寇，王命虢仲征之不克"，王國維以爲此條亦出竹書紀年。如其説可信，則厲王征淮不克，而平淮成功者是夷王。後漢書西羌傳曰"厲王無道，戎狄寇掠，乃入犬丘，殺秦仲之族，王命伐戎，不克"。是厲王之時伐戎征淮，俱不獲勝。

我們既定此鼎于夷王時代，則所征伐的鄂侯亦見存于夷王時。此鼎先稱之爲侯，又稱之爲君。在此器之前，亦曾臣服于周，從王南征，見于鄂侯御方鼎（本書 154）。鄂侯𣪘（本書 154 附）與叔向父禹𣪘（本書 155）除耳端不同外，其形制、花紋都是同時代的。

禹鼎後記

郭沫若初印本大系考釋，因據宋本"穆公鼎"誤釋此鼎爲成鼎，次于夷世，而以成與叔向父禹𣪘之禹爲父子，後者次于厲世。又以禹爲十月之交的師氏楀。以成爲禹，自近出第二禹鼎後，郭氏已加改訂。他在禹鼎跋也改正了禹鼎的年代，"即此器與不嬰𣪘、噩侯鼎、敔𣪘，余曩列爲夷王時器者，均當與叔向父禹𣪘同屬于周厲王之世"（光明日報 1951.7.7）。我在 1951 年 9 月作此考釋，1957 年付排未印。後見徐中舒和唐蘭對此鼎亦有論述。徐氏所論：（1）金文榮伯與武公同見，榮伯是厲王時的榮夷公，則與榮伯同時之武公，與武公同時之禹，亦當斷在厲王之世。（2）據日食和地震證日月之交爲幽王時詩，故"師氏楀即當爲宣、幽時人，與金文禹應在厲王時代，年輩實不相值"。（3）西周時代之鄂在楚西，即河南鄧縣的西鄂。（4）武公不是衛武公或共伯和，與武公同時的"榮伯的生存年代只能限于厲王奔彘以前"；"此武公與榮公同時，榮公既爲厲王時代的榮夷公。則此武公也應是厲王時代的王官"（考古學報 1959 年第 3 期）。唐氏以爲"從禹鼎内容來看，它應該是厲王初期的作品"。他又説"宗周鐘是厲王自己做的"，銘中之王是厲王，所述"是講他自己南征的故事"（陝西敘言）。

以上三家，都斷禹鼎于厲世。徐氏更以爲禹鼎與敔𣪘、無其𣪘、鄂侯鼎、虢仲盨、宗周鐘等六器所記南征或伐南淮夷的都是厲王時事。他聯繫了十三年無其𣪘的有關諸器，以爲時王有三十二年，則此王應是史記在位三十七年的厲王。唐氏引述了文獻，以爲夷王末年，厲王初年時"四方大亂，王國將亡"。他以爲征伐淮夷是這一時期的大事，亦將禹鼎等六器定爲厲王十三年前後時器；並師酉𣪘、師訽𣪘、訽𣪘、師克盨、南宮柳鼎，梁其組器和毛公鼎也都定爲厲王器。以上之説，皆有可商。

舊作西周年代考，曾據史記考定厲王在位年數約爲 15—17 年，新城新藏東洋天文史西周之年代中亦有此説。而在位三十二年以上者應是夷王。西周王室之衰,不始于厲。史記周本紀曰"懿王之時,王室遂衰",漢書匈奴傳曰"至于穆王之孫懿王,王室遂衰,夷狄交侵,暴虐中國,中國被其苦"。史記楚世家曰"當周夷王之時,王室微,諸侯或不朝相伐";漢書西羌傳曰"夷王衰弱,荒服不朝"。由此可知,王室之衰及夷狄交侵始于懿王時,而夷王時諸侯相伐,荒服不朝。宗周鐘誠如唐氏所考,是厲王胡所作,但銘記"王遹省文、武,勤疆土……南尸、東尸具見廿又六邦……我隹司配皇天王,對作宗周寶鐘"。乃追述夷王南征之事,王是夷王,我是厲王,詳西周年代考。

西周時淮夷之亂,不止在一個王朝,而一個王朝内不止發生一次。1942 年曾作淮夷考將歷朝征伐淮尸、東尸及南土者分爲以下數期:

(1)成王　1.伐東尸　塱鼎、旅鼎、小臣謎毁、疐鼎、雪鼎(後漢書東夷傳)
　　　　2.伐淮夷　周本紀、魯世家、齊世家及書序。
(2)康王　1.伐荆或南征　過白毁、鼒毁、䰞毁、誨鼎、小子生尊及中鼎組
　　　　2.伐淮尸或南尸　录或卣及競卣(郭沫若定爲穆世)
(3)孝王　南征南淮尸角僪　見鄂侯鼎及翏生盨
　　　　伐南淮尸遹至于伊　敔毁
　　　　伐南淮尸　中併父鼎(博古 3.16)
(4)夷王　1.伐鄂侯,南淮尸及東尸至于鄂　禹鼎
　　　　2.十三年征南尸　無㠱毁
　　　　3.伐𠬝子,南尸東尸廿六邦具見　宗周鐘(追記)
　　　　4.征淮尸　師寰毁(形制花紋同敔毁,寰盤有廿八年)
　　　　5.九年益公征眉敖　九年歸芻毁
(5)厲王　南征伐南淮尸　虢仲盨(厲王無道,淮尸入寇,王命虢仲征之,不克。後漢書東夷傳)
(6)幽王　克狄淮尸,征緐湯　曾白簠、晉姜鼎(晉文侯當幽王時)

以上夷王時期的,可能有些屬于厲王。由此可知即同屬夷王時器,所記伐淮尸並非一役。禹鼎有武公,亦見于它器。這一時期,即夷王及其前後,武公、益公、榮伯爲右者與師龢父四者之間皆相聯繫,可以列表如下:

	命于	右者	史官	備註
輔師嫠毁	周康宮	榮白	乍册尹	與師嫠毁一人而早,分尾長鳥,早
叔向父禹毁				與禹鼎一人而早
鄂侯毁				與鄂侯鼎一人
元年師酉毁				與師詢爲父子
師耤毁(弭伯組)		榮白	内史尹氏	

同𣪕	宗周大廟	榮白		形制同輔師嫠,同師痕𣪕(甲)及五年師事𣪕
康鼎	康宮	榮白		
卯𣪕		榮季		榮白
鄂侯御方鼎				顧龍略同柳鼎。南征角僪
翏生盨				征南淮尸角僪
五年琱生𣪕				琱生、召白虎
六年琱生𣪕				琱生、召白虎
十一年師嫠𣪕	周	宰琱生		師龢父
元年師獸𣪕				白龢父　花紋同師湯父鼎
幾父壺		同中		西宮　與弭組同(懿、孝)
元年師兑𣪕	周康廟	同中	内史尹	師龢父　鱗紋近禹𣪕、鄂侯𣪕
三年師兑𣪕	周大廟	毁白	内史尹	師龢父　同禹𣪕
敔𣪕	成周大廟	武公	尹氏	榮白　伐南淮尸遹殳
井人鐘				龢父
南宮柳鼎	康廟	武公	乍册尹	花紋介于廿五年趞曹鼎與鄂侯鼎之間,顧龍,形制同康鼎
禹鼎				武公,同大克鼎伐噩侯御方及南淮尸、東尸
師寰𣪕				征淮尸
十三年無㠱𣪕				征南尸
十七祀詢𣪕	射日宮	益公		
二十年休盤	周康宮	益公	乍册尹	
九年歸芻𣪕			中	益公　征眉微
元年師詢𣪕		榮		
虢仲盨				伐南淮尸
何𣪕			虢仲	
鄭虢仲𣪕				

以上大致順序分爲先後四組:(1)輔師嫠𣪕等器爲榮白組,榮白爲右者;(2)師兑𣪕等器爲龢父組;(3)南宮柳鼎等三器爲武公組,武公爲右者;(4)詢𣪕等器爲益公組,益公爲右者。另外尚有一些與各組中某器相關連的單個器。

榮白組大致上同時而略早于龢父組,因爲榮白組的輔師嫠𣪕和龢父組的師嫠𣪕是一人先後所作,由銘文知兩𣪕之“王”是先後兩個王(父子或父孫)。鄂侯鼎和禹鼎所伐的鄂侯御方是一人,則御方先臣服于周而後叛亂,故鄂侯鼎早于武公組的禹鼎。鄂侯鼎(本書154)的形制近于大克鼎(本書185),而花紋作顧龍(與柳鼎相似),較早。禹毁(商周340)和禹鼎(本書190)是一人先後所作,毁早于鼎,因爲它和鄂侯毁、師酉毁(本書154、173)同其形制花紋。鄂侯毁和鄂侯鼎可能是一人同時所作,而師酉與益公組訽毁之訽是父子。十七祀訽毁和元年師訽毁(本書195、207)是一人先後所作,由銘文知兩毁之"王"是先後(父子)兩個王。龢父組與武公組無聯繫,但武公組的敔毁有榮白,可能與榮白組的右者榮白是一人。武公組的禹鼎晚于與師酉毁同時的禹毁,而師酉毁是益公組的訽毁之父所作,則益公組應晚于武公組。

西周年代考曾擬定夷王約三十年,厲王約十六年,而懿、孝各約十年。所定年數,可能有伸縮餘地。以上四組上接共王以來諸器,而其間似無共和十四年器在内,則此相銜接四組宜在共和以前。益公組之十七祀訽毁與廿年休盤,不能是厲王器,因厲王無二十年,則應屬于夷王。元年師訽毁在夷王十七祀訽毁後的下一王,應屬于厲王。九年歸芻毁(本書196)與十七祀訽毁(本書195)花紋形制相同,同屬益公組,乃是夷王九年。九年無曩毁可與夷王時之克組相連繫,則九年征南尸是夷王時事。師寰毁(上海53)形制近于敔毁(本書165)而二十八年寰盤(大系圖158)花紋同于克組,則此二十八年也是夷王。

確定了武公組與益公組屬于夷王,則龢父組與榮白組應早于此二組,即孝王時代,有的可以早到懿王。輔師嫠毁(本書142)雖屬于榮白組而早于龢父組的十一年師嫠毁(本書168),但它的形制和分尾長鳥的紋飾,是西周初期的孑遺。因此,它們不能晚于懿王。榮白和龢父兩組,在形制花紋上都早于武公、益公兩組。榮白組的卯毁、同毁(本書157、158)的花紋近于師瘨毁甲(本書119)和五年師事毁(本書146),同毁形制同于輔師嫠毁(懿)。龢父組的召白毁(商周311)是獸面紋,師獣毁(本書169)花紋同于師湯父鼎(本書118),師兑毁(本書170)同于禹毁(商周340),幾父壺(本書172)同于弭叔組的無銘壺(懿、孝)。由此可知此兩組應在懿、孝世,較爲合宜。

按以上安排,則榮白最早見于懿王器,其次見于夷王器,中間相距三十餘年。厲王元年的榮,可能是懿王以來的榮伯,也可能另是一人名,因某公某伯一般不能省去公、白。見存于夷世的榮白是否即史籍上的榮夷公或榮公,尚屬未定,似不能因此而將一切有榮白之器屬于厲世。

按以上的安排,則夷王時的禹就一定不能是幽王詩十月之交的師氏楀,因它們之間相距六十餘年。十月之交的"皇父卿士",亦見常武"大師皇父",常武又有"程伯休父",古今人表以休父爲宣王時人,而皇父爲幽王時人。

按以上的安排,則召白虎應是孝王(至遲爲夷王)五、六年見存之人。他與大雅江漢平定江漢之淮夷的召虎應是一人。江漢序曰"尹吉甫美宣王也,能興衰撥亂,命召公平淮夷"。鄭箋云"召公,召穆公也,名虎",正義云"於世本穆公是康公之十六世孫"。詩序又以爲"常武召穆公美宣王也",常武記王命程伯休父伐徐方于淮浦,二者或非一役。

1964年7月18日

191.梁其器

梁其組銅器,傳一九四〇年二月初二,出土于扶風縣三十里的任家堡(陝西23頁:"解放前岐山任家村發現")。同出者約六十餘件。今所見爲"梁其"所作者十一器:

(1)(2)壺 一在美(美集録A 699),一在陝西博物館(陝西70)。

(3)—(5)鼎 一録遺95;陝西博物館所藏一大(陝西69)一小,花紋形制相同,大者高與口徑均爲44.2釐米;小者高30.5,口徑30.8釐米。

(6)—(8)毁 一録遺164(器銘);二徐森玉見貽拓本;三王獻唐拓本,云"孫氏藏,底蓋對銘,器文銹不可拓,此爲蓋銘",未見原拓,據摹本。

(9)盨 見録遺180,于省吾全形拓本有"松石硯齋藏器"圖記。

(10)—(11)鐘 見録遺3,銘未全,所缺四字,應在另一鐘上。一具銘多四字者在上海博物館。傳出土時共出三具。

以上各器的銘文有五種,分釋如下:

甲、梁其壺 據美集録A 699 46字

器項外(第一行) 隹五月初吉壬申,梁其乍隮壺,用享孝于皇且(陝西博物館"用享考于皇且考用")

(第二行) 考,用旂多福眉壽永令無疆;其百子千孫永寶用。

蓋頂上 其子子孫孫永寶用。

乙、梁其鼎 據録遺95 48字

隹五月初吉壬申,梁
其乍隮鼎,用享孝
于皇且考,用旂多福
眉壽無疆。畯臣天,
其百子千孫,其萬年無
疆,其子子孫孫永寶用。

丙、梁其毁 據徐森玉拓本 38字

善夫梁其乍朕皇考
惠中皇母惠妀隮
毁,用追享孝,用匃
眉壽,眉壽無疆,百字千
孫,子子孫永寶用。

丁、梁其盨 據録遺 180 30 字

白梁其乍旅盨,用
享用孝,用匄眉壽
多福,畯臣天子,萬
年唯亟,子子孫永寶用。

戊、梁其鐘 據録遺 3 存 74 字

梁其曰:丕顯皇且考,穆穆異異,
克哲厥德,農臣先王,賁屯
亡敃。梁其肈帥井皇且考
秉明德,虔夙夕辟天天子子,肩(缸)
事梁其身邦
君大正,用天
子寵蔑梁其
曆,梁其敢對
天子丕顯休
揚,用乍朕皇〔且考龢鐘。〕(鼓)

以上壺銘與鼎銘乃同時所作,銘文略同,惟鼎多"畯臣天〔子〕"一語,亦見盨銘。鐘銘未完,其末段當近于𣪘銘。三𣪘同銘而稍異:徐拓器蓋對銘,眉壽重文,末句作"百字千孫,子子孫";王拓行款同徐拓,器銘不可拓,眉壽不重,末句作"百字千孫,子子孫孫"。録遺164 器銘,行款異于其它二器,末句作"百字千孫孫,子子孫孫";"壽"字有重文而"眉"字重文記號誤置于隔行"孫"字旁,故末句成"百字千孫孫",乃是誤置之故。

此五銘同一梁其所作,梁字省木。其稱謂有所不同:(1)梁其,鐘、鼎、壺;(2)善夫梁其,𣪘;(3)白梁其,盨。

甲、乙之"百子千孫",丙作"百字千孫",是"字"即"子"。豚弔多父盤"百子千孫"(小校9.79),翏生盨"百女千孫"(本書 153),詩假樂"子孫千億"。義皆同。

"畯臣天子"之語,亦見克盨、追𣪘及頌鼎等。三鼎銘文無"子"字,不知何故。館藏大鼎銘文字口,似經剔過。三鼎銘行款不同。

説文曰"㚤,婦官也",此爲女姓。衛風桑中之孟弋,省女。左傳襄四"夫人姒氏薨,"公羊作弋氏,杜預注云"姒,杞姓",是弋爲杞國之姓。此姓又見三代 7.38.1,8.39.2,17.34.2—3。

"萬年唯亟",猶"萬年無疆"。

爾雅釋訓曰"穆穆、肅肅,敬也","肅肅、翼翼,恭也"。鐘銘之"穆穆異異"即穆穆翼翼,恭敬之貌。"克哲厥德",亦見番生𣪘(大系 130)、井人鐘(本書 203)等。

“農臣先王”即勉臣先王。廣雅釋詁三“農，勉也”。臣爲動詞，農爲助動詞。“肈井皇且考秉元德”猶井人鐘“不敢弗帥井文且皇考，穆穆秉德”。

“辟天子”之辟爲動詞，說文“辟，法也”。說文肩字從肉從户，金文從尸從月（即閒所從）。肩即仔肩，周頌敬之傳云“克也”，箋云“任也”；說文曰“仔，克也”，“肩，克也”，可證二字互訓。“天子肩事梁其身邦君大正”，謂天子任事梁其使其身爲邦君之大正，謂作善夫。遹甗“師雍父肩史遹事于䧅侯”（本書78），義亦相同。

“寵蔑梁其曆”，寵爲助動詞，在動詞“蔑”前，“梁其曆”乃雙賓詞。師望鼎曰“多蔑曆易休”（大系63），蔑與易皆動詞，曆與休皆名詞，而“多”爲二動詞之助動詞。“梁其敢對天子丕顯休揚”，“揚”不隨“對”而在句末，與通例之作“對揚天子……”不同，惟見此鐘及克盨（本書187）、虢叔旅鐘（大系118—119）、追𣪕（三代9.5—6），皆約略同時器。

此組銅器，屬于夷王的時代：(1)盨的形制花紋近于夷王時的克盨、師克盨（本書187、210）；(2)壺的形制花紋極近于虢季子組壺（商周729），花紋同于吕壺蓋（商周725），項下和蓋上的花紋是頌鼎式的，冠蓋上是克鼎式的寬波紋，器腹是介于解放的獸面紋與小獸面紋之間。(3)大小兩鼎的形制花紋同于中義父鼎、中枏父鼎、鬲攸比鼎和毛公鼎（本書175、176、188、201）。(4)梁其鐘形制花紋同于井人鐘（本書203）。

1950年舊作，1957年改作

192. 頌鼎

圖象　商周71，大系圖10，上海49

銘文　三代4.37—4.39，大系録45、46

隹三年五月既死霸甲戌，
王才周康邵宫。旦，王各大
室，即立，宰弘右頌入門立
中廷，尹氏受王令書，王乎史
虢生册令頌。王曰：“頌，令女官
嗣成周貯（廿家），監嗣新寤貯，
用宫御。易女玄衣黹屯，赤市朱
黄、緣旂、攸勒用事。”史頌拜稽首；受
令册，佩以出；反入，堇章。頌敢對
揚天子丕顯魯休，用乍朕皇
考龔弔皇母龔始寶隮
鼎，用追孝祈匄康𩁹，屯右，
通录、永令，頌其萬年眉壽，

畯臣天子霝冬,子子孫孫寶用。

銘14行152字。同銘者鼎三,𣪕六具,壺二具。鼎、壺銘同,與𣪕銘不同之處有二:(1)“貯廿家”,𣪕銘無“廿家”二字,(2)“眉壽”後𣪕銘多“無彊”二字。雖有如此差别,然字數仍是152字。

此器作于王之三年五月既死霸甲戌,既死霸爲初一。史頌器作于王之三年五月丁巳,史頌器之三年五月丁巳,與此三年五月不是一王。

此器記册命制度甚詳,詳本書下編西周銅器總論中周禮部分的册命篇。

令書即王曰以下至用事止,前半命頌之官職,後半錫臣命服。

“司成周貯廿家”,𣪕銘皆省去“廿家”,當不是無意遺録的。“司成周貯”猶“司王囿”“司奠還𣪘”都是官職名。説文“貯,積也”。廛人注鄭司農云“廛……謂貨物䝦藏于市中,而不租税也”,釋文云“䝦,本或作貯,又作𧶜”。賈師注亦有䝦字。“貯廿家”謂儲積貨賄的廿廛。史記平準書索隱引“字林云貯,塵也,音佇”,朱駿聲以爲塵是廛之誤字;史記貨殖傳索隱“貯猶居也”。説文“家,居也”,廣雅釋詁二,遂人注司農云“廛,居也”,詩伐檀傳“一夫之居曰廛”,説文“廛,一畝半,一家之居”。是一廛即一家之居,廿家即廿廛。孟子公孫丑上“市廛而不征,法而不廛,則天下之商皆願藏于其市矣”;趙注云“廛,市宅也”,管子五輔“市廛而不税”注云“廛,市中置物處”,王制“市廛而不税”注云“廛、市物邸舍”,説文“市居曰舍”,此舍應是司徒“舍人”“倉人”之舍,乃是儲藏貨賄之舍。周禮廛人注引司農云“廛,謂市中之地未有肆而可居以畜藏貨物者也”。

貯是儲藏貨賄之所,肆則爲交易貨賄之所。金文“司成周貯廿家”,是廿廛之長。周禮胥師、賈師並“二十肆則一人”,司市“胥師、肆師涖于介次而聽小治小訟”,是以廿肆爲一介次,一次。廛與肆皆征税。廛人“掌斂市〔之〕絘布、總布、質布、罰布、廛布”,注云“廛布者,貨賄諸物邸舍之税”;司關“與其征廛”,注云“征、廛者,貨物之税與所止邸舍也;關下亦有邸客舍,其出布如市之廛”。

康王時的中甗曰“厥貯者(褚)言曰賓□貝”(大系8),説文曰“賨,南蠻賦也”,中甗所述省南國戍漢之事,“貯者”,疑是南國司貯之官。兮甲盤記政司四方積至于南淮夷,銘曰“淮夷……其進人,其貯,毋敢不即次即市,敢不用令則即井撲伐。其隹我諸侯百生,厥貯毋不即市,毋敢或入蠻宄貯,則亦井”(本書213)。人、貯猶質人之“貨賄人民(奴婢)”,此謂淮夷之買賣奴婢應就次爲之,買貨物應就市爲之,不得私行交易。次即司市注“次謂吏所治舍”。就次就市爲之,即不得逃避征税,否則刑而伐之。又謂諸侯百姓的貨賄,不得不就市爲之,其有入南蠻之市廛,以逃避征税的,則亦刑罰之。

“成周貯”“新造貯”猶“蠻宄貯”,皆謂某地的市廛。王命頌司此二事,並“用宫御”者用宫中的執事。頌爲司貯之官,猶善夫山鼎“乍害司貯”(本書198),略同于周禮之司市,左傳之褚師。列國宋、鄭、衛等國皆有褚師之官,左傳昭二“請以印爲褚師”杜注云“褚師,市官”。左傳成三“荀罃之在楚也,鄭賈人有將寘諸褚中以出”,此褚即貯。左傳襄卅“取我衣冠而褚之”,吕氏春秋樂成篇引作“貯之”。

王國維頌壺跋,釋此銘二貯字爲予,謂“錫廿家”“錫用宫御”。1936年3月12日,讀而疑之,作頌鼎考釋。1957年1月20日,改作。

193.微䜌鼎

圖象 續考古4.19

銘文 薛氏10.8(又110),大系録115’

隹廿又三年九月王
才宗周。王令“散䜌𩨍𤔲
九陂。”䜌乍朕皇考𩰫彝
障鼎,䜌用享孝于朕皇
考,用易康𠢕、魯休、屯右、
眉壽、永令、霝冬,其萬年
無疆。䜌子子孫永寶用亯。

銘7行63字。續考古圖4.20曰“崇寧(1102—1106)初,商州得古鼎,刻文甚完,凡六十三字,乃周鼎也。尋上之朝廷,制度未考”。商州,今陝西商縣。

廣雅釋地曰“湖、藪、陂……池也”;説文曰“湖、大陂也”,“陂、阪也,一曰沱也”,“阪、坡者曰阪,一曰澤障”;月令注云“畜水曰陂,穿地通水曰池”;詩澤陂傳云“陂,澤障也”。由上所述,可知壅土爲障以蓄水,謂之陂,故又爲池爲湖。此官當爲管理陂障蓄水之職,則當時農業上已有了蓄水的工程。

九陂之“九”,猶金文“參有司”“百姓”等,乃是泛稱多數,並非實指。叔尸鎛“咸有九州”(大系240—243),周語下“封崇九山,决汩九川,障陂九澤”,凡此九州、九山、九川、九澤等亦非實有九數。周禮職方氏始以九澤分配九州,吕氏春秋有始覽亦列舉“九澤”之名。由是知九陂、九州之名始見稱于金文,而其含義于後世實指者不同。

此銘年、月、地均同小克鼎(本書186),故郭沫若以爲同時之器,列于厲世。

陂與湖之别,在于一是人工利用水流障隄所成,一爲天然之湖泊。漢書地理志惟九江郡下注云“有陂官、湖官”,居延漢簡甲1586有“凡亭𨻵皮官廿八”,則西北屯戍地亦設陂官。九江郡,秦所立,兼有廬江、豫章兩郡地,治壽春,實爲楚國原境。楚漢之際爲九江國,漢初立淮南國,其後或爲國或爲郡。水經注卷三十二肥水注云“又東北逕白芍亭東積而爲湖謂之芍陂,陂周百二十許里,在壽春縣南八十里,言楚相孫叔敖所造。……陂有五門,吐納川流,西北爲香門陂,陂水北經孫叔敖祠下謂之芍陂瀆”。卷三十二肥水注述壽春附近有高陂、天濴陂、鷄陂、黄陂、茅坡。陂官所治,當爲此若干陂。至此處湖有東臺湖、陽湖等,可參肥水注。

西周"司九陂"之九陂,或是指關中的某地區,或是指陂官。但亦有可能指九江地區的陂池,尚待研究。

此器形制花紋同于頌鼎,嘏辭同于小克鼎,應定爲夷王器。

1958年1月26日

194.趩鼎

圖象、銘文　未著録

佳十又九年四月既望辛
卯,王才周康邵宫,各于大
室,即立。宰訊右趩入門立
中廷北鄉,史留受王令
書,王乎内史𡩜"册易趩
玄衣屯黹、赤市、朱黄、䜌
旂、攸勒用事"。趩拜稽首
敢對揚天子不顯魯休,用
乍朕皇考㲋白、奠姬寶鼎,
其眉壽萬年子子孫孫永寶。

銘10行96字。今在上海市文管會*。

此器與頌鼎最相似,其相同之點如下:受命于周康邵宫,右者爲宰,有令書,賞賜的命服、旂、攸勒,花紋形制。所不同者,頌鼎作于三年,尹氏受王令書,史册令之,受令册反入堇圭,銘末有嘏辭;此鼎作于十九年,史受王令書,内史册易,銘末無嘏辭。此器"書"字與頌鼎、寰盤(本書192,三代117)同作,晚于免毁(本書128)之"者"。

此器宰、史、内史之名,皆未見它器。十九年四月既望辛卯與克盨十八年十又二月初吉庚寅,不相銜接。以寰盤"奠白、奠姬"(大系117)之例例之,作器者的皇考亦當爲奠白。

195.十七祀詢毁

圖象、銘文　文物1960:2:8

王若曰:"訇,不顯文、武受令,則乃且
奠周邦。今余令女啻官司邑人,先虎臣
後庸:西門尸,秦尸,京尸,㲋尸,

---

* 現藏中國歷史博物館。

師笭側新;□華尸,弗𦍒尸;𤼈人,成
周走亞、戍,𦍒人、降人、服尸。易女玄
衣黹屯,𢦏市冋黄,戈琱䋣彤必彤
沙,䜌旂,攸勒,用事。”訇稽首對揚天
子休令,用乍文且乙白、同姬隩毁。
訇萬年子子孫孫永寶用。唯王十又七祀,
王才射日宫,旦王各,益公入右訇。

銘10行133字。器通高21,口徑24.8釐米。

1959年6月間出土陝西藍田縣城南2.5公里寺坡村北溝道中。同出土者有師察毁等16件,另有一毁與此毁花紋形制相同而無銘。

作器者名訇,見説文言部,解曰“騃言聲,從言勻省聲,漢中西城有訇鄉,又讀若玄”。籀文從勻不省。金文鈞字或從勻或從勹,故此字可隸定爲訋。今無此字,而説文新附有詢字,從旬與從勻同音,所以即以詢字代訋字,較爲方便。宋世出土師詢毁(本書207),與此爲一人所作,稱其祖妣爲“乙白,同益姬”而此器作“乙白、同姬”。另有師酉毁稱其父母爲“乙白、宄姬”(本書173),容庚以爲師酉、師詢乃父子(商周上55頁),是正確的。師酉之母爲姬姓,則非周族。師酉受命于吴之大廟,而詢毁與弭叔諸器同出于藍田一窖中,或爲一家之器,似酉、詢父子受命爲師以後服役于王室,後封于京畿之弭。此器受命于“射日宫”,不知何在,日字中無一點,與丁字無别。

詢毁王若曰“則乃且奠周邦”,師詢毁王若曰“乃聖且考克左右先王,乍爪牙……鄉女彶、屯卹周邦,妥立余小子”。凡此王對詢的口氣,稱其祖考有功于周邦,似對投順服事于周的異邦人而言。以下兩器,與此文例相類,尤屬明顯。歸芻毁王若曰“乃且考克𠦪先王,異自它邦”,“用乍朕皇考武乖幾王隩毁”(本書196),彔白𢦚毁王若曰“繇乃且考又昏于周邦,右闢四方”,“用乍朕皇考釐王隩毁”(大系35)。此二器稱其父爲王,乃荒服裔邦諸侯之僭稱。酉、詢父子及其祖考世爲王室之“師”,司邑人、虎臣之職。虎臣由夷隸組織而成,而師詢毁賜詢夷臣三百人,爲它器所無。則受命于吴的師酉及其家族,可能爲西北狄族,如西周初賜于唐叔的懷姓九宗。

“則乃且奠周邦”之“則”爲時間詞,猶鄉、繇、昔等,詳師克盨(本書210)。

據師酉詢三毁銘,知此一家世代于周王室爲“師”,職司邑人、虎臣。師酉毁曰“嗣乃且啻官邑人,虎臣:西門尸、㠱尸、秦尸、京尸、弗身尸、新”。虎臣係由五種夷族和新(刑人)組成。虎臣與其它人稱並列之例如下:

邑人,虎臣	師酉毁(本書173)
邑人,虎臣,庸	本器
邑人,師氏	師𤸫毁(本書119)

師氏,虎臣	尚書顧命
參有司:小子,師氏,虎臣	毛公鼎(本書201)
邑人—奠人	師晨鼎(本書134)
邦人,正人,師氏人,又罪,又故(辜)	塱盨(大系132)

可知邑人與虎臣、師氏大約爲性質相類的三種人,屬于“師”的管轄,而有次第高下之分,其次第如下:

邑人—師氏—虎臣—庸

它們和塱盨的“邦人,正人,師氏人,有罪有故”四級大致相當。

據元年師詢毁,詢所官是“師”,據此毁其職爲管理邑人、虎臣與庸三種人,兹分别述之。

(1)邑人　易訟九二曰“不克訟,歸而逋其邑人三百户,無眚”,郭沫若據此以爲“古之邑人乃奴隸也”(大系125);又以爲金文“邦人猶邑人,奴隸之從事生産者也”(大系141)。據師晨鼎,晨之職爲管理“邑人”之隹小臣、善夫、守□、官犬和“奠人”之善夫。官、守、友。邑、奠猶城郊,詳綜述9:324。此所謂邑或即西周金文中五邑之邑。

(2)虎臣　師酉毁曰“嗣乃且啻官邑人,虎臣:西門尸,㠱尸,秦尸,京尸,畁身尸,新”,與詢毁相較,則知此毁虎臣應自“西門尸”至“畁𦎫尸”止,其下即庸,故銘曰“先虎臣後庸”。師酉毁虎臣由五種尸族與新構成,而此毁由六種尸族與師笭側新構成,雖父子襲爲祖考舊官而其所職稍有增益。虎臣見詩書。周禮師氏之職“使其屬帥四夷之隸各以其兵、服守王之門外,且蹕”,所謂“屬”指司隸,掌罪、蠻、夷、貉、閩五隸,皆守王門;而另有隸僕與閽人也是罪隸、刑人而守王宫、王門者。詩、書、金文的虎臣,在平時是侍衛于周王左右禁衛軍的武士,在戰時可以出征。周禮所述,與西周情况有所不同。它將虎臣與所以構成虎臣的四翟之隸與罪隸對立起來,後者屬于師氏與司隸所管。它把虎臣分化爲虎士與旅賁:虎士是卒,執戈盾守王閑、王宫、王門,屬于虎賁氏;旅賁是甲士,執戈盾守王車,屬于旅賁氏。虎臣或稱虎士、虎賁,臣指其爲臣僕,士指其爲衛士、甲士,賁謂其供奔走。

(3)庸　詢毁虎臣的六種夷和罪隸以下所列四種人和服尸,屬于庸即僕傭。大雅崧高曰“王命申伯,式是南邦,因是謝人,以作爾庸”,毛傳以庸爲墉,鄭箋以爲功,皆誤。此是王命申伯以謝人爲其僕傭。猶大雅韓奕曰“以先祖受命,因時(是)百蠻,王錫韓侯,其追其貊,奄受北國,因以爲伯”,因時百蠻(貊、追)猶因是謝人。

詢毁所記組成“虎臣”的六種“夷”和新組成“庸”的四種“人”和服夷,最屬重要。虎臣和庸的不同之一,是前者大致以“夷”族組成,而後者大致以降服之“人”組成。人和夷是種族之别,人是非夷族或華夏族,而夷是非華夏族的夷。周禮師氏的“四夷之隸”即司隸的“四翟之隸”,故知夷即翟,此處正指我國古代西北翟族。虎臣及庸的組成者的身分,考定如下。

(1)西門尸　待考。

(2)秦尸　師酉𣪘秦作𥠖,説文謂秦"從禾舂省",則字仍應釋秦。詢𣪘作𥡆,即説文秦之籀文,郭沫若誤爲舂字。秦尸疑指嬴秦之族。據秦本紀"繆王以趙城封造父,造父族由此爲趙氏",造父是蜚廉五世孫,蜚廉七世孫非子是大駱之族,"居犬丘……,犬丘人言之周孝王,孝王召使主馬于汧、渭之間",孝王曰"朕其分土爲附庸,邑之秦使復續嬴氏祀,號曰秦嬴"。集解引"徐廣曰今天水隴西縣秦亭也",正義引"十三州志云秦亭,秦谷是也"。懿王自鎬徙都犬丘(周本紀索隱引宋忠,秦本紀正義引地理志),與大駱之族同在一起。周禮蠻隸、夷隸、貉隸等除守王宮外,亦掌役養牛馬獸。大駱之族受王命主馬,其另一部分秦尸則守王宮。蜚廉子孫以秦名族始于孝王,今據本紀列表如下:

〔成王〕　〔穆王〕　〔孝王〕

蜚廉 { 季勝—孟增—衡父—造父　居趙城,爲趙長
　　　惡來格—女防—旁皐—太凡—大駱—非子　始居秦,爲秦嬴 }

可知"犬丘大駱之族"于孝王時自犬丘遷居于秦,始稱秦。金文秦尸始見于師酉𣪘,我們曾定爲孝王器,正相合。

(3)京尸　克鐘曰"王親令克遹涇東至于京𠂤"(本書184),京𠂤見于卜辭(林2.1.16=前4.31.6),及晉姜鼎、晉公𥂴(大系267、268),乃是晉地。郭沫若以爲即漢書地理志太原郡的京陵,師古注云"即九京",亦即禮記檀弓晉獻文子所説"是全要領以從先大夫于九京也"。汾水注曰侯甲水"又西逕京陵縣故城北","王莽更名曰致城矣,于春秋爲九原之地也……其故京尚存,漢興,增陵於其下,故曰京陵"。一統志謂京陵故城在今平遥縣東。

(4)𠦪尸　唐蘭考釋宗周鐘時引説文"𠦪讀若薄",以爲此字亦音薄,其説可從。善鼎曰"令女左疋𠦪侯監豳師戍",豳即説文附于邠下之豳。爾雅釋地"西至邠國",釋文"本或作豳",説文作汃。金文有豳王盉(三代14.9.3)即大雅韓奕"韓侯取妻,汾王之甥"之汾王。𠦪尸疑即周禮的貉隸,韓奕的貊。

(5)師笭側新　郭沫若曰"側新殆是鍘薪,薪樵一類的賤役。……秦代尚有鬼薪,乃刑餘之人可服賤役"。爾雅釋木曰"謂櫬,采薪,采薪即薪",釋文云"謂,舍人本作彙",孫注云"薪一名彙櫬"。彙櫬即鬼薪,鬼假作蒐。師酉𣪘"側新"作"新"即薪。"師笭"或與側薪爲並列的罪隸之名,笭即囹,説文訓爲獄,師笭或指師旅囚系。周禮司隸掌帥四翟之隸,而兼管"凡囚執人之事"。

(6)□華尸　待考。

(7)弁𦍒尸　師酉𣪘作弁𠂤尸,故知𦍒與𠂤義應相通。師酉𣪘六銘,三作身,三作𠂤。説文曰"𠂤,歸也",𠂤尸猶服夷,應爲某一性質之夷。它與𦍒應該同義。此字與𩰫𣪘"宗彝一𦍒"(本書57)相同,後者假爲肆,説文作隸。周禮師氏注"故書隸或作肆,鄭司農云讀爲隸"。武威漢簡大射八十五簡"束隸",今本作束肆,八十六簡"𨽾僕人",今本作隸僕人。由此可證肆(隸),與隸通用,而金文之𦍒應是隸字,𠂤尸、𦍒尸即是隸夷,下𦍒人即是隸人;皆

謂之隸，而有人、尸之分，即種族之别。另詳本書下編職官篇中周王的禁衛軍。

畁是夷族名。説文𠬞部"𦥑(從段注)，舉也，從𠬞甶聲。春秋傳曰晉人或以廣墜楚人畁之。黄顥説廣車陷，楚人爲舉之。杜林以爲麒麟字"。今本左傳宣公十二年作"楚人惎之"。廣韻志部"畁，舉也，説文音其"。説文綥之或體作綦。由是知畁音如其。晉地名箕者有三：漢書地理志河東郡有"騏，侯國"，一統志謂故城今鄉寧縣東南；左傳僖公卅三年"狄伐晉及箕"，成公十三年"入我河縣，焚我箕、郜"，則箕乃晉河上之邑；又方輿紀要謂"箕山在解州平陸縣東北九十里"。畁尸或在此區域内。

(8)𩾐人　此字左半從匚，説文"讀與傒同"，區所從，從隹(即鳥)，應是説文䳼字。説文邘"讀若區"，則此字右半"于"乃是再加聲符。字假爲毆，師寰𣪘曰"毆孚士女羊牛"，是毆與俘相類。逸周書世俘篇所記"俘人"與"馘曆"有别，前者是自由人而後者是奴隸(參"西周文中的殷人身分"，綜述611—627)。

(9)成周走亞戍　走亞與戍皆低級官吏名。走亞見西周中期延盨(三代10.36.4—5，10.37.1—2共兩器四銘)。戍見後岡圓坑所出鼎(考古學報60:1:1)及己酉方彝(博士8.15)，皆殷器。殷代武官有馬、亞、戍，馬、亞並列，戍、馬並列，馬、小臣並列(綜述509，515)。小臣、亞、戍三者都是管理"衆"的(綜述608—610)，而"衆"與"衆人"乃是奴隸而從事農耕與征伐者(綜述625—627)。𩁹𣪘"成周里人罘諸侯、大亞"(大系104)，是受管制的殷遺，詳令彝(本書19)。故此成周走亞、戍，亦當是遷殷的頑民低級官吏，參令彝。又"走亞戍"或可斷作"走、亞、戍"，走即徒。小屯甲2810康丁卜辭曰"其令亞、走、馬"，走與亞、馬並列。

(10)𩁹人　即隸人，或係華族的奴隸。左傳昭公四年"隸人藏之"，周禮貉隸序官云"凡隸衆矣，此其選以爲役員，其餘謂之隸"。又司隸序官云"隸，給勞辱之役者"。

(11)降人　當是華族降順的人。

(12)服尸　當是異族臣服的夷。酒誥曰"惟亞惟服"，静𣪘曰"小子罘服罘小臣罘尸僕學射"(大系27)，此小子、服、小臣、尸僕與酒誥的亞、服皆指幾種職務身分的低級吏屬。小子等不是官名而是一種身分的人。其中服與夷僕即服尸與尸僕，乃夷族而爲僕傭者。

以上十二項，(1)—(7)是虎臣的組成分子，(8)—(12)是庸的組成分子。師酉𣪘的虎臣，没有(6)而止于(7)。(2)(3)(4)(7)四種夷族，據上所考，大約在秦、晉地區，應是文獻上的"翟"或"西夷"。周本紀"申侯怒，與繒、西夷、犬戎攻幽王"。(8)—(12)的"人"和"服尸"，也包括了成周的殷遺。其它另詳舊作説虎臣與庸，刊考古1960:5:33—36*。

詢𣪘所錫的衣服同于師奎父鼎(本書111)等，兵器及玄衣同于休盤(本書197)等。廿年走馬休盤的右者益公，與此十七祀詢𣪘的右者益公是一人。九年歸芻𣪘形制花紋全同

---

* 作者當時用化名"王祥"發表。

詢毁亦有益公。凡此九年、十七年、二十年應是夷王,詳禹鼎(本書190)。

此銘與元年師詢毁(本書207)相同,記受命的時、地與右者于最後,是金文罕見之例。西周王命之所,大都在王都的宫、廟或臣工之宫中舉行,此在"射日宫",也是罕見之例。此銘"王各"語句未全,"各"後無賓詞。

1960年3月4日初稿,1964年7月28日改作

196.歸芻毁

圖象　大系圖260,上海54

銘文　窓齋11.22,周金3.11.2—12,小校8.87.2,大系録137

隹王九年九月甲寅,王命
益公征眉敳。益公至,告。二月眉
敳至㊎,獻貴。己未,王命中到
歸乖白㐱裘。王若曰:"乖白,朕
不顯且玟、珷雁受大命,乃
且克桒先王,異自它邦,又芇
于大命,我亦夷窔亯邦,易女
㐱裘。"乖白拜手稽首天子
休,弗望小㕁邦,歸芻敢對揚
天子不环魯休,用乍朕皇考
武乖幾王隩毁,用好宗朝,亯
夙夕好朋友雩百者婚遘,
用旂屯録永命魯壽子孫,歸
芻其邁年日用亯于宗室。

銘14行150字。潘祖蔭舊藏,今在中國歷史博物館。著録表疑僞,故三代未録。

作器者名芻,歸是其國名,乖白是稱號。歸即歸子國,郭沫若説。漢書地理志南郡"秭歸歸鄉,故歸國",江水注謂秭歸縣"故歸鄉,地理志曰歸子國也",又引述宋衷之説以爲"歸即夔"。左傳僖廿六楚滅夔子,曰"夔子不祀祝融與鬻熊,楚人讓之,對曰:我先王熊摯有疾,鬼神弗赦而自竄于夔,吾是以失楚,又何祀焉?"是夔爲楚後,故鄭語曰"芈姓夔、越"。韋昭注鄭語,以爲摯是"熊繹六世孫"熊延之兄,其説待考。今由此器知夔立國在西周晚期。

㕁從哀聲,哀從衣聲,廣雅釋詁一"㕊,翳也",即扆。此假作裔。説文"裔,衣裾也",古文從几作𧘂,乃是依字。

好朋友之好,爲宴好之好。周語上"賓、饗、贈、餞如公命侯伯之禮,而加之以宴好",周

語下“宴好享賜,不踰其上,讓也”,注“宴好,所以通情結好也”。左傳昭七年“楚子享公于新台……好以大屈”,杜注“宴好之賜,大屈,弓名”。

197.休盤

圖象　未著録

銘文　三代 17.18.1　大系録 143

隹廿年正月既望甲戌,王才
周康宫,旦,王各大室即立,益
公右走馬休入門立中廷北
鄉,王乎乍册尹册易休玄衣
黹屯,赤市朱黄,戈琱㦰彤沙
𤔲必,䜌旂。休拜稽首敢對揚
天子不顯休令,用乍朕文考
日丁隮般,休其萬年子子孫孫永寶。

銘 8 行 89 字,另重文 2。潘祖蔭舊藏,今在南京博物院。

右者益公見十七年詢毁,此器在詢毁之後三年。所錫衣及兵器,均與詢毁同。乍册尹見于南宫柳鼎(本書 164),較早于此盤。

郭沫若定此盤于宣世,以爲“走馬休即常武之程伯休父。毛傳云程伯休父始命爲大司馬,依周禮大司馬之屬有趣馬,即此走馬”。古今人表以程伯休父爲宣王時人,因常武之詩向來定爲宣時。我們既已定益公見存于夷王二十年,自此經厲王、共和至宣王已歷三十餘年,則休父與走馬休未必定是一人。

198.善夫山鼎

圖象、銘文　文物 1965:7:17

隹卅又七年正月初吉庚
戌,王才周,各圖室。南宫乎
入右善夫山入門立中廷,
北鄉。王乎史𦔻册令山。王
曰:“山,令女官嗣歓獻人于
㫚,用乍㝬司賔,毋敢不善;
易女玄衣黹屯、赤市朱黄、
䜌旂。”山拜䭬首;受册,佩以
出,反入,堇章。山敢對揚天

子休令,用乍朕皇考弔碩
父障鼎,用旛匄眉壽,綽
綰、永令、霝冬,子子孫孫永寶用。

銘12行121字(内重2字)。高45,口徑42釐米。傳解放前出土于扶風縣北岐山一帶。

圖室當在周廟,無叀鼎曰"王各于周廟,述于圖室"(大系143)。由此器,知周廟、圖室在周。南宫乎是右者之名,猶南宫柳之例;兩周有以乎爲人名者,如乎毁(三代7.30.2)之乎。"王乎史桒册令山,王曰"與頌鼎"王乎史虢生册令頌,王曰"(本書192)相同。此銘以下所述,與頌鼎多相同,一則由于兩器時代相近,二則由于頌與山所受職相同。王曰以下是"命册"上所寫的内容。由于直録命書,所以稱"王曰"而非"王若曰"。

"歙獻人"即飲獻人,疑爲供奉飲酒與膳獻之人,相當于周禮天官的獸人和酒人。周禮宰夫曰"掌其牢禮、委積、膳獻、飲食、賓賜之飱牽與其陳數",注云"膳獻,禽羞俶獻也;飲食,燕饗也"。周禮庖人曰"賓客之禽獻"注云"獻,古文爲獸",又"凡令禽獻"注云"令,令獸人也"。周禮獸人曰"冬獻狼,夏獻麋,春秋獻獸物"。飲即酒,周禮酒正曰"掌四飲之物",又酒人注云"飲酒,食之酒",膳夫注云"飲,酒漿也"。古獻、犧通用,周語上曰"犧人薦醴",犧人即獻人。

皀,地名,字從巳從皮省又。説文曰"皰,面生氣也,從皮包聲",包從巳,疑即此字。"寔司貯"與頌鼎"成周貯"、兮甲盤"蠻宄貯"(本書213)相類,寔與成周皆地名。夨人盤曰"自濡涉以南至于大沽"(本書未完稿27),乃是水名。

"毋敢不善"同于卯毁(本書158),師猷毁作"毋敢否善"(本書169)。此銘善夫與不善之善俱從姜從二言,與師晨鼎、克鼎、克盨(本書134、185—187)同。

善夫山所錫命服三事,同于輔師嫠毁、頌鼎、休盤(本書142、192、197)等。

"山拜稽首;受册,佩以出;反入,堇章"與頌鼎"史頌拜稽首,受令册,佩以出,反入,堇章"相同,惟後者"令册",此鼎省"令"作"册"。琱生毁(一)"琱生則堇圭"于召白虎(本書166)。

"皇考弔碩父"見于以下兩器:

新宫弔碩父,監姬乍寶鼎　擦古2.2.79.2

弔碩父乍旅獻　陶續2.3,三代5.9.4,商周195〔山右金石記"同治癸亥(1863年)與叔姞毁並在吉州安平村出土,爲鄉寧楊秋湄所得"。"叔姞毁出土時劚毁一耳"〕,尊古2.26

"眉壽綽綰"見于以下各器:

蔡姞毁　用旛匄眉壽、綽綰、永令、彌厥生、霝冬　三代6.53.1

弔俠孫父毁　綰綽、眉壽、永令、彌厥生　嘯堂55,博古17.18(形制花紋同史頌毁)

史白碩父鼎 用旜匄百录眉壽、綰綽、永令 嘯堂 9,博古 2.8(近于無叀鼎)

晉姜鼎 用旜綽綰、眉壽 嘯堂 8,博古 2.6

宋人釋爲綰綽,而銘文或作綽綰。其所從之糸,或作素、系、孚,皆可相通。説文綽在素部,解云“緩也”,緩或作緩。金文編綰下曰“綽綰即説文之綽緩,大雅之綽綽爰爰,詩之寬兮綽兮”,無逸曰“寬綽厥心”。説文曰“綰,惡也,絳也,從糸官聲,一日綃也,讀若雞卵”。金文之綰假借爲寬或緩。綰綽與眉壽並列,義當爲從容。

此鼎形制花紋同于卅二年鬲攸比鼎及毛公鼎(本書 188、201),後二者曾定爲夷王時器。西周晚期除宣王四十六年外,史記周本紀以爲厲王在位三十七年與世家、年表不合,詳西周年代考。此鼎三十七年有二種可能,或屬于宣王,或屬于夷王。今採後説,則夷王在位至少有三十七年。

1965 年 5 月 15 日

199.齊家村窖藏宏組附宁組

解放後在扶風黄堆鄉齊家村曾數次出土西周銅器羣。1958 年 1 月,在村東南出土了附耳盂二、鬲二。一個鬲的口邊有“宏”銘。此處出土卜骨、獸骨、大量繩文陶片和大石塊,北去 100 米有小卵石路面,應爲一遺址(文物 1959:11:72—73)。1963 年初,在村東面約 150 米斷壕上距地表約 2 米的灰土内,出土方形的彝、觥、尊一組同銘,和扁盉、盤、匜一組。盤内和盉蓋内同銘“宏”字,與上述之鬲應屬于一窖所出(考古 1963:8:414—415)。1960 年又在村東南 100 米田地中(在上述地點之西 50 米)出土了銅器 39 件,詳扶風齊家村銅器羣。以上三次出土,分别出于東西相距 50 米的兩個窖中。

齊家村東南 150 米處所出一窖,可分爲兩組,一組是西周初期(約成、康時)的方形器,一組是西周中期屬于宏的:

盂二 高 36,口徑 47 釐米。附耳,獸銜環,克鼎式花紋。

鬲二 高 11 釐米。其一口邊有銘。唇上伏獸二。複鱗紋帶,象首紋。

盤一 高 14.1,口徑 40.4 釐米。盤内有銘。複鱗紋,三侏儒足。

匜一 高 16.5,通長 35 釐米。花紋形制同于弭白匜(考古圖 6.4)、奠義白匜(大系圖 149),單鱗紋、瓦紋。

扁盉一 通高 37.5,通長 39.2 釐米。蓋内有銘。花紋形制略同于美集録 A 336。鬲、盤和盉同一銘文,是一家所作。盂屬于夷王,與宏銘諸器時代相同。盤、匜、扁盉是一組水器,與上村嶺墓 1689 所出一組時代相近。

附宁組

博古 17.3—6 著録“周兕敨”三,器、蓋同銘“宁”,王黼曰其中二器“御府所藏與近獲于長安水中者,其制度款識與此一同,實周敦云”。籀史曰“政和(三年)癸巳……秋獲兕敦于長安”。器有蓋、座，大波紋，單鱗帶。

1964年11月12日

200.杜祁鋪

圖象、銘文　考古圖3.46

□公乍杜𡢁

障鋪，永寶用。

考古圖曰：“右得於京師……此器字從金從甫，其形制似豆而卑，以爲簠則非其類，以爲豆則不名鋪。”博古圖18.15“單昊生乍羞豆”與此同形制而自銘爲豆，則鋪亦豆類。博古18.14一器，形制、時代相同而無銘。西清29.44“降叔乍德人旅甫”，商周399(三代10.48—50)“魯大司徒厚氏元作善匿”則自銘爲匿或甫。另外，美集録A 844、845，商周403兩器，無銘。除有冠形的蓋的魯元匿爲春秋器外，它們都没有蓋，淺盤，直壁，校短而粗，形制花紋大同小異，故其時代都是相近的。説文稱“竹豆”爲籩，亦即是西周金文之鋪、匿、甫。説文曰“鋪，箸門鋪首也”，與此器名之鋪同作而異，猶金文匜作鉈，與説文訓短矛之鉈非一。金屬之鋪係仿竹籩而作，故其校部往往作鏤孔。同形制之陶器見于灃西西周墓葬和遺址出土者，如灃西圖版54.5，插圖64.5Ⅲ式豆(H 141:1)，圖版79:5Ⅲ式豆(M453:1)，圖版79.4Ⅵ式豆(M 147:1)；考古1964:9:444(圖版5:8，M 3:2出土)。凡此陶器皆于校中凸起一道，與鋪同(參壽縣蔡侯墓銅器，學報1956:2:105論圈足豆一節)。兩周銅鋪見存者，一爲西周中期後半的杜祁鋪等，二爲春秋初的魯元匿，三爲壽縣蔡侯墓春秋末的銅籩。

杜下一字，郭沫若釋爲祁姓之祁(金文叢考205—210)，是正確的。杜是祁姓，左傳文公六年晉襄公第四妃爲杜祁，杜注云“杜祁，杜伯之後，祁，姓也”。又襄公二十四年晉士匄曰“匄之祖自虞以上爲陶唐氏，……在周爲唐、杜氏”，杜注云“周成王滅唐，遷之於杜爲杜伯。杜伯之子隰叔奔晉，四世及士會，食邑於范，復爲范氏。杜，今京兆杜縣”。漢書地理志曰：“杜陵，古杜伯國。”周語上曰“其衰也，杜伯射王于鄗”，韋注云“鄗，鄗京也。杜國，伯爵，陶唐氏之後也。周春秋曰宣王殺杜伯而不辜。後三年，宣王會諸侯，田于圃，日中杜伯起于道左，衣朱衣、冠朱冠，操朱弓朱矢射宣王，中心折脊而死也”(參墨子明鬼篇)。晉語八韋注云“杜伯爲宣王大夫，宣王殺之，其子隰叔去周適晉，生子輿爲晉理官，其孫士會爲晉正卿，食邑于范爲范氏”(潛夫論志氏姓略同)。

郭沫若以此器爲春秋時晉襄公爲其第四妃杜祁所作，顯然是不確實的，因第一字並非襄字，時代亦不合。此器與降叔所作，皆以善夫克器所見大波紋、單鱗紋等紋飾相近，故可定爲夷王，略晚于單昊生豆(本書141)。

傳世又有杜白所作鬲及盨，其銘如下：

杜白鬲　善彝3.25，三代5.39.1

杜白乍弔祁隟鬲，其萬年子子孫孫永寶用。

杜白盨 尊古2.17，商周368，三代10.40.2、10.41.1—2、10.42.1—2、10.43.1

杜白乍寶盨其用

亯孝于皇申、且考于

好倗友，用桒壽匃永

令，其萬年永寶用。

盨從米，共三器。陝西金石志曰“道光甲午(1834年)陝西韓城、澄城交界出土”。郭沫若以爲此杜白即宣王所殺之杜伯，故次于宣世。鬲文爲複鱗紋和直紋，稍晚于中併父鬲(本書175)；盨形制花紋稍早于克盨(本書187)，故亦應爲夷王器。鬲銘之弔祁與鋪銘之杜祁或是一人，杜白是其父。

1964年11月9日

201.毛公鼎

此鼎于道光末年(1850年)出土陝西岐山縣。通耳高53.8，腹深27.8，口徑47.9釐米，重34705克。初爲陳介祺所藏，後歸端方、葉恭綽，南京解放前夕被國民黨政府中央博物院運往台灣。陳氏咸豐二年(1852年)所作釋文後題記云：“右周父厝鼎銘兩段，三十二行，四百八十五字，重文十一字，共四百九十六字。每字界以陽文方格，中空二格，近出關中岐山縣。”(文物1964:4:58)據此，則此鼎銘文分爲兩個十六行，如近出禹鼎；既分兩段，又有陽文方格則同于大克鼎。所謂“中空二格”者指第八行第五格和第十九行第十三格原本無字。此鼎字數凡486字，加重文11，共497字，其中合文7。

此銘所記王命甚長，共分五段，第一段稱“王若曰”，以下四段則作“王曰”，最後爲毛公的答辭。康王時大盂鼎王命四段，亦同此例。此二銘爲西周命書的最長者，和尚書諸誥相若，詳“王若曰考”，見本書下編西周銅器總論中周禮部分的册命篇及尚書通論。以下分段考釋。

“王若曰父厝”，作器者毛公厝，見于銘末，時王稱之爲“父厝”乃是時王的父輩。文侯之命曰“父羲和，不顯文、武……”，與此同。又曰“父往哉”猶此銘曰“于父即尹”。厝，字書所無，玉篇有地名厝，與此或非一字。

“不顯文武，皇天弘猒厥德，配我有周，雁受大命”，大盂鼎曰“不顯文王受天有大令”(本書74)，師克盨曰“不顯文武，雁受大令”(本書210)，師訇毁曰“不顯文武，雁受天令”(本書207)，歸芻毁曰“朕不顯且玟珷，雁受大命”(本書196)，洛誥曰“誕保文武受命”，均與此銘同例。惟此銘中間插入“皇天弘猒厥德，配我有周”句。洛誥曰“萬年猒于乃德”，叔尸鐘曰“余弘猒乃心”(大系244)，與此“弘猒厥德”用義相似；“有周”即周，周頌時邁曰“實右序有周”。雁孳乳爲膺，爾雅釋言曰“膺，身，親也”，郭注云“謂躬親”。君奭曰“在昔上帝割申勸寧王之德，其集大命于厥躬”，謂上帝何由觀文王之德而集大命于其身，與“雁受大命”同義。周本紀曰“於是武王再拜稽首曰膺受大命革殷，受天明命”。周頌賚曰“文王既勤止，我應受之”，逸周書祭公篇曰“用應受天命”，凡此作膺、應俱是金文雁字。

“銜懷不廷方，亾不闬于文武耿光”。銜，諸家讀爲率，疑爲説文衙之或體銜，銜懷謂遠懷。不廷方即不朝之方，大雅韓奕曰“朕命不易，榦不庭方”。左傳隱公十年“以王命討不庭”，成公十二年“而討不庭”，襄公十六年“同討不庭”，周語中“以待不庭不虞之患”，凡此庭皆即廷，秦公鐘曰“鎮静不廷”（大系289—291）。金文王于宫廟中廷受朝，不廷即不朝。大雅常武“徐方來庭”，即來朝。㝬𣪕鐘曰“南尸、東尸具見廿又六邦”（本書208）謂南夷東夷廿六邦之君來朝。説文曰“閈，門也，從門干聲，汝南平輿里門曰闬”。此假作屏翰之翰謂輔翼義。耿光即明光，立政曰“至于海表，罔有不服，以覲文王之耿光，以揚武王之大烈”，禹鼎曰“對揚武公不顯耿光”（本書190）。此銘遠懷云云謂不庭之方無不翼于文、武之明光。

“唯天畐集厥命，亦唯先正襄辥厥辟”，將從由爿聲，即將來之將，與君奭“其集大命于厥射”之“其”，皆將來未定詞。大雅大明曰“天監在下，有命既集，文王初載”，顧命曰“用克達殷集大命”，所稱集命，與此同。先正文、武時舊臣，大雅雲漢曰“羣公先正”；厥辟指文、武，爾雅釋詁曰“辟，君也”，師訇𣪕曰“用夾召厥辟”（本書207），晉姜鼎曰“用召匹辝辟”（大系267）。嬖，吴式芬釋爲襄，孫、郭從之。辥，孫詒讓以爲假作説文之“嬖，治也”；説文辥從𡵂聲而𡵂音臬，康誥曰“汝陳時臬事”即治事。襄辥義當與“夾召”“左右”相近。君奭曰“其集大命于厥躬……乃惟時昭文王……惟兹四人昭武王”。文侯之命曰“惟時上帝集厥命于文王，亦惟先王克左右昭事厥辟”，皆與此銘略同。爾雅釋詁詔左右、助，同訓，昭事之昭即詔、助之詔。

“昏堇大命”第一字作[illegible]，孫詒讓曰“從𠬞從古文昏省聲，説文所無，此當即揩之異文”。字應讀作昏或敃，爾雅釋詁曰“昏，敃，強也”，“強，勤也”；盤庚“不昏作勞”孔傳曰“昏，強也”，正義引“鄭玄讀昏爲敃，敃，勉也”，釋文云“昏，馬同，本或作敃，音敏”。昏，敃皆勤勉之義，故銘與堇即勤爲聯詞，祭統引孔悝鼎則單言“勤大命”。單白鐘曰“昏堇大命”（本書141），師㝬𣪕曰“又昏于我家”（本書169），彔白𢦏𣪕、師克盨曰“又昏于周邦”（大系35，本書210），皆同，而盨銘昏從冃聲，更足證此字音讀。

“䎀皇天亡睪臨保我有周”，大雅抑“肆皇天弗尚”，肆，語詞，于金文作䎀，説文引虞書“䋣類于上帝”。睪從目從矢，吴徐釋斁，不確。矢交于目，故有目動之義。玉篇曰“眣，目動也”，公羊傳文公七年“眣晉大夫使與公盟”。注“以目通指曰眣”。廣韻寢部曰“眣，瞚也”，稕部以眣、瞚、瞬爲一字，曰“瞬，目自動也”；説文曰“瞚，開闔目數摇也”。卜辭有睪字，而卜辭矢寅一字，故睪即瞚。亡睪意謂無時。師訇𣪕曰“䎀皇天亡旲臨保我又周雩四方民亡不康静”，與此同例而睪誤摹作旲。

“不巩先王配命”，孫詒讓讀作丕鞏，云鞏固也。此不巩或可讀作“不恐”續上句，猶師訇𣪘“亡不康静”。

“愍天疾畏”，大雅召旻“旻天疾畏”，小雅節南山、雨無正及小旻作“旻天疾威”，畏即威。説文曰“㬆，冒也”。詩“旻天疾威”多與“降喪”聯言。

“司余小子弗彶，邦𥁕害吉?”司，假作伺，方言十日“伺，視也”，即察視。余小子，王自稱。説文曰“彶，急行也”，“汲，彶彶也”。一切經音義卷五卷十三曰“彶彶遽也”，彶彶即汲汲。害即曷。吉假爲劼，爾雅釋詁“劼，固也”，説文曰“硈，石堅也”，爾雅釋言曰“硈，鞏也”。此言昊天疾威，察伺余不彶彶，邦將何以鞏固。

“𦋛𦋛四方，大從不静”，册册假作迹迹，應指動亂，方言十及廣雅釋訓並云“迹迹，不安也”。從假作縱，爾雅釋詁曰“縱，亂也”，四方大從不静即四方民不靖。康誥曰“今惟民不靖”，大誥曰“民不静”，“西土人亦不静”，左傳昭公二十六年曰“成王靖四方”，師訇𣪘曰“雩四方民亡不康静”。

“烏虖！䠣余小子𡨦湛于艱，永巩先王。”烏虖即嗚呼。䠣余小子與前句“司余小子”同文例，䠣亦動詞，其字從走睢聲，其義待考。説文曰“湛，没也”，𡨦即冢。此銘𡨦、㔩、𩛥三字皆從ó，象包裹形。金文編釋前二字爲圂、宏，第三字在附録下，皆不當。金文車器之㔩或從ó或從𠃌，後者即金文函所從，故知乃是函囊的象形。函爲盛矢之器，㔩爲盛弓之器，當是建或韔(參本書75小盂鼎釋)。此三字所從，應是説文“勹，裹也”之勹。惟説文勹部如匍、匊等于金文從勹，而匀、旬、匌等于金文從勹，故知此部應分爲二。車部之軍，金文亦從勹。由此可知𡨦即説文𡧢(今隸作冢)。𩛥即説文匔之繁文，而金文編附于囗部之囷應是包或勼。此鼎二𩛥字，第二“𩛥夙夕”從𠃊，尤爲從包之確證。金文冢司馬之冢均作𡨦，與此㔩當係一字，𡨦之隸作冢，猶匍之隸作軍。爾雅釋詁“冢，大也”，冢湛即大湛。巩當讀爲恐，“永恐先王”猶下云“俗我弗乍先王憂”。

以上命書第一節。

“王曰：父厝　余唯肇巠先王命，命女辪我邦我家内外，惷于小大政”，據陳介祺説，余前原空一格無字。師克盨曰“余隹巠乃且考”，與此同，廣雅釋詁曰“巠，迹也”。文侯之命曰“汝肇刑文、武”，肇型與肇巠意同。辪即臬，詳前，多方曰“越惟有胥伯小大多正爾罔不克臬”，與此同。惷即説文惷之省，孫云“疑亦謹慎之意”。

“甹朕立”，謂屏朕位，班𣪘(本書12)及番生𣪘(大系130)作“甹王位”。

“虩許上下若否雩四方”，易震“震來虩虩”釋文引馬注云“虩虩，恐懼也”，廣雅釋訓同。詩烝民“邦固若否”，卜辭習見“下上若”“下上弗若”即上下若否。雩四方即與四方。此言戒懼于上天下地之若否與四方。

“死毋嫜余一人才立”，嫜假作動，謂永毋動余一人在位。文侯之命曰“有績予一人永綏在位”，與此同。左傳成公二年“所使來撫余一人”。

“弘唯乃智，余非庸又婚，女毋敢妄寧”，弘唯，語詞，大誥曰“洪惟我幼冲人”，多方曰“洪惟圖天之命”。乃智者汝之所知，康誥曰“朕心朕德惟乃智”，謂我之心與德是汝所知者。此謂余非昏庸，是汝之所知者，故申之毋得佚亂。晉姜鼎曰“不叚妄寧”（大系267），無逸曰“不敢荒寧”，文侯之命曰“無荒寧”，荒寧即妄寧。説文曰“妄，亂也”，“寧，安也”，指其淫亂苟安。

“虔夙夕惠我一人，雝我邦小大猷”，師訇𣪘曰“命女惠雝我邦小大猷”（本書207），與此同而省去“我一人”，可知惠、雝義同。金文王自稱余一人，余、我是單數、複數第一人稱之别，而此處又有我一人。文侯之命曰“越小大謀猷罔不率從”，爾雅釋詁曰“猷，謀也”，故猷即謀猷。此銘惠作𡪞，與説文惠古文所從者同，象囊橐之紐結，説文曰“𩏑，橐紐也，從韋惠聲，一曰盛虜頭橐也”，此其象形。

“毋折緘，告余先王若德”，金文緘或從緐或從𦃞，故知𦃞即緐之省文，當釋作緘，假作㪨，説文曰“堅持意口閉也”。折、緘義同，字假作絜，説文曰“扁緒也”。于省吾引孔子家語賢君篇“忠士折口”注云“折口，杜口”，古文折緘即閉口不諫。若德即厥德，其德，大誥曰“爾知寧王若德哉”，康誥曰“弘于天若德”，均與此同文例。召誥曰“我亦惟二國命，嗣若功”，王念孫經傳釋詞卷七曰“若猶其也，嗣其功者嗣二者之功也”。

“用印邵皇天䌰𠣞大命，康能四或”，印邵即仰紹，爾雅釋詁曰“紹，繼也”。䌰即緟之繁文，𠣞即説文曰“匔，帀徧”，均有重複再次之義。番生𣪘曰“用緟匔大令甹王立”，叔向父禹𣪘曰“用緟匔奠保我邦我家”（大系129），緟匔與奠保同義並舉。四或即四域、四國，多方曰“我惟大降爾四國民命”，四國指四方，非指四個國。叔尸鎛曰“康能乃九事”（大系240—243），康誥曰“惟民其康乂”，“用康乂民”，康能即康乂。説文曰“嬖，治也，從辟乂聲”，爾雅釋詁曰“乂，治也”。又康誥曰“用保乂民”，“用康保民”，故保乂即康乂，是康乂即保乂。

“俗我弗乍先王頙。”孫詒讓讀俗爲欲。師訇𣪘曰“谷女弗以及辟臽于艱”，作谷。尚書作裕，康誥曰“裕我不以後人迷”。頙即憂字，象人搔首形。金縢曰“未可以戚我先王”，鄭注“戚，憂也”，與此同。

以上命書第二節。

“王曰：父厝，雩止庶出入事于外，尃命尃政，埶小大楚賦，無唯正昏，弘其唯王智，迺唯是喪我或厤。”“雩止”與下句“自今”相對而言，雩假作越，猶昔也，廣雅釋詁一曰“越，遠也”。金文之庶，文獻多作諸，庶出入事于外謂凡諸出入事于外者。大雅烝民曰“出納王命，王之喉舌，賦政于外，四方爰發”，賦政即此尃政，出納王命即此尃命，尃即布也。“埶小大楚、賦”即治于力役之征與貢賦之征。困學紀聞卷二引尚書大傳曰“古者十一而税，由頌聲作矣，故書曰越惟有胥賦小大多正（征）”，即今本尚書多方作“越惟有胥伯小大多政（征），爾罔不克臬”，胥、賦即胥、伯，亦即此鼎之楚、賦。胥與賦應是二事，孫詒讓曰“楚疑與胥通,楚、胥俱從疋得聲”,小司徒“以比追胥,以令貢賦”,胥、賦對言。賦或作伯者,疑是金文之貣,兮甲盤曰“淮尸舊我貣畮人,毋敢不出其貣,其責,其進人”(本書213),師寰𣪘曰“淮尸繇我貣畮臣”(大系135),歸芻𣪘曰“二月眉敖至□獻貣”(本書196)。貣或係布帛之征。孟子盡心篇曰“有布縷之征,粟米之征,力役之征”。孫詒讓曰“依伏傳則胥賦之賦爲賦税,胥疑當讀爲糈,説文米部云糈、糧也”,若如此説則胥爲粟米之征;孫又曰“或云胥當讀爲周禮小司徒追胥之胥,胥賦謂軍賦起徒役追胥之事,亦通”(述林7:5),是以胥爲起徒役之征即力役之征。後説爲近。周禮冢宰序官“胥十有二人,徒百有二十人”注云“此民給徭役者,若今衛士矣,胥讀如諝,謂其才知爲什長”,鄉大夫曰“周中自七尺以及六十,野自六尺以及六十有五,皆征之”,注云司農云“征之者給公上事也”。“無唯正昏,弘其唯王智”者事無論是非,一依王意而行,因是而致“喪我域厤”。域厤之厤,即召誥所謂“有夏厤年”,“有殷厤年”;大誥曰“嗣無疆大厤服”,厤即厤年,服即服土、邦域。大雅蕩召旻“今也日蹙國百里”,與此“迺唯是喪我或厤”意義相近。喪或猶蹙國,皆是域土,不是亡國。此段係追述往事,引以爲戒。舊讀厤屬下“自今”,今改讀如此,未必正確,待再考定。

“自今出入尃命于外,厥非先告父厝,父厝舍命,毋有敢衮尃命于外。”此對上段而言,自今尃命于外,非先告父厝,由其舍命,它人不得擅自尃命于外。蔡𣪘曰“厥非先告蔡,毋敢疾又入告”(本書139),與此同,蔡是宰職“出入姜氏令”。舍命,亦見令方彝及小克鼎(本書19、186)。此銘兩見衮字,“衮于小大政”爲正義,“毋有敢衮尃命于外”爲反義。舊以爲是説文惷字之省,無以解釋。王國維毛公鼎銘考釋云“衮讀爲蠢,考工記曰則春以功,阮春讀爲蠢,蠢作也出也”,謂衮尃命即出尃命。

以上命書第三節。

“王曰:父厝,今余唯𤕦先王命,命女亟一(據銘文地位,疑是亖字,拓本僅見最下一筆,待考)方,㔯我邦我家”;亟一方者爲一方之中極,説文曰“極,棟也”,班𣪘曰“乍四方亟”(本書12),商頌殷武曰“四方之極”,君奭曰“作汝民極”。㔯有保衛之義,彔白𢦏𣪘曰“叀圅天令”(大系35),叀即此鼎“叀我一人”之叀,是盛虜頭橐之象形;圅則圅弓囊之象形。

“毋雝于政,勿雍律苂　旹;毋敢龏龏橐橐,廼敄鰥寡。”此段王戒毛公以征役之事。第二字説文訓“出額也”,此或假作催或摧。詩邶風北門曰“王事敦我,政事一埤遺我,我入自外,室人交徧摧我”,説文引作催。毋催于政應謂于征賦之事毋催迫之。第七字所從之聿與銘畫所從者同,故知此字應釋爲建或律,雍律爲動詞,其義不詳。第八字與第九字之間有空格,依陳介祺説原本無字,第八字是庶所從,説文以爲“古文光字”,第九字從巛(?)從百(即首),或自,卜辭𢦏從𡿧即巛,秦謂民爲黔首即黑首,旹即黑首。此二字當爲一種人的身分。“廼敄鰥寡”即乃侮鰥寡,康誥曰“不敢侮鰥寡”,左傳昭公元年曰“不侮鰥寡”,成公八年曰“不敢侮鰥寡”,乍册益卣曰“勿敄益鰥寡”(本書83),敄即侮,詩常棣“外禦其務”,左傳僖廿四年引作侮,爾雅釋詁“務,侮也”。孟子梁惠王下曰“老而無妻曰鰥,老而無夫曰寡,老而無子曰獨,幼而無父曰孤,此四者天下之窮民而無告者,文王發政施仁必先斯四者,詩云哿矣富人,哀此煢獨"。周禮小司徒曰"以辨其貴賤、老幼、癈疾,凡征役之施舍",遂人略同,而鄉大夫則曰"老者疾者皆舍",是鰥、寡之人宜免除征役。若並鰥寡而征役之,是爲龏橐。無逸曰"能保惠于庶民,不敢侮鰥寡","懷保小民,惠鮮鰥寡",與此銘"勿雍律庶首,毋……侮鰥寡",意義相當。惟此處芆字是否庶字之省,尚待考證。此鼎"雩止庶出入于外",庶字從厂,與其它銘刻相同,而説文隸之广部。

"善效乃友正毋敢湎于酉",蔡𣪕曰"女毋弗善效姜氏人"(本書 139),叔邦父盨曰"善效乃友入辟"(大系 132—133),與此"善效乃友正"同例。説文曰"教上所施、下所效也",善效即善教。友正即僚友、正長,指毛公下屬公族及三有司的正長。湎字左旁不從面。説文曰"湎,沈于酒也,從水面聲,周書(酒誥)曰罔敢湎于酒",故徐同柏逕釋爲湎,金文編同。微子曰"我用沈酗于酒",墨子非樂上"湛濁于酒",太平御覽八十五引帝王世紀曰"厲王荒沈于酒,淫于婦人"。銘酉即酒字,酉前一字應與沈、湛、湎等字同義,似説文水名之澬,待考。

"女毋敢豕才乃服,𩛥夙夕敬念王畏不睗,女毋弗帥用先王乍明㓝,俗女弗以乃辟圅于艱。"豕假作隊,説文曰"隊,從高隊也",今作墜。才乃服猶師訇𣪕曰"䜌乃事",爾雅釋詁曰"服,事也",大雅蕩曰"曾是在位,曾是在服"。𩛥夙夕猶上文言虔夙夕。孫詒讓曰"逸周書作雒亦云敬念","睗當爲易之叚字,畏讀爲威,言度念王威不易也"。詩大雅韓奕曰"朕命不易",文王曰"駿命不易";大誥曰"爾亦不知天命不易",君奭曰"不知天命不易"。"女毋敢弗帥用先王作明刑",與牧𣪕"女毋敢〔弗帥〕先王乍明井用"(大系 59)相同,惟後者移"用"字于句末,故知"用先王乍明刑"即"先王乍明井用"。蕩、抑曰"克共明刑",文侯之命曰"汝肇刑文武",井、㓝皆即型。"俗女弗以乃辟圅于艱",亦見師訇𣪕;艱字從喜,同于説文籀文。不嬰𣪕曰"女休弗以我車圅于艱"(本書 212),逸周書祭公篇曰"我惟不以我辟險于難",凡此圅、險二字俱同音假作臽或陷,説文云"臽,小阱也,從人在臼上","陷,高下也"。師訇𣪕曰"率以乃友干吾王身,谷女弗以乃辟圅于艱",與此鼎銘同,惟鼎銘"以乃族干吾王身"叙于以後。文侯之命曰"汝多修扞我于艱",即干吾王身于艱之省。

以上命書第四節。

"王曰:己曰𤆍兹卿事寮大史寮,于父即君。"君奭曰"嗚呼,君! 己曰時我",己曰用法與此同,孫星衍以爲己曰即既云,近是。大𣪕曰作謂解(本書 183)。"𤆍"舊釋彶,與上文"小子弗彶"之彶不同,字從少(沙)從殳,應爲動詞,與令方彝"造同卿事寮"(本書 19)義同。禹鼎"命禹沙賸且考"(本書 190)。"君",徐同柏、吴大澂、陳介祺均釋君,孫詒讓、郭沫若釋尹,細審拓本,尹下有口,應是君字。于父即君者視毛公若邦君。

"命女𩁹嗣公族雩參有司:小子、師氏、虎臣雩朕褻事",此所命之職共三項,即公族、三有司及王之褻事,三者之間以雩(與)爲連詞。令方彝曰"眔里君,眔百工,眔者侯,侯田男”,三者之間各以眔爲連詞,與此相似。西周康王時中尊曰“王大省公族于庚羿旅”(博古6.32,大系7),公族是一種身分。牧𣪘及師酉𣪘之右者公族及番生𣪘曰“王令𩛥嗣公族、卿事大史寮”(大系59、130,本書173),乃是官名。左傳文公七年“(宋)昭公將去羣公子,樂豫曰:公族,公室之枝葉也”,成公十八年謂荀家等四人“爲公族大夫,使訓卿之子弟”。是春秋時公族爲公室之枝葉而公族大夫所治者爲公卿的子弟。左傳定公七年“己巳,王入于王城,館于公族黨氏”,杜注云“黨氏,周大夫”,當爲公族之官。公族之事,詳見禮記文王世子。左傳所記晉國公族之制,較爲詳備。宣公二年曰“初驪姬之亂,詛無畜羣公子,自是晉無公族。(杜注:無公子,故廢公族之官。)及成公即位,乃宦卿之適而爲之田,以爲公族。(杜注云“以爲公族大夫”。)又宦其餘子亦爲餘子,其庶子爲公行。晉於是有公族、餘子、公行。(杜注云皆官名。)趙盾請以括(屏季)爲公族。……冬趙盾爲旄車之族(杜注云旄車,公行之官)。使屏季以其故族爲公族大夫”。杜注以爲公族、餘子、公行皆爲官名,公族即公族大夫,故其注宣公十二年“晉魏錡求爲公族未得”,亦云“欲爲公族大夫”。襄公七年“冬十月,晉韓獻子告老,公族穆子(韓無忌)有廢疾將立之。……晉侯謂韓無忌仁,使掌公族大夫”,杜注云“爲之師長”,亦見晉語七,韋注“掌,主也”。韓無忌于成公十八年爲四公族大夫之一,至襄公七年代韓獻子爲公族大夫之長而稱“公族穆子”,是公族即公族大夫;襄公十六年祁奚等四人爲公族大夫,襄公二十一年范鞅“故與欒盈爲公族大夫而不相能”,是晉制公族大夫四人,以一人爲其長。昭公五年“韓襄爲公族大夫”,是獻子、無忌、襄三世同官。成公十六年“郤犨將新軍,且爲公族大夫以主東諸侯”,則公族之職權甚高。公族與餘子、公行並爲官名,而趙盾爲旄車之族,杜注以爲公行之官。詩魏風汾沮洳曰“殊異乎公路”,“殊異乎公行”,“殊異乎公族”,則公路即餘子。左傳所述,“公族”一詞或指晉之公族大夫(宣二,宣十二,昭二),或指周之公族大夫(定七),或指宋之卿子弟(文七),或指晉之卿子弟(僖二十八,昭三)。“公族”亦見晉語卷二、四、六、七、八。僖公二十八年“原軫、郤溱以中軍公族橫擊之”,此中軍公族當指從軍之卿子弟,猶中行所治旄車之族,西周中尊云“王省公族于庚羿旅”。楚語上雍子曰“楚師可料也,在中軍王族而已……則三萃以攻其王族,必大敗之”。左傳襄公二十六年作“苗賁曰楚師之良在其中軍王族而已,……欒、范易行以誘之,中行二郤必克二穆,吾乃四萃於其王族,必大敗之”。楚之中軍王族猶晉之中軍公族。參有司即三有司,指小子、師氏與虎臣三者。金文及詩、書所見者如下:

王射,有嗣眔師氏、小子卿射　令鼎(大系14)

王令静司射學宫,小子眔服眔尸僕學射　静𣪘(大系27)

大師小子師望……出内王命　師望鼎(大系63)

女其以成周師氏戍于由自　录𢦏卣(大系33)

官嗣邑人,師氏　師瘨𣪘(本書119)

王延正師氏　師遽𣪘(本書116)

官嗣豐還左右師氏　元年師事毁(本書 145)

雩邦人、正人,師氏人　叔邦父盨(大系 132—133)

亞旅師氏　牧誓

師氏,虎臣、百尹、御事　顧命

蹶維趣馬,楀維師氏　小雅節南山十月之交

趣馬師氏,膳夫左右　大雅蕩雲漢

嗣乃且啻官邑人、虎臣　師酉毁(本書 173)

今余令女啻官嗣邑人、先虎臣後庸　訽毁(本書 195)

令女更乃且考欶嗣左右虎臣　師克盨(本書 210)

今余肇令女逵齊帀曩僰屄,左右虎臣,正淮尸　師寰毁(大系 135)

官司□王邊側虎臣　無叀鼎(大系 143)

進厥虎臣,闞如虓虎,鋪敦淮濆,仍執醜虜　詩蕩常武

既作泮宫,淮夷攸服,矯矯虎臣,在泮獻馘　詩魯頌泮水

小子之官,頗見于殷末,周初器上似不是低賤之職。周禮夏官小子,鄭注以爲"主祭祀之小事"者,與金文小子不相應。據師望鼎,小子是大師的下屬,其官名是師,其職爲出内王命,與善夫同。小子學射于學宫,應是庶子。禮記燕義曰"古者周天子之官有庶子官,庶子官職諸侯、卿大夫、士之庶子之卒……。國有大事則率國子而致于大子,唯所用之。若有兵甲之事,則援之以車甲,合其卒伍,置其有司。……春合諸學,秋合諸射,……"。周禮諸子與此同,惟庶子作諸子。庶子"春合諸學,秋合諸射",與金文合。周禮宫伯"掌王宫之士庶子凡在版者",鄭衆注云"庶子謂宿衛之官";周禮稿人"饗""士庶子"鄭玄注云"士庶子,卿大夫,士之子弟宿衛王宫者";禮記文王世子曰"庶子之正于公族者……。其在軍則守于公禰,公若有出疆之政,庶子以公族之無事者守于公宫。……古者庶子之官治而邦國有倫……"。周王室有公族之官,亦有庶子之官。晉制,公卿子弟之適者爲公族,"餘子爲餘子,庶子又爲公行",然則周王室之庶子、小子相當于晉制之公行,然周禮則以士庶子之長爲宫伯。"鄭大師小子厌父"甗(三代 5.10.2)及"筥小子遐"毁(三代 6.51.3)都是諸侯之小子之官。此銘小子與師氏、虎臣都是集體身分名詞,因此三有司者指此三種人的正長。令鼎曰"有司眔師氏,小子合射",謂師氏、小子及其有司合射,有司是師氏,小子的正長。有司,參中併父鬲(本書 175)。西周金文的"師氏"與"師氏人"及尚書"師氏",皆指身分,不是官名。十月之交、雲漢和夨人盤"師氏右、眚"(本書未完稿 27),乃是官名。據十月之交大師最高,師氏最後,次于走馬。據金文和顧命,虎臣在邑人、師氏之後。據訽毁,虎臣是由夷族組成的王宫禁衛軍。周禮師氏"以三德教國子……凡國之貴遊子弟學焉"。又"使其屬帥四夷之隸各以其兵、服守王之門外,且蹕","其屬"指司隸之官,其職爲"掌帥四翟之隸",當爲虎臣之長。三有司所屬的小子、師氏、虎臣都屬于王宫禁

衛軍而有分别,小子是公卿庶子,虎臣是四夷之隸,師氏介乎二者之間,似是庶民之參加卒伍者。褻事應如字釋,説文曰"褻,私服也",謂貼身之衣,褻事應指王起居之事。王國維以爲褻、御聲相近,褻事即顧命之御事。楚語上"居寢有暬御之箴"注云"暬,近也"。

"以乃族干吾王身。"以乃族者以毛公所司之公族;左傳宣公二年"使屏季以其故族爲公族大夫",亦是以故族爲公族之官。師訇毁曰"徫以乃友干吾王身",師克盨曰"則隹乃且考又昏于周邦,干害王身",大鼎曰"召大以厥友入攼"(大系75),與此相同。干吾,吴大澂釋爲扞敔,徐同柏釋爲扞禦,皆是。説文曰"敔,禁也",廣雅釋詁三曰"禦,止也",禦、敔古音相近。説文曰"敦,止也,從攴旱聲,周書曰敦我于艱",今本文侯之命作"扞我于艱",金文作攼或干,左傳文公六年杜注云"扞,衛也"。干吾即蹕,周禮師氏以四夷之隸"守王之門外且蹕",注云"蹕,止行人不得迫王宫也",説文曰"趩,止行也"。

"取賮卅寽",詳揚毁釋(本書138)。

"易女𩰫鬯一卣,祼圭瓚寶。"文侯之命曰"用賚爾秬鬯一卣",大雅江漢曰"釐爾圭瓚,秬鬯一卣",崧高曰"錫爾介圭,以作爾寶",與此同。卯毁曰"宗彝一𨟻寶"(本書158),己姜毁曰"分己姜寶"(本書90),寶字用法同此。詩旱麓傳曰"九命然後錫秬鬯圭瓚"。此鼎所記賞賜共分五項:(1)矩鬯及鬯具,(2)命服,(3)玉器,(4)車及車具,(5)馬及馬具。

"易女丝关,用歲用政。毛公𢉩對揚天子皇休,用作隮鼎,子子孫孫永寶用。"孫詒讓曰"説文無关而有关聲,蓋傳寫捝之,此讀爲倂,説文倂,送也,言錫女之臣僕也"。案釋倂爲送,應作贈送之送,與臣僕無關。南宫柳鼎曰"易关赤市、幽黄、攸勒"(本書164),易关即錫倂。孫又曰"用歲讀爲戍,用政讀爲征"。案釋政爲征,是對的,用歲即用于歲祭。郭沫若曰"用歲者承卣鬯圭瓚言,用征者承車馬旂市言"。案用歲應指鬯、瓚、市、黄及玉器二事;金車以下是用征之器。

1941年終作于昆明東郊棕皮營,1964年終録改于北京

毛公鼎後記

毛公鼎的年代,徐同柏以爲成王時器,吴大澂以爲文王子毛聃所作。孫詒讓曰"以文義推之,疑昭王、穆王時器,要是西周遺文,淵懿純雅,蓋文侯之命之亞也"。郭沫若舉五事以証其作宣王,他説:器之花紋形制近與攸比鼎,如出一範,文之布置氣調與文侯之命絶類;當四方大亂之際,新有亡國之禍,然時王振作有爲,與宣王中興氣象相符。我于二十三年前作此鼎考釋于昆明,曾跋記云"此銘毛公與班毁毛公係一族。銘文與師訇毁(本書207)相近,該器銘末有'榮内右訇'之語,榮即厲王時之榮夷公,則此器年代亦可略定矣"。此後對此鼎之屬夷抑厲,猶豫不決,近來由于新出同時期器,故改訂它爲夷王,今述其事如下。

一、形制花紋　此鼎作鍋形腹,馬蹄形足,是懿、孝時期始有的形制,而爲共王及其前

所未有。花紋作大小相次的複鱗紋與單鱗紋也是懿、孝時期開始風行的。如師酉𣪘兩種花紋並存于一器（本書173）。毛公鼎的形制花紋與可定爲夷王時的攸比鼎（本書188）相同；和可定爲孝王時的中義父鼎、𠙵皇父小鼎、中併父鼎（本書175—177）以及可定爲夷王時的梁其鼎（本書191）亦相同，惟這些鼎皆作單鱗紋。銘文有陽文方格，並分兩段，皆與可定爲夷王時的禹鼎、大克鼎（本書185、190）相同。

二、賞賜物品　凡五項即（1）鬯及鬯具，（2）命服，（3）玉器，（4）車及車具，（5）馬及馬具。其（2）—（5）與可定爲孝王時的番生𣪘（大系130）大致相同，而小有差異。它們之所以相同，一則由于時代相近，一則由于官職相近，都是管理公族、卿史寮和大史寮的。番生𣪘和毛公鼎所賜車具，不同于早于它們的吴方彝（本書114）、牧𣪘（大系59）和白晨鼎（大系99—100），也稍異于與它們同時或稍晚的三年師兑𣪘、師克盨（本書171、210）、叔邦父盨和录白𢦚𣪘（大系132、35），吴、牧和白晨所作約爲共、懿時器，所以就車具而言，只能説番生𣪘和毛公鼎應晚于共、懿。可定爲厲王器的師克盨（本書210），與毛公鼎同負干吾王身之責而有所不同，這因爲毛公以公族之長而師克以虎氏之有司干吾王身。

三、銘文辭句　一些辭句的雷同，並不能作爲斷代標準，如"不顯文武……雁受大命"，大同于師訽𣪘、師克盨和歸芻𣪘（本書196），而康王時大盂鼎（本書74）亦有類似的辭句。然鼎銘與師訽𣪘有較多詞句相同，這説明作器者都是捍衛王身一類的官職，故命書用辭相近；但也説明二者時代相近，所以辭句相同之處較多。

四、當時局勢　郭沫若以爲銘辭内容表示了"新有亡國之禍"，故以爲是厲王後宣王時器；唐蘭以爲"四方大亂，王國將亡是夷王末和厲王初年的情況"，故定爲厲王器。然在銘辭中，實未嘗透露有何亡國之象。銘所謂"喪我或"和召旻的"蹙國"並指喪失域土，㝬鐘謂"南或𠬝子敢臽虐我土"（本書208），即此義。銘所謂四方"大從不静"是指夷狄之侵犯。西周金文所記夷狄之患以南淮夷和北玁狁爲最，但前者的入侵，在成、康、孝、夷、厲和宣、幽都有，而以夷王時爲烈。史書所記，王室之衰始于懿王而夷王時諸侯不朝，詳禹鼎（本書190）後記。㝬鐘是厲王胡所作，追述其父夷王征伐南尸、東尸，廿六邦來庭的勝利。此役或即十三年無㠱𣪘所記"征南尸"（本書95），而毛公鼎之作或在此前。

據上所述，則毛公鼎的年代約略在夷王初期。

在禹鼎後記中，曾討論郭、徐、唐定爲厲王時期伐南淮尸諸器應屬夷王。唐蘭在陜西叙言中，討論到毛公鼎的年代，以爲它與師訽𣪘、師克盨等俱屬厲王，又以爲師酉𣪘、訽𣪘、南宫柳鼎和梁其鼎（本書164、191）等也屬于厲王。他説"師克跟過去已著録的克鼎、克盨等器里的善夫克，顯然是一個人。……師克、師訽正是毛公鼎里所説到的師氏。……師訽𣪘是厲王元年做的，那麽師訽𣪘的十又七祀是厲王十七年"。又説"師酉𣪘作于元年正月，也應當是厲王元年，比訽𣪘要早十六年"。據我們的考證，十七祀訽𣪘（本書195）和元年師訽𣪘應分别屬于夷王十七年和厲王元年，而元年師酉𣪘既是師訽之父，師訽于厲王十七年襲其父師酉之舊官,則元年師酉㲃(本書 173)之王應早于夷王,即孝王或懿王。唐氏定元年師酉㲃與元年師詢㲃于厲王元年是錯誤的,父子先後世襲同官,不能同時作一官。我們以爲師克與師詢同屬厲王時,都是裔邦而在王左右捍衛王身的,師克與善夫克雖私名相同而並非一人,因二者職位既不同,族類也不相同。

1964 年元旦,北京東城

202. 益公鐘

圖象 長安 1.1

銘文 三代 1.2.3

益公爲

楚氏龢鐘。(鉦間)

此劉喜海舊藏,今不知在何處*。

益公與十七年詢㲃、廿年休盤(本書 195、197)之右者益公應是一人,故定爲夷王時器。鼓部紋飾近于𪒠鐘(大系 69)及克鐘(本書 184),時代亦相符合。

分域 9.6 鄒縣下有益公鐘云"未著録,兄云:壬申(1932 年)鄒縣出土,與長安獲古編器文相同"。此應是尊古 1.1 所録之器,紋飾不同于劉器而銘文兩行作"益公爲楚氏龢□□□鐘寶用",氏龢二字連成一字,而顯然係仿長安圖象而有譌誤,楚字下筆亦有誤,乃是僞刻,決不可據。

203. 井人鐘

井人人妄曰:䫞盄文且

皇考,克質厥德,𢽾屯

用魯,永冬于吉。妄不

敢弗帥用文且皇考　　第一鐘鉦間

穆穆秉德,

妄憲憲聖

趩,疐處　　第一鐘鼓左

宗室,肄□乍龢父大

𨚕鐘,用追孝侃前前文文

人人,其嚴才上,數數㦐㦐降

余厚多福無疆,妄其　　第二鐘鉦間

---

* 現藏青島市博物館。

萬年子子孫孫

永寶用亯。　　　　第二鐘鼓左

以上兩鐘相合爲一全銘,共 13 行 91 字(内重文 9,缺文 1)。傳出共有三器:

(1)三代 1.25.2+26.1,大系録 141—142　吴大澂、潘祖蔭舊藏,今在上海博物館,鉦間長 23.5 釐米(上海 61)

(2)三代 1.26.2+27.1,大系録 142—143,陶續 1.1,日本 348　潘祖蔭、端方舊藏,今在日本書道博物館,鉦間長 22 釐米。

(3)三代 1.24.2+25.1,大系圖 216,録 140—141,攈古 3.1.18,海外 132　劉喜海、畢沅、張應昌、陳介祺舊藏,今在日本泉屋,鉦間長 21 釐米

此爲一肆編鐘中的三具,(1)(2)相聯,(3)失其後半銘。

作器者爲奠井之族而名人妄者,人下二短横,同于重文號,郭沫若初釋爲仁,後改釋爲人。此銘"前文人"人下重文與此同,故可讀作"井人人妄"或"井仁妄"。小徐本説文曰"佞,巧讇高材也,從女信省",大徐本作"仁聲"。金文妄應是佞之本字,並非信省。廣雅釋詁三曰"佞,巧也",論語雍也曰"不有祝鮀之佞",佞是巧才,後來引申爲惡義。人(仁)與佞或係一名一字。

覭盄、質(哲)、釐屯,均見大克鼎(本書 185)。爾雅釋訓曰"憲憲,洩洩,制法則也",詩板傳云"憲憲猶欣欣也"。趩從走喪聲,説文所無,義與聖相聯。疐處即止處,説文曰"疐,礙不行也",秦公鐘曰"畯疐才立"(大系 289—291),才立即在位。作器者止處于宗室而作龢父之鐘,則白(師)龢父應爲作井白,作器者乃其子輩。

此器形制花紋與兮中鐘(商周 949)、虢叔旅鐘(大系圖 214、215)及㝬鐘(本書 208)相近。又與柞鐘、䵼鐘、魯原鐘(大系 69,圖 223)、走鐘(三代 1.1.3)亦相近,故定爲夷王。

"降余厚多福無彊"與士父鐘"降余魯多福無彊"(大系 124)同例,郭沫若疑厚、魯皆人名,恐不可據。

1965 年 8 月 29 日

204.柞鐘

隹王三年四月初吉甲寅,

中大師右柞,"柞易載、朱黄、䜌,

嗣五邑佃人事"。柞拜手對　(鉦間)

揚中大師休,

用乍大𩐳鐘,

其子子孫孫永寶。　(鼓左)

銘 6 行 45 字(内重文 1)。1960 年 10 月與中幾父壺等同出土于扶風縣齊家村一窖中,

詳齊家村。

此爲編鐘,共八枚,大小相次:

(1)齊家村24		高52釐米	全銘
(2)	25	50	全銘
(3)	26	49	全銘
(4)	27	46.7	全銘
(5)	28	34	銘第一、二行,在鉦間
(6)	29	29	銘第三、四行,在鉦間(行首一字越出闌上)
(7)	31	25	無銘(應爲銘第五行)
(8)	30	21	銘第六行,在鉦間

以上(1)—(4)各于鉦間鼓右鑄全銘六行,(5)—(8)則各于鉦間鑄銘之一部分,四鐘合爲一全銘。(7)應是全銘之第五行,出土器無銘,或是原器已失,取同形制而無款識者代替。

此與幾父壺(本書172)相似,銘首皆有省簡。作器者柞因受王命作鐘以紀其事。受命時中大師爲右者,大師詳大師虘毁(本書137)。此中爲伯仲之仲,與白克壺(本書209)之白(伯)大師,皆以伯、仲冠大師職前,似與鄭大師、蔡大師之例有所不同。

此鐘所記命服與下列諸器可作比較:

載市、冋黄 七年趞曹鼎、師奎父毁、免尊、趩觶、十七祀詢毁(本書106、111、130、132、195)

載市、素黄 輔師嫠毁(本書142)

載、朱、黄 本器

載後似省去市字,但金文"朱市""赤市""叔市"等從無省稱爲"朱""赤""叔"之例,命服皆頒錫自天子,"柞易"者柞被錫于天子。

"司五邑甸人事"是王所命的官職。郿毁王命郿爲"五邑祝"(大系148),元年師兑毁王命師兑佐師龢父"司左右走馬,五邑走馬"(本書170),五邑與左右爲對,乃指西土五城邑。"五邑甸人"即五邑之甸人,甸人詳南宫柳鼎及善夫克盨(本書164、187)。

"拜手",詳卯毁釋(本書158)。命服爲天子所錫,官職爲天子所命,則"對揚中大師休"者因中大師于柞受命時爲其右者。

此鐘形制花紋與井人鐘(本書203)、魯原鐘(大系圖223)極爲近似。

1961年8月20日

205.甹鐘

圖象、銘文 考古圖7.13

宫令宰僕易甹白金

十匀，𤔲敢拜稽首。

銘2行15字。考古圖曰："河南寇氏"藏，"不知所從得，高尺有九分"，約32釐米。銘文亦見嘯堂82、薛氏6.70。博古圖22.21作"高一尺二分"，圖象同于考古圖，銘文款識則據吕氏釋文重寫失實。吕氏釋文作"宫令宰僕錫聘鐘十有二聘敢拜稽首"，博古誤易爲錫，誤𨥖爲鐘，誤匀爲有二。此元以來博古圖因失去原銘而據釋文重書致誤之一例。

銘二行當在鉦間，乃是全銘的一部分。此鐘應是一組編鐘的第二枚，全組約爲四枚，如柞鐘第二組。"宫"以前當爲某年月王(或侯伯)在某宫；"稽首"以後當爲揚王(或侯伯)休，作鐘永寶用之類。

"白金"二字是合文，宋人誤釋爲鐘。白金十匀即十鈞，友鼎曰"金一匀"(三代4.7.1)，幾父壺、守毁曰"金十鈞"(本書172，三代8.48)。西周初史叔隋器的"賞叔鬱鬯、白金、芻牛"(本書54)。

"令宰僕易"猶它器"王乎尹氏(乍册尹、内史、内史尹)册令"，"王乎乍册尹册易"之例。免盤曰"王才周，令乍册内史易免鹵百陵"(本書131)，與此"……□[才□]宫，令宰僕易𤔲白金十匀"尤爲相近。宰僕當與内史相類，爲官名。周禮司馬下有大僕"出入王之大命"，或與此宰僕相類。魯語上曰"宣公使僕人以書命季文子"注云"僕人，官名"。楚語上靈王"使僕夫子晳問於范無宇"注云"子晳，楚大夫僕晳父也"。左傳成公六年晉有僕大夫。諸侯之僕大夫，僕人猶天子之宰僕。

此鐘形制花紋與兮中鐘(商周949)相近。鼓間花紋與井人鐘(本書203)相似。亦政堂考古圖與蔣刻本博古圖圖象大致相同，于刻本博古圖稍有摹失(篆間横鱗紋部分)。

1958年3月6日，1965年10月26日改作

十一、厲王銅器

206.史頌鼎

圖象　恆軒 14,上海 50,西清 3.21,大系圖 9

銘文　三代 4.26.1、4.26.2,大系録 44

隹三年五月丁巳,王才宗
周,令"史頌德穌、瀳友里君
百生、帥隅盩于成周。"休又
成事,穌賓章、馬四匹、吉金,用
乍䵼彝。頌其萬年無彊日
遅天子䚄令,子子孫孫永寶用。

銘 6 行 63 字。傳世史頌所作鼎二*,𣪘四,簠、盤、匜各一。鼎銘與𣪘銘相同,惟第二行第五字省字,此從言,𣪘從又,妊小𣪘從寸。

此銘記王在宗周命史頌東至于成周省視蘇國、存問里君百姓並聚教其黎庶,蘇有所賓獻,因以作器。

德即省問之省(𣪘文作德)。郭沫若以爲"疑即遺字之異,假爲覿,謂省視承問也"。案德或從彳從讀省,説文"覿,見也"。故從言。"史頌省蘇"猶䟒鼎"師雍父省道"(大系 31),妊小𣪘"白莽父吏歖德尹人于齊自"(本書 218),均王官承天子命爲使于諸國省問諸侯。周禮大宗伯曰"時聘曰問,殷覜曰視",大行人曰"閒問以諭諸侯之志",注云"閒問者,閒歲一問諸侯,謂存省之屬"。大行人又曰"王之所以撫邦國諸侯者,歲徧存,三歲徧覜,五歲徧省,七歲屬象胥……九歲屬瞽史……"。注云"撫猶安也,存、覜、省者,王使臣於諸侯之禮,所謂閒問也。……屬猶聚也。……皆聚于天子之宫,教習之也"。説文"省,視也",爾雅釋詁"在、存、省、士,察也",此爲省問、省察之義。瀳即洊,假爲存:説文曰"水至也,從水薦聲,讀若尊";易坎"水洊至",釋文云"京作臻,干作荐"。廣韻霰部荐、洊、瀳俱屬在甸切。金文于薦外圍繞以不規則的一圈,乃象席形,説文"荐,薦,席也"。薦、荐通用,瀳洊假爲存:説文"存,恤問也"。

"友里君"疑當釋作庶里君、諸里君。尚書大誥一則曰"友邦君",而一再曰"庶邦君",是友即庶也。"洊友里君百姓"即存恤里君與百姓。帥者謂聚而教導之:漢書揚雄傳上集註引晉灼

---

* 其一現藏上海博物館。

云"帥,聚也"。隅假作偶,史記黥布傳"率其曹偶亡之江中",索隱曰"曹、輩也,偶、類也,謂徒輩之類"。説文㚔部"盩,引擊也,從㚔攴見血也"(㚔乃罪人的象徵),字在廣韻尤部張流切,古音與儔、讎、醜同音相假,是隅盩即類醜。醜有類義:易離上九"獲匪其醜"虞注並廣雅釋詁三並云"醜,類也"。醜又有衆義:爾雅釋詁"醜,衆也",與黎庶同訓。隅盩、類醜、曹偶,都是二字同義。左傳定四周初分封魯以殷民六族"使帥其宗氏,輯其分族,將其類醜",類醜在宗氏分族之次,猶此器隅盩在里君百姓之次而爲被將被率者的微賤之輩。史記所説的"曹偶",曹訓輩亦訓偶(楚辭招魂注)訓羣(詩公劉傳),是曹與醜音近義同。索隱謂曹偶爲徒輩,又爲等輩。倉公傳記濟北王才人女子豎是"往年市之民所四百七十萬,曹偶四人",索隱云"案當今之四千七百貫也,曹偶猶等輩也"。此女姓的"曹偶"而有價市買者,則爲奴婢可知。昔楊樹達作史頌𣪘跋以隅爲曹偶之偶,而"謂盩蓋假爲朝"見之朝,失之(積微 69)。

"王才宗周令"以後 16 字,是王命,命史頌省視蘇國恤問其里君百姓並聚教其類醜。士上盉記士上與史寅殷于成周而"替百姓豚",亦是存問百姓。此器王命中省、洊、帥是三個動詞,其三個賓詞蘇(公)友里君百姓與隅盩是三種不同身分的人。穌即蘇忿生之蘇,左傳成十一"劉子單子曰昔周克商,使諸侯撫封,蘇忿生以温爲司寇",即尚書立政之"司寇蘇公"。是蘇之封温在武王克商以後。左傳隱三杜注云"温,今河内温縣",地近成周,故王命史頌省蘇于成周。

由大行人可知其職與此史頌的使命相當。西周金文中並無大行人之官名,而通常由乍册或史使于諸侯。周禮分别存與省爲一歲與五歲的聘問諸侯,與金文不合,但這種理想的整齊化了的"周禮"確乎保存古制。

諸侯賄贈王之使者曰賓,覲禮曰"侯氏用束帛、乘馬儐使者",此所賓者爲璋、馬四匹與吉金。

"遅"字見麥方尊,"遅明令"(大系 20)。麥方彝有"遅令"(大系 21)。蔡侯編鐘"天命是遅"。所遅者均是命,似與"揚王休"之揚稍異。

䙷字見追𣪘(三代 9、5—6)、井人鐘、大克鼎、虢季子白盤(本書 203、185、215),大約皆西周晚期器。

史頌組作于王之三年五月丁巳,與頌組之三年五月既死霸甲戌雖同年月而干支不能在一月。若頌組在前,則五月有甲戌,不能更有丁巳。若史頌組在前,則五月有丁巳,可以有甲戌而非既死霸,因既死霸當在月初朔日。兩組花紋形制相異,頌組應在史頌組之前。共王七年之趞曹鼎(本書 106),初錫命服,十五年作鼎(本書 113)則稱"史趞曹",與此同例。

1958 年 1 月 17 日

207. 元年師訽𣪘

銘文 薛氏 14.153—154,大系録 132

王若曰:"師訇,不顯文、武膺受天令,亦
則於女。乃聖且、考克差右先王乍厥
爪牙,用夾召厥辟奠大令,盩龢雩政。
肄皇帝亡昊,臨保我又周雩四方民,
亡不康静。"王曰:"師訇,哀才!今日天疾
畏、降喪,□德不克㚄,古亡丞于先王。
鄉女彶、父卹周邦,妥立余小子,𦔻乃
事,隹王身厚□。今余隹𤔲䡅乃令,令女
叀雝我邦小大猷,邦㞢潢辥;敬明乃
心,𠦪以乃友干吾王身,谷女弗以乃
辟圅于𩰫。易女䰧鬯一卣,圭瓚,尸臣
三百人。"訇稽首敢對揚天子休,用乍
朕剌且乙白同益姬寶毁,訇其萬思
年,子子孫孫永寶,用乍巛宫寶。隹元年二
月既望庚寅,王各于大室,榮内右訇。

銘15行210字,另重文2字。

詢毁作于夷王十七年,此器的元年當是時王即位重命師詢,當是厲王的元年。左傳昭廿六年"王子朝使告于諸侯曰:昔武王克殷,成王靖四方。康王息民,並建母弟以蕃屏周,亦曰吾無專享文、武之功,且爲後人之迷敗傾覆而溺入于難,則振救之。至于夷王,王愆于厥身,諸侯莫不並走其望,以祈王身(王身二見此銘)。至于厲王,王心戾虐,萬民弗忍,居王于彘;諸侯釋位,以間王政"。周語上亦説"厲王虐,國人謗王"。據王子朝之言,則成、康以至夷王,周國是處在較平靖的狀況中的,到了厲王,才有民心不服諸侯干位之事。

據此器銘,時王追述師詢的祖(乙白)若父(即師酉)的時代,皇天臨保有周與四方民,無不康靖;而至于今日則天疾畏降喪,即毛公鼎所謂"册册四方,大從不静"(本書201)。四方之不靖,表現爲四夷與邦人的反叛。虢仲盨"虢仲以王南征伐南淮尸"(本書211),即後漢書東夷傳所記"厲王無道,淮夷入寇,王命虢仲征之不克"。𨑔盨"雩邦人正人師氏人……卑復虐逐厥君厥師"(大系132),是指國人、征人、師氏人叛亂逐其邦"君"諸侯與"師"。周語上記厲王聽信卿士榮夷公的"好專利",或許是人民反叛的一個原因。

此銘開始"不顯文、武,膺受天令",與毛公鼎、師克盨(本書210)開始略相同。薛釋"亦則於女",郭釋"亦則殷民",俱不確。

四字中惟則、女二字可定。"乃聖且考"指師詢之父師酉、祖乙白等。"克左右先王乍厥爪牙",爪牙二字摹本失真,郭因釋爲股肱,今據師克盨改正。"用夾召厥辟奠大令",厥辟指詢之祖若考所事的先王。夾召猶左右,謂輔助,禹鼎曰"克夾召先王奠四方"(本書

190),與此略同。奠大令猶奠四方,師克盨曰“雁受大令,匍有四方”則兼舉二者。“盩龢雩政”與毛公鼎“毋雝于政”義相近,盩假作調,摹本從糸,有誤。此銘雩、于並見有别,“雩”爲連接詞“與”而“于”爲介詞。但此處似又以雩爲于。“緐皇帝亡旲臨保我又周雩(與)四方民”,毛公鼎作“緐皇天亡睪,臨保我有周”,可証皇帝即皇天,亦即㝬鐘“皇上帝”(本書208),吕刑之“皇帝”亦同,皆指皇天上帝。旲,薛釋作昊,疑是説文臭字,“古文以爲澤字”,亡臭即亡斁。

“哀才”即哀哉。“今日天疾畏、降喪”,猶詩蕩召旻“旻天疾威,天篤降喪,瘨我饑饉……”,小雅節南山雨無正曰:“浩浩旻天,不駿其德,降喪饑饉……昊天疾威”。大誥曰“天降威,知我國有疵”。“□德不克妻“與康誥“乃德用乂”爲相反之義。乂,治也。參毛公鼎(本書201)。德前一字,郭釋首,不確。“古亡丞于先王”即“故無拯于先王”,左傳昭公十年“是以無拯”注云“拯猶救助也”。鄉即向、昔。女彶,即汝汲汲,毛公鼎“司余小子弗彶”爲相反之義。父邮疑假爲撫恤,謂安静。妥立即綏立或説文“妥,安也”。“立”爲動詞,謂擁王及于位。左傳昭公廿六年“以綏定王家。𢦏假爲載,荀子榮辱篇“使人載其事”。

“叀雍我邦小大猷”,亦見毛公鼎。弜或説文彍字。“敬明乃心”,亦見𡐨盨。“徫以乃友干吾王身,欲女弗以乃辟圅于艱”,與毛公鼎略同,干吾即扞禦,圅假爲陷。師訇爲王爪牙即虎臣之長,故有扞禦王身之責。𡐨盨“善效乃友入寎”即入蹕,與此同。

自穆王後器,始記王錫“秬鬯一卣”,而三年師兑𣪘、彔白𢦚𣪘、𡐨盨、師克盨及毛公鼎俱有此賜,乃同時諸器。“秬鬯一卣”與“夷臣三百人”同錫,罕見之例,左傳僖公廿八年王命晉侯(重耳),錫之“秬鬯一卣,虎賁三百人”。虎賁即虎臣,乃夷族所構成,故稱“夷臣”,郭誤臣爲允,今正。左傳宣公十五年曰“晉侯賞桓子狄臣千室”,報其伐狄之功,狄臣即翟(夷)臣。“其萬思年”之思,摹本無心,今從薛釋,大雅下武曰“於萬斯年,受天之祜”,思年即斯年。

銘末“榮内右訇”之訇,摹本有誤,因十七祀訇𣪘出土,得以校正。此𣪘 15 行,行 14 字,極爲整齊,並無遺字。右者是榮,必非孝王器之右者榮白;若是文獻上厲王時的榮夷公或榮公,似不能省去“公”字。然摹本“内”字有可能是“公”字之誤,則右者榮公是榮夷公。後説似可考慮。

銘記其祖(妣)爲“乙白同益姬”,訇𣪘作“乙白同姬”,即師酉𣪘記其考(母)爲“乙白宄姬”(本書 173)。姬前的一字爲婦所夫之字,爲益與宄。寰盤曰“用乍朕皇考奠白、奠姬寶般”(大系 117),鼎文(薛氏 10.111)作“奠白、姬”,姬即奠姬。以此例之,則訇祖乙白亦應是益白或宄白。至于介于乙白與益姬或姬之間的“同”字,很費解,他也可能是乙白的名字,但金文尚無此例。

此器作于厲王元年新即位之二月,審銘辭所載,師訇爲先朝故臣而于綏定新王即位,頗有功勞。酉、訇父子非周族而爲羣夷之長,恐他們也是西夷種姓。西周晚葉幽王時,申侯及繒、西夷、犬戎攻幽王而立平王，則當時西夷、犬戎有一定的勢力。夷王世已是四方不靖，而厲王之立也有由異族諸侯擁立的可能。

1960年3月4日初稿，1964年7月30日續成

208.㝬鐘*

圖象　商周948，大系圖209

銘文　三代1.65—66，大系録25

五肇遹省文武、堇彊
土，南或𠬝孳敢臽處
我土，王辜伐其至，戮
伐厥都。𠬝孳迺遣閒　　鉦間
來逆邵王，南尸東尸具見廿
又六邦。隹皇帝
百神保余小子，朕
猷又成，亡競。我隹
司配皇天王，對作
宗周寶鐘，倉倉悤悤雒雒
雝雝，用邵各不顯且　　正面鼓左
考先先王王，其嚴才上，
𩁹𩁹數數，降余多福，福
余□孫，參壽隹琍。
㝬其萬年畯保三或。　　反面鼓右

阮云："山陰陳默齊都尉廣寧所藏"，攈同。著録表云"山陰陳氏"藏。周金文存卷一補遺及小校1.94—95所録一器，拓本有"阮元所藏"小印。鄒安以爲即阮元得自吴侃叔之拓本。此鐘花紋與内府一器大異，係據積古或攈古摹本仿刻于舊鐘者。故積、攈摹失之處，此仍而不改，可証也。此器摹積、攈而又有違失，故知非積、攈所本之陳氏樂器也。陳氏一器即積古、攈古所據者，唐蘭周王㝬鐘考以爲與内府一器是二，今據積、攈摹本觀之：(1)筆劃不同者有"處"、"遣"、"見"、"帝"、"乍"、"降"、"㝬"等字；(2)泐筆相同者有"南或"、"𠬝孳"、"悤"、"雝"及"□孫"之第一字；(3)行式全同。故陳器有此可能，即係仿内府一器摹刻者，故筆劃不同而泐筆行式相同。

此器之王，郭沫若以銘末有"㝬其萬年畯保三或"謂即昭王瑕。唐蘭云："由器制銘辭

---

* 此考釋移録作者1943年舊稿。作者在器目表中列有此鐘器名，注明要利用舊稿，但未及整理。

文字書法史蹟五端言之，此鐘之鑄決不在周初昭王之世，而必位置于厲宣時期，無可疑者。”唐說實勝。且銘之有韻，起于西周之末，盛于東周，周初金文絶無用韻者。唐以作器之㝬爲厲王胡，足以糾正郭説。然以器銘之王即作器之㝬，其誤並與郭同。此器四稱王，三稱余，二稱我，一稱朕，一稱㝬。我余朕即㝬乃金文恆例，其所稱之王必非㝬明矣。今謂作器者爲厲王胡，器銘之王爲夷王，故作器者曰“我惟司配皇天王”，嗣配夷王也。

王，夷王也。肇，句首語詞。遹省亦見盂鼎“雩我其遹省先王，受民受疆土”，詳大盂鼎(本書74)。堇，阮云“勤之省”，是也。南或亦見中鼎(大系6)、禹鼎。樂記“武始而北出，再成而滅商，三成而南，四成而南國是疆”。大雅江漢常武並伐南國淮夷之詩。𠬝孳，國族名人名，孳即説文孳之籀文，甲骨文甲子之子作𢀈，金文小臣傳卣(三代8.52.1)召伯虎毁(本書166)甲子作𡥂𡥂，與此近。𠂤處舊並誤爲𠂤虐，唐蘭釋爲𠂤處是也，金文處從几，此省。唐云“謂陷我土而處之也”。王國維不㝅毁考釋釋“大辜戟”云：“辜者敦之異文，詩魯頌敦商之旅，箋云敦、治也，武王克殷而治殷之臣民。其實敦商之旅猶商頌之裒荆之旅，鄭君訓裒爲俘是也。宗周鐘云王辜伐其至，寡子卣云以辜不淑，皆辜之訓也。戟與虢季子白盤䡮伐之䡮，宗周鐘𢦚伐之𢦚同意，詩常武鋪敦淮濆，鋪敦即辜戟之倒文矣。”案王説是也(王説本孫説，見餘論3.38，敦疑假爲諄，方言云“諄，罪也”，參本書212不㝅毁釋)，然寡子卣之辜爲人名，辜卣(三代13.37)云：“辜不弔，東尸邦，烏虖，詠帝家以寡子，乍永寶。子。”孫云辜字當爲敨之省(説文𢾾從攴辜聲，隸變爲敨)。詩閟宫“敨商之旅”。大司馬“以九伐之法正邦國”無“辜”“𢦚”之名，實爲後起之証。案虢盤之“䡮伐厰𤞷”(本書215)即詩六月之“薄伐玁狁”。此器之“辜伐”“𢦚伐”即帝武之鋪敦也。此器之“𢦚伐”即兮甲盤“敢不用命則即井㒼伐”(本書213)，“㒼伐”假爲擈，廣雅釋詁“擈，擊也”。閒，閒諜傳譯之人，廣雅釋詁曰“象狄鞮閒𧬈諜……驛也”，玉篇“驛，譯也”，廣雅釋詁三“𧬈，閒，覗也”，爾雅釋言“閒，俔也”，郭注云“左傳謂之諜，今之細作也”，説文“諜，軍中反閒也”，大戴禮千乘“心中情出小曰閒大曰諜”。阮云“遣使請閒”，唐云“閒當是人名”，並非。逆，阮元誤爲造，許瀚、孫詒讓誤爲遷，惟孫星衍釋爲逆，是也。爾雅釋言“逆，迎也”。卲讀爲昭，爾雅釋詁“昭，見也”，屭羌鐘“賞于韓宗，令于晉公，卲于天子”，即見于天子也。古籀拾遺云“昭王者見王也，孟子(滕文公下)紹我周王，趙岐注釋爲願見周王，僞古文書武成用其又作昭我周王，此云卲王猶孟子之紹、僞武成之昭王矣”(籀廎述林卷二紹我周王見休義釋紹王爲左右武王，與前説異)。此器所説，應對照大雅江漢與常武兩詩，可能即指此役。

東尸南尸見以下各器：

塱鼎	隹周公丂征伐東尸	(本書6)
小臣謎毁	𠭰東尸大反，白懋父以殷八自征東尸	(本書8)
疐鼎	王令趞𢦏東反尸	(本書9)
䨭鼎	隹王伐東尸	(本書10)(以上周初成王、周公時器)

录或卣	𠭯淮尸敢伐内國 (大系33)
競卣	命伐(字作戍)淮尸 (本書79)(以上約穆王時)
翏生盨	王征南淮尸 (本書153)
中併父鼎	唯王五月初吉丁亥周白邉及中併父伐南淮尸 (本書175)
禹鼎	南淮尸、東尸廣伐南或、東或 (本書190)
敔毁	南淮尸内伐 (本書165)
兮甲盤	南淮尸舊我帛晦人 (本書213)
師寰毁	淮尸繇我帛晦臣 (大系135)
無㠱毁	隹十又三年正月初吉壬寅王征南尸 (本書95)
虢仲盨	虢仲目王南征伐南淮尸 (本書211)(以上約穆王後至西周末)
曾白霥匿	克狄淮尸 (大系207)(以上東周之初)

由此可見穆王以前東尸爲患,穆王以後南尸爲患,南尸之中以南淮尸爲最。南尸、東尸共二十六邦,此𦎫卣所謂尸邦也。邦亦有嘼,故師寰毁曰"正淮尸即賀厥邦嘼",按伐東尸亦謂之伐東國,如明公毁系周的伐東尸者而曰"伐東或",班毁亦曰"伐東或"。伐南尸亦謂之伐南或,故禹鼎曰"南淮尸東尸廣伐南或東國",常武既曰"惠此南國",又曰"鋪敦淮濆"也。崧高"南國"、"南土"、"南邦"互見。然淮尸亦在東或,故師寰毁謂淮尸"弗速我東䛐"也。

詩小雅谷風之什鼓鐘"淮水湯湯,憂心且傷",四月"滔滔江漢,南國之紀",皆戍淮之詩。大雅蕩之什江漢、常武則紀伐淮尸者,江漢主將爲召虎,常武主將爲南仲(亦見小雅鹿鳴、出車伐玁狁)、皇父、程伯休父,此二詩皆紀伐淮成功,而毛詩並以爲"美宣王",後漢書東夷傳曰:"厲王無道,淮夷入寇,王命虢仲征之不克,宣王復命召公伐而平之",崧高"王命召伯,定申伯之宅,登是南邦,世執其功"。漢書古今人表周宣王下列召虎南中程伯休父等。此器侵南或者僅𠬝孳一族,旋即平復,率東南諸尸來見王,與虢仲、召伯虎之役,並非一事。

"隹皇上帝百神",皇上帝即皇帝,師訇毁"緐皇帝亡旲臨保我又周雩四方民",毛公鼎"肄皇天亡哭臨保我有周",兩銘相同,知皇帝即皇天。吕刑"皇帝哀矜庶戮之不辜","皇帝清問下民",均指皇天。"保余小子",𪕴自謂也,朕猷又成者朕猷有成也。史頌鼎"休又成事"(本書206),師害毁"休厥成事"(三代8.33—34),師寰毁"休既又工",周頌維清"迄用有成",文例相近。亡競亦見尹卣蓋(博古11.18—19)云"亡競才服",桑柔"秉心無競",詩抑及烈文"無競維人",執競及武"無競維烈",毛傳"無競,競也",以無爲發語詞。左僖七及烈文"心則不競",則讀無爲不。案競假作竟,齊物論"振于無竟",釋文"竟、極也",無竟猶無疆矣。我,𪕴自謂也,司、嗣也。皇天王,皇、美詞;天王夷王也。作册大鼎"大揚皇天尹大保宮"(本書67),皇天尹即天尹,猶史獸鼎之稱"皇尹"(本書63),天尹鐘之稱"天尹(三代18.11.2)。天王猶天子,春秋經稱周天子爲天王。對、述也,詳井侯毁(本書58)。倉悤假作鎗鏓，説文"鏓，鎗鏓也"，"鎗，鐘聲也"，廣雅釋詁四"鎗，聲也"。雒字亦見秦公鐘"其音鉥鉥雝雝孔皇"（大系289—291），字從穴，疑即秀字，小篆作㝈。禮記少儀"鸞和之美，肅肅雝雝"，詩有駜"喤喤厥聲，肅雝和鳴"。卲又見以下各器：

大師虘豆	用卲洛朕文且考（本書137引）
秦公鐘	以卲零孝享　𣪘云"以卲皇且"（大系288）
虘鐘	用卲大宗（本書137引）
𣪊白星父𣪘	用卲享于朕皇且（周金3.41下）

案洛零假作格，爾雅釋言"格，懷來也"，方言二"佫、來也"，廣雅釋言"招、來也"，卲假作"大招"之招，故書"卲各"連文，或但作卲。韶爲樂名，"大招"、"招魂"爲楚辭篇名，並源于卲且。"先王其嚴在上"三句，亦見以下各器：

虢叔旅鐘	皇考嚴才上，異才下，數數橐橐，降旅多福（大系118）
井人鐘	前文人其嚴才上，數數橐橐，降余厚多福亡彊（本書203）
士父鐘	其嚴才上，數數橐橐，降余多福亡彊（大系124）
㝠鐘	先王其嚴才帝左右，𢿢狄不龏，數數橐橐，降福亡彊（大系69）

唐云"橐字當從泉色聲，與説文梟讀若薄同，則數數橐橐乃雙聲迭語，猶云蓬薄旁薄，形容豐盛之詞也"。方言一"凡物之大貌曰豐"，説文"溥，大也"，橐從泉而色聲，梟讀若薄，故橐假爲溥。周頌時邁有"降福穰穰"，"降福簡簡"。

"福余□孫"，第三字僅存水旁，唐蘭以爲㳟字，讀爲爾雅釋親"晜弟之子曰仍孫"。

"參壽隹琍"，㠱𠦪壺"匄三壽懿德萬年"，晉姜鼎"三壽是杒"（大系267），者減鐘"若召公壽，若參壽"（大系152'）。三壽𣪘"三壽是□"（貞補下37），詩閟宮"三壽作朋"。召公以壽見稱，詳論衡氣壽篇，三壽疑指上中下三壽。琍、杒疑假作梨，方言一"梨，老也"。

㝬，厲王胡也。唐云"銅器之簠，銘中多作匿字。……季宫父簠以㝬爲匿，則㝬可讀爲胡也"。唐説是也。㝬在金文用法如下：

（1）國名	䱷鼎	師雝父衜衜至于㝬（本書78引）
	彔𣪘	白雝父來自㝬（大系34）
（2）侯名	遹甗	師雝父肩史遹吏于㝬医（本書78）
	㝬医之孫鼎	㝬医之孫𠦪之䵼（三代3.11.2）
（3）人名	㝬弔匡	（三代10.10.3，又三代7.11.2𩰫父𣪘）
	㝬鼎	（三代2.49.8又此器）
（4）形容詞	遣者鐘	𠃬𩰫㸑犀

案㝬医之孫鼎稱鼎曰䵼，王子吴鼎曰釪（三代4.14.1），郜公鼎曰鎑（大系189），凡此疑皆楚地之方音。

"畯保三或"三字筆劃較細，唐以爲三字有脱劃，或逕釋爲四，並非。三或者，東南北三或,蓋周居西土,而保東南北三方之國也。

209.白克壺

圖象　考古圖 4.40—41,博古 6.32,大系圖 181

銘文　嘯堂 25,薛氏 11.119,大系録 93

佳十又六年
七月既生霸
乙未,白大師
易白克僕卅
夫。白克敢對
揚天右王、白
休,用乍朕穆
考後中隮壺。
克用匄眉壽
無疆,白克其
子子孫孫永寶用亯。

銘 11 行 56 字。考古圖曰"右得于岐山"。原摹霸僅録"雨"頭,休字有譌誤,博古遂釋爲友;壺字作墉之古文,博古因稱爲"高克壺";第十行"白克"原作"克克",當是摹者之誤。

白大師之白或讀爲伯,或應如"鄭大師""蔡大師"之例,爲國族名。左傳僖公五年"江、黄、道、柏(岳本、足利本作柏,它本作栢)"注"柏國名,汝南西平縣有柏亭",漢書地理志汝南郡"西平"注"應劭曰故柏子國也,今柏亭是"。白大師錫白克僕卅夫,乃是奴隸。

天右王即天祐王,即天子,僅見。"休"字,嘯堂摹本近于"友"。

郭沫若以爲此白克與善夫克爲一人,除同名爲克以外,實無聯繫。但此器出土岐山,與善夫克諸器出土岐山法門寺,同在一地,當非一窖之器。

據西周年代考的推定,厲王在位約爲十六年,則此器可以在夷王,亦可以在厲王。此壺紋飾近于頌壺(商周 724)而略晚。

210.師克盨

此一盨蓋,舊在熊步龍家(光緒間宏道書院山長)。1957 年 3 月,由其孫熊本周捐贈于陝西省博物館*,見陝西 102。器高 8.5,口長 27.8,口寬 19.9 釐米。故宫新得一師克盨,器蓋同銘,惟蓋略小于器或原不相屬,見文物 1959:3:64,行款不同。銘 13 行 148 字

* 段紹嘉師克盨考釋,人文雜志 1957 年第 3 期。

(内重文3)。

王若曰:"師克,不顯文、武膺
受大令,匍有四方,則隹乃先
且考又昏于周邦,干害王身,
乍爪牙。"王曰:"克,余隹巠乃先且
考克黔臣先王,昔余既令女,今
余隹𤔲𢆶乃令,令女更乃且考
𣪕𤔲𠂇又虎臣。易女𩰫鬯一卣;
亦市五典赤舄;與□;駒車𠦝
較,朱虢𢼄、𩏑,虎冟熏裏,畫
轉,畫𨌲,金甬,朱旂;馬四匹,
攸勒;素戉。敬夙夕勿法朕令。"
克敢對揚天子不顯魯休,用乍
旅盨,克其萬年子子孫孫永寶用。

此銘三段,第一、二段記王命,首曰"王若曰"次曰"王曰",與牧𣪘(大系59)、師訇𣪘(本書207)同其體例。

訇𣪘"不顯文、武受令"(本書195),師訇𣪘"不顯文、武膺受天令",毛公鼎"不顯文、武……膺受大令"(本書201),與此首句相當,大令即天命。"匍有四方",同于大盂鼎(本書74)。"則隹乃且考……"與訇𣪘"則乃且奠周邦"用法相同。師訇𣪘曰"鄉女彶屯卹周邦",录白𢦚𣪘曰"繇乃且考又昏于周邦(大系35),與此同文例,如此則"則""則隹"與"鄉""繇"同義,乃過去時間詞。第三行第四字,乃說文𢰅之異文,其寫法稍異,其例如下:

录白𢦚𣪘　有昏于周邦　(本器同)
師𤞷𣪘　又昏于我家　(本書169)
毛公鼎　昏堇大命　(本書201,141單白鐘同)

字從昏從𠬞,假作勤勉之昏。此器之字,以𠀠爲聲符。金文冟字從𠀠,惟白晨鼎(大系99)及三年師兑𣪘(本書171)從𠀠,知兩者通用;而冥字從𠀠得聲,故爲昏之聲符。

"干害王身"之"害",師訇𣪘作[illegible],毛公鼎作[illegible]。金文簠字從害、古、故、[illegible],故知此"害"及其相當的異形應讀若古或害,假借爲禦或敔:廣雅釋詁三"禦,止也",說文"敔,禁也"。干假借爲𢧀,說文曰"止也";或假作扞,左傳文六杜注云"扞,衛也",成十二杜注云"扞,蔽也"。大鼎"大以厥友入攼"(本書182),攼即𢧀或扞。

爪牙之爪,與𠬪、丑應係一字分化。說文卷三部首"爪,丮也,覆手曰爪,象形"(廣韻巧部側絞切);卷三又部"𠬪,手足甲也,從又,象𠬪形"(廣韻巧部側絞切);卷十三䖵部蚤下云"𠬪,古爪字(廣韻皓部子皓切);卷十四部首"丑,紐也"(廣韻有部敕久切)。此器之爪字與令毁(本書15)、大鼎及鄀公毁(大系188)之丑字相同,在它們之前殷代石毁以及它們之後東漢楊統碑之丑字,俱用[illegible]。説文之丑作[illegible],兩點連成一直筆,乃後來摹寫之譌。

此器之“牙”,與魯原父毁(三代8.3.1)之芽(金文編入附録)相同,即説文卷十四勹部之“与”,与、牙古本一字,故金文“與”字從与,亦即從牙。

“乍爪牙”猶“乍司土”“乍司工”“乍……司馬”“乍宰”“乍邑”之類,爪牙乃是一種職事。師詢毁“乃聖且考克左右先王乍厥爪牙”,爪牙二字摹本雖有缺筆,因此銘可加辨正。小雅祈父一章曰“予王之爪牙”,二章曰“予王之爪士”。箋云“我乃王之爪牙,爪牙之士當爲王閑守之衛。……六軍之士出自六鄉,法不取于王之爪牙之士”。馬瑞辰曰“爪士猶言虎士”。荀子臣道篇“爪牙之士”注“勇力之臣也”。

虎臣在王之左右,所以師寰毁稱之“左右虎臣”(大系135),無叀鼎稱之“□王邊側虎臣”(大系143')。金文官名之冠以“左右”者,如三年師兑毁的“左右走馬”(本書171,同銘有走馬),元年師事毁“左右師氏”(本書145),師虎毁的“左右戲、緐荆”(本書108),俱指親侍于王左右之官。

册命第一段,追述受命者先祖考的功績,册命第二段述王對于受命者的新命。

“余隹巠乃先且考……”之“巠”,同于毛公鼎“余唯肇巠先王命”。巠假作遻,廣雅釋詁三“遻、迹也”。“黺臣天子”猶小克鼎(本書186)等之“畯臣先王”,皆謂臣服于先王。“昔余既令女”下依通例應有前命之官職,此獨省略。其下言今王再命嗣其先祖考之舊官司左右虎臣。

此銘所記王所命賜之品凡六類。一爲鬯。二爲命服,略同于元年師兑毁(本書170)。三爲玉器,䡅車前三字疑是璵字。四爲䡅車及其附屬之件;駒車之賜亦見兮甲盤(本書213)、白晨鼎(大系99)及塱盨(大系132),而後者所述附件大致與此銘相同,約爲時代相近之器。五爲馬匹及攸勒。六爲兵器,虢季子白盤“易用戉,用政蠻方”(本書215),與此同。金文錫馬多是四匹,四匹合文,匹上僅有三畫。此器四與匹分書,足證錫馬四匹一乘之説。

此器形制花紋近于克盨(本書187)而略晚,應屬于厲時。

1957年4月,西安

師克盨後記

此器師克,我初以爲與善夫克應是一人(考古1960:5:36)。大克鼎稱其“文祖師華父”(本書185),則克承襲祖官爲“師”。但此説有可疑者:

一、師克所錫命服爲“赤市”並䡅車等物,而大克鼎第二銘所錫命服爲“叔市”與田地。依輔師嫠與師嫠兩毁(本書142、168)所記,再命赤市,三命叔市,則師克是再命,而大克鼎第二銘是善夫克三命。大克鼎第二銘王若曰“昔余既令女出内朕令”而又重命之,是善夫克再命時的職務,即大克鼎第一銘的“出内王令”,十六年克鐘的“尃奠王令”(本書184)和二十三年小克鼎的"舍令于成周"(本書 186)皆同此職。師克盨曰"則隹乃且考又𤔲于周邦,干害王身,乍爪牙……。昔余既令女,今余隹緟就乃令,令女更乃且考𤔲司左右虎臣",可知師克之祖考作王爪牙,司虎臣。師克再命之時受錫䡍車而十六年克鐘錫"甸車馬乘",䡍車與甸車,當因文武職務有所不同。

二、據詢毁(本書 195)考釋,司虎臣之"師"往往爲異族投順之人,故銘文有"屯卹周邦"之語。師克盨曰"則繇隹乃且考又𤔲于周邦"同于录白𢦚毁"繇乃且考又𤔲于周邦"(大系 35),而後者是裔邦之作。

三、據西周金文,官職皆世襲。善夫克所襲者爲"出内王令",而師克所襲者爲司虎臣、乍爪牙。師克之師與善夫克文祖師華父之師,雖同稱爲師而有所不同。金文中"師"爲一大類官名,至少可分爲:(1)樂師,如師嫠之師;(2)虎臣、師氏之長,如師瘨毁、師酉毁、詢毁(本書 119、173、195);(3)出内王命,如大師小子師望鼎(大系 63)。然則師華父之師是出内王命之善夫、小子之類,而師克之師與師酉、師詢相類。

四、此器之師克既與善夫克無關,故可次于厲世。宋世出土白克壺,與師克或係一人。

1964 年 7 月 25 日

211. 虢仲盨蓋*

圖象 十二雪 10,商周 369

銘文 三代 10.37.3,大系録 105

虢仲目王南
征,伐南淮尸,
才成周,乍旅
盨。丝盨友十又二。

後漢書東夷傳"厲王無道,淮夷入寇,王命虢仲征之不克",王氏古本竹書紀年輯校以爲此條亦出竹書。郭沫若謂此器之虢仲即厲王時之虢仲,近是。虢仲亦見何毁(大系 106)及虢仲乍虢妃鬲(三代 5.36.2)。

丝盨友十又二者,兹盨友十二也。友疑假作盍,説文云"小甌也,從皿有聲,讀若灰,一曰若賄"。或體作"𥁕"。方言五謂關西謂盆之小者曰升甌。友者疑即盨之蓋。

厲王時器	虢仲盨 何毁	}虢仲

此器花紋近克盨(本書 187)。

* 此係移録作者 1939 年的舊稿,没有經過作者的重新寫定。器爲作者舊藏,今在考古研究所。

十二、宣王銅器

212.不嬰𣪘蓋

圖象　夢郼上 34—35,商周 341,大系圖 97

銘文　三代 9.48.2,大系録 89

唯九月初吉戊申,白氏
曰:"不嬰,馭方𤞷允廣伐
西俞,王令我羞追于西,余來歸
獻禽。余令女御追于䍐,女以我車宕
伐𤞷允于高陶,女多折首、執訊;戎大同,
述追女,女彶戎,大臺戟,女休,弗
以我車圅于艱,女多禽、折首;執訊。"
白氏曰:"不嬰,女小子,女肇誨于戎工,
易女弓一,矢束,臣五家,田十田,用述
乃事。"不嬰拜稽手休,用乍朕
皇且公白孟姬䵼𣪘,用匄
多福,眉壽無疆,永屯
霝冬,子子孫孫其永寶用享。

銘文 13 行 152 字(内合文 1,重文 3)。吴廷康、陸心源、羅振玉舊藏。後歸上海博物館,現陳列于北京中國歷史博物館。

此器是西周晚期秦人所作,今述其證:(一)有秦地名。曰西、曰西俞,皆在秦境。(二)有秦方言。説文曰"秦謂陵阪曰阺",西阺當爲西陵。方言十三曰"冢,秦、晉之間或謂之墳,……或謂之堬,……或謂之壠。自關而東謂之丘"。西俞當爲西堬。(三)作器者乃秦嬴之後。史記秦本紀曰"秦侯立十年卒,生公伯,公伯立三年卒,生秦仲。秦仲立三年,周厲王無道,諸侯或叛之,西戎反王室,滅犬丘大駱之族(後漢書西羌傳作'厲王無道,戎狄寇掠,乃入犬丘殺秦仲之族,王命伐戎不克')。周宣王即位,乃以秦仲爲大夫,誅西戎,西戎殺秦仲,秦仲立二十三年死于戎。有子五人,其長者曰莊公,周宣王乃召莊公昆弟五人,與兵七千人,使伐西戎,破之。于是復予秦仲後及其先大駱地犬丘並有之,爲西垂大夫。莊公居其故西犬丘"。

據秦本紀所述推算,秦仲四年當共和元年,則秦仲二十三年死于戎當宣王六年,其長子莊公元年當宣王七年。後漢書西羌傳曰:“及宣王立四年,使秦仲伐戎,爲戎所殺,乃召秦仲子莊公與兵七千人伐戎,破之,由是少卻。”注云“並見竹書紀年”。紀年與秦本紀相同,則秦仲受命伐戎在宣王即位之四年(即宣王五年),其死于戎在宣王六年(即秦仲二十三年)。秦仲、莊公之時代,略如下列:

秦仲 1—3 年　周厲王末　戎入犬丘殺秦仲之族(大駱之族),王伐戎不克。

秦仲 4—17 年　共和時。

秦仲 22 年(宣王五年)　王命秦仲伐戎。

秦仲 23 年(宣王六年)　戎殺秦仲。

莊公 1 年(宣王七年)　王命莊公昆弟五人伐戎,破之。

莊公 40 年(宣王四十六年)　莊公在位四十四年,卒于幽王時。

此器所述應是周宣王命秦莊公及其昆弟五人伐戎之事。王是周宣王,白氏是秦仲的長子莊公,不嬰是莊公的幼弟。據秦本紀周孝王時大駱子非子居犬丘,王使“邑之秦,使復續嬴氏祀,號曰秦嬴。……秦嬴生秦侯”。莊公是秦侯子公伯之長孫,故稱伯氏。琱生段(本書 169)作器者與召白虎同爲召公之後,故稱召虎爲伯氏。金文伯氏(𤼈毁)、叔氏(公貿鼎)、季氏(虢季氏子組鬲)的伯、叔、季是行輩名,但由于宗法制度往往以長子繼侯伯的封爵,故行輩之伯有時與侯伯之伯一致,如召白虎稱召伯(侯伯)又稱伯氏(行輩)。秦莊公繼秦仲爲秦侯,應稱秦侯而不是秦伯,然在宗族關係上可稱爲伯氏。莊公爲昆弟五人之長者,故稱其幼弟爲“小子”,康誥曰“王若曰:孟侯朕其弟小子封”“乃寡兄勗肆汝小子封在兹東土”,武王同母兄弟十人,康叔爲第九,此兄稱幼弟爲小子之例。毛公鼎、師詢毁、㝬鐘(本書 201、207、208)王自稱爲“余小子”,蓋王對毛公和師詢而言自居于年幼之輩。

不嬰乃作器者名。王國維曰“嬰即忌字,以不嬰爲名亦猶夏父弗忌、仲孫何忌、費無忌、魏公子無忌矣”。

“馭方”之馭,孫詒讓、王國維均以爲是説文御之古文馭之異文。此器“御追”作御,二字分别。禹鼎(本書 190)人名“噩侯,馭方”與“徒御”之御俱作馭,可知馭即御。孫曰“馭方蓋僕圉奴虜之稱,猶云夷方、蠻方”;王曰“馭方者蓋古中國人呼西北外族之名,方者國也,其人善御,故曰御方”。逸周書世俘篇曰“太公望命〔伐〕禦方,來丁卯望至告以馘俘”,此西周初的禦方,即武丁卜辭的御方、邗方(詳綜述 283 頁)。𠪚允是商、周西北一强族,“御方𠪚允”是在御方的一支,猶出車玁狁是在朔方的一支,而虢季子白盤(本書 215)是在蠻方的一支(此蠻方應是史記匈奴傳的北蠻)。梁白戈(三代 19.53.1)的“鬼方蠻”是指在鬼方的蠻族,左傳成公六年注云“蠻氏,戎别種也”。嚴允爲戎的一種,故此毁又稱之爲戎,出車稱之爲西戎。秦仲、秦莊公所伐,秦本紀作西戎而西羌傳作戎。

金文𠪚允,詩采薇作玁狁,釋文云“本或作獫,音險”,史記匈奴傳曰“唐、虞以上有山戎、玁狁、葷粥，居于北蠻，隨畜牧而轉移”。漢書匈奴傳作獫允。此毁厰或從厂或從宀，説文厂部曰“厰，崟也，一曰地名，從厂敢聲”。厰、巖、崟、險等字古音並同，故可相通用。此族犬旁，乃戰國晚期以來所加。金文㛵或作𩆜（虢季子白盤、兮甲盤），説文卷十夲部下曰“𩆜，進也”，已有譌變。金文執訊之訊作𢑑從妥從系，即系拘㛵戎，引申而爲凡所虜獲之外族。此毁所稱“厰㛵”，是此族的正名。地名之“厰”疑是晉之陰地，而女旁之“㛵”應是“允姓之姦”，厰㛵者晉陰地之允姓之戎，亦即春秋時“陰戎”。

左傳昭公九年“晉梁丙、張趯率陰戎伐潁，王使詹桓伯辭于晉曰：……故允姓之姦居于瓜州，伯父惠公歸自秦而誘以來，使偪我諸姬，入我郊甸，則戎焉取之？”杜注云“陰戎，陸渾之戎”，“允姓，陰戎之祖”。

左傳僖公二十二年（晉惠公十四年，公元前638年）“秋，秦、晉遷陸渾之戎于伊川”注云“允姓之戎居陸渾，在秦、晉西北。二國誘而徙之伊川……至今爲陸渾縣”，漢書地理志屬弘農郡。左傳昭公二十二年記王子朝之亂，十月“晉籍談荀躒帥九州之戎”，“以納王于王城”，王子朝之“前城人敗陸渾于社”，是陸渾爲九州之戎，故注云“九州戎，陸渾戎”。左傳哀公四年晉陰地命大夫“士蔑乃致九州之戎”，注云“九州戎在晉陰地、陸渾者”。凡此杜預所注皆本諸傳文互推而得，故知允姓之戎即陸渾之戎，亦即九州之戎。他們原居于秦的瓜州，秦、晉西北的陸渾，霍山北之陰地。最初的陰地疑在霍太山之北，今霍縣一帶。程恩澤戰國地名考曰“左傳吕、郤畏逼，今霍州西三里有吕鄉，西南十里有吕城。或謂吕即陰邑，州東南十五里又有陰地村”。左傳僖公十年吕甥，十五年稱瑕吕飴甥又稱陰飴甥，故知陰、吕一地。地理志河東郡“彘，霍大山在東，冀州山，周厲王所奔”，續漢書郡國志補注引唐蒙博物記曰“有吕鄉，吕甥邑也”。霍大山，趙世家趙夙“召霍君于齊，復之，以奉霍太山之祀”，秦本紀“爲壇霍太山”，則作“霍太山”。此霍大山乃是大嶽，禹貢作“太岳”。左傳隱公十一年“夫許，大嶽之胤也”，莊公廿二年“姜，太嶽之後也”（陳世家作“姜姓，太嶽之後”），周語中富辰曰“齊、許、申、吕由大姜”。姜姓的齊、許、申、吕，周語下太子晉所謂“四伯”、“四嶽”，又曰“祚四嶽國，命以侯伯，賜姓曰姜，氏曰有吕”。由此知齊、許、申、吕是四國、四伯，是姜姓“大嶽”之後的四支，故稱“四嶽國”；不是四方之“岳”。霍大山以北及其附近，當爲姜姓與允姓之戎活動的地區。

允姓在晉惠公以前居于瓜州，姜姓在晉惠公以前也居于瓜州。左傳襄公十四年“執戎子駒支，范宣子親數諸朝曰：來，姜戎氏，昔秦人迫逐乃祖吾離于瓜州……。對曰……昔秦人……逐我諸戎，（晉）惠公……謂我諸戎是四嶽之裔胄也……賜我南鄙之田……”。注云“四嶽之後皆姜姓，又别爲允姓。瓜州地在今敦煌”。杜以瓜州在敦煌；是不可能的。允、姜兩姓所居的瓜州，應在霍大山以北。太平寰宇記卷四孝義縣“瓜城在縣北十里，此本虢城也”，一統志汾州府下“虢城在孝義縣北，亦名瓜城”。瓜城疑即瓜州，與姜戎所在的千畝相隣近。周語上宣王“三十九年戰于千畝，王師敗績于姜氏之戎”；周本紀同，索隱云千畝

“地名,在西河介休縣”,左傳桓二杜注云“西河界休縣南有地名千畝”,續漢書郡國志界休有千畝聚,周本紀正義引“括地志云千畝原在晉州岳陽縣北九十里也”。周宣王三十九年千畝之戰,晉、趙皆參預。趙世家曰“周宣王時伐戎,爲御。及千畝戰,奄父脱宣王”于難。晉世家穆侯十年“伐千畝有功,生少子曰成師”,亦見左傳桓公二年。此役與西羌傳據紀年所述“晉人敗北戎于汾隰,戎人滅姜侯之邑”同在宣王三十九年,乃同一事。所謂“姜侯之邑”或指千畝,左傳桓二“逐翼侯于汾隰”注“汾隰,汾水邊”。此役,宣王敗績而晉侯救之有功,故生子曰成師。

允姓之戎又稱九州之戎。九州疑即九原或九藪。地理志太原郡“鄔,九澤在北”,一統志鄔“故城今平遥縣西南”;又太原郡京陵下師古注云“即九京”,汾水注曰“于春秋爲九原之地”,一統志“故城今平遥縣東”。凡此二地,均與介休、孝義相去不遠,皆在霍山之北。大致在晉惠公(前650—前637年)南遷姜戎與允姓之戎之前,此二支居于霍山之北。宣王三十九年千畝之戰即戰于姜戎之地,故宣王初允姓之戎應仍居于霍縣的陰地。到了春秋的晉惠公時,姜戎南遷至于晉之南鄙,允姓南遷至于伊川,于是陸渾和陰地之名也隨之南遷。左傳宣公二年“晉趙盾救焦,遂自陰地及諸侯之師侵鄭”注云“陰地,晉河南山北,自上洛以東至陸渾”,自今陝西商縣至河南嵩縣,在黄河之南,熊耳山之北,皆所謂“陰地”。春秋大事表卷七之三曰“其地南阻終南,北臨大河,所謂河南山北也。又陝州盧氏縣有陰地城,即命大夫(士蔑)屯戍之所,猶夫南陽爲河内之總名而别有南陽城在修武也”。孝王時敔𣪕記南淮尸内伐,“王令敔追御于上洛、𤎩谷,至于伊班”,即追逐南淮尸,西自上洛東迄于伊川。由此可知春秋時代的“陰地”在西周中葉猶爲華族區域。左傳僖公二十二年“初平王之東遷也,辛有適伊川見被髮而祭于野者,曰:不及百年,此其戎乎? 其禮先亡矣”。是東周之初猶未爲戎居。

此銘與卯𣪕(本書158)皆侯伯命其屬臣。“白氏曰”云云兩節乃侯伯的命辭,凡述三事:一伯氏自述受王命伐戎之功,二記伯氏命不嬰伐戎之功,三記伯氏賞賜不嬰。此銘第一人稱代名詞凡見余、朕、我三字;余爲主格單數(伯氏自稱),朕爲領格單數;我則兼爲賓格與領格,領格我爲多數(指秦邦而言),賓格我爲多數(秦邦)或單數(伯氏),參綜述96頁。

所記第一事,厰允廣伐西俞,王命伯氏追之于西,因來歸獻禽。“王令我羞追于西”猶五年師事𣪕曰“令女羞追于齊”(本書146),西、齊皆地名。羞從羊從又,金文編以爲羞字。此器羞追與御追有别,廣伐與宕伐有别。敔𣪕謂南淮尸“内伐……敏陰、陽洛,王令敔追御于上洛……”(本書165),亦先記外族之入侵于某地,然後追禦之于某地,與此器先記外族廣伐于西俞,然後羞追之于西同例。羞追疑追爲步行搜求之搜;御追疑爲車追。此器白氏命不嬰御追以車,可以爲證。逸周書世俘曰“百韋至,告以禽宣方,禽禦三十兩,告以馘俘”,禦三十兩即車三十兩。西俞地名,翁祖庚以爲即紀年夷王命虢公“伐太原之戎至于俞泉”,孫詒讓以爲即爾雅釋地“北陵西隃,雁門是也”,王國維以爲“遠則隴坻,近則水經扶風杜陽縣之俞山，皆足當之”。西俞與西應爲戎自東向西入侵于秦之地。秦人居西，地名之前往往冠以西字，如秦本紀“莊公爲西垂大夫，……居其故西犬丘，祀上帝西畤”，“文公卒葬西山”，秦始皇本紀附録“文公葬西垂”，“憲公居西新邑”，“出子享國六年居西陵”（索隱曰“一云西陂”）。

“余來歸獻禽”，或爲獻于王，或爲獻于秦國宗廟。左傳所記獻俘有兩類。一類獻于王或周：僖公二十八年晉“獻楚俘于王”，襄公八年范宣子曰“城濮之役先君文公獻功于衡雍，受彤弓于襄王以爲子孫藏”，莊公三十一年“凡諸侯有四夷之功則獻于王”，文公四年“諸侯敵王所愾而獻其功，王於是乎賜之彤弓一……”，宣公十五年“晉侯使趙同獻狄俘于周”，成公十六年“晉侯使郤至獻楚捷于周”。虢季子白盤“獻馘于王”（本書215），敔毁“于成周大廟”“告禽”（本書165）與此同類。一類獻于本國宗廟：昭公十七年晉滅陸渾“故使穆子帥師獻俘于文宫”，襄公十年晉滅偪陽“以偪陽子歸獻于武宫，謂之夷俘”，宣公十六年晉滅赤狄，“三月獻狄俘，晉侯請于王”，襄公六年齊滅萊“四月陳無宇獻萊宗器于襄宫”。僖公二十八年記城濮之役，“五月丙午晉侯及鄭伯盟于衡雍，丁未獻楚俘于王。……七月丙申，振旅愷以入于晉、獻俘、授馘、飲至、大賞”。此是先獻俘于周，然後班師回國又獻俘于本國，且行大賞。此毁“余來歸獻禽”猶晉滅偪陽後以其君爲夷俘而“歸獻于武宫”。伯氏既獻戎俘于其父考的宫廟，于是乃命不嬰追擊西戎。

銘述前後二役。第一役追伐西戎于高𨸏，“多折首執訊”；第二役則于西戎聚集追擊不嬰時予以敦戟，“多禽、折首、執訊”。第二役之“禽”應指生俘，則伯氏所獻之“禽”亦爲生俘之戎。二役皆用車戰，應即禹鼎伐鄂侯與淮尸所用的戎車。小雅中采薇、出車、六月、采芑四首皆記伐玁狁事而皆用戎車；魯頌泮水記伐淮尸亦用戎車。

高𨸏，王國維釋爲高陵，商務印書館版金文編從之，後又改爲陶字，都是不確的。1942年2月在昆明作“釋𨸏”以爲它從阜從二氏，乃是𨸏字。説文曰“秦謂陵阪曰𨸏”，廣韻脂部引“字統云秦謂陵阪爲𨸏也”（字統楊承慶作，見隋書經籍志，次在宋吴恭字林音義及玉篇之間）。説文此字從氏，金文從二氏。説文形聲字聲符于金文加重之例，尚有以下各事：陸（二夫），敔（二五），吾（二五），語（二五），更（二丙），善（二言），帥（二巾），則（二鼎），趄（二亘），甹（二由），走（白中父毁二夭）。詛楚文宣作亶。也有相反之例，如説文歌（謌）金文作訶。金文齊鞶氏鐘（大系252）第二字從革從𨸏，即玉篇之“軧，鞋也”、説文之“鞮，革履也”。由于無以考定洛之所在，所以高𨸏的地望地無以推定。王國維以爲洛爲涇洛之洛，故以高陵爲漢左馮翊的高陵縣，也只是揣測。

説文曰“同，合會也”，戎大同即被擊散之戎重又集合。此銘述、永有别。述，孫釋從，王釋永，俱不確。金文永或作𠂢（本書114吴方彝），故脈俗或作脉。述疑爲派别之派，“述追女”謂分道追擊。“女彶戎”之彶爲動詞，廣雅釋詁一曰“及，至也”，聘禮注云“及猶至也”。“女及戎，大敦伐”猶𤔲鐘曰“王敦伐其至”（本書208）。“大章戟”即大敦、大戟。禹鼎曰“廙伐噩侯御方……䇂伐噩……”(本書 190),㝬鐘曰“王䇂伐其至,戬伐厥都”。孫詒讓釋此段曰“䇂當讀爲詩常武鋪敦淮濆之之敦,釋文韓詩鋪作敷,云大也,敦,迫也。……魯頌閟宫敦商之旅,義亦當同。……竊疑此䇂戟即詩之鋪敦,䇂,敦戟,鋪聲類並同。又詩六月薄伐玁狁,虢季子白盤薄作博。此戟疑與薄、博同,䇂戟謂迫笮博伐之也”。王釋略同,實本于此。逸周書世俘“武王遂征四方,凡憝國九十有九國……凡服國六百五十有二”,憝即敦。

“女肇誨于戎工,易女……”與叔尸鎛“女肇敏于戎攻,余易女……”(大系 241)及詩江漢“肇敏戎公,用錫爾祉”同例。誨、敏、敏一字,工、攻、公並功之假字;爾雅釋言曰“肇,敏也”。是肇敏于戎工即敏于戎功。伯氏錫于不娶者凡弓一,矢束,臣五家,田十田四事。矢束即一百箇矢,小盂鼎“弓一矢百”(本書 75),詳宜侯夨段(本書 5)。𢻻段述伯氏易其“弓,矢束”(本書 100),同卣“夨王易同金車、弓矢”(本書 102)亦侯伯所錫。王制曰“諸侯錫弓矢然後征”,以爲弓矢之錫自天子,如周襄王錫彤弓、彤矢于晉文公(左傳僖廿八,文四),實際上西周時代周天子以外之王及侯伯皆有錫弓矢于其臣之例。

“用逑乃事”之逑假爲俾,爾雅釋言曰“俾,職也”。下“永屯”“永寶”之“永”皆不從辵。

“拜稽首”,詳卯段(本書 158)。孟姬是公白之妻,是秦與周通婚。

此器花紋與厲王三年史頌段(大系圖 85)全同。今由莊公伐戎的史實,秦仲伐戎見殺于宣王五年,與兮甲盤(本書 213)所記同時,此器則在五年之後。盤銘記奉王命伐厰允于𨯫盧在五年,此器奉伯氏(莊公)之命伐厰允于高陶在五年以後,亦不在一地。

郭沫若隸此器于夷世,以爲(1)“銘中伯氏即虢季子白”,(2)“不娶駿方即噩侯駿方,一字一名”。據此以爲此段與虢季子白盤及鄂侯御方鼎(本書 215、154)同時。凡此均屬錯誤。(1)陳介祺曰“子白或釋子伯,祺謂如字,如齊桓名小白,不得以季而名伯也”。(2)孫、王皆于“白氏曰:不娶”爲斷句,以“駿方厰允”爲一詞,郭氏句讀有誤。

1942 年 3 月中旬,昆明棕皮營。1966 年元旦重作

213. 兮甲盤

圖象 商周 839

銘文 三代 17.20,大系録 134

隹五年三月既死霸庚寅,
王初各伐厰狁于𨯫盧,兮
甲從王,折首執訊,休亡敃。
王易兮甲馬四匹,駒車。王
令“甲,政𤔲成周、四方責,至
于南淮尸。淮尸舊我帛畮人,毋

敢不出其貣、其責;其進人、
其貯,毋敢不即跡即𡉚;敢
不用令,𠟭即井𠜡伐。其隹
我者𥎦百生,氏貯毋不即
𡉚;毋敢或入䜌宄貯,則亦
井"。兮白吉父乍般其眉壽
萬年無疆,子子孫孫永寶用。

銘13行133字(内重文4)。

此器宋代出土,見録于張掄紹興内府古器評卷下,稱爲"周伯吉父匜盤,銘一百三十三字",所引"惟五年三月既死霸庚寅""從王""錫馬駒軒""敢不用命則即刑",皆見于此銘。元代陸友研北雜志曰"李順父有周伯吉父槃一百三十字,家人折其足,用爲餅槃。鮮于伯機(樞)驗爲古物,乃以歸之"。攈古録云"直隸清河道庫藏器,山東濰縣陳氏得之都市"。綴遺7.9云"見元人研北雜志,後入保定官庫,今爲陳壽卿(介祺)編修所藏"。攈古録金文3.2.67—70引"陳壽卿説:三足並座俱缺,即(鮮于樞)困學齋器也"。商周839所録圖象,是陳氏原物,既折損圈足,盤心似有長道裂紋。今不知所在。日本東京書道博物館有一器,徑42.7釐米,器物完整而銘文不同(白川静金文集366),乃是僞刻。小校9.83所録一僞銘(小校9.84是真銘),不知與書道是否一器。

作器者兮甲之甲舊釋作田,王國維因卜辭先公"上甲"之甲與此同作,"字中從横二筆不與其邊相接,與田迥異",改正爲甲字;又曰"甲者月之始,故其字曰伯吉父。吉有始義,古人名月朔爲吉月,以月之首八日爲初吉,是其證也"(觀堂别補14)。近時藍田出土師察𣪘(本書147),甲戌之甲亦作此形。

各伐即格伐。後漢書陳寵傳注引"説文曰格,擊也",今本在挌下,從手;後世格殺亦從木。各或假作略(攈古3.2.69翁祖庚説)。方言二"掕,略,求也。秦晉之間曰掕,就室曰掕,于道曰略,略,强取也"。左傳宣十五"晉侯治兵于稷以略狄土",成十二"略其武夫",隱五"吾將略地焉"。玁狁作𤞷䖍,與虢季子白盤同,詳不𡢁𣪘。𦉢𠙟,地名,疑是徐吾、余吾或余無的對音。竹書紀年文丁"四年周人伐余無之戎";左傳成公元年"遂伐茅戎,三月癸未敗績于徐吾氏",正義云"敗于徐吾之地也";史記匈奴傳有余吾水,漢書地理志上黨郡有余吾縣。太原郡"榆次,涂水鄉晉大夫知徐吾邑",今榆次縣西。亡叚見師望鼎、大克鼎、梁其鐘和虢叔旅鐘(大系63,本書185、191,大系118—119)。説文"叚、彊也",廣雅釋詁"愍,亂也",亡叚當釋爲無亂。金文四匹皆合書,此分書爲二字。

此盤銘所記二事,前四行記五年三月兮甲從王伐玁狁,有所賞賜。四行以下記王命兮甲政司成周與四方之積,"王令"至"亦刑"乃周王命之命。四方、四夷對中國諸侯而言,故此銘所述亦以南淮尸貣畮人與我諸侯百姓分别對待。

方濬益曰“周禮大司徒歲終則令教官正治而致事。政嗣猶言正治”(綴遺 7.9)。周禮小宰“一曰聽政役以比居”注“玄謂政謂賦也,凡其字或作政,或作正,或作征,以多言之宜從政,如孟子交征利云”。𤔲從㚕與司字稍異。周禮大司徒曰“大賓客令野修道委積”鄭注云“少曰委,多曰積,皆所以給賓客”。周禮遺人曰“掌邦之委積……。凡國野之道,十里有廬,廬有飲食;三十里有宿,宿有路室,路室有委;五十里有市,市有候館,候館有積”。左傳僖公三十三年“居則具一日之積”注云“積、芻米禾薪”,周禮宰夫注“委積謂牢米薪芻給賓客道用也”。方濬益、孫詒讓、王國維均釋責爲委積之積。但委積可以合稱,可以分舉。周禮委人曰“掌斂野之賦斂薪芻”,則積應除去薪芻而爲牢米之賦。

“淮夷舊我貟畮人”,亦見于師寰𣪕(大系 135),惟舊作繇,人作臣。貟畮人(或臣)是出貟、出積之人,猶言賦貢之臣。歸芻𣪕曰“王命益公征眉敖。……二月眉敖至□,獻貴”(本書 196),貴、貟一字,乃布帛之賦,積是牢米之賦。銘云“毋敢不出其帛、其積”,主詞是淮夷,動詞是出(即繳納),賓詞是帛與積,“其”是領格代名詞(即淮夷的)。此是一種讀法。另作一種讀法,則以“出”包括其下四個其,即“毋敢不出其帛、其積、其進人、其貯……”。今取前説。

市作㞢,從孫詒讓所釋(餘論 3.36)。卜辭(甲編 2827)㠯字,所從之市與此相近。漢金文與印璽文市字,均與此相近,故知是市字。

𠂤從自從朿,金文秭所從之朿,與此同。甲骨文編、金文編隸此于卷十四自部,作𠂤朿,謂假爲次。説文卷七韭部有韰字,許慎曰“從韭,次、𠂉皆聲”,可證𠂉、次音同。左傳莊公三年曰“凡師一宿爲舍,再宿爲信,過信爲次”,是次是師戍之地。但官吏治事之處,亦通謂之次。周禮司市“以次叙分地而經市”注云“次謂吏所治舍,思次、介次也,若今市亭然”。宫正注云“次,諸吏直宿若今部署諸廬者舍其所居寺”。周禮遺人以三十里爲宿,五十里爲市,則市與次是相類的官家旅宿、治事的聚點。次與市又都是市的治事之處,周禮司市有思次、介次,孫詒讓正義曰“思次爲市官總治之所,介次爲分治之所”。銘云“其進人、其貯,毋敢不即𠂤(次)即市”“厥貯毋不即市”,是進人于師次或介次貯貨賄于市,以斂税賦。“其進人、其貯”之進與貯皆是動詞,説文曰“進,登也”。

進人于次可有兩種解釋。(1)進人或如卜辭的“登人”,次爲師次之次,如此可以解爲力役之征。(2)進人或進入奴隸,次爲介次,如此則“其進人毋敢不即次”與“其貯毋敢不即市”可以解爲買賣奴婢于次,貯藏貨物于市。周禮質人曰“掌成市之貨賄:人民、牛馬、兵器、珍異”,注云“人民,奴婢也”;又曰“大市以質小市以劑”,注云“大市,人民、牛馬之屬用長券;小市,兵器、珍異之物用短券”。進人與貯物,正好是大市、小市(即次與市)之别。

“敢不用令,則井撲伐”與“毋敢或入蠻宄貯,則亦井”,此二井字即刑罰、市刑之刑。周禮司市曰“市刑:小刑憲罰,中刑徇罰,大刑撲罰”注云“撲,撻也”,撲罰猶閭胥云“撻罰”,注云“撻,撲也”。周禮司市屬官胥“凡有罪者,撻戮而罰之”。廣雅釋詁三“撲……伐……

撻……擊也”，説文曰“伐，擊也”，廣雅釋詁四曰“罰，伐也”。此銘的撲伐疑假作撲伐、撲罰。撲罰爲市刑之大者，施于南淮夷之不用市令者；諸侯百姓之不用市令者則亦刑，當指小、中刑而言。此可見西周時代對于市刑有華夷之别。據此銘所規定，則對南淮夷所征收者爲布縷（帛）之征，粟米（積）之征，力役（進人）之征與關市（貯）之征；對中國諸侯百姓所征收僅爲關市之征。孟子盡心篇下曰“有布縷之征，粟米之征，力役之征，君子用其一緩其二，用其二而民有殍，用其三而父子離”。西周對于四夷的征賦，用其三，可謂苛税。

此銘對于中國諸侯百姓規定，凡貯必即于市，不得入于蠻宄貯，則市是中國之市。蠻作䜌，與虢季子白盤“蠻方”同作。宄從殳，説文曰“宄，姦也”，古文作殳。頌鼎“成周貯”“新造貯”（本書192），善夫山鼎“乍憲司貯”（本書198），皆是中國之貯，蠻宄貯當是蠻夷之貯。貯是貯藏貨物的市廛，詳頌鼎，故貨物亦可以名貯，如此銘“其貯”、“厥貯”之貯。周禮司市曰“大市日昃而市，百族爲主；朝市朝時而市，商賈爲主，夕市夕時而市，販夫販婦爲主”。注引“鄭司農云百族，百姓也”。此銘“其隹我者侯百姓，厥貯毋不即市，毋敢或入蠻宄貯，則亦刑”，百姓即周禮之百族，市于大市而不得入于蠻宄之市廛，否則亦受市刑。諸侯百姓有入于蠻宄貯者。則此諸侯乃與夷族雜居或隣居的中國諸侯，如南國的申伯。

此器自銘爲般而張掄稱爲“匜盤”，乃受博古圖的影響。博古圖21.12著録“周楚姬匜盤”，因先見匜，復見盤“正一時物也，故名之爲匜盤”。定名是有錯誤的。

此銘王稱作器者爲“兮甲”，而作器者自稱爲“兮白吉父”，甲是名而吉父是字。兮白吉父所作器，除宋代出土一盤外，清代先後出土以下二器：

(1)兮吉父乍中姜寶障毀　西清27.25，録遺155（今在故宫）

(2)兮白吉父盨蓋　巖窟1.18（今在故宫）

後者據陝西通志金石志云“道光戊戌（1838年）寶鷄縣出土”。此二器作糾目帶，與頌毀（美集録A245）、函皇父大鼎（本書177）等相同。

毛詩序曰“六月，宣王北伐也”。詩有“薄伐玁狁，至于大原，文武吉甫，萬邦爲憲”之語，則吉甫爲六月北伐玁狁之將，此器所述則爲三月略伐厰允于䍐盧，並不相符合。後漢書西羌傳所引紀年宣王既立四年使秦仲伐戎，今本紀年據此以爲尹吉甫之伐玁狁亦在宣王五年。王國維生霸死霸考曰“兮白吉父盤云惟五年三月既死霸庚寅，此器有伯吉父之名，有伐玁狁之事，當即詩六月之文武吉甫所作，必是宣王時器，而宣王五年三月乙丑朔，二十六日得庚寅”。亦見兮甲盤跋並説三月“王命甲徵成周及東周諸侯委積，正爲六月大舉計也”。

後漢書西羌傳述“（穆）王乃西征犬戎，獲其五王。……王遂遷戎于太原”。夷王時“伐太原之戎，至于俞泉，獲馬千匹。（厲）王命伐戎，不克”，至宣王五年秦仲“爲戎所殺”，其子莊公“伐戎破之”，四十年“王征申戎，破之”，三十二、三十七、三十九年諸役皆敗于戎，幽王四年又敗于六濟之戎。注云“並見竹書紀年”。此盤所記五年王初略伐厰允應在宣王五年。

1965年11月8日

214.虢文公子㑊鼎、鬲

清代出土虢文公所作器,存録者有以下各器:

鼎一　夢郼1.13,商周63,三代3.48.1,大系圖28、録283(作子孫)

鼎二　懷米2.5,三代3.48.2,大系圖29、録282(作子孫孫)

鼎三　故宫,銘同鼎二

鬲　貞圖1.28,三代5.39.2

其鼎銘曰"虢文公子㑊乍弔妃鼎,其萬年無彊子孫永寶用享"。鬲銘同,惟易鼎爲鬻。

1957年考古研究所在陝縣上村嶺虢國墓地發掘,M1631出土一鬲(上村嶺圖版41:1)曰"虢季氏子㑊乍寶鬲,子子孫孫永寶用享"。由此知虢文公子㑊與虢季氏子㑊乃是一人。

周語上"宣王即位不籍千畝,虢文公諫曰",注云"賈侍中云文公、文王母弟虢仲之後,爲王卿士。昭謂虢叔之後,西虢也"。周語上述魯武公來朝于此事之後,而史記周本紀則記"十二年魯武公來朝,宣王不修籍於千畝,虢文公諫曰"或有所本。魯世家曰"武公九年春……西朝周宣王。……夏,武公歸而卒"。于年表爲宣王十一年,而年表武公十年卒,當周宣王十二年。若依周語,虢文公于宣王初即位時見存;若依史記,虢文公至宣王十二年猶在位。虢文公與虢宣公皆屬虢季氏,應爲父子先後世襲王官爲"虢公"。虢季子白盤之十二年,若爲宣王十二年,則是年子白猶未稱公,十二年以後繼文公爲虢公,始稱虢宣公子白。以此論之,則虢文公之諫宣王不籍千畝,或應如史記所述在宣王十二年,即虢季子白伐玁狁之年。虢宣公子白鼎(本書216)則應作于十二年之後。

虢季氏子㑊鬲出土于陝縣,即南虢(或北虢)所在地。虢季子白盤出土于寶鷄虢川司,即西虢所在地。此二器同爲虢季氏一家之器,而出土地不同,故不能因此判斷虢季氏屬于西虢或北虢。

據前所推,稱虢季子白在先,稱虢宣公子白在後。以此類推,則稱虢季氏子㑊早于虢文公子㑊,後者見存于宣王初或十二年,前者應在宣王初或十二年之前,即可能當共和或厲王後期。虢季氏子㑊鬲與約略爲厲王時的虢仲乍虢妃隮鬲(懷米下15)同形制。

1966年4月3日

215.虢季子白盤

圖象　商周841,大系圖152

銘文　三代17.19,大系録88

隹十又二年正月初吉丁亥虢季子

白乍寶盤。不顯子白,骨武于戎工,

經䕶四方,博伐厰䡨,于洛之陽,折
首五百,執訊五十,是以先行。趄趄子白,獻
聝于王,王孔加子白義。王各周廟宣
廟,爰鄉。"王曰白父,孔覭又光。王睗
乘馬,是用左王;睗用弓、彤矢其央;
睗用戉,用政蠻方。"子子孫孫,萬年無疆。

銘8行111字。二年、五百、五十皆合文,另重文4。每行整齊13格,似鑄作時即預先設計如此。"五十"二字合文,係鑄後追刻,或原範不顯之故。"加"字所從之口,亦似補刻。"弓彤矢"應作"弜彤矢",弜有左半之弓。

陳介祺曰"咸陽令陽湖徐傅兼燮鈞宰郿時所得。……徐云盤出寶鷄縣虢川司地。劉(喜海)云出郿縣禮邨田間溝岸中,並云對岸土圯出二大鼎,一可容四石,重約七百斤餘,一重四百斤餘,均有銘,在土人家"(後二者乃指道光初出土的大小盂鼎)。張穆(石舟)曰"盤出陝西鳳翔縣,今權四百七八十斤"(攈古3.2.46)。奇觚8.17所述與陳同。方濬益曰"此器出陝西寶鷄縣虢川司,舊在驛中飼馬,道光中(徐燮鈞)大令宰郿縣,識爲古器,罷官後輦致南中"。張石匏跋于道光十九年(1839),則器歸徐氏當在是年以前。同治三年劉銘傳"自(常州)徐氏故宅攜歸六安別墅,建亭以覆之"(綴遺7.18)。解放後劉氏後人捐獻故宫博物院*。器長130.2,寬82.7,高41.3釐米。四面,每面各二環。

"十二年正月初吉丁亥",張穆以四分周術推演爲宣王十二年乙酉(前816年)正月"乙酉朔,其丁亥乃月之三日也"(攈古3.2.44—45)。清世以來,用長術所推宣王時器有以下各器:

(1)兮甲盤"隹五年三月既死霸庚寅" 王國維跋云"據長術,宣王五年三月乙丑朔,廿六日得庚寅,與此盤云既死霸合"(别補14)。

(2)不嬰𣪕"隹九月初吉戊申" 吴其昌金文曆朔疏證5.32以三統曆推算,宣王三年、十三年、二十四年、三十四年、三十九年均可通,而歸之于十三年,九月乙巳朔初吉四日得戊申。徐同伯從古10.39推共和二年、六年、七年均可通,而歸之于二年九月九日。

(3)無叀鼎"隹九月既望甲戌" 羅士琳(次球)以四分周術推得爲"宣王十六年己丑之九月十七日"(攈古32.44)。

陳介祺曰"子白或釋子伯,祺釋如字,如齊桓之名小白,不得以季而名伯也"。陳説是。此"虢季子白"即虢季氏子白,與虢宣公子白鼎(本書216)是一人;猶有虢季氏子組鬲與虢文公子組鼎,乃同人所作。虢宣公子白疑即紀年所記幽王既死立王子余吾之虢公翰。禮記檀弓上曰"戎事乘翰"注云"翰,白色馬也",易賁曰"白馬翰如",山海經西山經曰"嶓冢

* 現藏中國歷史博物館。

之山""多白翰"注云"白鵫也"。自宣王十二年至幽王十一年共四十五年,若子白于宣王十二年爲二、三十歲,則至幽王末應爲六、七十歲。

此器自名爲"寶盤",而與淺腹、圓口之盥盤不同。盤作長方形,形制巨大而深腹,疑是盛冰的大盤。周禮淩人"祭祀共冰鑑,賓客共冰,大喪共夷槃冰"。注云"夷之言尸也,實冰于夷槃中,置之尸牀之下,所以寒尸。……〔叔孫通〕漢禮器制度大槃廣八尺,長丈二尺,深三尺,漆赤中"。喪大記曰"君設大盤造冰焉,大夫設夷盤造冰焉,士併瓦盤無冰"。士喪禮曰"士有冰用夷盤可也"。叔孫通所説大槃正作長方形而深腹,其長廣深比例與此盤同而大一倍。此盤銅製,紋飾繁褥,或祭祀時盛冰之器,未必爲夷盤。

㬪,見毛公鼎(本書201),用作將。"㬪武于戎工"猶不嬰㲃"肇敏于戎工"(本書212),郭釋"壯武"亦可通。"經䌛四方"之䌛,徐同柏釋維(從古10.35),小雅節南山"四方是維"。張石匏曰"經纏即經晝,轉訓爲經營,即詩江漢所云經營四方也"(攈古32.41)。

"博伐厰執"猶詩六月曰"薄伐玁狁"。詳不嬰㲃。"于洛之陽"應在洛水之北。但此洛水何在不易確定。既有豫州之洛,又有雍州之洛,更有冀州之潞。周語鄭語史魚曰"當成周者……北有……潞、洛",韋注云"皆赤狄,隗姓也";左傳宣公十五年謂晉侯"立黎侯而還,及雒",此洛應即是漢上黨郡之"潞,故潞子國",濁漳水注引"闞駰曰有潞水爲冀州浸即漳水也"(此1942年記于昆明)。

"折首五百,執訊五十,是以先行,超超子白,獻戒于王。"陳介祺曰:"執下一字,祺釋爲訊。……詩出車、采芑兩言執訊,此銘亦述伐玁狁事,文義當同是訊字也。超同桓,書牧誓疏釋訓云桓桓,威也。"又引許瀚之説釋戒爲聝(攈古3.2.47);吕堯仙亦同(攈古3.2.44)。據敔㲃(本書165),以所折之首百,訊四十,孚人四百獻于榮白之所,而以戒百、訊四十告禽于王于成周大廟,可證首即聝,所俘之人獻于榮白,而不告禽于王。此銘所記折首五百、執訊五十而"獻聝于王",則知所獻于王者是"折首五百"而不包括"執訊五十"。折首即折聝,故左傳宣公二年"俘二百五十人,聝百人",宣公十二年"折聝執俘而還",僖公二十八年"獻俘授聝",俘與聝即執訊與折首。

執訊之訊,金文作二形:(甲)兮甲盤從口從㛸從系,(乙)不嬰㲃從口從妟從系,(丙)師寰㲃𢆶。甲式所從之㛸即説文㑞,作妟,古璽文字徵8.2身字與此相近,玉篇曰"妊、身",故從女;乙式所從之㚬即允姓之㚬字,故從女。從允得聲之逡、駿俱可假借爲迅速之迅,故説文曰"允,信也"。古音信、訊相同,廣韻霍部息晉切;允、訊相近,廣韻稕部峻、迅俱屬私閏切。又身、信音同相假,故長信侯鼎(恆軒上22)信作䛙(亦見古璽文字徵8.2身下)。

"王孔加子白義",加即嘉,義即儀。小雅賓之初筵曰"飲酒孔嘉,維其令儀",與此相似。孔與嘉同義,故説文孔下曰"古人名嘉字子孔"。

"周廟宣廟"即周廟之宣榭。䣄㲃曰"隹二年正月初吉王才周卲宫,丁亥王各于宣射",薛尚功釋爲"宣榭,蓋宣王之廟也"(薛氏15.152)。周卲宫指王城之卲宫,丁亥所格應爲成周之宣榭,春秋宣公十六年曰“成周宣榭火”。此盤銘周廟,未明在宗周還是在成周,若屬後者則凡稱宣榭皆指成周大廟中之宣榭。薛釋宣榭爲宣王之廟,是錯誤的。清世陳介祺以爲宣榭,宣宮、宣室皆同取明揚之義(攈古 3.2.48),孫詒讓采錢衎石之説以爲宣取美名,宣榭不是宣王宫(述林 7.22)。金文周廟之宣射與圖室,都是附屬于廟内的建築。射或從广,即習射的序(爾雅和説文以爲東西牆謂之序),故杜預注以爲宣榭是講武屋,楚語上伍舉曰“故先王之爲台榭也,榭不過講軍實”。爾雅釋宫曰“有木者謂之榭”,又曰“無室曰榭”,注云“榭即今堂堭”,春秋宣十六年注“爾雅曰無室曰榭,謂屋、歇前”,正義云“屋歇前無壁者名榭,其制如今廳事也。……堂堭即今殿也,殿亦無室”。漢書胡建傳曰“列坐堂皇上”注云“室無四壁曰皇”。由此可知榭是有木柱支蓋而無四壁的廳堂。

鄉即饗,詩小雅彤弓箋云“大飲賓曰饗”,此所謂“爰鄉”乃于宣榭行“飲至”之禮。左傳僖公二十八年述城濮之役,五月“丁未,獻楚俘于王……。己酉,王享醴,命晉侯宥。王命尹氏……賜之……彤弓一,彤矢百,旅弓矢千,秬鬯一卣,虎賁三百人。曰:‘王謂叔父,敬服王命,以綏四國,糾逖王慝。’所述晉侯獻俘于周王,王享之,王賞賜之”。“王謂叔父”云云,與此銘所述子白獻馘于周王,王饗之宣榭,王曰伯父,王賞錫之云云,大略相同。

“爰鄉”以下八句,乃史官代王宣命之辭。“王曰”即“王謂”,白父即伯父,禮記曲禮下曰“五官之長曰伯……天子同姓謂之伯父”。“孔覭又光”即嘉美有光。覭字字書所無,追毁曰“敢對天子覭揚”(休揚)(三代 9.5.1),井人鐘曰“覭盄文且皇考”(本書 203),大克鼎曰“覭孝于神”(本書 185),史頌鼎曰“日遅天子覭令”(本書 206),其義與孔(嘉)盄(淑)休(美)相近,故孔覭即孔美、嘉美。

王所錫者凡馬、弓、矢及戉四事。乘馬與克鐘“馬乘”之指四匹馬者不同,乘馬是乘用之馬,左傳昭公二十年曰“以其良馬見,爲未致使故也,衛侯以爲乘馬”。周禮校人“凡頒良馬而養乘之”,周禮齊右“王乘則持馬”。左王即佐王。周禮大僕“王出入則自左馭而前驅”。“弓”字偏左,其右半應有彡字,因範損壞不顯,字當作“彨”。宜侯夨毁(本書 5)、白晨鼎(大系 99)、文侯之命及左傳僖公二十八年所錫皆彤弓、彤矢相聯,可以爲證。用彨及用戉之用,猶東周劍銘之“用劍”。“用政緐方”即用征玁狁,史記匈奴傳謂玁狁“居于北蠻”,又金文有鬼方蠻不一定指南方異族。

1966 年 3 月

216. 虢宣公子白鼎 *

銘文 録遺 90

虢宣公子白

* 現藏北京頤和園管理處。

乍隣鼎,用追

享于皇且考,

用祈眉壽,子

孫永用□寶。

銘5行25字。

虢宣公子白即虢季子白,猶虢文公子㚤即虢季氏子㚤。文公、宣公皆生稱,皆是虢季氏,乃一家,先後爲在官"虢公"。文公見存于宣王十二年,是年虢季子白伐玁狁。此鼎稱虢宣公子白,宜在文公既卒之後,應在宣王十二年後。

1966年4月4日

217.曩白組

1951年4月,黄縣城東南5公里灰城區域南埠村,農田中出土銅器8件,今歸山東省博物館。詳王獻唐黄縣曩器一書。

盨 4件,器、蓋 同銘。録遺176—179

曩白子庭毛

乍其征斛,其

陰其陽,以征

以行,割眉壽

無彊,慶其以臧。(以或作允)

盤 1件。 黄縣50

曩白庭毛朕

姜無辰般。

匜 1件。 黄縣55

曩白庭毛朕

姜無辰也。

鼎 1件,半殘。 黄縣61

甗 1件,失去上部。 黄縣58—59

以上八器出于一坑(墓),是一家先後所作。盨銘稱"曩白子庭父",則作器者之父尚在;盤、匜省去中間"子"字,則庭父已爲曩白,應在其後。盨的形制紋飾繼承弭叔、翏生等盨,應在西周中期之後。鼎、甗無銘,自爲一組。甗下部(鬲)作象首紋,同于上村嶺山土虢季氏子㚤鬲,後者即周宣王時的虢文公。盤、匜作于盨後,匜的形制尚承史頌匜(商周852)而盤的紋飾似稍晚;它們的字體修長整齊已近于善夫克盨(本書187)。盨、鼎、甗和盤、匜雖分先後,大致上可暫定于西周晚期(宣王),而盤、匜屬于較晚的時期。

四盨凡八銘,其行款和各字結構往往有小異,可見諸範依本模寫而有所不同。甲器盨從須從斗,師克盨從盨從升(本書210),猶齊侯匜之盂從升(大系253)。末行“以臧”,三作“允臧”,詩鄘定之方中曰“終然允臧”。方言一“允……信也,齊魯之間曰允”。古以山南、水北爲陽,反之爲陰。“其陰其陽,以征以行”者謂或南或北,用以征行。史免簠曰“從王征行”(大系79),叔邦父簠曰“用征用行,用從君王”(嘯堂62),甫人盨曰“□□爲甫人行盨,用征用行,邁歲用尚”(頌續45)。後者與此盨銘文尤相近。“割眉壽無彊”之割,假作匄,無叀鼎曰“用割眉壽”(大系143),而它器作“用匄眉壽”,可以爲證。

盨通常爲行器、旅器,見于銘中,而此稱“征盨”,則是用于軍旅,是爲罕見之例。由此可知作器者的身分。由塍女之盤、匜,知作器者姜姓。西周初期(約康王時)公貿鼎曰“叔氏吏貧安曩白(本書93),西周初期睘卣“王令乍册睘安夷白”(本書31),盂爵“王令盂寧鄧白”(本書33),皆是安撫異姓諸侯或裔邦。師寰𣪕曰“今余肇令女率齊市曩贅僰屎,左右虎臣正淮尸”(大系135)。齊币即齊師,乃由曩與贅(即萊)兩族的僰屎,即曩僰和萊夷所組成。妊小𣪕謂妊小從“歡省尹有于齊自”,齊自即齊币,亦即齊師;省爲省問,見史頌鼎(本書206);尹人亦見康王時萬諆觶“用□□尹人飲,用□侃多友”(本書86),尹人應爲官長的職名。妊小所省問于齊師的尹人,應是曩白所遣于齊師的曩僰的官長。

妊小和婝毛疑是一人。黄縣曩白諸器出土後,王獻唐釋毛爲左,金文編則隸于父下,都不恰當。此字從毛而省略,遅盨(三代10.40.1)、王婦曩孟姜匜(三代17.32.2)“壽”字所從之毛,六年琱生𣪕(本書166)、叔皮父𣪕(三代8.38.1)、頌𣪕(大系47—48)之一“考”字所從之毛,均作簡形如此盨。金文任姓作妊,而說文曰“妊,孕也”。妊小應是人名,妊訓孕故字又作婝。方言二曰“杪,小也”。音義“杪,莫召反”,則與毛同音,故妊小即婝毛。

218.妊小𣪕

圖象、銘文 美集録A239,R398b

白莽父吏歡徥尹
人于齊自,妊小從,歡
又買,用乍妊小寶𣪕,
其子子孫孫永寶用。㇆。

銘4行30字。器口徑18.2,寬31.5釐米。1945年見于紐約古肆,連A 238蓋高22.7釐米。

此器之白是曩白,妊小即婝毛,齊自即齊師,詳曩白組。徥是省問之省,詳史頌鼎(本書206)。妊小從歡省問尹人于齊師,後者有所惠贈,故作此器。尹人亦見西周初期器高卣(本書未完稿22)。第三行第二字從頣從貝,前者說文訓爲“昧前也”,昧當爲沬,說文訓爲"洒面也"。字從貝當有惠贈之義。

此器所隨一蓋(A238),形制花紋與器相同,蓋與器亦完全吻合,但其銘文字體稍異,銘曰:

辰乍籐毁,其

子子孫孫永寶用。

當時以爲另是别一器的蓋。但爾雅釋言曰"妊,娠也",故辰與妊可能爲一名一字。姑附此以資參考。

十三、幽王銅器(未作)

晉姜鼎　　曾伯簠

十四、未　完　稿*

1.穸鼎

銘文　三代 4.21.2

隹王九月既望乙

巳,趞中令穸歁

嗣奠田。穸拜稽首,

對揚趞中休,用乍

朕文考釐弔障

鼎,其孫孫子子其永寶。

銘 6 行 42 字。日照丁氏藏。字體晚。

2.寏鼎

圖象　周金 2.35.2(分尾長鳥,同𪔂鼎)

銘文　陶齋 1.24,三代 4.10.1

兄厥師眉□

王爲周窖,易

貝五朋,用爲宝

器鼎二、毁二,其

用亯于厥帝考。

銘 5 行 28 字。器高 23.2,口徑 20 釐米。吴大澂舊藏,今在南京博物院。

周疑爲祭名,爲周客者助王爲周祭之客。周禮大祝"辨九祭……四曰周祭",注引杜子春曰"周祭,四面爲坐也",鄭玄曰"周猶徧也",周祭是徧祭。所謂客者如曲禮曰"主人延客祭";亦謂之賓,如公食大夫禮"賓祭,正饌坐"。

周金有圖,韓氏跋云"是鼎與鳳翔周氏所藏一敦同文",是當時曾出有毁。

---

* 這一部分文稿,作者標有"未完"二字,主要是没有作完的考釋,或基本作完,未及判定王世的手稿。原稿並無一定次序,現在按照器類編列,附此以供參考。

3.大矢始鼎

圖象 續考古 4.3—4

銘文 嘯堂 92,薛氏 10.195

隹三月初吉甲寅,
王才𣎵官,大矢始
易友〔曰〕𢦚。王才華
宫,守。王才邦宫,始
獻工,易瓚、易章。王
才邦,始易友曰考
曰攸。大矢始敢對
揚天子休,用乍文
考日己寶鼎,孫孫子子永
寶用。

銘 10 行 68 字。其行款,嘯堂自右至左,而續考及薛氏自左至右。疑左行者是原來款式。續考古圖録 67 字(薛氏 66 字,嘯堂 65 字),惟"永"字誤列于第八行首,今依薛氏。嘯堂于第六行"始"下失録"易"字,以下行款遂異于二書。此三書所録,互有長短,可相參照。

續考古圖曰"趙承規茂曾所收","得于永興醴泉之甘北。以黍尺之總高二尺,口廣一尺四寸七分……"。今醴泉縣東北十里泔北鎮,乃其隋故城所在。

此銘記始隨王在𣎵、華、邦三地之事,三次受錫。由"王才邦宫""王才邦",則知邦是地名。古文字邦、封通用,邦所從之丰即豐所從之丰,是邦從丰從邑,即説文酆字,乃豐邑之專字。左傳昭公四年"康有酆宫之朝",周本紀正義引"括地志云周酆宫、周文王宫也,在雍州鄠縣東三十五里"。酆宫即此器之邦宫,酆即此器之邦,豐邑也。此器出土地與古之豐邑相去不遠。華宫亦見何毁(本書 129),而命毁記王才華行獵賞鹿(三代 8.31.1),則華宫是華(山)地之宫。後檢楊樹達跋,亦讀兩邦字爲豐(積微 192)。

作器者名始,大矢是其官名。自宋以來,均釋大夫。金文"夫"字横筆在大字上端,此在大字中間,不是夫字。白晨鼎(大系 99)矢字,鄂侯毁(本書 154)医字所從之矢,均與此鼎矢字相同。大矢當是司矢之官如周禮司弓矢。

始在𣎵宫賜友一人,在邦賜友二人,此銘"始易"皆爲始受賜于王。友而作爲天子賞賜羣君的對象,則其地位如何,應加考論。西周金文"友"或爲朋友,或假作賄,或爲僚友。後者之例如下:

令方彝　　左右于乃僚以乃友事　(本書 19)
麥方鼎　　用鄉多者(?)友　(大系 21)
師旂鼎　　雷吏厥友弘以矢于白懋父　(本書 79)

農卣　使厥友妻農　(本書附23)

君夫毀　價求乃友　(大系30)

師奎父鼎　嗣乃父官、友　(本書111)

師晨鼎　善夫官、守、友　(本書134)

大鼎　王才𩛥㡴宫,大以厥友守……大以厥友入攼　(本書182)

趞小子毀　趞小子𩋙以其友　(三代7.28.3)

𡎸盨　善效乃友入𡩡(蹕)　(大系132)

友是僚友,但其地位是:(1)次于官次于僚,是較低級之吏;(2)據師奎父鼎,則師奎父承襲父官,亦承襲了其父所遺的"官、友";(3)君夫毀是王命君夫購求其"友";(4)大鼎之大是師氏之職,守于王宫之友似即周禮師氏"使其屬帥四夷之隸各以其兵服守王之門外";(5)此器王賜友于始,猶大克鼎王賜克以土田、臣妾並史、小臣等的史、小臣。

左傳昭公七年楚無宇分人爲十等,僚第七等,其上是隸,其下是僕、臺。周禮每官之下屬有三類:一是"官",如公、卿、中大夫、下大夫、上士、中士、下士,所謂王官之爵;二是"吏",如府、史,所謂"有司";三是庶人及罪人,在官者,如胥、徒、奄、奚等。金文的僚、友、有司(散之有司)、衆(舀之家臣)皆相當于府史,而其低下者可以用之賞賜、償付。趞小子毀講趞與其友同鑄器,則是僚友而非奴隸。

王才華宫,疑在華地即華山之宫。守或假作狩,也可能如大鼎是守宫之守。

"獻工"亦見史獸鼎(本書63),周禮天官典枲、女御、典婦功、染人等皆有"獻功"之文,功指各職所製作之物。周禮司弓矢"中秋獻矢箙",或即此"獻工"。王因賜之以瓚與璋。瓚字惟續考古圖存其形,釋爲曼,其字乃𡟰之譌誤,庚嬴鼎"易瓚章"(本書73引),可參照。

此器銘文因轉寫轉印,無法得其真迹。惟從矢字寫法看,應屬西周中期。稱豐爲邦,不同于西周初期乍册魖卣及西周中期之𤺓鼎之豐。揚字寫法(據嘯堂)與吴方彝、大毀、頌毀(鼎)、克盨(鼎)、師兑毀、追毀等相同,寅字寫法(據嘯堂)與克鐘、師兑毀、兮甲盤相同。據揚、寅二字形,此鼎應屬于西周中期之後半。但續考古圖圖象,項下一帶花紋,繪寫失真,其腹部方回紋,乃西周初期所通行的。此圖不可據。

4.𤺓鼎

銘文　嘯堂98,薛氏10.104

隹三年四月庚午,

王才豐,王乎虢叔

召𤺓,易駒兩,拜稽

〔首敢對揚天子休〕,

用乍皇且文考盂

鼎，𤸫萬年永寶用。

銘存5行35字。形制未傳。

"王乎虢叔召某"與大㲃、大鼎（本書182、183）同例。易駒兩，見盠駒尊（本書122）。原摹第三行"拜稽"直接"用乍"，與金文慣例不合，係失脱一整行（首敢對揚天子休），如師秦宫鼎亦與第三、四間失去一行。自銘曰"盂鼎"與大鼎同，當是附耳之鼎。

5. 易鼎

圖象　商周52

銘文　頌續6

唯十月，吏于

曾穷白于成

周，休眂小臣

金，弗敢喪，易

用乍寶旅鼎。

銘5行25字。

6. 師秦鼎

圖象　博古3.31

銘文　嘯堂19—1

隹五月既望，王□

□于師秦宫，王各

于享廟，王〔親〕易〔師

秦□□。秦拜稽首〕

敢對揚天子不顯

休，用乍隮鼎。〔秦〕其

萬年永寶用。

銘7行47字。博古曰"銘四十七字，磨滅不可考者十有二字"。

此器缺字頗多，除所錫之物不詳外，尚可補足。既望下無干支，鄦㲃曰"隹二年正月初吉，王才周邵宫；丁亥，王各于宣射"（大系148），與此略同。但此銘"□于師秦宫""各于享廟"或同在既望之日。銘記王至于師秦之宫中，又至其享廟，而有所賞錫。享廟乃諸侯之廟。禮記祭法"王立七廟""皆月祭之"，"諸侯立五廟"，"享嘗乃止"注云"享嘗謂時之祭"。由此器，知宫與廟是不同的。

此鼎形制近于康鼎（本書156），足尚未馬蹄化，花紋一帶近于小克鼎（本書186）。其時代約爲西周中期。

1958年1月15日

7.垂鼎(淮伯鼎)

銘文　小校3.3.1

淮白乍爂垂寶隮

異,其用烑盨大

牢,垂其及厥妻、子、

孫于之馭匋猒肉。

劉鶚舊藏。異,鼎名,參乍册大鼎(本書67)。小校卷三載淮白乍爂華鼎,釋垂爲華字,不確,似應爲垂字。烑盨之烑,楊樹達曰"按烑蓋假爲燅。說文十篇上炎部云'燅,於湯中爚肉也。從炎,從熱省'"(積微163)。此字爲爓,禮記禮器云"三獻爓"。鄭注云"爓,沈肉於湯也"。烑,説文所無。楊氏曰"烑下一字上作弼,下從皿,中不知所從,以形度之……與鬻從䰜者同,此是一字,劉體智析爲二字,非也"(積微163)。此字從粥從火從皿,爲盨字。烑盨,烹飪肉食也。下句言垂及妻、子、孫飽嘗肉食之。匋猒,參西宮器。匋,即説文之匋字。九上勹部云"匋,飽也,從勹,𣪘聲。民祭,祝曰:厭匋"。猒者,説文五篇上甘部云"猒,飽也,從甘,從肰"。匋猒二文同義,謂飽餐肉食。于之馭(馭,金文編5.32),既就之義,馭亦見辛伯鼎。

8.白椃毁

圖象　商周285,尊古2.6

銘文　三代6.52.1

白椃乍氏宄室寶毁,

用追孝于氏皇考,唯

用旟桒萬年,孫子永寶。

花紋形制同白首父毁(本書150)。師遽方彝(本書115)、黄尊(周金5.9)有"孫子永寶"。器不晚于共王。

9.宴毁

銘文　攈古2.3.70b—71,三代8.36.3—37.1

隹正月初吉庚

寅,宴從厦父東,

多易宴,宴用乍朕

文考日己寶毁,

子子孫孫永寶用。

銘5行32字,内重文3。器蓋同銘。

10.趞毁

銘文　三代4.33.2

隹三月王才宗周,戊寅王各

于大朝,密弔右趞即立,内

史即命。王若曰:"趞,命女乍

豳自冢司馬,啻官僕、射、

士,訊小大又隣,取徵五寽,易

女赤市幽亢、䜌旂用事。"

趞拜稽首對揚王

休,用乍季姜隣彝,其

子子孫孫萬年寶用。

銘9行83字。此器鑄範時銘文有損,第二行"趞"失去走旁,第三行"趞"僅存"走"之上部。密叔從燹,三代7.14.6"燹姬乍寶隣毁",可證密是姬姓,見左傳僖十七年。

11.䍙毁

圖象、銘文　考古圖3.7

䍙乍皇且益公、

文公、武白皇考

龔白鬻彝,䍙其

洍洍萬年無彊霝

冬霝令,其子子孫孫

永寶用享于宗室。

考古圖云:"右得于盩厔。"

12.井南白毁

銘文　小校8.26.2

隹八月初吉壬午,

井南白乍𩕍季姚

好隣毁,其萬年子子

孫孫永寶,日用亯孝。

説文要古文作嫛，故第二行第五字可隶定爲郹。器形與兑毁（商周 323）同。説文"䣝，地名，從邑䍃聲"。䣝毁作郹（大系 148），即郹。此毁應是嫛，女姓。今藏上海博物館。

13.周棘生毁

銘文 三代 7.48.2

周棘生乍楙

娟媅賸毁，其

孫孫子永寶用。𤰈。

銘 3 行 18 字。棘字一旁從至從來，應作𩏑。𡉚，金文編附下二四後（970 頁）作𡉚。

此係周棘生嫁女于楙所作的媵器，故知周是娟姓之國。圅皇父器（本書 177）之琱娟（匜作周娟）及琱生毁（本書 166）之琱生，琱生與召公同姓，燕召公姬姓。則此召公非燕召公。及郡國志汝南郡之召陵，皆其族類，應以作琱爲是，以别于姬周。另有一盤寶蘊 1.79，商周 835，三代 17.6.2，銘曰：

周棘生乍〔楙〕□

娟賸般，□金□

□邦，□孫孫子子

永寶用。

銘文漫漶，銘末當有族名，已不顯。

同族名者見格白毁（大系 64）及以下三器：

(1)周㚔壺 善吉 3.53，商周 723，故宫 25，三代 12.20.1—4 兩器器蓋同銘，一器在日本 297

(2)周雒盨 三代 10.31.3

(3)周窐匜 三代 17.30.3

此三器皆是琱氏器。

金文之生，如琱生、倗生（曩𠂇壺、格白毁）、㝬生（盨）、須盂生（鼎）、庤生（鼎）、圅弗生（甗）、長生（毁）、番生（毁）、番匊生（壺）等，其前一字皆是氏族國族名，生疑邦君或姓之稱謂，並非人名。

三代 10.47.4"周生乍隮豆用享于宗室"，疑即琱生。

伯郄父鼎"晉司徒白郄父乍周姬寶隮鼎"。郭氏（大系 230）以爲大國之卿亦得與王室通婚姻。

14.仐林父毁

銘文 三代 8.14.3

仐林父乍寶
毁,用亯用孝,
㫚眉壽,其子子
孫孫永寶用。𠂤。

15.是鬳毁

圖象　西清 27.13　器、蓋同銘;
銘文　三代 7.47.3(器)
是鬳乍朕
文考乙公
障毁,子子孫孫
永寶用。𠂤。

潘祖蔭舊藏,今藏上海博物館。西安市文管會魚毁一對(方座,直紋,附耳,有座,座有八孔如禁)。直紋,附耳,同于𧊒毁(商周 313)。直紋,獸頭耳,大師虘毁(上海 52)。

16.改盨蓋

銘文　三代 10.35.4(吴式芬舊藏)
改乍朕文考
乙公旅盨,子子
孫孫永寶用。𠂤。

17.師𩒨毁

銘文　東南日報金石書畫第 9 期
隹王元年九月既望丁
亥,王才周康宫。旦,王各大
室,𤔲工液白入右師𩒨立
中廷北鄉,王乎内史遣
册令師𩒨。王若曰:"師𩒨,才
先王既令女乍𤔲士,官𤔲
汸闇,今余隹肈𤕌乃令,
易女赤市、朱黄、䜌旂、攸
勒用事。"𩒨拜稽首敢
對揚天子不顯休,用乍朕

文考尹白隫毁,師顆其

萬年子子孫孫永寶用。

銘12行112字。陳淮生、童大年舊藏,今不知所在。

18.楸季毁

銘文 考古圖3.3

隹王四年八月

初吉丁亥,楸季

肈乍朕王母弔

姜寶毁,楸季其

萬年子子孫孫永寶。

考古圖云"右得于乾之永壽"。四年之器僅見于此。形制近師寰毁(上海53)。花紋與史頌器(本書206)同。

19.白梡盧毁

圖象 博古17.7—9兩器,失蓋。舊題刺公敦。

銘文 嘯堂59(兩銘),復齋28

白麃盧肈乍

皇考刺公隫

毁,用享用考,萬

年眉壽畯才

立,子子孫孫永寶。

銘5行28字。宋代著録,共二器。

"萬年眉壽畯才立",與師俞毁"天子其萬年眉壽耇黄畯才立"(本書135)之語相近。

20.虢姜毁蓋

圖象、銘文 考古圖3.18

虢姜乍寶隫毁,用

禪追孝于皇考叀

中,析匃康鏖屯右

通录永令。虢姜其

萬年眉壽受福無

彊,子子孫孫永寶用享。

皇考叀中見梁其㲃(本書 191),文考叀中見同㲃(本書 157)。

21. 弔俛方彝

圖象、銘文　文物 1962:1:56—57

弔俛易貝
于王㚸,用
乍寶障彝。

銘 3 行 12 字。器高 33,寬 16,長 21 釐米;重 7.75 公斤。洛陽馬坡村南出土,今在洛陽博物館。形制與夨令方彝(本書 19)相近。器蓋同銘。

説文曰"頫,低頭也……。俛,頫或從人免"。金文編所無。

22. 高卣蓋*

圖象　博古 11.18—19

銘文　嘯堂 41

隹十又二月,王初館旁;
唯還在周,辰才庚申,
王飵西宫登,咸釐。尹易臣
隹䳔。揚尹休,高對乍
父丙障彝,尹其亘萬
年受厥永魯,亾競才〇
服曩長疾。其子子孫孫寶用。

23. 白俗卣(農卣)

圖象　周金 5.84.2—85(有蓋銘,有全形拓),西清 15.13

銘文　三代 13.42.4(無蓋銘),小校 4.64

隹正月甲午,王才𠂤
𠫑,王窺令白俗曰:"毋
卑農弋,使厥友、妻農,
迺畜厥孥、厥小子小
大事,毋又田。"農三拜
稽首,敢對陽王休,從　(器)

---

* 作者在此稿上批云:高卣(蓋)、𢐗鼎、耳卣、昜鼎、弔俛方彝、乍册益卣(皆成王或康王時器)。

乍寶彝。（蓋）

24.弔師父壺

圖象、銘文　日本 301,青山莊 39(根津美術館藏)

佳王正月初

吉甲戌,邛

立宰孫叔

師父乍行

具,眉壽

萬年無彊,

子子孫永

寶用之。

春秋文四記載,江國在公元前 623 年滅于楚。

25.冶仲考父壺

圖象、銘文　考古圖 4.53

佳六月初吉丁亥,

㕣中丂父自乍壺,

用祀用卿,多福滂滂,

用祈眉壽萬

年無彊,子子孫孫

永寶是尚。

考古圖云:"右得于京師。"

26.壺蓋

銘文　考古 1963:12:680—681

□□□□弔

□□□? 奠

□□□　以

□□〔擇〕其吉

〔金用乍〕寶壺

用睗眉壽子子

孫孫其永用之。

27.夨人盤

圖象 商周 836,大系圖 151

銘文 三代 17.20.2—22.2,大系録 127

用夨𢦚散邑,迺即散用田。眉:自瀗涉㠯南至于大

沽一封,㠯陟二封至于邊柳。復涉瀗、陟雩、𠭯䢼𨸏

㠯西,封于𢦏城楮木,封于芻逨,封于芻衜内。陟芻,

登于厂源,封剖桩、𨸏、陵、剛桩,封于𨊠道,封于原道,

封于周道㠯東,封于𩊫東疆右。還,封于眉道以南,

封于𥿋逨道㠯西,至于𡱥墓眉。井邑田:自根木道

广至于井邑,封道㠯東一封,還㠯西一封,陟剛三

封,降㠯南封于同道,陟州剛(登桩、降棫)二封。夨人

有嗣眉田鮮、且、散、武父、西宫襄、豆人虞丂、录貞師

氏右、眚,小門人繇,原人虞艿,淮嗣工虎孝、䎗豐父,

𡱥人有嗣荆、丂,凡十又五夫正眉、夨舍散田。嗣土

××嗣馬𠭯𠤳,𣪕人司工騌君、宰德父,散人小子眉

田戎、𢼸父、效䚄父,𨊠之有司橐、州𩫖、㚤從𩰫,凡散

有司十夫。唯王九月辰才乙卯,夨卑鮮、且、□、旅誓

曰:“我兓付散氏田器,有爽實,余有散氏心賊,則爰

千罰千,傳棄之。”鮮、且、□、旅則誓。迺卑西宫襄、武父

誓曰:“我既付散氏溼田、牆田,余又爽𡩜,爰千罰千。”

西宫襄、武父則誓。厥爲圖夨王于豆新宫東廷。

厥广執綏史正中農。

銘 19 行 349 字。高 20.6,口徑 54.6,底徑 41.4,口深 9.8 釐米。原藏歙州程氏,廣陵徐氏約齋及同邑洪氏。清嘉慶十四年進入内府。

𢦚字舊釋作戴。吴大澂曰“此因夨人戴伐散邑,迺就散邑正其畺界也”。日本小川琢治釋𠞰,謂從戈與從刀同意,引方言“𠞰,續也”。郭氏從之,讀作營業之業,“謂因夨人營業于散邑,故用田以報散氏……。事乃和平交易,非戰争賠償也”。今以爲𢦚當釋爲接壤之接,謂夨地接連于散邑,故租用其田而田之。方言六謂“秦晉續”“繩索謂之𠞰”,廣雅釋詁二“𠞰,接,連,結,續也”。凡縫接所裁布爲衣謂之緤,廣雅釋詁二“䗼,縫也”,字亦見玉篇。“即散用田”者就散田而田之。銘中“舍散田”“散氏田器”“散氏溼田牆田”,皆謂田原屬散氏而夨人借用之。“用田”以下至“夨人有司”乃劃定所用田的疆界。

銘中𡴖字十七見,金石萃編 2.5 引吴穎芳釋封,劉心源(奇觚 8.25)以爲此封字,又曰奉爲古文封,其説是。王氏亦曰“實乃奉(𡴖)之古文,亦即封字也”。

其字實乃說文卷二廾部奉(從手)所從而省手,象兩手封(植)樹之形。說文封古文作㞷即豐,籀文作𡊣,小篆作對,古籀從丰從土,小篆則象以手植木于土上。此銘"封于某地"之封爲動詞,"二封""三封"之封爲名詞。古代封立田界,乃是在人工堆聚的土堆上更植以相宜的樹木,以爲標志,故封有聚土之義。周禮大司徒注"封,起土界也";周禮封人序官注"聚土曰封,謂壝埒及小封彊也";崔豹古今注曰"封疆畫界者,封土爲臺以表識疆境也;畫界者於二封之間又爲壝埒以畫分界域也"。封土之上,樹以樹木,周禮大司徒"制其畿疆而溝封之,……各以其野之所宜木,遂以名其社與野。……制其畿,方千里而封樹之"注云"樹,樹上溝上,所以表助阻固也";遂人"皆有地域,溝樹之"。封人"爲畿封而樹之"注"畿上有封若今時界矣",孔疏云"漢時界上有封樹,故舉以言之"。

所以封立田界的位置,有四種地名:(1)田地的自然形勢,如沽、源、厂、𨸏、𢿱、岡、陵、墓等;(2)田上的道途如道(從行)、逗(從行)、逨等;(3)國邑名,如芻、周、原、隹等。(4)以所植的封樹爲名,如楮木、根木等。兹分別釋之如次:

(1)沽 大沽即大湖,說文"湖,大陂也"。

源 厂源,王釋湶,應是原,說文"水泉本也,從灥出厂下"。今作源,與高平田原之邍異文通用。

厂 說文"厂,山石之厓岩人可居"。籀文作厈。

𤳳 說文"邍,高平之野人所登",經傳假原爲之,金文作邍。此從田從彖,應是"高平曰原"的本字,從彖(緣)得聲。說文"彖,豕也""㣇,逸也"疑是一字,邍從辵,本此。

𨸏 字書所無。爾雅釋丘"如畝畝丘,如陵陵丘",𨸏陵岡相次,𨸏或畝丘。

𢿱 說文播之古文,如此作。廣雅釋地"墦……封,冢也"。

陵 爾雅釋地"大阜曰陵",廣雅釋地"陵……封,冢也"。

剛 廣雅釋地"岡,阪也"。爾雅釋山"山脊,岡",說文同。

墓 廣雅釋地"墓,封,塚也"。

眉 墓眉,郭氏讀作墓堳。案屋邊謂之楣,墓堳猶言墓邊。

谹 舊所不釋。說文"谹,谷中響也"。銘中或係地名。

(2)道 從𧗟。周禮遂人"夫間有遂,遂上有徑;十夫有溝,溝上有畛;百夫有洫,洫上有涂;千夫有澮,澮上有道;萬夫有川,川上有路"。注云"遂、溝、洫、澮,皆所以通水于川也。……徑、畛、涂、道、路,皆所以通車徒于國都也"。據周禮一夫百畝,則道爲十萬畝田之道。

逗 從𧗟,應相當于途或路。字從爪得聲,廣雅釋宮"垩,隄也"。玉篇"垩,界隄也"。

逨 從辵從秝(利所從)。此字可能是逨,說文"齊謂麥秫也",則此可能是阡陌之陌。

(3)銘文凡人、氏、有司、官名、道名前所冠之字或獨立的地名,如下表所示:

(甲)人民—夨 散 原 唯 豆小門䙴

(乙)有司—夨 散 原 唯 𢽎

(丙)官名—夨 散 原 眉淮

(丁)道名— 眉 芻,畧,周,䜌,棖木,同

(戊)地名— 眉 瀗,雩,䢼,井,州

(甲)(乙)(丙)(丁)四項,皆是國邑名。(戊)項有水名、邑名。道名前如周、眉爲國邑名,如棖木則以封樹爲地名。

(4)邊 爾雅釋木"邊,要棗"。

棫 説文"白桵也";爾雅釋木同,郭注云"小木叢生有刺"。

楮 説文"穀也",小雅鶴鳴傳"穀,惡木也"。

栫 即柝字,説文"判也"。

棖 説文"高木也"。

大司徒注云"所宜木謂若松柏栗也",格白毁(大系 64)封樹爲杜與桑,均與此盤銘異。"陟州岡,登栫降棫二封",故知栫與棫皆爲封樹。此銘"棖木道"是以封樹爲道名,"至于邊柳",亦當是地名;其它是指封樹,抑係由封樹而得名的地名,不易確分。

記田界事,所用動詞,除封以外尚有以下五個常用動詞,皆表示步行所往之動作,亦從而分别田地形勢的高下:

1.涉 "自瀗涉以南至于大沽"

2.𠭯 "𠭯原陕以西" 説文"徂,往也",或體作逌。

3.陟 "陟雩(芻,剛,州剛)" 説文"陟,登也"。

4.登 "登于厂源" 字與説文登之籀同。爾雅釋詁"登,陞也"。

5.降 "陟剛三封,降以南……""登栫,降棫二封" 説文"降,下也"。

由此可知涉水爲涉,履平地爲徂,登高平或高岡爲陟,升于丘陵爲登。周禮大司徒以"山林、川澤、丘陵、墳衍、原隰"爲"五地"。大宰所謂三農,鄭玄謂即"原隰及平地",此與爾雅釋地不同。釋地曰"可食者原,陂者曰阪,下者曰濕",是以阪、原、濕三者爲别。就此銘而言,可耕之田大約爲三類:(1)所登之厂源等高地,(2)所陟之岡、原,(3)近于水邊之低地。此三種即阪田、壯田、濕田之分。淮南子齊俗"陵阪耕田",詩正月箋謂之"阪田"。爾雅釋地"下濕曰隰……廣平曰原",公羊傳昭元"上平曰原,下平曰隰",大司徒注"高平曰原,下濕曰隰"。詩車隣正義引李巡云"下濕謂土地窊下常沮洳,名爲隰也"。故知原言其高、上,隰言其濕下。詩信南山及公劉之"原隰",皆指原田隰田,相當此銘的壯田、濕田,而壯田似應包括阪田。

在封定疆界後,記夨人有司“凡十又五夫,正眉、夨舍散田”,正謂正疆界,舍于散田者是眉人夨人,舍應作舍止、占用或賒借解。月令“命田舍東郊”之舍,義與此相近。

自第一至第八行,述所勘定田界。第九至第十三行,記參加勘定的雙方:夨人十五夫,散人十夫。此二十五人,皆屬于雙方的有司,其官名有司工、司馬、田、虞、录、小子、師氏、㗊、宰、效。劉以爲虞、小子爲官名,王以爲录即左傳昭公十九年“山林衡鹿”之鹿(案周禮序官“林衡”下有大林麓、中林麓、小林麓之分),是录(或麓、鹿)乃是林衡。郭以爲㗊即籥師,效即校人。田當爲田官,詳克盨(本書187)。禮記月令“孟春之月,王命布農,命田舍東郊”注“田謂田畯,主農之官也”。吕氏春秋高注云“命農大夫舍止東郊”。自第十四至十八行,記既定界後,夨人兩項立誓。周禮司盟“有獄訟者則使之盟詛”。

參加兩誓的人共六名,其中四名屬于夨人有司眉之田人。“夨卑……誓曰”云云謂夨使其有司作如下誓辭;某某“則誓”者有司如夨所命而誓。鬲攸比鼎“虢旅迺使攸衛牧誓曰……。攸衛牧則誓”(本書188),與此同。兩誓内容不同。其一爲收受散氏田器的詛誓,謂倘有差誤,而爲散氏心賊,變亂田具,則值千罰千,傳車車裂而死。其二爲收受散氏濕田壯田的詛誓,謂倘有爽變,則值千罰千。爾雅釋言“爽,差也”。爰、鍰釋值,傳釋傳車,本劉說。䜌,劉、王謂“與闌同謂闌入也”。

此銘的關鍵問題,在于夨、散兩方,誰是出田的,誰是受田的。向來學者,以爲夨以田授予于散,因此讀“舍散田”爲予散以田,讀“既伃散氏田”爲既付散氏以田。但銘文兩伃字所從之“丑”(即爪、⺕),與鬲攸比鼎之付及曶鼎之貸皆有差别。其義與曶鼎(本書143)、鬲攸比鼎之覓相當。後者以“覓我田”與“具付”相對,則付爲付出,覓爲借貸。此銘之舍(與本書189鬲比盨之余)可讀爲賒,説文云“賒,貰買也”“貰,貸也”,周禮泉府鄭衆注云“賒,貰也”。銘首的“即散用田”應釋爲就散地而傭耕(租用)其田。如此則與夨人兩誓之辭相應。

兩誓的内容不同,其一是轉移田器。禮記月令“季冬之月……脩耒耜,具田器”。注“田器,鎡錤之屬”,正義引何胤云“鎡,今之鋤類”。孟子公孫丑上“雖有鎡基,不如待時”,趙注云“鎡基,田器耒耜之屬”,正義引“釋名鎡基,大鋤也”。漢書龔遂傳“諸持鉏鉤田器者皆爲良民”。周禮考工記“段氏爲鎛器”鄭注云“鎛器,田器,錢鎛之屬”。説文“錢,銚也,古田器”,“鎛,一曰田器”。田器當指農人所用農具。管子禁藏“繕農具當器械……故農器具則戰器備”,管子小匡“備其械器”尹注云“械器皆謂田器”。周禮地官遂大夫“正歲,簡稼器”注云“簡猶閲也,稼器耒耜鎡基之屬”。凡此田器、農器、稼器、鎛器、械器皆謂耒耜、鉏鉤(鐮)、錢銚、鎡基之屬的農具。

“厥爲圖”之爲字,舊釋如此,不確。圖即丹圖,乃是約劑。周禮司約“凡大約劑書于宗彝,小約劑書于丹圖”注云“大約劑,邦國約也,書于宗庙之六彝,欲神監焉。小約劑,萬民約也。丹圖未聞”。北堂書鈔券契部引三輔故事“婁敬爲高車使者,持節至匈奴與共分土界,作丹書鐵券曰自海以南冠蓋之士處焉,自海以北控弦之士處焉”。此爲地約,周禮司約“治地之約次之”注云“地約謂經界所至,田萊之比也”。

末行“厥”上似有泐文。應執綏即要約之要。

1960 年 6 月 7 日

28.〔豖弔〕多父盤

銘文 周金 4.5

豖弔多父乍朕皇考季氏
寶攴,用易屯录、受害福,用
及孝婦嫼氏百子千孫,其
吏豖多父眉壽丂,吏利于
辟王、卿事、師尹,朋友、兄弟、
者子、婚冓,無不喜曰“㕓又
父母”。多父其孝子,乍兹寶
攴,子子孫孫永寶用。

銘 8 行 78 字。曹載奎舊藏。王國維疑之,三代未録。首三行第五字與第六字之間有一横畫,五、六、七行第一字與第二行之間有一横畫,此皆作範時所留。豖疑爲家字。匄,參毛公鼎(本書 201)。

29.彭子中盆蓋

銘文 考古 1963:12:680—681

隹八月初吉丁
亥,彭子中擇
其吉金自乍鑠
盆,其眉壽無
彊,子子孫孫永寶用之。

範上“彭”“初”有損移。此春秋初器,有蓋,盆爲食器。傳世有曾大保盆(頌續 48,商周 880)自銘曰盆。

周禮牛人“凡祭祀共其牛牲之互與其盆簝以待事”注“盆所以盛血”。士喪禮“新盆槃瓶”,禮器“盛於盆,尊於瓶”。

下編　西周銅器總論

一、略論西周銅器

研究歷史的所稱爲“西周”時代的乃指武王滅殷以後至幽王被殺之年,共257年。這一個時期,周都於豐、鎬,在今天長安範圍之内。關於這一時期的歷史,史記周本紀雖有較多的記述,但對於成王以後共和以前的事迹,極爲簡略。在太史公的時代,他已經看不到共和以前的譜諜,所以西周一段只有世表而無年表;他所利用的文獻材料大致上是一直流傳到今天的先秦文獻。用文獻來補充這段歷史的,還有後出的竹書紀年和先秦諸子的片斷記録。我們今天要充實西周的史料,最重要的是後代出土的西周銅器上的銘文。這一時期的銘文既是當時實録而又多長篇,足以作爲尚書或簡册來看待的。

紀元後十一世紀之末,吕大臨的考古圖樹立了銅器研究的規模。圖象與銘文並重,記録尺度和出土地,是這本書的優點。由於某些銅器之出土於安陽,他考定爲商器,也是極當的。但從他以後,銅器圖録或者不刊圖象,而大多數的圖録據器形分類排比,不同時代和不同國别的銅器都不曾按時代國别排列起來。郭沫若先生的兩周金文辭大系,分爲圖録與考釋兩部分。圖象部分是根據器形排列的,由此可以尋見銅器形制、花紋發展的過程;銘文部分於西周是分王朝爲先後的,於東周是分國别的。這種作法,才爲銅器的斷代研究奠立了基礎。

增訂本的兩周金文辭大系已經出版了二十年。這二十年間出土的西周銅器爲數很多,也有少數是正式發掘出土的。對於某些銘文的理解也有過不少的討論。因此,已有需要再作一次整理與補充。

關於如何整理西周銅器,我們提出以下幾點意見。

一、西周銅器的特點　過去我們因西周初銅器與晚殷銅器很相接近,因此容易想到周金是因襲殷金的。我們若在相同性以外,注意周金之所以爲周金,則可以推出在晚殷時代商、周兩部族銅器的並行發展的可能性。這種看法,若是正確的話,則過去以爲商、周文化懸殊、語言有别的一些論調,可能需要修改。這封於我們瞭解殷、周之際的變革,是有很大的意義的。

近來鄭州二里岡殷代遺址的發掘,證明了安陽以外還有鑄造銅器的地方。滅殷以前的周人若是鑄造銅器,它們和殷人銅器應該有一些不同;這些差異應該是部分的、不重要的,而在大體上它們還是相同的。西周初期銅器,除了那些與殷代殷人銅器相同之外,哪些是它自己所有的特色？今天可知的約有以下數端：

(1)四耳的㲃；

(2)帶方座的㲃和獨立的方座或長方座(所謂禁)；

(3)挹酒器之斗(舊稱勺)的曲折形的柄；

(4)向外飛射的棱角；

(5)某些殷代器類的不存在，如觚、爵和斝漸少；

(6)某些異於殷代器類的組合，如同銘尊、卣的組合；

(7)某些殷代花紋的不存在，如蟬紋。

這此還需要更多的比較研究。

二、西周銅器的分期　對於某些銅器，是可以斷爲某一王朝的，但大多數的很難按照王朝來斷代，有些也不需要。西周十二個王和共和，其絶對年代也需作一暫時的擬定。我們曾從種種方面擬定了以下三期和各王的年代：

西周初期80年	武王	公元前	1027—1025	3年
	成王		1024—1005	20年
	康王		1004—967	38年
	昭王		966—948	19年
西周中期90年	穆王		947—928	20年
	共王		927—908	20年
	懿王		907—898	10年
	孝王		897—888	10年
	夷王		887—858	30年
西周晚期87年	厲王		857—842	16年
	共和		841—828	14年
	宣王		827—782	46年
	幽王		781—771	11年

以上凡是整數的10、20、30都是我們假定的。從夷王起，所定的年代是可靠的。關於西周年代，詳西周年代考(商務印書館，1955)和商殷與夏周的年代問題(歷史研究1955，2)。

三個分期，各占八、九十年。它們代表西周銅器發展的三個階段：在初期，是從殷、周並行發展形式變爲殷、周形式的混合，所以此期的銅器更接近於殷式；在中期，尤其是其後半期，已逐漸的拋棄了殷式而創造新的周式，殷代以來的卣至此消失，而周式的盨、簠至此發生；在晚期，是純粹的新的周式的完成。以上的變更，也表現在花紋上、銘文的字形上和內容上。這對於我們研究西周社會的發展，應該是有意義的。

三、西周銅器的組合與聯繫　過去因爲没有正式發掘，對於銅器只是作爲單個的存在的。最多只傳説某器出於某地或某一個坑出了哪些器。這些傳説的出土地和同出土物，對於斷定銅器的年代和相互關係，也還有過不少的用處。今天研究這些銅器，還得盡力尋求這些線索。但除此以外，一些整坑開掘的和正式發掘的結果，是尤其重要的。

依某些個或某一個銅器出土的情形，可分爲：

(1)同出於某一地區的　如岐山縣出土的；

(2)同出於某一個坑的　如韓城縣一坑出土的；

(3)同出於某一墓葬的　如濬縣辛村墓 60 出土的。

對於(1)，我們可以决定它們是西周的。對於(2)，因爲不是正式發掘的，我們只可以肯定它們都是西周的，某些所謂同坑出的不一定是同一個墓出的。對於(3)，我們可以比較肯定的説它們是西周初期同時隨葬的銅器，它們的鑄作時代也約略同時的。

三種不同的情形，應該分别看待。濬縣辛村銅器是經過正式發掘出來的。這是"一羣"墓葬，我們既不能籠統的説它們屬於西周的哪一段時期，也不能説哪一區墓葬早於别一區。應該先以一個墓爲單位，分别其時代，譬如可以分爲：

近於殷的　　墓 21,51,76

西周初期的　墓 1,2,8,29,42,55,60,68

西周晚期的　墓 3,5,35

只有經過了個别器物和個别墓的分析，才可以綜合起來説某一區的時代如何，某一地的墓羣占據多長的時代。

每一墓主的隨葬銅器，和隨葬陶器一樣，都是有組合的。譬如丹徒煙墩山出土西周銅器一組可以分爲：

烹飪器　鼎 1,鬲 1

盛食器　四耳毁 1,附耳毁 1

温酒器　盉 2

盛酒器　觥 2,"角"2

盥器　　盤 2

不但是成組合的，並且都是偶數(文物參考資料 1955,5,59—62 頁)。我們説隨葬銅器是有組合的，但組合的形式是多端的，並不一致。另外成套的樂器和兵器也是一種組合。

同處、同墓出土的銅器，因爲它們常是同時代的，所以形制、花紋之相近和銘文之相關聯是很可能的。對於某處、某墓的一組或一件銅器的斷代，可以用作爲標準來斷定它處、它墓的銅器的年代。因此，銅器内部的聯繫(即銘文的和形制、花紋的)在斷代上是最要緊的。但我們不可以單憑一方面的關聯而下判斷，應該聯繫一切方面的關係。

關於銘文内部的聯繫，可以有以下各類：

(1)同作器者　凡是同一作器者的諸器，應該都是同時代的，但不一定是同時的。譬如乍册夨令所作諸器都是成王時代的,但也有早晚的不同。

(2)同時人 有些器提到周公東征,那末它們應該都是成王時代的。但我們應該注意,所謂"周公"可能有三種不同的所指:記載周公東征的"周公"是周公旦;記載後人追記或追念周公的,則在周公已死之後;"周公"除周公旦以外,他的子孫世爲"周公"。令方彝作册夨令"告於周公宫,公令……"(本書 19),此周公是活着的周公旦。井侯𣪕"作周公彝(本書 58)則是周公子之封於井者鑄作祭祀周公之器,此周公當是已死的周公,器作於康王時代(或成王的後半期)。

(3)同父祖關係 作册夨令是成王時人,他作器"用光父丁",其子作册大"乍且丁寶隮彝"則在康王時。大所作的方鼎所以確定在康王時,其理由如下:銘記鑄成王祀鼎,所以在成王後;銘末的族名與夨令器同,所以是一家之物;大的祖父名丁即令的父丁,所以令和大是父子;父子先後同爲作册之官,爲公尹周公子明保的屬官。

(4)同族名 由上舉之例,可知同一個族銘之器,只表明是一家之物而不一定是同時的。1929 年洛陽馬坡一坑出了五十件左右同具有"臣辰"或"微"的族名的,可再分爲幾組:

士上 盉、卣、尊

父癸 盉、鼎、𣪕 3、爵 2

父乙 鼎 5、爵 5、卣 2、𣪕 6、尊 2、觶 1

父辛 鼎 2、甗、尊

臣辰 盉、壺、𣪕、盤

微 爵 3、壺 2

它們雖大約是同時代的,但有先後之别,不都是同時的。

(5)同官名 有些官名在一定條件下也實指某一個人,如壽張出土"大保七器"都有大保字樣,又有召伯,可推定此"大保"實指召公奭。其它的稱號如"王""公""侯"等也可以推定其人。

(6)同事 記載伐東夷的諸器,在一定條件下可視作同時代的,如𤴕鼎、旅鼎、小臣謎𣪕等(本書 6—10)。

(7)同地名 在一定條件下表示或長或短的一個時期。如新邑是成王初的一個地名,成王及其後稱爲成周,則凡有新邑之稱者當屬成王初時。凡有宗周及鎬京之稱者,都屬西周。

(8)同時 令𣪕記九月才炎賞於王姜,召尊記九月才炎錫於白懋父。兩器時、地相同,而兩器上的令、王姜和白懋父都是成王時人,故可定爲成王東征時器。

以上各項都是銘文的内部的聯繫的舉例,而各器銘之間的聯繫,並不止於上述各條。

由於上述各事,若干獨立的西周銅器就一定可以聯繫起來。由於聯繫與組合,不但可作爲斷代的標準,並從而使分散的銘文内容互相補充前後連串起來。經過這樣的組織以後,金文材料才能成爲史料。

四、西周銅器與歷史　考古學的田野發掘工作和室内整理研究工作,應該是服務於歷史學的。這些古代的遺址、建築和遺物的出現,應該對於充實史料、解決歷史學的問題,提供最具體的證據。但是反過來,也必須依靠舊有的文獻材料才得初步地理解遺址和遺物的真實的意義;而文獻材料與傳説也可供發現遺址的線索。文獻材料和某些傳説常是片面的、片斷的和有後代記述者的主觀看法的;如何連串這些文獻史料,一則要就其本身加以整理與修正,一則要靠與考古材料的結合。正確的運用社會的發展規律,在我們整理工作中,尤其是極端重要的。考古學資料經過科學的發掘、整理與研究以後,必然能得到這些物質資料本身在發展過程中的位序,而某些器物的種種方面的發展(如形制的,紋飾的,銘辭的)又一定是相互平行而發展的。器物在發展過程中所顯示的某些特徵,應該和整個社會發展的階段是相應的。器物本身的研究應處處留意它在諸方面發展的平行的和一致的關係,而研究器物尤應密切的結合歷史社會的研究。

二、歷史部分

(一)武、成間文獻記録

爲了研究武王、成王銅器,應先對此時期的文獻記録,加以整理。

(一)邶、鄘、衛

武王滅殷,仍立紂後,分殷邦爲三國,其材料如下:

(1)逸周書作雒篇　武王克殷,乃立王子禄父,俾守商祀;建管叔於東,建蔡叔、霍叔於殷,俾監殷臣。孔晁注云:東謂衛。殷、邶鄘。霍叔相禄父也。

(2)漢書地理志　河内,本殷之舊都。周既滅殷,分其畿内爲三國,詩風邶鄘衛國是也。邶以封紂子武庚,鄘、管叔尹之,衛、蔡叔尹之,以監殷民,謂之三監。

(3)鄭玄邶鄘衛詩譜　邶、鄘、衛者,商紂畿内方千里之地,其封域在禹貢冀州大行之東,北逾衡漳,東及兖州桑土之野。周武王伐紂,以其京師封紂子武庚,爲殷後。庶殷頑民,被紂化日久,未可以建諸侯,乃三分其地,置三監。使管叔、蔡叔、霍叔尹而教之。自紂城而北謂之邶,南謂之鄘,東謂之衛。

(4)皇甫謐帝王世紀(周本紀正義引)　自殷都以東爲衛,管叔監之;殷都以西爲鄘,蔡叔監之;殷都以北爲邶,霍叔監之。是爲三監。

以上周武王母弟三叔監三國,謂之三監。四説互有異同。除(2)以武庚封於邶外,其它(3)(4)是三叔監三國而(1)是三叔監殷、東,意義並不大差。武庚封於殷都,是近實的。三監之中,應不計武庚;而所謂監者應解釋爲監視殷民。殷民散居於三國,此三國的地望,首先應予以明確。

説文"邶,故商邑,自河内朝歌以北是也"。北白銅器於 1890 年出土於淶水縣張家窪,王國維據以考定北即邶,"謂邶即燕、鄘即魯也";"奄之爲鄘猶餤閻之爲庸也"(觀堂 18.1)。若此説可信,則邶國當在今易水淶水流域,是商王亥曾居之地,後來之北燕即包括此地。

左傳昭廿一"六月庚午,宋城舊鄘及桑林之門而守之",杜注云"舊鄘,故城也;桑林,城門名"。舊鄘之鄘應是鄘國:淇水注引紀年"淇絶於舊衛",左傳昭十二"舊許是宅",襄十一"東侵舊許";凡此舊衛、舊許猶舊鄘之例,皆謂許、衛、鄘的故地。吕氏春秋慎大篇"武王勝殷立成湯後於宋以奉桑林",路史餘論六云"桑林者社也"。是宋、鄘一地,其地有商社。古音宋、鄘相近,説文"宋,居也",爾雅釋宮"牆謂之墉",左傳宣四鄭公子宋字子公。

武成金文、稱商邦爲“殷”或“衣”,稱其都邑爲“商邑”或“商”。卜辭衣祀即殷祀,田獵所往之衣即沁陽附近的殷城,故知衣、殷之相通。衣與鄣亦相通,吕氏春秋慎大篇曰“夏民親鄣如夏”,高注云“鄣讀如衣,今兖州人謂殷氏皆曰衣”。作雒篇述伐三監後“俾康叔宇於殷”,而康侯𣪘曰“王朿伐商邑,𢓊令康侯圖於衛”(本書4),是殷即衛;故小臣謎𣪘記白懋父以“殷八師征東夷”而“復歸才牧師”(本書8),殷八師即衛國之八師。衛國之稱,當始於封康侯之時。

據上所述,則周武王滅紂以後,分殷國爲三:即鄘、邶、殷。及武庚與管、蔡叛周,成王、周公討之,於是邶入於燕,鄘封微子開爲宋,殷封康叔封爲衛。由此可知武王勝殷以後分殷民以爲三,而成王伐武庚以後分殷民以爲二。管蔡世家曰“周公旦承成王命伐誅武庚、殺管叔而放蔡叔,……從而分殷餘民爲二:其一封微子啟於宋,以續殷祀,其一封康叔爲衛君,是爲衛康叔”。

(二)三叔三監

武王分殷爲三國,而有三叔監殷之説,是爲三監。但諸書所載或曰監或曰相,其詞不一:

相　周本紀、管蔡世家,逸周書克殷篇

傅　魯世家

傅相　衛世家

監　孟子公孫丑下,逸周書作雒篇、大匡篇,尚書大傳

由此可見,孟子以來有管蔡監殷之説,而史記不採,稱之爲相;逸周書則相、監並用。尚書多方作於武王克商以後的五年,所以“今爾奔走臣我監五年”是説殷人臣服於周之監凡五年。西周金文有“中幾父史幾吏於者侯者監”(陶齋2.5),則西周自有監制;善鼎曰“令女左疋𠭯侯監豳自戍”(三代4.36.2),則爲師戍之監。由此可推武王之時可能有三監之設。但無論如何,三叔之封用以監視殷民,是毫無疑義的。

孟子只説“周公使管叔監殷”,到尚書大傳始立三監之稱。三監之中,管叔最重要,所以成王、周公誅管叔而放蔡叔。管、蔡常並稱,而霍叔甚少提到。茲述三叔監殷舉名之例如下:

管　孟子公孫丑下,逸周書克殷篇、大匡篇

管、蔡　史記周本紀、魯世家、管蔡世家、衛世家等,楚語上,左傳定四、昭元,尚書大傳,吕氏春秋察微篇、開春篇,小雅常棣序、豳風鴟鴞傳,淮南子氾論篇、泰族篇、要略

管、霍　商子刑罰篇,逸周書作雒篇

此三叔所監之國,據上節所引四種資料,很有參差:

管　衛,鄘,東

蔡　衛,鄘,殷

霍　邶,殷

凡此不同,表示説者皆以意將三叔分配三國,而對三國的地望又各有不同的解説。今以三叔封地的舊説,對照上述三國的地望而加以比對:

管　在鄭州東管城　監其北的殷(今淇縣安陽一帶)

蔡　在河南上蔡縣　監其東北的鄘(今商丘一帶)

霍　在山西霍縣　監其東北的邶(今易縣淶水縣一帶)

則三叔所在與所監的三國只是相近的地方而已。

(三)東與東國

殷代武丁時,東已爲一地名,卜辭云

王勿入于東　乙 2093

至小雅大東則有小東、大東之名。所謂“小東”當指秦郡之東郡,在今濮陽、大名、濮縣一帶。所謂“大東”,魯頌閟宫曰“遂荒大東,至於海邦”,當係山東半島之東端。閟宫“俾侯於魯”“俾侯於東”,可知魯即東。清水注引馬融之説云“晉地自朝歌以北至中山爲東陽,朝歌以南至軹爲南陽”。此東陽亦近乎東郡的範圍。逸周書作雒篇以爲武王置三監於殷與東,孔晁注以爲東爲衛而殷爲邶、鄘。以東爲衛是有來歷的,但作雒篇以爲管叔封於東或衛恐不足據。

詩的“東方”也指齊、魯,大雅烝民“王命仲山甫,城彼東方”,魯頌閟宫“保彼東方”,可以爲證。卜辭的“東方”係稱“東土”,尚書和其它典籍的“東土”也指東方的區域:

康誥　　肆汝小子封在茲東土

洛誥　　大相東土……予惟乙卯朝至於洛師

左傳昭九　薄姑、商奄,吾東土也

周本紀　　周公受禾東土　書序“以餽周公於東”

魯世家　　寧淮夷東土,二年而畢定　書序“成王既伐東夷”

史記自叙　成王年幼,管蔡疑之,淮夷叛之,於是召公率德,安集王室,以寧東土

由此可知衛、洛師、商奄、薄姑、淮夷等地都屬於“東土”。洛師是東土,而尚書洛誥曰“周公初基作新大邑於東國洛”,是東國即東土。西周金文國字見录卣和宗婦鼎,乃是邦國之國。洛誥的東國應與西周金文的“東或”同作東域、東土解,其例如下:

宜侯夨毁　成王伐商圖,遂省東或圖　(本書 5)

明公毁　　唯王令明公遣三族伐東或　(本書 11)

班毁　　　三年静東或　(本書 12)

中甗　　　王令中先省南或　(大系 9)

禹鼎　　亦唯噩侯御方大率南淮夷、東夷廣伐南或、東或　(本書 190)

師寰𣪘　　弗蹟我東或　(大系 135—136)

㝬鐘　　南或𠬝子敢陷虐我土……畯保三或　(本書 208)

毛公鼎　　康能四或　(本書 201)

凡此"東或"均指東土、東方、東域。只有吴語"昔楚靈王不君……踰諸夏而圖東國",注云"諸夏:陳蔡,東國:徐、夷、吴、越",始有"東國"之稱。

(四)武王分封

武王滅殷以後的封土,據周本紀所述,有兩類:一類是"褒封"神農、黄帝、堯、舜、禹之後於焦、祝、薊、陳、杞,一類是"封功臣謀士","封尚父於營丘曰齊,封弟周公旦於曲阜曰魯,封召公奭於燕,封弟叔鮮於管,弟叔度於蔡,餘各以次受封"。前者是五國,後者也舉五國。但武王所封的同姓,應不止此。管蔡世家述武王同母兄弟十人,除伯邑考早卒,康叔封、冉季載尚幼外,所封者爲管、蔡、魯、曹、成、霍六人。

除上述兩類以外,似乎也有封滅殷以前不屬於周的一些東方侯、伯,陳杞世家所謂"周武王時侯伯尚千餘人";他們也是成王東征的對象。金文中伐𦐺侯伐楚白伐豐白皆此類。此侯、伯當是諸侯、邦伯,左傳僖四"五侯九伯,女實征之"。

武王時分封的諸侯之在東域者有齊、魯、燕、管、蔡和曹、成七國。其中魯、管、蔡、曹、成五者乃武王同母兄弟。

武王分封,若魯、燕和齊都是封其元子,而以次子世代留相王室。唐司馬貞史記索隱曾主其説:

周公元子就封於魯,次子留相王室,代爲周公。(魯世家)

後武王封之北燕……亦以元子就封而次子留周室,代爲召公,至宣王時召康公虎其後也。(燕世家)

凡此諸説實本之魯頌閟宫:

王曰叔父!建爾元子,俾侯於魯。

乃命魯公,俾侯於東。

泰山巖巖,魯邦所詹,奄有龜蒙,遂荒大東……魯侯之功。

此可證周公之元子伯禽爲侯於魯(即東),稱爲魯公、魯侯皆與西周初期金文相合。

周公、召公之封,既爲元子就封,則大公吕尚之封,亦當爲元子吕伋就封于齊。

武王所封諸侯,真正監臨殷民的不僅是三監而且是其它五國:齊在薄姑地,魯在奄地,曹近鄘(宋),成近衛,燕近邶。東國的分封,其意義在監臨殷民。

(五)武庚、三監及淮、徐之叛

關於此項記載,可以大别爲三類書籍:一爲史記,二爲尚書大傳與尚書序,三爲先秦的記録。兹分别述之如次。

甲、先秦的記録

左傳定四　管、蔡啟商，惎間王室，王於是乎殺管叔。

左傳昭元　周公殺管叔而蔡蔡叔。

國語楚語上　文王有管、蔡。

孟子公孫丑下　周公使管叔監殷，管叔以殷叛。

孟子滕文公下　周公相武王誅紂；伐奄三年討其君，驅飛廉於海隅而戮之，滅國者五十。

逸周書作雒篇　周公立，相天子，三叔及殷、東、徐、奄及熊、盈以畔。……二年，又作師旅臨衛攻殷，殷大震潰。降辟三叔，王子禄父北奔，管叔經而卒，乃囚蔡叔於郭淩。凡所征熊、盈族十有七國，俘維九邑，俘殷獻民遷於九畢。俾康叔宇於殷，俾中旄父宇於東。

墨子耕柱篇　古者周公旦非關叔，辭三公，東處於商蓋。

韓非子説林篇上　周公旦已勝殷，將攻商蓋。……乃攻九夷而商蓋服矣。

荀子儒效篇　周公……殺管叔，虚殷國。

商子賞刑篇　昔者周公旦殺管叔、流霍叔，曰犯禁者也。

吕氏春秋察微篇　猶尚有管叔、蔡叔之事與東夷八國不聽之謀。

吕氏春秋開春篇　周之刑也，戮管叔而相周公。

乙、尚書大傳與尚書序

尚書大傳　武王殺紂，而立公子禄父，使管叔、蔡叔監禄父。武王死，成王幼，周公盛養成王。使召公奭爲傅，周公身居位，聽天下爲政。管蔡疑周公而流言于國曰：公將不利于王。奄君、蒲姑謂禄父曰：武王既死矣，成王尚幼矣，周公見疑矣，此百世之時也，請舉事。然後禄父及三監叛也。周公以成王之命殺禄父，遂踐奄。踐之云者，謂殺其身，執其家，瀦其宫。

尚書序　武王崩，三監及淮夷叛，周公相成王，將黜殷命，作大誥。

成王既黜殷命，殺武庚，命微子啟代殷後，作微子之命。

成王既伐管叔、蔡叔，以殷餘民封康叔，作康誥。

成周既成，遷殷頑民，周公以王命誥，作多士。

成王東伐淮夷，遂踐奄，作成王政。

成王既踐奄，將遷其君於蒲姑，作將蒲姑。

成王既黜殷命滅淮夷，還歸在豐，作周官。

成王既伐東夷，肅慎來賀，王俾榮伯作賄肅慎之命。

魯侯伯禽宅曲阜，徐夷並興，東郊不闢，作費誓。

丙、史記

殷本紀　周武王崩,武庚與管叔蔡叔作亂,成王命周公誅之,而立微子於宋,以續殷祀焉。

周本紀　管叔蔡叔羣弟疑周公,與武庚作亂叛周。周公奉成王命,伐誅武庚、管叔,放蔡叔。以微子開代殷後,國於宋。頗收殷餘民以封武王少弟封爲衛康叔。初管蔡畔周,周公討之,三年而畢定。

周公爲師,東伐淮夷,踐奄。

齊世家　及周成王少時,管蔡作亂,淮夷畔周。

魯世家　管蔡武庚等果率淮夷而反,周公乃奉成王命興師東伐,作大誥。遂誅管叔,殺武庚,放蔡叔。……寧淮夷東土,二年而畢定。

伯禽即位之後,有管蔡等反也,淮夷徐戎並興反,於是伯禽率師伐之於肸,作肸誓。

管蔡世家　管叔蔡叔疑周公之爲不利於成王,乃挾武庚以作亂。

衛世家　管叔蔡叔疑周公,乃與武庚禄父作亂,欲攻成周。

宋世家　管蔡疑之,乃與武庚作亂,欲襲成周周公。

史記世家之文多相重複的,故不録全。

以上的史料,它們相同之處較多,而亦有相異的各點。茲就其同點分述之,附論其異。

(1)主要的叛變者,是管蔡與武庚,管蔡之中以管叔爲更重要。所以誅伐的結果是殺管叔而放蔡叔。書序以及史記有殺(或誅)武庚之説,獨作雒篇説他"北奔"。小盂鼎記伐鬼方而有"從商"之語,或指秦本紀秦寧公所伐的亳王,亦或即殷本紀贊之北殷氏。

(2)衛、宋世家説管蔡"欲攻(襲)成周",此它書所無。管叔封地在成周之東,而且相近,因此很可能管叔有此企圖,所以在此叛亂中,管叔受誅,而奄君有被遷之説。

(3)因管、蔡、武庚之叛而同時叛周的東方國族,諸書所載很不一致,分别之如下:

奄　孟子、作雒、大傳、書序、周本紀

商蓋　墨子、韓非子

薄姑　大傳

熊、盈族十有七國　作雒

徐　作雒

徐戎　書序、魯世家

淮夷　書序、周本紀、魯世家、齊世家、史記自叙

東夷八國　吕氏春秋

維九邑　作雒(漢書地理志濰或作維,或作淮)

飛廉　孟子

以上的諸項應補充下列的材料:

尚書費誓　徂茲淮夷徐戎並興

詩破斧　周公東征，四國是皇　傳云："四國管、蔡、商、奄也。"

漢書地理志　齊地……殷末有薄姑氏，皆爲諸侯，國此地。至周成王時，薄姑氏與四國共作亂，成王滅之，以封師尚父，是爲太公。（史記漢興以來諸侯王年表：太公於齊，兼五侯地，尊勤勞也。）

以上詩之四國不過舉周公東征中主要的敵人，呂氏春秋東夷八國指東夷淮夷的國數，作雒的十七國和維九邑是包括熊、盈兩族的，孟子的五十餘國則是可能達到的所征大小國的總數。根據西周初期金文，知以上各項材料（儘管有很晚作成的）都是很有來歷的。西周晚期的㝬鐘曰"南夷東夷具見，廿又六邦"（本書208），則當時東夷南夷至少尚存二十六國。

這些同時叛周的國族，大致屬於殷時的諸侯或有關係的與國，其族姓則爲熊、盈，也可能有殷的同姓。

（4）關於討伐叛徒的主腦，在上述三類材料中有稍稍不同的説法。戰國諸子墨子、韓非子、荀子、商子以爲周公殺管叔，書序以爲成王伐管、蔡、淮夷、奄，史記則以爲周公奉成王命伐管、蔡、淮夷、奄。諸子與書序之不同，在於諸子中如荀子和韓非子有周公履天子之籍、假爲天子七年之説，而書序中完全没有這種説法。史記也主張成王幼在襁褓而有周公攝政之説，所以他調和兩説以爲周公奉成王命征伐。

由西周金文的出土，我們知道不但有周公東征的記録，也有王或成王東征的記録。在這一點上，書序是正確的。

（5）關於東征所用的時間，孟子和周本紀作三年，魯世家寧淮夷東土二年。三年之説和金文相符合。

（六）周公攝政代王

戰國有周公因成王幼遂攝政七年，代爲周王。此事關係很大，因録諸子以迄史記較重要材料如下：

逸周書明堂篇　既克紂六年而武王崩，成王嗣，幼弱，未能踐天子之位，周公攝政，君天下。弭亂六年而天下大治。

禮記明堂位　武王崩，成王幼弱，周公踐天子之位，以治天下。……七年致政於成王。

荀子儒效篇　武王崩，成王幼，周公屏成王而及武王，以屬天下。惡天下之倍周也，履天子之籍。

韓非子難二　周公旦假爲天子七年。

尚書大傳　周公攝政，一年救亂，二年克殷，三年踐奄，四年建侯衛，五年營成周，六年制禮作樂，七年致政成王。通鑑外紀卷三

史記周本紀　成王少，周初定天下，周公恐諸侯畔，周公乃攝行政，當國。……七

年……反政成王。

史記魯世家　其後武王既崩,成王少在强葆之中,周公恐天下聞武王崩而畔,周公乃踐阼,代成王攝行政,當國。……及七年後,還政成王。

史記衛世家　成王少,周公旦代成王治,當國。

其它見於韓詩外傳、尸子、淮南子氾論篇等。

周公代王之説與成王幼之説是相聯繫的。魯世家説成王即位之時尚在强葆之中,尚書大傳(詩斯干正義)、史記蒙恬傳、賈誼請豫教太子疏及後漢書桓郁傳均有此説。"成王幼在襁褓"是從"成王幼"引申出來的,它和歷史事實顯然不符。

孟子公孫丑上"以文王之德百年而後崩",文王世子"文王九十七而終",路史發揮四引紀年"武王年五十四"。武王是文王次子,而武王以後傳位長子。武王滅殷已過半百,則成王即位當早已成年。唐叔虞是成王弟,其子燮父與周公子禽父並事康王(左傳昭十二),則成王即位之時决不能尚在襁褓之中。周初周、召兩公爲師保之官,不能因此師保之官而以所保之成王爲幼兒。

周公攝政代王之説,一受了成王幼的影響,一是誤讀了尚書洛誥。此誥末了自"戊辰,王在新邑"至"在十二月惟周公誕保文武受命惟七年",自成一記事單位。這種記事體例,置日名於最前,而將月名、年名置於最後。"周公誕保文武受命惟七年"者,指洛誥之年是周公保文武受命之第七年,而成王之"元祀"。

(二)成王以後文獻記録(未作)

三、地理部分

(一)西周金文中的都邑

甲、論王、周及成周、新邑

令方彝(本書19)的康宫,見于成王以後許多器銘中,而且都在周;令方彝的王,僅見于成王時的御正衛毁(本書18)而不見于成王以後器。成王時器,記王在宗周、鎬京、豐、新邑、成周、王而從無"王才周"之語;成王以後器常見"王才周"而從無"王才王"之語,亦無"王才新邑"之語。似此暗示了"新邑"是成周的較早的稱謂而"王"是成王以後的周。

根據上述的綫索,我們應可對王與周的關係加以聯繫,但首先應解決成王營成周前及武王時代的周的問題。

本文前所述保卣的銘文曰"遘于王四方會王大祀祐于周"(本書2),此周應是岐周、宗周而非東都之成周、王城,因當時尚未營東都。召誥曰"王朝步自周,則至于豐",下述命大保、周公相宅于東國洛之事,則此處之周亦應在西土,與豐邑相近。康誥之首(大約是召誥的首二簡而誤植于此者)曰"周公初基作新大邑于東國洛,四方民大和會,侯、甸、男、邦、采、衛、百工、播民,和見士于周",此周可能是"周王國"之周,也可能是岐周。洛誥"來相宅,其作周匹休"的周是宗周。逸周書世俘篇的"燎于周"則應是燎于宗周。孟子滕文公下引逸尚書"紹我周王見休,惟臣附于大邑周",此述文武之事,所謂"大邑"應是岐周。

尹卣蓋(博古11.18,嘯堂1.41)曰"隹十又二月王初居旁(疑仍應讀鎬),唯還在周,辰才庚申,王飲西宫"。此周可能亦爲宗周。此器蓋形制花紋不能晚于成王,若旁讀爲鎬而曰初居鎬,則有武王初營鎬還歸至周(岐周)的可能。

下將論及岐爲大王至文王之都、豐爲文王所宅、鎬爲武王所營。既宅豐、鎬而舊都岐周尚存,周之宗廟在,故改稱宗周以别于東土新營的成周、王(周)。西周之末,"平王封(秦)襄公爲諸侯,賜之岐以西之地,曰戎無道、侵我岐、豐之地",秦遂奄有宗周故地,故詩雨無正曰"宗周既滅"。

武王時之周,既如上述,則成王時王與周的關係,可從以下三事加以分辯:

(甲)同一銅器銘中的不同地名

凡一銘之中出現了不同的地方,這些地名是不同所在:

宗周非鎬京　士上盉、麥尊(本書21,大系20)

宗周非豐　　作册䰧卣(本書 29)

宗周非成周　士上盉、小克鼎、史頌鼎(本書 21、186、206)

宗周非周　　史頌鼎與頌鼎(同人同年同月異地之作,成王以後器)

成周非鎬京　士上盉、小臣傳卣(三代 8.52.1)

成周非周　　頌鼎(成王以後器,本書 192)

成周非王　　令方彝、令尊(本書 19)

由上可知宗周、鎬京、豐、成周、周、王六名的互相排斥的關係。王可以是周,但成王以後的周既不是宗周,也不是成周。

(乙)王之康宫與周之康宫

令方彝康宫與京宫在王,而成王以後器的宫而有地名的多"才周",其例如下:

康宫　　望毁、揚毁、君夫毁、師頯毁、伊毁、休盤、攸比鼎(本書 113 引、138,大系 80,本書未完稿 17,大系 116,本書 197、188)

康寢　　師遽方彝(本書 115)

新宫　　師遽毁、趞曹鼎二、師湯父鼎(本書 116、113、118)

般宫　　趞曹鼎一(本書 106)

康剌宫　克鐘(本書 184)

康穆宫　克盨、寰盤(本書 187,大系 117)

康邵宫　頌鼎

由于望毁稱"康宫新宫",可知新宫是康宫的新築部分,康寢亦康宫的部分。康穆宫等三名,也是康宫的分名。君夫毁稱"康宫大室",攸比鼎稱"康宫𢓊大室",知康宫中有大室,而金文凡稱"才周某大室"的乃指周康宫或它宫中的大室。伊毁記"康宫王臣妾百工",則康宫之内有臣妾百工。由此知康宫爲時王所居之王宫,亦是朝見羣臣之所,所以左傳、國語有朝于某宫之語。竹書紀年所紀康穆二王之事,亦足證宫爲居室:

晉侯作宫而美,康王使讓之。

穆王元年作祗宫于南鄭。

穆王所居鄭宫、春宫。

穆王十七年……西王母來見,賓于昭宫。

由上所述,則成王時王之康宫很可能是周之康宫,西周金文中康宫最多見、最重要而皆在周,則周爲時王所居與朝見策命羣臣之地,十分顯然。周是王城,與之並立的成周則所以居殷民,而大廟則成周、宗周皆有之。令方彝考釋(本書 19)所舉四器"王才周"而"旦王各于廟",應解釋爲夜宿于王城而旦往于成周,因金文並無"周某廟"之稱而只有"成周大廟"。成周之地,至春秋之世也有宫,如左傳昭廿六"王入于成周,甲戌盟于襄宫"。

(丙)史書中的周與王城

左傳記春秋之世周王子興亂謀王位，必以爭取王城爲目標，這引起了後世東周都于成周抑王城的爭辯，也引起了王城與成周是一是二的無謂的懷疑。西周時代東西兩都並立，而各有"雙城"，一爲宗廟而一爲王宫。王城是"王宫"，故爭位必爭入王城。王城爲"王宫"，其事固無害乎成周之爲東都或京師。左傳僖十一記叔帶之亂與戎人"同伐京師，入王城，焚東門"，此與左傳昭廿九"京師殺召伯盈"之京師，或指成周或指周王室。左傳定六"周儋翩率王子朝之徒因鄭人將以作亂于周"，是作亂于王城，敬王遂出居，至明年晉秦籍逆王，"王入于王城"。周語中"秦師將襲鄭，過周北門"，韋注云"周北門，王城北門也"，事亦見左傳僖卅三。試比較左傳、周語所記晉文公入襄王于之事：

晉語四　(文公)二年……王入于成周，遂定之于郟。

　　　　文公即位二年……乃納襄王于周。

周語中　狄人遂入周，王乃出居于鄭……。晉文公既定襄王于郟。

左傳僖廿五　(襄)王入于王城。

可知郟、周、王城在一地，所以晉語四韋注云"成周、周東都，郟、王城"，周語中韋注云"郟、洛邑王城之地也"。再比較史記、左傳所記敬王之事：

周本紀　敬王四年晉率諸侯入敬王于周……諸侯城周。

十二諸侯年表　知躒、趙鞅内(敬)王于王城。

左傳昭廿六　十二月癸未，王入于莊宫。

可知周、王城、莊宫在一地，莊宫在王城之内，左傳昭廿三、定七之文可證。此次諸侯城周(王城)在敬王四年，與敬王十年諸侯城成周(左傳昭卅二)之事不同，而後者周語中作"城周"者其義即十二諸侯年表所説"晉使諸侯爲我築城"。古書中"周""王"等字有時作"周王國"講，容易和地名之周(王城)相混淆。

由上所述三事，可知令方彝的王即西周金文中之周、春秋的王城。

據左傳所記春秋之世，王城有城門，有平宫(昭二十二)莊宫(昭二十三、定七)而無廟；成周有襄宫(昭二十六)。春秋宣十六記"成周宣榭火"，而虢季子白盤(本書 215)説"王各周廟宣榭"，是宣榭在廟，而西周金文有"成周大廟"，有新造(頌鼎)。鄦𣪕(大系 148)"隹二年正月初吉王才周邵宫，丁亥，王各于宣射"。是宣榭在成周，周爲王城。西甲 1.36 方鼎曰"隹四月才成周，丙戌王才京宗"，此鼎形制、花紋極好，是成王時器；器銘文不僞，則成周有大宗之廟。東周時，周王陵墓亦在成周之翟泉，穀水注"班固、服虔、皇甫謐咸言翟泉在洛陽東北，周之墓地。今按周威烈王葬洛陽城内東北隅，景王冢在洛陽太倉中，翟泉在兩冢之間"。周語下"周敬王十年"下韋注云"狄泉、成周之城，周墓所在也"。但周王亦有葬於河南者，周本紀集解引"皇覽曰靈王冢在河南城西南柏亭西周山上"。

戰國之世，有東西兩"周公"，周本紀"考王封其弟於河南，是爲桓公，以續周公之官職。……乃封其少子於鞏以奉王，號東周惠公"，正義曰"桓公都王城，號西周桓公"。索隱曰"按世本西周桓公名揭,居河南;東周惠公名班,居洛陽"。此說甚是。世本是秦並天下以前書,河南、洛陽亦先秦已有的地名。項羽本紀"立申陽爲河南王,都雒陽",正義引括地志云"洛陽故城在洛州洛陽縣東二十六里,周公所築,即成周城也"。又引輿地志云"成周之地,秦莊襄王以爲洛陽縣,三川守理之"。六國表莊襄王元年"初置三川郡,吕不韋相取東周",東周在洛陽;但東周與洛陽並非相等的一個城,所以高誘注云"東周、成周,故洛陽之地"。周本紀集解引"徐廣曰周比亡之時凡七縣:河南、洛陽、穀城、平陰、偃師、鞏、緱氏",是指周赧王將亡時的疆域,其中洛陽則至莊襄王元年始由秦相吕不韋取自東周公。其中河南則見於出土的河南矛(頌36),應屬於戰國晚期之物。

東西兩周公分在河南、洛陽,所以春秋經:

昭二十六曰"天王入於成周",公羊傳"成周者何?東周也"。

昭二十二曰"劉子單子以王猛入於王城",公羊傳"王城者何?西周也"。

同理,王子朝居王城,敬王居成周之狄泉,所以左傳昭二十三稱之爲西王、東王。此所謂東周、西周乃指東周公(君)西周公(君)之地。周本紀"東西周分治",索隱引"高誘曰西周、王城,今河南;東周、成周,故洛陽之地",秦策五高誘注"東周、洛陽,成周也"。高注極正確。兩周之中,"西周故天子之國,多名器重寶"(周本紀本東周策);蓋自平王以後周王宫居於西周王城之内,平王以前周王東來亦居王城之康宫。其地乃"王宫"所在,故周語下"靈王二十二年穀洛鬥,將毁王宫,王欲壅之",韋注云"穀、洛二水名也,洛在王城之南,穀在王城之北,東入於瀍;鬥者,兩水激,有似於鬥也。……毁王宫西南,故齊人城郟也"。左傳襄二十四"齊人城郟"。穀水注"穀水又逕河南城西北。……述征記曰穀、洛二水本於王城東北合流,所謂穀、洛鬥也。今城之東南缺千步。……周靈王之時穀、洛二水鬥毁王宫,王將竭之,太子晉諫王不聽,遺堰三堤尚存"。

上述世本、戰國策高誘注所述兩周之地,又周語下韋注云"成周在瀍水東,王城在瀍水西",並極爲明確。班固漢書地理志河南郡下自註云:

雒陽　周公遷殷民,是爲成周。春秋昭公二十一年晉合諸侯於狄泉,以其地大成周之城,居敬王。

河南　故郟鄏地,周武王遷九鼎,周公致太平,營以爲東都,是爲王城,至平王居之。

此說大致不誤,但據金文則平王以前西周各王亦居之,不過當時西土亦自有都。子朝之亂,敬王避亂出居於成周,其後又入於王城,並非從此以成周爲居處。對西土而言,王城、成周是所謂東都。由其地位而言,則王城在西而周王與西周公居之,爲"西周",成周在東而東周公居之,爲"東周"。"東西周"表示東西兩周公,也表示東西兩周公所在之地(成周、王城);它們應與表示歷史時期的"東周時代""西周時代"分别。"東周時代"的周王居於稱爲西周之地的王城(即地名之周),以此爲宫;同時則葬於宗廟所在的成周附郭,而成周亦王都、京師的一部分。

由上所述，則令方彝銘中王與成周兩地代表自成王以迄西漢記録中周在東土洛地上的兩個都城：

[成王]	[西周]成王後	[春秋]	[戰國]	[西漢]
新邑、成周	成周：大廟、新造	成周：宣榭、陵墓、襄宫	東周	洛陽
王：康宫、京宫	周：康宫、邵宫、般宫	王城：郟、平宫、莊宫	西周	河南

由此可見班固、高誘、韋昭之注大致都不錯的。鄭玄説：

瀍水東既成，名曰成周，今雒陽縣也；召公所卜處名曰王城，今河南縣也。 詩王風譜正義引鄭注尚書

成王在豐、欲宅雒邑，使召公先相宅。既成，謂之王城，是爲東都，今河南是也。召公既相宅，周公往營成周，今雒陽是也。成王居雒邑，遷殷頑民於成周，復歸處西都(指宗周)。 詩王風譜

分别成周、王城爲漢時的洛陽、河南，同於班固，亦自不誤。

漢儒去古未遠，所述洛地兩周城，自應可信。漢以後王城故址尚未全泯，諸書記載，亦非無據。周本紀正義引"括地志云故王城，一名河南城，本郟鄏，周公所築，在洛州河南縣北九里苑内東北隅。……帝王世紀云王城西有郟鄏陌，左傳(宣三)云成王定鼎於郟鄏。京相璠地名云郟、山名，鄏、邑名"*。舊唐書地理志也説王城"故城在今苑内東北隅"。此隋之會通苑，唐世更名爲上林、芳華、神都等名。唐兩京城坊考卷五神都苑條原注"按在宫城之西，故亦曰西苑"，又云"按苑缺東北隅，蓋屬于周之王城也"。續漢書郡國志河南下劉昭注云"地道記曰去雒城四十里"，唐兩京城坊考東京條原注云"兩城相去四十里，戰國時之東周，後漢、魏、晉、元魏之都城，皆成周也。隋煬帝始於舊成周之西十八里、舊王城之東五里築京城"，謂之東都。元河南志卷三隋城闕古蹟東京下曰"隋都城即今河南府路，東去漢、魏所都之成周四十里，西去王城五里，煬帝始遷焉"。據上所述，則王城之地應該是：

1. 在瀍水之西，洛水在城南，穀水在城北；
2. 西有郟鄏陌，郟在王城之地，山名；
3. 河南城西南有柏亭西周山(今周山)；
4. 王城在隋河南縣北九里、"苑"(西苑)之東北隅；
5. 王城在隋城之東五里，舊成周之西十八里，兩城相距四十里。

我們若能就上述山川形勢、距隋、唐城距離以及西苑東北隅地望，當可尋到王城的一些遺址。但古人所説某城在某城並非説某城恰在某城城圈内，乃指在某城之地，故括地志説王城在"河南縣北"應加注意。1954年考古研究所洛陽古城之勘查，在西宫西所發現的漢河南縣城，應可作爲追尋王城的基點。徐松唐兩京城坊考所作"東都苑圖"的王城位置，

* 史記劉敬傳正義引括地志略同。

應在今小屯村及漢河南縣的西北，王城的西南部分和河南城可能交錯相接。

唐括地志所説王城在河南縣之北九里，此九里南之河南縣應指縣廨。唐兩京城坊考次“河南縣廨”於寬政坊，注云“河南縣本漢舊縣，後魏静帝改爲宜遷縣，周宣帝復爲河南，隋仁壽四年遷都，移縣治於此坊”。據徐松東都外郭城圖，寬政坊在定鼎門之北、通濟渠之南、通津渠之北，是北去王城（苑東北隅）約九里。王城東距隋城五里，此隋城遺址亦尚有痕迹。王城位置，大約在漢河南縣之北而偏西。1954—1955年考古研究所在河南城的發掘，曾在河南城西垣中部臨澗水東向北折之轉角處，發現“城”基三行，東西平列，其在中間一條的東端轉而北上，可能爲周代之城。但我們仍應注意周語下記穀洛鬥，周靈王不聽太子晉之諫而“卒壅之”，穀水注説“遺堰三堤尚存”，則此澗、洛相鬥之處應有堰堤存在。

乙、論豐、鎬及宗周

本文於成王時都邑，除本器有所考釋外，其餘未曾個别分析，因綜述於此。成王時（或成、康時）金文都邑有：

新邑　新邑鼎、士卿尊、臣卿鼎（本書35、36、37）

王　御正衛𣪘、令方彝（本書18、19）

成周　令方彝、乍册䚄卣、士上盉、盂爵（本書19、20、21、33），厚趠方鼎（大系14），小臣傳卣（本書20下），小臣夌鼎（本書23下），小臣鼎（三代4.4.2），史獸鼎（本書63），西甲1.36

豐　小臣宅𣪘、乍册魖卣（本書17、29），𤼈鼎（本書附4），玉刀銘（本書23引）

鎬京　士上盉、𡘇𣪘、小臣静卣、寓鼎（本書21、42、64、101），小臣傳卣（本書20引）

宗周　班𣪘、士上盉、奚方鼎、乍册魖卣、獻侯鼎、史叔隋器、𦉢尊（本書12、21、27、29、32、54、60），燕侯旨鼎（本書24下），𣪘二（三代6.49.4，8.50.4）

後三者的地名，應加叙述如次。

宗周之稱，見於詩書。多方“王來自奄，至於宗周”，雨無正“宗周既滅”，正月“赫赫宗周”，傳箋皆以爲“宗周、鎬京”。據西周金文，宗周與豐、鎬不同地，而宗周乃宗廟所在之地。

大廟　同𣪘、趞𣪘（本書157、附10）記王在宗周之大廟

穆廟　大克鼎（本書185）記王在宗周之穆廟

周廟　𡗨方鼎、小盂鼎、盠方彝、虢季子白盤（本書6、75、122、215），無叀鼎（大系143’）

康廟　南宫柳鼎、元年師兑𣪘（本書164、170）記王在周康廟

郭伯㲃𣪘　“𡨦于宗周”（本書99）

逸周書世俘篇　武王朝至燎於周　燎於周廟　告於周廟

由後二者的比較，可推知“燎於宗周”、“燎於周”、“燎於周廟”，可能是一個地方；周廟在宗周，猶宗周之有大廟、穆廟。武王時之周爲宗周，當時未營成周，故宗周應指岐周。除宗廟

以外,宗周有大師宫,見善鼎(大系36)。

除上述"燎于宗周"外,西周初期(大約當成、康時)金文中的宗周,其地位是十分重要的,如:

隹公大史見服于宗周年　乍册魖卣(本書29)

隹成王大䅘才宗周　獻侯鼎、史叔隋器(本書32、54)

隹王大龠于宗周　士上盉(本書21)

匽侯旨初見事于宗周　匽侯旨鼎(本書24引)

隹公□于宗周　䙴尊(本書60)

(井)侯見于宗周　麥尊(西清8.33)

凡此多涉于諸侯朝見周王之事。前四器皆在成王時,餘器康王。

宗周既非豐、鎬二邑,又爲宗廟所在,于此册命諸侯,疑即徙都豐、鎬以前的舊都岐周。詩緜"古公亶父……止于岐下",至周原而"築室于茲";皇矣"居岐之陽,在渭之將",孟子滕文公"太王……邑于岐山之下"。故周本紀本之而曰"古公止于岐山……而營築城郭室屋,而邑别居之"。漢書地理志右扶風美陽縣自注云"中水鄉,太王所邑",説文從之。左傳昭四杜注云"岐陽在美陽縣西北"。周本紀集解引"徐廣曰,岐山在扶風美陽西北,其南有周原"。周本紀正義引"括地志云故周城一名美陽城,在雍州武功縣西北二十五里,即太王城也"。續漢書郡國志"美陽有岐山有周城"。渭水注"……岐山西又屈逕周城南,城在岐山之陽而近西。…歷周原下,北則中水鄉,故曰有周也,水北即岐山矣"。漢之所謂美陽,奄有今扶風、岐山、武功一帶,今岐山縣有岐陽堡。自清以來陜西出西周銅器最多之處,是扶風、郿、鳳翔、寶鷄、武功等處,大盂鼎、大克鼎(本書74、185)記"王在宗周"命臣工而皆出土于岐山,可以暗示岐山之周是宗周。

詩文王有聲"文王受命,有此武功,既伐于、崇,作邑于豐,文王烝哉!""豐水有邑"。韓非子難二篇"文王侵盂、克莒、舉酆,三舉事而紂惡之"。周本紀因謂文王"明年伐邘,明年伐崇侯虎而作豐邑,自岐下而徙都豐"。集解引"徐廣曰豐在京兆鄠縣東,有靈臺;鎬在上林昆明北,有鎬池,去豐二十五里,皆在長安南數十里";正義引"括地志云周酆宫、文王宫也,在雍州鄠縣東三十五里,鎬在雍州西南三十二里"。豐字或從邑,説文以爲"周文王所都,在京兆杜陵西南"。吕氏春秋論威篇"齊桓公西至酆郭"注"在長安西南"。左傳昭四"康有酆宫之朝",是康王時于豐邑朝臣工,而成王銅器兩記大臣在豐命事,則豐邑于周初爲臣工所居之地。乍册魖卣(本書29)記公大史在宗周見服于王,一月又半王遣其歸于豐邑。稍晚之器(嘯堂2.98)則記王在豐命事。傳寶鷄出土的玉刀銘則記王在豐命大保,但此器待考,詳大保㲃(本書23)。

周本紀贊曰"而周復都豐、鎬",詩文王有聲"考卜維王,宅是鎬京,維龜正之,武王成之,武王烝哉!"毛傳云"武王作邑于鎬京",鄭箋云"豐邑在豐水之西,鎬京在豐水之東"。

渭水注"渭水又東北與鄗水合,上水承鄗池于昆明池北,周武王之所都也"。續漢書郡國志杜陵下劉昭注引摯虞三輔決録云"鎬在豐水東,豐在鎬水西,相去二十五里";又引孟康云"長安西南鎬池"*。帝王世紀曰"鎬池即周之故都也"(太平寰宇記卷廿五引),"鎬在長安南二十里"(詩大小雅譜正義引)。由此可知豐、鎬兩邑分在豐水之西東,相距二十五里,而鎬池在漢昆明池北。召圜器(本書25)考釋述畢爲文、武、周公之墓地而地近豐、鎬,皇覽以爲在鎬聚,此或即鎬京之舊址。今西安市西南豐水東的斗門鎮、普渡村、豐鎬村、鎬京觀,豐水西的開瑞莊、馬王村、靈臺、秦渡鎮,歷代出西周銅器,當在鎬與豐的範圍内。

金文鎬京之鎬作荅,字不能分析其音義所從來。所以決定它是鎬字者:詩書稱豐、豐邑而鎬稱京;文王有聲曰"鎬京辟雍",而辟雍即大池,西周金文的大池皆在"鎬京",詳前天亡毁(本書1)釋文中。該器作于武王之時,則武王都鎬之説不誤,而武王時的鎬京已有了辟雍大池。詩靈臺序以爲文王之事,文王都豐以後乃作辟雍,是可能的。

西周金文中的鎬京,其特點如下:(1)没有廟,但亦于此行酌祀(麥尊),(2)有辟雍大池,(3)有宫(大系80史懋壺、本書158卯毁),(4)王常出居或居于此(本書21士上盉、麥尊、64小臣静卣)。由此可知它應屬于王宫所在之地。

由上所述則西周時東西兩地的都邑,約如下述:

西土之都邑

宗周　宗廟所在,在此朝見,即武王時的周;在岐山

鎬京　王宫所在,有辟雍大池;在長安南昆明池北、豐水東

豐　(王及)臣工所居;在鄠縣東、豐水西,距鎬廿五里

　　葬地在畢、近鎬

東土之都邑

王(城)　即成王後的周;王所居,有王宫;漢河南縣北、瀍水西

成周　即新邑;居殷民,有大廟;在王東四十里、瀍水東

　　葬地在翟泉,近成周

就已有的金文資料而説:豐多見成王器;西周初至穆王居鎬京的記録較多;宗周、成周之名,西周初期常見,以後也常見;新邑、王,惟見于成王器;武王時的周(宗周)不見于成王器,成王以後周與成周並見而周多共王以後器。由此似説明武王至穆王較多的居于西土的都邑、册命臣工,而穆王以後較多的在東國的洛邑。漢書地理志注引臣瓚云"周自穆王以下都于西鄭",王國維以爲是竹書紀年文,而西周中期免尊大毁(本書130、121)有"王才鄭"之語。由此可知西周時代既有東西土的周之都邑,而同在西土、東土又有三城、二城,時王居住亦常有變更。

---

* 荀子議兵篇"武王以滈";王霸篇"武王以鄗",是鄗、滈、鎬同。

此由金文、文獻和銅器出土地點,約略推定西周初文、武、成王所營的都邑,和傳統的說法,並相適合。史記貨殖列傳説"大王王季在岐,文王在豐,武王治鎬"是正確的。班固、鄭玄、高誘、韋昭、皇甫謐之論成周、王城,就其相互相同之點而言,也是正確的。今天考古工作在田野實踐中所掘獲的古代遺址、墓葬及其出土的器物,是説明、證明與補充、修正傳統的文獻記録的最好的證據;而文獻記録與史料的正確的整理與應用,對于田野考古工作也有極大的啓示。清末殷卜辭出土于安陽,我們翻檢故籍,則知歷代所傳殷都方向、地數皆大致準確。準此以求西周初都邑,亦可以按圖索驥。近來廣泛的地面調查工作,正在進行,史志的材料還是值得我們整理、判别而利用的。

(二)西周金文中的宫廟(未作)

(三)西周之燕的考察

西周初的燕國,史書記録很不詳備。自1930年燕下都的調查以來,解放後唐山賈各莊出土了大批燕國的銅器和陶器,凌源出土了燕國的西周銅器,而大批儲于陶甕中的"明刀"也在燕境各地時有出現。另有若干未曾箸録的西周燕器,其拓本也頗有所見。凡此等,若能結合了戰國燕的南北長城遺址的踏查,對于瞭解西周之燕,一定可以稍進一步。我們在小臣𧻚鼎、大保𣪘和匽侯盂(本書22—24)中,已對召公世家及周初燕侯已有所論,試再以下列五節分述燕國的地理、史實及其範圍,藉以推知西周時代的燕。

甲、姓、都邑、長城

召公與周爲同姓:

燕世家　召公奭與周同姓,姓姬氏。

燕世家集解　譙周曰:周之支族。

穀梁傳莊三十　燕,周之分子也。

經典釋文、甘棠正義引皇甫謐　召公爲文王之庶子。

左傳昭七　燕人歸燕姬。

燕爲文王的分子、支族或庶子,所以左傳僖廿四富辰所舉文王之昭十六國,没有召。

周初,封于北燕:

燕世家　周武王之滅紂,封召公于北燕。

燕世家集解　世本曰:居北燕。宋忠曰:有南燕故云北燕。

燕世家索隱　後武王封之北燕,在今幽州薊縣故城是也。亦以元子就封,而次子留周室,代爲召公。

周本紀　封召公奭于燕。

周本紀正義　宗國都城記云：周武王封召公奭于燕，地在燕山之野，故國取名焉。由上所引，並未能説明燕國所封地輪廓及其地點。這個區域的南北，只可試從戰國時（約紀元前四世紀之末）的燕長城推求其界限。史記匈奴列傳曰："燕亦築長城，自造陽（今宣化東北，楊守敬定在獨石口）至襄平（今遼陽北七十里），置上谷、漁陽、右北平、遼西、遼東郡以拒胡。"自北京西北的獨石口經承德、凌源、朝陽（燕山山地）而至遼東的遼陽，在今長城之北，這是燕的北邊長城*。燕的南長城，即燕策所説的"易水長城"，其西端在易縣西南與安新之間，其東端在今永清以西，其中段在今容城、雄縣之南，徐水、任丘之北。易水注、滱水注謂之"長城"。易水注又引史記蘇秦曰"燕長城以北，易水以南，正指此水（南易水）也"。"易水長城"在南北易水之間，故蘇秦所説的"易水以南"應指北易水（即北濡水），長城在其南**。

燕國的環境約如下述：

左傳昭九　及武王克商……肅慎、燕亳吾北土也。

燕世家贊　燕北迫蠻、貉，内措齊、晉。

燕策　燕東有朝鮮、遼東，北有林胡、樓煩，西有雲中、九原，南有滹沱、易水，地方二千里……。南有碣石、雁門之饒，北有棗栗之利，民雖不由田作，棗栗之實足食於民矣。

史記貨殖列傳　夫燕亦勃、碣之間一都會也，南通齊、趙，東北邊胡。上谷至遼東，地踔遠，人民希，數被寇。大與趙、代俗相類。……北隣烏桓、夫餘，東綰穢、貉、朝鮮、真番之利。……燕、代田畜而事蠶。（漢書地理志略同）

此上所述，和根據燕長城所推定的界限，大致相合。由于它在東和北兩方與"胡"相接，所以容易和"胡文化"相交流；由于它和代、趙接壤而俗相類，所以也容易和代、趙的文化相交流。由于燕山山地地遠而人稀，桑田以外，兼事畜牧，接近草原部落的生活作風。這種情形，在戰國的器物（尤其是銅器）上，表現得更顯著。

西周時代燕的都邑所在，不易考定，所以金文"才匽"之語，不能指定何地。燕世家集解云"世本曰：桓侯徙臨易。宋忠曰今河間易縣是也"。易水注曰"易水又東逕易縣故城南，昔燕文公徙易，即此城也"。至戰國時代，則稱今易縣（舊爲易州）爲下都：

易水注　易水又東逕武陽城南……故燕之下都，擅武陽之名……。武陽大城東南

* 文成後見佟柱臣考古學上漢代及漢代以前的東北疆域（考古學報 1956 年 1 期），説西自圍場經赤峯、新惠、綏東而至遼源也有長城，是燕的北境。今長城外尚有秦、漢和燕的長城，其地界應從踏查重爲確定。

** 參楊守敬水經注圖，鄒新鉅戰國圖。

小城，即故安縣之故城也。……世又謂易水爲故安河，武陽蓋燕昭王之所城也，東西二十里，南北十七里。

元和郡縣志卷廿二易州易縣　武陽故城，縣東南七里，故燕之下都。

清一統志卷四十八易州　戰國燕武陽邑。……漢置故安縣，屬涿郡。隋……改置易州于此，爲易州治。元和志易縣，隋於故安故城西北隅置，故城即燕之南鄙。周圍三十里。武陽故城，在縣東南七里。

以上材料，所可肯定的是戰國時稱今易縣爲燕下都。至于徙臨易的事有兩個問題：一是始遷者爲何王，二是臨易在何處。燕世家集解于"桓侯七年卒"下引世本桓侯徙臨易，是以徙臨易之桓侯爲紀元前697—691年之桓侯。易水注説文公徙易。燕世家索隱云"燕四十二代，有……三桓侯、二文侯……"。據今本史記則：

桓侯七年	諸侯年表697—691年(公元前，下同)
桓公十六年	諸侯年表617—602年
桓公十一年	紀年表369—359年
文公六年	諸侯年表554—549年
湣公三十一年	紀年作文公二十四年卒，紀年表438—415年
文公二十九年	紀年作成侯，紀年表358—330年

集解據世本以桓侯爲七年之桓侯(十二諸侯年表作桓公)，並無充足的理由。近年易州出土的燕國銅器，以戰國的居多，不早于成侯。因此徙臨易的桓侯應是在位十一年的桓公(公元前369—359年)，而徙易的文公應是易王以前之文公，即紀年的成侯(公元前358—330年)，世本作閔公，燕策稱文公，蘇秦列傳稱文侯(參燕京學報37：173—183)*。述異記謂易者燕桓侯之别都，至文王(公?)遷易。

所謂臨易，宋忠注世本以爲是後漢河間國的易縣。清一統志卷十二保定府雄縣下云"戰國時燕易邑，漢置易縣，屬涿郡，後漢屬河間國"。水經注以爲文公所徙之易，亦是戰國的易邑、漢代的易縣，今雄縣。若如此説，則紀元前369—359—330年之間，燕徙都于今雄縣，而至燕昭王(公元前311年)則建下都于今易縣。但雄縣臨易，易縣亦臨易，故所謂"臨易"亦可以指今易縣。今雄縣是否曾爲燕都，尚待實物的證明。由此論之，我們暫可肯定當紀元前四世紀之後半期，燕都于易水之上的易縣，此爲下都。既有下都，其上都可能在漢之薊縣，今北京附近。

由上所述，燕的國都，當春秋以後，在今易水流域，所以燕成侯(史記二十九年之文公)之子稱易王。易水注説文公徙易或指成侯，而易當是今易縣(漢故安)，因易縣出土多成侯載以後器。

---

* 收入作者《六國紀年》一書(學習生活出版社1955年出版)，見88—98頁。

乙、北燕方言

揚雄方言一書，其材料至少是西漢時代的，有些可能還早*。此書記載燕方言約六十條，就其與隣近地域方言之相同處，可推出燕與北燕地望所在。方言所記(今採用錢繹方言箋疏十三卷，光緒庚寅紅蝠山房校刊本，下所列 2.1、7.6 等乃其卷、頁數)可分如下各類：

(1)燕 19 見

燕 2.1,7.6,11.14

燕、代之間 1.26

燕、代之北鄙 1.29

燕、代、東齊 1.33

趙、魏、燕、代之間 1.4,1.10

燕、齊 7.13

燕、齊之間 3.3,5.19,6.21

齊、燕、海岱之間 9.14

燕、趙之間 2.1,7.2,11.12

自河而北燕、趙之間 9.8

燕、代、朝鮮洌水之間 2.4

燕、朝鮮洌水之間 3.5

(2)燕之郊鄙(北) 15 見

燕之北鄙 3.3,6.5

趙、魏之郊、燕之北鄙 2.1

燕之北鄙、朝鮮洌水之間 2.9

燕之北鄙、齊楚之郊 1.17

燕之北鄙、東齊北郊 7.13

燕之北郊 7.6,7.14

秦、晉之北鄙、燕之北郊、翟縣之郊 1.27

燕之北郊、朝鮮洌水之間 2.24

燕之外鄙、朝鮮洌水之間 1.10

燕之外郊、朝鮮洌水之間 7.7,7.8,7.11,7.17

(3)燕之東北 5 見

燕之東北、朝鮮洌水之間 5.12,5.21,5.26,8.9,8.10

---

* 參看林語堂前漢方音區域考，語言學論叢，開明書店 1933 年出版。

(4)北燕　22見

北燕　3.12,3.20,7.7,8.11,8.18,11.16,11.19,13.44

北燕、朝鮮洌水之間　3.6,3.13,5.1,8.3,11.17

北燕、朝鮮之間　3.14,5.29,8.2,8.3

東齊、北燕、海岱之郊　7.8,7.12

海岱、東齊、北燕之間　5.3

梁、宋、齊、楚、北燕之間　5.11

北燕之外郊　4.5

(5)朝鮮　共26見

燕——朝	2
燕之北鄙——朝	1
燕之北郊——朝	1
燕之外鄙——朝	1
燕之外郊——朝	4
北燕——朝	9
燕東北——朝	5
朝鮮洌水之間	2(6.15,7.14)
東北、朝鮮洌水之間	1(4.22)

以上方言稱"燕"者39處,稱"北燕"者22處,共61處。卷九"燕之外郊、越之垂甌、吴之外鄙"一條,未録。方言稱朝鮮或朝鮮洌水者共26處,其中23條與燕、燕北或北燕的方言相同。此所謂朝鮮,乃指箕子之後的朝鮮侯並秦、漢之際燕人衛滿的朝鮮國。

由方言的系統,可知:

(1)"燕"　近於代、趙、齊　同於朝鮮者2條

(2)"燕北"(郊、鄙)　略近於趙、魏、秦、晉之郊　同於朝鮮者6條

(3)"燕東北"　5條全同於朝鮮

(4)"北燕"　稍近於東齊　同於朝鮮者9條

"燕之外郊"與"北燕"有並見於一條的(方言7.8),因知(2)(4)兩者應分别。"燕東北"與北燕方言最與朝鮮相近,其次爲"燕北"。燕北方言,東近於朝鮮而西略近於晉、趙之郊,當在北長城地帶。北燕方言除最近朝鮮外,其次與山東半島東部的東齊爲近。燕語最與代語近,除上述外,方言(13.37)尚有"趙、代之間"一條,可見燕、代方言自成一系,而略近於趙。由此可推定此四地區爲:

(1)燕　秦代廣陽郡,西漢燕國所在的廣陽、涿郡,易水流域

(2)燕北　西漢燕國之北,燕上谷郡,今熱河南部、河北西北和舊察哈爾南部的一部

分，燕北長城西部之南

(3)燕東北　西漢燕國之東北，燕漁陽、右北平兩郡在今河北省東北的部分者，灤水流域

(4)北燕　燕之遼東、遼西兩郡，遼水流域

由此可見“燕北”與“燕東北”之“燕”與單稱“燕”的乃指易水的燕國，與今長城内外的北燕自有不同。由此可見燕、代方言爲一系，而北燕、朝鮮方言爲一系。由方言之相同亦可以推見其地域的、習俗的與政治的關係。

丙、戰國燕刀貨

傳世六國刀幣有所謂“明刀”的，自清世以來，出土很多，出土的區域很廣。但它們似乎在一定的界限以内，比較出現的更多、更集中些。兹根據舊日記録及近代發掘調查所獲，記其地點如下＊：

1.北京　俑廬日札9—11“明刀、尖首刀、直刀皆出近畿”。初尚齡吉金所見録“此刀盡出燕市”。解放後1953年北京市文物組在西郊紫竹院也大批的有所掘獲，共8斤。

2.易縣　初氏吉金聞見録“邇來河間易州於敗井頹垣中，每有所獲，動輒數千”。貨布文字考2.8“邇來見此貨之出土，河間易州爲多”。燕下都發掘所獲，見考古通訊1955：4.22—23。

3.河北省　古泉滙3.10“近於道光年間，直隸境内新出無數”。

4.灤平　1935年北門外打井於地下6米處獲一大陶甕，内儲明刀2000餘枚，並有鐵斧。見上都附録。

5.承德　1955年八家子村出土一陶甕，内儲完整的明刀4500枚，是成捆的。見通訊1955：5：54。

6.赤峯　東北100里小城子，佟柱臣採集明刀17枚＊＊。1944年李文信在沙水溝古長城址及哈拉木頭古城北山上的古遺址和古堡中，獲殘片若干，完整的很少；同出土的有銅簇、半圓瓦當、雲紋瓦當等，未發表。

7.朝陽　桑志華在松樹嘴子撿到殘明刀。見人類學雜誌46：3。

8.義縣　清季凌河岸崩，曾出數甕，見匏庵泉考（在瀋陽故宫，未刊稿）。關伯益義州盟刀譜説1921年他在萬佛堂訪得50枚。

9.錦州市　1952年大泥窪出土200枚以上，皆盛在陶甕内。見通訊1955：4.33—34。

＊ 東北地方的材料，承李文信、佟柱臣先生見告。又：熱河新惠參見佟柱臣考古學上漢代及漢代以前的東北疆域（考古學報1956年1期）。

＊＊ 見歷史與考古（瀋陽博物館）1期，32—43頁。

10.鞍山市　1952—1953年,李文信調查羊草莊,兩次出土,一次100餘枚成捆的,一次陶甕中約70—80斤。今存鞍山市文物部門。

11.撫順市　1940年因修馬路出土數千枚,盛在一大陶甕中,一部今存遼寧省博物館。李文信整理過。

12.金縣　出土縣東北普蘭店大嶺屯古城,共20餘枚,見三宅俊成大嶺屯城址(單行小册)。

13.旅順市　牧羊城出土明刀14枚,有"明刀"銘的圜錢4枚,見牧羊城。

14.大連市　出土廣鹿島唐窪屯,見三宅俊成長山列島之史蹟與傳説(單行小册)。

此外在朝鮮境内出土的,見朝鮮發見的明刀與其遺蹟(1938年京都帝國大學史學論叢第七輯)。

以上的地點及出土情況,可以歸納爲三事:(1)出土於"全燕"的範圍以内,(2)很多是成捆的或數以千百計的盛於陶甕之内,(3)也出在朝鮮境内。因此,我們可以肯定所謂"明刀"實即是燕國的刀貨;而所謂"明"字可能是"匽"字的簡寫*。由於北燕在方言上、地域上、政治經濟上的關聯,則燕幣出現於朝鮮乃屬當然之事。但燕幣又有出在燕境以外者,如金文分域篇引山西盂縣金石志説1930年椿樹底出土明刀35枚。其它各地也有零星出土的,但不像燕境内成捆的成甕的出土。

丁、所謂"全燕"

所謂"全燕"乃包括燕與北燕整個的燕境。自紀元前四世紀後半至秦滅燕,全燕之地北部長而南部短。其北境築長城以界匈奴,長城以内凡五郡上谷、漁陽、右北平、遼西、遼東,除後二郡在今長城北外,其他三郡皆在今長城内外。秦既滅燕,五郡仍舊。燕之南境以南易水爲界,西以太行山爲界,東至渤海,其間有"易水長城"。此全燕之地因地勢而分爲:

東北部分　燕、秦之五郡,燕山山脈山地

西南部分　西漢之廣陽、涿郡,華北平原易水流域

前者可以名爲"北燕",後者可以名爲"易燕"。

當戰國後期,燕都於易之下都,至燕王喜二十九年"秦攻拔我薊,燕王亡,徙居遼東"(燕世家)。是從"易燕"移至"北燕",以保其東北。楚、漢之際,趙之"卒史韓廣將兵北徇燕地……。乃自立爲燕王"(陳涉世家),奄有全燕之地。其後,"分燕爲二國",燕王臧荼都薊,遼東王韓廣都無終,見秦楚之際月表及陳涉世家。此所謂燕王是"易燕"而遼東王是"北燕"。西漢有七燕王,最後的燕王建爲廣陽頃王,僅有薊、方城、廣陽、陰鄉四縣之地,即漢書地理志的廣陽國。此國境即秦代的廣陽郡,我們所説的"易燕"範圍還略大於此。㶟水

---

* 作者後作眉批云:"此説不確。牧羊城版19:2'明'圜錢之明作[illegible],從日甚清。"

注"秦始皇二十三年滅燕,以爲廣陽郡,漢高帝以封盧綰爲燕王,更名燕國",此燕國相當於廣陽國加上其後分出的涿郡。

由於楚、漢之際分燕以爲二,所以史記朝鮮列傳"自始全燕時"的"全燕"乃指先秦未分的燕、易燕與北燕。太史公説召公封於"北燕",有三種可能:(1)指西漢二分燕以後的遼東、北燕,(2)借用春秋(昭三、昭六)别於姞姓之南燕的北燕之稱,(3)根據了世本以爲召公封於北燕。春秋與世本皆在秦并六國之前,其所謂北燕即"全燕"。

西周之燕都恐不在戰國燕都之易,亦不能如燕世家索隱所説在漢之薊縣(今北京附近)。太平寰宇記説燕召公始封即今淶水縣,後徙於薊,以武陽爲下都。此説不知何所本,但和前説相近。我們以爲都城記以燕得名於燕山之説,較爲近實。濡水注"庚水,世亦謂之柘水也,南逕燕山下",此水在今薊縣之東南(玉田縣之西北)自西山東歷玉田、豐潤、昌黎而入海。楚、漢之際,韓廣爲遼東王都於無終,即今薊縣地。西周金文"才匽"之燕,或即在此。

左傳説武王克商以後"肅慎、燕亳,吾北土地"。此二地十分重要,應稍加考察,藉以明瞭燕的地理。

戊、肅慎燕亳*

肅慎一國,古今不一其説:

魏志東夷傳　挹婁在夫餘東北千餘里,濱大海,南與北沃沮接,未知其北所極。……古之肅慎氏之國也。

滿洲源流考　挹婁疆域與肅慎正同。

夏本紀正義　括地志云靺鞨國,古肅慎也,在京東北萬里已下,東及北各抵大海。

左傳昭九杜注　肅慎北夷,在玄菟北三千餘里。

五帝本紀集解　鄭玄曰,息慎或謂之肅慎,東北夷**。

其地在中國的東北部分,是濱海之夷之一,凡此皆屬可靠。但説它在夫餘或玄菟之北數千里未免太遠。據秦、漢及稍後紀録,古肅慎似應在遼東一帶:

大戴記五帝德　北山戎、發、息慎。

説苑修文篇　北至山戎、肅慎。

史記司馬相如傳子虚賦　齊……邪與肅慎爲隣。正義云:邪、謂東北接之。

晉書斠注　據高麗好大王碑,言其踐阼之八年戊戌,偏師出肅慎,掠得某城地人民云云。戊戌爲東晉隆安二年。……隋煬帝征高麗,分二十四軍,其右翼有肅慎道,知其地入高麗已久,但不悉亡於何年。

---

* 參傅斯年等東北史綱初稿第一卷。

** 據史記會注考證本。

所謂山戎,秦本紀記"齊桓公伐山戎,次於孤竹",正義云"括地志云孤竹故城在平州盧龍縣十二里,殷時諸侯竹國也"。桓公伐山戎,見春秋莊三十,左傳曰"以其病燕故也",燕世家莊公"二十七年,山戎來侵我,齊桓公救燕",正義曰"杜預云山戎、北狄,無終國名也",今薊縣地。是春秋之時,山戎雜在今河北北部一帶,今長城之内。肅慎更在其北,大略當燕秦之遼西、遼東或朝鮮北部,山戎東北接之。

清代官書滿洲源流考自認肅慎、挹婁爲女真的始族,但在燕末秦漢之際,肅慎與朝鮮、真番的關係較爲密切。肅慎、朝鮮音頗相近,漢初故燕人衛滿始立朝鮮國,見史記朝鮮列傳。在此以前,朝鮮相傳爲箕子之國:

尚書大傳　武王勝殷,繼公子禄父,釋箕子囚,箕子不忍周之釋,走之朝鮮。武王聞之,因以朝鮮封之。箕子既受周之封,不得無臣禮,故於十三祀來朝。(太平御覽卷七八〇)

史記宋世家　箕子者,紂親戚也。……武王既克殷,訪問箕子。……於是武王乃封箕子於朝鮮而不臣也。

漢書地理志　殷道衰,箕子去之朝鮮,教其民以禮義田蠶織作。

後漢書東夷傳　昔武王封箕子於朝鮮,箕子教以禮義田蠶,又制八條之教。……其後四十餘世,至朝鮮侯準,自稱王。

魏志東夷傳注引魏略　"昔箕子之後朝鮮侯,見周衰,燕自尊爲王,欲東略地,朝鮮侯亦自稱爲王,欲興兵逆擊燕,以尊周室。其大夫禮諫之,乃止。使禮西説燕,燕止之不攻。後子孫稍驕虐,燕乃遣將秦開攻其西方,取地二千餘里,至滿潘汗爲界,朝鮮遂弱。及秦并天下……朝鮮王否立……。否死,其子準立,二十餘年而陳、項起,天下亂"。史記匈奴列傳稱秦開"歸而襲破走東胡,東胡卻千餘里"。

而朝鮮與真番常並提:

史記自叙　燕丹散亂遼間,滿收稍亡民,厥聚海東,以集真番,葆塞爲外臣。

史記朝鮮列傳　自始全燕時,嘗略屬真番,朝鮮……稍役屬真番、朝鮮蠻夷。

史記貨殖列傳　東綰穢貉、朝鮮、真番之利　漢書地理志作"東賈真番之利"。

凡此真番之真,與肅慎或有關係,至少是相隣近之國。

此肅慎自武王以來,貢矢於内國王朝:

魯語下　昔武王克商……於是肅慎氏貢楛矢、石砮。

尚書序　成王既伐東夷,肅慎來賀　釋文云"馬本作息慎",周本紀作息慎。

後漢書東夷傳　及武王滅紂,肅慎來獻石砮、楛矢。管、蔡畔周,乃招誘夷狄,周公征之,遂定東夷。康王之時,肅慎復至。

三國志魏書明帝紀　青龍四年五月"丁巳,肅慎氏獻楛矢"。

晉書卷六十七四夷列傳　肅慎氏一名挹婁,……魏景元末,來貢楛矢、石砮、弓甲、貂皮之屬……。至武帝元康初,復來貢獻。元帝中興,又詣江左貢其石砮。至成帝時,通貢於石季龍。

此後來的肅慎,當已在吉林境。松漠紀聞説"古肅慎城四面約五里餘,遺堞尚存,在渤海國都三十里,以石累城"。今寧安,即寧古塔。

據上所述,對於殷、周之際的"早期的"肅慎,可推得一約略的地位:它西隣北燕,東隣朝鮮、真番,西南斜接戰國時代的齊之北境,在春秋時代山戎(今河北北部)之北,在戰國、秦漢時代易水流域燕的東北。它和北燕恐不僅是相接,北燕的一部分地方可能就是肅慎。這和朝鮮也同樣有相接與相交的關係。

燕亳一名,僅見於左傳。傳世陳璋壺(今在費城大學博物館),有關於齊宣王伐燕的刻辭,舊日拓本不好,我曾細觀原器,讀其銘文爲"隹主五年……陳璋内伐匽亳邦之獲"(燕京學報 37:180—181)*。考訂爲齊宣王五年燕王噲七年,紀元前 314 年齊田章伐燕所獲的燕器。此燕之亳邦當指易水。商人以亳名其都、名其社,所以燕亳當指燕山之亳。

"全燕"之地與殷的關係,頗爲密切:

1.燕亳之稱"亳"。

2.西周初邶、鄘、衛之北,在淶水縣。

3.箕子封於朝鮮。

4.郭璞大荒東經注引竹書"殷王子亥賓於有易而淫焉",有易即易水流域。

5.王亥在有易的故事,楚辭天問作有狄。古文字"易""狄"相通,説文逖或體作逷,惕或體作悐,大戴禮保傅、法言問神和論衡譴告的狄牙,管子小稱、韓非二柄難一和左傳僖廿七作易牙。狄又轉而爲翟與代:趙世家曰"主君之子將克二國於翟,皆子姓也",又曰"翟犬者,代之先也",所謂翟犬即狄,所謂代即翟與易。春秋五記狄侵齊,即在齊北燕境的狄人或翟人。

6.鮮虞即中山,路史國名紀丁引"續志云子姓國"。

7.左傳隱元正義引世本目夷爲子姓。目夷或作墨台、墨胎。史記伯夷列傳索隱曰"案地理志孤竹城在遼西令支縣。應劭云伯夷之國也。其君姓墨胎氏"。正義曰:"括地志云孤竹古城在盧龍縣南十二里,殷時諸侯孤竹國也。"是孤竹是殷之同姓諸侯。

8.博物志記徐偃王事,見趙世家、秦本紀正義、後漢書東夷傳注及濟水注所引。志云"徐君宫人有娠而生卵,以爲不祥,棄於水濱,孤獨母有犬鵠蒼銜所棄卵以歸,覆暖之乃成小兒生偃(此據趙世家正義,它本作生偃王)"。徐偃王故事與周穆王、趙造

* 收入作者六國紀年一書内,見 95 頁。

父有關涉,則此徐可能是易水相近之徐水,偃與燕有關。孤獨與孤竹是一,犬與翟犬有關。卵生故事乃秦族商族並滿洲族所共有。

9.齊桓公伐山戎,次於孤竹,而戎爲子姓。左傳襄十九"諸子:仲子、戎子",杜注云"二子皆宋女";莊廿八"小戎子生夷吾",此小戎子也應是子姓。康誥"殪戎殷",周語下"戎商必克",逸周書商誓篇"肆伐殷戎",世俘篇"謁戎殷於牧野"。凡此周稱殷爲戎而殷人自稱其始妣爲有娀氏。

以上五節,從較晚的材料推測戰國"全燕"以前的歷史地理。殷末周初,這一區域爲所謂"戎""翟"的殷人所居,他們和山東的殷人自然仍舊是周的隱患。周人於此建立燕侯,自有其政治的與軍事的意義。由近來銅器的出土,我們相信在西周初,周人的勢力北達於今長城以北的熱河、遼水,南達於江蘇淮水以南,東達於山東半島的東端。北燕的建侯,其都邑可能比戰國易都更北。

(四)虢國考(未作完)

虢爲姬姓之國。左傳僖五曰"虢仲、虢叔,王季之穆也,爲文王卿士",晉語四文王"孝友二虢"。注"文王弟,虢仲、虢叔",君奭"惟文王尚克修和我有夏,亦惟有若虢叔……"左傳襄廿九叔侯曰"虞、虢、焦、滑、霍、揚、韓、魏皆姬姓也,晉是以大",注云"八國皆晉所滅,焦在陝縣"。金文"虢白乍姬大母鬲","虢季乍中姬寶匜",皆媵女之器;又"齊侯乍虢孟姬良母寶匜",則爲虢女與齊侯通婚者。二虢爲王季之子,與文王爲同父異母兄弟,漢晉學者並有異說:(1)韋昭以爲文王弟(晉語二、四注);(2)賈逵、杜預以爲文王母弟(周語上注,周本紀集解,左僖五注);(3)馬融以爲"虢叔同母弟,虢仲異母弟"(左僖五疏,晉世家正義)。而對於虢仲、虢叔與三虢國的關係,亦有若干異說:

(一)西虢——在雍縣、虢縣

虢叔之國矣,有虢宮,平王東遷,叔自此(雍縣)之上陽爲南虢矣。——太康地記(渭水注卷十八)

此虢,文王母弟虢叔所封,是曰西虢。——輿地志(秦本紀正義)

鳳翔府虢縣,古虢國之地也,即周文王弟虢叔所封,是曰西虢。——太平寰宇記卷三十(元和郡縣志卷二略同)

(二)東虢——在制,滎陽、汜水、成臯縣。

甲.仲　　虢仲封東虢,制是也。——賈逵(左僖五疏)

　　　　虢,東虢也,虢仲之後,姬姓也。——韋昭(鄭語注)

乙.叔　　滎陽有虢亭、虢叔國。——續漢書郡國志

　　　　虢叔,東虢君也,恃制巖險而不修德,鄭滅之……虢國今熒陽縣。——杜預

(左隱元注)

封虢叔于東虢,即成皋是也。——帝王世紀(太平御覽卷一五九,太平寰宇記卷六虢州)

洛州汜水縣,古東虢叔之國,東虢君也。——括地志(鄭世家正義)

(三)北虢——在下陽、夏陽,平陸縣。

南虢——在上陽,陜縣。

甲.仲　武王克商,封文王異母弟虢仲於夏陽。——馬融(晉世家正義)

陜,本虢仲國。——續漢書郡國志

虢仲封下陽,虢叔封上陽。——馬融(左僖五疏)

周興,封虢仲于西虢。……今陜郡平陸縣是北虢。——帝王世紀(太平御覽卷一五九,太平寰宇記卷六虢州)

虢公,王季之子文王之弟虢仲之後虢公醜也。——韋昭(晉語二注)

河南即陜城也,昔周、召分伯以此城爲東西之别,東城即虢邑上陽也,虢仲之所都爲南虢。——酈道元(河水注卷四)

乙.叔　虢叔封西虢,虢公是也。——賈逵(左僖五疏)

(文公)虢叔之後,西虢也。——韋昭(周語上,鄭語注)

上陽,虢叔之後。——春秋公子譜(國名紀戊注)

虢叔……自此(雍縣)之上陽爲南虢矣。——太康地記(渭水注卷十八)

以上以虢仲、虢叔分屬東西二虢國,始于東漢賈逵。賈逵注左傳,故其所謂"西虢"乃指上下陽之虢(韋昭從之)。以雍之西虢爲虢叔後以及南虢之稱較爲晚出。以上諸説與歷史不相符合,因據左傳文王時虢仲、虢叔爲王卿士,至兩周之世,二虢世爲卿士,其爲虢君的稱"虢公",金文亦同。西周初,周、召二公分封魯、燕,司馬貞説,皆以元子就封,次子留相王室,仍稱周公、召公,是正確的。虢之初封,據左傳説在文王或其前,則武王以後留相王室的是虢仲、虢叔二氏之後,仍稱"虢仲"、"虢叔"如周公、召公之例,而其爲封地之君者稱"虢公"。

三虢之説始于班固。漢書地理志本注曰"陜,故虢國,有焦城,故焦國。北虢在大陽,東虢在滎陽,西虢在雍(今本衍一州字,秦本紀集解引'班固曰西虢在雍州'。王念孫以爲皆後人所加)"。王先謙補注"下文並此是四虢。陜與大陽夾河對岸,故有上陽、下陽之分,亦有南虢、北虢之稱,實一虢也"。班固的四地三虢之説,與其後的三虢不同。元和郡縣志卷七虢州下曰"周初爲虢國。虢有三:北虢今陜州平陸縣,東虢今滎陽縣,西虢今鳳翔府扶鳳縣也"。有西虢而無南虢。帝王世紀與水經注之三虢則不數雍州之虢,而分南北虢爲二虢。太平御覽卷一五九虢州下引帝王世紀曰"虢有三焉:周興封虢仲於西虢,此其地也;封虢叔於東虢,即成皋是也;今陜郡平陸縣,是北虢"。河水注卷四曰"河南即陜城也。昔周、召分伯,以此城爲東西之别,東城即虢邑之上陽也,虢仲之所都,爲南虢,三虢此其一焉"。

帝王世紀之“西虢”當指陝城之“南虢”。

以上所述，三虢四虢之爲仲叔之後，以及各冠以東西南北之稱，都是漢、晉學者所擬測和所擬定的，都不是西周和春秋初所本有。漢、晉及唐代，對于三虢地望，則有以下的記述。

(一)西虢　渭水注(卷十八)曰“數源俱發于雍縣故城南。縣故秦德公所居也。晉書地道記以爲西虢地也。漢書地理志以爲西虢縣。太康地記曰虢叔之國矣，有虢宫，平王東遷，叔自此之上陽爲南虢矣”(地理志虢縣“有黄帝子、周文武祠。虢宫，秦宣太后起也”。虢宫亦見史記扁鵲傳)。秦本紀正義曰“括地志云故虢城在岐州陳倉縣東四十里(周本紀正義作東南十里)，次西十餘里又有城，亦名虢城。輿地志云此虢，文王母弟虢叔所封，是曰西虢。案此虢滅時，陝州之虢猶謂之小虢(疑衍小字)。又云，小虢，羌之別種。山西瓜城即虢城，戎地”。太平寰宇記卷三十曰“在武都南一百里有虢叔城”。

秦本紀秦武公十一年(公元前687年)“滅小虢”。秦所滅小虢，在今寶鷄縣東虢鎮一帶，一統志曰“虢縣故城在寶鷄縣東……五十里”。其西十餘里又一虢城，即方輿紀要卷五十五曰“桃、虢城在(寶鷄)縣東五十里，古虢君之支屬也。……今有桃、虢二城，相距十餘里，俗亦謂之桃虢川”。此虢近宗周故地，它有可能爲武王以前虢初封地，亦有可能爲武王後虢君之支屬。但在史書上絶少提到此虢。在後世注解上都一致以爲虢叔之國。

(二)東虢　濟水注(卷七)曰“索水又東逕虢亭南，應劭曰滎陽，故虢公之國也，今虢亭是矣”。地理志注及左傳隱元正義所引並作“故虢國，今虢亭是也”。鄭世家正義引“括地志云洛州汜水縣，古東虢叔之國，東虢君也”，秦本紀正義引“括地志云洛州汜水縣，古東虢國，亦鄭之制邑，又名虎牢，漢之成皋”。其地在今虎牢關一帶。距此不遠，有虢公之冢與臺。晉世家集解引“皇覽曰虢公冢在河内温縣郭東，濟水南大冢是也，其城南有虢公臺”。濟水注卷七曰“濟水南歷虢公臺西……又東逕虢公冢北”，亦引皇覽之文。

東虢的建立與滅亡，史書所載不甚明白。鄭語記史伯之言謂濟、洛、河、潁之間“子男之國，虢、鄶爲大，虢叔恃勢，鄶仲恃險”，又曰“若克二邑”，是虢又爲邑。而左傳隱元曰“制，巖邑也，虢叔死焉”，注云“虢叔，東虢君也”，則此恃勢之虢叔與死于制邑之虢叔是一人，乃東虢最後之君，是子男之國。春秋時制爲鄭邑，則滅此東虢者是鄭。然兩周之際，東鄭之建立與東虢之滅亡，固屬互相關連，而史書所載不一其説：甲、鄭語以爲“幽王八年而桓公爲司徒”“乃東寄帑與賄，虢、鄶受之，十邑皆有寄地”“十一年而斃”。乙、史記鄭世家本鄭語之説而稍不同，以爲“東徙其民雒東，而虢、鄶果獻十邑，竟國之。二歲，犬戎殺幽王於驪山下，並殺桓公”。丙、漢書地理志京兆尹鄭縣下注引臣瓚曰“初桓公爲周司徒，王室將亂，故謀于史伯而寄帑與賄於虢、會之間。幽王既敗，二年而滅會，四年而滅虢，居於鄭父之丘，是以爲鄭桓公”。臣瓚即參校紀年之傅瓚，故其所述，當本之紀年。竹書紀年以爲幽王既敗二年，即平王二年也。今本紀年平王四年“鄭人滅虢”。洧水注引竹書紀年曰“晉文侯〔十〕二年，周厲王子友父伐鄶，克之，乃居鄭父之丘，名之曰鄭，是曰桓公”(周厲王原作周惠王，友父原作多父，從朱右曾改，“十”據臣瓚“幽王既敗二年”增）。紀年之説，實與鄭語相一致，而史記以爲鄭桓公“國之”於幽王既亡以前者，鄭語“幽王……十一年而斃”乃指幽王之斃，而司馬遷誤以爲桓公死之也。由上所述，則鄭滅東虢在平王四年（公元前767年）。

（三）南北虢　所謂“北虢”所在，竹書紀年、穀梁傳、公羊傳及馬融作夏陽，而春秋、左傳、史記作下陽（此夏陽與地理志左馮翊之“夏陽，故少梁，秦惠文王十一年更名”者非一地）。河水注卷四曰“河水又東逕大陽縣故城南，竹書紀年曰晉獻公十有九年，獻公會虞師伐虢滅下陽（路史國名紀己注引作夏陽），虢公醜奔衛，獻公命瑕父吕甥邑于虢都。……應邵地理風俗記曰城在大河之陽也”。“砥柱，山名也……亦謂之三門矣，山在虢城東北大陽東也”。晉世家集解引服虔曰“下陽，虢邑也，在大陽東北三十里”（河水注卷四引作“夏陽，虢邑也，在大陽東三十里）”。春秋僖二杜注云“下陽，虢邑，在河東大陽縣”。路史國名紀戊“北虢，男爵，今陝城西四十五里故虢城是，是爲大陽”。此城當在黄河之北，三門峽之西，今平陸縣境。一統志“大陽故城，在平陸縣東北”。春秋大事表卷六之下“平陸縣東五十里有大陽城，大陽東北三十里爲虢下陽城”。

所謂“南虢”與北虢夾河相望，乃在河南。河水注卷四曰“河南即陝城也。……東城即虢邑上陽也。……其大城中有小城，故焦國也”。秦本紀正義引“括地志云焦城在陝州城内東北百步，因焦水爲名，周同姓所封”。左傳僖五杜注云“上陽，虢國都，在弘農陝縣東南”，太平寰宇記卷五硤石縣“虢城在縣西三十六里”。路史國名紀戊“弘農陝是本北虢之上陽，晉滅之，其大城中小城，故焦也”。路史國名紀戊注“上陽城在陝縣之硤石鎮西三十六里常陽驛之東南”。

竹書紀年以下陽爲虢都，杜預注則以上陽爲虢都。上陽爲焦之故國，故必滅焦而後始爲虢地；今本竹書紀年幽王“七年虢人滅焦”，不知何所本。南北兩虢城，必是在河北者先爲虢都，但晉獻公十九年晉滅下陽而虢未亡，二十二年滅上陽而虢亡，是上陽亦曾爲虢都或虢之下都。

晉滅虢先後于四年内滅取上下陽。春秋僖二（公元前658年）“虞師晉師滅下陽”，左傳曰“夏，晉里克、荀息帥師會虞師伐虢滅下陽”，公羊傳曰“虞師晉師滅夏陽……夏陽者何？郭之邑也”，穀梁傳曰“虞師晉師滅夏陽，非國而曰滅，重夏陽也。……夏陽者虞、虢之塞邑也，滅夏陽而虞、虢舉矣”。紀年謂晉獻公十九年“伐虢滅下陽”而“邑于虢都”，晉世家曰“遂伐虢，取其下陽以歸”。左傳僖五（公元前655年）曰“八月甲午晉侯圍上陽。……冬十二月丙子朔晉滅虢，虢公醜奔京師”，晉世家曰晉獻公二十二年“其冬晉滅虢，虢公醜奔周”，于是三虢皆亡。

虢地除上下陽外，左傳莊廿一“虢公爲王宫于玤”（澠池縣境），“王與之酒泉”，僖二“虢公敗戎于桑田”（閿鄉縣東三十里）皆是。僖十五晉侯許“賂秦伯以河外列城五，東盡虢略”,其中二邑即僖三十“許君焦、瑕”。左傳文十三晉侯使詹嘉處瑕,以守桃林之塞(靈寶,陝縣西南三十二里)。郡國志弘農郡“陸渾西有虢略地”,“虢略”杜注以爲虢界也。今靈寶在虢略鎮。左傳莊卅二周語上“有神降于莘”,杜注“虢地”,路史國名紀丁以爲“本虢地,硖石鎮西十五里莘原也”(鄭州管城之莘即鄭語之莘)。春秋初之虢國,自潼關以西,據有今閿鄉、靈寶、陝縣、平陸至澠池等縣之地,多在大河之南。此地區在洛陽之西,故鄭語曰“當成周者……西有虞、虢”。

以下據紀年、左傳、國語、史記及其它文獻列虢之大事如下(紀年爲公元前):

(887—858)
夷王　紀年　夷王衰弱,荒服不朝,乃命虢公率六師伐太原之戎,至于俞泉,獲馬千匹。(原載後漢書西羌傳注云見竹書紀年)

(857—842)
厲王　紀年　厲王無道,淮夷入寇,王命虢仲征之,不克。(原載後漢書東夷傳,王國維以爲紀年)

呂氏春秋當染　周厲王染于虢公長父、榮夷終。

(827—782)
宣王　周語上　宣王即位,不藉千畝,虢文公諫曰……。

(816)　周本紀　十二年魯武公來朝。宣王不藉千畝,虢文公諫曰……。

(781—771)
幽王　晉語一　褒姒有寵,生伯服,於是乎與虢石甫比。

鄭語　夫虢石父讒諂巧從之人也,而立以爲卿士。

鄭語　王心怒矣,虢公從矣。

周本紀　幽王以虢石父爲卿,用事,國人皆怨。石父爲人佞巧善諛好利。

呂氏春秋當染　幽王染于虢公鼓、祭公敦。

774　鄭語　(幽王八年)桓公爲司徒……問于史伯……對曰……虢叔恃勢……乃東寄帑與賄,虢、鄶受之,十邑皆有寄地。

左傳隱元　制,巖邑也,虢叔死焉。(杜注“虢叔,東虢君也”)

(770—720)
平王　紀年　幽王既死,而虢公翰又立王子余臣于攜,周二王並立。二十一年(750,晉文侯四十五年),攜王爲晉文公所殺。(左傳昭廿六疏)

769　臣瓚　幽王既敗,二年(769)而滅會,四年(767)而滅虢,居于鄭父之丘,是以爲桓公。(漢書地理志京兆尹鄭縣下注引)

769　紀年　晉文侯〔十〕二年,周厲王子友父伐鄶,克之,乃居鄭父之丘,名之曰鄭,是曰桓公。

767　臣瓚　幽王既敗……四年而滅虢。

720　左傳隱三　鄭武公、莊公爲平王卿士,王貳于虢,鄭伯怨王。……王崩,周人將畀虢公政。(杜注"虢,西虢公")

(719—697)
桓王　左傳隱五　曲沃叛王,秋,王命虢公伐曲沃而立哀侯于翼。

十二諸侯年表　周桓王二年使虢公伐晉之曲沃。(亦見晉世家)

715　左傳隱八　夏,虢公忌父始作卿士于周。

712　左傳隱十一　冬十月,鄭伯以虢師伐宋。

708　紀年　晉武公八年周師虢師圍魏,取芮伯萬而東之。(河水注)　左傳桓四"冬,王師秦師圍魏,執芮伯以歸"。

707　左傳桓五　秋,王以諸侯伐鄭,鄭伯禦之,王爲中軍,虢公林父將右軍,蔡人衛人屬焉。鄭世家"周桓王率陳、蔡、虢、衛伐鄭"。

706　晉世家　晉小子侯四年(魯桓六)周桓王使虢仲伐曲沃武公,武公入于曲沃,乃立晉哀侯弟緡爲晉侯。

704　左傳桓八　冬,王命虢仲立晉哀侯之弟緡于晉。(杜注"虢仲,王卿士虢公林父")

703　左傳桓九　秋,虢仲、芮伯、梁伯、荀侯、賈伯伐曲沃。

702　左傳桓十　虢仲譖其大夫詹父於王,詹父有辭,以王命伐虢。夏,虢公出奔虞。(杜注"虢仲,王卿士")

(696—682)
莊王　秦本紀　秦武公十一年(687)"滅小虢"。

(681—677)
釐王　左傳莊十六　王使虢公命曲沃伯以一軍,爲晉侯。……周公忌父出奔虢。

(676—652)
惠王　左傳莊十八　春,虢公、晉侯朝王,王饗醴,命之宥,皆賜玉五瑴馬三匹。

674　左傳莊廿　鄭伯聞之,見虢叔曰……盍納王乎?虢叔曰寡人之願也。(杜注"叔,虢公字")

674　周語上　惠王三年……鄭厲公見虢叔曰……盍納王乎。虢叔許諾。鄭伯將王自圉門入,虢叔自北門入,殺子頹及三大夫,王乃入也。

秦本紀　宣公三年鄭伯、虢叔殺子穨而入惠王。

鄭世家　(厲公)七年春,鄭厲公與虢叔襲殺王子穨而入惠王于周。

673　左傳莊廿一　鄭伯將王自圉門入,虢叔自北門入,殺王子穨及五大夫。……五月鄭厲公卒,王巡虢守,虢公爲王宫于玤,王與之酒泉。……虢公請器,王予之爵。……冬,王歸自虢。

672　十二諸侯年表　晉獻公五年"伐驪戎得姬"。

晉世家　晉獻公五年"伐驪戎得驪姬"。

左傳莊廿八　晉伐驪戎,驪戎男女以驪姬。

	穀梁僖十	晉獻公伐虢，得麗姬。
668	左傳莊廿六	秋，虢人侵晉，冬，虢人又侵晉。
668	晉世家	獻公九年晉羣公子既亡奔虢，虢以其故再伐晉，弗克。
667	左傳莊廿七	晉侯將伐虢，士蔿曰不可，虢公驕……虢弗畜也，亟戰將饑。
	晉世家	晉獻公……十年，晉欲伐虢，士蔿曰……。
664	左傳莊卅	春，王命虢公討樊皮。夏四月丙辰，虢公入樊，執樊仲皮，歸于京師。
662	左傳莊卅二	秋七月有神降于莘，惠王問内史過。……内史過往聞虢請命。反曰虢必亡矣。……虢公使祝應宗區史嚚享焉，神賜之土田。史嚚曰虢其亡乎？……虢多涼德，其何土之能得？
662	周語上	（惠王）十五年有神降于莘，王問于内史過。……王曰其誰受之？對曰，在虢土。……今虢少荒，其亡乎？……王曰虢其幾何？對曰：……不過五年。王使大宰忌父帥傅氏及祝史奉犧牲玉鬯往獻焉，内使過從至虢，虢公亦使祝史請土焉。内史過歸，以告王曰：虢必亡矣……。十九年晉取虢。
660	左傳閔二	春，虢公敗犬戎于渭汭，舟之僑……遂奔晉。（杜注"舟之僑，虢大夫"）
	晉語二	虢公夢在廟。……舟之僑告諸其族曰，衆謂虢不久，吾乃今知之。……以其族適晉，六年虢乃亡。（韋注"虢公，虢公醜也"）
658	春秋僖二	虞師晉師滅下陽。
658	左傳僖二	晉……假道於虞以伐虢。……敢請假道以請罪于虢。虞公許之，且請先伐虢。……夏，晉里克、荀息帥師會虞師伐虢，滅下陽。秋……，虢公敗戎于桑田，晉卜偃曰：虢必亡矣……不可以五稔。
658	公羊僖二	虞師晉師滅夏陽……夏陽者何？郭之邑也。
658	穀梁僖二	虞師晉師滅夏陽，非國而曰滅，重夏陽也……夏陽者虞、虢之塞邑也。
658	紀年	晉獻公十有九年獻公會虞師伐虢滅下陽，虢公醜奔衞。
658	十二諸侯年表	周惠王十九年，（晉）荀息以幣假道于虞以伐虢，滅下陽。
658	周語上	（周惠王）十九年晉取虢。
655	左傳僖五	晉侯復假道於虞以伐虢。宫之奇諫曰……八月甲午，晉侯圍上陽問於卜偃曰……。冬十二月丙子朔，晉滅虢，虢公醜奔京師。
655	晉世家	獻公二十二年，……晉復假道於虞以伐虢，其冬晉滅虢，虢公醜奔周。
655	十二諸侯年表	周惠王二十二年（晉）滅虞、虢。
	吴世家	是時晉獻公滅周北虞公，以開晉伐虢也。
	晉語二	伐虢之役師出於虞，宫之奇諫而不聽。……三月虞乃亡。 獻公問于卜偃曰攻虢何月也？……虢公其奔。

(舟之僑奔晉之)六年,虢乃亡。

以上虢公及仲、叔之見于記載者,始于夷王,終于魯僖公五年,約二百三十餘年。此外,尚見于西周金文而時代略可考定者有以下各器:

康王	虢城公	班毁(孟毁"毛公、趞中"之趞中即此人,則爲虢仲矣)
懿、孝王	虢仲	何毁,城虢中毁
	虢叔	虢叔鬲、盂、匿、盨等
夷王	虢叔旅	鬲攸从鼎,虢叔大父鼎,虢叔旅鐘(鬲攸从鼎或爲厲王時器,旅、大父或係一人)
厲王	虢仲	虢仲盨,奠虢中毁,虢中鬲
宣王	虢文公(虢季氏)	虢文公子钕鼎,虢季氏子钕鬲,虢季子白盤(十二年是宣王,幽王只有十一年)
幽王	虢宣公(虢公翰)	虢宣公子白鼎

將此部分與文獻所述者相併,則虢之世系如下表:

王		[虢君]	[卿士]
康王 1004—967		[虢城公]=[趞中]	
懿、孝王 907—898			[虢仲][城虢中] [虢叔]
夷王 887—858		虢公	[虢叔旅][虢叔大父]
厲王 857—842		虢公長父	[虢仲][奠虢中] 虢仲
宣王 827—782 816		[虢文公子钕][虢季氏子钕] 虢文公[虢季子白]	
幽王 781—771		虢公鼓,虢石父	
幽末平初		[虢宣公子白] 虢公翰	
767			虢叔
平王 770—720	720	虢公	
桓王 719—697	718,715	虢公,虢公忌父	
	707	虢公林父	

	706—702		虢仲
	［虢君］		［卿士］
	702	虢公	
惠王 676—652	678，676	虢公	
	674		虢叔
	673	虢公	
	667—660	虢公	
	658—655	虢公醜	

由上可知虢公、虢仲、虢叔各代皆有，稱公者爲虢君，而仲、叔乃二虢之後，世代爲王卿士。但虢公忌父爲桓王卿士，則虢君亦可兼爲卿士。由左傳桓十之文，知虢仲爲卿士而虢公爲虢君，二者有别。死于制邑之虢叔，杜預以爲東虢君，説似可從。但莊廿杜注云“叔，虢公字”，則是錯誤的。金文、文獻中“虢”之仲、叔、季都是氏，仲、叔爲王官卿士，而作虢君的“虢公”據虢文公之例則爲季氏。西周晚期金文虢季氏之子叚、子組、子白皆以子稱。金文“虢×公”，文獻作虢公，惟虢文公則二者所並有。

文獻虢公翰疑即金文虢宣公子白、虢季子白，禮記檀弓上“戎事乘翰”注“翰白色馬也”，易賁“白馬翰如”，西山經“嶓冢之山……鳥多白翰”注云“又曰白雗”。翰字子白，猶鼓字石父也。

周語中周襄王十三年（魯僖公廿四年）……伐鄭，富辰諫曰：“鄭武、莊有大勳力於平、桓，我周之東遷，晉、鄭是依，子頽之亂，又鄭之繇定。”（亦見周本紀）據紀年虢所立攜王爲晉文公所殺；據左傳平、桓之際，鄭武、莊爲卿士，又與虢納惠王，是東周初晉、鄭有扶翼王室之功，而鄭更爲重要。左傳僖廿四年所謂“鄭有平、惠之勳，又有厲、宣之親……於諸姬爲近”。平王東遷之初，虢、鄭對立，虢立余臣而鄭擁宜臼，鄭東徙而取東虢之制，稍晚，晉殺余臣。平王之世，鄭之武公、莊公爲王卿士。至平王之末，王貳于虢而將畀政，形成鄭、虢之争權。至鄭、虢納惠王乃成均勢，然次年鄭伯由于賞賜而怨王。虢在王室政治上的勝利，仍然不免于滅亡者，是由于其鄰國晉之故。春秋初期，晉國的翼與曲沃的斗争，虢奉王命扶翼而抑曲沃；至周釐王三年曲沃滅晉而曲沃武公命爲晉侯（晉世家），曲沃從此怨虢。武公亡後，晉世家“十九年獻公曰：始吾先君莊伯、武公之誅晉亂，而虢常助晉伐我，又匿晉亡公子，果爲亂，弗誅，後遺子孫憂”（此左傳、國語所無），遂興師伐虢。

兩周之際，二周王對立凡二十一年。虢公翰擁立之余臣在攜，故號攜王，攜地當在西京附近。新唐書大衍曆議謂豐、岐、驪、攜皆鶉首之分，雍州之地。秦本紀“襄公以兵送周平王，平王封襄公爲諸侯，賜之岐以西之地，曰戎無道，侵奪我岐、豐之地，秦能攻逐戎即有其地”。秦文公十六年“文公以兵伐戎,戎敗走,於是文公遂收周餘民有之,地至岐,岐以東獻之周”。今本紀年平王二年“賜秦晉以邠岐之田”。秦文公十六年當周平王二十一年,即攜王見殺之年。左傳昭廿六年疏引紀年以爲晉文公殺攜王,然據史記平王二十一年爲晉文侯仇三十一年,疑殺攜王者乃秦文公也。左傳昭廿六年“攜王奸命,諸侯替之”。

1961年6月6日

補記:甲室札記甲册有吴王御士及吴王朝二器*,此吴王疑即攜王余臣,以其在虞,故稱吴王。

1962年12月3日

西周虢器,無在懿、孝以前的**。成王時班毁“王令毛白更虢城公服”,是虢在西周初已見存。左傳僖五“虢仲、虢叔,王季之穆也,爲文王卿士”,杜注云“虢仲、虢叔,王季之子,文王之母弟也,仲、叔皆虢君字”。史記晉世家引作“王季之子也”。晉語四謂文王“孝友二虢而惠慈二蔡”,韋注“二虢,文王弟虢仲、虢叔也”,“管叔初亦爲蔡”。是虢爲姬姓,金文虢白爲姬大母作鬲,虢季爲中姬作匜,皆媵女之器。金文四虢,伯仲叔季乃是排行,後爲氏,故虢季亦稱虢季氏。西周四虢銅器出土地之可考者,俱在關中、京兆、長安、鳳翔、寶雞、陜縣等地,尚没有出于東虢的。

四虢都是王季之胄,是一大氏族。其下伯、仲、叔、季爲四大宗氏,而城虢中之下又有遣氏乃是分族。虢中、虢叔在西周中期曾爲王之卿士,服事于王室。其仲氏之别封于城于奠的,則稱城虢中、奠虢中,省稱爲虢中,尊稱爲虢公。

四虢或二虢與三虢的關係世無定論。漢書地理志班注曰:“陜,故虢國……北虢在大陽,東虢在滎陽,西虢在雍。”王先謙補注曰:“陜與大陽夾河對岸,故有上陽、下陽之分,亦有南虢、北虢之稱,實一虢也。”北虢于公元前655年滅于晉,紀年獻公“十九年伐虢,滅下陽,虢公醜奔衞”。左傳僖五“晉侯圍上陽”,“晉滅虢,虢公醜奔京師”,杜注云:“上陽,虢國都,在弘農陜縣東南。”正義云:“晉滅一虢,鄭滅一虢,不知誰是仲後誰是叔後。賈逵云:虢仲封東虢,制是也;虢叔封西虢,虢公是也。馬融云:虢叔,同母弟,虢仲,異母弟,虢仲封下陽,虢叔封上陽。”晉語二韋昭注云:“虢公,王季之子、文王之弟虢仲之後,虢公醜也。”史記晉世家正義:“馬融云:周武王克商,封文王異母弟虢仲於夏陽。”續漢書郡國志于陜下云“本虢仲國”,異于賈、馬之説。西虢于公元前687年滅于秦,秦本紀武公十一年“滅小虢”,集解云:“駰案:西虢在雍州。”正義云:“括地志云故虢城在岐州陳倉縣東四十里(周本紀正義引作東南十里),次西十餘里又有城亦名虢城。輿地志云:此虢文王母弟虢叔所封,是

* 吴王御士尹氏叔緐簠見文參1958:5:72,吴王朝乍南宫史叔飲鼎見周金又補遺。

** 作者批注:“虢姞鬲似在共前。”

曰西虢。案此虢滅時,陝州之虢猶謂之小虢。又云:小虢,羌之別種。”渭水注曰:“(雍)縣,故秦德公所居也,晉書地道記以爲西虢地也。漢書地理志以爲西虢縣,太康地記曰虢叔之國也,有虢宫,平王東遷,叔自此之上陽,爲南虢矣。”周本紀“虢文公諫曰”,集解云:“賈逵曰文公,文王母弟虢仲之後,爲王卿士也(亦見周語上注)。韋昭曰文公,文王母弟虢叔之後,西虢也(亦見周語上注),宣王都鎬,在畿内也。”鄭語當成周者“西有虞、虢”本指陜地之虢而韋昭以爲西虢,注云:“虢,虢叔之後,西虢也。”帝王世紀謂仲封西虢,叔封東虢。東虢于公元前771年滅于鄭,鄭世家曰“地近虢、鄶”,集解云:“徐廣曰虢在成皋。……虞翻曰虢,姬姓,東虢也。”正義云:“括地志云洛州汜水縣古東虢叔之國東虢君也。”郡國志于滎陽下云:“有虢亭,虢叔國。”鄭語“虢、鄶爲大”,韋注云:“虢,東虢,虢仲之後,姬姓也。”

由上所述,則諸家仲叔誰屬,互不一致。

西虢　虢仲　帝王世紀,廣韻陌部“虢,國名,周封虢仲於西虢”

　　　虢叔　韋昭(鄭語注),太康地記,輿地志,元和郡縣志卷二,太平寰宇記卷三十

　　　西虢虢公爲虢叔後　賈逵

　　　虢文公爲虢仲後　賈逵(周語上注引)

　　　虢文公爲虢叔後,西虢也　韋昭(周語上注)

北虢　虢仲　韋昭(晉語二虢公醜),郡國志

　　　虢叔,上陽南虢　太康地記

　　　虢叔上陽,虢仲下陽　馬融(左傳正義引),公子譜“上陽,虢叔之後”

東虢　虢仲　韋昭(鄭語注),賈逵(左傳正義引)

　　　虢叔　帝王世紀,括地志,續漢書郡國志,杜預(隱元年注)

三虢皆有仲、叔二説。由何殷、㾓鼎、舀鼎知虢仲、虢叔俱爲王之卿士,與虢文公同,而金文的虢文公爲虢季,與妃姓之蘇通婚媾。如此虢仲可能爲北虢或東虢,則城虢中、奠虢中的城、奠或指成皋與東土之鄭。班殷的毛公更虢城公之服,據廣韻豪部毛公避雠滎陽,即在東虢。

1958年2月17日丁酉除夕

虢

虢宣公子白鼎　録遺90(本書216)

虢姞乍鬲　三代5.14.9,尊古2.20,商周157

齊侯乍虢孟姬良母寶也　三代17.37.2

虢姜殷　考古圖3.18

虢姜鼎　攈古2.1.65,復齋15

虢太子元徒戈　M 1052:53,M 1052:54 兩件(上村嶺圖版 35:2,3)

元戈　M 1721:17(上村嶺圖版 54:6)

虢戈　小校 10.21.4　形制全同上村戈

元矛　M 1711:14(上村嶺圖版 53:6)

虢嫚□盤　M 1820:24(上村嶺圖版 62:2)

“鮴子弔乍”鼎　M 1753:1(上村嶺圖版 64:2)

“鮴貉乍哺”(左爲銹掩,疑是鋪)　M 1810:19(上村嶺圖版 56:4)

“虢□□□王用乍梁弔寶孫孫子子寶”　西清 13.17 周梁叔彝

鮴甫人乍嫚妃襄賸匜　三代 17.29.1

虢叔

(甲)鬲　虢叔乍隮鬲　考古圖 2.6　形近弭弔鬲而四耳,約夷、孝時

同上　十二式 8,三代 5.15.3(此銘可疑,花紋與前器不同)

盂　虢叔乍旅盂　三代 18.12.1　丁樹楨藏,山東省博物館

同上　三代 18.12.2　丁麟年藏

彝　虢叔乍　考古圖 4.27　“得于京兆”。形似毁

匼　虢叔乍旅匼其萬年永寶　三代 10.4.5

匼　同上　三代 10.4.6　曹載奎藏

盨　虢叔鑄旅盨其子子孫孫永寶用享　三代 10.31.2

(乙)鬲　虢叔乍叔殷穀隮鬲　考古圖 2.14　“形制未傳”

尊　虢叔乍叔殷穀隮朕　三代 11.27.7,攈古 2.1.25

盤二器　隹正月初吉

儕孫殷穀

乍盥盤子子

孫孫永壽用之　三代 17.12.1(曾見于尊古齋)

又一器　虢[叔]儕一

虢叔殷穀　三代 17.12.2,尊古 3.20(無盤字),商周 837

(丙)虢叔大父鼎　貞圖 1.20,三代 3.27.5　參文物 1964:9:35 叔旅魚父鐘

(丁)鐘　虢叔旅鐘　七器　(1)陶續 1.3,大系 214;(2)泉屋別集,商周 947,大系 215

窓齋賸稿釋文云“出長安河壖土中”

鐘　叔旅魚父鐘　一器(失羣)　文物 1964:9:35(圖版 5:3—4,插圖 5 下中)

以上(甲)組是同時代的一組旅器,只稱“虢叔”而無私名。此組有匼、盨應在共王以後,但不太晚。它們與瘨鼎(嘯堂 98)應是同時的(瘨鼎可能是夷王器),可暫定爲懿、孝時

器。(丙)組是頌鼎式鼎,應在夷王時。(丁)組的鐘作糾目式的紋飾,且此虢叔旅與鬲攸比鼎(本書188)的虢叔當是一人,可定爲夷王時的。(乙)組的時代介于懿至夷王之間。

(甲)(丁)兩組有得于京兆、關中和長安的,屬于周都範圍,可能爲當時王室卿士之遺,不一定是西虢。

1958年2月15日

虢仲

(甲)奠虢仲𣪘一　西清27.28,尊古2.5,三代8.17.2　近于何𣪘(本書179)

二　冠斝1.23,三代8.18.1　李宗岱舊藏。近于頌𣪘(美集録A 245)

三　三代8.18.2　李宗岱舊藏

奠虢仲悆戚鼎　小校2.81.3　潘祖蔭藏(别無箸録)

(乙)城虢仲𣪘　恆軒1.37,三代7.14.1　箸録表"出鳳翔、寶鷄東鄉"。愙齋尺牘"得之鳳翔道中"

城虢趞生𣪘　三代7.34.2　陳介祺藏

(丙)鬲　"虢中乍虢妃隮鬲"　懷米2.20,三代5.36.2

虢仲盨　十二雪11,商周369,三代10.37.2　觀堂别集跋以爲出陝右(本書211)

何𣪘　"虢仲入右何……"　續考古圖3.25

(丁)盨　趞叔吉父作虢王姞

(1)善齋90,商周367,三代10.35.3　器銘

(2)三代10.35.2　潘祖蔭藏一銘

(3)録遺175　對銘

虢姞鬲(形制花紋共王以前)

三代5.14.9,尊古2.20,商周157

鼎　趞叔乍旅鼎用　金索1.30,善禮1.50,三代3.4.4(形制花紋同于商周65),文參1958:1:66

以上(甲)𣪘及(丙)之虢仲盨約爲夷王時器,(乙)城虢仲𣪘略早,約懿、孝時。虢仲鬲亦約夷王時,綴遺27.22云"以虢文公鼎及此鬲證之,是虢恆娶于妃氏,蓋蘇國于河内之温,與北虢大陽東虢滎陽地皆相近,世爲婚媾,固其宜也"。方氏未定與蘇爲婚之虢爲何虢,由上村鬲知其是虢季。

穌𡚬妊乍虢妃魚母賸鼎　商周80,大系録280

同上盤　三代17.9.1

穌甫人乍嫚妃襄賸匜　三代17.29.1

"𩵦子弔乍"鼎　　上村嶺 M 1753:1(上村嶺圖版 64:2)

虢文公子钕乍弔妃鼎　　夢郼 1.13,商周 63,大系録 283,三代 3.48.1

虢季氏子钕乍寶鬲　　上村嶺 M 1631:1(上村嶺圖版 41:1)

同上鼎　　懷米 2.5,三代 3.48.2(孫字有重文)

同上鼎　　故宫

同上鬲　　貞圖 1.28,三代 5.39.2

虢中乍虢妃䭆鬲　　懷米 2.15,三代 5.36.2

由陝縣上村嶺出土之鬲,知虢文公子钕即虢季氏子钕。郭沫若以爲虢文公鼎之弔妃或即蘇器之虢妃。但虢仲與虢文公(虢季氏)非一人。虢妃魚母、弔妃、虢妃是否一人,尚待考定。虢妃魚母鼎早于克鼎式的虢文公鼎,而虢文公鬲與虢妃鬲相似,乃夷王時作。

據城虢趞生𣪕和(丁),則趞生、趞叔俱是虢仲之族。𥧝鼎(此器較晚)趞中命𥧝司奠田,則趞氏乃奠虢仲之族。此奠或是西鄭。

虢妃魚母　鼎

虢叔旅　鐘

叔旅魚父　鐘(文物 1964:9:35)　此鐘形制較早

虢白

虢白乍姬大母鬲　綴遺 27.21,三代 5.41.1

虢白乍□獻用　三代 5.6.6

虢季

虢季乍𠨘姬寶攸　綴遺 14.7.1

虢季子白盤　商周 841,三代 17.19

箸録表"道光間出郿縣、寶鷄"

奇觚 8.19"出寶鷄虢川司"

"劉燕庭云出郿縣禮邨田間溝岸中"

虢季氏子組盤(僞?)　雙玉 12,周存 4.8　"鳳翔出土"

虢季氏子組壺　兩罍 7.4—5,商周 729,雙王 17,大系 185

虢季氏子組鬲(早于虢季氏子钕鬲)　巖窟 1.14　出新鄉,高 10,口徑 15 釐米

虢季氏子組𣪕一(近師寰)　陶續 1.35,大系 116(器),三代 8.8.1

二　三代 8.7.2,清吟閣(一銘)

三　三代 8.8.2(一銘)

虢季氏子钕鬲　上村嶺 M 1631:1(上村嶺圖版 41:1)

四、周禮部分

(一)册命篇*

甲、成、康及其後的史官

西周金文關于史官的記録,可以分爲成、康與成、康以後兩大部分。成、康金文應該是相當于尚書的周書的,成、康以後金文是晚于周書的,然而只有借成、康以後金文的策命制度,才可以明瞭周書的策命制度。但爲了明瞭成、康以後史官的所從來,又首先應研究成、康的史官。

西周成、康時期的史官有五種:(1)大史,見乍册魖卣(本書29);(2)中史,師旂鼎(本書76)曰"弘以告中史書";(3)內史,井侯毁(本書57)王命內史賜服賜臣,友鼎(頌1)"內史令友事";(4)乍册,見令毁、乍册翻卣、乍册魖卣、趞卣(本書15、20、29、30);又有乍册豐(嘯14)、乍册宅(西清13.6,陶續1.30)、乍册益(攀古2.18,三代13.46.1)、作册𢀛(三代3.30.3)、乍册寓(三代3.51.2),又尚書有作册逸(召誥)、作册豐(逸畢命)、作册度(顧命)、作册畢公(畢命序);(5)史,見寓鼎、士上盉、史叔隋器(本書10、21、54),而中甗(大系8)有"史兒至以王令曰"。

成、康的史官,有以下的情形:(1)乍册没有宣王命的記録;乍册出現的次數多于內史;后、公、侯有他們自己直屬的乍册;(2)內史只見兩次(友鼎與井侯毁),其職爲宣禄命;(3)史有代王宣命的一例;(4)大盂鼎(本書74)的"王若曰"應該是史官所宣的王命;(5)內史、中史不附私名,乍册、史附私名,大史不附的居多。

成、康以後的史官,除了大史、內史、史承襲前制以外,作册僅一見(本書114吴方彝蓋),而增多了乍册內史、乍命內史、乍册尹、內史尹、命尹、尹氏六個官名。它們的現象是:(1)內史、史和新增六名都代王宣讀策命;(2)史、命尹皆附私名,內史附或不附,尹氏(六見)、乍册內史、乍命內史、乍册尹、內使尹都不附;(3)克盨(本書187)史爲尹氏友,則尹氏這一種官府內有許多僚友,即所謂史;同様內史尹是內史之長,故揚毁(本書138)稱"內史史先";(4)乍册內史與乍命內史,恐怕是没有甚麼分别的。

成、康及其後的西周史官,依其關係與時期可分别如下:

---

* 本篇又以王若曰考爲題,收入尚書通論一書。後有補充修改。

〔初期〕	〔中	期〕	〔晚期〕
乍册	乍册尹	命尹	
内史	内史、乍册内史	乍命内史	
		内史尹氏	尹氏
史	史	内史尹	
		尹氏、尹氏友	史

由此可見西周初期的史官以乍册爲主,中期以内史爲主,而尹氏至晚期始盛。共、懿時期的師晨鼎與師俞毁(本書 134、135)記録了同日同地同右舉行的兩次策命,而一稱乍册尹一則乍册内史,故知在當時乍册與内史是通用的。西周晚期,内史與尹氏并存,其制延至春秋,所以左傳僖廿八周襄王命尹氏與内史賜晉文公命。

乍册、内史、尹氏出現有先後,雖皆主一時策命的事,而其來源不同。乍册之官見于晚殷金文與卜辭,本義是册命的制作者。尹氏源自殷代師保之官的尹,西周初的"公尹"仍爲師保之官而位至尊,西周晚期尹氏地位亦尊高,所以小雅節南山曰"尹氏大師,維周之氐,秉國之鈞"。内史是史而服事于王左右的;史除作爲史官外,又爲僚友的代稱。但内史在成、康時已高于乍册,如麥器所示,内史命井侯而井侯的正吏有乍册。酒誥序内史友于太史友之後,周禮春官序宫内史之秩尊于大史、小史、外史、御史。

此三官應有分别,後世追記,因其性質相近,故每有互易其名的。洛誥的作册逸,本是正確的;而左傳、國語、世俘篇并古今人表作史佚,克殷篇、周本紀作尹佚。此蓋由于乍册之名,西周中期以後,漸以不行,後世作者遂不能知其爲官名。

阮元積古 7.17 著録免盤(本書 131),以銘中的乍册内史即周禮春官的内史。孫詒讓本之,説"内史掌作策之事,或即稱爲作册",説洛誥的"作册逸蓋爲内史",又説"周之史官亦稱尹氏,疑尹逸之後,世爲此官"(古籀拾遺下七)。孫氏周禮正義于内史下申述此義,并説"覲禮及左襄三十年傳并以大史掌策之事,疑内史大史亦通稱"。孫氏以作册爲官名,并以爲它與内史、大史同爲史官,是正確的;但以爲它即是内史、大史,則顯然與成、康金文不合。

王國維本孫氏之説作釋史(觀堂卷七)和書作册詩尹氏説(補遺),援引金文,鋪衍其義,"以作册爲内史之異名","作册亦稱作册内史……亦稱作命内史……亦單稱内史……。内史之長曰内史尹,或曰作册尹……亦單稱尹氏。……或稱命尹……"。"作册、尹氏皆周禮内史之職,而尹氏爲其長,其職在書王命與制禄命"。

王氏以作册内史、作命内史、内史尹、命尹等爲史官之一,是正確的;但將它們與作册、内史、尹氏等同起來,則是不對的。古代官制的研究,固當明其類别與其彼此的關連,但亦應注意主持某一類事的官常有變换,而某一種官因時代不同而改易其地位和性質。作册本是制作策命之人,及史官代宣王命的制度産生,乃兼而爲代宣王命之人;西周中期其權落于在王左右的内史(其初當爲記言之官);在西周晚期則尹氏取而代之。但因内史、尹氏性質相近,故至西周以後内史仍有宣王命者,它若大史與宰亦時執行此事。

西周各期史官職權的屬此屬彼,尚不是最重要的。其最有關於禮儀的則爲史官代宣王命的制度。

乙、西周金文中的册命

西周金文的内容是多種多樣的,大别之可分爲:(1)作器以祭祀或紀念其祖先的,(2)記録戰役和重大的事件的,(3)記録王的任命、訓戒和賞賜的,(4)記録田地的糾紛與疆界的。(4)很少,(2)雖有而不如(1)(3)之多。其中自然以記録王的任命、訓戒和賞賜的,最爲重要。它們具體的説明了當時的制度,并且實録了當時的王命。這些王命,最先是書寫在簡書上的,當庭宣讀了,然後刻鑄于銅器之上。原來的簡書已經不存,賴此保存了周王室的官文書,它們實具有古代檔案的性質。西周檔案的流傳于後世的,主要的只有兩種:一是今文尚書中的周書部分,一是西周銅器銘文。周書與西周金文在研究上有彼此發明的地方,而在作爲檔案與史料的意義上説,是同等重要的。1941—1943年間,曾因講授大盂鼎、毛公鼎和尚書作了關於古代策命制度的研究。由金文和尚書的互相補充與互相説明,使我們不但對於古代的儀禮有所體會,并且對於尚書中周書部分的真實性、結集年代和分合情形有了進一步的瞭解,對於"書""命"和"命書"的來源有了比較清楚的認識。

西周金文的"命"可以分爲三大類:第一類是王的策命與賞賜,第二類是王令其大吏舍命于成周,第三類是君后、伯侯的命、賜。第二、三類爲例不多,今述其要。第三類如乍册睘卣、史叔隋器(本書31、54)是王姜命其作册,乍册魖卣(本書29)是公大史命其作册,小臣宅毁(本書17)是同公命其小臣,麥器是井侯賞其正吏,卯毁(本書158)是榮伯命其正吏。第二類如令方彝(本書19)是王令明公舍三事四方令于成周,小克鼎(本書186)是"王命善夫克舍令于成周",乍册麲卣、士上盉(本書20、21)的"殷成周"或亦屬之。

第一類王在宫、廟策命或賞賜其臣工,此又可分爲二項:第一項爲王親命,第二項爲史官代宣王命。王親命之例如下:

(子)王親命

1 農卣　　王親(?)令白知曰(本書未完稿23)

2 遹毁　　穆王親易遹(本書104)

3 噩侯鼎　王親易御方玉五瑴、馬四匹、矢五束(本書154)

4 史懋壺　王才鎬京濕官親令史懋路筭(大系80)

5 克鐘　　王親令克遹涇東至京師,易克甸車、馬乘(本書184)

6 盠尊　　王親旨盠駒,易兩樸(本書122)

(丑)王令、王曰

7 班𣪘　王令吴白曰：以乃師左比毛父（本書 12）

8 井侯𣪘　王令榮罕内史曰（本書 58）

9 彔刻卣　王令刻曰（大系 33）

10 君夫𣪘　王才康宫大室，王命君夫，曰（大系 30）

11 伯晨鼎　隹王八月辰才丙午，王命韓侯白晨，曰（大系 99—100）

12 大𣪘　王才𩰫侲宫……王令善夫豖，曰（本書 183）

13 害𣪘　王才屖宫……王册命害，曰（本書 160）

14 五年師事𣪘　隹王五年九月既生霸壬午，王曰師事……（本書 146）

15 康鼎　王才康宫……王命（本書 156）

16 同𣪘　王才宗周各于大廟……王命同（本書 157）

17 令鼎　王大藉農于……王曰（大系 14'）

18 善鼎　王才宗周王各大師宫，王曰（大系 36）

19 㦰𣪘　王各于大室……王曰（本書 125）

20 虢季子白盤　王各周廟宣射，受鄉，王曰……（本書 215）

以上（子）項親或從宀，大雅韓奕"韓侯受命，王親命之"，與此同。（丑）項中，西周初期的"王令"，初期以後作"王命"，它和"王曰"只是形式上的王親命，事實上有些應是史官宣命，因後者亦有"王曰""曰"的形式。但大略言之，成、康時代金文的"王令"很可能是王親命，史官宣命似盛于成、康以後，康王時的大盂鼎是惟一可推的例外。惟在尚書則成王時已有史官宣命的誥命。

成、康之器除了大盂鼎可以推爲史官宣命以外，只有宋世出土的"安州六器"是代王"傳命"之例：

21 中方鼎　王令大史兄褔土，王曰（大系 6）

22 中甗　史兒至，以王令曰：余令女事小大邦……（大系 8）

在西周初期以後的銅器上，才有形式完備的史官代命王命的銘文。只有到了共王，右者與史官代宣王命的制度，才具體的見載于銘文。它們的形式亦是多樣的，可以分爲以下諸組：

甲、王乎史官册命王若曰例

23 趩𣪘　内史即命，王若曰（本書未完稿 10）

24 師𩠡𣪘　王乎内史遺册令師𩠡，王若曰（本書未完稿 17）

25 牧𣪘　王乎内史吴册令牧，王若曰……王曰……（大系 59）

26 師虎𣪘　王乎内史吴曰"册令虎"，王若曰（本書 108）

27 揚𣪘　王乎内史史光册令揚，王若曰（本書 138）

28 蔡𣪘　王乎史光册令蔡，王若曰（本書 139）

29 大克鼎　王乎尹氏册令善夫克，王若曰（本書 185）

30 師嫠毁　王乎尹氏册令師嫠，王若曰（本書 168）

乙、王若曰王曰例

31 大盂鼎　王才宗周令盂。王若曰……。王曰……。王曰……。王曰……（本書 74）

32 毛公鼎　王若曰……。王曰……。王曰……。王曰……。王曰……（本書 210）

33 師詢毁　王若曰……。王曰……（本書 207）

34 師克盨　王若曰……。王曰……（本書 210）

丙、王若曰例

35 𪚥毁　唯正月辰才甲午，王若曰（大系 104）

36 录白毁　隹王正月辰才庚寅，王若曰（大系 35）

37 師寰毁　王若曰（大系 135—136）

38 𦣞鼎　王才周穆王大〔室，王〕若曰（本書 143）

39 歸芻毁　王命中致歸乖白僞裘，王若曰（本書 196）

40 㝨生鐘　王命□□□□□□周，王若曰（本書 141）

丁、王乎史官册命王曰例

41 頌鼎　尹氏受王令書，王乎史虢生册令頌，王曰（本書 192）

42 善夫山鼎　王乎𡍬册令山，王曰（文物 1965:7）

43 豆閉毁　王乎内史册命豆閉，王曰（本書 109）

44 𨞛毁　王乎内史册令𨞛，王曰（大系 148）

戊、王乎史官册命曰例

45 免毁　王受乍册尹書，俾册令免，曰（本書 128）

46 利鼎　王乎乍命内史册令利，曰（本書 107）

47 諫毁　王乎内史㒸册命諫，曰（本書 136）

48 𦣞壺　王乎尹氏册令𦣞，曰（大系 84）

49 無叀鼎　王乎史翏册令無叀，曰（大系 143’）

己、王乎史官册命例

50 走毁　王乎乍册尹册令走（本書 112）

51 師晨鼎　王乎乍册尹册令師晨（本書 134）

52 輔師嫠毁　王乎乍册尹册令嫠（本書 142）

53 元年師事毁　王乎乍册尹克册令師事曰（本書 145）

54 師俞毁　王乎乍册内史册令師俞（本書 135）

55 南宫柳鼎　王乎乍册尹册令柳（本書 164）

56 趩觶　王乎内史令趩（本書 132）

57 伊𣪘　　王乎命尹邦册命伊(大系 116)
58 吴方彝　　王乎史戊册令吴(本書 114)
59 望𣪘　　王乎史年册令望(本書 113 引)
60 師酉𣪘　　王乎史𤔲册命師酉(本書 173)
61 師奎父鼎　　王乎内史駒册命師奎父(本書 111)
62 師兑𣪘一　　王乎内史尹册令師兑(本書 170)
63 師兑𣪘二　　王乎内史尹册令師兑(本書 171)
64 師察𣪘　　王乎尹氏册令師察(本書 147)
65 師耤𣪘　　王乎内史尹氏册命師耤(本書 149)
66 師瘨𣪘　　王乎内史册令師瘨(本書 119)

庚、王乎史官册錫例

67 盠方彝、尊　　王册令尹易……曰……王令盠曰……(本書 122)
68 趩鼎　　吏留受王令書,王乎内史"册"册易趩……(本書 194)
69 寰盤　　史□受王令書,王乎史減册易寰……(大系 117)
70 休盤　　王乎乍册尹册易休……(本書 197)
71 師毛父𣪘　　内史册命易……(本書 110)
72 免盤　　王才周令乍册内史易免……(本書 131)

以上 20—72 都是史官代王宣命之例,分爲七組。爲省簡計,各銘都未録全。兹舉前述二例較詳的記録于下:

大克鼎　王才宗周。旦、王各穆廟,即立。緟季右善夫克入門,立中廷,北鄉。王乎尹氏册令善夫克,王若曰"克……"。克拜稽首,敢對揚天子不顯魯休……。

頌鼎　隹三年五月既死霸甲戌,王才周康邵宫。旦、王各大室,即立。宰弘右頌入門,立中廷。尹氏受王令書,王乎史虢生册令頌。王曰"頌……"。頌拜稽首,受令册,佩以出;反入,堇章。頌敢對揚天子不顯魯休……。

由此可知一篇完整的記載王命的銘文應該包含了:(1)策命的地點與時間;(2)舉行策命的儀式(儐右、位向,宣讀策命);(3)王的策命通常在"王若曰""王曰""曰"之後;(4)受策以後,受命者拜手稽首以答揚天子之休,通常是接着記述因此爲祖考作祀器並附以祈壽求福的吉語。兹就以上所述 72 例而論上記各事于下(以下號數即上述諸例號數)。

策命的地點,可分爲三大類:

(一)命于宗廟

宗周大廟　　16,23
宗周穆廟　　29

成周大廟	敔毁一(本書 165)
周大廟	45,63
周康廟	62
康廟	55,62
(成周)宣射	44
周……宣射	44
周廟宣廚	20
周廟圖室	49
周廟	小盂鼎(本書 75)
吴大廟	60
減应廟	28

(二)命于王宫、大室

鎬京濕宫	4
周康穆宫	克盨(本書 187)
周康剌宫	5
周康邵宫大室	41,68
周康穆宫大室	69
周康宫穆大室	56
周康宫大室	24,27,52,70
康宫大室	10
康宫	15,17
康宫新宫大室	59
周新宫射廬	師湯父鼎(本書 118)
周新宫	師遽毁蓋(本書 116)
周穆王大室	38
周成大室	58
社应大室	26
鷴应	1
周大室	敔毁二(本書 165)
奠大室	免尊(本書 130)
奠	大毁(本書 183)
大室	19,33,61,71;剌鼎、卻肑毁(本書 105,124);吕鼎(大系 30)
周康寝	師遽方彝(本書 115)

(三)命于臣工之宮室

宗周大師宮	18
成周司土虎	鮮鐘(本書 174)
周師录宮大室	47,51,54
周師司馬宮	66(周師录宮即周師司馬親宮)
周師量宮	大師虘毁(本書 137)
師汓父宮大室	25
師戲大室	43
師秦宮	師秦鼎(本書未完稿 6)
屖宮	13
𥁕侲宮	12,大鼎(本書 182)

(四)其它

宗周	7,31;匽侯旨鼎,獻侯鼎,史頌鼎,微䜌鼎(本書 24 引,32,206,193)
成周	盂爵,史獸鼎(本書 33,63),小臣夌鼎(?)(嘯堂上 10)
鎬京	2;小臣静卣,井鼎(本書 64,98 引),小臣傳卣,静卣(三代 8.52.1,13.41.2),静毁(大系 27)
豐	瘨鼎(本書未完稿 4)
新邑	士卿尊,臣卿鼎,新邑鼎(本書 36,37,35)
斥	遣尊(大系 5)
周	72;免毁,免簠,守宮盤(本書 128,129,133)
般宮	46;七年趞曹鼎(本書 106)
成宮	48
大宮	不壽毁(本書 126)
西宮	幾父壺(本書 172)
華宮	何毁(本書 179)
穌宮、華宮、邦宮	大矢始鼎(本書未完稿 3)
琱宮	庚嬴鼎(本書 73 引)
公室	嬴氏鼎(本書 73 引)

由此可見周王策命的地點,雖亦行于宗廟,而常常行于王宮或臣工之宮的大室,“大室”應當是天子與臣工治事之所。以上各例的周皆是王城,而王城中的康宮是最常策命之所。

西周之王常親臨臣工之家而策命，是載籍所無。

策命的時間通常則在“旦”即旦明之時，但45例免毁則在昧爽，即旦明以前所謂晨明。免毁和小盂鼎是僅有的行禮于昧爽的銅器，而且皆行于周廟，可見其事的隆重。以旦明爲朝見之時，始于西周。

策命的儀式，根據西周初期以後的銘文記録，受命者在左必有儐相在其右，導引受命者入門立中廷，面北向。如此王必南向，所謂南面而王；而此大室亦必是向南的，所入之門也是向南的。由此可見宫室的南向、王者的南面，都是由來已久的。

策命時儐導之人，只有從共王起才見載于銅器。如頌鼎“宰弘右頌入門，立中廷”，此宰弘即是王的儐者所以導引受命者。對于此“右者”的時代的考定，足以爲銅器斷代的標準。兹列共王以後銅器的“右者”如下：

井白	26，43，46，71	宰頵	69
司馬井白	50，	宰訊	68
司馬井白親	61，66	宰琱生	30
司馬㸚	47，51，54	公族□	25
司徒單白	27	公族鴻釐	60
司徒南中	49	井公	48
司寇俗父	南季鼎(本書134引)	益公	70，詢毁(本書195)
宰朏	58	穆公	19，67
宰曶	大師虘毁(本書137)	武公	55，敔毁(本書165)
宰弘	41	康公	郃?毁(本書124)
宰倗父	59	榮白	15，16，52，65
宰屖父	13	液白	24
遲公	53	毛白	44
□白	63	密叔	23
白俗父	南季鼎	緟季	29，57
虢中	何毁(本書179)	榮季	卯毁(本書158。此是榮公室的右者)
同中	62	榮	33
井叔	45，56；免尊、師察毁(本書130，147)		

其中右者井白亦見共王時的趞曹鼎(本書106，113)，是爲可定王朝的唯一標準器。其它亦可間接推出，詳于本書上編。據上所列，常見的“右者”的官職是宰(八人)司馬(二人五見)司徒(二人)司寇(一人)公族(二人)，其它是公、伯。卯毁是榮白令其臣工而由其宗族榮季爲右，其辭曰“榮季入右卯立中廷，榮白乎令卯，曰……”。據此器則知侯伯之命其臣工，有儐、立于中廷、有命賜之禮，同于天子。這和麥器所記井侯的正吏有乍册，同樣的

表示西周侯伯自有其小朝廷而行策命之事。

爾雅釋詁之文,左右、相訓導,相、導、左右、助同訓,介訓右,是"右"與相、導、介同義。説文"儐、導也"或體作擯,士冠禮注云"在主人曰擯,在客曰介",周禮司儀"擯相之禮"注云"出接賓曰擯,入贊禮曰相";周語上"大史贊王"注云"贊、導也",又記周襄王命大宰命晉文公而"内史贊之"。凡此可知"右"即儐相,義爲贊導賓客。此等之職,覲禮、士昏禮、士冠禮謂之"擯者",管子小問篇"東郭郵至,桓公令儐者延而上",尹注云"儐謂贊引賓客者也"。"儐者延而上",猶鄭玄注太宗伯"儐,進之也"。此等儐贊之人,周禮屬之大小宗伯,有司徹曰"宗人擯",金文則公族爲宗人以外,多係宰和後世所謂三公之司馬、司徒、司寇。三公之中,應多同姓之人。戰國時宰相之稱,當由于宰之爲儐相。

策命之時,王"即立"于大室之前,而受命者、儐者"立"于中廷。中廷在大室之南、門之北,故金文記受命者入門北鄉而"立"于中廷之中,面對王之南向而"即立"于大室之前。凡此"立"字都是"位"字,爾雅釋宫曰"兩階間謂之鄉(注云:人君南鄉當階間),中廷之左右謂之位(注云:羣臣之列位也)"。説文曰"列中廷之左右謂之位"。據金文所記,儐者在受命者之右,均北向,則受命者位于中廷之西而儐者在中廷之東。中廷之左右即中廷之東西,而王者南鄉于兩階之間即東西兩階之間。論語季氏孔子謂伯魚曰"不學禮,無以立"乃指不知行禮時所應立的地位。論語鄉黨述孔子"其在宗廟朝廷,便便言唯謹爾";"君召使擯,色勃如也,足躩如也,揖所與立";"立不中門"。孔子爲儐相則揖所與立者,乃往朝或受命之臣。

册命宣讀的執行者是兩種史官:一種是秉册的史官,如41之尹氏、69之史某;一種是宣讀册命的史官,其稱名如下:

内史	23,43,44,56,66,68,71
内史某	24,25,26,27,47,61
内史尹	62,63
内史尹氏	65
乍册尹	45,50,51,52,53,55,70
乍册内史	54,72
乍命内史	46
命尹某	57
尹	67
史某	28,41,49,58,59,60,69
尹氏	29,30,41,48;師察𣪘、敔𣪘

其中如23例"王乎内史吴曰:册令虎,王若曰",則"册令虎"是策命之時王對執行宣命的内史吴的命令,而"王若曰"的内容是王的命書。是金文所謂"册命"(動詞、文獻作策命)是宣

讀王的命册(命書)。

策命之時,如第41例頌鼎所記則秉策(册書)的是尹氏,讀策(策命)的是史,儐者宰弘。"尹氏授王令書";68例趞鼎"史留受王令書,王乎内史㝬册易趞"。則命書或令書是早已書就的簡册,當廷使史代王宣讀。既策命之後,受命者"受令册(即命書)佩以出",則令册乃可以佩帶的竹簡。據45、69兩例,則或由王授"書"于乍册尹,或由一史授"令書"于王而王使别一史讀之。如此則王之左右有二史:一執令書,一讀令書。互校41、45、69三例,則知"令書""書""令册"是一,而經籍或謂之"策",或謂之"命"。册命的内容有極簡短的,也有較長的。如師毛父𣪕"内史册命:易赤市",只有三個字。較長的册命則包含幾節,第一節以"王若曰"開始,其次各節稱"王曰"。今舉兩例。西周初期的大盂鼎,共分四節:(1)追述文、武之德及殷之所以亡,(2)命盂嗣其祖南公,(3)命盂以職并賞錫之,(4)誡勉。西周晚期的毛公鼎共分五節:(1)追述文、武之耿光及當時四方之不静,(2)命毛公治邦家内外,(3)予毛公出内王命的專權,(4)誡勉,(5)賞錫。由此可見册命的主要内容有三:一、賞錫,二、任命,三、誥誡;而一般的册命亦以賞錫爲多,其次任命。這些册命,無論是王自命或史官代宣,一開首必稱受命者的私名,而自稱曰"余"(絶不作予,更不作朕)。

既已策命以後,則一般的都要拜稽首、對揚王休,繼之以作器紀念祖考并祈求福壽。只有頌鼎和善夫山鼎記録佩册以出,返入覲璋。

根據上述西周金文中的策命制度,可以進而研究史官代宣王命的意義。册命既是預先書就的,在策命時由史官授于王而王授于宣命的史官誦讀之,則前述甲組諸例的"王若曰"以下的命辭乃是王的説話,其中代名詞爲"余"乃王所自稱。洛誥"今王即命,曰……"是王之親命,故"曰"前無"王若"之語;例22"内史即命"是内史代王宣命,故繼之以"王若曰"。然則"王若曰"者王如此説,故也以省作"王曰"或"曰",或根本省去。前述七組史官宣命的例,乃就其形式上的差異而分:

甲、史官代王"册命"而冠"王若曰"于命辭之前

乙、冠"王若曰""王曰"于命辭之前而無史官册命的記載

丙、同上而只有"王若曰"

丁、史官代王册命而冠"王曰"于命辭之前,省"若"字

戊、同上而又省"王"字

己、同上而命辭前無"王若曰"、"王曰"、"曰"

庚、稱"册易""易"而不稱"册命"

其中甲、乙、丙三組都有較長的命辭而以乙爲最長,其特點如前所述將命書分爲幾節;另外是如31、32、36和30諸例一開頭就是"王若曰",乃西周晚期較通行的形式,尚書中的文侯之命亦如此。單白昊生鐘(本書141)"王若曰"以下無命辭,爲特殊之例。

當時的命書既是書于簡册的,宣讀以後交于受命者,受命歸而鑄之彝器,則西周銘文

中的王命實即當時册命的迻録，應無可疑。但王命的流傳于後世，不但保存在銅器上，也保存在若干文獻上。西周王命的存于世者可分爲四項：

(1)西周銅器銘文，長者在50器以上。

(2)尚書中的周書部分：大誥、康誥、酒誥、梓材、召誥、洛誥、多士、多方、無逸、君奭、立政、康王之誥等。

(3)詩大雅江漢"王命：召虎，來旬來宣，文、武受命，召公維翰；……釐爾圭瓚，秬鬯一卣……錫山土田……。虎拜稽首，天子萬年；虎拜稽首，對揚王休，作召公考"。又大雅常武"王命卿士……""王謂尹氏，命程伯休父，左右陳行……""王曰還歸"，又大雅韓奕、嵩高等乃是王命的節録。

(4)左傳定四記周公舉蔡仲"見諸王而命之以蔡，其命書曰：王曰胡，無若爾考之違王命也"。

後三項的内容與西周金文是一致的，此論詩、書之例。江漢所載，變册命爲韻文，當召伯虎時金文已有用韻語的；常武使尹氏宣王命，與金文同；左傳所引是逸書蔡篇，其形式與成王金文的册命是相同的。

丙、文獻中的策命

以上所述西周的策命制度，多憑金文的本身材料。文獻記録有可相印證的。西周以後的記録，雖不免有較後的制度與追想的說法，但大體上是符合于金文的。以下自尚書以迄漢世的文獻，採録若干條以資比較。

召誥　周公乃朝用書命庶殷。

金縢　史乃祝册……乃納册于金縢之匱中……以啓金縢之書。

洛誥　王命作册逸祝册……王命周公後作册逸誥。

顧命　大史秉書，由賓階隮，御王册命，曰……。　鄭玄注云"大史東面……而讀册書"。

詩小雅出車　天子命我，城彼朔方……豈不懷歸，畏此簡書。

左傳僖廿八　王命尹氏及王子虎内史叔興父策命晉侯爲侯伯，錫之大輅之服，戎輅之服，彤弓一、彤矢百，玈弓矢千，秬鬯一卣，虎賁三百人，曰：王謂叔父敬服王命，以綏四國，糾逖王慝。晉侯三辭從命，曰：重耳敢再拜稽首，奉揚天子之丕顯休命。受策以出，出入三覲。

周語上　襄王使太宰文公及内史興賜晉文公命……命于武宫……太宰以王命命冕服，内史贊之。三命而後即冕服。

左傳昭三　鄭伯如晉，公孫段相，甚敬而卑，禮無違者，晉侯嘉焉，授之以策，曰：……賜女州田，以胙乃舊勳。伯石再拜稽首，受策以出。

左傳襄十四　王使劉定公賜齊侯命，曰：昔伯舅大公，右我先王……今余命女環……纂乃祖考……無廢朕命。

左傳襄三十　（鄭）使大史命伯石爲卿，辭，大史退則請命焉，復命之又辭，如是三，乃受策，入拜。

左傳僖十一　天王使召武公内史過賜晉侯命，受玉惰。

儀禮覲禮　天子賜侯氏以車服……諸公奉篋服，加命書于其上，升自西階東面，太史是右，侯氏升西面，立，大史述命，侯氏降兩階之間，北面再拜稽首，升成拜，大史加書于服上，侯氏受。

儀禮聘禮　史讀書，司馬執策立于其後。

禮記祭統　古者明君爵有德而禄有功，必賜爵禄于大廟，示不敢專也，故祭之日一獻，君降立于阼階之南，南鄉，所命北面，史由君右執策命之，再拜稽首，受書以歸，而舍奠于其廟。

周禮内史　凡命諸侯及孤卿大夫則策命之。凡四方之事書内史讀之。王制禄則贊爲之，以方出之。賞賜，亦如之。内史掌書王命，遂貳之。

逸周書嘗麥篇　爽明……史導王于北階……宰乃承王中，升自客階。作策執策，從中；宰坐，奠中于大正之前。大祝以王命作策策告大宗，王命□□秘，作策許諾，乃北向繇書于兩楹之間，王若曰……。

逸周書世俘篇　乃俾史佚繇書于天號。

逸周書克殷篇　尹佚策曰……。　周本紀作"尹佚策祝曰"正義云"尹佚讀策書祝文以祭社也"。

周禮大宗伯"王命諸侯則儐"鄭玄注　儐、進之也。王將出命，假祖廟，立依前，南鄉，儐者進當命者，延之命使登，内史由王右以策命之，降，再拜稽首，登，受策以出。

徐幹中論爵禄篇　先王將建諸侯而錫爵禄也，必于清廟之中，陳金石之樂，宴賜之禮，宗人儐相，内史作策也。

以上所引，除了極少數外，都和西周金文相符合。其中尤以祭統和鄭玄所注大宗伯，雖甚簡略，却甚可據。以上所引有諸侯策命之事，實與王者相若。這和我們以前所述西周金文中侯伯對臣工策命時和王君策命相若，侯伯亦自有其乍册，是相同的。兹將上引各條之與金文相合者，分述于下。

（1）王（或諸侯）策命之書謂之册（策）、書、册命、簡書、命、命書，亦即西周金文的書、令書（命書）、令册（命册）。凡此都是名詞。

（2）動詞"策命"稱爲命、策命，同于金文的命、令、册命。史官宣讀册命，謂之"讀書""繇書""述命"。繇即讀，左傳的"卜繇"，説文作"卜籀"而許慎訓"籀、讀也"。盛册之具謂之"中"，見王國維釋史。

(3)史或内史讀書而由大史(或司馬)秉書、執策,同于金文的史或乍册尹策命而尹氏(或其它史官)之秉令書而授于王。

(4)策命之時,授策于受命者,受命者拜稽首、揚天子休,受策(或受書)以出,出入三覲。

(5)策命之時,王(君)南向,受命者北面,史由王右以策命之。王南向而史在其右,則宣命之史在東而執策之史在西;據金文受命者在中廷北向而在儐者之右,則受命者在中廷之西邊的西階前,面對宣命之史。王立于室南(即前)的階南,楹在階北室内,史立于王的右後(即北),故曰讀書于兩楹之間。受命者之“登”(升)“降”指其上下阼階。

(6)策命之時,儐者延受命者,贊其升降。儐或相即金文所謂“右”。西周金文“伊𠭯延于辛吏”(薛2.11),或即指此。

(7)内史掌書王命而貳之者,録册命的副本而藏之王室。其授于所命者的簡册,則往往刻于彝器,如祭統所述孔悝鼎曰“悝拜稽首曰對揚以(厥之誤)辟之勤大命施于烝彝鼎”,注云“施猶著也……刻著于烝祭之彝鼎彝尊也”。

除上列外,其它相合之點,不贅述。但文獻所載,以爲王者必于宗廟策命諸侯臣工,則與金文不合。祭義曰“禄爵慶賞成諸宗廟”,白虎通義爵篇“封諸侯于廟者示不自專也”,周語上“乃命魯孝公于夷宫”注云“夷宫者宣王祖父夷王之廟,古者爵命必于祖廟”。韋昭不明古代宫與廟的分别,故誤以夷宫爲夷王之廟,引申而爲爵命必于祖廟。古代策命于宫,屢見記載,因有此誤,故祭統、祭義和鄭玄之注周禮,都以爲爵命于祖廟,此蓋漢人的誤解。

昔日我在昆明以王若曰考爲題發表了古代策命制度的推測,當時未有考古圖一書,後來檢其書卷三頁11—12考釋本文所述例38,亦引祭統之文以讀銘文,并説“王曰者史執策以告”受命者。吕大臨首先以禮書印證銘文,使地下實物因與文獻的互證而得其正詁,實有開創之功。孫詒讓一生精治周禮,他的考證金文亦多援引禮、儀,是我們所應取法的。

根據以上金文和文獻所對照出來的,可以粗簡的畫出西周册命時王、史、相和受命者在大室、中廷所立的地位和方向如下:

(北)

宣命之史　大室　執策之史

楹　(右)　王　(左)　楹

(西)　西階　東階　(東)

受命者　(左)　中廷　(右)　儐者

門

(南)

丁、周書中的王若曰

尚書的周書共二十篇(此據東漢古文家馬、鄭、王本分康王之誥于顧命)。除吕刑、文侯之命、秦誓三篇外,其它十七篇在内容上所記述皆屬于西周初的事。除洪範、吕刑、顧命三篇外,其它十七篇在形式上皆屬于命、誓之類;此十七篇中,金縢、牧誓、費誓、秦誓是誓,其它十三篇是誥命,而其中文侯之命晚于周初,故西周誥命共十二篇。此十二篇,可分爲兩大類:

第一類　命一人

甲、王若曰王曰例　康誥(1)　酒誥　洛誥　君奭　立政(1)

乙、王若曰例　康誥(2)　立政(2)

丙、王(周公)曰例　梓材　無逸

第二類　命多人

甲、王若曰王曰例　大誥　多士(2)　多方(2)

乙、王若曰例　多士(1)　多方(1)　康王之誥

丙、王曰例　召誥

文侯之命則屬于第一類甲。

此兩類的甲、乙、丙在形式上相當于西周金文史官宣命的甲、乙、丙、丁四組。西周金文的甲、丁兩組,明顯的指出史官宣命,故稱述王命爲“王若曰”“王曰”。此在周書,亦有同類的情形。多方曰“惟五月丁亥王來自奄,至于宗周,周公曰王若曰……”,此是周公代宣王命,故稱“王若曰”。洛誥首尾兩記“周公拜手稽首曰”而中間“王若曰”至“四方其世享”乃包含四節(有三個“王曰”)的册命;此册命當是作册逸所宣誥,故洛誥之末曰“王命作册逸祝册……王命周公後作册逸誥”,是作册逸先宣王命而後由周公誥;作册逸所宣誥的是“王若曰”至“四方其世享”的王命,周公所誥的在此命書後,即“王命予來”至“萬年其永觀朕子懷德”。召誥曰“三月……周公朝至于洛,則達觀于新邑營……越七日甲子周公乃朝用書命庶殷侯、甸、男、邦伯,厥既命庶殷,庶殷丕作。太保乃以庶邦冢君出取幣,乃復入錫,周公曰……”,用書即宣讀命書。周公三月在新邑洛用命書誥庶殷,此命書即多士,多士曰“惟三月周公初于新邑洛,用告商王士,王若曰……”,是王若曰是周公代宣王命。周本紀曰“成王既遷殷遺民,周公以王命告,作多士”,本之尚書序(告作誥),是多士乃周公代王宣告的王命。召誥先記周公用王之命書(即多士)宣告庶殷,而在“既命庶殷”之後復有“周公曰拜手稽首旅王若公,誥告庶殷……”,則是周公本人之誥告庶殷。周公在三月至新邑洛以王命告庶殷,又以己命告庶殷,此即康誥開首50字所記。康誥開首50字本在召誥之前,是兩簡,漢代今文尚書三家誤置于康誥前,詳本書第4器康侯𣪘釋。其辭曰“惟三月哉生魄周公初基作新大邑于東國洛……周公咸勤,乃洪大誥治”,所指是召誥的兩命。

西周初十二篇誥命中,有七篇與周公有關:

(1)召誥　周公曰

(2)洛誥　周公拜手稽首曰

(3)多士　周公初于新邑洛,用告商王士,王若曰

(4)無逸　周公曰

(5)君奭　周公若曰

(6)多方　周公曰王若曰

(7)立政　周公若曰

其中(2)共兩見,前者是周公與王的對話,後者在"王若曰"之後是周公之誥。其它的可分爲三類:一、周公本人的誥命,如(1)(4),稱"周公曰";二、周公代宣王命,如(3)(6),周公以後稱"王若曰";三、史官代宣周公之命,如(5)(7),稱"周公若曰"。第三類的情形,亦見于西周金文:卯殷"榮季入右卯立中廷,榮白乎令卯曰"是榮白呼人命卯;師猷殷"白龢父若曰",與"周公若曰"同。

由上所述,則周誥中的"王若曰"乃是史官或周公代宣王命,與西周金文相同。所不同者,西周(尤其是成、康以後的)金文多爲史官(乍册、内史、尹氏)代宣,而周誥有爲周公代宣者。其原故可推測如下:一由于周誥乃周初重大的誥命,與成、康後宫廷册命臣工之策命不同其性質;二由于時有先後;三由于今存周誥多魯國大史所傳録,故多有關乎周公的;十二篇中,多一開頭就是"王若曰",而召誥、洛誥、多士、多方四篇有關周公的則有一小段叙言。因此種種,周誥的命書略長于今存的西周金文的命書。

在此有一問題,即康誥、立政、多士、多方一篇之中有兩個"王若曰"或"周公若曰",其例如下:

康誥(1)王若曰:孟侯朕其弟……用康乂民。

康誥(2)王若曰:往哉封……乃以殷民世享。

立政(1)周公若曰:拜手稽首……其惟克用常人。

立政(2)周公若曰:太史、司寇、蘇公……以列用中罰。

多士(1)王若曰:爾殷遺多士……罔非有辭于罰。

多士(2)王若曰:爾殷多士……乃或言爾攸居。

多方(1)周公曰王若曰……弗克以爾多方享天之命,嗚呼。

多方(2)王若曰:誥爾多方……則我無怨。

此和西周金文不合。西周金文每一册命只有一個"王若曰",篇幅長的册命可以分節,第二節以下均以"王曰"開始,絶不重現"王若曰"。然則此四篇周誥而兩見"王若曰"的,應如何分別解釋。

康誥共十三節,第一或第十三節均有"王若曰",其它皆作"王曰"。此最後一節的"王若

曰往哉封,勿替敬典,聽朕告女,乃以殷民世享”共十七字,與洛誥命書結語“公勿替刑,四方其世享”相類,故此康誥末節的“王若曰”可能是“王曰”之誤,康誥乃一獨立完整的命書。

立政(1)是周公誥其侄成王,(2)是周公命大史司寇蘇公,是兩件事,故(2)在形式上與事實上都是一獨立的命書。

今本尚書次第,多士在多方前,顧炎武日知録卷二“王來自奄”條,已主多方應在多士之前,是正確的。多方作于“今爾奔走臣我監五祀”。多方曰“惟五月丁亥,王來自奄,至于宗周。周公曰王若曰:猷告爾四國多方”,而多士追述其事曰“昔朕來自奄,予降爾四國民命”,即指多方。此兩篇的分别是:

(1)多方告于宗周,多士告于洛邑;

(2)多方告于“奔走臣我監”之五年五月,多士告于營洛邑之年的三月;

(3)多方告“殷侯尹民”“多士”和“四國多方”“有方多士”,多士只告“殷多士”;

(4)多方告多方及殷多士“宅爾宅,田爾田”,多士告洛邑殷士“宅爾邑,繼爾居”。

此分别是以多士、多方各爲一篇而論的。但是,兩篇之中有兩“王若曰”,即包含兩個誥命。多士(1)和多方(1)内容相似,都是説周之代殷猶成湯之代夏,其語氣是與“王來自奄”相聯繫的;多方(2)和多士(2)内容相似,是勸告多士定居。因此,我們暫且提出一種可能的解釋,此兩篇各爲一命書,多方原來只有多方(1),多士原來只有多士(2);多士(1)是因多方(1)而附益的,多方(2)是因多士(2)而附益的。如此則

多方(1) 作于王來自奄、平定東土之年的五月,告于宗周;

多士(2) 作于“臣我監”五年(即營成周)之年的三年,告于成周。

此五年可有兩説:一是武王二年加平東土三年;一是平定東土以後的五年。如前説,則營成周于既定東土之年。

由上所述“王若曰”重見于一篇,則今本尚書在後來傳録之時,亦頗有附合。所謂商書的般庚上曰“王命衆悉至于庭,王若曰”,此王若曰不合式;微子是微子與父師對話而作“微子若曰”“父師若曰”,尤爲不當。此乃春秋時宋人追擬之作,已不明“王若曰”爲史官宣命之制。至東晉尚書君牙一篇之中兩見“王若曰”,則是仿擬今本尚書之誤。至今文尚書纂亂于秦皇之世,見堯典爲秦官本尚書説(清華學報 14:1)*,此不詳論。

周書中誥命的最後一篇文侯之命,時代較晚,其内容形式則和毛公鼎異常接近。可見尚書中傳録的命書,頗多是當時册命的副本。今傳周誥,其一部分可能爲魯史之遺。左傳定四衛祝子魯述周初封魯、康、唐,分魯公以“備物典策,官司彝器”,此即周本紀所謂“封諸侯,班賜宗彝,作分殷之器物”,今尚書序則作分器,左傳子魚所述則曰“三者皆叔也而有令德,故昭之以分物”。子魯所述,當本之逸尚書分物。是魯國曾分到典册。左傳昭二“春,

* 作者此文後收入尚書通論一書。

晉侯使韓宣子來聘,且告爲政而來見禮也。觀書于大史氏,見易象與魯春秋,曰:周禮盡在魯矣,吾乃令知周公之德與周之所以王也"。觀書與見易象、魯春秋是并舉二事,此與左傳襄廿九記吴季札來聘之文相類,傳曰"請觀于周樂,使工爲之歌周南、召南……見舞象……見舞大武者……"。由此可見"觀書于大史氏"是觀尚書于太史氏。書中多述周公德言,所以説由此乃知"周公之德與周之所以王也"。

"書"是古代命書結集的簡稱,猶西周金文之稱"書""命書""命册"。"命書"是最早的典册之一,所以後來傳録周初誥命的,稱誥命的結集與各篇爲"書"。論語、孟子引之爲"書",但孟子已引書的篇名;左傳、國語分書爲夏書、商書、周書,至墨子明鬼篇下始見"尚書"之名。但直到後世,仍以"書"稱尚書。書爲後世一切典策的來源,而後世一切書籍也泛稱爲書。

以上,由西周金文略論周書中的誥命。今文尚書二十九篇,其真實的時代與結集的人各有不同。大概的説來:周書的十二篇命可能爲魯大史所傳録的西周命書;誓多後世擬作;記事之文如禹貢、洪範等都不早于戰國;夏書可能爲晉人所追擬,商書可能爲宋人所追擬,夏商兩書猶魯商兩頌,皆成于東周時期*

(二)賞賜篇(未作完)

1943年3月,在昆明作金文零篇,内有"賞賜分期",計分貨幣、命服、武器、車馬、玉器、其它六項。初步劃分前後兩期,前期的至穆王爲止。十餘年來,在稿册上增益甚多,遂重分爲十一項,作賞賜篇。清嘉慶時,曾爲阮元編釋積古齋的朱爲弼,其蕉聲館集(咸豐二年刻本)有周王錫命禮七篇,也是根據金文和典籍作成的。齊思和根據朱作,復據郭沫若兩周金文辭大系,重作整理,作周代錫命禮考(燕京學報32期)。我于近日始見朱文,其所收集經籍有關賞賜者,大略與我前述者相同。其王親錫命禮篇曰"王命諸侯有儐佑,有史命,若諸侯則惟史右而已",並以器銘之"右者"爲儐佑,和我所述相同。又從古2.9—10釋無叀鼎之右爲儐侑之右。

1958年2月18日戊戌歲初

甲、典籍中的賞賜

西周册命中包含兩個主要内容:一是命以官職,一是賜以實物。此兩事又互相關連,因命以官職故附帶的錫以命服、車服;因其有功,故有實物的賞賜。命服、車服的賞賜,也是任命的表示。在西周金文中,有記命官而無賞賜的,有記賞賜而不命官的,但兩者兼具

* 作者原稿在此處批註"查觀堂已有此説"數字。

者爲數不少。

杜預春秋釋例以爲"天子錫命,其詳未聞"(左傳莊元正義)。禮書及經傳于此雖偶有涉及,不甚完備。凡與册命並行者,已詳册命篇,今但述與賞賜有關諸事。

詩大、小雅及魯頌所記王錫命的,有以下諸篇。

1.江漢　王命召虎:……釐爾圭瓚,秬鬯一卣……錫山土田。

2.韓奕　韓侯受命,王親命之……。王錫韓侯,淑旂綏章,簟茀錯衡,玄衮赤舄,鉤膺鏤鍚,鞹鞃淺幭,鞗革金厄。

3.崧高　王命召伯,定申伯之宅……徹申伯土田;王命傅御,遷其私人。……王錫申伯,四牡蹻蹻,鉤膺濯濯。王遣申伯,路車乘馬。……錫爾介圭,以作爾寶。

4.閟宫　乃命魯公,俾侯于東,錫之山川,土田附庸。

5.采菽　君子來朝,何錫予之?雖無予之,路車乘馬。又何予之?玄衮及黼。……赤芾在股,邪幅在下。彼交匪紓,天子所予。

6.采芑　路車有奭,簟茀魚服,鉤膺鞗革。……服其命服,朱芾斯皇,有瑲葱珩。

以上王所錫有秬鬯、圭瓚、命服、路車乘馬及車馬附件、山川土田等,都和西周金文相合。

尚書中惟文侯之命"用賚爾秬鬯一卣,彤弓一,彤矢百,盧弓一,盧矢百,馬四匹"。此篇爲春秋時策命,但和西周金文相類。

以上詩、書所用的賞賜的動詞是錫、釐、賚、予,和西周金文一部分動詞相同。

左傳所記周天子賞賜諸侯的,有以下各條:

虢公、晉侯朝王,"皆賜玉五瑴,馬三匹"。　莊十八

鄭伯享王,"王以后之鞶鑑予之,虢公請器,王予之爵"。　莊二十一

王賜晉侯命,侯"受玉惰"。　僖十一

王"策命晉侯爲侯伯,賜之大輅之服,戎輅之服,彤弓一,彤矢百,玈弓矢千,秬鬯一卣,虎賁三百人"。　僖二十八

晉侯請于王,"以黻冕命士會"。　宣十六

"王使劉定公賜齊侯命"曰"今余命女環"。　襄十四

晉侯請于王,王追賜鄭公孫蠆大路。　襄十九

王賜齊穆叔大路。　襄二十四

籍談對曰"諸侯之封也,皆受明器于王室,以鎮撫其社稷,故能薦彝器于王……"。王曰"……密須之鼓與其大路,文所以大蒐也;闕鞏之甲,武所以克商也;唐叔受之,以處參虚,匡有戎狄。其後襄之二路,鏚鉞秬鬯,彤弓虎賁,文公受之,以有南陽之田,撫征東夏,非分而何?夫有勳而不廢,有績而載,奉之以土田,撫之以彝器,旌之以車服,明之以文章,子孫不忘,所謂福也"。　昭十五

凡此所賜有秬鬯、玉環、彝器、衣服、弓矢、戚戉、車馬和虎賁,所用的動詞是賜、予、命,都合

于西周金文。

劉定公賜齊侯命，是以王的策命賜齊侯，其中附帶的賞賜玉環。左傳“王使召伯廖賜齊侯命”（莊二十七）、“天王使召武公内史過賜晉侯命”（僖十一）、“召桓公來賜（魯）公命”（成八）和春秋“王使榮叔來賜桓公命”（莊元）、“天王使毛伯衛來錫公命”（文元）、“天子使召伯來錫公命”（成八）等，都是王之使者遣送王的策命。西周金文只有“册易”而無“錫命”。到了春秋時代，諸侯不經常的去朝王，王乃使卿士遣送册命。

左傳所記諸侯賞賜其臣的有以下各條：

魯公“賜季友汶陽之田及費”。　僖元

“鄭伯始朝于楚，楚子賜之金”。　僖十八

晉侯以鄭所賂之“樂（歌鐘二肆及其鎛、磬，女樂二八）之半賜魏絳”。　襄十一

魯公“享晉六卿于蒲圃，賜之三命之服，軍尉、司馬、司空、輿尉、侯奄皆受一命之服，賄荀偃束錦加璧乘馬、先吴壽夢之鼎”。　襄十九

鄭伯賞入陳之功，“享子展賜之先路三命之服，先八邑；賜子産次路再命之服，先六邑”。　襄二十六

晉侯授鄭伯以策，曰“賜女州田”。　昭三

晉侯“賜子産莒之二方鼎”。　昭七

魯公“賜子家子雙琥、一環、一璧、輕服”。　昭三十二

凡此所賜金、玉、彝器、命服、車服、田邑，亦略同于天子賜諸侯，但没有賜秬鬯和弓矢的。所謂三命之服，似是諸侯之制。

左傳定公四年追記周初分封魯、衛、晉三國的賞賜，約如下述：

一、土地	魯	土田陪敦，封于少皞之虚。
	衛	封畛土畧，封于殷虚。
	晉	封于夏虚。
二、職官	魯	祝宗卜史
	衛	
	晉	職官五正
三、降民	魯	殷民六族
	衛	殷民七族
	晉	懷姓九宗
四、車旗	魯	大路，大旂
	衛	大路，少帛，綪茷，旃旌
	晉	大路
五、宗彝	魯	備物典策，官司彝器

衛 大吕

晉 密須之鼓,沽洗

六、戎器 魯 封父之繁弱(弓)

衛

晉 闕鞏(甲)

七、玉器 魯 夏后氏之璜

衛

晉

所述也和西周金文相近,但樂器的賞賜,未見西周初期金文。其最重要者則爲宗彝。

左傳定公四年既述三國之封,曰“三者皆叔也,而有令德,故昭之以分物”。所謂分物,即周本紀所説“封諸侯,班賜宗彝,作分殷之器物”,今本書序作分器。左傳昭公十二年楚靈王曰“昔我先王熊繹與吕伋、王孫牟、燮父、禽父並事康王,四國皆有分,我獨無有,今吾使人于周,求鼎以爲分,王其與我乎?”楚世家作“齊、晉、魯、衛,其封皆受寶器,我獨不”,則所分爲宗彝寶器。

國語周語上兩記周襄王賜晉侯命:

“襄王使召公過及内史過賜晉惠公命,吕甥、郤芮相,晉侯不敬,晉侯執玉卑,拜不稽首。”注云“禮,天子器則上衡稽首至地也”。案此見左傳僖公十一年,謂晉侯“受玉惰”。

“襄王使大宰文公及内史興賜晉文公命,上卿逆于境,晉侯郊勞,館諸宗廟,饋九牢,設庭燎。及期,命于武宫,設桑主,布几筵,大宰莅之。晉侯端委以入,大宰以王命命冕服,内史贊之,三命而後即冕服。”案此見左傳僖公廿八年,謂“晉侯三辭從命,曰重耳敢再拜稽首奉揚天子之丕顯休命,受策以出,出入三覲”。

三禮所記賞賜之事,有以下諸條:

覲禮 天子賜侯氏以車服。

周禮小宗伯 賜卿大夫士爵則儐。注云“賜猶命也,儐之如命諸侯之儀”。

周禮大宗伯 以九儀之命正邦國之位。

周禮小宗伯 掌衣服、車旗、宫室之賞賜(孫詒讓曰,宫室之賞賜謂賜宅里也)。

王制 制三公一命卷,若有加則賜也,不過九命;次國之君不過七命,小國之君不過五命。(注云,卷俗讀也,其通則曰衮。……多于此則賜非命服也。)

大國之卿,不過三命,下卿再命,小國之卿與下大夫一命。

天子賜諸侯樂則以柷將之,賜伯子男樂則以鼗將之。

諸侯賜弓矢然後征,賜鈇鉞然後殺,賜圭瓚然後爲鬯,未賜圭瓚則資鬯於天子。

有圭璧金璋不粥於市,命服命車不粥於市,宗廟之器不粥於市,犧牲不粥於市,戎器不粥於市。

曲禮上　夫爲人子者,三賜不及車馬。

曾子問　天子賜諸侯大夫冕弁服於大廟,歸設奠,服賜服。

玉藻　一命緼韍幽衡,再命赤韍幽衡,三命赤韍葱衡。

君命屈狄,再命褘衣,一命襢衣,士褖衣。

君賜車馬,乘以拜,賜衣服,服以拜。賜,君未有命,弗敢即乘服也。君賜,稽首,據掌致諸地。酒肉之賜弗再拜。

凡此所錫秬鬯、圭瓚、樂則、命服、弓矢、鈇鉞、車旗、車馬、宫室等。韓詩外傳廉稽篇謂“諸侯之有德者,天子錫之”。其所叙列九錫是車馬、衣服、鈇鉞、樂則、納陛、朱户、弓矢、虎賁、秬鬯。禮記曲禮上正義所引含文嘉九賜則爲車馬、衣服、樂則、朱户、納陛、虎賁、斧鉞、弓矢、秬鬯,其次序與韓詩外傳稍異。九錫或九賜,係根據禮書而編作,而朱户、納陛則是漢制。周禮的九命(職、服、位、器、則、官、國、牧、伯)和韓詩外傳的九錫都是根據先秦典籍而系統化之,列爲有階層的九等册命和賞賜,雖不是憑空臆造的,但這種排列與西周實際情況不完全符合。

乙、西周金文中的賞賜

(甲)王或后對于侯伯羣臣的賞賜

(乙)侯伯或上司對于羣臣下屬的賞賜

(丙)王或后的使者所至侯國的賓贈或侯國與羣臣之間互相的贈賄

(丁)侯伯羣臣或四夷對于王或后的貢獻

(1)貨幣　(2)秬鬯　(3)玉器　(4)彝器　(5)衣服　(6)戎器　(7)車馬

(8)牲畜　(9)土田　(10)臣妾　(11)其它　附:俘獲物

(1)貨幣

貝　貝　(甲)小臣謎毁　小臣夌鼎　士上盉　乍册豐鼎　鬲尊　睘鼎　䢅父方鼎　獻侯鼎　交鼎　嬴氏鼎　史懋壺*　息白卣　保侃母毁　保逦母壺　保攸母毁　瀕事毁

(乙)乍册翻卣　亞盉　征角　䝞毁　害鼎　㬪尊　乍册𠱠鼎　中盤御尊

(丙)睘卣　盂爵

---

* 作者自注:此處除器名下劃線者外,均屬西周初期(穆王止)。

	貝朋	(甲)岡刼尊　士卿尊
	貝二朋	(甲)小子夫尊
	貝三朋	(甲)中乍且癸鼎　易亥𣪘　彦鼎　季受尊
	貝五𠕋	(甲)趞卣　鼐鼎　甫叔鼎
		(乙)小臣𢶃鼎　𦣞𣪘　𪓐𣪘　能匋尊　𢾭𣪘
	貝十朋	(甲)小臣單觶　蔡尊　史䛒𣪘　令𣪘　弔徭𣪘　庚嬴卣　庚嬴鼎　郭白馭𣪘　師遽𣪘　𡹗叔𣪘
		(乙)旅鼎　录𢦏卣　盂卣
	貝廿朋	(甲)徭方鼎　徭𣪘　燕侯旨鼎
		(乙)𡛷𣪘　效卣
	貝卅朋	(甲)吕方鼎　剌鼎
		(乙)從鼎
	貝卅寽	(甲)𦕌卣
	貝五十朋	(甲)效卣　小臣静𣪘　敔𣪘
	貝百朋	(甲)𥁕鼎　𤇈𣪘

(三代 6.46.2“遽白還乍良隮彝,用貝十朋又四朋”。可知貝之價值)

金	金	(甲)令方彝　禽𣪘(百寽)　小子生尊　師俞尊
		(乙)臣卿鼎　昜鼎　害鼎　舍父鼎　麥方尊　麥方彝　麥方盉　𩰫鼎　遇甗　𡧊尊　競𣪘　友鼎(一匀)　幾父壺(十鈞)　陵子盤(一鈞)
		(丙)守𣪘(十鈞)　𡩜敖𣪘(十鈞)
		(丁)𡩜敖𣪘
	吉金	(甲)鮮鐘
		(乙)史頌鼎
	赤金	(甲)录𣪘　𦉢鼎
	白金	(甲)史叔隋器　聘鐘(皋,十鈞)
	▇(吕)	(甲)效父𣪘　□高卣
	秦金	(甲)辛吏𣪘(參𥁕方鼎“𨥑秦𨥑”)
布		(丙)睘卣(貝、布)
帛	帛	(乙)舍父鼎
	束帛	(丙)𤔲𣪘　大𣪘　五年琱生𣪘
貴		(丁)歸𤔲𣪘

絲	絲	(甲)守宫盤(朿)
		(乙)克乍父辛鼎(五十孚)
	旻絲	(甲)寓鼎
蘣?		(乙)啚鼎
(2)秬鬯		
	鬯	(甲)令方彝 士上盉(卣) 大盂鼎(一卣)
		(乙)乍册翻卣 盂卣(朿)
	鬯夫	(甲)吕方鼎(三卣)
	豊鬯	(甲)宜侯毁(一卣)
	鬱鬯	(甲)小子生尊
		(乙)史叔隋器
	𩰫鬯*	(甲)吴方彝 白晨鼎 啚壺 師克盨 毛公鼎 录白戓毁 師訇毁 皨盨 三年師兑毁(均是一卣)
(3)玉器		
玉		(甲)尹姞齊鬲(五品) 鄂侯鼎(五瑴)
		(乙)隹毁(三代 7.21.1)
圭	瓲圭	(甲)師遽方彝(一)
	圭	(丁)五年琱生毁
璋	章	(甲)大矢始鼎
		(乙)競毁
		(丙)𠦪毁(一) 大毁 史頌鼎
		(丁)頌鼎 善夫山鼎
	祼𤬪	(甲)庚嬴鼎
	瓚章	(乙)卯毁(四瑴)
	琅章	(甲)師遽方彝(四)
	大章	(甲)五年琱生毁
	訊章	(丙)大毁
瓚	瓚	(甲)宜侯毁
	圭瓚	(甲)敔毁 師訇毁 毛公鼎
璜	璜	(丙)五年琱生毁

---

* 穆王以前無秬鬯，穆王以後"秬鬯一卣"。

璧　　(丙)六年琱生𣪘
銮　　(甲)守宫盤(朋)
玉環玉琫(琥)　　(甲)毛公鼎(與小盂鼎、十五年趞曹鼎、白晨鼎之虢同從,說文奞一曰讀若瓠,此或是琥。左傳昭公三十二年"賜子家子雙琥一環一璧")
玉環　　(甲)番生𣪘
環　　(乙)𤔲鼎
佩　　(丁)寓鼎
璵　與(?)　　(甲)師克盨
玉璜□　　(乙)縣妃𣪘

(4)彝器

鼎　鼎　　(甲)小臣夌鼎
　豖鼎　　(乙)史獸鼎(一)
　鼎　　(乙)𪓐𣪘(二)　帥隹鼎
爵　　(乙)史獸鼎(一)　縣妃𣪘
宗彝　　(乙)𪓐𣪘(一肆)　卯𣪘(一肆)(參函皇父盤"鼎𣪘一具")
𥂴甕器　　(甲)𦯬𣪘
十五昜登值生皇　(甲)五年師事𣪘(楚公豪所作鐛鐘一,大𢿟鐘三)
十五鍚鐘□五金　(乙)師𢽾𣪘(參弔尃父盨"鐘六金,䜌盨四,鼎七")

(5)衣服

冂　　大盂鼎　(乙)麥方尊
市　　大盂鼎　曟盨(乃父市)　(乙)麥方尊
赤市　　師毛父𣪘　免𣪘　走𣪘
赤市+(䜌)　考𣪘
赤市+朱黄　師俞𣪘　輔師嫠𣪘　頌鼎　寰盤　休盤　趩鼎　善夫山鼎　師𩒨𣪘
赤市+朱黄+中絅　師酉𣪘
赤市+朱絅　何𣪘
赤市+幽黄　吕壺　伊𣪘　南宫柳鼎
赤市+幽亢　盠方彝　趞𣪘
赤市+冋黄+麗𩁹　元年師事𣪘
赤市+冋䙴黄　𨛫𣪘
赤市+五黄　師克盨
市+五黄　元年師兑𣪘(乃且市)
𢆶市　　豆閉𣪘

赤⊖市　　邰㺃𣪘　利鼎　㦰𣪘　免𣪘　望𣪘　吕鼎　南季鼎

赤⊖巿市　　揚𣪘　凡言⊖市、赤市、赤⊖巿市，皆無黄

朱市＋葱黄　番生𣪘　毛公鼎

叔市＋金黄＋赤舄　師嫠𣪘

𨥠市＋金鈦＋赤舄　師𥡴𣪘

叔市＋參冋＋茾悤　大克鼎

在市　　𤌍𣪘

𢦏市＋冋黄　七年趞曹鼎　師奎父鼎　免尊　趩觶　訇𣪘

𢦏市＋素黄　輔師嫠𣪘

𢦏＋朱黄　（乙）柞鐘

朿朱帶　害𣪘

幽黄　康鼎

衮　（乙）次卣　三代 3.16.8 衮，人名

偣衮　歸䳁𣪘　玉藻及論語鄉黨"麛裘，羔裘等……"，説文"偣，喜也"。此疑假作繡。

裘　不壽𣪘

虎裘　大師虘𣪘　玉藻"君之右虎裘，左狼裘"。

衣　大盂鼎　（乙）麥方尊

玄衣赤㚙　敔𣪘（40 字）

玄衣黹屯　師奎父鼎　南季鼎　輔師嫠𣪘　害𣪘　師𥡴𣪘　頌鼎　善夫山鼎　休盤　無叀鼎　訇𣪘（此屯字參拾遺上 24—25。頌鼎"黹屯""屯右"並見，可證屯非屯字）

玄衮衣幽夫襮黼　白晨鼎（爾雅釋器"黼領謂之襮"，説文"襮，黼領也"。詩揚之水"素衣朱襮"傳"襮，領也"。説文"袂，襲袂也"，"襲，左衽袍"）

㦸玄衣　㦰𣪘

戠衣　邰㺃𣪘　豆閉𣪘　免匠　趩觶

玄衮衣　吴方彝　吕壺　蔡𣪘

舄　大盂鼎　（乙）麥方尊

赤舄　師虎𣪘　吴方彝　師晨鼎　白晨鼎　吕壺　蔡𣪘　師克盨　𤼈盨　師嫠𣪘　元年師兑𣪘　師察𣪘　師𥡴𣪘（詩車攻"金舄"。周禮天官屨人注"舄有三等，赤舄爲上"）

舄—西周初

冂、市、舄—西周初（康王止）

衣、衮—西周初

織衣、玄衣—恭王開始

赤市—共王開始

赤舄—共王開始

(韠)=市—赤、朱、叔、䵂(色)、𦅫市(質?)

(衡)=黄—朱、幽、冋嬰、五、金、蔥(色)、素

(襌)=絅—參、中

(幒)=悤—莾(色)

帶—朿朱(色)

以上除稱冂、市者是西周初期外,其它多是穆王以後的。

除麥方尊等爲侯所錫者,其它多是王所錫的。

(6)戎器

弓 弓 (甲)小盂鼎(一) 静卣 同卣(矢王) 十五年趞曹鼎 師湯父鼎 虢季子白盤

(乙)𢾊毁 不其毁(一)

彡弓 (甲)宜侯毁(一) 白晨鼎

旅弓 (甲)宜侯毁(十) 白晨鼎

矢 矢 (甲)小盂鼎(百) 同卣 十五年趞曹鼎 師湯父鼎 鄂侯鼎(五束)

(乙)不其毁(束) 𢾊毁(束)

彡矢 (甲)宜侯毁(百) 白晨鼎 虢季子白盤

旅矢 (甲)宜侯毁(千) 白晨鼎

矢臸 (甲)小盂鼎(八) 師湯父鼎

象弭 (甲)師湯父鼎

彤欮 (甲)師湯父鼎

戈 戈 (甲)白晨鼎

(乙)小臣宅毁(畫戈九) 㝨毁 縣妃毁(?)

咸戈 (甲)小盂鼎(二)

玄琱戈 (甲)麥方尊

畫内戈 (甲)五年師事毁

戈、琱咸 (甲)師奎父鼎 害毁 輔師嫠毁 師耤毁 寰盤 休盤 無叀鼎 五年師事毁 詢毁

(乙)師獸毁

厚必 (甲)寰盤 休盤 無叀鼎 詢毁 五年師事毁

(乙)師獸毁 參師獸毁釋

彤沙　(甲)害毁　輔師嫠毁　師檔毁　寰盤　休盤　無叀鼎　訇毁　五年師事毁

彤层　(乙)師猷毁

戉　用戉　(甲)虢季子白盤

素戉　(甲)師克盨

殳　(甲)十五年趞曹鼎

干(作丫)　(乙)豦毁

甲　甲　(甲)十五年趞曹鼎　(乙)豦毁

畫甲　(乙)小臣宅毁

金甲　(甲)小盂鼎(一)

冑　冑　(甲)十五年趞曹鼎　白晨鼎

(乙)豦毁

貝冑　(甲)小盂鼎(一)

皐　虢　(甲)十五年趞曹鼎　白晨鼎

畫虢　(甲)小盂鼎(一)

衣　(乙)豦毁

旛　旅　(甲)白晨鼎(五旅)　燮毁　南季鼎*

肩　(甲)十五年趞曹鼎

鞞鞣　(甲)静毁　番生毁

(7)車馬

車　(甲)大盂鼎　番生毁　麥方尊

金車　(甲)獻毁　同卣　吴方彝　毛公鼎　三年師兑毁　录白𢦏毁　牧毁

昜金車　(乙)小臣宅毁

甸車　(甲)克鐘

駒車　(甲)白晨鼎　師克盨　㝬盨　兮甲盤(麥方尊"劑用王乘車馬")

車具**

1.圅	朿圅	吴$_1$			录$_2$
2.靳	朱𧷤圅、靳		番$_{3.1-2}$	毛$_{3.1-2}$	
	朱虢靳	吴$_2$			录$_3$

---

* 可能是旂之誤。

** 此處所列器名分别爲：吴方彝、牧毁、白晨鼎、番生毁、毛公鼎、師兑毁、㝬盨、录白𢦏毁、師克盨。器名簡稱後的號數，是各種車具在該器銘中的順序。

	畫昕(?)			晨$_1$						
	朱虢𢎗、靳		牧$_{3.1-2}$				兑$_{2.1-2}$	𥁕$_{2.1-2}$		克$_{2.1-2}$
3.冟	虎冟熏裏	吴$_3$	牧$_4$		番$_4$	毛$_3$	兑$_3$	𥁕$_3$		克$_3$
	虎幃、冟、衣里幽			晨$_3$						
	虎冟宷裏								录$_4$	
4.較	桒較	吴$_4$	牧$_1$				兑$_1$	𥁕$_1$		克$_1$
	𩌏爻			晨$_2$						
	桒壽轂								录$_1$	
	桒緷較				番$_2$	毛$_1$				
5.鞹	畫鞹	吴$_5$			番$_7$	毛$_5$	兑$_5$	𥁕$_4$	录$_8$	克$_4$
6.䡈	畫䡈		牧$_2$		番$_8$	毛$_6$	兑$_5$	𥁕$_5$	录$_6$	克$_5$
7.甬	金甬	吴$_6$				毛$_7$	兑$_6$	𥁕$_6$	录$_5$	克$_6$
8.軫	電軫				番$_1$					
9.厄	右厄				番$_6$	毛$_4$	兑$_4$			
	金厄								录$_7$	
10.衡	道衡				番$_5$	毛$_8$				
11.𨊠	金𨊠					毛$_9$				
	金童				番$_9$					
12.豙	金豙				番$_{10}$	毛$_{10}$				
13.約	軥䡌					毛$_{11}$				
14.簟笰	金簟弼				番$_{11}$	毛$_{12}$				
15.箙	魚箙				番$_{12}$	毛$_{13}$				

馬具

16.馬四匹		牧$_6$			毛$_{14}$	兑$_7$	𥁕$_7$	录$_9$	克$_8$
17.攸勒			晨$_4$		毛$_{15}$	兑$_8$	𥁕$_8$	录$_{10}$	克$_9$
18.金嚨					毛$_{16}$				
19.金膺					毛$_7$				
20.旂		牧$_5$							
朱旂									克$_7$
朱旂二鈴					毛$_{18}$				
朱旂、旜金芾、二鈴				番$_{13}$					

旂旗

旂　　大盂鼎（"乃且南公旂"）　𤔲毁　師奎父鼎　趩觶　師俞毁　害毁（旂作㫃，省

斤） 善鼎(乃且旂） 牧𣪕

旂五 輔師嫠𣪕

䜌旂五 師耤𣪕

䜌旂 𢦏𣪕 豆閉𣪕 利鼎 揚𣪕 𠭯鼎 何𣪕 趞鼎 頌鼎 善夫山鼎 伊𣪕 𠭯壺 師𩒨𣪕 鄀𣪕 休盤(旂作㫃,省斤） 無叀鼎 訇𣪕 南季鼎(旂作旅）

䜌䜌 輔師嫠𣪕

䜌 七年趞曹鼎 望𣪕 免𠤳 柞鐘 考𣪕

旞旄 (乙)奚方鼎

朱旂 師克盨 毛公鼎 番生𣪕

旅 白晨鼎 𤔲𣪕(㫃可能是旂）

攸勒 吴方彝 盠方彝 白晨鼎 諫𣪕(蓋作攸勒,器作勒） 康鼎(作鋚革,韓奕采芑鞗革） 伊𣪕 𠭯壺 師克盨 頌鼎 南宫柳鼎 害𣪕 師𩒨𣪕 趞鼎 師嫠𣪕 師酉𣪕 毛公鼎 𤸰盨 無叀鼎 三年師兑𣪕 录白𢦚𣪕 寰盤 訇𣪕 師家𣪕 師耤𣪕

以上除大盂鼎、奚方鼎、𤔲𣪕爲西周初期外,餘均穆王以後。

馬匹

馬 (甲)大盂鼎

(乙)乍册䰧卣 次卣 麥方尊 白宦父鼎

白馬 召尊 乍册大鼎

馬匹 (甲)守宫盤

(乙)御正衛𣪕 奚方鼎 𢦏𣪕

馬兩 (甲)小臣夌鼎

(乙)小臣宅𣪕

(丙)𦴍𣪕 小臣守𣪕 大𣪕

馬三 (甲)中尊(王易中馬自㒼应三騺）

馬四匹 (甲)無其𣪕 尹姞齊鬲 吴方彝 鄂侯鼎 牧𣪕 毛公鼎 兮甲盤 三年師兑𣪕 師克盨 𤸰盨 史頌鼎(此四匹是分書,它皆合書作𠥼,容庚以爲三匹）

乘馬 (甲)虢季子白盤

馬乘 (甲)克鐘

馬𩣡乘 (丙)公貿鼎(金文編 13.7 釋轡）

馬十匹 (乙)卯𣪕

駒騍卅二匹 (甲)大鼎

駒兩　(甲)癲鼎　盠駒尊

(8)牲畜

聟牛　(乙)史叔隋器

芻羊犅　(甲)大乍大中毀

小牛　(甲)令方彝

牛　(甲)友毀(三)

(乙)卯毀(十)

羊　(甲)弔徆毀(百)

鹿　(甲)命毀　貉子卣(三)

魚　(甲)井鼎　公姞鬲(百)

鮮　(甲)遹毀

鳳　(丁)中方鼎("歸生鳳于王")

丁朿(積)　幾父壺(六)

(9)土田

土　(甲)宜侯毀(包括川、邑)

某土　(甲)大保毀　中方鼎　召圜器

(乙)亳鼎

川　(甲)宜侯毀(三百□)

宅邑　(甲)宜侯毀(卅又五)

里　(甲)大毀

田　田　(乙)不其毀(十田)

某田　(甲)敔毀(五十田,五十田)　大克鼎(某田七處)

(乙)卯毀(一田,一田,一田,一田)

采　(甲)趞卣

則　(甲)段毀

井　(乙)豦毀(五榿)

(10)臣妾

(乙)臣五家　不其毀

楚(胥)、走馬　截毀

史、小臣、霝、鼓鐘　大克鼎

友　大矢始鼎

尸臣三百人　師詢毀

僕四家　幾父壺

易朕文考臣自厥工　盂毁

(11)其它

丹　庚嬴卣(一椒)　疑是旃,說文"旗曲柄也"。

鹵　免毁(百陵)　晉姜鼎(鹵責千兩)

淍責　小臣缶鼎

禾　亳鼎

⿻　考毁"赤市、旂、⿻"疑是旅(櫨)

白晨鼎"旅五旅"　爾季鼎"緣旅"

𦎫　㞑尊　疑是瓚

糧　賢毁"公使吏晦賢百晦𥹞"

苴幕五,苴冟二
毳布三
專厍(僻)三
}守宮盤

非余　(乙)友鼎　小臣傳卣　白宦父鼎

鏞,斧　居趞觑彝(攈古2.3.85)

附:俘獲物

戈　𧻚鼎

戎器　翏生盨

貝　𡩜鼎　呂行壺

金　員卣　過白毁　翏生盨　周白邊鼎(中偁父)

吉金　師寰毁　晉姜鼎

車、馬、牛、羊　小盂鼎(有數)

士女羊牛　師寰毁

金胄　𣪕侯鼎

丙、賞賜動詞

(甲)商　令毁　宜侯毁　獻侯鼎　乍册豐鼎

賓　士上盉　召圜器　燕侯旨鼎　小盂鼎

易　徆方鼎　禽毁　宜侯毁

親易　適毁　鄂侯鼎

益　徆毁　弔徆毁

嗌　敔叔毁

舍　　令鼎　牧𣪕
賫　　敔𣪕
商—易　宜侯𣪕
賁—易　史𧽊𣪕
舍—易　牧𣪕
賫—易　敔𣪕
商—宝　令𣪕
令　　夑𣪕
命　　康鼎　考𣪕(或乍令)
致　　歸芻𣪕
歸　　貉子卣　蔺𣪕
易闌　南宫柳鼎(參毛公鼎)
攸易　井鼎　猶“休易”
兄奥　中方鼎
(乙)商　　征角　彦鼎　小子夫尊　帥隹鼎
賁　　㬱方鼎　奚方鼎　小臣傳卣　乍册𩴾卣　史獸鼎　御正衛𣪕　辛吏𣪕
乍册大鼎　競卣　競𣪕
易　　令方彝　小臣宅𣪕　史獸鼎　麦方彝等
令　　小臣傳卣　獻𣪕
宝　　克乍父辛鼎　盂卣
賁—易　史獸鼎
賁—令　小臣傳卣
宝—易　𢾊𣪕
易—宝—賁　令方彝
惠　　五年琱生𣪕“余惠于君氏大章”　廣雅釋言“惠,賜也”
休　　小臣𧹛鼎　易亥𣪕　白宦父卣
休易　瀕事𣪕
休毗　易鼎
㪆(?)　師嫠𣪕
舍　　居趞𪗽彝
(丙)賓　　睘卣　盂爵　小臣守𣪕　蔺𣪕　大𣪕　史頌鼎
報　　五年琱生𣪕　六年琱生𣪕
易盄　㞷敖𣪕(參公貿鼎“休鱻”)

(丁)獻　　寓鼎　歸芻毁　孱敖毁
　　堇　　頌鼎　五年琱生毁　善夫山鼎
　　歸　　中方鼎

丁、賞賜器物分釋

1.釋市

金文市從巾從一，一象系巾之横帶。此字在文獻上有許多不同的寫法和稱謂，綜録于下：

(1)市　説文曰“市，韠也，上古衣蔽前而已，市以象之。天子朱市，諸侯赤市，大夫葱衡。從巾象連帶之形”。

(2)韍　説文市下曰“韍，篆文市，從韋從犮”。禮記玉藻曰“一命緼韍幽衡，再命赤韍幽衡，三命赤韍葱衡”。禮記明堂位曰“有虞氏服韍”，鄭注云“韍，冕服之韠也。……士韎韋而已”。

(3)韠　説文曰“韠，韍也，所以蔽前以韋，下廣二尺，上廣一尺，其頸五寸。一命緼韠，再命赤韠。從韋畢聲”。釋名釋衣服曰“韍，韠也。韠，蔽膝也，所以蔽膝前也。婦人蔽膝亦如之，齊人謂之巨巾”。詩檜風素冠曰“庶見素韠兮”。儀禮士冠禮曰“緇帶素韠”，“緇帶爵韠”，特牲饋食記“緇帶緇韠”。禮記玉藻曰“韠，君朱，大夫素，士爵韋”，鄭注云“凡韠以韋爲之”。

(4)芾　詩候人曰“三百赤芾”，采芑及斯干曰“朱芾斯皇”，采菽曰“赤芾在股”，車攻曰“赤芾金舄”。

(5)茀　詩采芑釋文云“芾，本又作茀，或作紱，皆音弗”。

(6)紼　白虎通紼冕篇曰“天子朱紼，諸侯赤紼。……書曰黼黻衣，黄朱紼。……紼以韋爲之者，反古不忘本也，上廣一尺，下廣二尺”。

(7)袚　説文曰“袚，蠻夷衣，從衣犮聲，一曰蔽膝”。

(8)紱　易困曰“朱紱方來，困于赤紱”。

(9)韐　説文曰“韐，士無市有韐……其色韎……。韐，韐或從韐”。詩瞻彼洛矣曰“韎韐有奭，以作六師”，傳云“韎韐者茅蒐染草也，一入(據正義引定本)曰韎，韐所以代韠也”。説文“韎，茅蒐染韋也，一入曰韎”。士冠禮曰“緇帶韎韐”，鄭注云“韎韐，緼韍也，士緼韍而幽衡，合韋爲之，士染以茅蒐，因以名焉”。

(10)襜　説文曰“襜，衣蔽前”，釋名釋衣服曰“韍……又曰跪襜”。

(11)褘及其它　方言四曰“蔽膝江、淮之間謂之褘，或謂之袚，魏、宋、南楚之間謂之大巾，自關東西謂之蔽膝，齊、魯之郊謂之袡”。廣雅釋器曰“大巾、褘、袡、襜、袚，蔽膝也；韍謂之縪”。穆天子傳一曰“天子大服冕褘帔帶”。

以上(1)—(8)雖形體各異而皆衍畢音,都是從象形字"市"所孳乳出來的形聲字。(9)則是市的另一種名稱。其餘各名或爲不同方言,或者男女日常著用的蔽膝,而"大巾"之名最古,因金文的市亦稱爲"巾"。

據采芑和車攻,赤芾是田獵或征伐時的戎服;據采芑和采菽,赤市是王所賜予的命服;據候人則曹國的候人(官)三百皆赤芾,似應是韐。據西周金文,官無分文武皆賜市,則它當是命服,當然可以作爲朝服和戎服。鄭玄因見詩中小雅作芾而檜風作韠,因于采菽箋云"冕服謂之芾,其他服謂之韠";又見玉藻中既有天子、諸侯、士之韠,又有三命之韍,因注曰"此玄冕爵弁服之韠,尊祭服異其名耳,韍之言亦蔽也",是以韍爲祭服而韠爲朝服,詩瞻彼洛矣鄭箋云"韐,祭服之韠",明堂位鄭注云"韍,冕服之韠也"。這種分别是不當的。

市或作韍、韠,字皆從韋,所以漢儒皆説市以韋爲之。金文載市,亦從韋,可證市有韋製者。士冠禮鄭注云"素韠,白韋韠",而鄭注雜記"韠……純以素"則説"素,生帛也"。古代的市除韋製外,當亦有用絲、帛或麻製的。

金文加于市前的形容字是叔、朱、赤、載和予,文獻上加于韠、韍、芾、紼等前的形容字是朱、赤、緇、爵、素、緼和黄朱。金文的朱市、赤市和載市即文獻的朱芾、赤芾和緇韠,是無疑義的。金文的"叔"當係顏色,叔市猶大雅韓奕之"淑旂"。共、懿時代金文的"赤予市",予(字形近于小篆之予)或從市作㡿,介于顏色"赤"與服名"市"之間,所以它只能是所以織製之名。説文"芧,艸也,從艸予聲,可以爲繩",乃是野紵、野麻一類。毛詩作芾,本又作茀,可知市有艸製者,故字亦從艸。

在玉藻内存在着兩種市制,一是不同身分的韠制,一是三命之韍,大概來自兩種來源。關于前者,雖係西周以後很晚的記述,但其市色所代表的尊卑有參考的價值,可歸納如下:

	[天子]	[諸侯]	[大夫]	[士]
玉藻	朱韠		素韠	爵韋
説文	朱市	赤市	葱衡	靺韐
白虎通	朱紼	赤紼	葱衡	靺韐

由此可知市色四等約爲(1)靺、爵,(2)素(葱衡),(3)赤,(4)朱。玉藻"緼韍"注云"緼,赤黄之間色,所謂靺也",靺韐相當于一命緼韍。士冠禮"爵弁服"鄭注云"其色赤而微黑如爵頭然,或謂之緅",考工記鍾氏"五入爲緅,七入爲緇"鄭注云"緅,今禮俗文作爵,言如爵頭色",説文曰"纔,帛爵頭色"。爵與緇乃淺黑與深黑之别。素是白色。爾雅釋器曰"三染謂之纁",注云"纁,絳也",説文曰"絳,大赤也",詩七月傳曰"朱,深纁也",可知赤與朱乃淺紅與深紅之别。

所謂三命之韍實際上只有兩色韍和兩色衡,赤韍高于緼韍而葱衡高于幽衡。西周金文中師嫠三次受命服,一命再命(一個王所命)見于輔師嫠𣪘(本書142),三命(另一個王所命)見于師嫠𣪘(本書168)。

三命是:(1)一命　㦸市素黄(玉藻作緼韍幽衡),輔師嫠𣪕"戈易女……"

(2)再命　赤市朱黄(玉藻作赤韍幽衡),輔師嫠𣪕"今余曾乃令"

(3)三命　叔市金黄(玉藻作赤韍葱衡),師嫠𣪕"才昔先王……既令女……今余隹緟就乃令"

由此知韍色的次第是㦸(即緇)、赤、叔,衡色的次第是素、朱、金。以下諸器,可以助證㦸、赤、叔是先後三命的次第:

(一)一命　㦸市冋黄　輔師嫠𣪕,七年趞曹鼎,師奎父鼎("用嗣乃父官友"),免尊,趩觶("更厥且考服"),訇𣪕(再命或三命見師訇𣪕)(本書142、106、111、130、132、195、207)

(二)再命　赤市朱黄　輔師嫠𣪕"今余曾乃令"

赤市朱黄　師𩔰𣪕"才先王既令女乍司土……今余隹肇緟乃令"(本書未完稿17)

赤市朱黄　師酉𣪕"嗣乃且啻官邑人虎臣……"(本書173)

赤市冋睪黄　𨟭𣪕"昔先王既命女乍邑……今余隹緟就乃命"(大系148)

赤市冋黄　元年師事𣪕(本書145)

赤市五黄　師克盨"昔余既令女,今余隹緟就乃令"(本書210)

(三)三命　叔市金黄　師嫠𣪕"才昔先王……既令女更乃且考嗣小輔,今余隹緟乃令"(本書168)

叔市　大克鼎"昔余既令女出内朕令,今余隹緟就乃令"(本書185)

以上凡再命、三命皆有"肇緟乃令"、"緟就乃令"或"曾乃令"之語,表示是第二、三次的命;凡初命者皆無之。再、三命或不賜命服,但賜攸勒,如諫𣪕"攸勒"、師瘨𣪕"金勒"(本書119、136)。

以上的排列,只是説明凡同一人先後受不同的命服,其服色似有等級性的差别。並不能因此以爲每一新命,必更錫市黄,在某些例子上再命、三命時並無市黄之賜。關于市和黄的配合,西周金文所見不同"市"色所附不同的"黄"色如下:

㦸市　冋黄(五見),素黄(一見)

赤市　朱黄(九見),幽黄(五見),冋黄(二見),五黄(一見)

叔市　金黄(一見)

朱市　悤黄(二見)

赤予市　没有黄(九見)

可見它們之間還有一些關係,但不是完全固定不變的。其中"赤市幽黄"同于玉藻的"再命赤韍幽衡","朱市悤衡"同于詩采芑的"服其命服,朱芾斯皇,有瑲葱珩"。它們和儀禮的"緇帶素韠""緇帶爵韠""緇帶靺韐"的配合關係,無一相同,由于後者乃較晚的追述。

金文中命官與命服往往並提,所以官職的高下也可以表現于服色的尊卑。毛公鼎(本書201)和番生毁(大系130)的"朱市悤黄"應該是高一級的。毛公鼎"緟先王命,命女亟一方",官職很高,而番生職"𤔲公族卿事大史寮"與毛公相仿。"朱市悤黄"的品位似與"叔市"相當。

"赤市"與"赤予市"的若干例,不能確别其爲初命或重命。但以下兩例是新王即位元年所賜:

舀鼎　更乃且考司卜事易女赤予市(本書143)

師酉毁　𤔲乃且啻官邑人虎臣……易女赤市朱黄(本書173)

故可推定爲新王的重命。

同一人先後一再受命服,可由此決定此人所屬銅器的先後,如一再命的輔師嫠毁早于三命的師嫠毁,再命的師克盨早于命叔市的大克鼎,命載市的免尊似應先于命赤予市的免毁。

師嫠毁曰"師龢父钕嫠叔市,恐告于王"。而後王錫之以叔市,可見叔市的錫予乃出自天子,而叔市的予奪爲極嚴重之事故上告于王。金文王賜市與命官並舉,而對于裔邦之王臣則無易市的記載,如录白㦰毁易車馬而無市(大系35)。歸芻毁易裘而無市(本書196)。

1962年3月14日

2.釋黄

説文韠下曰"一命緼韠,再命赤韠"。

禮記玉藻曰"一命緼韍幽衡,再命赤韍幽衡,三命赤韍葱衡",詩曹風候人毛傳所述同,惟韍作芾,衡作珩。説文曰"珩,佩上玉也",玉藻鄭注"衡,佩玉之衡也"。金文"赤市朱黄"之黄,阮元以爲即玉藻之衡(積古4.27),吴大澂説文古籀補黄字下曰"古横字,通作黄,今經典横字多作衡。禮一命緼韍幽衡,衡,佩玉之横也"。郭沫若所作釋黄、釋元黄、所謂黄以爲黄、衡、珩是一物,"黄字實古玉佩之象形也"。我於1936年2月作黄字新釋,懷疑郭説,1957年3月作盠器考釋(本書122)時曾據舊作重爲考訂如下:

金文名物之"黄"不是玉器而是衣服的一種:(1)西周金文與"市"相隨的"黄"皆不從玉,只有縣妃毁的"戈琱玉黄"(大系38)和五年琱生毁的"束帛、璜"(本書166)才是玉器之璜。(2)西周銘文中的賞賜,命服與玉器是分開叙述的,"黄"隨于"市"之後而多與"玄衣黹屯""玄衮衣""中絅""赤舄"等聯類並舉;尤其是師酉毁(本書173)的"朱黄"介于"赤市"與"中絅"之間,舀壺(大系84)的"赤市幽黄"介于"玄衮衣"與"赤舄"之間,師嫠毁(本書168)的"金黄"介于"叔市"與"赤舄"之間,可證"黄"是整套命服的一部分。(3)加于"黄"前的朱、赤、悤、幽等都是帛的顔色,而同(絅)、嬰(縷)、五(午),則是"黄"所以織成的材料、織法等形容詞,不是用以形容玉色的。(4)康鼎曰"易女幽黄、鋚革"(本書156),可知幽黄可以作一種獨立的命服而賞賜。

在文獻上,"葱衡"與帶或市同類:(1)玉藻"一命緼韍幽衡"三句,雜厠于"而素帶終辟"至"天子素帶朱裏終辟",此章皆論"帶"而有錯簡,可證"衡"與帶同類。玉藻"君在不佩玉"一章論佩玉,則在其後。(2)白虎通紼冕篇曰"天子朱紼,諸侯赤紼。……大夫葱衡,别于君矣。……士韎韐"。説文市下曰"天子朱市,諸侯赤市,卿大夫葱衡",可證"葱衡"與市同類。(3)儀禮士冠禮"主人玄冠、朝服、緇帶、素韠",又曰"爵弁服、纁裳純衣,緇帶韎韐,皮弁服素積緇帶素韠,玄端玄裳黄裳雜裳可也"。"緇帶爵韠",又特牲饋食記"其服皆朝服、玄冠、緇帶、緇韠,唯尸祝佐食玄端、玄裳、黄裳、雜裳可也,皆爵韠,可證帶與韠、韐相連,猶金文"黄"隨于"市"。

玉藻、雜記和白虎通紼冕篇都説韠(或紼)上廣一尺、下廣二尺、長三尺,而玉藻又曰"紳長制士三尺"注云"伸,帶之垂者也";士冠禮鄭注"士帶,緇帶,黑繒帶,博二寸,再繚四寸,屈垂三尺"。是帶下垂部分(紳)與韠等長。説文曰"帶,紳也","紳,大帶也",帶與紳互訓,分言之則紳爲帶之下垂部分,合言之則帶爲有垂紳之大帶。帶分别爲横束繞腰與下垂于前的兩部分,下垂者爲紳,横束者應即金文之"黄",玉藻之"衡",衡、横古通用而横從黄。

但西周金文之"黄",不見于其後的文獻。先秦文獻惟稱帶或大帶、鞶帶。詩衛風有狐"之子無帶"與無裳、無服爲對文;曹風鳲鳩"其帶伊絲"箋云"謂大帶也,大帶用素絲,有雜色飾焉";詩小雅都人士"彼都人士,垂帶而厲",傳云"厲,帶之垂也",衛風芄蘭"垂帶悸兮",傳云"垂其紳帶悸悸然"。帶爲當時貴族服飾中主要之物,故論語公冶長"子曰赤也束帶立于朝",國語魯語下"卿之内子爲大帶,命婦成祭服,列士之妻加之以朝服"。左傳桓公二年"帶、裳、幅、舄……昭其度也……鞶厲、游纓,昭其數也",杜注"帶,革帶也","鞶,紳帶也,一名大帶,厲、大帶之垂者"。易訟"或錫之鞶帶,終朝三褫之",説文"鞶,大帶也"。由此知大帶、鞶帶都是帶,或爲絲織,或爲革製的。

今本玉藻對于帶制有較詳的敘述,次第錯亂,據鄭玄注文,應如下序:"天子素帶,朱裏終辟","而素帶終辟,大夫素帶辟垂,士練帶率下辟,居士錦帶,弟子縞帶,並紐約用組","三寸,長齊于帶。紳長制:士三尺,有司二尺有五寸。子游曰參分帶下,伸居二焉。紳、韠、結三齊"。"大夫大帶四寸。雜帶:君朱緑,大夫玄華,士緇辟二寸,再繚四寸。凡帶,有率無箴功"。此節所述,似分别素帶與雜帶,鄭玄注以爲素帶即大帶,"雜猶飾也,即上之裨也","裨謂以繒采飾其側"。士冠禮"緇帶"賈疏云"天子諸侯帶,繞腰及垂者皆裨之,大夫則不裨其繞腰者……"。此分别帶之繞腰者與垂者即黄與紳的分别。由于帶必垂紳,所以帶、大帶、鞶帶又稱紳帶,白虎通衣裳篇"所以必有紳帶者,示敬謹自約整也"。

金文賜市多隨以黄,亦有單錫"黄"者(如康鼎),可證帶是獨立的服飾。玉藻謂韠的"肩革帶博二寸",這是附屬于韠的革帶,和大帶不同。紳帶與韠之革帶相重于腰際,故漢書郊祀志注曰"紳,大帶也;搢,插也,插笏于大帶、革帶之間"。内則"韠紳搢笏"鄭注"搢,扱也，扱笏于紳"。

大帶又名鞶帶，則應有革製的。但金文一般的黄，似皆絲、帛、繒所製，故着帛色：(1)朱，説文"絑，純赤也"，詩七月傳"朱，深纁也"。(2)素，説文"素，白緻繒也"。明堂位注"素，生帛也"。(3)蔥，説文"繱，帛青色"。(4)幽，玉藻鄭注"幽讀爲黝，黑謂之黝，青謂之蔥"，説文"黝，微青黑色也"。(5)金，説文"黅，黄黑也，從黑金聲"，玉篇"黅，黄黑如金也"，詩車攻"赤市金舄"箋"金舄，黄朱色也"。(6)䙝，説文"縷，白文皃。詩曰縷兮斐兮，成是貝錦"。(7)同，詩碩人"衣錦褧衣"，中庸"衣錦尚絅"，尚書大傳"衣錦尚蘔"，説文"褧，檾也。詩曰衣錦褧衣，示反古"，又曰"檾，枲屬"，引詩作檾。褧、檾、絅、蘔即本草之苘麻，即今製粗繩所用者。詩之"錦檾衣"猶金文之"同䙝黄"，皆以苘麻交織而成。(8)五，五黄猶縷黄，疑指交織之形。

由上所述，則金文的朱黄、素黄、金黄、幽黄、蔥黄即玉藻的朱帶、素帶、錦帶、幽衡、蔥衡；而幽衡和緇帶可能是同類的。除此以外，文獻上的帶還有玄華、黄朱、朱緑、練、縞的，後二者是織物的質料。

西周金文的"黄"也有另外兩種寫法。何𣪘(本書179)的"朱亢"，盠方彝(本書122)和趞𣪘(本書未完稿10)的"幽亢"，師耤𣪘(本書149)的"金鈦"(太也可能是太，即鈦)，都是説文"亢，尳曲脛也"，即檀弓的巫尪。聲與黄通。黄與亢可能是二物，亢疑即邪幅。一是害𣪘的"朿朱帯"，疑是帶字。

玉藻的三命"蔥衡"本是金文"蔥黄"的通假，乃毛傳改爲三命"蔥珩"，遂啟後世以衡爲玉器的誤説。毛詩采芑"服其命服，朱芾斯皇，有瑲蔥珩"，傳云"瑲，珩聲也，蔥，蒼也，三命蔥珩"，釋文"創本又作瑲，亦有鎗"；載見"鞗革有鶬"，傳云"言有法度也"，箋云"鶬金飾貌"，釋文"鶬、七羊反，本亦作鎗"，而説文引此詩作瑲(許慎引用毛氏)。"有瑲"爲毛詩，三家詩或如釋文有作創、鎗者；"蔥珩"亦爲毛詩，三家詩或作"蔥衡"如玉藻，但釋文云"珩音衡"，則陸氏所見本已作珩字。"有瑲蔥珩"乃毛氏之本，不能據此以説蔥衡爲玉璜。但古者佩玉，玉藻曰"凡帶必有佩玉……孔子佩象環五寸而纂組綬"，説文"佩，大帶佩也"。白虎通衣裳篇"故循道無窮則佩環"，毛公鼎、番生𣪘"蔥黄"之下有玉環、玉瑹皆屬繫帶上的玉佩。

唐蘭所作毛公鼎朱韍蔥衡玉環玉瑹新解(光明日報1961.5.9)列五事證黄是繫韍的帶而不是佩玉：(1)金文形容于黄的"蔥、幽、朱、金是顏色，但决非玉色"，"衡是可染的，應當是皮、革、絲、麻等製成的"。(2)金文"同黄是用苘麻織成的衡。……蔥衡與幽衡應該是絲織的"。(3)金文"五黄"是五個衡，一個"韍"可以有五個"衡"。(4)師克盨"黄次在市與舄之間，可見衡是屬于韍的服飾。……决不是佩玉"。(5)"西周金文以市、黄對稱"，儀禮"都把帶和韠對稱，韠既然就是韍，帶當然就是衡了"。他説："從以上五點分析，韍上的'衡'是繫韍的帶，它可以多到五道，可以用苘麻織成，也可以絲織，染成蔥、幽、金、朱等色。我們可以進一步斷定，這就是秦漢時代的綬。"其中除(3)不可成立外，其它皆是正確的。我們以爲,帶或黄雖與韠或市是相聯屬的兩物,但可以是獨立的服飾,故金文所錫雖多市、黄並及的,也有單賜市或單賜黄的。

1962年3月12日重寫

3.釋非余

郭沫若讀非爲緋色之緋,讀余爲芴荼之荼,謂是赤色之笏(金文叢考250)。説文芴、菲互訓,是"非余"之"非"即笏。爾雅釋草曰"簢筡,中"注云"言其中空,竹類"。古之笏析竹爲之,説文"筡,析竹筤也",方言十三"析竹謂之筡"。古文閔、勿相通,簢筡即笏筡。析言之則爲笏爲筡。玉藻曰"笏,天子以球玉,諸侯以象,大夫以魚須,文竹,士竹本象可也"。玉藻曰"天子搢珽",注云"此亦笏也",左傳桓公二年傳注云"珽,玉笏也,若今之持簿手版也",説文以爲大圭。玉藻曰"諸侯荼"注云"是以謂笏爲荼"。廣雅釋器曰"瑹,珽,笏也",集韻作琭。大戴禮虞戴德篇曰"天子御珽,諸侯御荼,大夫御笏",逸周書王會篇曰"天子搢珽,晉叔荀叔周公大公搢笏"。

金文所記,都是諸侯賜臣屬的。

1958年2月26日

4.釋鞞鞣

鞞鞣,番生毁(大系130)叙于市黄與玉器之間,静毁(大系27)作鞞剢,射後所錫。説文曰"鞞,刀室也",大射儀曰"袒决遂"鄭注云"遂,射韝也,以朱韋爲之,著左臂,所以遂弦也"。吴大澂、容庚遂以鞞鞣爲刀室與射韝二物。郭沫若因其叙在玉器之前,以爲珌璏,乃附于劍上的玉飾。但西周時尚未有劍,字又從革不從玉。

今以爲鞞鞣是一物,乃是革製的圍身之帶而可以佩兵器者。廣雅釋器曰"鞞鞘,刀削也",王念孫引内則"右佩遰"鄭注云"遰,刀鞞也",説"遰與鞘同"。案鞞鞘即鞞遰,亦即鞞鞣。説文曰"削,鞞也",玉篇從韋作鞘。削或從刀或從韋,猶金文鞣之或從革或從刀。金文鞞從革,而方言從韋。方言九曰"劍削……自關而西謂之韠"。

劉心源古文審7.7以爲剢或可釋作"内則左佩金燧,右佩木燧"之燧,或又釋作詩"佩璲"傳"瑞也"之燧。

左傳桓公二年"藻率鞞鞛"杜注"鞞,佩刀削上飾,鞛下飾"。鞛疑即鞣。

此物在玉器之前,疑是繫佩玉者。爾雅釋器"縌,綬也"注云"即佩玉之組所以連繫瑞玉者,因謂之縌"。後漢書輿服志"縌者古佩璲也"。玉藻鄭注"綬者所以貫佩玉"。

1958年2月12日

5.釋旌旗

旗幟是由數部分組成的:

(1)縿—正幅

周禮巾車注"正幅爲縿,斿則屬焉";爾雅釋天注"縿,衆旒所箸"。覲禮疏引"爾雅説旌旗云正幅爲縿",今本失此條。旒,説文作㫃、㳺、游(古文作㳺),解曰"旌旗之流也"。根據孫詒讓周禮正義之説,以爲"九旗"者由于正幅上所畫圖象之不同,乃分别爲五種異幟。

周禮司常有:

(一)常—日月

(二)旂—交龍　説文"旂有衆鈴"　爾雅釋天"有鈴"

(三)旗—熊虎　説文"熊旂五游"

(四)旟—鳥隼　説文"錯革畫鳥"　爾雅釋天"錯革鳥"

(五)旐—龜蛇　説文"龜蛇四游"　爾雅釋天"緇廣充幅,長尋曰旐"

由于縿、游同色異色之不同,乃分别爲:

(六)旜—通帛　縿與游同一色

(七)物—雜帛　縿與游異色

由于在干頭上所載的毛羽之不同,乃分别爲:

(八)旞—全羽

(九)旌—析羽　爾雅釋天"注旄首"

依孫説,以上周禮所謂"九旗",實際上是並不能平列的,(一)—(五)是五種,(六)—(九)乃五種正旗之通制,並以爲(六)、(七)乃縿游純駁之異。

孫氏分别正旗與其它四事,是正確的。所謂五種正旗,考工記輈人所述龍旂、鳥旟、熊旂、尾蛇與之相應。周禮巾車所述王之五路:

玉路　建大常十有二斿,以祀。

金路　建大旂,以賓。

象路　建大赤,以朝。

革路　建大白,以即戎。

木路　建大麾,以田。

金榜以爲"大旂爲交龍,大赤爲鳥隼,大白爲熊虎,大麾爲龜蛇",其説實不足據。

旗之正幅以帛爲之,周禮司常注云"凡九旗之帛皆用絳",帛即是縿。爾雅釋天曰"纁帛縿"謂絳色之帛縿。

(2)斿

關于五種正旗游數的差次,據周禮所述是:

大常　十二斿　據巾車"建大常十有二斿",節服氏"六人維王之大常"及注文

龍旂　九斿　以下據考工記輈人

鳥旟　七斿

熊旂　六斿　説文作五游

龜蛇　四斿

(3)旆—旗尾

説文曰"旆,繼旐之旗也",釋名釋兵曰"白旆,殷旗也,以帛繼旐末也"。公羊傳宣公十二年正義引爾雅釋天曰"繼旐曰旆",注云"帛續旐末爲燕尾者",詩六月"白旆央央",孫炎注爾雅引詩作"帛旆英英"。旆是繼于旐的旗尾,乃是一種特殊之游。詩六月釋文云"茷,本亦作旆",左傳昭公十二年正義"今之燕尾即旆,是旐末",左傳定公四年"綪茷"正義云"旐是旂身,旆是旂尾。……茷即旆也",士喪禮鄭注云"今文末爲旆",是茷、末、旆並同音相假,而末音與物相近。

旆爲附續于旗尾、旗末的特殊之游,故有訓爲大旗的。它的作用,只有左傳叙述較詳:

僖公廿八年　狐毛設二旆而退之。注云:旆,大旗也。

城濮之戰,晉中軍風于澤,亡大旆之左旃。注云:旆,旗名,繫旐曰旆,通帛曰旃。

昭公十三年　辛未治兵,建而不旆;壬申復旆之,諸侯畏之。注云:建立旌建不曳其旆;旆、游也。又云:軍將戰則旆,故曳旆以恐之。

哀公二年　以兵車之旆與罕駟兵車先陳。注云:旆,先驅馳。

襄公十八年　必旆而疏陳之,使乘車者左實右,僞以旆先。注云:建旆以先驅。

宣公十二年　令尹南轅反旆　注云:旆軍前大旗。

拔旆投衡　注云:旆大旗也,拔旆投衡上使不帆風差輕。

莊公廿八年　注云:子元自與三子特建旆以居前。

由上所述,可知旆是行軍時建于先驅的兵車上的。其物甚巨大,易招風,故又謂之大旆。釋名釋兵曰"雜帛爲旆(太平御覽儀式部引作旆,兵部引作物),以雜色綴其邊爲燕尾,將帥所建,象物雜色也"。

由左傳僖公廿八年傳文,知大旆有左右兩旃,則旃者是作燕尾形的旗尾的兩游。則旃與物(説文勿之或體作㫚)乃是旗尾。旗尾以兩支構成,凡與帛同色者爲旃(所謂通帛),異色者爲物(所謂雜帛),孫詒讓以縿游之同色異色分别旃物,其説是。注疏或以旃爲赤色而無紋飾者;司常注云"通帛謂大赤,從周正色無飾",釋名釋兵曰"通帛曰旃……通以赤色爲之",爾雅釋天"因章曰旃"注云"以帛爲旒,因其文章不復畫之",左傳定公四年注云"綪茷,大赤,取染草名也"。

左傳定公四年分康叔以"少帛、綪茷、旃旌",三者並列,注以爲"少帛雜帛",意指物,非是。少帛是縿,綪茷是旆,旃旌是杠飾。少帛當是小白之旂,見逸周書伐紂一節及周本紀,猶韓奕之淑旂,淑假爲叔爲少。

(4)杠—旗杠

爾雅釋天曰“素錦綢杠”注云“以白地錦韜旗之竿”，孔疏引廣雅曰“天子杠高九仞，諸侯七仞，大夫五仞”。鄉射禮記“杠長三仞”注云“杠，橦也”，士喪禮“竹杠長三尺”注云“杠，銘橦也”。杠亦謂之橦，説文曰“橦，帳極也”，後漢書馬融傳注云“橦，旗之竿也”。杠、橦、竿、干均謂旗杆。

廣雅釋詁四“綢，纏也”，杠上以錦纏之。

説文“旃，旗曲柄也”。文選西京賦“樹修旃”薛注云“旃，旛也”。

(5)旄—杠飾

説文曰“氂，犛牛尾也”，周禮旄人序官及禮記樂記注云“旄，旄牛尾也”，周禮樂師鄭衆注云“旄舞者氂牛之尾”。旄爲氂牛之尾，或以之爲舞飾，或以之爲杠飾。爾雅釋天曰“注旄首曰旌”，注云“載旄于竿頭如今之幢，亦有旒”，孔疏云“李巡曰旄牛尾箸竿首。孫炎曰五采羽注旄上也，其下亦有旒縿”。周禮夏采鄭玄注云“緌以旄牛尾爲之，綴于橦上，所謂注旄于干首者”。明堂位鄭玄注云“緌謂注旄牛尾于杠首，所謂大麾”。釋名釋兵曰“緌，有虞氏之旌也，注旄竿首，其形藂之然也”。詩干旄毛傳曰“注旄于干首，大夫之旃也”。詩出車“健彼旄矣”毛傳曰“旄，干旄”。

旄是以氂牛尾綴于旗干的專字，其初當以牛尾飾爲主，但後來有以鳥羽爲之者。以羽爲旄注于干首，謂之羽旄(左傳定公四年)或羽毛(襄公十四年)，與金文的遂毛(即旞旄)相對。旄建于導車，爲兵車之首，故左傳宣公二年曰“趙盾爲旄車之族”。

周禮司常和説文以全羽、析羽分别旞、旌，是以旄飾皆爲鳥羽所作，恐不合于古制。關于旞的解説，甚爲紛紜，尤需疏理。

古音遂、綏、緌、遺等字都相近。禮書中綏、緌互用互亂之處甚多，略如下述：

明堂位　“有虞氏之旂，夏后氏之綏，殷之大白，周之大赤。”注云：四者皆旌旗之屬也。綏當爲緌，讀如冠蕤之蕤。……緌謂注旄牛尾于杠首，所謂大麾。“有虞氏之綏，夏后氏之綢練，殷之崇牙，周之璧翣。”注云：綏亦旌旗之緌也。

夏采序官　注云：徐州貢夏翟之羽，有虞氏以爲緌

夏采　“以乘車建綏。”注云：故書綏爲禮。杜子春云當爲綏禮，非是也。玄謂明堂位曰凡四代之服器，魯兼用之，有虞氏之旂，夏后氏之綏，則旌旗有是綏者，當作緌，字之誤也。緌以旄牛尾爲之，綴于橦上，所謂注旄于干首者。……士冠禮及玉藻冠緌之字，故書亦多作綏者，今禮家定作蕤。釋文云“禮音维，徐音遂”。

王制　“天子殺則下大綏，諸侯殺則下小綏。”注云：“綏當爲緌，有虞氏之旌旗也，下謂弊之。”

雜記　　“諸侯行而死于館……以其綏復。”注云：“綏當爲緌，讀如蕤賓之蕤，字之誤也。緌謂旌旗之旄也，去其旒而用之，異于生也。

釋名釋兵　緌，有虞氏之旌也，注旄首，其形䌫之然也。

綏，夏后氏之旌也，其形衰衰也。

説文　　旞，導車所以載全羽以爲先，先進也，從㫃遂聲。旞，旞或從遺。

鄭玄的意思，改禮書之綏爲緌，作爲注旄牛尾于旗干之首的專名，以爲即是巾車所建的大麾。他指出緌是旄牛尾，乃是旄的朔義是正確的。但一切注于竿首的毛或羽的垂飾皆可名綏，不必勉强區分。據鄭氏之意，則(1)緌—旄首，説文作旞；(2)蕤—冠緌，説文作緌，云繫冠纓也。(3)綏—車把之索，説文作綏，云“車中把也”。

注于旄首的綏或緌，應即是旞。周禮故書作禭，徐音遂，應是旞或旞的誤寫。詩韓奕“淑旂綏章”傳云“綏，大綏也”；詩車攻傳云“天子發抗大綏”；釋文並云“綏本作緌”。大綏見王制，應即巾車所建的大麾。

綏爲旗上的旄飾，亦可以爲繫冠纓者；旞爲導車上的旄飾，亦可以爲繫維佩玉者，説文曰“繸，綬维也”，爾雅釋器曰“繸，綬也”。

(6)鈴

爾雅釋天“有鈴曰旂”，注云“縣鈴于竿頭，畫交龍于旒”。公羊傳宣公十二年引孫炎云“鈴在旂上”，詩周頌載見正義引李巡云“以鈴著旒端”。説文“旂，旗有衆鈴以令衆也”。案説文分别旗、旂，旂是有鈴之旗，是以鈴繫于旂上。詩烝民及韓奕均言四牡八鸞，是一馬二鸞。説文“鑾，人君乘車，四馬鑣，八鸞鈴”，亦可爲證。

巾車“大祭祀，鳴鈴以應雞人”注云“雞人主呼旦，鳴鈴以和之，聲且驚衆。必使鳴鈴者車有和鸞相應和之象”。大馭“凡馭路儀，以鸞和爲節”注云“鸞在衡，和在軾，皆以金爲鈴”。保氏“四曰五馭”鄭司農注云“五馭，鳴和鸞……”。是鳴鈴乃車人之事，乃指車上的鸞與和。

上述的鈴、鸞與和應是三件物事，其共同點乃車馬上銅製的發音器。和鸞也可以稱鈴，故禮記經解“鸞和皆鈴也”。廣雅釋器曰“和鸞……鈴也”，説文所謂鸞鈴。但三者的形制、大小和安置的地位應有分别。

(1)鈴在旂　A.在竿頭　郭璞爾雅注。

B.在旒端　李巡爾雅注。

(2)和　　A.在軾　大馭注，禮記經解注引韓詩内傳，大戴禮記保傅篇，蓼蕭傳，後漢書班彪傳上注。

B.在衡　漢書五行志顔注“和，鈴也，以金爲之，施于衡上；鸞亦以金爲鸞鳥而銜鈴焉，施于鑣上”。

(3)鸞　　A.在衡　玉藻注，大馭注，韓詩内傳，大戴禮記保傅篇，白虎通車旂，古今注“五路衡上金爵者朱雀也,口銜鈴,鈴謂鑾,所謂和鑾也”。

B.在鑣 蓼蕭傳,駟鐵、烈祖箋,説文,説苑説叢篇,左傳桓公二年注,史記禮書集解引服虔,漢書五行志顔注。

文獻上比較統一的説法是(1)鈴在旂上,(2)和在軾上,(3)鸞在衡上,(4)鑾鈴在鑣上。

出土之𢍰屬于軛首,乃車器之在衡者。

金文“䜌旂”出現了十多次,而在共、以時代三器上但稱“䜌”,另外又有“䜌旟”一器。凡此䜌字,自然是鑾或鸞之初形,但其意義可有三解:(1)讀作鑾和旂,是二物,故所賜可有鸞無旂,漢書郊祀志上“賜爾旂鸞”;(2)鸞旂是畫鳥之旂,文選東京賦“鸞旗皮軒”薛注云“鸞旗謂以象鸞鳥也”。則似旟一類;(3)是有鑾鈴之旗,猶有鈴之刀爲鸞刀。詩信南山“執其鸞刀”,鄭箋云“鸞刀,刀有鸞者言割中切也”;公羊傳宣公十二年“右執鸞刀”,何注云“鸞刀,宗廟割切之刀,環有和,鋒有鸞”;郊特牲“割刀之用而鸞刀之貴,貴其義也”,正義云“必用鸞刀取其鸞鈴之聲”。

(2)見于文選薛注,乃是晚出的注解,恐不可取。金文但賜“䜌”的,可能爲鑾旂之鑾,我們舊以爲是“䜌旂”之省,恐不可以。(3)則一般金文的“䜌旂”,應作有鈴的旂解,有鈴之“旟”則爲“䜌旟”。

1958年6月5日

戊、臣妾(未作)

己、結論(未作)

(三)職官篇

〔總述〕(片斷札記)

(甲)王所命的正官、副官——命官

(乙)王官之見于稱謂者——官號

(丙)命書中王官的職事——命職

(丁)王所命諸侯的屬官——命諸侯官

(戊)諸侯屬官之見于稱謂者——諸侯官號

官銜與專職之别,右者與長官之關係,詳師瘨𣪘(本書119)

官名與身分之别,走馬與司走馬,詳元年師兑𣪘(本書170)

職官

官

官名

官職

官屬

人名前的官名　乍册、内史、命尹、史——史官

師、大師、輔師

走馬

右｛司徒、司馬、司寇
　｛公族、宰

大祝

善夫(克),大矢(始),牧馬,小臣(謎)、(静)、(宅),御正(衛),御史(競),士(上),祝(鄭)

散盤的許多官名(本書未完稿27)

宗之屬

邑　五邑祝

公族

祝

卜

輔師、司輔

小輔罡鼓鐘

宰之屬

宰　司卜事

善夫?

褻事

瀕事

保

宰僕(䜌鐘,本書205)

司土之屬

司土

司耤田

司宥

司還巤、吴、牧

成周八自冢司土

司田

司田甸(屬司工)

司昜、林、吴牧

六自牧陽吴林

羲尸陽、甸史

九陂

司馬之屬

豳自冢司馬

僕　　屬吏

射

士

司射、小子、服、小臣、尸僕(静𣪕)

尸僕＝隸僕(周禮夏官)、少射、底魚(害𣪕)

左右走馬

五邑走馬

走馬

監豳自戍　諸監(中幾父𣪕)

敏、荆

右右戲

牧馬

大矢

師氏
虎士 〉屬于師

旜、鍪

走亞(詢𣪕、延盨)

司工之屬

司工

司空

司㑞

司工史

司寇、司士之屬

司寇

司寇(屬司工)

司士　應屬夏官司馬

司洀闇

卻䏍𣪕　用嗣(嗣)乃且考事，乍司士(本書124)

𢦏𣪕　令女乍司士，官司耤田(本書125)

趞𣪕　命女乍𠭯自冢司馬，啻官僕、射、士(本書未完稿10)

師克盨、師訇𣪕　乍爪牙(本書207、210)

免簠　令免乍司土，司奠還𢿢罘吴罘牧(本書129)

免尊　乍司工(本書130)

蔡𣪕　昔先王既令女乍宰司王家，今余……令女罘舀①𣄰。疋對、各死司王家外内……②司百工，③出入姜氏命(本書139)

揚𣪕　乍司工，官司量田佃罘司空罘司芻罘司寇罘司工司(本書138)

牧𣪕　昔先王既令乍司士，今余……令女辟百寮(大系59)

舀壺　更且考乍冢司土于成周八自(大系84)

師𩒨𣪕　才先王既令女乍司士，官司洀闇(本書未完稿17)

𨛫𣪕　昔先王既令女乍邑，𣄰五邑祝(大系148)

善夫山鼎　命女官司歙獻人于𡰥，用乍𡩜司貯(本書198)

以上王所命之正官凡：宰、司土、司馬、司工、司士、邑、司貯。

免𣪕　令女疋周師司𢿢(本書128。案周師當爲司士，參免簠)

師晨鼎　册令師晨疋師俗司邑人、隹小臣、善夫守□，官犬罘奠人善夫官守友(本書134。案師俗是司寇俗父，參南季鼎)

同𣪕　王命同左右吴大父司易、林、吴、牧(本書157。吴大父疑爲司土)

南季鼎　用左右俗父司寇(本書93引)

元年師兑𣪕　册令師兑疋師和父司左右走馬(本書170)

三年師兑𣪕　余既令女疋師和父司左右走馬、五邑走馬，今余……令女𣄰司走馬(本書171。案師和父當爲司馬)

善鼎　昔先王既令女左疋㠱侯，今余……令女左疋㠱侯，監𠭯自戍(大系36。案㠱侯當爲司馬，參趞𣪕)

以上王所命之副官，即司土、司馬、司寇之副佐，由此推知司寇亦爲正官。上述之正官六並司寇，與周禮的六官及曲禮“天子之五官”，比較如下：

金文	宰	祝	司土	司馬	司寇	司士	司工
金文右者	宰	公族	司徒	司馬	司寇		
周禮	大宰	宗伯	司徒	司馬	司寇		司空
曲禮			司徒	司馬	司寇	司士	司空

曲禮五官之中無大宰、宗伯，但其述五官以前曰“天子建天官先六大，曰大宰、大宗、大史、大祝、大士、大卜”，相當于周禮的大宰和宗伯。周禮六官之長曰卿，是六官即六卿，詩書所謂卿士。

以上王命正官則曰“乍”某官，命副官則曰“疋”某人司某職。

上述七種官，包括了不同的職事：

宰　司王家外内，司百工，出入姜氏命

司土　司耤田；司還林、吴、牧

司馬　僕、射、士；左右走馬，五邑走馬，走馬，監戍

司士　辟百寮；汸闇

司寇　邑人，隹小臣，善夫官守、友，官犬

司工　司田甸、司空，司芻，司寇，司工司

司貯、邑祝　五邑祝

由此可知所謂“啻官”“司”“歎疋”“歎”“歎司”皆謂司其職事。所司之職事中如王家内外，出入姜氏命，出入王命，汸闇等皆非官司。説文“司，臣司事于外者”，廣雅釋詁三“司，主也”。

下述王命中職事由其動詞而分爲以下各類：

①司

次卣　公姞令次司田（本書 98 引）

南宫柳鼎　王乎乍册尹册令柳司六自牧、陽、大□、司羲尸陽、甸史（本書 164）

吴方彝　王乎史戊册令吴司旃罕叔金（本書 114）

𪚥毁　命女司成周里人罕者侯大亞、訊訟罰（大系 104）

豆閉毁　用俟乃且考事，司□俞邦君司馬、弓矢（本書 109）

𦥑鼎　令女更乃且考司卜事（本書 143。司卜事即司卜之職）

柞鐘　司五邑甸人事（本書 204）

師嫠毁　既令女更乃且考司小輔，今余……令女司乃且舊官小輔罕鼓鐘（本書 168）

元年師兑毁　册令師兑疋師龢父司左右走馬、五邑走馬（本書 170）

②官司

頌鼎　令女官司成周貯廿家，監司新造貯（本書 192）

害𣪘　用纂乃且考事，官司尸僕、小射、底魚（本書160）
師頯𣪘　官司汸闇（本書未完稿17）
𢦏𣪘　官司耤田（本書125）
揚𣪘　官司量田甸罣……（本書138）
無叀鼎　官司□王邊側虎臣（大系143'）
師瘨𣪘　官司邑人師氏（本書119）
元年師事𣪘　官司豐還左右師氏（本書145）
善夫山鼎　官司歙獻人于㞒（本書198）

③啻官

師虎𣪘　才先王既令乃且考事，啻官司左右戲，緐荊（本書108）
師酉𣪘　司（嗣）乃且啻官邑人，虎臣：西門尸、㠱尸、京尸、弁身尸（本書173）
趩𣪘　啻官僕、射、士（本書未完稿10）
訇𣪘　今余令女啻官司邑人，先虎臣後庸……（本書195）

④𤔲官司

伊𣪘　王乎命尹邦册命伊𤔲官司康宮王臣妾百工（大系116）

⑤𤔲司

盠方彝　用司六自、王行、參有司：司土、司馬、司工。王令盠曰𤔲司六自罘八自𡪞（本書122）
諫𣪘　先王既令女𤔲司王宥（本書136）
師俞𣪘　王乎乍册内史册令師俞𤔲司□□（本書135）
微䜌鼎　王令微䜌𤔲司九陂（本書193）
師𦅫𣪘　余令女死我家，𤔲司我西扁東扁僕御百工牧臣妾（本書169）
師克盨　令女更乃且考𤔲司左右虎臣（本書210）
𥤚鼎　趞中令𥤚𤔲司奠田（本書未完稿1）
番生𣪘　王令𤔲司公族卿事大史寮（大系130）
毛公鼎　命女𤔲司公族雩參有司（小子、師氏、虎臣）雩朕褻事（本書201）
三年師兑𣪘　余既令女疋師龢父司左右走馬，今余……令女𤔲司走馬（本書171）

⑥𤔲

鄭𣪘　先王既令女乍邑，𤔲五邑祝（大系148）

⑦𤔲疋

走𣪘　𤔲疋益（本書112）
蔡𣪘　令女罘𦥑，𤔲疋對、各（本書139）

附①

大克鼎　易女井、退、𡚬人𢼸(本書185)

叔尸鎛　𢼸命于内史之事(大系240—243。參本書201毛公鼎)

附②　死司

大盂鼎　迺召夾死司戎,敏諫罰訟(本書74)

望毁　死司畢王家(本書113引)

康鼎　王命死司王家(本書156)

卯毁　𤆍白乎令卯曰才乃先且考死司𤆍公室,昔乃且亦既令乃父死司𨥎人……今余隹令女死司𨥎宫、𨥎人(本書158)

蔡毁　死司王家外内(本書139)

師𩰫毁　余令女死我家(本書169)

1958年2月23日

1.周王的禁衛軍

師克盨　則隹乃且考又𦖞于周邦,干害王身,乍爪牙。(本書210)

師詢毁　乃聖且考克左右先王,乍厥爪牙……䢔以乃友干吾王身。(本書207)此器的"乍爪牙"與"尸臣三百人",郭氏就宋代薛氏摹本釋"作股肱","尸允三百人",今據師克盨和𪚥毁(大系104)改釋。

毛公鼎　以乃族干吾王身。(本書201)

大鼎　王才𬎾㑵宫,大以厥友守……大以厥友入攼。(本書182)

𤔲盨　善效乃友入䢼(蹕)。(大系132)

説文曰"敔,禁也","𢿉,止也"。左傳文六杜注云"扞,衛也"。干吾王身即扞禦王身。干吾有禁止義,即所謂蹕與厲禁。周禮師氏注云"蹕止行人不得迫王宫也",司隸"厲禁"注云"厲遮例也"。

師克、師詢和毛公,都是干吾王身的,都是虎臣的官長;而克和詢又世代襲"師"這個官位而作王之爪牙的。克、詢的祖考世代"乍爪牙",猶它器言"乍司工"、"乍……司馬"、"乍宰"、"乍邑"一様,爪牙乃是職事,管理保衛王身的士卒。克與詢,其官名是"師",其職是"乍爪牙",即管理爪牙,其所帥之屬有"虎臣"即所謂爪牙之士。

小雅鴻雁之什祈父一章曰"予王之爪牙",二章曰"予王之爪士"。馬瑞辰曰"爪士即虎士……説苑雜事篇曰虎豹愛爪,故虎士亦云爪士"。甚是。鄭玄箋曰"我乃王之爪牙,爪牙之士當爲王閑守之衛。……六軍之士,出自六卿。法不取於王之爪牙"。鄭氏分别爪牙爲王之衛士與六軍之士不同,是對的。但他以祈父、酒誥之圻父爲司馬,故釋詩義有誤。此詩的祈父應是人名,乃虎士之師。

詢毁述王命詢司邑人與虎臣,則師詢干吾王身之"友"與大鼎之"友"乃指虎臣。此與毛公鼎之以其族干吾王身者不同，後者乃王族故士。王之衛士，因分兩類。

師酉毁　司乃且啻官邑人，虎臣：西門尸、㚇尸、秦尸、京尸、弁身尸，新

詢毁　令余令女啻官司邑人，先虎臣、後庸……（本書195）

師克盨　令女更乃且考𤔲司左右虎臣

師寰毁　今余肇令女逹齊帀曩，楚𡳿、左右虎臣正淮尸（大系135—136）

無叀鼎　官司𠂤王邊側虎臣（大系143）

毛公鼎　命女𤔲司公族，雩參有司：小子、師氏、虎臣、雩朕褻事。以乃族干吾王身。

以上六器，有四器表明虎臣屬于“師”所統率。酉、詢乃是父子，克亦世襲，可知師職亦是父子相傳世襲的。

虎臣亦見詩書：顧命曰“師氏、虎臣、百尹、御事”，爪士、爪牙之士、虎賁、旅賁都是金文從“虎臣”衍化出來的，“臣”指其身分爲臣僕，“士”指其爲衛士、甲士（樂記虎賁之士），“賁”指其爲奔走之士而非僕御，“旅”指其爲車（金文旅從車），他們同是保衛王身的衛士，則無分别。

作周禮的人，既把虎臣分化爲虎賁和旅賁，又把禁衛王宫的官職分化爲虎賁氏和司隸。後者乃專事管理夷隸之從事于守衛王宫的：

師氏　使其屬帥四夷之隸，各以其兵，服守王之門外，且蹕，朝在野外則守内列（注：内列，藩營之在内者）。

司隸　掌五隸之法……凡囚執人之事……掌帥四翟之隸，使之皆服其邦之服，執其邦之兵（參岑仲勉西周社會制度問題20頁），守王宫與野舍之厲禁。

罪隸　其守王宫與其厲禁如蠻隸之事。

蠻隸　其在王宫執其國之兵以守王宫，在野外則守厲禁。

夷隸、貉禁　其守王宫者與其守厲禁者如蠻隸之事。

閩隸

隸僕　掌蹕宫中之事。

閽人　掌守王宫之中門之禁……蹕宫門、廟門。

師氏之屬是司隸，注云“五隸謂罪隸，四翟之隸”。除此五隸外，隸僕亦守宫，而刑人之守閽者亦蹕宫廟之門。由此可知所謂供役之隸有四翟之隸，也有罪隸。四翟之隸之守衛，都服其本邦之服，執其本邦之兵。周禮之文，掌理四翟之隸的是司隸而非師氏，師氏乃其官長而已。

金文、詩、書的虎臣與師氏並存，並見于一銘一篇，所以二者必需區分。周禮以爲司隸屬于師氏，金文則以師氏與虎臣同隸于“師”的下屬。

周禮將王宫衛士分化爲虎賁氏與司隸，此在金文中是合而爲一的。師酉和詢乃父子襲官爲虎臣之師，他們所率的虎臣乃由五（或六）種“夷”和新或師笭、側薪兩種“罪隸”或刑人組成的。此可證虎臣大部分屬於夷族，小部分是刑人；此與周禮司隸所屬相當。

虎臣可以餽贈。左傳僖廿八年周王錫晉侯(重耳)虎賁三百人,亦猶師詢毁周王錫詢“尸臣三百人”,即虎臣三百人。幾父壺“易幾父干賁六”(本書172)。

虎臣亦用于征伐。孟子盡心下“武王之伐殷也,革車三百兩,虎賁三千人”,周本紀“遂率戎車三百乘,虎賁三千人,甲士四萬五千人以東伐紂”,亦猶師寰毁“逹齊師㠱、夌、棥屄左右虎臣正淮尸”。詩蕩常武及魯頌泮水均記虎臣伐淮尸,而祈父之詩爪牙之士怨遠征,都是虎臣出征的記録。管子法禁篇引大誓“武王有臣三千而一心”,亦指伐紂時的三千虎賁。史記蘇秦列傳“湯、武之士不過三千,車不過三百乘,卒不過三萬”,所謂士三千即虎士三千。吕氏春秋簡選篇“武王虎賁三千人簡車三百乘”(貴因篇略同)。

上述西周宫衛之制,漢初還保存一些踪迹。漢書百官公卿表曰:

“期門掌執兵送從……平帝元始元年更名虎賁郎。”

“衛尉,秦官,掌宫門衛屯兵……屬官有公車司馬、衛士、旅賁三令丞。衛士三丞。又諸屯衛侯、司馬二十二官皆屬焉。”

“司隸校尉,周官。”

“虎賁校尉掌輕車。”

漢制以虎賁郎和旅賁等爲衛士,以虎賁校尉爲掌車。周禮之書,似從此種實際有的秦、漢制度中産生的,因經過了整齊劃一,故有所異。

上述虎臣乃出自四夷之隸和罪隸,漢世又有司隸之官,但奴隸之“隸”實爲後起之字,詩、書所無,始見于左傳、國語。説文“隸,附箸也,從隶柰聲”,篆文從祟,東漢魯峻碑作𨽻,東漢石門頌作𨽸。武威漢簡大射66“𥙞僕人”,85“東䄻”今本作東肆,86“肆僕人”今本作“隸僕人”。周禮師氏注云“故書隸或作肆(説文肆),鄭司農云讀爲隸”。隸字雖從柰聲,但廣州及客家話皆讀作隶聲;故書作肆而説文肆從長隶聲,金文(郘鐘)假隶爲之,訓殺訓尸。詢毁𦃟即趞毁(本書157)“宗彝一𦃟”之𦃟,假作肆。説文𢑚之古文作𦃟,𨽸之古文作𦃟,金文假作肆(語詞)。古文字尸(即屍)夷一字,夷、隶同音,是古代因四夷之族爲隸,故隸即夷即尸。金文静毁、害毁(大系27、本書160)的夷僕即周禮的隸僕。隸作肆而有殺義,夷如夷三族也是殺義(參詢毁釋)。

但守衛王宫的,除四夷之外,還有王族故士,公族和士近于毛公鼎的參有司;常武記周王師征伐徐方,皇父爲大師,而“進厥虎臣”。泮水“矯矯虎臣,在泮獻馘”。虎臣本爲侍衛之士,而亦可以從軍征伐,猶祈父王之爪牙,因遠征而懷怨。顧命既有與師氏百尹並列的“虎臣”,又有虎賁,“以二干戈虎賁百人逆子釗于南門之外”。此虎賁專指執干戈的士卒,而虎臣似作爲一個官職。

周禮一書,則將虎臣分成兩類:

虎賁氏 掌先後王而趨以卒伍。……舍則守王閑,王在國則守王宫,國有大故則守王門。大喪亦如之。

虎賁氏序官　下大夫二人……虎士八百人。

司士　王族、故士、虎士在路門之右。

旅賁氏　掌執戈盾夾王車而趨，左八人，右八人。……凡祭祀會同賓客則服而趨……軍旅則介而趨。

司戈盾　建乘車之戈盾，授旅賁及虎士戈盾。

如此則(1)虎士是卒伍，屬虎賁氏，執戈盾守王閑、王宮、王門

(2)旅賁是甲士，屬旅賁氏，執戈盾守王車

無論虎士或旅賁，都是趨走、奔走，漢書百官公卿表師古注曰"賁與奔同，言爲奔走之任也"。文獻中的虎臣、虎士、士庶子。師酉師詢父子稱其母或祖母爲姬，則是異姓的王官。毛公爲公族之官，故其"以乃族干吾王身"乃以其所屬公族守衛王宮(參毛公鼎釋)。

周禮司士　正朝儀之位……王族故士，虎士在路門之右。注"王族故士故爲士，晚退留宿衛者"。

周禮宮伯　掌王宮之士庶子凡在服者。注"鄭司農云庶子宿衛之官。……玄謂王宮之士謂王宮中諸吏之適子也，庶子其支庶也"。

周禮士師　王燕出入則前驅而辟……諸侯爲賓則帥其屬而蹕于王宮。

周禮稿人　饗士庶子。鄭玄注"士庶子，卿大夫士之子弟宿衛王宮者"。

禮記文王世子　公若有出疆之政，庶子以公族之無事者守于公宮。

周禮諸子　"諸子掌國子之倅，……國有大事則帥國子而致於大子惟所用之，若有兵甲之事，則授之車甲，合其卒伍，置其有司，以軍法治之，司馬弗正。"禮記燕義同，作"庶子"。"古者周天子之官有庶子官，庶子官職諸侯卿大夫士之庶子之卒"，餘略同周禮諸子所述。

可見王族故士與士庶子亦有守衛王宮的記載。毛公鼎參有司的小子，當是士庶子。

1960年3月1日

2.自——師旅

殷八自	小臣謎毀，禹鼎(本書8、190)
成周八自	小克鼎，𦉢壺(本書186，大系84)
八自	盠方彝、方尊(本書122)
西六自	禹鼎
六自	盠方彝、方尊，南宮柳鼎(本書164)，般貯毀(西清27.30)
朽自	康侯丰鼎(三代3.3.3)
成自	小臣單觶，競卣(本書3、79)
盩自	旅鼎(本書7)

鼍自—牧自	小臣謎段
由自	遇甗，睘卣，㲋尊，录戜卣（本書78，大系32、33）
㘡芀自	静段（大系27）
㘡師	善鼎（大系36）
㘡自	趞段（本書附10）
齊自	妊小段（本書218）
齊帀	師寰段（大系135—136）
噩自	中甗“才噩自胏”（大系8）
京自	克鐘，晉公午盞（本書184，大系268）

説文曰“自，小阜也，象形”，卜辭金文自與阜之作山阜形者不同，乃象雙環相結形，因小篆自阜形近，故許有此誤。説文官下曰“從自，自猶衆也，此與師同意”，則不誤。卜辭金文追字從自得聲，故自音與追同。説文曰“師，二千五百人爲師，從帀從自，自四帀，衆意也”。金文師、自同見于一銘，故不可不區分。郭沫若讀自爲“屯聚之屯，師戍所在處也”（大系釋3）。

大盂鼎（本書74）文“才”“在”“又”“有”並見而異用，高卣（本書未完稿22）隹、唯、才、在有别。而才與在，又與有，隹與唯，在别的銘辭中又可互用。“命”由“令”而孳乳，互用不别。師乃從自所孳生，師旅師戍仍作“自”而官名之師則作“師”。但亦非並無例外。卜辭“來告大方伐我自”（粹1152）、“王乍三自：左、右、中”（粹597）即“伐我師”、“作三師”。大盂鼎之“喪自”即詩文王之“喪師”，小臣謎段之“易自”是賞錫殷八自之從征者，“易自”即錫師旅。班段（本書12）曰“王令吴白曰以乃自左比毛父。王令吕白曰以乃自右比毛父。趞令曰以乃族從父征”。是可知自與族不同而皆指軍旅之衆，“乃自”指吴、吕二伯所統率的師旅之衆。自爲師旅之衆，是人的集體，故小臣謎段“白懋父以殷八自征東夷”、競卣“隹白犀父以成自即東命戍南夷”，是以駐在殷八師之衆或成的一師之衆征戍。

西周之自之在成周、殷或西的，皆爲防戍而設，所以競卣“以成自戍于南夷”，善鼎“監㘡師戍”，㲋尊、睘卣、录戜卣“戍于古自”，遇甗“戍才古自”。㘡、古、成等皆師戍所在之地，故某自亦可以作爲地名如小臣謎段“才牧自”，小臣單觶“才成自”。克鐘“至于京自”（這種稱謂亦可能成爲地名的，如河南的偃師）。

西周金文自爲師旅的專名，師爲師旅之長的官名，兩者有别，但也非不能通用的。㘡自之作㘡師，齊自之作齊帀，鬲段（本書162）“自黄”應是“師黄”，洛誥“予惟乙卯朝至于洛師”，洛師即洛自乃未營洛邑以前師戍所在。東周金文，如東周左自壺（三代12.12.3）之左自即左師，國差䍃（大系239）之“攻帀”即“工師”。由此可證不但自、師互用，而且師、帀互用。

師戍所在之地，設有監、司土、司馬、司工等職。㘡自有監，見善鼎；有冢司馬，見趞段。成周八自有冢司土，見曶壺。盠方彝“用司六自王行參有司：司土、司馬、司工”，是説六師王行的司徒、司馬、司空。尚書、周書中的“邦冢君”（召誥、牧誓）或稱“邦君”（大誥、酒誥、梓材、顧命)。冢司馬猶豆閉𣪘(本書109)的"邦君司馬"。周禮有都司馬,尚書大傳"十都爲師",都司馬當是邦君司馬下之司馬。

一師爲二千五百人,漢儒從無異説,蓋本之周禮小司徒"五人爲伍,五伍爲兩,四兩爲卒,五卒爲旅,五旅爲師,五師爲軍"。是伍五人,兩二十五人,卒一百人,旅五百人,師二千五百人,軍一萬二千五百人。若依此計算,則八師爲二萬人,六師爲一萬五千人。西周之師,不能少于此數。小盂鼎(本書75)記伐鬼方之第一役,俘人一萬七千餘人,其所用兵力當過于此,即至少八師,可能十四師即三萬五千人。周本紀説武王"遂率戎車三百乘,虎賁三千人,甲士四萬五千人以東伐紂"。爲十八個師的步卒和三千車士。似是事實。蘇秦列傳説"湯、武之士不過三千,車不過三百乘,卒不過三萬"。

關于八自六自,有兩種可能:一即八師或六師皆聚中于一地,即分在殷、成周、西;一即殷、成周或西的幾個自,分在不同地點,如成周八師分在八個地點。殷八自有屬于後者的可能,因在小臣謎𣪘提到以殷八自東征,而出發自某自,歸在牧自,此殷似指東國。西亦或如此。至于成周八自,似亦指以成周爲中心的一個較大區域,如兮甲盤(本書213)所述"政司成周四方責至于南淮夷",乃包括今河南省大河以南直至淮水的中原區域。因此,西、成周、殷的諸師,似乎代表西土、中原和東國三個地區。

師氏

嗟我友邦冢君、御事、司徒、司馬、司空、亞旅、師氏、千夫長、百夫長　牧誓

師氏、虎臣、百尹、御事　顧命

疚哉冢宰,趣馬師氏,膳夫左右　大雅雲漢

蹶維趣馬,楀維師氏　小雅十月之交

言告師氏　周南葛覃(傳:師,女師也)

師氏、小子、虎臣、有司

有𤔲罛師氏、小子合射	令鼎(大系14')
小子罛服罛尸僕學射	静𣪘(大系27)
大師小子師望	師望鼎(大系63)
女其以成周師氏戍于由自	录㦰卣(大系33)
官𤔲邑人師氏	師𤸫𣪘(本書119)
王延正師氏	師遽𣪘(本書116)
官𤔲豐還左右師氏	元年師事𣪘(本書145)
參有司:小子,師氏,虎臣	毛公鼎(本書201)
雩邦人、正人、師氏人	𥁰盨(大系132)
奠大師小子侯父	甗(三代5.10.2)
豆人虞丂,录貞,師氏右、眚	矢人盤(本書未完稿27)

3.庸

詢𣪘(本書195)"先虎臣後庸"* 所列舉的"庸"是"𠫑人,成周走亞、戍,𦉢人、降人、服尸"。共是三類:(1)𠫑人,(2)成周亞戍,(3)隸人、降人、服尸。

人和尸是有分别的,尸指"夷族",人指非夷族的人,可以暫名之爲"華族"。人亦並非皆是自由民,如井侯𣪘(本書58)賜臣三品的三種人,就是臣僕。走亞是官名,見𢓊盨(三代10.36、4—5;10.37、1—2),亞與戍于卜辭亦爲官名,見綜述508、515。此"成周走亞、戍"疑當指殷遺民之爲走亞、戍者。三類人以"降人服夷"最明白,乃指降服了的夷族與華族。

虎臣是四翟之隸和罪隸所組成的王宫衛士,庸則是降人服夷而從事農作的田傭,字應作庸。大雅崧高曰"王命申伯,式是南邦,因是謝人,以作爾庸。王命召伯,徹申伯土田,王命傅御,遷其私人"。傳以庸爲墉,箋以爲功,都是錯誤的。詩謂王命申伯以謝人爲其庸。以謝人賜申伯爲庸,猶韓奕以追、貊之蠻賜韓侯。"以先祖受命,因時百蠻,王錫韓侯,其追其貊,奄受北國,因以其伯"。"因時百蠻"猶"因是謝人",凡此二"因"字亦即左傳昭四之"因商奄之民……封于少皞之虚"。毛詩六見墉字,召南行露作爲牆墉,其它皇矣、韓奕、良耜的墉都是城墉。毛詩七見庸字,惟此與魯頌閟宫的"錫之山川,土田附庸"之庸作爲傭解。五年琱生𣪘(本書166)"僕庸土田"的庸字與説文墉之古文同作。孫詒讓以爲此"僕墉土田"即魯頌的"土田附庸",亦即左傳昭四分魯公的"土田陪敦",並説"僕古與附通"(古籀餘論3.22)。王國維毛公鼎考釋則説"古僕、附、陪三字同音",而敦字古從𦎫,形與墉之古文𦎫相譌混,敦字應是庸字。將附、陪、僕三字等同起來,是有問題的。古音"附""陪"相同而與入聲之僕不盡相同。"陪敦"或是"陪臺"(左傳昭七)的對音,"附庸"或是"保庸"的對音,或是隸庸,説文"隸,附箸也",其意義仍是僕庸。方言三"保庸謂之甬",甬即庸,乃奴隸的賤稱。陪臺即田儓,方言三"南楚凡罵傭賤謂之田儓",乃農夫的賤稱。

晉語一記載一段有關隸農的事説"吾觀君夫人也,若爲亂,其猶隸農也,雖獲沃田而勤易之,將不克饗,爲人而已"。這説隸農雖有肥沃之田地而勤治之,終不得食,因爲他是爲主人家耕作。金文之庸以及作爲申伯的謝人之庸,似當近于隸農。

庸爲僕庸隸農,故後世訓詁以庸爲愚爲賤爲醜。方言三"臧、甬、侮、獲、奴婢賤稱也";楚辭九章王注"庸,厮賤之人也",唐釋湛然止觀輔行傳宏決卷八之二引廣雅"庸,愚也"。只有到了秦、漢時代,庸或傭才有了雇傭賣力受值的訓詁:一切經音義卷六引孟氏"傭,役也,謂役力受值日傭",又引蔡邕勸學注云"傭,賣力也"。

1960年3月2日

* 關于虎臣與庸問題,作者曾化名"王祥"發表説虎臣與庸一文(考古1960:5)。

4.底魚

“底魚”,是官職名。底假作抵,方言十二和廣雅釋詁一並曰“抵,柲,刺也”,後漢書禰衡傳注云“抵,擲也”。底魚即刺魚、叉魚。周禮鼈人曰“以時簎魚鼈龜蜃”,注引“鄭司農云簎以杈刺泥中搏取之”。説文曰“簎,刺也”。魯語上説獸虞“矠魚鼈”韋注云“矠,㨂也”,説文以爲矛屬,西京賦謂之叉簇。列子仲尼篇“長幼羣聚而爲牢藉”,殷敬順釋文云“藉本作簎,以竹木圍繞叉刺也”。簎、矠、㨂、簇等字音同相通,從竹從矛從族皆謂叉魚之具。刺謂之簎,猶牴之訓觸。刺魚之事,今世尚有此俗。左傳隱五“公矢魚于棠”,矢魚即射魚。淮南子時則篇“季冬之月……命漁師始漁,天子親往射魚”。説苑正諫篇曰“魚固人之所射者也”。易剥六五“貫魚”,井九二“射鮒”。宋俞成螢雪叢説引周禮“矢其魚鼈而食之”,是以簎魚爲矢魚。西周初期金文,記在大池辟雍弋射魚禽之事,詳遹𣪕(本書104)。

周禮大司馬“大祭祀,饗食,羞牲魚,授其祭”,注云“牲魚,魚牲也。……鄭司農云大司馬主進魚牲”。大戴禮記禮三本篇和荀子禮論篇並曰“大饗,尚玄尊,俎生魚”。楊注云“大饗,祫祭先王也”。據周禮膳夫注云“六牲:牛、羊、豕、犬、雁、魚”。禮記昏義“牲用魚”,管子禁藏篇“以魚爲牲”,管子輕重己篇“犧牲以魚”。

底魚與尸僕、小射並列,都是司射以下有關射事的官職。除此器外,静𣪕(大系27)曰“王令静司射學宫,小子罣服罣小臣罣尸僕學射”。趞𣪕(本書未完稿10)曰“命女乍𪊨自冢司馬啻官僕、射、士”,凡此皆司馬之屬司射所管理的射官。以此三器所述射官與儀禮大射所述者相校如下:

金文	司馬	司射	小子	士	服	小臣	尸僕、僕	小射、射	底魚
大射	司馬	司射	庶子	(士)	服不	小臣	隸僕人	小射正	
	司馬正	(射人)						僕人正	
	司馬師			衆耦	負侯	小臣正	僕人師	大射正	
					獲者	小臣師	僕人士	射正	
周禮	司馬	射人	諸子、小子	士庶子、故士、虎士	服不氏	小臣			

金文的“底魚”乃射魚之官,不見大射。大射尚有大史、小史、矢人以及擯者爲司正等,則不見于上述三器。

司射爲司馬之屬,金文與周禮同。周禮無司射之官,大射則以“司射”爲主持射禮之人。但大射開始説“射人戒諸公卿大夫射,司士戒士射與贊者”注云“贊者謂士佐執事不射者”。士佐執事不射者當指“有司”。參預比射之士謂之衆耦,大射“遂比衆耦”注云“衆耦,士也”。注所謂羣士,即周禮司士曰“卿大夫士、士庶子”(士庶子亦見宫伯)、“王族故士虎士”之士。金文的尸僕即大射的隸僕人,周禮有隸僕,而大僕實其首長,“王射則贊弓矢”。大射“隸僕人埽侯道”,周禮隸僕“掌五寢之埽除糞洒之事”。大射注云“言服不者,著其官尊大侯也”，又云“大侯，服不氏，負侯，徒一人居乏相代”，又大射“小史命獲者”注云“傳告服不”。周禮服不氏“射則贊張侯，以旌居乏而待獲”，與大射所述略同。周禮小臣“掌王之小命，……王之燕出入則前驅。……賓射掌事如大僕之法”。

周禮小子屬司馬，“掌祭祀羞羊肆羊殽肉豆……祭祀，贊羞，受徹焉”。大射“庶子設折俎”，注云“庶子，司馬之屬，掌正六牲之體者也”。鄭注蓋以庶子當周禮的諸子“大祭祀，正六牲之體。……春合諸學，秋合諸射”。周禮的諸子、小子在金文爲小子。何以證之，毛公鼎（本書201）的三有司小子、師氏、虎臣敘于公族之後，令鼎（大系14’）“有司罕小子，師氏鄉射”，則小子與師氏虎臣爲性質相近之人。周禮士師“諸侯爲賓則帥其屬而蹕于王宮，大喪亦如之”。師氏和虎臣皆守衛王宮之人，而士庶子亦同：

宮伯鄭司農注“庶子，宿衛之官”。

文王世子“庶子以公族之無事者守于公宮”。

稿人“饗……士庶子”鄭玄注“士庶子，卿大夫士之子弟宿衛王宮者”。

大司馬“王弔勞士庶子”注云“庶子，卿大夫之子從軍者”。

司士“王族故士虎士在路門之右，南面東上，大僕大右從者在路門之左，南面西上”注云“王族故士，故爲士，晚留宿衛者，未嘗仕，雖同族不得在王宮、大右，司右也。大僕從者、小臣、祭僕、御僕、隸僕”。

凡此士庶子、王族故士之宿衛于王宮的，與師氏虎臣同其性質，相當于金文的小子，大射作衆耦的“士”，乃是卿大夫子弟而未仕者。

（四）祼瓚篇（未作完）

關于灌及圭璋，禮書的記載和漢儒的注解如下：

禮記王制　“諸侯……賜圭瓚然後爲鬯，未賜圭瓚則資鬯于天子。”

禮記祭統　“君執圭瓚祼尸，大宗執璋瓚亞祼。”注云：“圭瓚、璋瓚，祼器也，以圭璋爲柄酌鬱鬯曰祼。”

周禮小宗伯　“凡祭祀賓客以時將瓚果。”注云：“天子圭瓚，諸侯璋瓚。”

禮記郊特牲　“灌用鬱鬯，灌用臭也。”“灌以圭璋，用玉氣也。”

周禮玉人　“祼圭尺有二寸，有瓚以祀廟”注云：“祼之言灌也，或作淉，或作果。……瓚如盤，其柄用圭，有流前注。”

禮記投壺　“奉觴曰賜灌”注云：“灌猶飲也。”

周禮典瑞　“祼圭有瓚，以肆先王，以祼賓客。”注引鄭司農云：“於圭頭爲器可以挹鬯。祼祭謂之瓚……國語謂之鬯圭。”鄭玄曰：“爵行曰祼。漢禮，瓚槃大五升，口徑八寸，下有槃，口徑一尺。”

魯語	"文仲以鬯圭與王磬如齊告糴。"注:"鬯圭,祼鬯之圭,長尺二寸,有瓚以祀廟"。
詩大雅旱麓	"瑟彼玉瓚,黄流在中。"箋:"圭瓚之狀,以圭爲柄,黄金爲勺,青金爲外,朱中央矣。"傳:"玉瓚,圭瓚也。黄金所以飾流鬯也。九命然後賜以秬鬯圭瓚。"
大雅棫樸	"濟濟辟王,左右奉璋。"箋云:"璋,璋瓚也,祭祀之禮,王祼以圭瓚,諸臣助之亞祼以璋瓚。"
大雅崧高	"錫爾介圭,以作爾寶。"箋云:"圭長尺二寸謂之介。"
禮記明堂位	"季夏六月以禘禮祀周公於大廟……灌用玉瓚大圭"注云:"瓚形如槃容五升,以大圭爲柄,是謂圭瓚。"
周禮鬱人	"掌祼器。"注云:"祼器謂彝及舟與瓚。""凡祭祀賓客之祼事和鬱鬯以實彝而陳之。"
周禮鬱人	"凡祼玉"注云:"祼玉謂圭瓚、璋瓚。"
周禮司尊彝	"祼用鷄彝、鳥彝,皆有舟。……祼用斝彝、黄彝,皆有舟。……祼用虎彝、蜼彝,皆有舟。……"注云:"祼謂以圭瓚酌鬱鬯,始獻尸也。後於是以璋瓚酌亞祼。"注又云:"鄭司農云舟,尊下臺,若今時承槃。"

由上所記,可知祼禮有二:一是祭先祖,一是饗賓客。祼禮是用玉瓚酌挹盛于六彝中的鬱鬯,六彝之下盛以舟即盤。所謂"祼器"包括三事:(1)盛鬯之"彝",即鳥彝等六種;(2)挹酌鬱鬯之具,所謂"祼玉",即圭瓚與璋瓚,以圭或璋爲柄;(3)舟或承盤。祼禮是祭祀中重要之事,禮記祭統曰"夫祭有三重焉,獻之屬莫重于祼",論語八佾:"子曰禘自既灌而往者,吾不欲觀之矣。"字作祼、果、淉或灌,説文曰:"祼,灌祭也。"

西周金文祼、瓚二字,甚多混淆,應分别排比疏理如下:

(甲)𥜿=祼	(1)徙方鼎	祉武王祼(本書49)
	(2)處山卣	歸祼于我多高(三代13.38.6)
	(3)我方鼎	與遣祼二[illegible](三代4.21.1)
(乙)[illegible]=祼	(4)史獸鼎	賞史獸祼(本書63)
	(5)庚嬴鼎	易祼𤕌(璋)(本書73引)
	(6)大矢始鼎	易祼易章(本書未完稿3)
	(7)萬諆觶	其則此飲祼(本書86)
(丙)[illegible]=祼	(8)小盂鼎	邦賓不祼……將王祼(本書75)
(丁)[illegible]=祼	(9)守宫盤	祼周師(本書133)
(戊)[illegible]=祼	(10)鄂侯鼎	乃祼之(本書154)
鄅=祼	(11)毛公鼎	祼圭瓚寶(本書201)

(己)萬=瓚 (12)宜侯夨毁 商瓚一□(本書5)
(13)師詢毁 易女秬鬯一卣,圭瓚(本書207)
(14)敔毁 使尹氏受贅敔圭瓚(本書165)
(15)卯毁 易女瓚章四(璋),瑴,宗彝一肆,寶(本書158)。大雅崧高"錫爾介圭,以作爾寶"。師遽方彝"琂、圭一、瑗、章四"(本書115)
(16)毛公鼎 易女秬鬯一卣,祼圭瓚寶
=贊 (17)小盂鼎 贊賓……王乎贊……贊王邦賓(本書75)
(18)敔毁 孚人四百,贊于烾白之所(本書165)
(19)麥方鼎 井侯征贊于麥(大系21)
(庚)嘱=囋 (20)麥方彝 贊于麥宂……用贊井侯出入(大系21)
(21)麥方盉 贊于麥宂……贊御吴(大系21)
(22)麥方尊 用贊侯逆造(大系20)
(23)戈父辛鼎 三代3.20.2 人名
(24)(25)贊比鼎、盨 封邑名(本書188、189)
(辛)萬=囋 (26)贊比盨 封邑名(本書189)
(27)夨人盤 封邑名(本書未完稿27)

以上(1)(2)皆謂祼祭先王,(7)(8)(9)(10)爲賜灌賓客,灌猶飲之也。(11)祼圭瓚者用以灌的圭瓚,猶云"祼圭"、"鬯圭",(5)之"祼璋"猶"祼圭",即所謂"瓚璋"。圭瓚爲灌鬯之具,故(13)(16)與秬鬯同錫,詩江漢及文侯之命書序亦如此。祼用鬯,據王制諸侯未錫圭璋則資鬯于天子,(3)(4)(6)所遣所賞所錫之祼當是灌用之鬯。(15)卯毁烾白易卯以"瓚璋",此所謂"天子圭瓚,諸侯瓚璋"。璋瓚次于圭瓚。

以上(甲)至(戊)都是祼字而結體不同,(甲)(乙)相類而(乙)省示,(丁)(戊)相類而較晚于(丙)。三代17.22.2匜文婐字所從與(丙)同,乃女姓。郭沫若于庚嬴鼎引(2)(3)兩銘以爲"當釋爲祼若灌",其説甚確。王國維釋宥以爲(戊)是祼字,郭于鄂侯鼎下從之,並謂(戊)是(乙)之繁文。(丁)(戊)既是祼,(丙)是較早的形式,故亦是祼。但郭氏于庚嬴鼎又釋(乙)"乃古瓚字",又于小盂鼎下釋(丙)爲筮,是不一致處。郭氏又説(乙)和(丁)象奉圭瓚形,其説可商。(甲)式見于卜辭,乃是祭名,象雙手奉有流、圜腹、尖底的壺形器(略似商周713鳥啄壺上,商周652大保鳥尊),與漢儒所描述的圭瓚並不相同。造字之初的祼字,其所奉者當是一種用于灌鬯的陶器。即所謂鳥彝等六彝。

郭氏于小盂鼎釋(己)爲獻,于卯毁曰"即鬳之古文,假爲瓚",于敔毁曰"圭萬連文,乃謂圭瓚也"。又于令彝下有所解釋。敔毁"萬于烾白之所",郭氏不釋獻而釋"畗"(解爲野宿爲寄),是不一致處。(己)的構形,上部似"鬲"而下部似"南",與鬳字相近而不同。贊與獻雖收音相同而發聲不同,但兩字義有相通之處。廣雅釋詁二"獻,進也",漢書東方朔傳注"贊,進也"。(己)的字形,後世失傳,故與幸、鬲、膚等字相混。荀子勸學篇"問一而告二謂之囋",文選文賦"務嘈啈而妖冶"注云"啈與囋及讞同",凡此啈讞皆(庚)嗎的譌字,囋字是正,後世作讚。(庚)郭氏釋鬳。

由"圭瓚""瓚璋"的連文,可以決定(己)之爲贊。敔毁"贅敔圭瓚",猶雲漢之"釐爾(召白虎)圭瓚,秬鬯一卣"。此字字形不解(可能爲竹器籫之象形)。此字在金文除用作名詞祼器外,亦作爲動詞:(子)"贊于麥"之贊,即說文曰"贊,見也";(丑)"贊賓""用贊井侯出入"之贊,即周禮外宗注云"贊猶佐也";(寅)"贊于㷭白之所"之贊,假爲欑或攢,文選西都賦注引蒼頡篇曰"攢,聚也"。

(24)—(27)的囋是封邑或氏族名。

(需參本書第115器師遽方彝、第154器鄂侯鼎兩考釋,及下編形制、花紋部分般、盉節。)

(五)周因于殷禮

(初步設想)

所因	所損益
天干紀日	
十三月	月相,紀年
以事紀年	
天干廟號	有廟
百官	
禮儀	
宮室	
天	上帝,天
賜貝	
祭祀名稱	犧牲不同,周尚騂

(六)親屬稱謂(未作完)

一、祖考多人

䢅乍皇且益公、文公、武白,皇考龔白鬻彝　考古圖3.7

姬奐母乍大公、䵼公、□公、魯中、賢白、考公、静公豆　考古圖5.15

肈帥井……先文且㲋明德……乍朕皇且幽大弔隮毁　弔向父毁(本書155)

皇且聖弔、皇妣聖姜、皇且又成惠弔、皇妣又成惠姜　𬴂鎛(大系25)

由此可知稱且者不止一人,稱且者也不一定同是父之父,凡三代以上皆可稱祖。

二、皇考即文考,剌且即文且

皇且丁公皇考叀公　鬲攸比鼎(本書188)

皇且丁公、文考叀公　鬲比盨(本書189)

剌且乙白同益姬　師詢毁(本書207)

文且乙白同姬　詢毁(本書195)

三、父母、夫妻同字

皇考龔弔皇母龔始　頌鼎(本書192)

文考聖公文母聖姬　師趛鼎(三代4.10.3)

皇考叀中皇母叀妀　梁其毁(本書191)

皇考遲白王母遲姬　中叡父毁(三代8.32.2)

考幽白、幽姜　召白毁(本書166)

皇考奠白、奠姬　寰盤(大系117)

皇且聖弔、皇妣聖姜、皇且又成叀弔、皇妣又成叀姜、皇考遹仲皇母　𬴂鎛(大系25)

白多父乍成姬多母𥁑毁　三代10.34.2

以上稱其父母而其母于姓前一字同于其父。此等同字乃是生稱,可由下例證之:

中義父乍新窨寶鼎……華　中義父鼎(本書176)

中姞義母乍旅匜　考古圖6.6

中姞乍羞鬲。華　中姞鬲(美集録A 129)

師趛乍檇姬旅盨　三代10.38.1—2

姬趛母乍隮鬲　擦古21.53.3—5

白趛父乍寶毁　擦古13.55.4

虢叔旅　鐘(大系118—119)

叔旅魚父　鐘(文物1964:9:35)

虢妃魚母　鼎(大系280)

華爲族名,可證中義父與中姞同族。由中姞義母之稱可證中姞即中義父之配,義母與義父以同字生稱。師趛與白趛父是一人,師趛之配姬姓,故亦生稱姬趛母。虢叔旅與叔旅魚父應是一人,故虢姞魚母應是虢叔旅之配偶。

左傳定十四定公夫人定姒,僖十七晉懷公夫人懷嬴,僖廿四晉文公夫人文嬴,莊廿八秦穆公夫人穆姬,凡此皆從其夫名。

四、媵女

弔姬乍黄邦，曾医乍弔姬、邛孎賸器將彝　弔姬簠(大系 179)

許子妝擇其吉金，用鑄其匿，用賸孟姜、秦嬴　許子妝簠(大系 194)

陳医乍王中嬀將媵匿　三代 10.20.3—4

陳医乍孟姜將媵匿　三代 10.21.3

曾爲姬姓(見曾姬無邺壺)，曾侯嫁女於江而以楚孎爲媵。許爲姜姓，許侯嫁女而以秦嬴爲媵。陳侯兩器，一器爲嫁於王室之仲女將而作，一器則並所媵之孟姜而作。公羊傳莊十九年曰:"諸侯娶一國則二國往媵之，以姪娣從。"將爲私名，由下列可證:

魯白大父乍孟姬姜賸毁　寶蘊 64

魯白大父乍中姬俞賸毁　善齋禮器 7.68

可知姜、俞皆私名。

五、剌考、剌白、己白、己公

皇考剌白　大毁(本書 183)

用享于朕剌考　無叀鼎(大系 143')

用乍朕剌考日庚隮毁　師虎毁(本書 108)

既右烈考，亦右文母　周頌雝

剌考己白　大鼎(本書 182)

用追孝于皇考己白　兮中鐘(三代 1.13)

用追考于己白　虘鐘(三代 1.17)

乍己白父丁寶隮彝　弔噩鬲(録遺 109)

用䅣鄉己公，用徭多公　它毁(本書 77)

爲忌盥盤　齊太宰盤(大系 238)

金文之剌考即周頌之烈考，大鼎之"剌考己白"即大毁之"皇考剌白"，可以單稱爲剌考或皇考，亦可以單稱己白。由"己白父丁"之例，知己白即稱其父考。己公與多公爲對，己公乃自己之"公"。齊太宰盤以忌爲己，爲己作盤也。

1960 年 3 月 15 日

五、銘文、常語(未作)

六、土地制度、社會經濟(未作)

七、年曆(未作)

八、形制、花紋

（片斷札記）

1.釋𩰲

金文編附録989頁收有𩰲字，見於以下諸器：

（1）引鼎　商周22，故宫24，三代3.14.6

引乍文

父丁𩰲。

𣪊㝵。

（2）乃孫鼎　故宫27，三代3.21.3

乃孫乍且己宗

寶𤔲𩰲。匚賓。

（3）木工鼎　金索卷首二（孔廟），三代3.8.8

乍匕戊𩰲。

木工册

（4）豐鼎　博古2.26

…………

貝。用乍父己寶𩰲

以上諸器俱是盂鼎式，（1）、（2）高二尺以上，皆巨大。器名從鬲糧聲，字書所無，乃西周初大鼎之稱。𩰲亦有用作動詞者，如三代5.30.3 䢅鬲，字從糧從鬲。大系264賢𣪕"晦賢百晦𩰲"，字從羽從量從𥁕。又，䢅鬲"䢅入𩰲于每子"，郭沫若均釋爲糧（考釋225頁）。

（1）、（2）之末乃是族名，（1）之族名還見于以下二器，三者皆爲𥄳器。

扁足鼎　三代2.38.3，黨毓坤 *

𣪊㝵。	父丁。

觗　三代18.21.3—4**

* 曾爲美國布倫戴奇氏收藏，現歸舊金山亞洲美術館。

** 現藏日本横濱原富太郎處，圖象見日本264。

中子𠂤引乍文
父丁尊彝。𦥑𠭰。(器銘)

中子𠂤引乍	𠭰
文父丁尊彝。	𦥑。(蓋銘)

可證𦥑于此皆非器名。

1957年12月5日

2.釋獻、鬳、鬲、錡、鍑、鬵

説文曰"鬳,鬲屬","甗,甑也,一曰穿也,從反瓦甑鬳聲,讀若言","甑,甗也",籀文從曾從鬵。許慎分别鬳、甗,以鬳爲鬲屬,以甗爲甑,則鬳應指整體;又以甑、甗互訓,以爲底下有穿,所以置箅以通蒸氣,故玉篇曰:"甗,無底甑也。"考工記陶人"爲甗……。甑……七穿"。甗爲二部分構成,如博古圖卷十八曰:"甗之爲器,上若甑而足以炊物,下若鬲而足以飪物,蓋兼二器而有之。"故就整體説,上下兩部分可以合稱爲鬳,就分體説,則上部爲甗,下部爲鬲屬。殷及西周,甗爲一體,故名甗可以概其全體。東周上下部分鑄爲二,上部蒸具爲甗或甑,下部是直接受火的飪具,應另有名稱。

因方言之故,甑亦有異稱。方言五曰:"甑自關而東謂之甗,或謂之鬵,或謂之酢餾。"郭璞注云:"涼州呼鉹。"爾雅釋器曰:"䰝謂之鬵,鬵,鉹也。"郭注同。詩匪風正義及通鑑音注卷五十五引孫炎注爾雅云:"關東謂甑爲鬵,涼州謂甑爲鉹。"但説文則曰:"䰝,鬵屬","鬵,大釜也,一曰鼎,大上小下若甑曰鬵……讀若岑","鉹……一曰鬵鼎"。依方言及孫、郭之注爾雅,則甑、甗、鬵、酢餾(説文曰:"餾,飯氣蒸也")和鉹都是蒸具。依許慎之説,則分别甑、䰝,前者是蒸具,後者是飪具即釜屬。詩匪風"誰能亨魚,溉之釜鬵",傳云"鬵,釜屬",亦同許説。

因方言之别,甗之下部亦有異稱。方言五曰:"鍑,北燕、朝鮮、洌水之間或謂之錪,或謂之鉼;江、淮、陳、楚之間謂之錡(郭注云:或曰三脚釜也),或謂之鏤,吴、揚之間謂之鬲。釜,自關而西或謂之釜,或謂之鍑。"説文則以爲鬴(或體作釜)是"鍑屬"而鍑爲"釜大口者",其説不確,因漢銅器自名爲鍑者正是小口,大口者是鑊或鍋。但方言將錡、釜混一,亦有錯誤。詩采蘋"于以湘之,維錡及釜",傳云"錡,釜屬,有足曰錡,無足曰釜",釋文云"錡,三足釜也",左傳隱三"筐筥錡釜之器",杜注云"無足曰釜,有足曰錡"。説文曰:"敲,三足鍑也,一曰滫米器也,從鬲支聲。"古音支、奇相同,是敲即錡,乃是三足之釜。釜、鍑乃是無足的飪器。説文又曰"江、淮之間謂釜曰錡",是受方言的影響而混同之。

以上由文獻可以決定如下的稱謂:(1)全體稱鬳,(2)上部稱甗或甑,(3)下部三足者稱敲或錡,無足者稱釜或鍑。

早期金文有鬳的象形,如三代19.1.2戈銘,三代11.9.8尊銘,三代14.22.1觚銘。西周金文鬳之自銘者有以下稱謂:

甗(鬳) 三代 5.3.6(善彝 51),三代 5.4.4(貞續上 27)

鬳 從鬲 𡠧中鬳 三代 5.10.1

從鼎 過鬳 三代 5.12.2(泉屋 1.12,本書 78) 最多

從鼎省虎 䧘鬳 十六 3.6

從鼎 白貞鬳 三代 5.5.8

鬳 鄭大師少師鬳 三代 5.10.2

鼎(貞) 王人鬳 三代 5.11.2(陶續 2.4) 一見

是以舉其全體之名,可以用甗。

圓甗之上部,在西周初期多與下部相連爲一器,中期始有分者,東周多分者而罕有銘。1950 年在琉璃廠曾見一甑(商周 192 作寶甗),有無孔之底,有圈足,自銘爲"甗"(録遺 105),其時代屬于西周中期。鄭氏白高父甗(善齋禮器 2:37)上下分鑄,自銘爲"甗"。西周初期甗之下部作圓鼎形者,惟是 Burchard I:28:278。

方甗之下部,自西周晚期以來,以分鑄作四足形的,如金索卷首 21,西清 31.10,寧壽 12.35。較早者則作方鼎形。

賸稿 8—9,菁華 100 西周初期

季貞方鬲 美集録 A 131(商周 174) 西周晚期

鬲實灶也。説文"烓,行竈也",爾雅釋言"煁,烓也",郭注云"今之三隅灶。見詩"。郝疏云"今登萊人謂灶爲鬲(音鍋)"(義疏釋言)。商周 36、37 扁足鼎上有横當者,亦是鬲的一種。均爲用炭燒的。由此可知方甗下部之作方鼎或方鬲形者,乃是鬲。西周初期方鼎有自名鬻或盞者:

鬻 白六(善齋禮器 2.7),厚趠(續考古 4.17)*,弔(奇觚 1.17,三代 2.49.5)

盞 王白(博古 2.12),吕(貞圖 1.25),季𨡩(美集録 A76,善齋禮器 2.6)

盞鼎 㺿(長安 1.3)

𩰫 弔慶(愙軒 17,善齋禮器 2.5) 案周金 2.61 有六舟全形拓本,乃是圓鼎,恐僞。

除此以外,著録者以爲鼎者:

鬻 尚(攈古 12.2.3),中(三代 2.34.7),中自父(小校 2.35.2),雁弔(三代 3.4.3,從古 7.25 以爲鬲),寡長(三代 2.43.7),甲(三代 2.43.6)

𩱦 宜子(三代 4.7.2)

鬻鼎 䵼(三代 2.50.3—4,陳介祺藏,云:鼎極小,又小者陪鼎)

除末例外,皆未知器形,可能都是方鼎。此類方鼎之所以稱鬻,因其與鬲的作用相同。

---

* 現藏上海博物館,見文物 1981:9:30。

金文鬲字象形。北京西郊太平道出土(基建 1.2)和泉屋 10(海外 10,商周 172),與金文鬲字最近,泉屋器晚。西周晚期鬲多自稱鬲,但西周時代的稱謂有不同者:

齊鬲　博古 19.12 帛女鬲

齊𩰫　攈古 1.2.80.2

齋　弭叔(文物 1960:2:9)

齊鼎或齋　尹姞(美集録 A127,録遺 97)

齋鼎　公姞(美集録 A127),黴白(三代 5.16.2)"乍齋鼎十"可能爲齋與鼎各十

齋鬲　姬艿母(陶齋 2.57,三代 5.16.3),吕雔□(陜西 88),白汄父(攈古 2.2.18.2),王乍番妃(攈古 2.1.74.1,綴遺 27.4)

盉鬲　中枏父(夢郼 1.7,三代 5.18.1),白姜(小校 3.61.3)

饙齋　戲白(日本 4.308,泉屋 8,海外 9,商周 158,三代 5.31.1)

鬻　塱肈家(陶續 1.48,三代 5.28.3)

甗　琱生鬲"琱生乍文考亮仲隮甗"(本書 167)

𩱛　師趛(三代 4.10.3,字從晨從収,三代銘疑僞仿,器今在故宫,實是鬲,見文參 1958:2:55 圖三)。有同銘鼎(貞圖 1.24,商周 54,三代 4.11.1),年代早。

鬻　樊君(夢續 8,商周 164,三代 5.26.1)

鼒　虢文公子(三代 5.39.2,貞圖上 28)(薛氏 9.84 誨鼎分書),有兩種讀法:(1)"鬲鼎";(2)"鬲、鼎"。三代 3.36.4—5 鄆孝子鼎"鑄食鼎鬲"似爲合文(商周 106)。另有虢文公子鼎(商周 63)與鬲同銘,可證。

鼎　邾來隹(三代 5.29.2)

鼎　扶(攈古 1.2.46.2,引濟寧金石志"鼎而器款足"),□姞(三代 5.15.5)

鬲　甚多

其稱齋及鬻者多西周中期器,餘多西周晚期器。鬻字,從幵即笄,乃簪之象形,參 1957 年信陽大墓出土鐘銘。鬻是齋的音轉,猶纔之假爲才。廣雅釋詁一"鬻,疾也",離騷注"齌,疾也"。鬻字,廣雅釋器以爲鼎,玉篇從辱,以爲大鼎,廣韻作䰞,從辰,燭部與辱同作而蜀切,訓曰"大鼎",音辱,其器高 23 釐米,與公姞、尹姞兩器(高 31 及 34 釐米)皆高于西周晚期通常之鬲。

方鼎與鬲之稱齊,皆假爲齋,説文火部敍在炊烘之後,煎熬之前,訓曰"炊餔疾也",其本義當爲炊飪,轉以名所以炊飪之器。西周初期,鬲字作爲身分名稱(矢毁、大盂鼎)而未用爲器名,鬲、鼎不分,至中期始有齊鼎、齊鬲、齋之稱,至中晚期,由鬲鼎而稱爲鬲。晚期之鬲,無耳,大口,近乎陶鬲之形,與西周中期器分鑄之甗下部稍稍相異,鬲已成爲專立之器,銘鑄于其上。

自西周晚期至東周末,圓甗下部的變化是:(1)口因承上甑(上大小口)之故,成爲束小口,(2)耳由立耳變爲環,(3)足由款足經短實足、短款足而趨向于無足。其例如下(括弧内

係各書原名）；

款足，附耳　善齋禮器 2.37，附甑，甑亦附耳　西周晚
考古圖 2.19，附甑，甑亦附耳　春秋初
山東博物館藏，1951 年黄縣出土（文參）

環耳　泉續 179，商周 190，附甑，甑附耳
安大略 NB5297，附甑，甑附耳，平定出土　春秋晚
戰國式 4.1（鬲，獻之下部），渾源 16（獻），李峪出土
山彪鎮圖版 10.1（鬲，足極矮小），汲縣出土　戰國初
西清 31.19（鍑）
西清 31.24（鍑），肩上有花紋

實足，附耳　蔡侯墓 14.1（炊器），壽縣蔡墓出土
考古圖 9.38（直耳鬲）
楚器附圖 11（小口鼎），壽縣楚墓出土（又見安徽博物館楚器圖録第一集 13，附甑。下部高 16.6，口徑 10.1；上部高 14.2，口徑 17.7 釐米）戰國
西清 31.7（鬲）

短款足，環耳　洛陽 222C（NB4327），金村出土

無足、環耳　輝縣 87.1，附甑，趙固墓 1 出土
考古圖 9.27（自銘曰獻鍑）　西漢

極短足，環耳　西甲 14.20

由西漢周陽侯家獻鍑之自名（又漢金 4.7 孝文廟銅獻鍑亦同），知趙固出土戰國銅器亦是“獻鍑”。漢人稱獻之下部無足者爲鍑，則有三足者是錡，或敲。諸書稱名不一，凡有三足者應一律改爲錡，亦即敲，乃是三足釜；無足者是鍑，亦即釜。

上述的錡與鍑是獻的下部，其本身不能有蓋，猶鬲從無有蓋的。攈古 12.36.3—37.1，㒸父癸鬲，器、蓋對銘，恐不是鬲而是盉。春秋末至戰國，有一些有蓋銅器，其上部圜掩上，著録或以爲鍑，或以爲鼎鬲，兹分三類述之。

第（一）類　鬲足，附耳或環耳

（1）分襠較深，附耳

戰國式 3（鼎），蓋三伏獸；博古 5.34（鼎），蓋三伏獸；瑞典 S 52，蓋三伏獸；美集録 A 113，蓋三立環；A 115，尖足，冠蓋　春秋末

（2）分襠較淺，垂環耳

輝縣 88.5（鬲），蓋上一垂環；西清 31.21（鍑），蓋三立環；西乙 14.16（鍑），蓋三立環；考古圖 2.4（弇口鬲），蓋上無物

(3a)分襠極淺,附耳

輝縣 83.3(鬲鼎),蓋三立環;美集録 A 112,蓋三立環

(3b)分襠極淺,垂環耳

商周 388(敦),失蓋(西乙 14.17);頌續 17(鼎),蓋三立環;西乙 14.20(鍑),失蓋;冠斝 1.14(鼎),蓋三伏獸;NB4111,山彪鎮出土,蓋三伏獸銜環;美集録 A114,蓋三垂環

第(二)類　實足,小口

(1)立環耳,蓋上一立環

戰國式 19.1,李峪出土;基建 17.2,賈各莊出土　春秋末

(2)垂環耳

戰國式 42(有脚壺),即海外 16(錡),商周 387(敦)　戰國

洛陽 222a,b(NB 4313,4312),金村出土

(3)垂環耳,蓋三立環

西清 31.18(鍑);西甲 14.22(鍑)　漢

(4)無耳

考古圖 2.23(鬵),形同商周 384(敦),卵形;美集録 A288;A289(商周 385)

時代不詳

(5)附耳

考古圖 9.39—41(鼒),蓋三立環,此類是鼎;西乙 14.22(鍑),蓋三立環　漢

第(三)類　如鼎,極短足,垂環耳

輝縣 88.4(鼎),蓋三立環;瑞典 S 53,蓋三垂環;西甲 14.18,蓋三立環;長沙陸叁,1,蓋三立環(西漢後期)

第(一)類,我們以前在美集録中將它定爲一種鼎的形式(鼎八),今宜重加審定。甲,鼎與鬲的分别在足之實與款,此爲款足,不能是鼎;乙,鬲無蓋而此有蓋,不能是鬲;丙、錡、鍑不能有蓋而此有蓋,不能是錡、鍑;丁,敦是圜底下加足,此是分襠,不能是敦;戊,鬲鼎是鬲,此既非鬲,故也不能稱之爲鬲鼎。

趙固第一號墓所出者,腹底有煙薰迹,是爲炊器之證。同墓同出兩鼎盛肉,而此兩器無,是其功用不同。李峪出土者,亦與鼎共存。此類器上承西周自名爲齊鬲者,而加之以蓋,實際上乃是有蓋的齊鬲,今爲區别起見,暫名之爲"鬵"。它們的時代自春秋末至戰國。

文獻中可備參考的尚有二名。説文曰"銚,温器也",一切經音義卷十四曰"銚似鬲,上有鐶",其形似即第(一)類而有環耳者。周頌絲衣之鼒,西周初期金文僅一見,乃是抗戰間岐山縣東北 60 里周家橋程家村出土殘片,器極大,銘曰"王乍康季寶隩鼒",字從才從鼎,

疑即齋字*。説文與爾雅釋器俱以爲“鼎之圜掩上者”,郭璞與孫炎注爾雅以爲是“鼎斂上而小口”,絲衣傳以爲“小鼎”。

第(二)類(1)—(3)是小口三足器。(4)與卵形敦相似。(5)則是漢鼎而口較小者。

第(三)類應該仍是鼎,不過其足甚短,附耳爲環耳。輝縣 88.4 一器與輝縣 86.3 鼎乃同墓所出,皆盛肉,故知它仍舊是鼎。

1957 年 11 月 15—20 日

3.西周中期後半及夷、厲時代的三種鼎

(甲)頌式鼎,(乙)克式鼎,(丙)“附耳鼎”。同銘之大鼎,兼(甲)、(丙)兩式,是此兩式大約爲同時並存的。

(甲)、(乙)即頌與史頌之鼎。頌鼎爲弦紋,史頌鼎爲寬波紋。頌組其它的花紋早于史頌組。頌組壺的寬波紋,本是壺上特有的花紋,而史頌鼎及其它克式鼎皆以此爲主題,乃是較晚于頌組之證。

此三種形式之鼎,流行于夷、厲及其後,並延伸至于春秋時代。

(甲)頌式鼎

先導:西周初弦紋素鼎

時代:孝、夷

特點:(1)腹深而底紋尖圜

(2)直耳

(3)馬蹄足,無扉,素無紋

(4)花紋一帶在項下

共王以前鼎爲:(1)圓柱足,(2)腹未收尖。而師湯父鼎(本書 118)足已馬蹄化。

例器:(1)帶弦紋,一道或二道

頌鼎　商周 71,本書 192

白頵父鼎　商周 72

欒鼎　尊古 1.22

趞鼎　本書 194

穌衛妃鼎　大系 35

大鼎一　大系 13,本書 182

微緣鼎　大系 21,本書 193

---

* 王獻唐 岐山出土康季鼒銘讀記,考古 1964:9:472。

號叔大父鼎　貞松圖 1.20

中師父鼎　夢郼 1.15

亙鼎　陜西 80

白鮮鼎　陜西 67,本書 174

無銘鼎　齊家村 9

(2)帶紋,横鱗紋,或大小相間的横鱗紋

毛公鼎　商周 69,本書 201

鬲攸比鼎　大系 22,本書 188

梁其鼎　陜西 69,本書 191

函皇父小鼎　陜西 62,本書 177。函皇父大鼎(陜西 61)形制與小鼎大不相同

中佣父鼎　博古 3.16—17,本書 175

中義父鼎　本書 176

鄧伯氏鼎　大系 31

陳生隺鼎　商周 70

康鼎　商周 64,本書 156。項下一帶曲竊紋

柳鼎　本書 164

例外:虢文公鼎　大系 29　滿花

(乙)克式鼎

先導:師湯父鼎、鄂侯御方鼎(本書 118、154)

時代:夷、厲

特點:(1)腹底近乎平

(2)直耳

(3)足膝有獸頭,有扉

(4)滿花

例器:大克鼎　商周 66,本書 185

小克鼎　大系 20,本書 186

禹鼎　大系 14,本書 190

史頌鼎　大系 9,本書 206

白鄀父鼎　大系 25

鄀公鼎　大系 26　以上爲寬波紋

無叀鼎　商周 73

師望鼎　金匱 57　花紋特致

(丙)"附耳鼎"

先導：白晨鼎，附耳，滿花，花足(大系15)

七年趞曹鼎，附耳(本書106)

時代：夷、厲

特點：(1)附耳

(2)有蓋

例器：大鼎二　商周78　弦紋，素馬蹄足

伯筍父鼎　商周77　帶紋，素馬蹄足

戈叔朕鼎　大系36　帶紋，素馬蹄足

都公平侯鼎　大系録189　帶紋，素馬蹄足

白遲父鼎　巖窟1.9　帶紋，素馬蹄足，自銘曰"鼾鼎"，又吴買鼎(三代3.21.5)亦自稱爲鼾鼎

邿白鼎　商周68　滿花，素馬蹄足

杞伯每刃鼎　大系27　滿花，素馬蹄足

芮大子鼎　商周75　滿花，素馬蹄足

趞亥鼎　大系42　滿花，素馬蹄足

晉姜鼎　大系30　滿花，花馬蹄足

鄫諸子鼎　商周76　滿花，花馬蹄足

大鼎二、都公平侯鼎皆自稱"盂"或"盂鼎"，但大鼎一自稱"盂鼎"而是頌式鼎。凡盂鼎都是附耳有蓋的較大之鼎。春秋蔡器之"𨬬"，即從此來。

4.昭、穆時代的瓦紋𣪘

瓦紋𣪘可分以下幾種：

(1)無耳

𤔲𣪘　商周319，本書94

㦰𣪘　大系108，考古圖3.22，本書125

(2)半月耳

𢾊𣪘　冠斝1.24，本書100　無珥

周虔𣪘　博古17.23　無珥

友𣪘一　商周320　有珥

友𣪘二　西清27.1　有蓋

妊𨘥母𣪘　商周310　有珥，此器侈口

(3)環耳

歸芻毁　本書196,上海博物館

無曩毁　商周321,本書95

師虎毁　商周322,本書108

豆閉毁　冠斝1.25,本書109

(4)圈足下有小足三

遹毁　商周307,本書104　環耳

兑毁　商周323　環耳

何毁　大系102,本書179　半月耳,有珥

無銘毁　博古17.28　半月耳,有珥

無銘毁　冠斝1.26　半月耳,有珥,獸形耳同于追毁

奠虢中毁一　商周324,尊古2.5,三代8.17b

奠虢中毁二　西清27.28,大系113,三代8.18a

奠虢中毁三　冠斝1.23,三代8.18b

(1)、(2)、(3)圈足下皆無小足。穆王時遹毁,共王時師毛父毁已有三小足,奠虢仲毁三與它二器同日所作而項部作糾目帶,形制同蘇公子毁(大系117,商周332),由此可見圈足下有小足者其下限較晚。

以上(1)—(3)爲昭、穆、共,(4)則延至懿、孝或更晚。

5.盨

盨是毁的衍變,故其斷代應與毁相平行。其稱謂:

(1)自名爲毁

華季益盨　武英83,商周373,三代7.33.3

魯司徒伯吴盨　冠斝1.30,善齋禮器8.14,三代10.33.1—2

滕侯穌盨蓋　三代8.9.1

白鮮盨　美集録A255(一對),又一對見白譔29,本書174

(2)自名爲盨毁

白庶父盨蓋　三代10.34.1,夢郼1.18

叔𧩙父盨　三代10.28.2—3,又安大略NB2599

(3)自名爲盨

奠井叔康盨　三代10.33.3—4

翏生盨　三代10.44.1,本書153

中義父盨　本書176

梁其盨　本書191

克盨　商周366,本書187

弭叔盨　文物1960:2:9

早期純瓦紋盨有:

華季益盨

䜌季獻盨　商周372

白庶父盨蓋

中白乍嬔姬盨　善齋禮器8.11,西清29.19,三代10.27.5—6

孫盨　西清29.20,方形,附耳,立足。考古圖3.36師奐父盨亦是方的而方圈足。

博古18.12京叔盨與孫盨形制同,但項下有單行橫鱗紋

翏生盨　附耳

無銘盨　陝西101,方形,附耳,立足,有蓋

弭叔盨

無銘盨　美集録A 254,附耳

魯司徒伯吴盨飾史頌式花紋和瓦紋,年代較晚。

器銘字體較早之盨:

延盨　三代10.36.4—5,10.37.1—2

比較同銘它器而知其早者:

白筍父盨　三代10.27.2　　白筍父鼎　商周77

師趛乍榹姬盨　三代10.38.1—2　　師趛鼎、鬲　商周54

奠井叔康盨　三代10.33.3—4　　康鼎　商周64

弭叔盨　文物1960:2:9　　弭叔師察𣪕　文物1960:2:9

中義父盨　　中義父鼎

1958年2月3日

6.夷王前後的主要花紋

主要花紋爲:

(1)糾目帶

(2)小獸面帶

(3)獸糾帶　此爲小獸面帶和糾抱帶的過渡式

(4)糾抱帶

(5)橫鱗帶

(6)垂鱗紋

(7)寬波紋

(1)—(5)多以瓦紋爲主體。

(1)糾目帶紋　常用於毁上。屬夷王。穆王時長由諸器、懿王時的白晨鼎(大系圖15)項下均爲此式的早期,似從長喙鳥變來。器例有:

頌毁　大系 86,美集録 A 245　足垂鱗紋,耳立角

敔毁　大系 98,本書 165　足横鱗紋

師寰毁　大系 107,美集録 A 246　足垂鱗紋

兮吉父毁　西清 27.25,録遺 155,故宫　腹及足垂鱗紋

毛白𡢁父毁　商周 329　腹、蓋垂鱗紋

奠虢中毁　冠斝 1.23　此器與瓦紋的奠虢中毁(商周 324)同銘

芮公毁　商周 330

魯白大父毁　商周 331

虢季子組毁　大系 116

鮇公子毁　大系 117,商周 332

仲姬俞毁　大系 118

孟姬姜毁　大系 119

魯士商戲毁　大系 120

寺遣毁　大系 121

白椃虘毁　博古 17.8—9,17.10—11,本書附 19

杞伯每刅壺　大系 182

㠯壺蓋　大系 180,善彝 103

鄧孟壺蓋　大系 184,夢續 25

函皇父大鼎　陝西 61,本書 177　此式最早,無瓦紋。函皇父小鼎是横鱗紋

兮白吉父盨　巖窟 1.18　似從長喙鳥紋變來

史免簠　大系 133

無銘盂　文物 1964:7:22　永壽好畤河出土(與中枏父匕同出),無瓦紋

(2)小獸面帶紋　屬夷王及其前。器例有:

𪚰毁　大系 101,商周 326,善彝 81

莆毁　商周 328,善彝 78,本書 162

姚鼎　商周 61　此器最早

大師乍弔姜鼎　十二契 20

白頵父鼎　兩罍 3.5,本書 159

大克鼎　商周 66,本書 185　小克鼎、康鼎介于小獸面帶與糾抱紋帶之間

禹鼎　大系 14,本書 190

師秦鼎　博古 3.31,本書附 6　此鼎與禹鼎形制不同
害毁　考古圖 3.15,本書 160
害叔毁　陶齋 2.3,美集録 A 241
師嫠毁　商周 334,本書 168
仲殷父毁　商周 333　環耳
無銘毁　美集録 A 240
妊小毁　美集録 A 239,本書 218
辰毁蓋　美集録 A 238
事族毁蓋　夢續 22
無叀鼎　大系 24

（3）獸糾帶紋

邿白鼎　大系 33,商周 68
芮大子鼎　商周 75
追毁　商周 316,美集録 A 248
虢文公鼎　大系 29
戈叔朕鼎　大系 36
鋪　商周 403
伯筍父鼎　商周 77
芮公鼎　商周 74　腹寬波紋
都公平侯鼎

（4）糾抱帶紋　常用於盨上。屬夷王後半、厲王及其後。器例有：

伊毁　大系 105
史頌毁　大系 84,商周 337
　　　　大系 85　足垂鱗紋,以上二器形制同頌毁
不嬰毁蓋　大系 97,商周 341,本書 212
鄘毁　大系 109
師望毁　博古 17.12
克盨　大系 128,商周 366,美集録 A 252,本書 187
師克盨　本書 210
虢中盨　商周 369,本書 211
杜白盨　商周 368
趞叔吉父盨　商周 367
白大師盨　美集録 A253

無銘盨　A 254
曾白霥簠　大系 132　體寬波紋
斿叔樊鼎　商周 65　蹄足
薛侯盤　大系 155　足垂鱗紋
楚嬴盤　商周 842
史頌匜　商周 852,大系 145
中姞義母匜　博古 20.35(與中義父鼎、中姞鬲是一家)
師奐父鼎　考古圖 3.22　腹垂鱗紋
康鼎　大系 12,商周 64,本書 156　此最早
宗婦㱿　商周 343
宗婦盤　大系 153　宗婦㱿、盤屬宣、幽時代
(5)横鱗帶紋　屬夷王及其後。可分三種:
(甲)雙行横鱗帶紋
鄂侯㱿　大系 100,商周 338,本書 154
叔向父禹㱿　商周 340,本書 155
元年師兑㱿　大系 110,商周 339,善彝 74、75,本書 170
大㱿蓋　善齋禮器 7.97,本書 183
三年師兑㱿蓋　大系 111,本書 171
中叀父㱿　美集録 A 242
白家父㱿　美集録 A 243
巖窟 1.17
貞松圖 1.37
叔單鼎　山東省博物館
(乙)單行横鱗帶紋
中義父鼎　美集録 A 89,陶齋 1.30,本書 176
圅皇父小鼎　陝西 62,本書 177
圅皇父甗　本書 177
梁其鼎　陝西 69,本書 191
鄧白氏鼎　大系 31,陶齋 1.29
陳生隺鼎　商周 70
鄭義白盨　商周 374　故宫有鑐
鬲比盨　大系 130,本書 189
白鮮盨　美集録 A 255,本書 174　足寬波紋

白田父𣪘 陶齋 2.1,美集録 A 244

叔向父𣪘 上海博物館,本書 155

叔碩父方甗 商周 195 腹寬波紋

白家父鬲 陶齋 2.55

中佣父鼎 博古 3.16,本書 175

師奂父盨 考古圖 3.36 扶風出土

𡐓盨 大系 129

叔男父匜 巖窟 1.63

師望壺 雙古 1.20

交君壺 商周 717

稻嫼𣪘蓋 夢續 19 蓋上垂鱗紋

戲白鬲 商周 158

王乍姬鬲 商周 162 腹獸面紋

季友父鬲 商周 163

(丙)大小相次横鱗紋帶

中酉父𣪘 博古 17.26

師酉𣪘 大系 93—95,本書 173

函皇父𣪘 陜西 64,本書 177

師奂父𣪘 商周 335

蘇公𣪘 大系 122

毛公鼎 大系 23,商周 69,本書 201

鬲攸比鼎 大系 22,本書 188

雍鼎 商周 60 腹垂鱗紋

叔單鼎 大系 32,商周 62 腹另有花紋

史頙鼎 博古 2.10

杜白鬲 大系 45

奠白鬲 商周 166 腹獸面紋

鬲比盨 大系 130,本書 189

樊君鬲 商周 164

函皇父盤 陜西 65,本書 177

寰盤 大系 158 足寬波紋

師寏父盤 商周 828 足寬波紋

(6)垂鱗紋 分兩種,一種是作爲主體紋,一種呈帶狀:

(甲)主體

師奐父鼎　博古 3.25　上部糾抱紋

無叀鼎　大系 24,商周 73　項下小獸面

杞白每刅鼎　大系 27

雍鼎　商周 60　項下大小相次横鱗帶紋

芮大子鼎　商周 75　上部糾抱紋

白碩父鼎　博古 2.8　項下獸糾帶紋。此器與博古 2.10 史頣鼎是一人,後者飾大小相次横鱗帶紋

兮吉父毁　西清 27.25　項下糾目帶紋

毛白𠹧父毁　商周 329　項下糾目帶紋

稻嫼毁蓋　夢續 19　蓋邊横鱗帶紋

鋪　美集録 A 845

(乙)帶狀

頌毁　大系 86

大毁　大系 92,本書 183

史頌毁　大系 85

薛侯盤　大系 155

(7)寬波紋　也分主體和帶狀兩種:

(甲)主體

大克鼎　大系 16,商周 66,本書 185

小克鼎　大系 17—20,商周 67,本書 186

禹鼎　大系 14,本書 190

史頌鼎　大系 9,本書 206

晉白𨛭父鼎　大系 25

都公鼎　大系 26

虢文公鼎　大系 29

晉姜鼎　大系 30

芮公鼎　商周 74

頌壺　大系 178,商周 724

師望壺　雙古 1.20　足横鱗帶紋

番匊生壺　尊古 2.30,商周 720

曾白陭壺　商周 721

□侯壺　商周 733

鄭楙叔賓父壺　大系 183

洹子孟姜壺　大系 186、187

曾伯霥簠　大系 132

史免簠　大系 133　此最早

叔碩父方甗　商周 195　項下横鱗帶紋

虢季子白盤　商周 841，本書 215

陳肪㲃蓋　善彝 87

方座㲃　商周 318，又博古 17.3、4、6 三器，又恆軒 24 俱有"華蓋"

牧㲃　大系 66

（乙）帶狀

白康㲃　善彝 72、73，商周 312

師奐父盤　商周 838

白鮮盨　美集録 A255，本書 174

寰盤　大系 158

師毀㲃　大系 72，本書 169

7.所謂"禁"與器座

約在 1925—1926 年間，軍閥黨毓坤駐軍鳳翔，迫發民夫在寶鷄祀雞臺（鬥鷄臺 11 頁謂黨器係在 1925—1926 年出于戴家溝側）盗掘古墓，出土銅器約 200 件。中有"銅禁"一具，是端方所獲以後第二器*（據馬衡中國金石學概要，孟津亦曾出過）。1955 年鄭振鐸自西安借來右輔環寶留珍五册，記有此器尺寸，高六寸一分，寬一尺三寸四分，長三尺五寸，此裁縫尺合 35.2 釐米，則此禁尺度爲 21.8×47.4×123.5 釐米。1930 年水野清一在北京繆納（H. Müller）處見及此器，所測爲 22×47×126 釐米，面上三隋孔爲 12×17 釐米；又説上設三器：中央爲高 50 釐米的方彝（應指美集録 A 643 一器），兩旁一方爲帶座觥（應指菁華 147、商周 681、柉禁 29.2"告田"觥），一方爲一帶座有蓋㲃（柉禁 10 頁）。

此器與端方第一器相同處是：底是空虚的，四面有長方形孔，飾以"夔文"。兩者不同之處是：端方器稍小（18×46.3×89.9 釐米），前後孔各八而此器各十六，面上雖皆略向下傾凹而此器有三隋圓孔（12×17 釐米）。

陶齋卷首"柉禁全圖"下云："右器於光緒辛丑（1901 年）秋陝西鳳翔府寶鷄縣三十里鬥鷄臺出土。"薛崇勛右輔環寶留珍題記則云："清端方撫陝時，鳳翔人王奎耕地得一器上載數器，均歸端有。"（案：此時端爲鄂撫，陝甘總督是端的親戚升允，1902 年升爲端購致十三件，派

* 此器現藏天津市歷史博物館。參見文物 1975 年 3 期。

兵送至武昌。)陶齋稱此座爲"棜禁",原出于東漢永壽二年"魯相韓勑造孔廟禮器碑"(隸釋卷一)。字書無棜字,碑云"籩棜禁壺",隸辨釋棜爲盌,杯也,棜與禁不當相聯,禁壺相聯。

禮書所載之禁,有禁、斯禁、棜禁、棜及廢禁等名。(1)禁。士冠禮曰"兩甒有禁",注云"禁,承尊之器也";士昏禮曰"有禁,玄酒在西",注云"禁所以庪甒者";士虞禮曰"兩甒醴、酒,酒在東,無禁"。(2)斯禁。鄉飲酒曰"尊兩壺于房户間斯禁",鄉射曰"兩壺斯禁",注並云"斯禁,禁切地無足者也"。(3)棜禁。特牲禮曰"壺棜禁饌于東序"。禮記禮器曰"諸侯之尊廢禁,大夫士棜禁,此以下爲貴也",注云"廢猶去也。棜,斯禁也,謂之棜者無足,有似于棜,或因名云耳。大夫用斯禁,士用棜禁,如今方案隋長局足高三寸"。孔疏云"棜長四尺,廣二尺四寸,深五寸,無足","禁長四尺,廣二尺四寸,通局足高三寸"。故惠棟以爲"士用棜禁"應作"士用禁"。"大夫士棜禁"或可讀作"大夫、士,棜、禁",謂大夫用棜,士用禁,如玉藻所記。(4)棜。玉藻曰"大夫側尊用棜,士側尊用禁",注云"棜,斯禁也,無足,有似於棜,是以言棜"。少牢曰"司宫尊兩甒于房户之間,同棜",注云"棜無足禁者,酒戒也"。特牲曰"棜在其南,南順,實獸于其上",注云"棜之制如今大木轝矣,上有四周,下無足"。(5)廢禁。鄭注廢爲去,然士喪禮注云"廢敦,敦無足者",故禁無足者爲廢禁。

由上所述,可知禁是承壺、甒之具。其形制,據鄭玄注則斯禁是切地無足者,棜似于大木輿亦無足。我們以爲廢禁應如廢敦之無足。鄭玄以爲禁如方案而足高三寸,孔疏並記禁、棜同其長寬尺寸(約爲 55.6×96 釐米)而棜深五寸(約爲 12 釐米)無足。此漢、唐人所解晚周的禮制,"禁"或如輝縣固圍村墓五所出的陶案(輝縣圖版 76:1,7.1×14.2×35.8 釐米)。

自端方第一器出土後,學者皆名之爲"銅禁"。以其與酒器同出,遂以爲是置酒器之座案。但觀察了實物,則其上面微向下凹,和四邊不平齊,與酒器之圈足不能切合。第二器的上面,不但微向下凹,而且等分的設有三隋圓孔,其長徑與長邊平行。此孔若用以置觥、卣、尊之作隋圓圈足者,始相適合。然則此器似有"灶"的作用,用以温酒。傳世三"方鬲"(商周 173—175,美集録 A 131)的下部四面有方孔,有箅有足,顯然是用以燒炭。以下三器之足亦有孔:

素毁　博古 18.13　圈足有隋圓孔,前後各六,左右各四。

座毁　西清 27.13　座各面有長方孔八。

扁盉　美集録 A 337　長方圈足前後有長方孔各三。

設"銅禁"是置酒器用以加熱者,則仍無解于其上面的低凹。傳世殷俎(商周 406,海外 7)和壽縣朱家集楚器(商周 407),形制相異,但上面皆作向下傾凹狀。因此,此所謂"銅禁"者似有可能是作爲俎用的。

魯頌閟宫"籩豆大房"傳云"大房,半體之俎也",鄭箋云"大房,玉飾俎也,其制足間有横,下有跗,似乎堂後有房"。説文曰"横,闌木也","柎,闌足也"。少牢"腸三胃三長皆及俎拒"鄭注云"拒讀爲介距之距,俎距脛中當横節也",賈疏云"是距爲俎足中央横者也"。

明堂位曰:魯禘“俎用梡嶡”,又曰“俎,有虞氏以梡,夏后氏以嶡,殷以椇,周以房俎”,鄭注云“梡,斷木爲四足而已。嶡之言蹷也,謂中足爲横距之象,周禮謂之距。椇之言枳椇也,謂曲橈之也。房謂足下跗也,上下兩間有似於堂房,魯頌曰籩豆大房”。方言五曰“俎,几也”,廣雅釋器曰“梡、椺、橛、椇、房、杫……俎,几也”。説文曰“且,薦也,從几,足有二横,一其下地也”。“俎,禮俎也,從半肉在且上”。武威漢簡本特牲俎作柤。

明堂位所述四種俎,與出土者比較如下。(1)梡,四足,與壽縣朱家集出土銅俎相近。(2)椇,曲橈之也,似與殷銅俎之作几形者相近。(3)嶡,中足爲横距,似近于信陽楚墓出土之木俎(文參 1957:9:25,圖 14)。(4)房俎或大房,足間有横木,下有柎足。出土兩“銅禁”似仿木房俎而作,四角爲足,足間有横闌,横闌上下有小直闌,直闌之下之横爲柎。器甚巨大足以容半牲。

福開森所記,他于 1902 年在武昌看到端方銅禁上有放置二卣、一尊的印記,遂以爲此“禁”上原置此三件。這可能是在墓葬中如此放置,並不能證明在行禮時三件酒器原應放于“禁”上。況且,此二卣、一尊皆作“鼎”銘,原是一組,故花紋相同,而帶座之小卣(美集録 A 590)器與座花紋相應。它們與“禁”的花紋却不相應。黨毓坤所盗掘之“禁”,也説上有帶座的“告田”觥與方彝、帶座段各一。告田觥的座與“禁”的花紋相應,與方彝又不同銘。若“禁”是承置酒器之具,則不當有帶座的卣與觥。因此,據同出土器都不足以證明“禁”是放置酒器之具。

寶鷄鬥雞臺所出二長方形“禁”,究作何用,至今不能確定已如上述。它無論是禁是俎還是温酒用的灶,都和器座有相似的地方。

西周銅器之座,大部分連鑄于段下,正方形。此制一直到東周仍然存在,但輝縣圖版 75:4 的帶座陶段,其方座和上部是分制的,可以拆開。除段以外,也有極少數帶方座之器,其例如下:(1)鼎卣二(美集録 A 590),(2)告田觥(從照片上觀察似乎觥與座可以拆開),(3)布恰德一尊(未見著録)。它們都是西周初期的。

1964 年 11 月 26 日

8.般、盉

説文曰“盉,調味也”,不以爲器名,故羹下解云“五味盉羹也”,是以盉爲調和之和。廣韻戈部曰“盉,調五味器”。博古圖 19:30 曰“蓋盉盛五味之器也”。王國維因見端方“柉禁”上盉與酒器並列,故以爲“蓋和水于酒之器”(觀堂 3.13)。此説缺乏證據,我們以前曾加懷疑,並推測它是和鬱于酒的温器(概述 23),也仍需加以修正。

今以爲盉與般是相將成組之器。殷代已有般、盉,它們的組合,尚待查考。西周初期自成王以來,般、盉多爲相將成對之器,西周中期則變爲般、匜成對,然在兩者交接的過渡期間則般、盉與般、匜兩種組合可以並存,盉形器可以稱匜,匜形器可以稱盉。今述其例如下：

(1)同銘的盤、盉

臣辰㸚　NB4108,NB4109(在加拿大安大略博物館)

迖　録遺 490,美集録 A 329

魚從　(盤)頌續 46,三代 17.1.8;(盉)頌續 55,商周 468,三代 14.2.3

白矩、矩　周金 4.19a,從古 7.26;(盉)三代 14.9.4　尚有卣、殷

㸒子　(盉)頌續 54,商周 475(盤未見)

"作彝"　黨毓坤器(盤高 10,口徑 30 釐米,附耳;盉高 21.5、口徑 13.5 釐米,四足。銘二字。花紋作顧龍)

(2)同銘自名的盤、盉

光　(盤)日本 91,三代 17.7.2;(盉)日本 253,三代 14.10.5—6　尚有壺等

螸父　(盤)雙劍Ⅱ1.26,三代 17.3.4,周金 4.18;(盉)周金 5.65

吴　(盤)三代 17.3.1;(盉)14.8.4(以上西周初期)

長甶　(盉)學報 1957:1(穆王)

"荀侯乍弔姬賸盤"、"白庸父乍(弔姬)寶盉"(張家坡出土)　學報 1962:1 圖版 14、17.2、18.2、4

免、函皇父、王中皇父、婦　免盤(商周 833,三代 14.12.1),免盉未見;函皇父盤銘作"盤盉",匜銘作"匜";王中皇父盉(三代 14.11.2—3 作短尖足形鎣,故宫),盤未見;"婦作盤盉"(愙齋 14.24),未知器形。

𤔲　(盤)善齋禮器 8.53,三代 17.8.3;善齋 98,三代 17.33.3(作匜形)

(3)同銘自名的盤、鎣

白百父　學報 1962:1:11 圖版 16、17.1、18.1、3(張家坡出土)

轉　(盤)冠斝 2.49,三代 17.2.6;瑞典 103(作鼎足形盉而自名爲鎣)

季良父　盉見恆軒 93(作短尖足鎣形而自名爲盉)

(4)同銘自名的盤、匜

史頌　(盤)三代 17.6.4,雙劍Ⅰ1.21,商周 852,三代 17.31.2

鮇甫人　日本 337,三代 17.29.1;三代 17.4.1

薛侯　(盤)陶齋 3.38,三代 17.13.2;(匜)三代 17.36.1

魯白愈父　(盤)上海,三代 17.7.3;(匜)17.32.1

袒白　(盤)三代 17.8.1;(匜)17.34.1

夆叔　(盤)貞松圖 2.35,三代 17.17.1;(匜)善齋 99 乙,三代 17.40.2(匜自銘爲般)

隹亩　(盤)上海,三代 17.13.3;(匜)17.35.3

曩白庭父　黄縣曩器(盤)48—49,(匜)54—55

中駒父　西乙15.1,西乙14.42,寧壽12.53—54

(5)成組出土

般、匜、扁盉　考古1963:8圖版2(齊家村西周遺址所出,般、盉銘“宏”)

般、匜、扁盉　上村嶺M 1689(此及以下上村嶺虢國墓地所出)

般、扁盉　上村嶺M 1052,1810(與鋪等同出,上村嶺所出三盉,均爲實心明器)

般、匜　上村嶺M 1061,1701,1702,1711,1714,1721,1761,1705,1706,1820

以上所列可分爲以下各期:

1.西周初成王至孝王時(白庸父盉爲限),有鋈、喙的鼎足盉自名爲盉,或無自名而其銘與盤成對。

2.西周中期後半懿、孝時,出現自名爲“鎣”的短尖足盉形器和自名爲“也”的匜形器。然短尖足鎣亦有名爲“盉”(如季良父及王中皇父),而鼎足盉形亦自名爲“鎣”(如轉);匜形器亦自名爲“盉”(如翼),匜皇父盤稱作“般、盉”,而相將之“盉”作匜形而自名爲“也”。張家坡一窖出土的有般、盉成對的,有般、鎣成對的。

3.西周晚期大部分是自名成對的般、匜,但此時期較晚的遺址與墓葬中出土的,除般、匜成對外,有般、匜、扁盉成組的,有般、扁盉成對的。由般、扁盉之成對,可知西周晚期的扁盉代替了初期的長柱足盉;由般、匜、扁盉之成組,可知在匜代替了鼎足盉和鎣以後,扁盉仍作爲初期與般相將之器存在于水器組合之中。

就般銘所記,般的功用有二:(一)“盥般”,是沃盥澡手的承水器,説文“盥,澡手也”,“槃,承槃也”。左傳僖公二十三年“奉匜沃盥”注云“匜,沃盥器也”,賈疏云“匜者盛水器也,盥謂洗手也,沃謂澆水也”,禮記内則“少者奉槃,長者奉水,請沃盥”注云“槃,承盥水者”。可知行禮時洗手,以匜澆水于手而下以槃承其棄水。(二)“頮般”,是洗頭濯髮之具,説文曰“頮,昧前也”(金文增皿),“沬,洒面也,從水未聲,古文沬從頁”,“沐,濯髮也”。頮、沬、沐並是一字,般猶今日之面盆。但魯白愈父所作媵器“盨般”“盨也”,則般、匜相將之器不僅爲行禮時澡手之器,亦爲平常沐沬之器。

周禮鬱人曰“凡祼事沃盥、大喪之淵,共其肆器”。行祼禮時的沃盥與行大喪時的浴尸所以有鬱人之事者,由于此二者皆用鬱草煮成的水,即所謂鬱或鬯。周禮肆師曰“大喪,大淵以鬯”注云“築香草煮以爲鬯以浴尸,香草,鬱也”。鬯人曰“大喪之大淵,設斗,共其釁鬯”。注云“斗所以沃尸也。釁尸以鬯酒,使之香美者”。又“凡王之齊事共其秬鬯”。注云“給淬浴”。又“凡王弔臨,共介鬯”。注引“鄭司農云:鬯,香草”。周語上曰“王即齋宫……及期,鬱人薦鬯,犧人薦醴,王祼鬯,饗醴乃行”。由此可知浴尸、浴人以及灌鬯之禮皆用香草所煮成鬯或鬱。周禮鬱人序官注云“鬱,鬱金香草”。郊特牲“周人尚臭,灌用鬯臭,鬱合鬯臭,陰達于淵泉”,説文曰“鬱,芳艸也……一曰鬱鬯,百艸之華,遠方鬱人所貢芳艸，合釀之以降神"，"鬯，以秬釀鬱艸，芬芳攸服以降神也"，周禮肆師注引"鄭司農云：築煮，築香艸，煮以爲鬯"。鬱人曰"凡祭祀、賓客之祼事，和鬱鬯以實彝而陳之"，注云"築鬱金煮之以和鬯酒，鄭司農云：鬱，草名，十葉爲貫，百二十貫爲築，以煮之鐎中，停於祭前，鬱，爲草若蘭"。賈疏引"王度記云：天子以鬯，諸侯以薰，大夫以蘭芝，士以蕭，庶人以艾"。詩大雅江漢傳云"秬，黑黍也；鬯，香草也。築煮合而鬱之曰鬯"。説文曰"築，擣也"，擣鬱草或鬯草而煮之，名爲鬱、鬯或鬱鬯，以此汁和之于酒亦曰鬯。鬯人注云"秬鬯，不和鬱者"。

鄭衆以爲，築擣鬱金草，煮之于鐎，此當爲東漢之制。史記李將軍傳索隱引埤蒼云"鐎，温器，有柄，斗似銚無緣，音焦"，漢書李廣傳注"鐎音鐎郡之鐎，温器"，廣韻宵部云"鐎，刁斗也，温器，三足而有柄"。東漢有元延三年"富平侯家温酒鐎"和"容一斗"的"第二"鐎(漢金文録 4.8)。容庚因"富平侯家温酒鐎"作三足提梁盉形，故稱戰國同形制者爲"鐎"(商周 489—492)。"第二"鐎不見鐎名，有蓋。博古圖 19:38—51 所録八器，我們稱之爲"提梁盉"，約當戰國時，形制同于漢世之"鐎"，其第一器有銘，宋人釋曰"嘉仲者友用其吉金自作盉，子孫其永用之"，薛氏所釋同，惟摹本"盉"字頗有散失。上海博物館"長陵盉"有銘而器名不可釋。田島志一支那古銅器集 27(帝室 32，御物)一器銘"止鐈"二字。陶續 2.36"平都主家盉"(形同美集録 A 342 及善齋吉金録任器 30 建始二年)，銘文石印本極模糊，既釋爲盉，銘文應有此字。凡此戰國"提梁盉"和漢代"鐎"，有銘者很少，故難以確定它的稱名。大致説來，它在戰國或較早時稱爲"盉"，在漢代稱爲"盉"或"鐎"。

盉爲煮香草之器，而香草煮成之鬱既作爲和酒的香料，同時亦作爲沐浴盥洗的香料。中子化盤(攈古 22.47a，三代 17.13.1 疑僞)"自乍盥盤"之盥，皿上從艸，即是鬯草。周禮女巫注"釁浴謂以香薰草藥沐浴"。夏小正曰"五月蓄蘭，爲沐浴也"。九歌雲中君曰"浴蘭湯兮沐芳"。可知沐浴之湯用香草，是行禮時沃盥亦用香草所煮之鬱，故盉與水器相聯。鬱所以和鬯，所以煮鬱之盉亦與盛鬯酒之器相聯。周人尚臭而戒酗酒，所以殷代的盉到了西周初以後多與般相聯繫，西周中期以後爲匜和扁盉所替代，戰國時又出現了提梁盉的形制。因此，盉、扁盉、提梁盉和匜四者承襲了某些特點，如白庸父盉和宏扁壺的長喙，白百父鎣和宏扁壺的伏獸蓋，扁盉和匜的四扁足，較晚匜有蓋有短喙。

西周銅器中惟盉有長喙，這是盉在形制上的特點。具三足而有嚴密之蓋，是温器而且是煮製液體的特點。長喙的口徑非常小，提梁盉的喙較短而或安置了可以開合的活口，凡此皆表示盉的作用是煮了香草而從細口瀉出，使香草留在器内。

殷代卣有喙，見于遠東 21.12.2(S 165)、澂秋 49、商周 644、求古 2 等四器，皆壺形卣，又美集録 A 632 乃奇形卣。這些卣似乎是盛鬱的，故有喙。

1964 年 11 月 15—20 日

9.甬鐘的演變

長安普渡村西周墓出土三鐘,其一之舞于出土時壓在1號鼎(西周初期)之上。1955年8月在陝西省历史博物館檢驗三鐘,曾以爲可能是早期的鐘,介乎殷代執鐘、西周初"鏞"與西周中晚期的編鐘之間。此三鐘大小相次成一組,甬中空并與鐘身的内腔相通,1962年7月江西萍鄉市彭高公社鼓家橋河中出二甬鐘(一高29,一高26釐米),甬中空,與腹部相通,形制花紋與此三鐘同(考古1963:8:416)。這些器和殷代執鐘是相同的(學報7:28)。但它們在甬的中部已經有了所以懸鐘之環(即旋),則口是向下的,與執鐘、鏞之口向上者不同;鐘身已有整齊成行的乳丁,與西周中晚期的成組的甬鐘相同。由此,我們可推定此類鐘的演變如下:

(1)執鐘　安陽殷虚出土的,三個一組,大小相次,口向上,甬中空(甬端之衡是敞口的)與内腔相通。口向内微曲凹,尺寸小,可手執以鼓(曾見一器甬上有釘孔,似是安置木柄的)。外面或是素的,或是前後兩面各作一個素簡獸面紋。外口沿中部,前後各有一長方形鼓起部分,即所謂"鼓"。銘文或在"鼓"上,其方向與花紋同,即以口上甬下爲順。其時代爲殷。

(2)鏞　爾雅釋樂"大鐘謂之鏞",説文同。今暫以此名殷末周初的大型鐘。花紋多作繁複的或變形的獸面紋,亦前後面各一,其方向是以口上甬下爲順。尺寸有甚大者,未見有銘文,亦未見成組者(皆非發掘品)。甬端有時是不整齊的,并非鑄後折斷,乃是鑄時即如此。這因爲這種鏞是口向上的,甬端(其實是末)是植于座中的,因此不需鑄平。在甬之中部有没有凸起的環帶(所謂幹者)的,也有有的,但尚無旋。"鼓"的部分已不鼓起,但有花紋,與左右兩銑相平。于是平的,即鏞可以平放。長方形的"鉦間"尚未發生。鏞一、二以小圓圈爲上下界線。

(3)中期鐘　有幹、旋、枚(即乳丁)者,惟甬仍中空與内腔相通。普渡村出土三器是標準器,鼓也是平的,但"鼓"處有花紋。有長方形的"鉦間",上有花紋。未見有銘文者。于是平的或微向内曲凹的。以小突點爲界線。

(4)西周中晚間甬鐘　略同(3),但甬端封没(即衡),甬與内腔不通,其成組者數在三以上。"鉦間"是平而素的,銘文常刻于此處及兩銑。此時的鐘皆有旋,都是懸于甬上的,故其口向下,銘文順讀時口向下。

以上四種類型,其實例如下:

(1)殷代銅器(學報7)圖版叁拾貳;大司空(學報9)(本書圖版265);鄴初1.2—4,1.5—7;鄴二1.1—2;頌續104(以上成組的)　鄴三1.1—4(以上不成組的)

(2)(甲)甬部無凸出的"幹",大獸面紋

鏞一　本書圖版266①　安徽省博物館,傳潛山出土

鏞二　本書圖版238②　紐約Holmes,高29.5釐米(商周928)

博古 26.44 “高九寸五分,柄長六寸二分”

博古 26.45 “高七寸五分,柄長四寸八分”

(乙)甬部有凸出的“幹”,大獸面紋

鏞三 本書圖版 266③ 多倫多博物館,通高 67 釐米

鏞四 本書圖版 266④ 紐約 Wacker,通高 76.5 釐米

故宫(楊寧史舊藏) 似鏞三,高 64.5 釐米

博古 26.37 “高一尺一寸八分,柄長六寸”

博古 26.38 “高一尺七寸八分,柄長八寸九分”

博古 26.39 “高二尺一寸二分,柄長一尺二寸”

博古 26.41 “高一尺三寸三分,柄長七寸九分”

博古 36.43a “高一尺五寸五分,柄長七寸九分”

博古 26.42b “高八寸五分,柄長五寸八分”

博古 26.46 “高一尺一寸二分,柄長六寸”

(3)(甲)甬端空缺,有幹無旋,有枚(乳)

中期鐘一 本書圖版 267① 芝加哥美術館,高 41.7 釐米

博古 23.14 “高一尺七分……其枚鋭而不圜”,與芝加哥一器相同

中期鐘二 本書圖版 267② McAlpin,高 41 釐米

博古 23.39 通甬鐘“高一尺三寸五分”,與 McAlpin 一器相同

中期鐘三 本書圖版 267③④ 紐約古肆,高 31.5 釐米

中期鐘四 本書圖版 268① 張乃驥,高 50.8 釐米

甲室所藏 高 41 釐米

夢郼 1.2 後刻楚公銘

形態學 36.4

(乙)同于(甲)而有旋

中期鐘五 本書圖版 268② 波士頓美術館,高 32 釐米

普渡村出土 本書圖版 268③ 高 48.5,44,38 釐米

以上(1)—(3),是從晚殷至穆王時大約爲 100—150 年間的演變。(1)執鐘是小型的,其外面或是素的或是素簡獸面紋,多以陽線條表示。到了(2)鏞則爲大型的口向上而植甬于座,大獸面紋不但是繁縟的獸面紋而且突出其兩目,是爲乳枚的濫觴。(1)之“鼓”本是鼓出于“隧”部,在(2)則易以平面的一組小花紋。(2)的甬本爲植座插入部分,故甬部短而其端不鑄平;漸次發展爲凸起的“幹”。(3)甲、乙每面左右各三排三行九個乳枚。甲中期鐘都是乳枚與幾何紋飾,無從判定它的懸法,但甬中空而缺口仍與(2)同。到了(3)乙則顯然已是口向下而甬在上的懸法,因此必須封没甬端以節音調。就其體積而言,(1)甚小,

(2)甲漸大,(2)乙有甚大甚重者,(3)則又小于(2)乙。(3)乙多是流傳品,它們出土時可能是成組的。(2)的花紋多爲兩面大獸面紋,其鼻部中分之處(鏞一、鏞四)逐漸發展爲長方形的"鉦間"。

十年前因見(2)(3)鐘甬端殘缺之出于鑄造,由花紋悟其口向上而植甬于座之理,遂推定它們應是早期的甬鐘。及檢讀博古圖,更有所悟。此事因説文鉦之説解稱(2)爲鉦,固屬可商,但他提到:

觀此形制上出柄而中空,正許慎所謂(鉦)似鈴、柄中上下通者是也。……雖無枚篆之飾,大概與鐘相類(26.40)。

柄中空。……然鉦之爲用非若鐘之下垂,植其柄于座而鳴之,則鐘之隧當在下而鉦之隧當在上也(26.41)。

且其柄中通若鐘甬然,故目曰通甬鉦云(26.46)。

則已注意到此類以獸面紋爲主的鐘的柄中空與口向上的道理。

以上所述,僅是晚殷至西周中葉一種"鐘"的演變的大略,尚有其它形式的發展爲春秋時代的紐鐘,此不詳論。西周初期的樂器,缺乏發掘品,故略爲推論如此。

10.鈴鐘記

天尹鈴鐘　第二器　今在故宫博物院

天尹乍元弄。

銘5字,在左邊。器高約25釐米,平于,小鈕,鈕下是穹起的圓頂,異于西周鐘之作平舞者。全體近乎後世的鐘。有先出的第一器,雙吉1.1,十二絜1箸録。第一器與第二器同銘,高16.5釐米,同銘、平舞而曲于。兩器大小,形制雖有不同,但花紋佈局是相似的。

此兩器的"天尹"可能是乍册大鼎所述及的"皇天尹"。此兩器的時代可能當康王或昭王之世。

本書曾述及甬鐘的來源及其演變。春秋時代的鈕鐘,則由殷代的"鈴"發展而成。其發展與甬鐘是並行的。舊作未刊中國銅器綜述中曾有所論述,今因此兩天尹鈴鐘的出現,更覺線索可尋。鈴鐘的發展過程如下:

一、殷代的鈴,平于,平舞,有鈕,有舌,如十二雙7,巖窟66所録的亞㚇鈴,高4.8釐米,兩旁有扉。也有曲于的,如大司空村所出者(考古學報9册圖版伍,8—10)和洛陽東郊所出者(同上圖版肆,3)。頌齋25王成周鈴兩倍于殷鈴,是西周的,無舌;十二絜4(商周968以爲東周)所録一獸面紋鐘,高19釐米,曲于,無枚,是西周初期的,與濬縣67有舌鈴相似而同時。此兩西周器是由鈴至鈴鐘的過渡形式。西甲17.35獸面紋甬鐘"有旋,高三寸八分,甬高二寸三分……重十二兩",大獸面紋中無鉦間,此爲十二絜4變向甬鐘的過渡形式。

二、初期鈴鐘

1.盧目(1924)7,商周943

2.博古25.13

3.形態學36.7,海外140,泉屋123,商周944 與上器甚相似

4.形態學36.8

前三器不同于鈴,已無舌而體大。它們的共同點是:(1)兩邊有沿自殷鈴扉的小獸或棱,(2)平于、平舞、有鈕,(3)獸面紋,(4)每面有六個乳形枚,其中間兩個是獸面之兩目(十二契4,從此而來)。它們和殷末周初的鏞同時而稍晚,約當成、康時期。其第四例,乳枚雖尚未達到中期鐘的每方三行三排乳枚,但已接近;且其舞下和于上的兩蛇(突起的)和中期鐘一相同,它的時代應在穆王以前,是到天尹鈴鐘的過渡形式。

三、西周初鈴式鐘 "天尹"器繼續初期鈴鐘的獸面紋,已和中期鐘一樣有了三行三排的乳形枚(略早于中期鐘)。但是,它没有把上部(鉦)和下部(鼓)分别清楚,而下部仍然是滿地獸面紋。它的發展的下一部是分出鼓部,在第三横排的枚以下,僅在中部有花紋(不同于上部的獸面紋),其例如下:

(1)雙劍Ⅱ1.2

(2)尊古1.8

C.T.Loo81240c	17.5釐米	一組
洛陽古墓507	19.5釐米	
洛陽古墓507	22.2釐米	
洛陽古墓507	24.8釐米	
C.T.Loo81240b	25釐米	
C.T.Loo81240a	27釐米	
C.T.Loo81239	30釐米	

前者鼓右已有"鳧形"與晚期甬鐘同。惟此類鈴式鐘的特點是:(1)有乳形枚,(2)方鈕,(3)體小,(4)鉦部大獸面,無空白。

四、春秋初期無枚鈕鐘 承襲較早的全面獸面紋而無枚的形式,其例如下:

(1)上村嶺1052墓(虢太子墓)圖版叁捌,2.3 九個一肆

(2)山東文物選集107 海陽"觀陽古城"出土,存四個(原來應有八九個)

(3)商周967=雙吉1.3 高七寸七分

徐王子旊鐘當在春秋晚,亦無枚。形制皆小。

五、春秋時代的鈴鐘 具有三十六枚的鈕鐘(平于的或曲于的)到春秋才出現,有銘文的多是南土諸國的。它們的花紋和乳枚沿襲了西周中晚期甬鐘的形式。此種鈕鐘而有銘文的,許子鐘(考古圖7.7"右得于潁川。高□寸七分,(口徑)縮五寸,衡三寸八分,重四斤

十二兩”。薛氏卷六所録二器,保存原款式,銘在前後鉦間、鼓右、鼓左。考古圖行款更寫,當屬薛氏二器之一)。和楚王領鐘(商周 964 欒長四寸一分,鈕長一寸)(貞圖 1.2;三代 1.9b—10a。依拓本高 13.7 釐米)。都自銘爲“鈴鐘”、“鈴鐘”,前者平于,後者曲于。邾君鐘(三代 1.8.1)自銘爲“龢鐘鈴”而未見圖,當亦是鈕鐘之形。

春秋時代的鎛　自銘爲鎛的有:

1.齊叔尸鎛　博古 22.5　“寶鎛”

2.齊鞄鎛　攈古 2.1,商周 969　“寶鎛”　今在上海博物館

3.邾公孫班鎛　夢郼 1.3　“龢鎛”

4.秦公鎛　考古圖 7.9　“鎛”字殘缺,“龢□”

它們全是平于的(1、2 兩器),在兩旁和鉦間有花棱,顯然源自初期鈴鐘。鎛的鈕十分繁縟,和初期鈴鐘舞上立鳥和扉有關。邾公孫班所作器,是由簡單長方形鈕到繁縟的過渡。

鎛和鈴鐘(鈕鐘)應是同時存在的形式,而在南土的齊、邾較爲流行。此兩種和甬鐘在春秋末期尚同時並行,如壽縣蔡侯墓出土的(壽縣蔡侯墓出土遺物圖版拾捌、拾玖)。

春秋時代的甬鐘和鈴鐘各有不同的來源,但在發展過程中互相影響。甬鐘本是口向上的,鈴鐘一直是口向下的,後來一切鐘都是口向下的,然而南土的鐸、鉦鋮和句鑃還保存古代口向上的作法。初期甬鐘的鏞和初期鈴鐘都作整面的兩目突起的獸面紋,後來都發展爲三行三排的乳枚。甬鐘所祖的執鐘本是有微曲的凹于的,後來甬鐘曲于的弧度加大;在過渡時期的鏞則是平于的。鈴鐘所祖的鈴是平于的,後來自銘爲鈴鐘的可以是平于也可以是曲于,而自銘爲鎛的都是平于;在過渡時期的“天尹”兩器則平于、曲于並行。

研究樂器的發展,一方面是形制的承襲、變化和混化;一方面是功用的分工和不同音律(不同大小)的鐘數的編組(見引于李純一關于殷鐘的研究,考古學報 1957 年 3 期)。以上所論,僅及于形制方面的,但由此可見若干因襲的關係,若干地區保存了一些更古的形制。

天尹鈴鐘二具及宋代出土許子鈴鐘二具,皆尺寸甚小,疑爲一種小型編鐘。琉璃閣墓 80,曾出土三個一套的“鐘”,形制花紋近于楚王領鈴,而内有舌(山彪鎮與琉璃閣頁 56,圖版 64.1),其中一具高約 10.5 釐米,方鈕。此組鈴鐘,雖已具鐘之形,還保存了古代“鈴”的孑遺。然此套編鈴鐘,方鈕所以懸于筍上,無柄,不可以執而振之,依然是從外用椎擊鳴。琉璃閣編者以爲它是“摇鳴而非以擊鳴”,甚不可據。

許子鐘曰“自乍鈴鐘……,穆穆龢鐘,用宴以喜”,可知鈴鐘爲“龢鐘”之一種。

楚王領鐘銘未完,至少有二鐘,乃是編鈴鐘。

外編　相關論著

西周年代考

目　次

再版附記

此書即將再版，我們不想作任何的更動。但有幾點要在此聲明。

(1)原定爲共和時代的銅器，都有問題。西周金文的伯和父和師和父不一定是共伯和。

(2)關于西周金文的分期與斷代，在準備單行出版的西周銅器斷代一書中有我近來修正後的說法。以前所定，不無錯誤。

(3)關于西周初期與殷代的銜接問題，可以參看我的殷墟卜辭綜述第六章(科學出版社)。

(4)同上書第十八章有一節有關周初年代的多士、多方的問題，即將出版的尚書通論(商務印書館)所討論的尚書的年代，對于研究西周年代都有關係。

此書出版後，屢承許多先生賜函商討，在此敬致謝意。

陳夢家

一九五六年十月十七日

重編前言

西周的年數,其關鍵在於周元。自古以來,對於武王克殷有以下幾種推定:

(1)紀元前 1122 年己卯武王伐紂

劉　歆:世經　漢書律曆志

吴其昌:金文曆朔疏證　1934 年出版

(2)紀元前 1116 年乙酉武王定位

皇甫謐:帝王世紀

(3)紀元前 1111 年庚寅武王伐紂

一　行:大衍曆議　唐書曆志

(4)紀元前 1122 年武王即位,1111 年武王伐紂

董作賓:殷曆譜　1945 年出版

(5)紀元前 1066 年伐殷

新城新藏:周初之年代　沈璿譯東洋天文學史研究　1928 年出版

(6)紀元前 1075 年武王伐紂

唐　蘭:中國古代歷史上的年代問題　新建設 1955:3

(7)紀元前 1027 年武王伐紂

雷海宗:殷周年代考　武漢文哲季刊 2:1　1931 年出版

陳夢家:西周年代考　1944 年出版

商殷與夏周的年代問題　歷史研究 1955:2　1955 年出版

高本漢:殷代的兵器與工具　瑞典遠東古物館刊 17　1945 年出版

丁　山:周武王克殷日曆　責善半月刊 1:20　1940 年出版

文武周公疑年　同上 2:1

邲其卣三器銘文考釋　文物周刊 38　1947 年出版

以上七説中,又可歸併爲主要的兩個説法。(1)是三統説,自西漢末以來幾乎成爲唯一有勢力之説。(7)是竹書紀年説,則爲最近若干學者所重新提出的。凡主張紀年之説的,一定要否認三統之可靠。唐蘭根據殷曆推定周元,同時也否定了三統;他之否定三統,是正確的。

受三統的影響,宋代邵雍的皇極經世以及其後的通鑑外紀、通鑑前編、通志、通考等書,都根據紀元前 1122 年周元安排西周各王在位之數。1914 年商務印書館出版的世界大

事年表以及類似之年表,皆大部分採用這種數字。但皇極經世的推排,恐是根據唐代已傳的"年表"。史記秦本紀"造父爲繆王御"下正義引述譙周古史考後云"按年表穆王元年去楚文王元年三百一十八年矣"。楚文王元年當周莊王八年,紀元前 689 年,上推 318 年則穆王元年爲紀元前 1006 年,距三統周元(紀元前 1122 年)爲 116 年。據皇極經世等書:周公攝政 7 年,成王 30 年,康王 26 年,昭王 51 年,共爲 114 年;若加上武王克殷後在位 2 年則爲 116 年。秦本紀正義所引的"年表",當是近乎這種推算的。這個"年表",恐怕很近於皇甫謐的年曆(六卷,舊唐書經籍志入雜史部,新唐書藝文志同)。

金文上每有王年、月名、月象和記日干支。用秦後曆術以推定其屬於西周何王,始於吕大臨考古圖之推散季敦。清代學者對無叀鼎、虢季子白盤也有推算。清季以來,學者間往往採用此法,計有:

(1)劉師培　周代吉金年月考　國粹學報 73　1910 年

(2)新城新藏　中國上古金文中之曆日　沈璿譯東洋天文學史研究第三編 1929 年

(3)吴其昌　金文曆朔疏證　1934 年

(4)董作賓　西周年曆譜

這種推算,首先要以爲(1)西周各王年數是可以擬定的,(2)西周曆法是可以知道的,(3)西周金文中的月象的解釋是正確的。對於上述三事,到現在爲止,都不能確定。在年代學、古曆學未能明確以前,安排的年譜一定是有問題的。根據我們現在對於西周銅器的花紋的、形制的和銘文的分析,可以看出上述諸書所安排的某器應屬某王,與它的花紋、形制和銘文所代表的王朝,有相矛盾不一致者。由此可見,西周銅器與銅器羣本身的斷代研究,將有助於西周的年代學的推斷與西周曆法現象的發現。

這本小書,西周年代考,是作者 1941—1944 年在昆明龍泉鎮讀書的札記。抗戰期間寄渝用土紙印行,流行不廣。後此曾有不少的改易,常覺此小書太多不愜意之處。但因時間所限,一時無暇作徹底的改正。今當重印之際,僅將若干較大的錯誤改去。至於重行全部改訂,要等到準備中的西周銅器斷代作完以後,才能着手。現在已在編寫的西周銅器斷代,自需採用許多新出的銅器,並着重的從分組與聯繫兩方面加以研究。因此,此小書的重印,還不曾將新材料多多加入。

此小書,僅提出利用竹書紀年之説來試擬西周的總年數,更利用其它文獻材料和金文材料來試擬各王年數。書中所討論的,如"文武受命惟七年"。如穆王年數,如共和問題等,作者自己更易數番,至今仍覺未安。但大致説來,作者認爲竹書紀年和金文的紀年,是重構西周年數的主要材料;在未來更多出土的西周銅器中,很有可能供給更好的證據。現在重印此册,不過供給學者參考之用,並希望因此引起討論,以便逐步的解決這個重要的年代問題。

一九五五年八月記於北京東廠

作者在考古學報第九册起，刊載西周銅器斷代一文，可以補足這本小書中不足之處。又所作六國紀年，討論竹書紀年，最近也由上海人民出版社重印；商務印書館重編的萬國鼎先生的中國歷代紀年表，附録中也有關於古年代的。凡此都可與本書互相對照。

作者校後附記

自　序

年代是歷史的尺度,而先秦史的研究,尤須對此先有明確的規定,然後史事才可有所依附。不幸此事二千年以來,都在不定之中;學者所標定的先秦年代,都是根據不甚可靠的材料,擬構而成的。其中共和以前,年代尤爲渺茫。今日要定這一段的年代,所憑藉的主要材料有二:一是戰國以來的書籍記録,一是古器物銘文。前者則以晉代出土的魏國竹書紀年,最爲可貴。其它書籍所記,或失之過晚,不用則可惜,用之則不能盡信。後者則近代古器物學的發達,頗足補文獻之不足,證若干文獻之可據。此兩種材料若能慎審使用,加以精密的考證,先秦年代的疑問,也許可以略略發現一些曙光。

作者於近三年中,時或留心此事。此處所載僅爲西周年代的推測,而於古曆亦略有商榷。另外作有附論有關漢曆諸事的單篇論文,方欲整理而忽有遠行,只得留待後日補充發表。

一九四四年九月二十二日序於印度加爾各答旅次

西周年代考

第一部　西周積年

西周積年自竹書紀年以下共有四說：

一、二百五十七年

裴駰周本紀集解曰"汲冢紀年曰自武王滅殷以至幽王凡二百五十七年"。通鑑外紀三"汲冢紀年曰：自武王至幽王凡二百五十七年"，又曰"汲冢紀年西周二百五十七年"，通志卷三下同。

二、三百餘年

嚴安言世務書曰"臣聞周有天下，其治三百餘歲，成康其隆也，刑錯四十餘年不用。及其衰亦三百餘年，故五伯更起"（史記平津侯主父偃列傳）。此三百餘年似指西周而言。

三、四百餘年

史記匈奴列傳曰"武王伐紂而營洛邑……。其後二百有餘年周道衰而穆王伐犬戎。……穆王之後二百有餘年周幽王用寵姬褒姒之故與申侯有郤，申侯怒而與犬戎共殺幽王于驪山之下"。穆王前後各二百餘年，則西周似爲四百餘年。

四、三百五十二年

漢書律曆志述劉歆之三統，其世經曰"春秋、殷曆皆以殷、魯自周昭王以下亡年數，故據周公伯禽以下爲紀。魯公伯禽推即位四十六年至康王十六年而薨，故傳（左昭十二）曰燮父、禽父並事康王"。又曰"凡伯禽至春秋凡三百八十六年"。案西周終于幽王十一年（紀元前七七一年），春秋始于魯隱公元年（紀元前七二二年），是西周之終至春秋之始中間尚有四十八年。又據世經伯禽即位于成王元年，此以前尚有武王及周公執政各七年，共十四年。是世經之西周積年當如下述：

武王周公	14
伯禽至春秋	+386
武王至春秋	400
西周末至春秋	-48
武王至西周末	352 年

又世經分述周初王公積年約如下述：

(1)康王十六年以前(周王年數)

武王	周公	成王	康王	60年
7	7	30	16	

(2)康王十六年以後(魯公年數)

孝公	煬公	幽公	魏公	厲公	獻公	慎公	武公	懿公	柏御	孝公	惠公	340年
4	60	14	50	37	50	30	2	9	11	27	46	

自武王元年至魯惠公四十六年適四百年，故世經曰"惠公即位四十六年子隱公息立……此元年上距伐紂四百歲"。錢大昕曰"此元年謂隱公元年"是也。四百年去武公、周公之十四年，即伯禽至春秋之積年，故世經曰"凡伯禽至春秋三百八十六年"是也。

上述四説以三統曆説最爲通行，因其有確定之年數，且其問世遠在西晉竹書紀年出土之前二三百年。今就三統世經之年代，帝王世經之各王年數及西周年數之推測，分别述之如次。

第一　三統世經之年代

三統世經之西周曆譜係應用下列各部分配合而成者：(1)選擇若干書籍材料作爲構成周初五十六年之史料；(2)採用三統曆法(即太初曆法)將上述史料之年曆及月象譜成由推算而得之周初五十六年曆譜；(3)除周初五十六年用上述方法譜成外，其它年數採用魯世家年數；(4)採用兩周八百六十七年之説，將周初五十六年及魯世家所補年數合爲西周三百五十二年。兹分别將上列四事述之如次。

一、周初之史料

世經用以構成周初五十六年之史料有以下各種：

(甲)今文尚書　洪範、召誥、洛誥、顧命

(乙)古今尚書　武成、畢命

(丙)古文月采篇

(丁)左傳、國語(或稱外傳)

(戊)文王世子(禮記之一篇)

(己)書序

以上各篇經近代之考證,皆非當時之實録。今文尚書至少曾經西周後期之修改,詳拙作"尚書學時代篇"及"王若曰考"(説文月刊四卷,一九四四年)。左傳、國語係紀元前四世紀前後作成。禮記、書序皆秦漢時代書。古文尚書恐成于晚周,孟子盡心篇下曰:"吾於武成取二三策而已矣,仁人無敵于天下,以至仁伐不仁,而何其血之流杵也?"世經所引武成同于逸周書世俘篇而不同于孟子,可知其書成于孟子之後。世經用逸周書者,有下列各處:

(一)武成用逸周書世俘篇。

(二)古文月采篇用逸周書月令篇。尚書召誥正義引周書月令"月三日朏",與世經所引月采同,可證。逸周書月令篇,今已亡佚。

(三)世經"文王受命九年而崩"用逸周書文傳"文王受命之九年"。

(四)世經"武王克殷……後七歲而崩"用逸周書明堂篇"既克紂六年而武王崩"。

古文尚書月象有"既死霸"、"朏"、"旁死霸"、"既旁生霸",今文尚書月象有"朏"、"哉生霸"、"既望",合之爲六名惟"既死霸"與"既望"二者見於西周金文。此可證世經所引今古文尚書皆非西周之實録,故其月象之制不同于西周金文。又武成曰"惟一月壬辰旁死霸",日名介于月與月象之間,尤與西周金文例不合。

世經據國語周語下"昔武王伐殷歲在鶉火"用超辰法推定伐紂之年爲紀元前一一二二年,作爲西周之起點。左傳、國語並有歲星記年法,係根據紀元前三七五年前後所見之歲星位置,按歲星十二年一周天之定率推定以前歲星所當年之位置(即所謂十二次之次)。然今人精測歲星周天密率爲一一點八六二二年,故古人據十二年率推定之歲星所當之年之位置,自與天象不合。伐紂年之歲星雖不在鶉火,然"歲有鶉火"係紀元前四世紀之人用當時不超辰之歲星紀年法據當時所傳西周年數推定者,可由此求得戰國中期關于西周年數之記録。乃劉歆用超辰之歲星紀年法(即歲星一百四十四年行一百四十五次,此率亦不正確),按戰國中期人用不超辰之歲星紀年法所推得之伐紂年"歲在鶉火",而更爲推定伐紂在紀元前一一二二年。此其誤有三:一誤歲星在鶉火爲周初實録,二誤用超辰法推算,三無年代之依據。

世經引用上述之史料爲與其曆譜相應一致之故,亦有改易原文之處。武成係襲用逸周書世俘篇者而月日稍異,玆比較如下:

逸周書世俘

維一月丙午旁生魄若翼日丁未

越若來二月既死魄越五日甲子

世經引武成

惟一月壬辰旁死霸若翌日癸巳

粤若來三月既死霸粤五日甲子

世俘之月日與月象若用劉歆之月象解釋排之則不能通，故劉歆更易世俘之年月與月象以就合其年譜。

二、西周之曆法

西周之曆法，今尚不能推求其詳。用後世某一種曆法根據某虛擬之起點試譜西周年曆，更取某組史料之曆日譜入之，其事非不可能，而不可據此認爲推定正確。世經乃最先試譜之一，唐一行之大衍曆議採用同法而月象較世經尤爲精確。然世經之起點爲一一二二年，大衍之起點爲一一一一年，二者相差十一年而大衍"自紂及此五十六年朏、魄日名上下無不合，而三統以己卯(案即一一二二年)爲克商之歲非也"。三統、大衍之是非今姑不論，即此可知用此種方法製作西周年譜爲可能而非正確也。近世學者亦各有試譜，其不能恃此以驗其曆術之確否，自不待言。西周曆之重譜，須先探尋西周曆法及西周年代，此二事金文材料或有所貢獻也。

三、魯世家之年數

世經于康王十六年後之西周年數用魯世家，此因史記諸侯世家惟魯于夷、厲以上各公有年數也。然世經所引魯世家年數與今本史記不同，表之如下：

	世經	世家	年表
伯禽	46		
考公	4	4	
煬公	60	6	
幽公	14	14	
魏公	50	50	
厲公	37	37	
獻公	50	32	
真公	30	30	30
武公	2	9	10
懿公	9	9	9
柏御	11	11	
孝公	27	27	38
惠公	46	46	46

若60與6之異尚可謂爲今本史記脱誤，然其它相異之原因不外(1)劉歆所改如世俘之例，(2)劉歆所見本不同于今本。然武公年數，世家與年表雖有一年之差而大致相近，故知世經所述魯系年數爲可疑也。

四、西周之積年

劉歆以前已有三代年數之擬説，其最有勢力者爲"殷曆"，故世經述三代年數並及殷曆以資比較。根據世經所述，商、周積年如下：

成湯十三年	1738 B.C.
	+12 年
成湯元年	1750 B.C.
商積年	−628 年
周元年	1122 B.C.

商積年	628 年
周積年	+867 年
湯元至周亡	1495 年
周亡	+255 B.C.
湯元年	1750 B.C.
伐桀	+1 年
伐桀年	1751 B.C.
伐桀至伐紂	−629 年
周元年	1122 B.C.

三統湯元至周亡一四九五年，又周亡以後至太初元年以前(紀公前二五五——一〇五年)爲一五一年，合爲一六四六年，加伐桀一年，自伐桀至太初元年爲一六四七年。此數明載于"三統上元"：

三統上元至太初元年	143127
三統上元至伐桀	−141480
三統伐桀至太初元年	1647 年

然此一六四七年係從下列算式比出者：

殷曆天元	2760320
三統會元	−2626560
	133760
古四分上元至伐桀	−132113
三統伐桀至太初元年	1647 年

由此可知三統伐桀至太初元年之年數係從殷曆天元減去三統會元及世經所引古四分上元至伐桀之年所得之餘數。殷曆天元成于漢初初元(紀元前四七年)前後。三統會元成于淮南子史記以後，何以證之？會元係五星周期之大公倍數，三統土星三十年一小周，而淮南子天文篇、史記天官書作二十八年一小周，三統之周期較準，故知測于二書之後也。由此可知三統伐桀至太初之積年係在淮南子、史記及初元元年以後作成。一六四七年之積年既定，然後用超辰法求得鶉火所在之年而可適合其所選用之周初五十六年史料者，遂選定

爲紀元前一一二二年,以爲周元。

綜前四節所論,世經周年之製作約經下列之程序:(1)由殷曆天元減除三統會元及古四分上元而得伐桀至太初元年之積年,由此以求商、周積年。(2)用超辰法算出"歲在鶉火"之年而適合下條者爲西周元年以切斷上述之商周積年爲二。(3)用三統曆法將後世記述周初史料而適合其曆法者編排(爲適合曆法故間加修改)爲周初五十六年曆譜。(4)周初五十六年以後至春秋用史記魯世家(間或改易年數)補足其西周年數。後漢安帝時尚書令陳忠譏其"横斷年數,損夏益周,考之表紀,差繆數百"是也。

第二　帝王世紀之各王年數

世經曰"春秋、殷曆皆以殷、魯自周昭王以下亡年數",是劉歆以前之殷曆、魯曆俱無西周各王年數也。鄭玄詩譜序曰"夷、厲以上歲數不明,太史年表,自共和始",是後漢之末西周各王年數尚未有擬定也。太平御覽八十五引帝王世紀曰"周自恭王至夷王四世年紀不明",是晉時西周年數猶未全定。乃太平御覽引世紀共、夷二世已有年數,則年數之擬定或始皇甫謐,故通鑑外紀一注云"上古至周厲王無年可記,而皇甫謐諸儒所記皆有年,衆説差互不同"。自此以後西周分王年數約分二派:一派如通鑑外紀及通志等,一派如皇極經世通鑑前編及文獻通考等。今以外紀及通考爲例,外紀西周年數爲三百五十二年本三統,通考則共和十五年多外紀一年,故其西周年數亦多一年矣。

	通考	外紀
武王	7	7
成王	37	37
康王	26	26
昭王	51	51
穆王	55	55
共王	12	10
懿王	25	25
孝王	15	15
夷王	16	15
厲王	37	40
共和	15	14
宣王	46	46
幽王	11	11
	353 年	352 年

此兩書各王年數係根據(1)史記周本紀(2)太平御覽引"史記"及(3)帝王世紀三書而成,今分述之如次。

(1)史記周本紀

武王　三年

周公執政　七年

穆王　五十五年

厲王　三十七年

共和執政　十四年

宣王　四十六年

幽王　十一年(此年數見于世家)

(2)太平御覽引"史記"(案此"史記"與司馬遷書非一)

懿王在位二十五年崩

孝王在位十五年崩(以上卷八十五引)

共和十四年大旱,火焚其屋,伯和篡位立,故又大旱,其年周厲王流彘而死,立宣王(以上卷八百七十九引)

(3)帝王世紀

(甲)太平御覽卷八十五引帝王世紀

(武王)十年冬王崩于鎬

周公居冢宰攝政……八年(成)王始躬親王事……七年王崩,年十六矣(藝文類聚十二略同)

(康)王在位二十六年崩

昭王在位五十一年

(穆)王五十五年王年百歲崩于祇宫

(共)王在位二十年崩

十六年(夷)王崩

(乙)史記周本紀集解引皇甫謐

武王定位元年,歲在乙酉,六年庚寅崩

伯禽以成王元年封,四十六年康王十六年卒(案如此則成王三十年)

(丙)通志卷三下引皇甫謐

武王元年乙酉,六年庚寅崩(案計克紂一年爲七年)

(昭王)在位二年,年三十五(以下三條並見外紀三注引)

(共王)在位二十五年,年八十四

(懿王)在位二十年,年五十

由上所述列表如下:

	外紀通考	御覽引史記	周本紀	帝王世紀	皇甫謐
武王	7		3	10	6
周公	37		7	7	
成王				7	30
康王	26			26	
昭王	51			51	2
穆王	55		55	55	
共王	12,10			20	25
懿王	25	25			20
孝王	15	15			
夷王	16,15			16	
厲王	37,40		37		
共和	15,14		14		
宣王	46		46		
幽王	11		11		

由表所示可見宋以來各王年數除共王外

武	成	康	昭	夷	
7	37	26	51	16	係根據帝王世紀(共一三七年)

穆	厲	共和	宣	幽	
55	37	14	46	11	係根據史記(共一六三年)

懿	孝	
25	15	係根據太平御覽所引史記(共四〇年)

合共三四〇年而三統西周三五二年,故所餘之十二年即作爲共王之年數。由此可知皇極經世、通鑑前编及文獻通考一系年數之擬定較早于通鑑外紀及通志。然此二系年數之爲擬製,可不論矣。

皇甫謐爲分配西周年數之第一人,然其分配之年數前後不能一致,顯係受二種不同材料之支配:一係受世經之支配,如周本紀集解曰"皇甫謐曰周凡三十七王八百六十七年",初學記卷九引帝王世紀曰"自克殷至秦滅周之歲凡三十七王八百六十七年",本于世經"周凡三十六王八百六十七年";如皇甫謐謂武王七年、成王三十年、伯禽四十六年,均本世經。一係受竹書紀年之支配,竹書紀年謂成、康之際四十年,又謂自周受命至穆王百年,然此百年究包含抑不包含穆王在内,皇甫謐不能決定,故其採用竹書紀年而分配年數,又有二種形式。一種受命至穆王百年,穆王在百年以内;另一種受命至穆王百年,穆王在百年以外:

武王	10	6	
周王	7	7	}40
成王	7	7	
康王	26	26	
昭王	51	2	
穆王		55	
	101	103	

帝王世紀周年數與三統周年數略有不同。三統兩周八六七年,西周三五二年,故東周爲五一五年與史記年表同。史記周本紀集解曰"徐廣曰皇甫謐敬王四十四年元己卯崩壬戌也"。多年表一年。周本紀集解曰"皇甫謐曰貞定王十年,元癸亥,崩壬申"。貞定王十

年相當于年表之周元王八年，多年表二年。十二諸侯年表集解引皇甫謐惠王二十四年，少年表一年。共多二年，則帝王世紀之東周五一七年，西周當爲三五〇年。今案帝王世紀謂武王十年崩，又初學記九引帝王世紀武王“四年始伐殷爲天子”，定位元年在乙酉（紀元前一一一六年），則其前四年（紀元前一一二〇年）爲武王即位之元年，晚于三統周元二年。其西周之始晚于三統二年，東周之始早于三統二年，則其西周共少于三統四年，即三四八年。其兩周積年爲八六五年，而克殷在前二年，即紀元前一一二二年。

第三　西周年數之推測

古代各書敘述各代積年，其書愈晚者則其積年愈多而趨于整齊。舉商爲例：竹書紀年曰“湯滅夏以至于受二十九王用歲四百九十六年”，孟子盡心篇下曰“由湯至于文王五百有餘歲”，左傳宣公三年曰“鼎遷于商載祀六百”，韓非子顯學篇曰“殷、商七百餘歲”。此可證矣。兩周年數，戰國間人均視作七百餘歲：

左傳宣公三年　成王定鼎于郟鄏，卜世三十，卜年七百。

孟子盡心篇下　由文王至于孔子五百有餘歲，……由孔子而來至于今百有餘歲。

孟子公孫丑篇下　由周而來七百有餘歲矣。

韓非子顯學篇　殷、周七百餘歲。

今欲由此推定西周積年，必先決定東周之積年。兹據史記十二諸侯年表及六國表彙録東周各王年數如下：

平王	桓王	莊王	釐王	惠王	襄王	頃王	匡王	定王	簡王	靈王	景王	敬王	元王	定王	考王	威烈王	安王	列王	顯王	慎靚王	赧王	
51	23	15	5	25	33	6	6	21	14	27	25	43	8	28	15	24	26	7	48	6	59	515年

此數與世經之東周積年同，較帝王世紀之東周積年少二年。周本紀所記與此小有出入，襄王紀作三二年，景王紀作二〇年（左傳作二十五年），敬王紀作四二年，烈王紀作一〇年，凡此皆可以脱字或誤字説之。至各王世系，據史記周本紀表之如下：

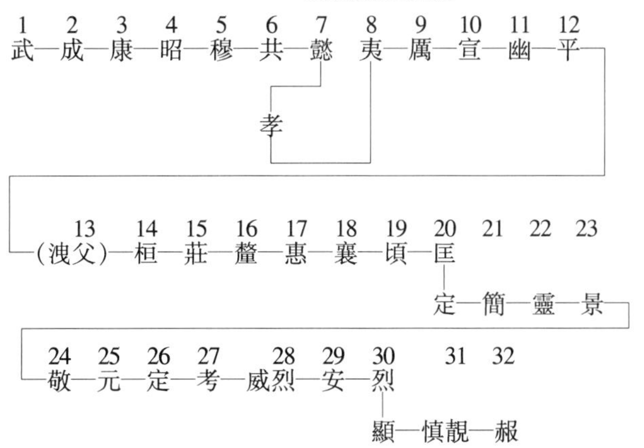

上三十二世三十四王(洩父不計王位)。世次之異文有二:一、三代世表曰"孝王辟方、懿王弟",世本曰"恭王生懿王及孝王",又曰"懿王崩,弟孝王立"。此與世數無關。二、世本曰"平王生桓王",如此則少一世。又景王長子猛立爲焯王,定王長子去疾立爲哀王,次子叔立爲思王,此三王在位均不及一年。皇甫謐謂"周凡三十七王"者計此三王在内,世經曰"周凡三十六王"者或不計焯王。

今用東周五百十五年、兩周三十二世計算左傳"卜世三十卜年七百"之語。周至顯王時已有亡國之兆。史記周本紀曰"顯王……三十五年致文、武胙于秦惠王,四十四年秦惠王稱王,其後諸侯皆爲王"。索隱曰"謂韓、魏、齊、趙也"。然齊、魏爲王尚在此前,史記秦本紀曰"秦文君四年(年表是年爲顯王三十五年)齊、魏爲王"。索隱曰"齊威王、梁惠王"。是年魏年表曰"魏襄王元年與諸侯會徐州以相王"。周顯王四十六年(趙武靈王三年),韓、燕年表曰"君爲王",而史記趙世家曰"武靈王八年五國相王",八年是三年之誤。史記魯世家曰"平公立,是時六國皆稱王,平公十二年秦惠王卒",據年表惠王卒于赧王四年,則平公立當顯王之四十七年。兹將六國稱王列表于下:

周顯王三十五年　齊魏相王。紀元前三三四年

周顯王四十四年　秦惠王稱王。紀元前三二五年

周顯王四十六年　韓燕稱王,五國相王。紀元前三二三年

周顯王四十七年　六國已王。紀元前三二二年

可知顯王之末六國次第稱王,周天子之威望已盡矣。作左傳者當在此時。汲冢書約在紀元前二九七——二九六之間,汲冢師春記卜筮,與左傳全同,是左傳之書不能晚于此。又左傳僖公三十一年曰"衛遷于帝丘,卜曰三百年",自僖公三十一年(紀元前六二九年)至紀元前三二九年(周顯王四十年)適三百年,而史記衛世家曰"嗣君五年(紀元前三二〇年)更貶號曰君,獨有濮陽",作左傳者當在紀元前三二九——三二〇年間,今假定爲三二五年(周顯王四十四年)。此時距赧王卒尚七十年,由此推算

東周積年	515
顯王 44 至赧王末	－70
	445 年

西周初至顯王 44	700
東周初至顯王 44	－445
	255 年

則西周約二百五十五年,自周成王至顯王適爲三十世也。

孟子一則曰由周而來七百有餘歲,一則曰由文王至于孔子(生卒約在紀元前五五一——四七九年)五百有餘歲,由孔子而來至于今(孟子當時)百有餘歲。此兩説一見于去齊章,一見于孟子全書之末節,後者實爲去齊章"五百年必有王者興"之説明,故可認此二節並屬孟子去齊時(孟子生卒約當紀元前三九〇——三〇五年,去齊約在紀元前三一二年)之語録。由此二則語録可知:(1)孟子之"周"係包含文王在内;(2)所謂"有餘"約在五十年以上,否則五百有餘與百有餘不能合爲七百有餘(今暫假定爲五十);(3)孔子指孔子之晚

年或卒年,因惟有此始符合孔子至孟子去齊時百有餘年之條件也。東周初至孔子之卒(紀元前七七〇——四七九年)約二百九十年,至孟子去齊約四百六十年,孔子卒至孟子去齊約百七十年。由此計算

文王至孔子卒	550	文王至孟子去齊	750
東周初至孔子卒	-290	東周初至孟子去齊	-460
文王至幽王	260 年	文王至幽王	290 年

由此可知文王至幽王約在二百六十至二百九十年間。今考文王在位約五十年:孟子公孫丑上"且以文王之德百年而後崩",似本書無逸"文王受命惟中身,厥享國五十年",中身謂五十也;吕氏春秋制樂篇曰"凡文王立國五十一年而終",韓詩外傳三同;史記周本紀曰"西伯蓋即位五十年"。孟子"文王至于孔子"若指文王在位之時至孔子晚年或卒年,則西周自武王至幽王至少在二百十年至二百四十年間;若指文王既卒以後至孔子晚年或卒年,則西周自武王至幽王約在二百六十至二百九十年間。然孟子"孔子而來至于今",係孔子卒後至于今,則"文王至于孔子",亦當爲文王之晚年或卒年,較爲合理。

韓非子顯學篇作于周亡以後,七百餘年至少七百十年至多七百九十年,減去東周五一五年則韓非心目中之西周約在一九五——二七五之間。

以上係根據三種戰國晚期史料所推得之西周年數。第四種史料則爲竹書紀年,此書記載西周爲二百五十七年,今認此數大約可信,理由如下:(1)此數適合由孟子、左傳及韓非子所推得之年數,而與由左傳所推得者尤近。(2)此書記載東周史事較史記更符合于東周金文,其所記西周史事與史記、左傳、國語亦甚少齟齬,詳後。(3)西周時代諸侯在位年數,惟魯世家最爲詳備。魯國伯禽無年數,自考公至孝公三十六年(當周幽王十一年)共二二七年。假定伯禽在位三十年,則伯禽元年至幽王十一年爲 30 + 227 = 257 年。據左傳昭公十二年云"燮父禽父(即伯禽)並事康王",而太平御覽卷八十五引"紀年曰成康之世天下安寧,刑錯四十餘年不用",成康之世四十餘年,則成王在位當不足三十年,如此伯禽在位三十年並事成、康兩王,亦自合理也。

近出魯侯熙鬲,銘曰"魯侯熙作彝,用享將厥文考魯公",此煬公熙作器以祭其父魯公伯禽者。煬公是考公弟,考公是伯禽子。由魯世家所記魯公年數,推煬公應在紀元前九九四——九八九年。依本書以下之推斷,根據竹書紀年紀元前一〇二七年之周元,煬公應在康王初期。此鬲花紋、形制與銘文均不得晚于康王。由此可證史記魯世家魯公年數之可據,與竹書紀年之周元不相矛盾。

第二部 西周金文

西周金文可用作西周年代考訂之資料者,可有下列各事:一、由器銘證明某王之存在

及諸王之世系者;二、由器銘所記年數證明某王至少之年數,或由有關之數銅器而組成之銅器組證明某王至少之年數者;三、由器銘所得之史實足以校正或增補史籍之譌誤或闕失者。以下就西周金文研究之所得,分各王述之。

一、文　王

天亡簋　王衣祀于丕顯考文王事

小盂鼎　用牲啻周王武王成王

小盂鼎　丕顯文王受天有大令,在武王嗣文作邦

班簋　毓文王王姒聖孫

周公鼎　周公作文王鼎

正考父鼎　正考父作文王寶尊鼎

歸伯簋　朕丕顯祖文武膺受大命

師詢簋　丕顯文武□受天令

毛公鼎　丕顯文武皇天弘厭厥德配我有周膺受大命

㝬鐘　王肇遹省文武

稱"文王",文王武王簡稱"文武",均與詩書同。所謂受命有二:一文王受命,書康誥曰"天乃大命文王殪戎殷誕受厥命越厥邦厥民",君奭曰"天下不庸釋于文王受命",無逸曰"文王受命雖中身",詩文王有聲曰"文王受命"。二文武受命,書洛誥曰"在十有二月惟周公誕保文武受命惟七年",詩江漢曰"文武受命",昊天有成命曰"昊天有成命,二后受之",毛傳云"二后、文武也"。文王稱周王,周之稱王或始于昌,所謂文王受命殆指受命稱王乎?詩、書、金文但有"文王受命""文武受命"而無"武王受命",可知西周時以文王爲周之受命者,武王嗣文王作邦而已。

二、武　王

中鼎　錫于武王作臣

作册大鼎　公束鑄武王成王異鼎

餘見上。又見宜侯夨簋,詳下。由小盂鼎及作册大鼎可得周初之世系如下:

文王——武王——成王

天亡簋爲武王當時之器惟一流傳至于後世者,其所謂"王"即武王,"丕顯考文王"即武王之父文王也。由此知至少武王之世已稱文王爲王矣。此器有日名而無年數。

三、成　王

宜侯夨簋　□□武王、成王伐商圖

獻侯鼎　惟成王大𠦪在宗周

班簋　成王令毛公曰(此據全上古三代文卷十三頁六)

成王鼎　成王尊

成王初之大事有二:一爲伐武庚,一爲征東夷,兹分述之:

康侯圖司土疑簋　王朿伐商邑誕令康侯圖于衞

小臣單觶　王後𠩥克商在成師,周公錫小臣單貝十朋

此記成王伐武庚事。周初伐商有二:一爲武王伐紂,一爲成王伐武庚,後者金文稱之"後克商",左傳昭公二十六年王子朝曰"昔武王克殷,成王靖四方"、定公四年子魚曰"昔武王克商,成王定之",是也。史記周本紀曰"周公奉成王命誅武庚、管叔,放蔡叔,以微子開代殷後,國于宋。頗收殷餘民以封武王少弟封爲衞康叔",又衞世家曰"周公旦以成王命興師伐殷,殺武庚、禄父,放蔡叔,以武庚餘民封康叔爲衞君"(史記魯世家及管蔡世家略同)。書序曰"成王既絀殷命"(詩有客箋同)。凡此所稱"周公奉成王命伐殷"、"封康叔爲衞君"、"成王既絀殷命"均與金文符合,可證周公無代王之事。尚書大傳謂周公攝政之"二年伐殷",逸周書作雒篇謂周公立相天子之"二年又作師旅臨衞攻殷",此二年皆當爲成王即位之二年也。宜侯夨簋明記成王東征,可證周公並無代王之事。

既伐武庚,復有事于東土,詩破斧所謂"周公東征"也。書金縢曰"周公居東二年而罪人斯得",詩東山曰"自我不見,于今三年",孟子滕文公下曰"周公相武王誅紂;伐奄三年討其君",史記周本紀曰"初管蔡畔周,周公討之,三年而畢定",又魯世家曰"寧淮夷東土二年而畢定"。案伐武庚與東夷合之爲三年,分之則伐武庚一年伐東夷二年也。金文伐東夷有以下各器:

禽簋　王伐蓋侯,周公某,禽祝

𡐨鼎　惟周公于伐東夷、豐伯、尃古

明公簋　唯王令明公遣三族伐東國

班簋　伐東國……三年静東國

其他器有"王伐東夷"、"王令口截東反夷"等語,可證周公奉王命伐東夷也。明公及禽皆周公子,伯禽亦曾官大祝,後封于魯爲魯侯、魯公。東征諸國有蓋及尃古,余考定爲商奄及薄姑:左傳昭公九年曰"薄姑商奄,吾東土也",韓非子説林上曰"周公旦已勝殷,將攻商蓋",商蓋即商奄,蓋、奄二字音義相近,故史記吴世家公子蓋餘左傳昭公二十七年作掩餘。商奄或稱奄,故左傳昭公元年曰"周有徐、奄"。左傳定公四年曰"因商奄之民命以伯禽而封于少皞之虚",是伐東夷踐奄而以商奄餘民封魯侯伯禽于少皞之虚,猶伐武庚于殷而以殷餘民封衞侯康叔于殷虚,其事相類。説文奄字有邑旁,許云"周公所誅""在魯",續漢書郡國志曰"魯國古奄國"是也。

左傳昭公四年十一年並記東夷叛紂,紂伐之,故知武王伐紂或乘殷師東征未歸之際,

一舉而克殷。然其時殷師未喪,故武王封紂子武庚而以三叔監之。及武王既崩,"三叔及殷、東、徐、奄及熊盈以畔"(逸周書作雒篇)。尚書大傳曰"奄君、薄姑謂禄父曰:武王既死矣,今王尚幼矣,周王見疑矣,此百世之時也,請舉事。然後禄父三監叛矣"。追述當時,頗合情理。金文周公東征伐蓋侯及薄姑,則當時商奄、薄姑爲叛周之主謀可知矣。

傳世有睘卣,文曰"惟十又九年王在厈,王姜令作册睘安夷伯"。王姜亦見令彝及令簋,彼二器既考定爲成王時器,則此器之十九年爲成王十九年矣。

四、康　　王

作册大鼎曰"公束鑄武王、成王異鼎",此康王時器也。此器作以祀武、成而不及康,則器作于成王以後。作器者大與令彝之令爲一家:令官作册,大亦官作册,二器銘末族徽同作鳥形;令父丁而大稱祖丁。令爲成王時人,則大宜屬康世。

又庚嬴鼎曰"惟廿又二年",此器以字體款式觀之,似當屬康王之世。

傳世大盂鼎銘末有"惟王廿又三祀",小盂鼎銘末有"惟王卅又五祀"。此二器王國維以爲成王時器,郭沫若以爲康王時器,徐同柏、吴大澂則以大盂鼎爲成王時器。郭説是也。今定爲康王時器。先論小盂鼎:一、此器"惟王卅又五祀"在銘末與吴尊、趩尊同例,皆殷器系年法之遺留,該二尊約當共王時,此器亦不能晚于共世。二、此器有"禘成王"之語,則在成王之後。三、此器字體款式賞錫品物均屬周初(至遲穆王)形式,則此器當在康、昭、穆三世。四、竹書紀年及漢初傳述成康之際天下安寧,左傳昭公二十六年王子朝曰"康王息民";然成王之初用兵東夷,則刑錯四十餘年應指成王既伐武庚東夷之後,康王晚期伐鬼方以前。五、昭王南征而不返,在位十九年,詳竹書紀年,則此器不屬昭世。次論大盂鼎:一、此器之盂與榮均見小盂鼎,該器既屬康世,此器亦然。二、此器述王之策命冠以"王若曰",乃史官代王宣命之形式,此制不早于穆王時。三、此器所錫與麥尊同,皆屬周初形式。四、此器體式及鼎足之形與共王時代師湯父鼎及夷王時代善夫克鼎相近似。由上所述,大、小盂鼎均屬康世,康王至少三十五年。

五、昭　　王

剌鼎曰"用牡于大室啻卲王",此穆王諦昭王器也。過伯簋等三器,唐蘭以爲昭王南征時作,惜文無王號、年數。

六、穆　　王

傳世有穆王之名者有二器:

遹殷　惟六月既生霸,穆王在鎬京乎漁于大池

長由盉　惟三月初吉丁亥,穆王才下減应,穆王鄉醴

王國維跋前器以爲穆王爲生稱，其説是也。

由西周金文可以分西周爲“西周初期”、“西周中期”及“西周晚期”，穆王前爲周初（約八十年），穆王以後爲中期。中期及其後金文之特點如下：

（一）史官代王宣命制之成立，故有王若曰之辭；

（二）史官名稱之改易：周初作册，中晚期稱内史，又有尹氏；

（三）儐右制度之成立；

（四）周初都邑有鎬京、宗周、成周、王，中晚期始有地名“周”者（乃所以稱王城）；

（五）周初賞錫多貝，生物；中晚期多服飾及全副車馬器；

（六）晚期銘文始有用韻者。

由（一）（二）兩項知今文尚書周書諸篇多後期之制，其編集之時代可想見矣。

七、共　　王

趞曹鼎　惟十又五年五月既生霸壬午龔王在周新宫

大克鼎　肆克龔保厥辟龔王

由前器知共王至少十五年。

八、懿　　王

匡卣曰“惟四月初吉甲午懿王在射盧”，無年數。周初文、武、成、康、昭、穆、共、懿八世王號除康王外，均見金文。

九、孝　　王

約當懿、孝時之銅器組若師晨鼎、師俞簋有“惟王三年”，諫簋有“惟王五年”，懿、孝年數約在五年以上。

十、夷　　王

大克鼎曰“穆穆朕文祖師華父……肆克龔保厥辟龔王……永念于厥孫辟天子”，此作器者善夫克謂其祖師華父恭保其天子共王，故永念于共王之孫夷王也。是師華父當共王時，善夫克當夷王時，夷王乃共王孫也。此組銅器有：

善夫克盨　惟十又八年

善夫克鼎　惟王二十又三年

伊簋　惟王二十又七年

攸比鼎　三十二年

是夷王至少二十七年。以前學者據史記厲王在位三十七年，以此組銅器爲厲王器。厲王三十七年説不可信，詳後。

傳世有㝬鐘(舊稱宗周鐘)，郭沫若以爲昭王瑕器，唐蘭以爲厲王胡器，二氏並以銘中之“王”即作器者之“㝬”，故于銘辭不能貫通。余考此器三稱王，一稱皇天王，三稱余，二稱我，一稱朕，一稱㝬。余、朕、我皆作器者厲王胡(金文㝬)之自稱，王及皇天王乃作器者稱其父夷王也。銘曰“我惟嗣配皇天王”，謂厲王嗣配夷王也。銘曰“王肇遹省文武，勤疆土，南國服子敢陷處我土，王敦伐其至，撲伐厥都。服子乃遣閒來逆邵王，南夷、東夷具見廿又六邦”。此夷王平東夷、南夷之武功也。後漢書西羌傳曰“夷王衰弱，荒服不朝，乃命虢公帥六師伐太原之戎，至于俞泉，獲馬千匹”，注云“見竹書紀年”。此夷王平戎武功也。左傳昭公二十六年王子朝曰“至于夷王，愆于厥身，諸侯莫不並走其望，以祈王身”。乃西羌傳作者據紀年述夷王平戎之功復加以“夷王衰弱荒服不至”之案語。

十一、厲　王

虢中盨曰“虢中以王南征伐南淮夷”。案後漢書東夷傳曰“厲王無道，淮夷入寇，王命虢仲征之，不克”。王國維以此條亦出竹書紀年，郭沫若據傳文隸此器于厲王是也。

十二、宣　王

舊説以兮甲盤、不其簋及虢季子白盤等器爲宣王伐玁狁時作，謂與詩采薇、出車、六月、采芑爲同時事。近郭沫若以後二器爲夷王器，又謂不其之“白氏”即虢盤之“子白”。然舊説或據毛序六月爲宣王北征之詩，或據四分長術推算諸器爲宣王時器，證據均嫌薄弱，爰重爲考定如次。

不其簋述王命伯氏伐玁狁于西及高陁等地，伯氏命不其以其車攻，有功，伯氏賞之，不其遂作其皇祖公伯之祭器。此宣王時秦人所作，今述其證：一、地名曰西曰高陁(即高陵)皆秦地。二、説文曰“秦謂陵阪曰陁”，是陁乃秦方言。三、作器者乃秦嬴之後，史記秦本紀曰“秦侯立十年卒，生公伯；公伯立三年卒，生秦仲。秦仲立三年周厲王無道，諸侯或叛之，西戎反王室，滅犬丘大駱之族。周宣王即位，乃以秦仲爲大夫誅西戎，西戎殺秦仲，秦仲立二十三年死于戎。有子五人，其長者曰莊公，周宣王乃召莊公昆弟五人與兵七千人，使伐西戎，破之”。此器之伯氏即莊公，伯者長兄也；作器者不其乃莊公昆弟並爲公伯之孫，故稱公伯爲皇祖。四、據史記秦本紀及十二諸侯年表秦仲卒于宣王六年，是秦仲伐戎當在此以前。後漢書西羌傳曰“及宣王立四年使秦仲伐戎，爲戎所殺”，注云“見竹書紀年”，是秦仲伐戎在宣王五年或六年。此器之作當在宣王六七年間。兮甲盤曰“惟五年三月既死霸庚寅王初各伐玁狁”，則伐戎當在宣王五年。

據上所述，則：

成王至少十九年

康王至少三十五年

共王至少十五年

懿王、孝王至少五年

夷王至少二十七年

第三部　有關西周年代的文獻

西周金文因限于材料,對于各王年數之推定,不能多所貢獻。故不得不仍採用較古之文籍以事補充。

一、西周起訖

諸書引竹書紀年西周二百五十七年而措辭不一:劉恕外紀引作"自武王至幽王",裴駰索隱引作"自武王滅殷以至幽王",而晉書束皙傳皙隱括紀年之言曰"自周受命至穆王百年"。前述"歲在鶉火",係戰國時人用西周二五七年推至伐紂之年之歲星,是戰國以伐紂爲西周之起點,竹書紀年當亦如此。今既採用竹書紀年二五七年爲西周之積年,自當以武王伐紂或滅殷之年爲西周之起點。幽王之亡爲西周之終。

二、武　王

武王克殷後在位年數有三説:一年説,逸周書作雒篇曰"武王克殷……乃歲十二月崩",此或有脱文。三年説,書金縢曰"既克商二年王有疾弗豫……武王既喪";史記周本紀曰"既克殷後二年問箕子所以亡……武王有瘳而後崩";又封禪書曰"武王克殷後二年天下未寧而崩"。計克殷一年,克殷後二年而崩,共在位三年。七年説,逸周書明堂位曰"既克殷六年而武王崩";管子小問篇曰"武王伐殷既克之,七年而崩"。克殷一年,克殷後六年而崩,共在位七年。今採用三年説。文、武、周公均有在位七年之説,係誤讀尚書而來,詳下。

文王在位七年之説,附論于此。尚書大傳謂文王受命七年而崩,史記周本紀曰"蓋受命之年稱王而斷虞、芮之訟,後七年而崩",實本大傳。然大傳以受命之"六年伐崇則稱王"(文王世子正義引殷傳),稱王一年而崩。凡此均與書無逸"文王受命惟中身厥享國五十"之戰國傳説不合。案大傳述文王受命後伐于、伐密、伐畎夷、伐耆、伐崇凡五伐,而荀子仲尼篇曰"文王誅四",似大傳起于秦、漢之際,稍晚于此則有逸周書文王受命九年而崩之説。

三、成　王

成王在位年數除世經外有七年二十八年兩説。皇甫謐以周公七年、成王七年、康王二十六年,合之適爲四十年,此從竹書紀年"成康之際四十年"算出者也。書顧命正義曰"漢書律曆志……以爲成王即位三十年而崩,此劉歆説也。……鄭玄云,此成王二十八年"。鄭數少于三統二年。以上二説,皇甫謐取竹書紀年之成、康積年而分裂之,鄭玄取三統成王之年而任減之,均不可用。

成康之際四十年不用刑之説,竹書紀年及漢初文籍均記録之:

太平御覽八五引紀年曰　成、康之世天下安寧,刑錯四十餘年不用。

文選武帝賢良詔注引紀年曰　成、康之際天下安寧,刑錯四十年不用。

嚴安言世務書　成、康其隆也,刑錯四十餘年而不用。(見史記平津侯主父偃傳)

史記周本紀　故成、康之際天下安寧,刑錯四十餘年不用。

論衡儒增篇引儒書曰　文、武之隆遺在成、康,刑錯不用四十餘年。

皇甫謐及李賢所見竹書紀年似皆作"四十",疑當有餘字。四十餘年者成康之世不用刑之年,非兩世合爲四十餘年也。

四、周　公

周公攝政七年之説,見韓非子説難二、尚書大傳、逸周書明堂篇、禮記明堂位、史記周本紀及魯世家、淮南子齊俗篇、韓詩外傳、説苑尊賢篇等。此與文、武受命並七年而崩之説,同出于秦漢之際,疑秦始皇時秦儒之謬説,其誤在曲解書洛誥之文。洛誥曰"在十有二月惟周公誕保文、武受命惟七年",解經者誤以七年分屬周公、文、武,故周公攝政七年,文王受命七年而崩,武王受命七年而崩。考洛誥此文本殷末周初記時之法,玆舉殷代獸骨及銅器刻辭各二例以明之:

壬申……在五月,惟王六祀肜日(殷契佚存五一八)。

□□……在二月,惟王十祀肜日,王來征盂方伯(甲編三九三九)。

戊辰……在十月一,惟王廿祀劦日,遘于妣戊武乙奭豕一(戊辰彝)。

庚申……在六月,惟王廿祀翌又五(父辛角)。

據此知殷末周初記時法先日干,然後記事,最後記月、年。洛誥"戊辰王在新邑"記日也,然後記祭文、武之事,最後"在十有二月惟周公誕保文武受命惟七年"記月年也。洛誥釋文曰"受命絶句,馬同",知東漢古文家馬融輩讀受命絶句,故以七年分屬周公、文、武。然此句讀不始于馬,秦儒當已如此。孟子萬章篇上曰"周公之不有天下,猶益之于夏、伊尹之于殷也"。此説是也。

今考洛誥曰"今王即命曰記功宗,以功作元祀",謂是年爲成王之元祀。又曰"文、武受命惟七年",謂此年即文、武受命已來之七年也。據此用今文尚書(洪範除外之周初諸篇)作"周開國年表"如下:

文王元祀　酒誥"乃穆考文王肇國在西土……惟天降命肇我民,爲元祀"。

武王克商之年　天亡簋當作于此年或次年。

武王既克商一年　三監之設當在此時。

武王既克商二年　金縢"既克商二年王有疾……武王既喪"。

成王即位之年　東征一年,伐武庚。

成王即位二年　東征二年,伐奄。

成王即位三年　東征三年,既克商五年,王歸自奄,多方"惟五月丁亥王來自奄,至于宗周。周公曰王若曰猷告爾四國多方……天惟五年須瑕之子孫……今爾奔走臣我監五祀……爾乃自時洛邑。……"

成王元祀,爲文武受命之七年,作新邑,誥諸侯。

(1)周公宣王命于庶殷　召誥"越若來三月……若翌日乙卯,周公朝至于洛,則達觀于新邑營。……越七日甲子周公乃朝用書命庶殷侯甸男邦伯"。

(2)周公宣王命于康侯　康誥"惟三月哉生霸周公初基作新大邑于東國洛……周公咸勤乃洪大誥治,王若曰……"。

(3)周公誥庶殷　召誥"周公曰……誥告庶殷……"。

(4)洛誥記成王元祀三月事　洛誥"周公拜手稽首曰……予惟乙卯朝至于洛師。……今王即命曰:記功宗,以功作元祀。……"

(5)洛誥記成王元祀十二月事　洛誥"戊辰在新邑烝祭歲……在十有二月惟周公誕保文武受命惟七年"。

"文武受命惟七年"指周受天命以來之七年。今若以文王稱王僅一年(如尚書大傳六年稱王七年而崩之説),武王四年克紂滅殷,武王既克商二年而崩,次年即成王元祀。如此則文王稱王以後至成王元祀適爲七年,"文武受命惟七年"是文王受命之八年,武王即位之七年。召誥"越六日乙未,王朝步自周,則至于豐"。魯世家"成王七年二月乙未,王朝步自周,至豐。……"此以惟七年爲成王七年,非是。

尚書大傳、逸周書明堂篇、史記蒙恬傳、賈誼請豫教太子疏、後漢書桓郁傳竇憲疏,均有成王幼在襁褓之語,此説與周公執政説並起,因有攝政之事不能無辭以説之也。

五、康　王

竹書紀年曰"康王六年大公望卒"(大公吕望墓表引)。又曰"晉侯作宫而美,康王使讓之"(北堂書鈔十八引)。是康王與大公望晉侯(燮)同時。左傳昭公十二年曰"燮父禽父並事康王"是也。

六、昭　王

竹書紀年曰"周昭王十六年伐楚荆,涉漢,遇大兕"。又曰"周昭王十九年天大曀,雉兔皆震，喪六師于漢”（以上初學記七引）。又曰“周昭王末年夜清五色，光貫紫微，其年王南巡不返”（太平御覽八七四引）。似昭王亡于十九年。

七、穆　王

史記周本紀曰“穆王即位春秋已五十矣……諸侯有不睦者，甫侯言于王，作脩刑辟……命曰甫刑。穆王立五十五年崩”。是穆王享壽百五歲。案書吕刑曰“惟吕命王享國百年”，史記誤吕刑爲穆王作，又誤以王爲穆王，其實非也。

晉書束皙傳記皙隱括竹書紀年曰“自周受命至穆王百年，非穆王壽百年也”，若此百年包括穆王，則竹書紀年以成康之際四十餘年、昭王十九年，穆王在位似在二十年左右。竹書紀年謂穆王三十七年伐越，此據文選江賦注、藝文類聚九、初學記七、太平御覽九三二、通鑑外紀三諸書所引。然太平御覽三〇五及路史國名紀已引作四十七年，廣韻元部黿下引作十七年，太平御覽七三引作七年。諸書所引年數不一，又事涉故事，非史實；故穆王在位三十七年以上之説，今暫不取。

八、共王、懿王、孝王

今所存之古本竹書紀年記此三王之事僅一條，開元占經卷三“汲冢紀年書曰懿王元年天再啓”（太平御覽二、事類賦注一引作“天再旦于鄭”）。皇甫謐既謂共王以下四世無年紀，故其所録共、懿年數實係擬作，彼所定共二十五、懿二十，與太平御覽所引“史記”定懿二十五、孝十五均取整數，可知其爲擬作矣（整理者按：作者對此加批語“有參考價值”）。

九、夷　王

竹書紀年記夷王三年七年事，是夷王至少七年。竹書紀年曰“三年王致諸侯烹齊哀公于鼎”（太平御覽八五引、周本紀集解引作“三年致諸侯翦齊哀公昴”）。史記齊世家曰“哀公時紀侯譖之周，周烹哀公”，集解云“徐廣曰周夷王”，是也。鄭玄詩譜序及齊詩譜並謂周懿王烹齊哀公，誤矣。據竹書紀年，大公望卒于康王六年，齊哀公卒于夷王三年，則康王六年以後之康、昭、穆、共、懿、孝六王相當于齊之丁公、乙公、癸公、哀公。丁公當在康世，乙公癸公當分屬昭穆二世，則哀公應當懿孝二世。如此懿孝二王年數似不甚長。

十、厲　王

國語周語上曰“厲王虐，國人謗王，召公告王曰……。王弗聽，於是國人莫敢出言，三年乃流王于彘”。又曰“厲王説榮夷公，芮良夫曰……。既榮公爲卿事，諸侯不享，流王于彘”。太史公本之作周本紀而系以年，紀曰“厲王即位三十年，好利，近榮夷公，大夫芮良夫諫……。厲王不聽，卒以榮公爲卿，用事。王行暴虐侈傲，國人謗王。……三十四年王益嚴，……召公曰……。王不聽，於是國莫敢出言，三年乃相與畔襲厲王，厲王出奔于彘”。“三年”本周語原文，而系之三十四年之後，故後世以厲王爲三十七年。然此説史公亦不自信，故其十二諸侯年表不始于厲王。今據史記世家更考厲王年數如下：

衛世家曰“頃侯厚賂周夷王，夷王命衛爲侯。頃侯立十二年卒，子釐侯立，釐侯十三年周厲王出奔于彘”。是厲王在位不得過二十五年。齊世家曰“胡公徙都薄姑而當周夷王之時，哀公之同母少弟山怨胡公，乃與其黨率營邱人襲殺胡公而自立，是爲獻公。……九年獻公卒，子武公壽立，武公九年周厲王奔居彘”。是厲王在位不得過十八年。陳世家曰“慎公當周厲王時，慎公卒，子幽公寧立，幽公十二年周厲王奔彘，二十三年幽公卒，子釐公孝立，釐公六年周宣王即位”。案年表共和元年當幽公十四年，則厲王奔彘當陳幽公之十三年，據此推算，慎公至少一年，則厲王在位至少在十四年以上(陳世家記載有誤，若依厲王奔彘在幽公十二年則宣王元在釐公四年，若依宣王元在釐公六年則厲王奔彘在幽公十四年。年表十三年係折衷)。玆將上述列表明之：

周夷王衛頃侯						周夷王					周厲王	衛釐侯												周厲王奔彘
1	2	3	4	5	6	7	8	9	10	11	12	1	2	3	4	5	6	7	8	9	10	11	12	13
					齊胡公	齊胡公卒	齊獻公									齊武公								
							1	2	3	4	5	6	7	8	9	1	2	3	4	5	6	7	8	9
										陳慎公	陳慎公卒	陳幽公												
												1	2	3	4	5	6	7	8	9	10	11	12	13

如此周厲王在位年數應在十四年以上，十八年以下，約爲十五、十六、十七年，今取折衷之數定爲十六年。

十一、共　　和

竹書紀年曰“共伯和干王位”(古史考卷五引)而無年數。史記本紀、世家、年表均作十四年，太平御覽引“史記亦作十四年”。今定爲十四年。

十二、宣　　王

史記本紀、世家、年表均謂宣王在位四十六年。後漢書西羌傳曰：

> 宣王立四年，使秦仲伐戎，爲戎所殺，乃召秦仲子莊公與兵七千人伐戎，破之，而是少却。
>
> 後二十七年，王遣兵伐太原戎，不克。

後五年,王伐條戎奔戎,王師敗績。

後二年,晉人敗北戎于汾隰,戎人滅姜侯之邑。

明年,王征申戎,破之。

後十年,幽王命伯士伐六濟之戎,軍敗,伯士死焉。

注云"並見竹書紀年",伐申戎在宣王既立之三十八年,後十年而幽王伐六濟之戎,是竹書紀年宣王在位在三十九年與四十八年之間。

又案竹書紀年秦仲伐戎在宣王已立之四年(當在宣王五年),晉人伐北戎在宣王已立之三十八年(當在宣王三十九年),此前二年王師敗績于伐條之役。左傳桓公二年曰"初晉穆侯之夫人姜氏以條之役生太子,命之曰仇,其弟以千畝之戰生,命之曰成師",是千畝之戰在伐條之後。國語周語上曰"(宣王)三十九年戰于千畝,王師敗績于姜氏之戎",周本紀同。是千畝之戰與竹書紀年"晉人敗北戎于汾隰,戎人滅姜侯之邑"同年,實即一事。是年周、晉伐北戎,王師敗于千畝而晉師勝于汾隰,故晉世家謂穆侯"伐千畝有功"也。伐條與千畝之戰晉均參與其事,伐條之役周、晉均敗,故晉侯于是年生子命之曰仇;千畝之役周敗而晉勝,晉侯于是年生子命之曰成師。

史記晉世家曰"穆侯四年取齊女姜氏爲夫人,七年伐條生太子仇,十年伐千畝有功生子曰成師"。惟年表,穆侯之七年、十年當周宣王之二十三年、二十六年,年數有誤。

十三、幽王

竹書紀年曰"幽王十年九月桃杏實"(太平御覽九六八引),是竹書紀年幽王至少十年也。幽王在位年數,史記世家、年表及國語周語上均作十一年。晉書束晳傳曰"其紀年十三篇記夏以來至周幽王爲犬戎所殺",與史記西周之終同。

左傳昭公二十六年王子朝曰"至于幽王,天不弔周,王昏不若,用愆厥位,攜王奸命,諸侯替之,而建王嗣,用遷郟鄏"。正義云"汲冢書紀年曰平王奔西申而立伯盤以爲太子,與幽王俱死于戲。先是申侯魯侯及許文公立平王于申,以本太子,故稱天王。幽王既死而虢公翰又立王子余臣于攜,周二王並立。二十一年攜王爲晉文公所殺,以本非適,故曰攜王"。太平御覽八五引紀年曰"幽王立褒姒之子伯盤爲太子"。左傳昭公二十六年正義引"束晳云案左傳攜王奸命,舊説攜王爲伯服,古文作伯盤,非攜王,伯服立爲王,積年諸侯始廢之而立平王,其事或當然"。據此則伯盤非攜王。盤古作般,與服形近而譌,故國語晉語一及史記周本紀並作伯服。

今據上述略定西周年數如下:

文武受命至成王元祀　七年,據洛誥。

成王至康王之間　四十餘年刑不用,據紀年。

昭王　約十九年,據紀年。

穆王　自周受命至穆王百年,據紀年,穆王在位年數應在百年以内。

厲王　約十六年,據史記世家。

共和　約十四年,據史記本紀、世家、年表。

宣王　約四十六年,據史記本紀、世家、年表及紀年。

幽王　約十一年,據史記、國語及紀年。

十四、全文結論

根據以上三部之研究,將其結果與假定的各王年數共列于下:

	金文	紀年	史記	假定
武王			3	3
成王	19 +	40 +（成王、康王）；100（成王至昭王）		20
康王	35 +			38
昭王		19		19
穆王			55	20；100（武王至穆王）
共王	15 +			20
懿王	5 +			10
孝王	5 +			10
夷王	27 +	7 +		30
厲王			15—17	16
共和			14	14
宣王	5 +	39—48	46	46
幽王		10 +	11	11
		257 年		257 年

第四部　附　　表

表一　夏商周積年簡表

夏	約紀元前 2100—前 1600 年	約 500 年
商	約紀元前 1600—前 1028 年	約 550 年
殷	紀元前 1300—前 1028 年	共 273 年
周	紀元前 1027—前 256 年	共 772 年
西周	紀元前 1027—前 771 年	共 257 年
東周	紀元前 770—前 256 年	共 515 年
春秋	紀元前 770—前 481 年	共 290 年
戰國	紀元前 480—前 222 年	共 259 年

表一説明

根據所作商殷與夏周的年代問題,歷史研究 1955:2。

唐蘭定夏代始紀元前 2050 年,商代始紀元前 1579 年,與此相近。

表二 兩周簡表

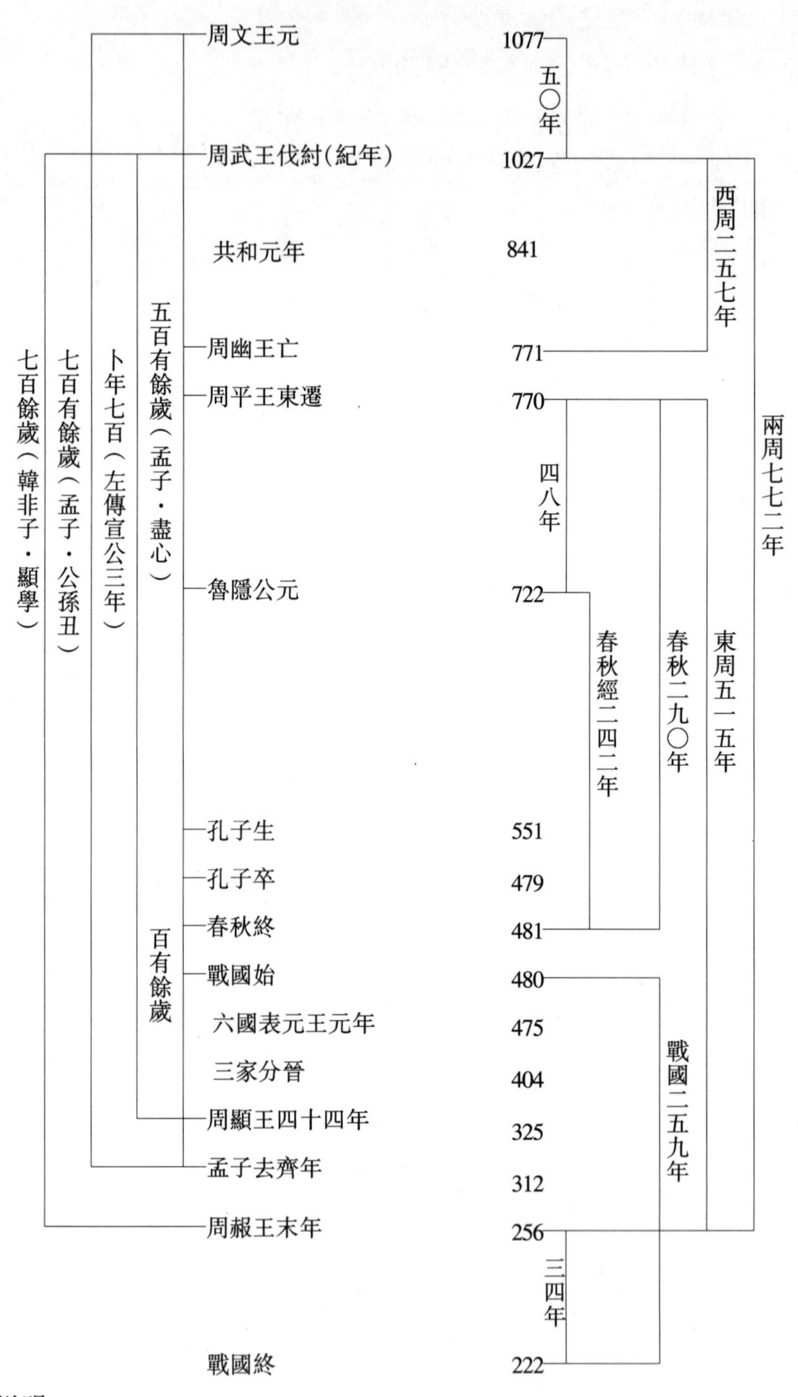

表二説明

此表是本書第一部的結論。

此表大致將周分爲兩部分:西周至幽王之末,東周至赧王之末。東周包含了稱爲春秋、戰國的兩個時期,但東周赧王之末是周代的終了,不是戰國的終了。戰國以秦始皇統一六國(紀元前221年)之前一年爲其終了的一年。

姬姓之周是一很長的朝代,爲了歷史敘述方便起見,劃分爲西周、東周、春秋、戰國種種"時期"。爲了研究的方便起見,每一個"時期"又可分爲初、中、晚三期。這些都是人爲的。

"春秋時期"借用春秋經所包括的242年,但平王東遷(東周開始)到春秋魯隱公元年之間尚有48年,應該歸入于"春秋時期"。我們把東周切割爲兩部分,其第一部分是春秋,其第二部分是春秋以後直到赧王之末的戰國大部分。春秋、戰國是相銜接的兩個時期,不能用東周與戰國對稱起來。

"戰國時期"以春秋經終了的次年開始,即紀元前480年。史記六國年表則從周元王元年(紀元前476年)開始,兩者相差僅幾年。史記雖未明說出春秋、戰國爲時期之名,但司馬遷本意應係如此。十二諸侯年表在他是代表春秋時期的,故表敘曰"太史公讀春秋曆譜諜",而以"政由五伯"爲此時期的特徵;其自敘則曰"諸侯專政,春秋有所不紀"。六國年表在他是代表戰國時期的,故表敘曰"然戰國之權變,亦有可頗採者。…余於是因秦記,踵春秋之後,起周元王,表六國時事,迄二世,凡二百七十年",其自敘則曰"春秋之後,陪臣秉政",亦即表敘的"陪臣執政,大夫世禄"爲此期的特徵。

我們大致遵循了司馬遷對于春秋、戰國的分期,而學者間有主張周威烈王二十三年(紀元前403年)爲戰國的開始者。考六國年表敘曰"三國終之卒分晉,田和亦滅齊而有之,六國之盛自此始",此以三家分晉的一年(紀元前403年)爲戰國的盛期。我們若將戰國分爲三期,則三家分晉與田氏有齊可以稱爲戰國中期的開始。

司馬遷以秦始皇及二世爲六國的繼續,乃漢人的看法,是我們所不取的。但他的"六國"延長到周赧王既卒之後,則是正確的。

戰國策書,數見"戰國"之名。秦策四"山東戰國有六",趙策三"分以爲戰國七",燕策一"凡天下之戰國七"。凡此皆指六國、七强,並不代表時期。史記平準書"自是之後,天下爭于戰國"亦指七强相爭;"自是"云云即其上文所說的齊桓與魏文。

表三　西周分期表

[分期]	[王名]	[紀元前]	[在位年數]	
西周初期 80 年	武王	1027—1025	3 年	
	成王	1024—1005	20 年	
	康王	1004—967	38 年	
	昭王	966—948	19 年	
西周中期 90 年	穆王	947—928	20 年	
	共王	927—908	20 年	
	懿王	907—898	10 年 25	（+20）
	孝王	897—888	10 年 15	
	夷王	887—858	30 年	
西周晚期 87 年	厲王	857—842	16 年	
	共和	841—828	14 年	
	宣王	827—782	46 年	
	幽王	781—771	11 年	

表三説明

此表根據本書第三部的結尾而作，採取竹書紀年西周 257 年之説分配各王年數。各王相對的紀元前年數，都是擬定的。但自夷王起，已接近了絶對年代。

西周各王與諸侯的相對年世，看表四。

將西周分爲三期，係作者研究西周銅器時所試分。根據此三期分法，對于研究銅器的變化，是有便利的。

表五 兩周諸國存亡表

〔國名〕	〔紀元前〕	〔滅者〕	〔見滅記録〕
秦	西周—206	六國	秦始皇本紀
西虢	?—687	秦	秦本紀
杜	?—687	秦	秦本紀
梁	?—641	秦	春秋僖十九
芮	?—640	秦	秦本紀，左傳僖十九
智	?—453	韓、趙、魏	韓、趙、魏世家
北虢	?—655	晉	左傳僖五
虞	1027—655	晉	左傳僖五
晉	1024—369	韓、趙、魏	竹書紀年，晉世家
韓	403—230	秦	秦始皇本紀
趙	403—222	秦	秦始皇本紀
魏	403—225	秦	秦始皇本紀
衛	1024—209	秦	衛世家
東周	367—249	秦	周本紀
西周	1027—249	秦	周本紀
蘇	?—617 後		春秋文十
邢	1027—635	衛	春秋僖廿五
東虢	?—771	鄭	鄭世家
鄭	806—375	韓	鄭世家
許	?—494 後	鄭	春秋哀元
應	西周		
陳	1027—478	楚	左傳哀十七
宋	1024—286	齊	六國表
戴	?—713	鄭	左傳隱十
鄘	1027—1024	周	
蔡	1027—447	楚	楚世家
沈	1027—506	蔡	左傳定四
江	?—623	楚	春秋文四
黄	?—648	楚	春秋僖十二
鄧	?—678	楚	左傳莊六
都	?—504	楚	左傳定六
燕	1027—222	秦	秦始皇本紀
邶	西周	周	
杞	1027—445	楚	楚世家
紀	?—690(?)	齊	春秋莊四

〔國名〕	〔紀元前〕	〔滅者〕	〔見滅記録〕
齊	1027—379	田	齊世家
田	378—221	秦	秦始皇本紀
鑄	1027—550後		左傳襄廿三
魯	1027—250	楚	魯世家(六國表作255)
商奄	1027—1024	周	
薄姑	1027—1024	周	
邾	?—281後	楚	楚世家
郳	東周	楚(?)	
邿	?—560	魯	春秋襄十三
曹	1027—487	宋	左傳哀八
曾	?—567(?)	莒	春秋襄六
莒	?—431	楚	楚世家
滕	1027—286	宋	戰國策 宋策
郯	西周—281後	齊,越	楚世家
薛	東周	齊(?)	
徐	西周—512(?)	吴,楚	春秋昭三十
楚	1027—223	秦	楚世家
吴	春秋—473	越	春秋哀廿二
越	春秋—333	楚	竹書紀年
中山	?—296	趙	趙世家(六國表作295)
耿	?—661	晉	左傳閔元
霍	?—661	晉	左傳閔元
鼓	?—520	晉	左傳昭廿二
滑	?—627	秦	左傳僖卅三
萊	西周—567	齊	春秋襄六
胡	?—495	楚	春秋定十五
息	?—680	楚	左傳莊十四
蕭	?—597	楚	春秋宣十二
頓	?—496	楚	春秋定十四
州來	?—529	吴	春秋昭十三
鍾離	?—518	吴	左傳昭廿四
巢	?—518	吴	春秋昭廿四

中國青銅器的形制*

一

中國青銅器所具有的美感和藝術性,主要靠它的器形,精美的紋飾和銘文,但是,更多的是靠其總的印象的諧調效果。如果我們從藝術史的觀點研究青銅器,就會發現由於不同時期和不同地域它在各個方面形成的自然的和系統的發展。因而,我們能够對器形和式樣的複雜變化作出系統的整理。這對於確定它們的真僞,瞭解當時的社會習俗,揭示它們所受到的地域影響,以及重建、核對、補充不完整的歷史文獻,將大有裨益。我想請大家回憶公元第十一世紀時,在這個領域裏開始研究的那些卓越的先驅學者們所作的貢獻。吕大臨的考古圖並不是這方面的第一部著作。根據史書,公元1051年,楊元明奉宋仁宗敕命,編纂了一部圖録,其中包括内府收藏的十一件青銅器,不幸這部書亡佚了。吕大臨爲考古圖所作的序注明寫於公元1092年,表示該書在此以前就完成了**。這部書保存下來了而且又是如此重要,因此,我們在翻譯西方名詞"考古學"時,就用了這部書的書名。他把所有見到的私家和内府的藏品收集起來,根據古代禮書和其它文獻記載的名稱和功用予以分類。他繪製了器物的圖象——如實於它們的形制和紋飾。他照原樣摹寫了銘文。他記録了尺寸、重量、出土地點和收藏者的姓氏。他比較了不同器物的形制。他也認識到銘文的重要歷史意義。在這以後的大約一千年間,學者們都按照他的方法——以形制、紋飾、書法、銘文、歷史和地域分佈作爲斷代標準——研究青銅器。這個方法的意義在於從青銅器的許多方面的客觀和獨立的研究得到一個綜合的認識。當一件青銅器在形制、紋飾、書法等方面表現出一致性,其年代和真實性就不會有大的差錯。

當我們涉及某件青銅器的形制時,必須同時瞭解其紋飾、書法、銘文、歷史和出土地點,這是顯而易見的。但是,在一件器物上要求所有這些方面都很完備則常常是不可能的。如果我們按照這些方面把青銅器分組研究,就可能掌握各個組的主要特徵。因此,當一件孤立的器物不能顯示一個或幾個這樣的有價值的方面時,我們就可以從一般所知的

---

* 本文爲1945年11月30日在紐約市大都會博物館舉行的全美中國藝術學會第六次大會上所作的講演。原載全美中國藝術學會年報(Archires of the Chinese Art Society of America)第1期,26—52頁,1945—1946年。現由張長壽譯成中文。

** 在這時期及以後,還刊印了很多同類的書,如博古圖、續考古圖及清代四種重要的内府圖録。

這個組的特徵來推論其不清楚的部分。舉例來説，對於一件既無紋飾又無銘文的器物，我們仍能肯定地確定其年代，只要我們能够確定同墓所出的、有可供斷代的銘文和紋飾的器物的年代。現在，我想説明某些術語的意義和含義。(1)紋飾，大多數的紋飾主題可用於幾乎所有的各種青銅器上，只有某些器有時候用它自己的紋飾式樣。另外，青銅器上的這種紋飾也用於同時的陶器、石器、玉器、骨器和漆器等器物上。我們必須記住，某種紋飾的地域性雖然應該注意，但也要和我們對這個時期的瞭解相比較。所謂的淮式並不是只見於淮河流域附近發現的青銅器上，而是也見於淮河流域以外廣大地區的同時期的青銅器上。同樣，李峪式也不限於李峪地區，而是在東周的後半期各地都有發現。(2)書法，是寫字的風格或文字的式樣。這種不同是由於時代的變换，地域的不同，使用不同的書寫工具和方法，以及書寫者所屬的不同階級。(3)銘文，不僅僅是反映歷史事實，也表現了體裁、語法和方言的風格，這有助於確定器物的年代和地域。同一作器人和同一家族的名字，同一歷史事件，往往不只記録於一件器物上。所以正如器形和紋飾一樣，書法和銘文也都可以按時代和地域加以整理。這正是現代古文字學家應用的一種方法。(4)歷史，青銅器銘文是研究古代史的實録，是第一手資料。而歷史著作却是根據現已亡佚的更早的資料重寫或轉抄的，它們很不完整，年代混亂。西周時期尤其如此。因而，當批判地研究歷史著作仍有助於我們確定青銅器年代的時候，青銅器銘文常常補充和校正文獻所缺或被曲解的地方。(5)出土地點，就是青銅器被發現的地點。對於那些偶然發現或盜掘的器物，我們只能通過收藏者和商估瞭解情報，而這常常是不可靠的。但是，如果我們用其它方面的認識來檢驗，仍然可以證明它是有用的。在最近的三十年，科學發掘已在中國的某些地區進行，它終將給予我們有關出土地點的準確報導。但是，現已發掘的地區仍很有限，我們除了依靠第二手的情報外，别無它法。

一個工匠也許可以在同一時期製作不同形制的器，但是也有可能其形制是隨着時間而變化的。我們現在不能作這樣詳細的討論。我要講的是影響器形的三個重要因素，它們是：(1)時代；(2)地域；(3)用途。

根據我對中國年代學的研究*，我爲劃分青銅器的時期提出下列的年代表。

商代　　公元前1300—前1027年

西周　　公元前1027—前771年

　1.西周早期

　2.西周中期

　3.西周晚期

東周　　公元前771—前222年

* 詳見附件二關於古代中國的年代學。

1.春秋時期

2.戰國時期

秦代 公元前221—前207年

漢代 公元前206—公元220年

最後兩期也可以合成一期。

劃分成這幾個時期是爲了便於我們對青銅器的形制、紋飾、書法等的變化進行研究。

我們還缺乏充分的證據足以證明晚商和早周的青銅器在形制和紋飾上的不同是由於它們分别由商人和周人這兩個不同氏族的工匠製作的。儘管如此,我仍然相信這是可能的。東周時期地方色彩很强烈。我們可以按地域把青銅器分爲五系。

(1)中土系 商時期爲商文化;西周時期爲商和周的混合文化;東周時期則受南土系文化的影響。

(2)東土系 商和西周時期與中土系相同;東周時期受北土系和南土系文化的影響。

(3)西土系 商和西周早期爲周文化;西周中期和晚期爲商和周的混合文化;東周時期爲秦文化。

(4)北土系 東周時期爲燕、趙邊疆文化。

(5)南土系 東周時期爲楚、吴、越邊疆文化。

青銅器按照它們的不同功用可以分爲三類:

(1)禮器 包括食器、酒器、水器、樂器、承器。

(2)半禮器 兵器、車馬器。

(3)一般用具 日用器具、農具和手工具,度量衡器等。

我把第二類稱爲半禮器,因爲它們既用於禮儀活動,也用於戰事。我把第一、第二類稱爲禮器而不稱之爲祭器,因爲它們在祭祀、埋葬、嫁娶和其它禮儀中均可使用。

在紋飾處理上可以分爲三種:

(1)華麗式 通體有紋飾。

(2)中間式 帶狀紋飾。

(3)簡樸式 無紋飾或只有簡單的紋樣。

這三種不同的式樣有時是按照器物的功用而定的。

二

在上一節裏,我對器形的研究作了一個概述。現在,我選擇一種既具特點而在斷代上又普遍地被弄混的禮器來説明。

我選定的是卣。這是酒器中的一種重要的容器。從商代到西周中期,它一直被使用,後來,突然消失再也没有重現。卣這個名稱是宋代的學者定的,在銘文中並無證據,因爲没有一件這種器曾自名爲卣。但是,我相信卣這個名稱是正確的。從青銅器和經典中,我們得知卣是用來盛放一種特殊的發酵的酒,這種酒是由糧食酒和在水中煮熟的香草混合而成。在禮儀活動中它被用來召唤被期待的神靈。因爲這種有香味的酒很容易揮發,所以,這種器都有一個很嚴的器蓋,同時,爲了在禮儀中傾酒的方便,所以有一個可以擺動的提梁。

我從六十多種中文、日文和西文的圖録,以及我收藏的私人和博物館藏品的照片中收集了二百五十多件卣,將它們分型分式,只有少數幾式是少於兩件標本的。A、B、C等順序並不一定表示年代的早晚,常常更多地和器的大小、形制、紋飾以及諸如此類的因素有關。

A型 早期卣

A(a)式 34件標本 例新研究圖版43.152 本文圖1(按:所附圖象見本書圖版269—278)

A(b)式 25件標本 例猷氏I,A24 本文圖2

共同的特徵是:

1.蓋有圓紐。

2.束頸,通常無紋飾。

3.中腹外鼓,即最大徑位於腹的中部。

4.提梁從左到右連接長徑的兩端(卣的横斷面一般是橢圓形的。如將卣的長徑平行地置於我們面前,則提梁横跨左右)。

(a)式和(b)式的不同是:(a)式的提梁爲繩索狀或無獸頭的扁平狀,(b)式的提梁爲扁平狀,兩端有獸頭,聯在兩側的耳上。所以,提梁有三種主要的形式:(1)繩索狀,(2)扁平狀,(3)有獸頭的扁平狀。幾乎所有的提梁都聯在卣的頸部兩側的耳上。繩索狀提梁絶無獸頭。有獸頭的扁平狀提梁一般都聯在耳上,有的則聯在突紐上。無獸頭的扁平狀提梁則都聯在耳上。

由銘文可以確定年代的那些器表明,繩索狀提梁幾乎只見於商時期,而有獸頭扁平狀提梁在商時期和周時期都有發現,但是,在周時期,只有有獸頭的扁平狀提梁。無獸頭扁平狀提梁是兩種提梁的過渡形式,但在有獸頭的那種提梁出現之後可能仍繼續使用,而可以確定的年代最晚的器是西周初年的。

我斷定這種卣是最早的*。第一,因爲蓋紐和白陶相似。第二,因爲器腹尚未垂弛,而較晚的型式幾乎都是器腹垂弛的。根據對銘文和出土地點的研究,被認爲是商器的很少有器腹垂弛的,而較晚的器,腹部趨向於垂弛。第三,繩索狀提梁是較早的型式。

---

* 詳見附件一關於"早期形制"。

根據安陽的科學發掘,一些有紋飾的白陶和卜骨發現於同一地層中。在私人收藏品中有很多帶紋飾的白陶,其中一些刻有文字,其書法和卜骨相似。從紋飾來判斷,白陶比青銅器早,但青銅器繼承了白陶的一些圖案。在梅原末治的河南安陽遺物之研究中,有三件由殘片復原的器(圖版10、13、15)。器有蓋,器體與這種卣相似。我在這裏暫時把這種陶器稱爲卣。它和青銅卣的不同有下列幾點:

1.拱形蓋,無頸。

2.無提梁。

3.横斷面幾乎是圓的而不是橢圓的。

無頸的拱形蓋和壺形卣相似。在鴞形卣中提梁或被省略。

我認爲從陶卣到青銅卣之間有一個長時期的發展過程。

根據銘文,(a)式或許只見於商時期,(b)式從晚商到西周早期。

這類器的紋飾常常是帶狀的,很少有滿花的。

B型　鑵形卣

B(a)式　6件標本　例故宫月刊第3期　本文圖3

十二梨11　本文圖4

B(b)式　25件標本　例菁華84　本文圖5

新研究圖版46.596　本文圖6

新研究圖版17.591　本文圖7

共同的特點是:

1.器體高。

2.拱形蓋,有杯狀捉手。

3.從左到右的扁平狀提梁。

(a)式和(b)式的不同是:(a)式在提梁的兩端絶無獸頭。在(a)式中有一件帶流的卣(圖3)。

我已經討論過關于提梁兩端的獸頭的種種情形,它們晚于無獸頭的提梁。因此,(b)式略晚於(a)式。

如果我們把這種卣的蓋、提梁和耳移去,其形狀就像某種形式的壺。不同形式的各種卣可能來自不同的根源,或者來自相似的根源。這種卣是從壺演變成的,因此,在東周的金文中,壺有時被稱作卣。我們也許可以稱這種卣爲鑵形卣。容庚教授的商周彝器通考下册圖版912有一件這種卣的器蓋,銘文稱之爲鑵。據此,鑵是器名,同時又是祭名,即灌注混合酒的祭祀。這有助於證明宋代學者把這種器定名爲卣是正確的。

盉是一種有三足和一流的酒器。它用於調酒,並可置於火上加温,並由流傾出。那件有流的卣也許是用來調製事先加工好的酒和香草,因此,無須有器足以置火上,而只要一個流以便將所盛的酒傾出。弗利爾美術館收藏一件卣(屬G型,圖30)也屬於這一類。根據銘文,我們可知B(a)式可能是商時期的,也可以延遲到西周早期。B(b)式略晚於B(a)式,屬商晚期到西周早期。

這種卣,有的出於商的最後一個都城濬縣,有的出於河南洛陽。文獻記載商人被集中於這兩個地區,因而保存了更多商式青銅器。

這類卣的紋飾處理有三種:

1.華麗式 通體飾饕餮紋。

2.中間式 在蓋邊、器頸及圈足上飾帶狀紋飾。

3.簡樸式 在蓋、頸、圈足上施兩道弦紋。

AB型 8件標本 例考古圖4.5 本文圖8

善齋113 本文圖9

商周下圖版633 本文圖10

第一個例子幾乎和B型相同,但却有一個A型的蓋紐。根據吕大臨的記録,此器出自安陽。器的長銘文可以肯定是商的。

第二個例子和B型相似但不那麽高。它的蓋紐和束頸如A型,還有一個無獸頭的扁平狀提梁。它和芝加哥收藏的一件卣也很相像,但比較高。我把芝加哥那件卣列爲最早的周代卣〔H型(a)式〕。無獸頭的扁平狀提梁和圖31H(a)式中的一件過渡形式的卣相似,而那件卣是周初的最早的卣之一。它和H(b)式一樣没有喙。所以,這件卣是那些最早的H型卣,即周代卣的先驅形式。

第三個例子幾乎和B型相同,但繩索狀提梁如A型。曾有一件這樣的卣和另外三件器(梅原形態學圖版43,1—4)同出於山東長清地區,這個地方被認爲在商時期是殷的聯盟者的定居地。這組銅器從器形和出土地點來判斷,肯定是商器。

所有這些例子表示,當A型和B型已經定型時,有些器仍在局部上採用其它型式的式樣。直到西周早期,才最終地把那些不同形式的卣溶合成一個特定的形式,即H型卣。

C型 鴞形卣

C(a)式 7件標本 例泉屋70 本文圖11

C(b)式 10件標本 例皮斯百L.37.190 本文圖12

共同的特點是:

1.四足鴞形。

2.拱形蓋,兩側有喙,圓紐。

3.提梁由前到後。

4.器腹垂弛。

(a)式和(b)式的不同是:(a)式的喙朝下,(b)式的喙朝上。鳥喙原本是朝下的,朝上就失却其本來面目。這種卣的提梁有繩索狀的,有獸頭的扁平狀的和無獸頭的扁平狀的,也有不鑄青銅提梁而有兩個突紐的。凡有突紐者喙都朝下。這種卣的形狀和A型、B型没有聯繫,正如鳥獸尊和通常的尊在器形上没有聯繫一樣。然而,提梁的新的安置法以及喙影響到其它型式的卣,這將在下文討論。

前面討論過提梁的三種形式,我已證明繩索狀是最早的。這是模仿陶器或竹器上用繩或竹編成的提梁而製成的。如果一件青銅卣没有鑄造提梁,那就可能用竹或繩編的提梁。因此,没有提梁的卣可能早於繩索狀提梁的卣,或者是同時的。

A型和B型的提梁是左右横跨。這種卣的提梁是前後跨越,但是,紋飾即鴞臉的眼和喙朝外,位於兩側(長徑的兩端)。後來,D型卣的提梁採用了這種新的位置,饕餮面也由面向左右改爲面向前後,而將兩個喙留在原來的位置,除了模仿之外完全喪失了原來的用意。AD(a)式中有一件卣(波士頓34.63,圖19),提梁從左到右,器腹的紋飾面向前後,但蓋上的紋飾仍然面向左右。我們可以把提梁和紋飾的位置的變化過程概述如下:

第一,A型、B型　提梁自左至右,紋飾面向前後。面對卣的長徑,則提梁横跨左右,紋飾面向前後。

第二,C型、BD型　提梁由前到後,紋飾面向左右。面對卣的長徑,則提梁跨越前後,紋飾面向左右。如面對卣的短徑,則提梁的位置、紋飾的面向一如A型、B型。

第三,D型、BD型　提梁由前向後,紋飾面向前後。面對卣的長徑,則提梁跨越前後,紋飾面向前後。

第四,AD型(波士頓藏卣)　提梁從左到右,蓋紋面向左右,器紋面向前後。面對卣的長徑,則提梁横跨左右,器紋面向前後,但蓋紋却面向左右。

第五,AD型、H型　提梁從左到右,紋飾面向前後。面對卣的長徑,則提梁横跨左右,器和蓋的紋飾都面向前後。提梁的位置、紋飾的面向一如A型、B型。

這表明當提梁的位置由從左到右變爲從前到後時,紋飾最初並没有跟着改變而是保持原位。後來,它不得不和提梁的變化相一致。而當提梁的位置改回到它原來的樣子時,紋飾仍保持其新的位置,但隨後又改回到它原來的樣子。

根據銘文可知C型卣都是商器。(a)式與A型同時或較早,(b)式和B型同時。

C型卣的紋飾常常以同樣的主題飾滿全器,或有地紋,或無地紋。而當提梁置於從前到後的位置時,紋飾呈現爲側影。

D型　有棱卣

D(a)式　13件標本　例菁華72　本文圖13

弗利爾40.11　本文圖14

D(b)式　7件標本　例大都會24.72.3　本文圖15

弗利爾30.26　本文圖16

共同的特點是:

1.扉棱自頂部直到底部將器體分成四份。

2.將提梁擺成由前到後,由前視可見紋飾全形。

3.蓋紐如A型。

4.直頸。

5.喙由頸部向上突出。

6.腹部有趨於垂弛的傾向。

(a)式和(b)式的不同是:

1.(a)式常常通體飾饕餮紋,(b)式飾鳥紋和直鑿紋。

2.(b)式的蓋較(a)式略高。

3.(b)式偶有從頸部或肩部突出一條橫桿。

4.(a)式的提梁常常聯結兩個突紐,而大都會博物館收藏的(a)式卣,提梁聯接兩個環耳。

這種卣很明顯採用了C型卣的喙。在已故羅先生的藏品中有一件過渡形式的卣(夢郼1.26),蓋是高拱形的。這種高拱形蓋在西周早期繼續沿用。

(b)式中有幾件出於周的故土寶鷄,有幾件從它們的特殊標記(牛頭)來判斷,也許出自商的最後的都城濬縣。

根據銘文可知它們都是早期形式。(a)式和(b)式都是商時期的,略晚於C型。(a)式可能略早於(b)式。

紋飾比前幾型華麗的多,而且非常富於立體感。

AD型

AD(a)式 11件標本 例皮斯百L.36.43 本文圖17

鄴二1.17a 本文圖18

波士頓34.63 本文圖19

AD(b)式 10件標本 例希金森,波士頓 本文圖20

盧芹齋86417 本文圖21

共同的特點是:

1.器腹如A型,尚未垂弛。

2.蓋、頸、紐如D型,但無喙。

3.有獸頭的扁平狀提梁,從左到右。

4.有棱。

(a)式和(b)式的不同是:

1.(a)式的棱如D型,(b)式的棱爲鈎狀。

2.(a)式的腹部趨於垂弛。

從提梁的位置來判斷,我以爲這種卣較D型略晚。根據銘文,(b)式可以晚到西周早期,(a)式可能和(b)式同時,或也可晚到西周早期。

這種卣常常通體飾饕餮紋,有的有地紋,有的没有地紋。

BD型　5件標本　例泉屋72　本文圖22

此型的特點是:

1.高如B型。

2.頸和蓋如D型。

3.有獸頭的扁平狀提梁聯接突紐如D(a)式。

4.有棱。

這5件標本中有兩件是方形的,在這種情況下無法確定提梁是從左向右,還是由前向後。另一件標本(故宫月刊7)提梁由前向後,紋飾面向左右,如C型。還有兩件標本(泉屋72、泉屋續編182)提梁從左到右,紋飾面向前後,如D型。因此,這型卣的年代也許可以確定在D型和AD型之間。

E型　筒形卣　7件標本　例弗利爾09.258　本文圖23

此型卣的特點是:

1.器體爲圓筒形。

2.拱形蓋,杯狀捉手,如B型。

3.有獸頭的扁平狀提梁。

大部分標本的紋飾如D(b)式,也有幾件只有帶狀紋飾。根據出土地點和銘文判斷,它們或許和D(b)式同時或更早。

這型卣是以竹筒爲原型發展來的。這種青銅卣上最普遍的直鑿紋作爲施於其祖型材料竹筒的一種雕刻技法流傳至今。D(b)式卣的圖案有可能就是來源於此。

F型　壺形卣

F(a)式　7件標本　例中央研究院　本文圖24

盧芹齋87129　本文圖25

柯爾　本文圖26

此式的特點是:

1.細而長的束頸,圓腹。

2.長提梁和頸的曲線相一致,爲有獸頭的扁平狀。

3.拱形蓋。

蓋和頂部變化較多,有菌狀紐、半圓紐、鳥形紐和杯狀捉手。有的在提梁和蓋之間以一條短鏈相聯接。

這些標本的大多數出於安陽，因此，可以確定是商式，屬於商時期。

如果把這式卣的提梁移去，則和一種商式壺没有任何不同。雖然這式卣和鑵形卣都是從商式壺發展出來的，但是兩者在横斷面上是不相同的，這式卣是圓形的，鑵形卣則是橢圓形的。壺和卣的不同只是在於卣有一個永久性的青銅提梁，而壺則用繩栓在頸部的兩個貫耳上。

F(b)式　3件標本　例菁華　本文圖27

(a)式和(b)式的不同是：(b)式的頸較短，提梁或長或短，器和(a)式同時。後者也可能比(b)式稍早一點。

G型　少見的諸形卣　4件標本

(a)式　獸形卣　例泉屋58　本文圖28

(b)式　鳥形卣　例遺寶36　本文圖29

(c)式　垂腹、有流、人面形蓋　例弗利爾42.1　本文圖30

最後一例(c)式有一個流，這在B(a)式項下已經討論過了。我認爲這件器原來只有一條繩索提梁，穿過人面形蓋上的兩個耳孔拴在器兩側的貫耳上。

(a)式(c)式無疑是商器，而且比較早。(b)式有可以確認爲西周早期的銘文。

H型　周代卣

H(a)式　45件標本　例善齋118　本文圖31

波士頓14.84　本文圖32

泉屋63　本文圖33

本式的特點是：

1.器腹垂弛。

2.器蓋束頸，有喙，有杯狀捉手。

3.提梁爲有獸頭的扁平狀，從左到右。

此式的年代易於確定。它始於西周早期，終於西周中期的前半期。從銘文中反映的一些歷史事實來研究，可以把這些器分成更小的組，有些是西周初年的，有的接近西周中期前半期的末尾，其它的則介於兩者之間。從一些確知出土地點的器來看，可以説它們都出於中國北方的西部、中部和東部。

可以説明這種新式的卣出現於西周早期的最初期、或從商朝覆滅時就流傳下來的，有三件過渡形式的卣。一件(芝加哥27.607)蓋爲圓紐，另一件(善齋118)提梁兩端無獸頭。後者有涉及西周早期史實的銘文。第三件(周金文存5.85)有杯狀捉手，但也有見於D(b)式的扉棱和鳥紋。其銘文是西周早期的。因此，這式卣中有少數可能略早於西周早期。

這式卣的紋飾幾乎都是帶狀的，少數是簡樸式的，極少數是滿花的。簡樸式的紋飾雖然一般來説比較早，但後來也偶有使用。

H(b)式　10件標本　例泉屋62　本文圖34

善齋119　本文圖35

此式除了没有喙,其它都和(a)式相似。其中兩件(梅原形態學圖版39.4下,寶蘊97)在蓋的拱頂上有四個立體小飾物,或作紡錘形,或作獸形。我認爲這是用來替代早已確立的喙狀裝飾的。

此式中有兩件是在洛陽發現的。根據所有的銘文可知它們都是西周早期的,有的可能更早些。事實上,所有的這式卣都應看作是過渡的形式。

此式卣的紋飾都是帶狀的,只有一件是簡樸式的。

H(c)式　12件標本　例福格43.52.95　本文圖36

周金5.79　本文圖37

泉屋67　本文圖38

此式除下列兩點外,其它均和(a)式相似:

1.蓋的拱頂和頸部之間無折棱,但兩喙仍留在其本來的位置上。

2.通體有紋飾,大多是大鳥紋。

可以説明這種新式的卣是在西周初年形成的,或是從商朝覆滅時流傳下來的有三件標本。其中兩件(福格43.52.95;梅原形態學圖版39.3下)有扉棱,兩喙位於拱蓋和頸部之間的邊沿上,杯狀捉手,有獸頭的扁平狀提梁,通體飾象紋或饕餮紋。從銘文可知這兩件卣是西周早期的。第三件(梅原形態學圖版45.6)是錫製的,它的無獸頭扁平狀提梁、圓紐、喙突出於頸部,都和D型一樣。這件蓋和我前面提到的D(a)式的過渡形式相似。這件錫卣是這種新式卣中年代最早的,也許比西周早期更早。從喙來判斷,它也比另外兩器早。

根據這式卣的其餘標本的銘文,其年代一般來説爲西周早期的後半期到西周中期的前半期。這式卣和(a)式卣是卣的最晚的形式,此後,卣就很少見了。

這裏,我想指出這種卣的另外一小部分,大約有十件,在這些卣的提梁的梁橋上有三個刺狀的立體小突飾,其一位於梁橋的中心。這些卣大部分是西周早期的。在A型和AD型中也有幾件卣〔如圖2的A(b)式〕有同樣的裝飾。

以上詳細地討論了H型卣。我認爲,這種新型式雖然在周時期占優勢,但有可能是從商末傳下來的。最初,它在局部地方還保留了某些老的式樣的特徵。這種新型卣,其器腹垂弛和束頸的器蓋來自A型;其杯狀捉手來自B型;喙來自D型,而D型自身又可追溯到C型。因此,周式卣是幾種商式卣的綜合結晶。所有那些保留了部分老的式樣的卣都是西周早期的*。

我已經對上面列舉的各式卣分别加以討論。各式卣之間的關係以及每一式卣的年代都已清楚了。概括地説，在這個長時期内，有幾種卣只見於商時期，有幾種歷經商時期和西周早期，有幾種只見於周時期。在商時期，不但是一種式樣交迭另一種式樣，而且是同時存在多種式樣。這些不同型式的卣可能有不同的原型，如白陶卣、壺、罐、竹筒和鳥獸形的其它器形。但是，從早期卣到有棱卣再到三種周代卣是一個連續的發展過程。然而，這種傳統的卣在局部地方可能受過其它型式的影響。我們有這樣的印象，在商時期，很多種型式的卣同時並存，而且沿用到西周早期。西周早期以後，卣集中成一種式樣，而且一直持續到西周中期的前半期。在書寫形式上也是如此，在西周時期保持着一致性，只是在各個時期的交替之際才發生變化。這是很容易理解的，因爲唯有周王國是强大和統一的王國。

圓紐是較早的形式，雖然杯狀捉手可能和它同時，在商晚期，兩種形式同時存在，而在周時期，除了西周早期有少數例外，只有杯狀捉手。

大體而論，淺的拱形蓋早於有頸的拱形蓋，而後者又早於高的拱形蓋。

喙最先出現於拱形蓋上，然後見於有頸的拱形蓋上，喙突出於頸部，這些都發生在商時期。在周時期，喙立於拱頂和頸部之間的邊沿上。如果是高的拱形蓋，那麽，喙立在原來的位置上，就像這個蓋有一個頸部。

較早的卣没有提梁。繩索狀提梁的卣與無提梁的卣同時或略晚，提梁末端有環。隨後是有環的扁平狀提梁，再後是有獸頭的扁平狀提梁，聯在突紐或穿過環耳。這都發生在商時期。在周時期，除了極少數例外，只有穿過環耳的有獸頭的扁平狀提梁。當商晚期，提梁先是從左到右，然後改爲由前往後，最後，又轉回到從左至右。在周時期，提梁常常是從左到右。

在晚商時期，器體原本是圓的並有趨於垂腹的傾向。在周時期，器體常常是垂腹的。

扉棱出現於商晚期，延續到西周早期，然後完全消失了。

在每個時期華麗、中間、簡樸三種紋飾式樣都同時存在，但在晚商時期，華麗式占主導地位，而在西周早期，中間式占優勢，隨後是華麗式的復興。

一般地説，在商和西周早期多爲高體的卣，此後，只有中等體高的卣，爲了節省篇幅，我在這篇論文中只討論了器形的發展。除了必須，原則上我不涉及圖樣和紋飾。這些，我

---

* 這二百五十件標本取自宋代迄今的各種圖録。爲了謹慎，我没有把清代四種皇家圖録中所有的卣都收進來，因爲它們只有線圖，而這使辨别真僞非常困難。然而，容庚教授在他的著作中選擇了一些用珂羅版發表了。這些我已收入表内。在王國維和羅振玉的著録表中，列舉了三百多件卣。這只是計算有銘文的，而不論是否發表過圖象。據我計算，約有五百到六百件卣，其中有三百件有圖象可查。當然，也包括一些可疑的或僞造的。

將在未來的著作美國收藏的中國青銅器集録*中詳細討論。這項工作,在哈佛燕京學社的贊助下,我正在進行。由於同樣的原因,我不打算發表按我的分類在文中列舉的各種型式的每一件標本的所有細節。

附件一

關於"早期形制"

在準備這篇論文時,我的思想上並沒有已經形成公式的理論,我只是試圖對器形、歷史、銘文、出土地點等方面的大量事實加以歸納。我的主要目的是清楚地陳述某些有用的事實,而不是去建立一種理論。在深入研究之後,我不能同意我的朋友貝希霍弗(Bachhofar)教授的結論,特别是關於商的器形的結論就變得很明顯了。他在商和西周早期青銅器的演變(藝術集刊 26 卷,1944,6 月,107—116 頁)一文中,第一節致力於分析卣的三種基本形制。他把它們排了序列,然後,和同時期的其它器形作了一系列的對比。這三種基本形制的卣是:

Ⅰ式　相當於我的 D 型

Ⅱ式　相當於我的 A 型

Ⅲ式　相當於我的 H 型

他把Ⅱ式稱爲"樸素形式",指出它在時間上晚於Ⅰ式,早於Ⅲ式。然後,他指出卣以外的其它一些"華麗形式"的器形,把它們定爲成王時期,他説"看來從華麗到樸素的變化發生在成王時期"(上引文 112 頁),他還説"至此,華麗式的繁榮和衰落以及樸素式的出現可以確定在成王時期"(上引文 113 頁)。他試圖用這種方法"把相對年代轉變爲絶對年代"(上引文 111 頁)。按照這個結論,有些樸素式卣的銘文却符合高本漢教授提出的"殷銘文"的條件。其結果是貝希霍弗教授否定了高本漢教授爲商銘文提供的標準的有效性(參見遠東博物館館刊第 8 期,1936,中國青銅器中的殷和周 19—22 頁)**。

高本漢教授爲商銘文確定的標準是銘文中有亞、析子孫和舉字。根據我的研究,第一個字是一個稱號,如同"領主",是一個特殊階級的符號。青銅器銘文中的册字有同樣的功用。第二個符號析子孫,應讀作一個字,是氏族名。在銅器銘文中有很多這類氏族名,舉也是其中之一。容庚教授在他的商周彝器通考一書中(上册,第五章)已經指出這種族名不但見於商時期,而且沿用到西周時期。我們從器形上也可知某些器形沿用到西周早期,

---

* 該書中文本出版時,書名被改爲:美帝國主義劫掠的我國殷周青銅器集録,科學出版社,1963 年。

** 參閲H·G·克里爾教授的評高本漢教授的中國青銅器斷代方法(皇家亞洲學會 1936,7 月,第 4 期,463—473 頁)。貝希霍弗教授未作進一步的研究而採用了該文的意見。

而從文獻上看，在周時期，商仍有它自己的國家。我認爲這種族名在商時期有，在西周時期也有。因此，這種銘文可能是商的，但並不是商所專有的。我給商銘文規定的標準是：

1.字體比西周銅器銘文早，和卜骨的字體相似。

2.句法和卜辭相似。

3.有關於商的歷史事實。

4.出土於安陽遺址。

關於最後一點，也許有人會問，是否所有安陽出土的青銅器都是商器？我研究了西周早期青銅器的銘文和文獻得出如下的結論。在晚商時期，現在的安陽和濬縣，即原先的朝歌，兩地都是商的都城。先爲武王攻克，後來又被成王攻克的商的都城是朝歌。在西周早期，商人被集中在朝歌和洛陽，受到周的監視。還有一部分商人在他們自己祖系的封建領主統治下定居在宋國。我認爲安陽這個都城在商朝覆滅後就廢棄了。我曾檢驗所有記録出於安陽的青銅器，而不能確定哪怕有一件是西周早期的青銅器。在考古圖中有五件青銅器傳出於鄴，即安陽遺址的舊名。可以肯定這些都是商器。元代的納新在他的河朔訪古記一書中説，元豐二年(公元 1079 年，在考古圖編纂之前十四年)，安陽遭水災，農民在一個據説是商王古城中的墓塚裏發現了青銅器。他把這個地點説成是在安陽城的西北五里，洹河南岸。這就是中央研究院進行科學發掘並獲得許多殷代遺物的地方。近年來，一個名叫黄濬的商估出版了二集圖録*，共四册，把圖録中所有的青銅器都説成是安陽出土的。除了少數幾個錯誤外，幾乎全都是正確的。容庚教授説："民國廿三年，中央研究院於安陽發掘商代陵墓，所得銅器頗多。以此考證各書所著録，則前人所定爲商器者大抵可據。"(同上，上册，31 頁)容教授當時是中央研究院的通訊研究員，他在發掘過程中見到過那些銅器。

我現在不想作出 A 型卣是最早的一種卣這樣的最後結論，直到我得以親自考察中央研究院的發現**，我保留我的判斷。然而，根據我現在掌握的材料，作爲一個暫時的結論，我認爲 A 型是最早的。如我所指出的，由出土地點和銘文都表示它們是商器。另外，這

* 徐中舒：殷代銅器足徵説並論鄴中片羽(考古學社社刊二期，1935，34—38 頁)。徐教授當時是中央研究院的一名成員，他在這篇簡明的論文中指出安陽發掘所得的青銅器和黄先生的鄴中片羽圖録中的青銅器非常相似。在我的表中，收録了黄先生圖録中的兩件 A 型卣。

** 倫敦圖片新聞 1936 年 4 月 4 日。蒂伯利(J. H. Timparley)：中國考古學的覺醒，哈金(J. Hackin)等：中國藝術和印度的影響第五章，倫敦，伯希和(P. Pelliot)：安陽的皇陵。所有這些論著發表了大約二十張關於中央研究院 1934 年在安陽的發掘和發現的照片。其中兩件青銅器是帶狀紋飾的。李濟博士在安陽發掘報告第三期(1931 年)的一篇文章中，有一件安陽發掘所得的爵，是素面的。倫敦圖片新聞(上述)發表一件鼎，通體有紋飾。由此可知，在商代，所有三種紋飾是同時並存的。所謂帶狀紋的"簡樸式"在商代肯定是存在的。

種卣有很多是繩索狀提梁的,這在商代以後就不再存在了。

這裏,我想指出在銅器斷代上,建立絶對年代學和正確釋讀銘文的困難。在貝希霍弗教授的表中,有一件華麗式的成王鼎,這是他認爲從華麗式到簡樸式的轉變是在成王時期的強有力的證據之一。這件鼎是清末出土經盧芹齋之手流入美國的。它最早發表於底特律美術研究所 1940 年借自盧芹齋的中國古代銅禮器展覽(圖録)中。在那個圖録中,銘文被譯成"成王的寶(鼎)"。貝希霍弗教授採用了這個誤譯。我把這銘文讀作"成王尊",這是爲祭祀成王而作器的縮寫。這件器鑄於成王去世之後。和一些相似的銘文作比較,如果是某人鑄的器,"作"字是從不省略的。這是表示銘文的釋讀是何等重要的一個例子。同樣,我們應該非常謹慎地對待歷史文獻。我總覺得爲青銅器建立一個絶對年代還爲時過早。現在,對西周歷史的批判的研究剛剛開始,我們不能避免因此而加在銅器研究上的這種限制。

在討論成王的繼承人康王時,貝希霍弗教授把"康宫"或"康之廟"和衛國的國君康叔攪混了。"康宫"的"康"是一個形容詞的修飾詞,表示"華麗"或"壯麗"的意思,而和任何個人無關。而"康叔"之"康"是指封邑。雖然兩者文字相同,却無任何關係。"康宫"意即"壯麗之宫",其用法和"新宫"之爲新的宫,"太廟"之爲大的廟一樣。也有在"宫"之前置人稱名詞或固有名詞的,如"周公宫",即"周公之宫",但按句法,要求在"康"和"宫"之間有一個稱號。

至於Ⅲ式,貝希霍弗教授和我一致認爲它們是卣的最晚的型式。

我想藉此機會指出,在我們研究青銅器時,首先要對整個歷史背景有一個徹底的瞭解,同時,對每一件器也有專門的知識。而後者就是對器物的各個方面的研究,特别是對銘文的正確釋讀的結果。我們必須對一種器形的全部器物加以研究,只有在此基礎上試作我們的結論。如果有人只選擇了特定器形中的一部分器物,根據對銘文的誤釋,這樣作出的結論,即使有可能不是完全錯誤,仍然有不符合真實的危險。

我必須説明,雖然在貝希霍弗教授的文章中不幸存在着錯誤,但這篇文章對於説明器形的變化仍然作出了很大的貢獻。貝希霍弗教授是這個領域中少數卓越的學者之一,而我有幸曾多次和他討論了這個問題。

附 件 二

關於古代中國的年代學

(譯者按:據作者原注,附件二是 1945 年重慶商務印書館出版作者所著西周年代考一書的英文提要。此處從略,不再譯出。)

圖版目錄

G(a) 圖 28 泉屋 58 塞納斯基博物館(Cernuschi)(按:二者並非一器)

G(b) 圖 29 遺寶 36 卡諾(J.Kano)藏品

G(c) 圖 30 弗利爾美術館 42.1(按:美集録 632)

H(a) 圖 31 善齋 118 原劉體智藏品

圖 32 波士頓美術館 14.84(按:美集録 617)

圖 33 泉屋 63 住友藏品

H(b) 圖 34 泉屋 62 住友藏品

圖 35 善齋 119 原劉體智藏品

H(c) 圖 36 福格博物館 43.52.95(按:美集録 630)

圖 37 周金文存 5.79 原陳介祺藏品

圖 38 泉屋 67 住友藏品

本書引用甲骨金文著作簡稱表

二　畫

十二　十二家吉金録　2冊　商承祚　1935年

十六　十六長樂堂古器款識考　4卷　錢坫　1796年

二百　二百蘭亭齋收藏金石記　4卷　吴雲　1856年

三　畫

三代　三代吉金文存　20卷　羅振玉　1937年

大系　兩周金文辭大系圖録考釋　8冊　郭沫若　1957年

小校　小校經閣金文拓本　18卷　劉體智　1935年

上海　上海博物館藏青銅器　1964年

上村嶺　上村嶺虢國墓地　1959年

山彪鎮　山彪鎮與琉璃閣　郭寶鈞　1959年

四　畫

文參　文物參考資料　1950—1958年

五省　五省出土重要文物展覽圖録　1958年

日本　日本蒐儲支那古銅精華　6冊　梅原末治　1959—1962年

分域　金文分域編　4冊　柯昌濟　1930年

五　畫

弗利亞　J. E. Lodge, A. G. Wenley, J. A. Pope, A Descriptive and Illustratied Catalogue of Chinese Bronzes, acquired during the Administration of J. E. Lodge. Freer Gallery of Art, Washington, D. C, 1946.

甲編　殷虚文字甲編　董作賓　1948年

白鶴　白鶴吉金集　梅原末治　1937年

白鶴譔　白鶴吉金譔集　梅原末治　1941年

六　畫

安陽遺寶　河南安陽遺寶　梅原末治　1940年

西清　西清古鑑　40卷　梁詩正等　1755年

西甲　西清續鑑甲編　20卷　王杰等　1793年

西乙　西清續鑑乙編　20卷　王杰等　1793年

考古圖　考古圖　10卷　吕大臨　1092年

吉金文選　雙劍誃吉金文選　2卷　于省吾　1933年

吉金文録　4卷　吴闓生　1933年

七　畫

扶風　扶風齊家村青銅器羣　1963年

形態學　古銅器形態之考古學的研究　梅原末治　1940年

卣與觥　J. Trübner, Yu und Kuang. Zur Typologie der Chinesischen Bronzen. Leipzig, 1929.

佚　殷契佚存　2册　商承祚　1933年

八　畫

河　甲骨文録　孫海波　1938年

京大　京都大學人文科學研究所藏甲骨文字·圖版之部　2册　貝塚茂樹　1959年

林　龜甲獸骨文字　2卷　林泰輔　1917年

武英　武英殿彝器圖録　2册　容庚　1934年

兩罍　兩罍軒彝器圖録　12卷　吴雲　1870年

述林　籀高述林　10卷　孫詒讓　1916年

奇觚　奇觚室吉金文述　20卷　劉心源　1902年

青山莊　青山莊清賞·古銅器篇　梅原末治　1942年

明　殷虚卜辭　明義士　1917年

長安　長安獲古編　2卷　劉喜海　1850年

周金　周金文存　6卷　鄒安　1916年

金匱　金匱論古初集　陳仁濤　1952年

九　畫

前　殷虚書契前編　8卷　羅振玉　1913年(1931年重印)

洛陽　洛陽故城古墓考　W. C. White, Tombs of Old Lo-Yang, Toronto, 1934.

恒軒　恒軒所見所藏吉金録　2卷　吴大澂　1885年

冠斝　冠斝樓吉金圖　4册　榮厚　1947年

美集録　美帝國主義劫掠的我國殷周青銅器集録　陳夢家　1963年

故宫　故宫　45册　故宫博物院　1929—1940年

柉禁　柉禁之考古學的考察　梅原末治　1933年

拾遺　古籀拾遺　3卷　孫詒讓　1888年

柏景寒　C. F. Kelley and Ch'en Meng-Chia, Chinese Bronzes from the Buckingham Collection. The Arf Institute of Chicago, 1946.

陜西　陜西省博物館、陜西省文物管理委員會藏青銅器圖釋　1960 年

貞圖　貞松堂吉金圖　3 卷　羅振玉　1935 年

後(上、下)　殷虚書契後編　2 卷　羅振玉　1916 年

泉屋　泉屋清賞　4 册　濱田耕作　1919 年

皇儲　N. Palmgren, Selected Chinese Antiquities from the collection of Gustaf Adolf, Crown Prince of Sweden, Stockholm, 1948.

十　畫

海外　海外吉金圖録　3 册　容庚　1935 年

移林　移林館吉金圖識　丁麟年　1910 年

殷周銅器　B. Karlgren, Yin and Chou in Chinese Bronzes, BMFEA, No. 8, 1936.

十一畫

商周　商周彝器通考　2 册　容庚　1941 年

菁華　歐美蒐儲支那古銅菁華　6 册　梅原末治　1933 年

張家坡　長安張家坡西周銅器羣　1965 年

參倫　參加倫敦中國藝術國際展覽會出品圖説第一册銅器　1936 年

陶齋　陶齋吉金録　8 卷　端方　1908 年

陶續　陶齋吉金續録　2 卷　端方　1909 年

從古　從古堂款識學　16 卷　徐同柏　1886 年

十二畫

善齋　善齋吉金録　18 册　劉體智　1934 年

善彝　善齋彝器圖録　3 册　容庚　1936 年

尊古　尊古齋所見吉金圖　4 卷　黄濬　1936 年

博古　博古圖録　30 卷　王黼等　約成于 1107—1110 年　用作者自藏明嘉靖七年(1528 年)蔣暘翻刻元至大重修本

著録表　三代秦漢金文著録表　20 卷　羅福頤　1933 年

復齋　鐘鼎款識　王厚之(復齋)　1166 年

十三畫

猷氏　W. P. Yetts, The George Eumorfopoulos Collection. Catalogue of the Chinese and Corean Bronzes, Sculpture, Jades, Jewellery and Miscellaneous Objects, London, 1929.

新研究　B. Karlgren, New Studies on Chinese Bronzes, BMFEA, No. 9. 1937.

新鄭　新鄭彝器　2 册　孫海波　1937 年

愙齋　愙齋集古録　26 册　吴大澂　1919 年

敬吾　敬吾心室彝器款識　2 册　朱善旂　1908 年

遠東　Bulletin of the Museum of Far Eastern Antiquities, Stockholm.
楚器圖録　楚器圖録　安徽省博物館　1954年
頌齋　頌齋吉金圖録　容庚　1933年
頌續　頌齋吉金續録　2册　容庚　1938年

十四畫

粹　殷契粹編　郭沫若　1937年
寧壽　寧壽鑑古　16卷　約成于1781年前
齊家村　扶風齊家村青銅器羣　1963年
夢郼　夢郼草堂吉金圖　3卷　羅振玉　1917年
夢續　夢郼草堂吉金圖續編　1卷　羅振玉　1918年
摭續　殷契摭佚續編　李亞農　1950年
綜述　殷虚卜辭綜述　陳夢家　1956年
綴遺　綴遺齋彝器款識考釋　30卷　方濬益　1935年

十五畫

澂秋　澂秋館吉金圖　2册　孫壯　1931年
獲古　獲古圖録　大村西崖　1923年
嘯堂　嘯堂集古録　2册　王俅　1176年
遺文　貞松堂集古遺文　3卷　補編　3卷　續編　3卷　羅振玉　1930、1931、1934年
餘論　古籒餘論　3卷　孫詒讓　1903年

十六畫

濬縣　濬縣彝器　2册　孫海波　1938年
曆朔　金文曆朔疏證　2册　吴其昌　1936年
鄴一　鄴中片羽初集　2册　黄濬　1935年
鄴二　鄴中片羽二集　2册　黄濬　1937年
鄴三　鄴中片羽三集　2册　黄濬　1942年
盧目(1939)　An Exhibition of Chinese Bronzes. C. T. Loo and Company, New York, 1939.
盧目(1940)　An Exhibition of Ancient Chinese Ritual Bronzes. C. T. Loo and Company, New York, 1940.
盧目(1941)　Exhibition of Chinese Art. C. T. Loo and Company, New York, 1941.
學報　考古學報
録遺　商周金文録遺　于省吾　1957年
積古　積古齋鐘鼎彝器款識　10卷　阮元　1804年
賸稿　河南吉金圖志賸稿　孫海波　1939年

十七畫

薛氏　歷代鐘鼎彝器款識法帖　20卷　薛尚功　1144年

十八畫

簠齋吉金録　8卷　鄧實　1918年

雙劍Ⅰ　雙劍誃吉金圖録　2卷　于省吾　1934年

雙劍Ⅱ　雙劍誃古器物圖録　2卷　于省吾　1940年

十九畫

灃西　灃西發掘報告　1963年

癡盦　癡盦藏金　李泰棻　1940年

懷米　懷米山房吉金圖　2卷　曹載奎　1939年

攀古　攀古樓彝器款識　2卷　潘祖蔭　1872年

攈古　攈古録金文　3卷　吴式芬　1895年

二十畫

寶蘊　寶蘊樓彝器圖録　2册　容庚　1929年

二十一畫

續　殷虚書契續編　6卷　羅振玉　1933年

續考　續考古圖　5卷

二十三畫

巖窟　巖窟吉金圖録　2册　梁上椿　1943年

二十四畫

觀堂　觀堂集林　22卷　王國維　1921年

編 後 記

陳夢家先生從事西周銅器研究,肇始于三十年代後期。當時,他執教于西南聯合大學,曾講授西周金文和東周金文,編撰海外中國銅器圖録。隨後,又利用去美國講學的時機,廣泛搜集流散于北美和歐洲的中國銅器資料。1954 年,他在原有講稿的基礎上補充修改,着手撰寫西周銅器斷代這部全面論述西周有銘銅器的專著,截至 1956 年底在考古學報先後刊載六次。後因被錯劃爲右派分子,未能繼續發表。繼而承擔武威漢簡和居延漢簡的整理研究任務,暫時中斷金文研究。1964 年初,他重新致力于西周銅器斷代一書的寫作,原計劃 1966 年底完稿。"文化大革命"的惡浪,不僅迫使陳先生再次中斷該書的寫作,而且吞噬了他年富力强的生命,造成學術上無可挽回的損失。萬幸的是,他的全部手稿和有關資料尚保存完整,由他的夫人趙蘿蕤教授無償地捐贈給考古研究所,因而得以將這部著作整理出版。

西周銅器斷代一書的整理工作,是 1978 年秋至 1982 年春在夏鼐所長的指導下進行的。開始,先由專人將作者 1954—1956 年在考古學報已發表部分,根據其自存兩份抽印本的諸多批注進行訂正和增删;又將作者未發表的手稿,包括稿間批注、夾條,以及未能完成的寫作提綱和片斷札記,進行清抄與連綴。然後,對書中引用的文獻資料,進行認真的核校,做到忠實于作者原意,不妄改一字。其間,張亞初同志承擔西周器銘考釋部分的整理,張長壽、周永珍同志承擔西周銅器總論部分的整理。陳公柔、王世民同志負責通讀全部書稿,並參與總論部分的整理。王世民、張亞初又分别承擔配置全書圖版、編製引用著作簡稱表等項工作。

全書的總目録,是根據作者 1964 年初擬定的寫作計劃和一份器目表編列的。其中未能完成的一些章節,包括:已有未完稿、僅有提綱和僅有片斷札記三種情況,均在總目中注明。由于這是作者生前未能完成的一部書稿,書中對若干銅器的斷代和某些詞語的考釋未及全面定奪,有個别前後不盡一致之處,凡此均保持原貌,有的加脚注説明其矛盾與移易情況。銅器藏地的變動,也以脚注説明。爲便于讀者參閲,特將作者的兩篇相關論著收作本書外編,其一西周年代考,原有商務印書館 1955 年 11 月重印本,現據作者 1956 年 10 月校訂本收録;其二中國青銅器的形制,原係作者 1945 年 11 月在美國的一次講演,曾用英文發表,現由張長壽同志譯成中文收録。

爲使本書高質量的與讀者見面,中華書局不惜工本,特用鉛字排印出版。責任編輯趙誠和出版部的同志,爲此花費了巨大的勞動。華昌泗同志生前爲刻製難字,洪文濤同志爲設計圖版,都頗費辛勞。配置圖版,得到上海博物館、故宫博物院等單位的幫助。對此,我們深表感謝。

1990年6月校後記

出版後記

西周銅器斷代一書三校樣出來之後，本欲儘快付型，怎奈校樣上依然存在著較多勾勒，且復有數處金文需另造銅模，然因鉛排工藝已被淘汰，則鉛排更改及再製銅模已屬不能。而此時原發稿責任編輯趙誠早已退休，嗣後，編輯部囑俞國林負責此書，比勘原整理稿，校閱一過，並做了某些技術性處理，重新發排，所以，此書至今日始得以印行。爰附數語於末，聊述箇中原由，不當之處，敬乞讀者見諒。

中華書局編輯部

2003年4月17日

陳夢家著作集

西周銅器斷代

下册

中華書局

考古學專刊

甲種第二十七號

西周銅器斷代

下冊

陳夢家 著

中國社會科學院考古研究所編輯

目　　録

一、武王銅器

1．天亡毁

A．三代9、13、2

B．中國歷史博物館提供

2．保卣

B．上海博物館提供

A．録遺276（蓋）

附：保尊

B．河南省博物館提供

A．録遺204

二、成王銅器

甲、克商

3．小臣單觶

B．上海博物館提供

A．三代 14、55、5

4．康侯毁

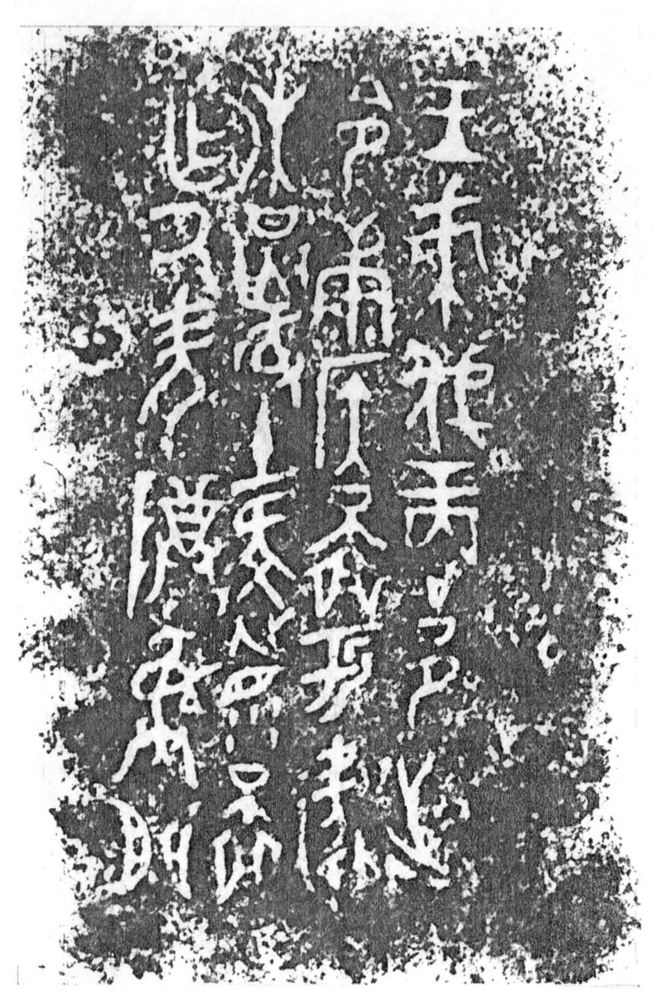

A．録遺157

B．作者自藏

5．宜侯夨毁

B．作者自藏

A．録遺167

乙、伐東夷

6. 塱方鼎

B. 作者自藏

A. 前未著録

7．旅鼎

B．中國歷史博物館提供

A．三代4、16、1

8．小臣謎毁

B．善彝71

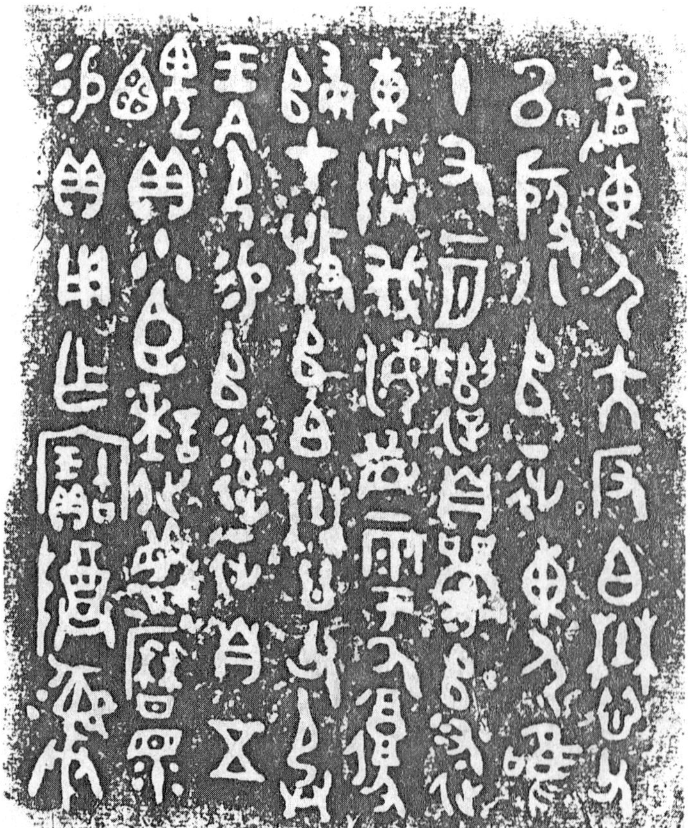

A．三代9－11

9．疐鼎

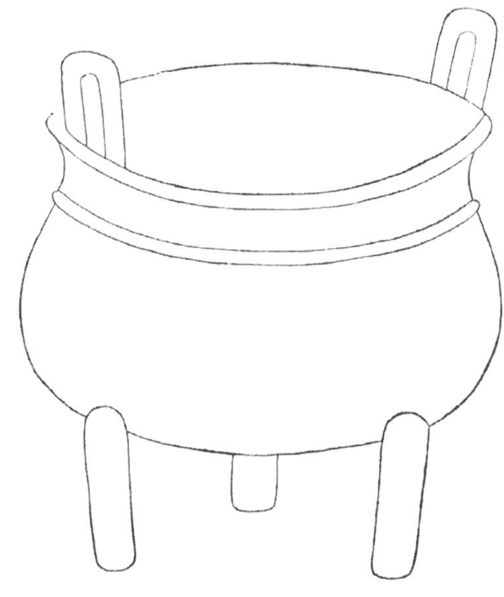

B．十六1、17

A．攈古2、3、79

10．𪓰鼎

A．三代4、18

丙、伐東國

11．明公毁

B．上海博物館提供

A．三代6．49．1

12. 班簋

B. 同A

A. 西清13、12

附

A．文物1972年9期

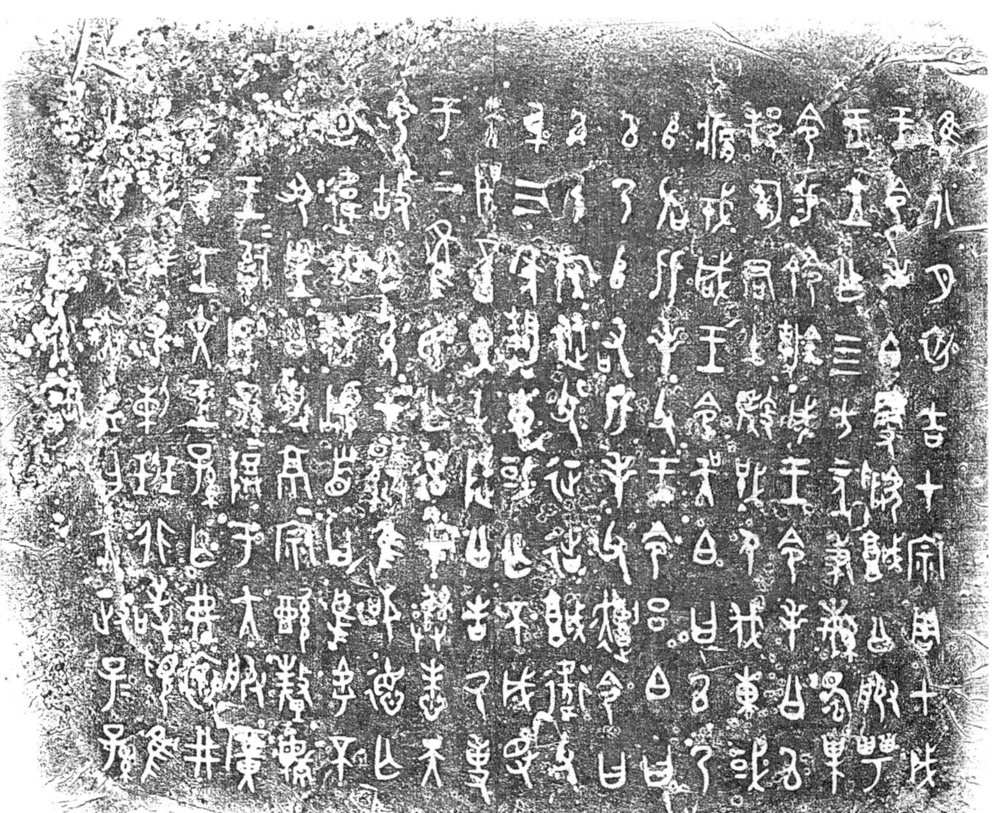

B．文物出版社提供

丁、伐蓋楚

13. 禽毁

B. 作者自藏

A. 三代6、50、1

14．岡刼尊

B．商周515

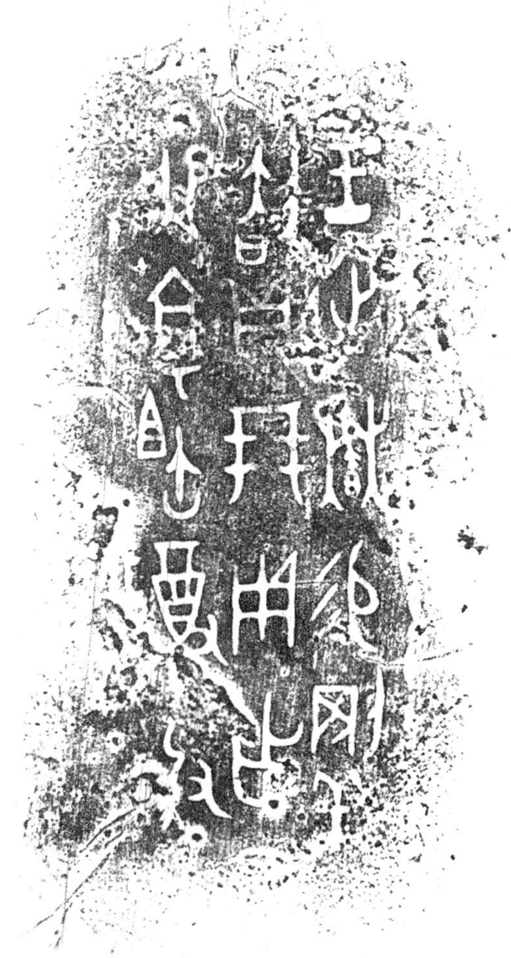

A．曆朔2、17

附：岡刧卣

B．前未著録

A．前未著録

15．令毁

B．作者自藏

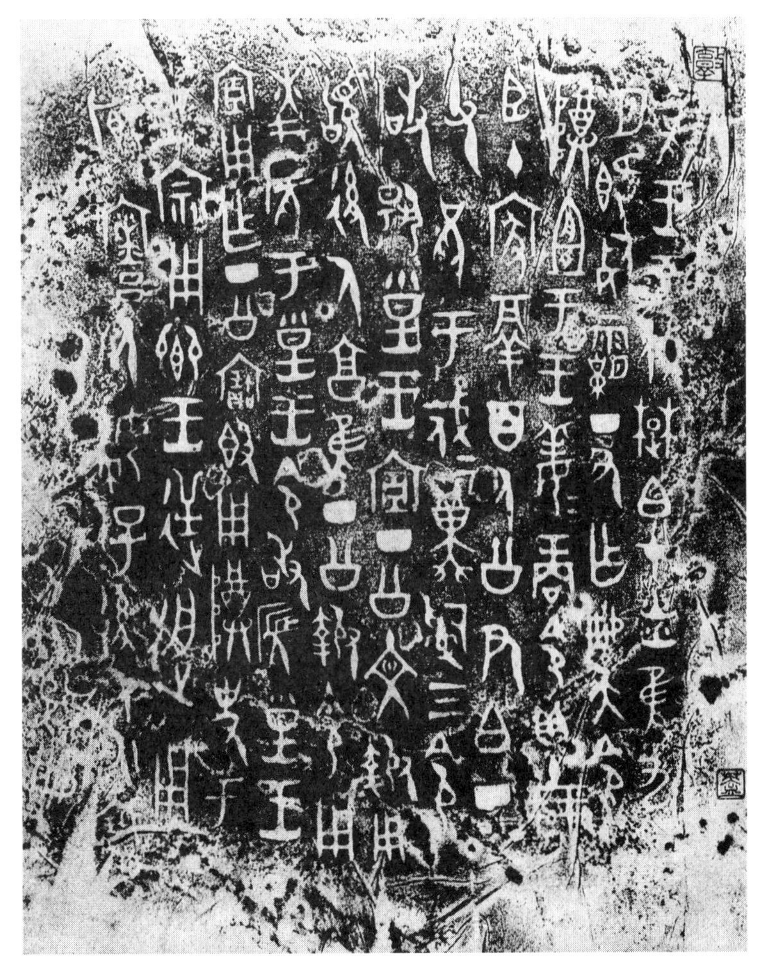

A．三代 9、27、2

戊、白懋父諸器

16．召尊

A．録遺205

B．上海博物館提供

附：召卣

B．上海博物館提供

A．録遺277（蓋）

17．小臣宅毁

B．中國歷史博物館提供

A．三代6、54、1

18．御正衛毁

B．武英58

A．三代6、49、6

己、明保諸器

19. 令方彝

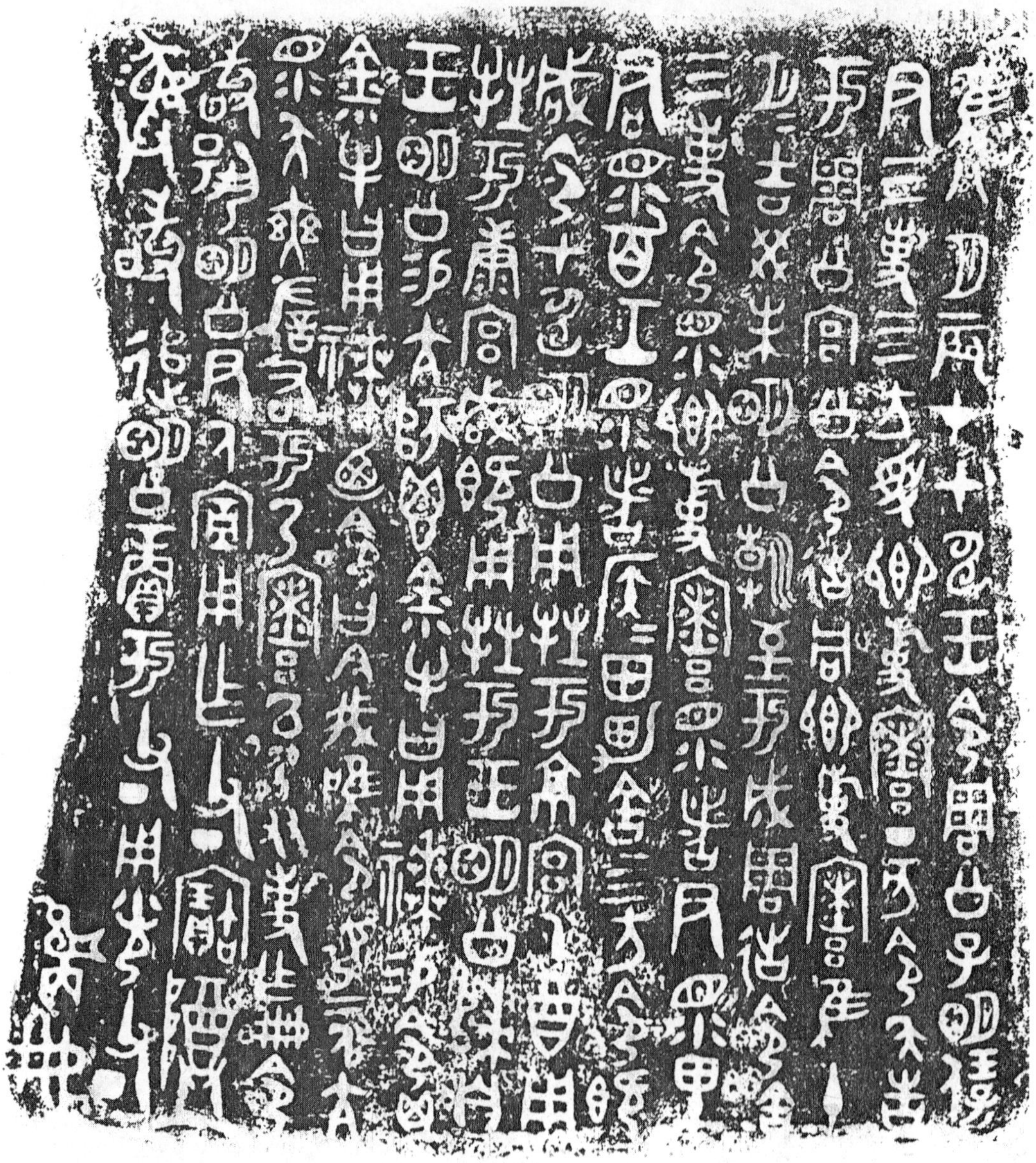

A. 三代6、56、2(蓋)

19．令方彝

B．作者自藏

20．乍册䰧卣

A．三代13、39、2（器）

B．善彝118

21．士上盉

B．善彝107

A．三代14、12、2

庚、燕、召諸器

22．小臣⿰扌䖒鼎

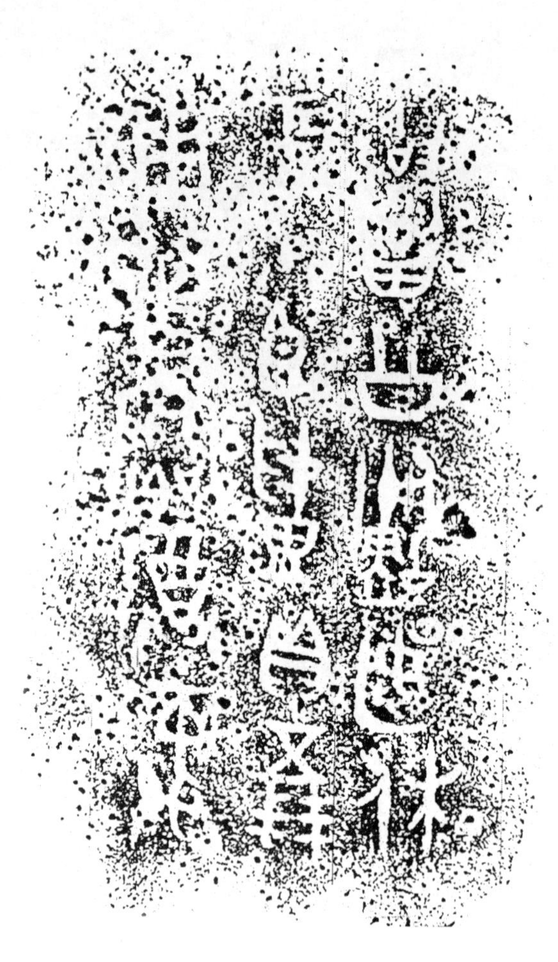

A．録遺85

23．大保毁

B．尊古2、7

A．三代8、40、1

24．匽侯盂

A．録遺511

B．考古研究所藏

辛、畢公諸器

25．召圜器

A．三代 13、42、1

B．上海博物館提供

26．𤅊毁

B．夢郼1、25

A．三代6、53、2

27．奚方鼎

A．録遺92

B．作者自藏

28. 小臣逋鼎

A. 録遺84

B. 作者自藏

29．乍册䰧卣

B．作者自藏

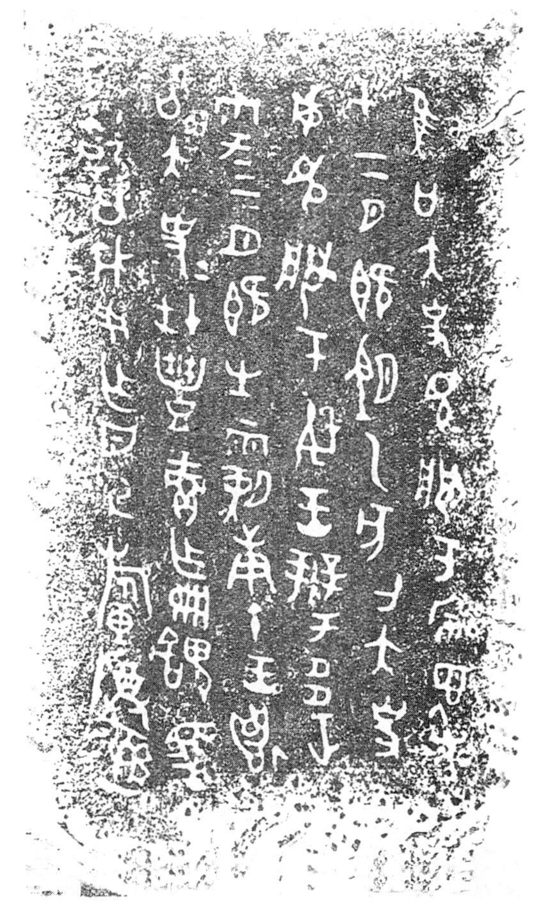

A．前未著録

壬、"王才"諸器

30. 趞卣

B. 作者自藏

A. 三代11、34、2(蓋)

31．乍册睘卣

B．作者自藏

A．三代13、40、4（器）

32．㜏侯鼎

A．三代3、50、2

B．考古研究所藏

33．盂爵

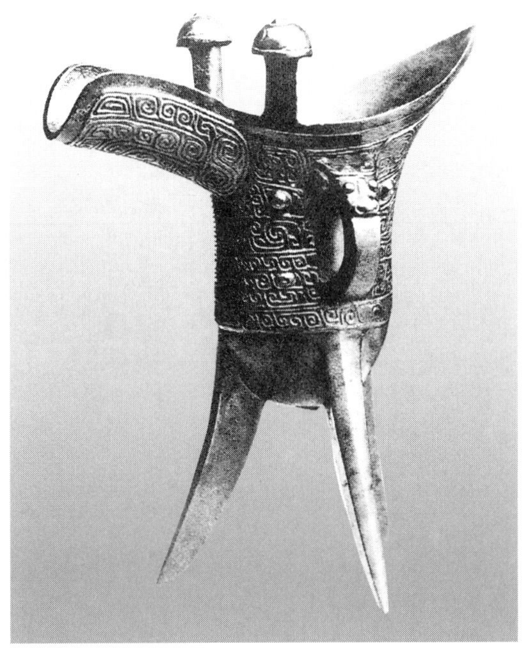

B．日本227

A．三代16、41、3

34．蔡尊

A．曆朔1、25

35．新邑鼎

A．文物1963年3期

B．同A

36．士卿尊

A．三代11、32、7

B．善彝131

癸、其它諸器

37．臣卿鼎

B．澂秋 4

A．三代 3、41、1

38．克作父辛鼎

B．癡盦3

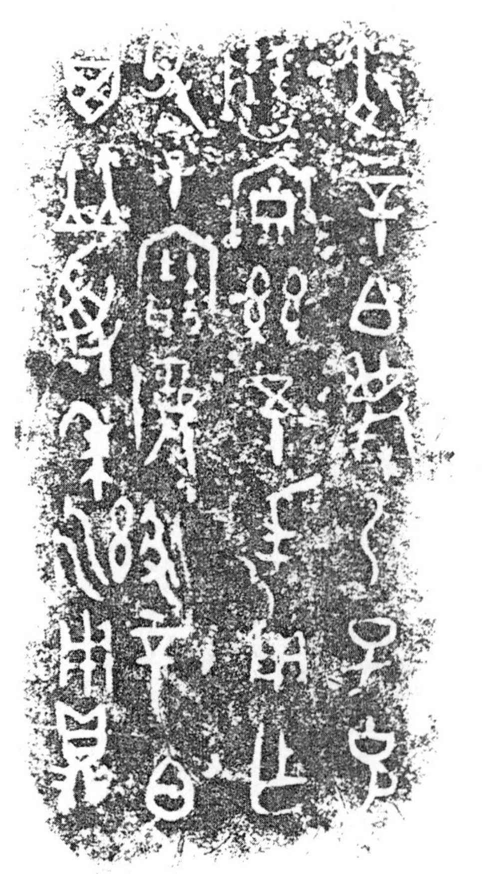

A．錄遺88

39．壴卣

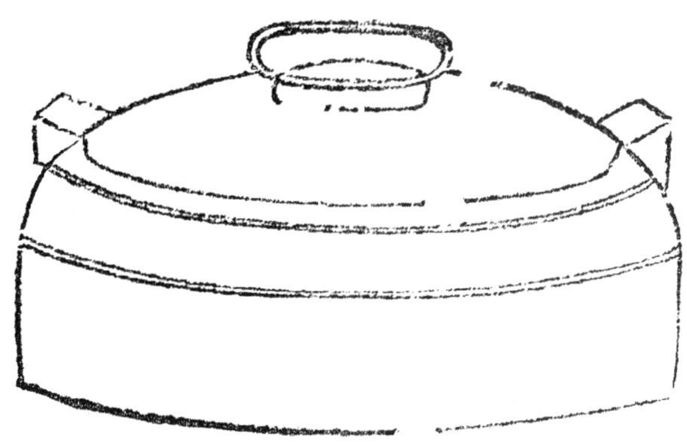

B．同A

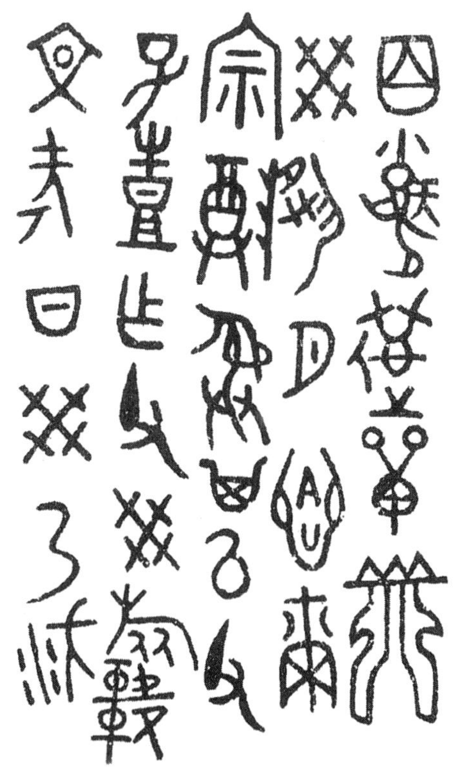

A．博古10、35

40．息白卣

A．三代13、36、5

B．頌續52

41．中乍且癸鼎

A．三代3、23、1

42．𠭯毁

A．三代6、51、4

43．𨸏毁

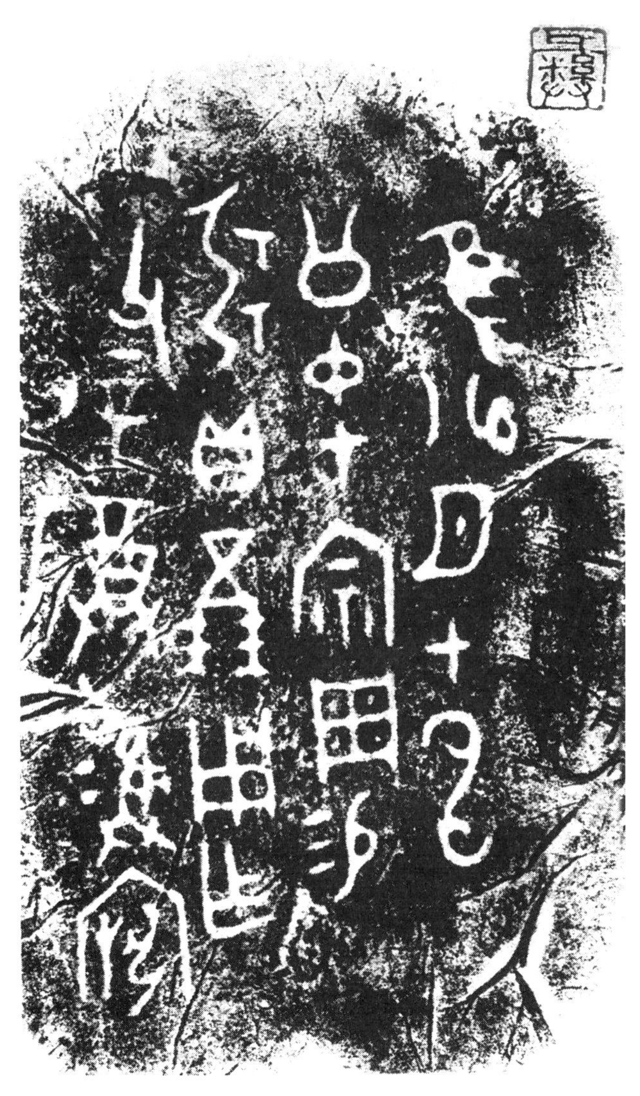

A．三代6、49、4

44．亳鼎

A．三代4、2、2

45．文鼎

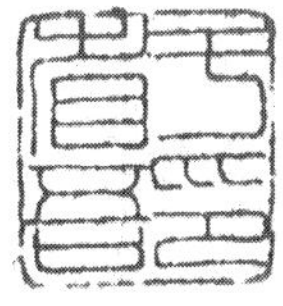

A．三代 3、23、6

46．鄂叔𣪘

A．文物1959年10期

B．上海博物館提供

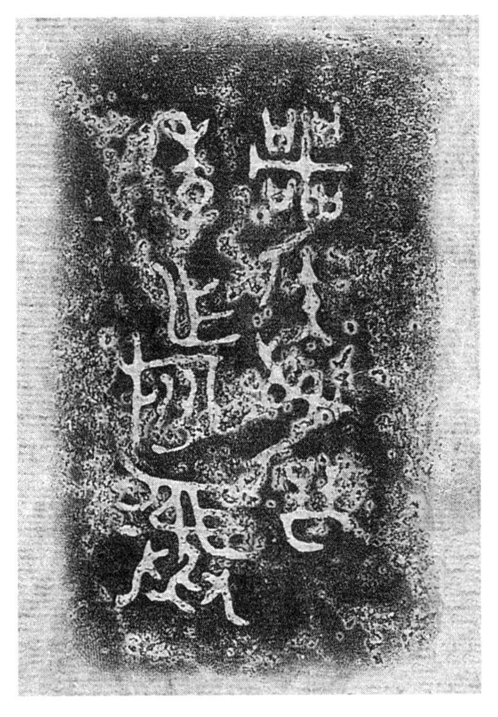

47．鄂侯弟□季卣

A．文物1964年7期

B．作者自藏

48. 鄂季𣪘（失蓋）

A. 文物1964年7期

B. 上海博物館提供

49．徝方鼎

A．上海28

B．上海博物館提供

附：徝鼎

A．上海27

B．上海博物館提供

50．𢓊𣪕

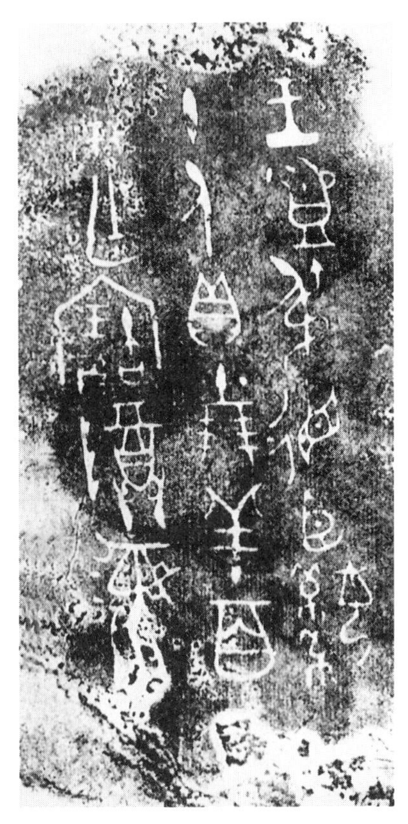

A．美集録 R 321

B．作者自藏

51．弔 𧻚 毁

A．美集録 R320

B．作者自藏

52．哲尊

A．三代 11、33、2

B．上海博物館提供

三、成康銅器

53．中盤

A．小校9、76、2

54．史叔隋器

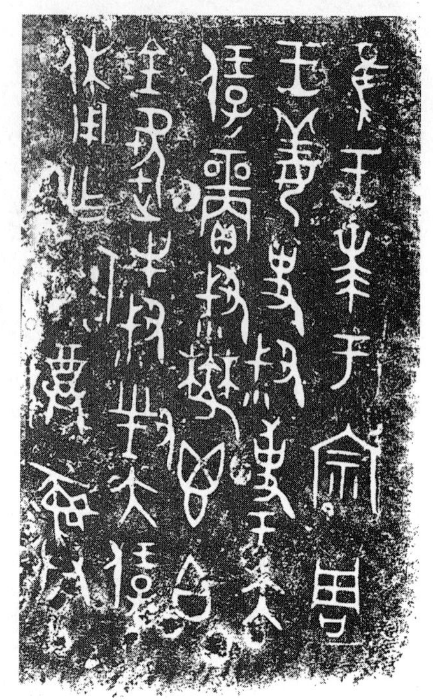

A．録遺161乙（器）

B．作者自藏

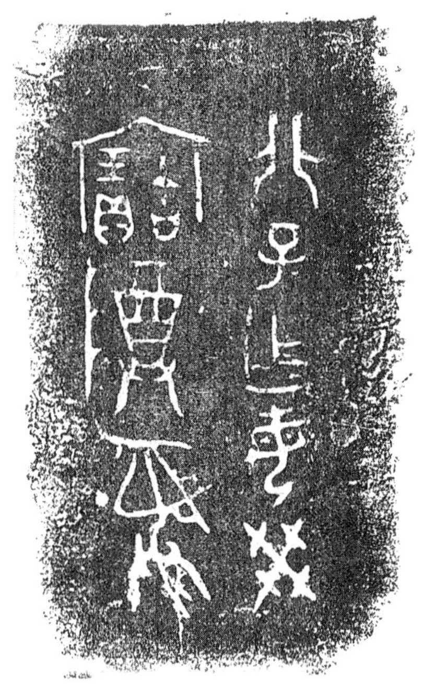

55．北子方鼎

A．三代6、42、4

B．作者自藏

56．應公觶

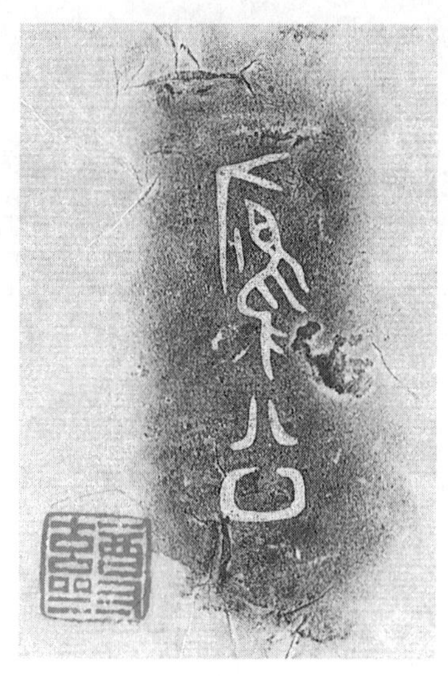

A．續殷下74

B．作者自藏

附：應公鼎

B．作者自藏

57. 𪓐毁

B. 作者自藏

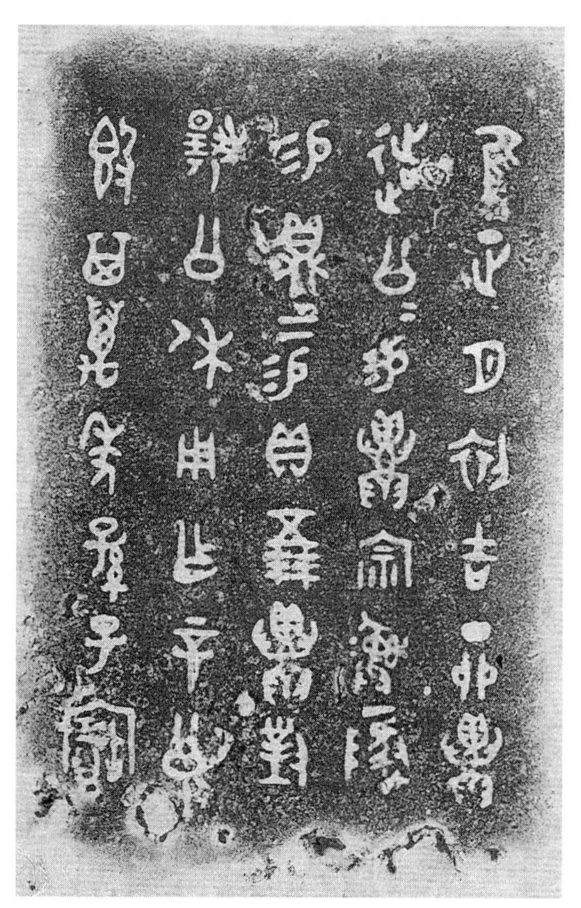

A. 録遺163

58．井侯毁

B．作者自藏

A．三代 6、54、2

59．小子生尊

A．西清8、43

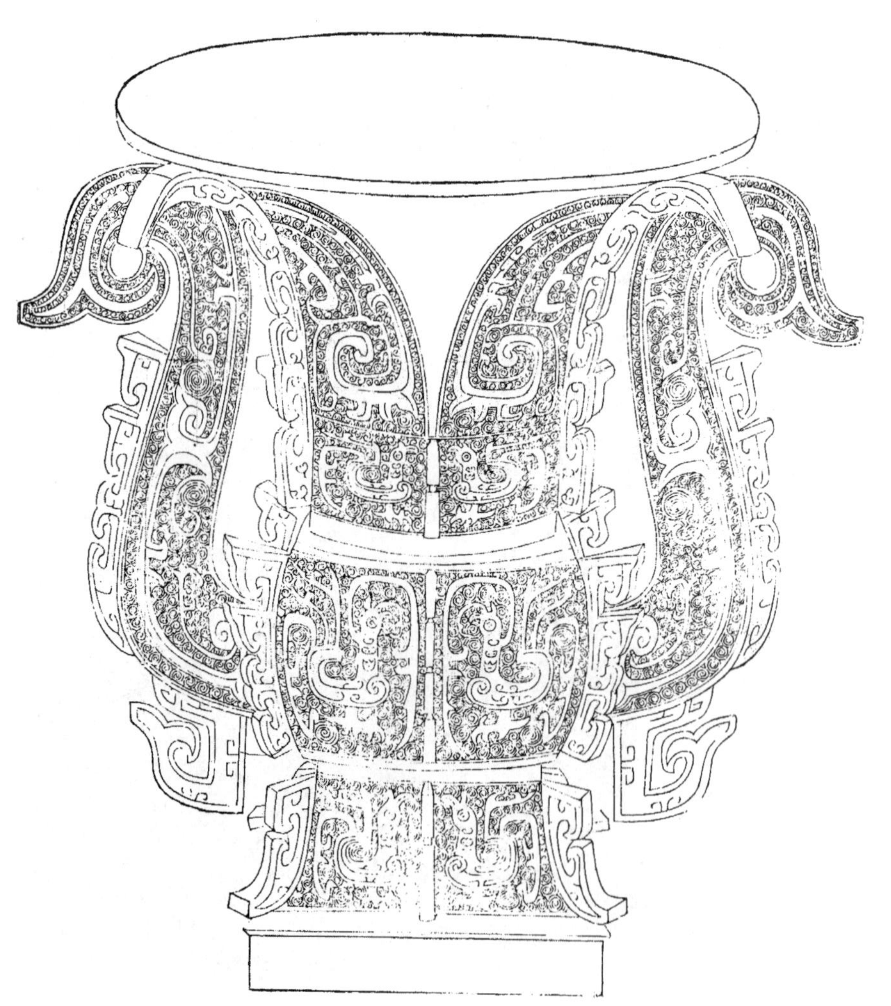

B．同A

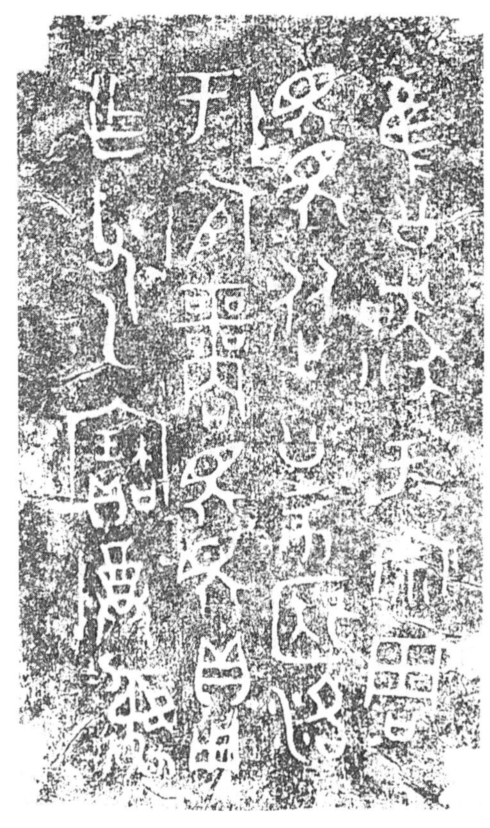

60．𢍰尊

A．濬縣 13

B．同A

61．耳尊

A．前未著録

B．故宫博物院提供

62．𤔲鼎

B．賸稿 7

A．三代 3、47、3

63．史獸鼎

B．善彝27

A．三代4、23、3

64．小臣靜卣

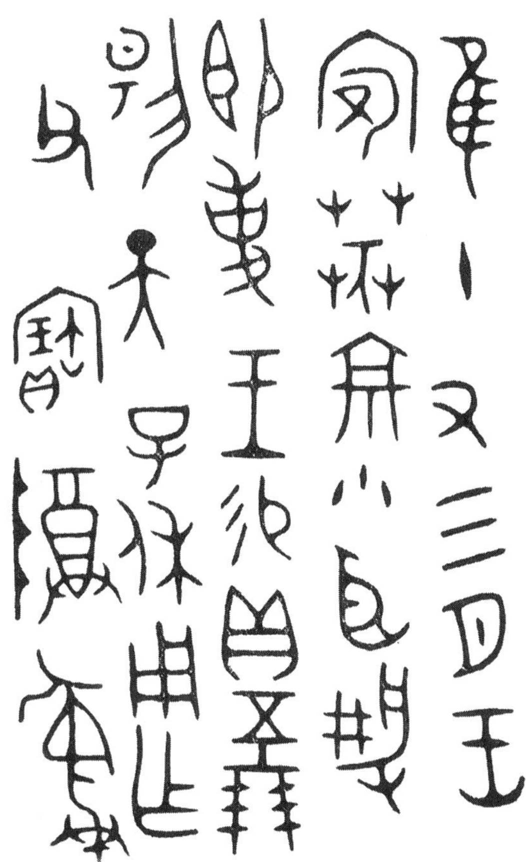

A．綴遺12、1

65．耳卣

A．三代13、36、7（器）

B．泉屋62

四、康王銅器

66．魯侯熙鬲

A．美集録 R442

B．作者自藏

67. 乍册大方鼎

B. 作者自藏

A. 弗利亞(1967)

68．大保方鼎

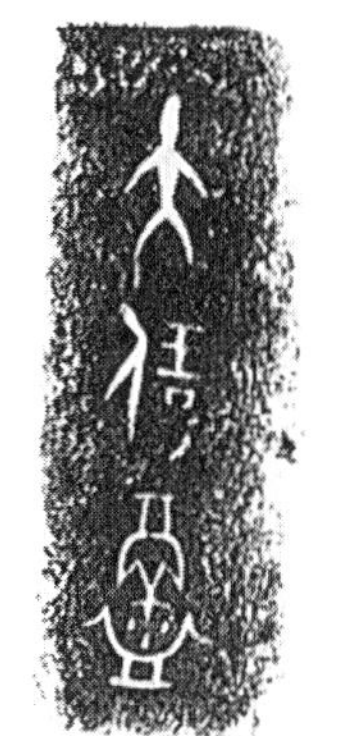

A．三代2、32、4

B．作者自藏

69．成王方鼎

A．美集録R 370

B．作者自藏

70．寓鼎

B．作者自藏

A．録遺94

71．白害盉

B．頌續56

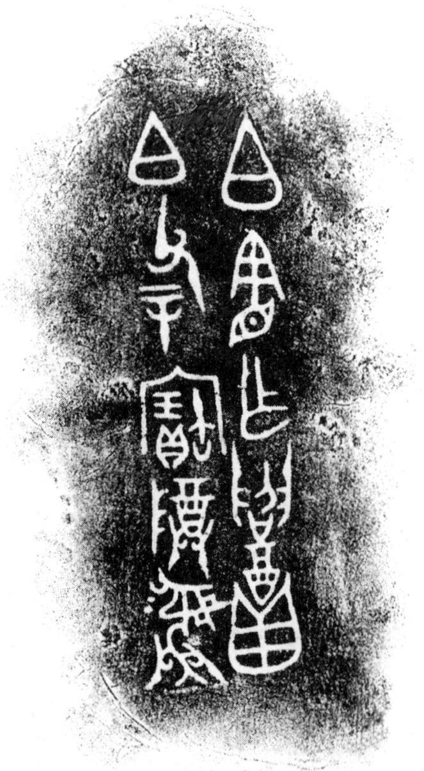

A．三代14、9、8（器）

72. 大史友甗

A. 三代5、8、5

B. 泉屋1、11

73．庚贏卣

A．三代3、45、2（器）

B．作者自藏

74．大盂鼎

B．中國歷史博物館提供

A．三代4、42—43

75．小盂鼎

A．三代4、44—45

76．師旅鼎

B．故宫博物院提供

A．三代4、31、2

77．它毁

B．善彝84

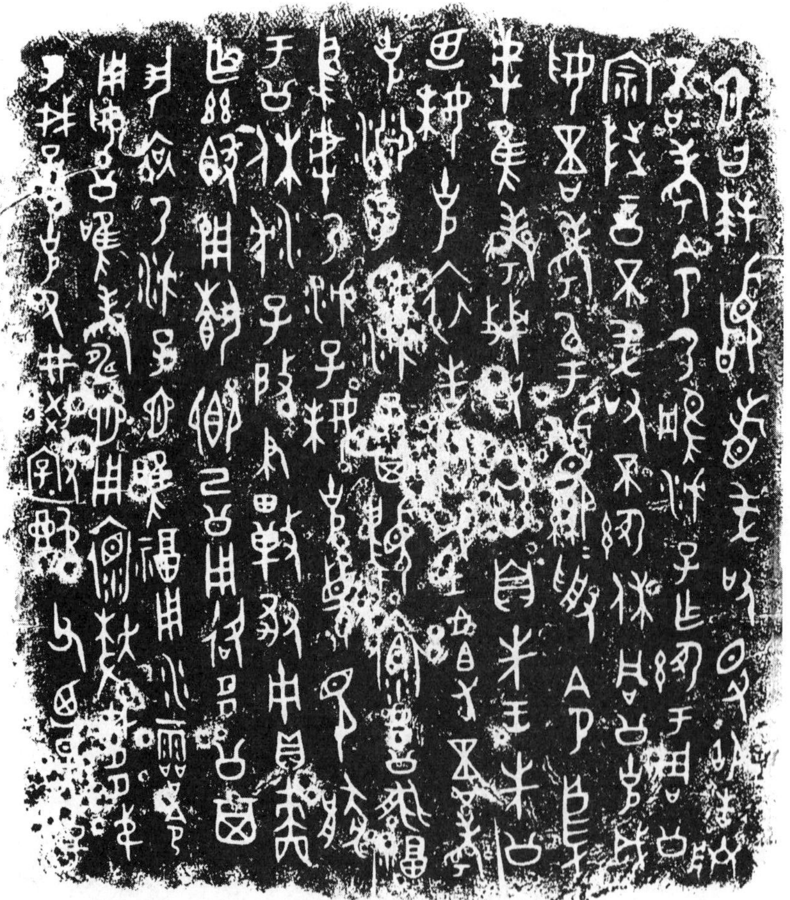

A．三代9、38、1

78．遹甗

B．泉屋1、12

A．三代5、12、2

79．競組器

①競卣一

B．泉屋2、63

A．三代13、44、3（蓋）

②競毀

B．作者自藏

③競卣二

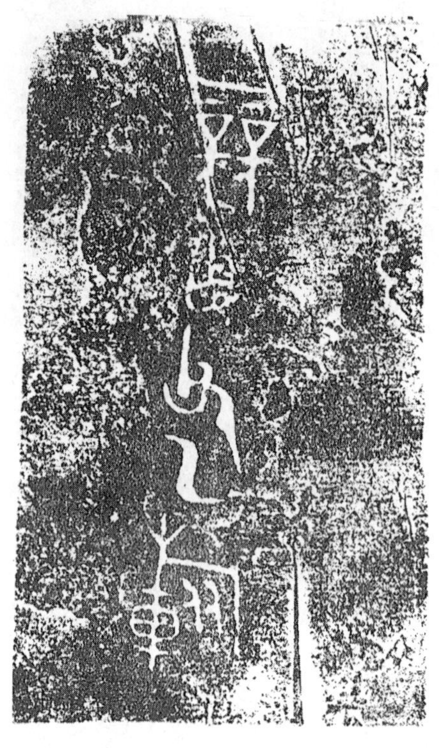

B. 作者自藏

④競尊

B．作者自藏

⑤競盉

B．作者自藏

⑥競鼎

B．作者自藏

80．效尊

B．白鶴 9

A．三代 11、37、1

附：效卣

B．上海博物館提供

A．三代13、46、2（蓋）

81．寧毁蓋

A．録遺152

B．中國歷史博物館提供

82．貉子卣

B．作者自藏（蓋真，器仿另一同銘者）

A．三代13、41、2（蓋）

83．乍册益卣

B．上海博物館提供

A．三代13、46、1

84．敔毁

A．三代 8、44、1

85．𡭴毁

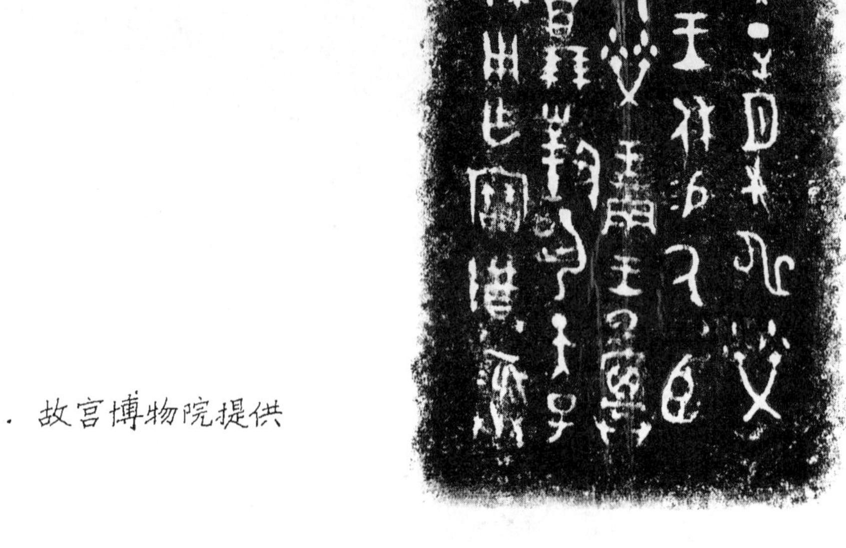

B．故宫博物院提供

A．三代6、49、5

86．萬諆觶

A．三代11、35、4

B．西清8、42

87. 保侃母毁蓋

A. 三代7、23、2

B. 雙吉1、12

器

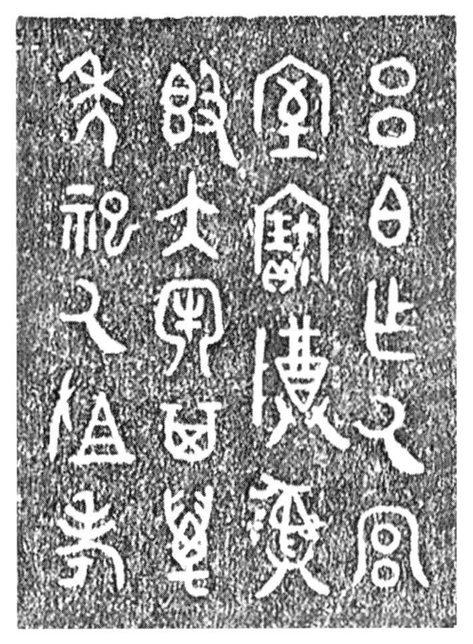

A．西清27、11（器）

B．同A

89. 方𣪕蓋

A. 日本304

B. 同A

90．己姜毁蓋

A．三代8、22

B．夢續20

91．盂毀

B．考古研究所藏

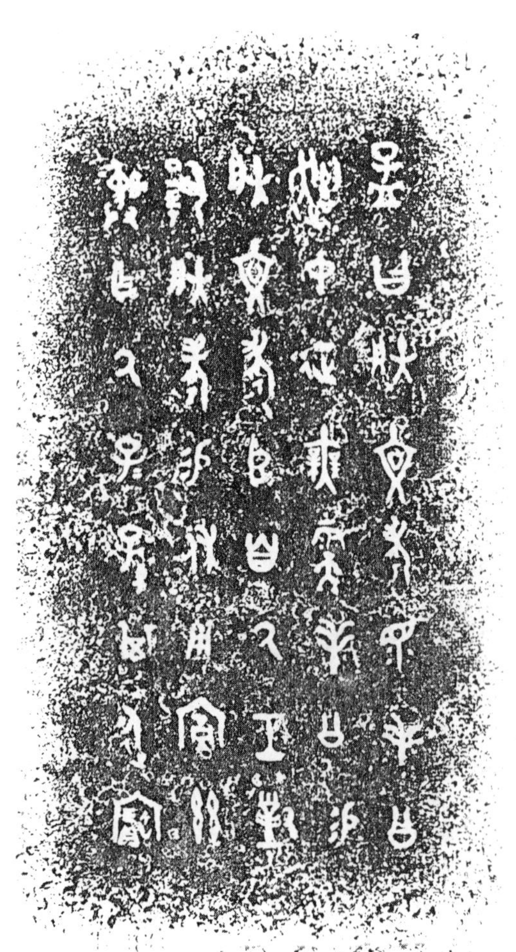

A．張家坡5

92．毛公旅方鼎

B．上海博物館提供

A．三代4、12、1

93．公貿鼎

A．三代4、12、2

五、昭王銅器

94．𤔲毁

A．三代 8、49、2（器）

B．故宫博物院提供

95．無其毁

A．三代9、1、2（器）

B．故宫博物院提供

96. 友毁（失蓋）

B. 善彝68

A. 三代8.51.2

97．尹姞鬲

B．作者自藏

A．録遺97

98. 公姞鬲

B. 作者自藏

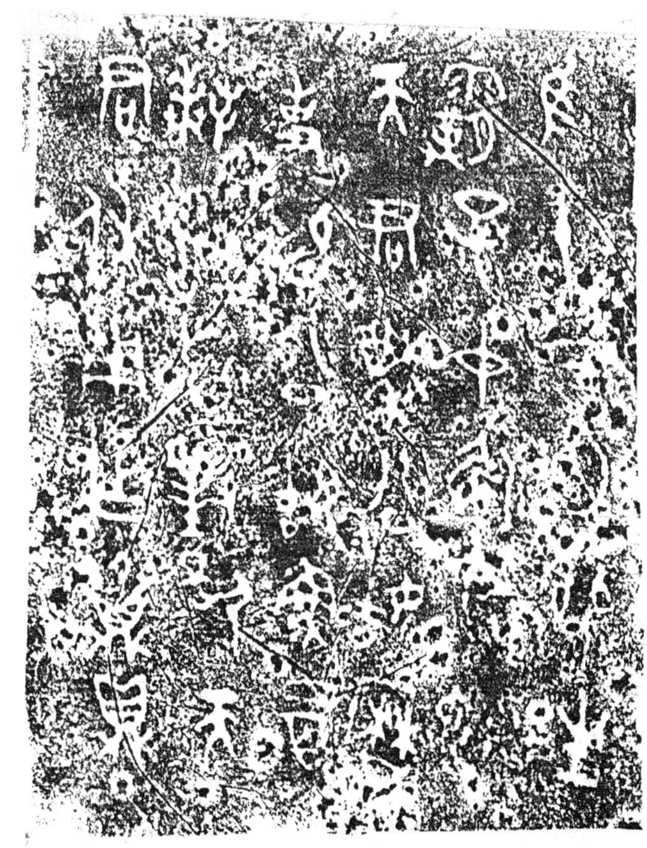

A. 美集録R 400

99．郭伯㱿毁

A．三代8、50、4

B．作者自藏

100．𢦏毁

B．故宫博物院提供

A．録遺160、2（器）

101．寓鼎

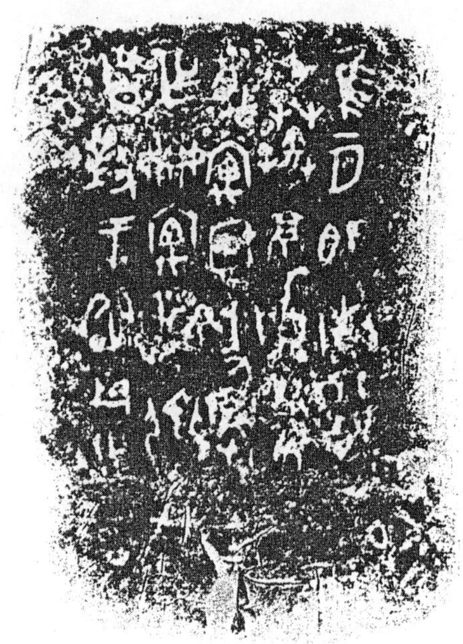

A．三代 3．51．2

B．故宫博物院提供

102. 同卣

A. 三代 13、39、2（器）

六、穆王銅器

103．長由盉

B．作者自藏

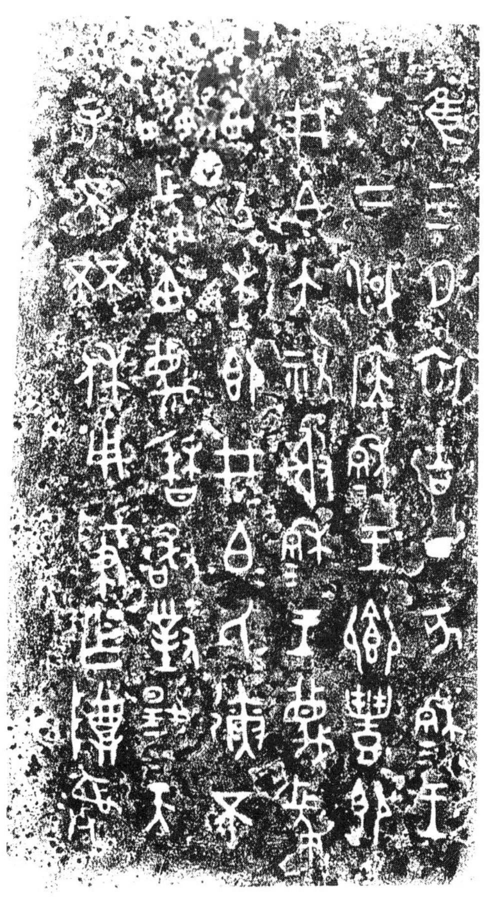

A．録遺293

104. 遹毁

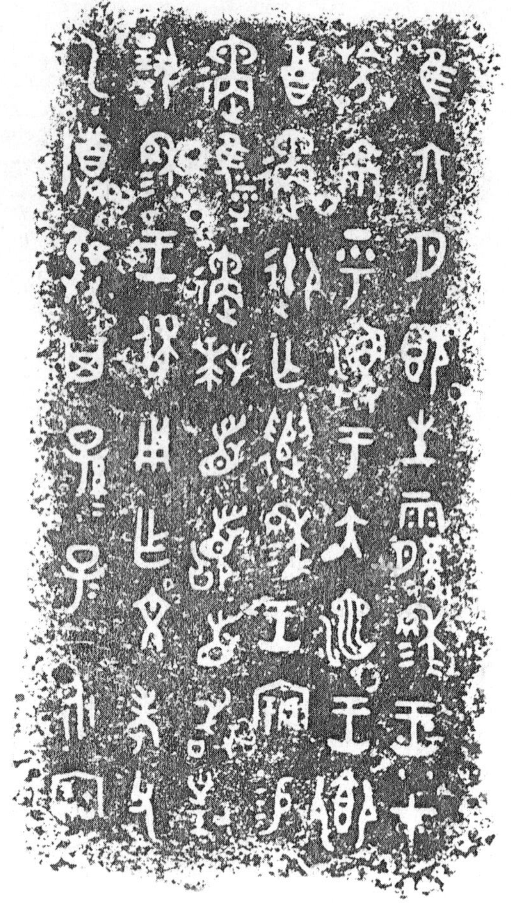

A. 三代 8、52、2

B. 善彝 83

105．刺鼎

B．商周55

A．三代4、23、3

七、共王銅器

106. 趞曹鼎一

A. 三代 4、24、3

B. 上海博物館提供

107．利鼎

B．考古研究所藏

A．三代4、27、2

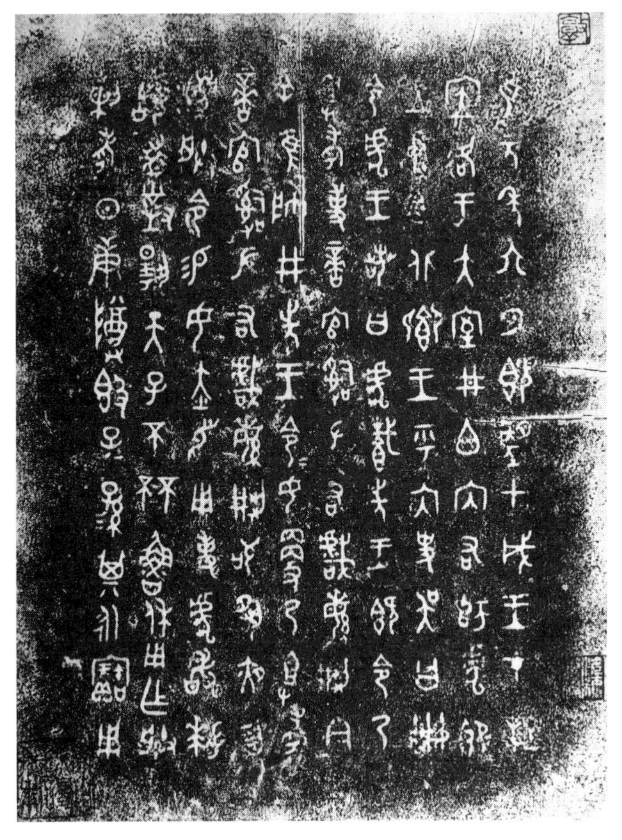

108. 師虎𣪕

（失蓋）

A. 三代9、29、2

B. 上海博物館提供

109. 豆閉毁

（失蓋）

A．三代9、18、2

B．故宫博物院提供

110．師毛父毁
（失蓋）

A．博古17、18

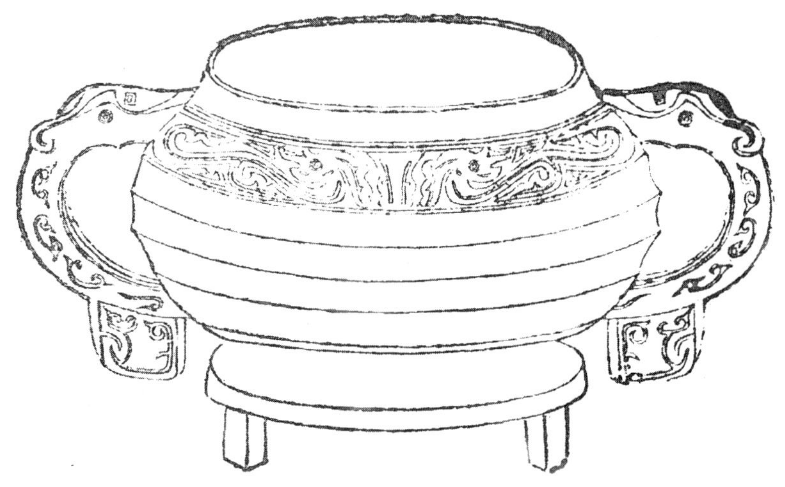

B．同A

111. 師奎父鼎

B. 上海博物館提供

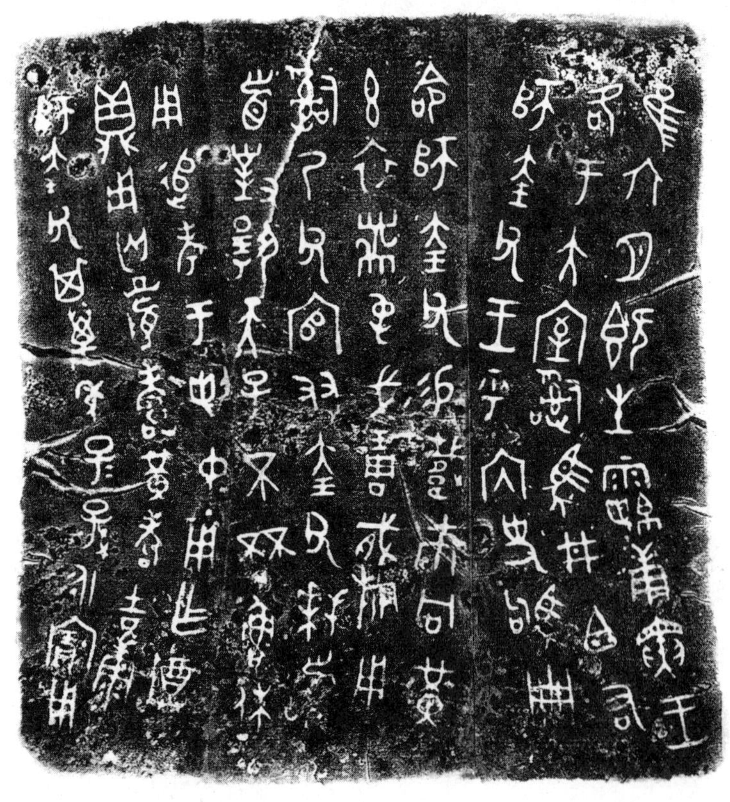

A. 三代 4、34、1

112．走毀（失蓋）

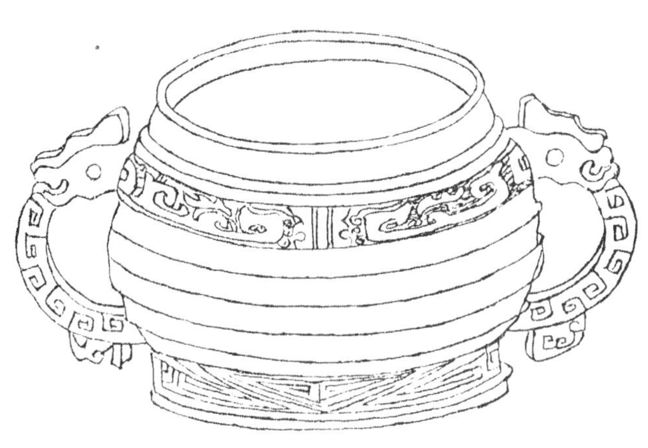

B．同A

A．西甲12、44

113．趞曹鼎二

B．上海博物館提供

A．三代4、25、1

114. 乍册吴方彝蓋

B. 上海博物館提供

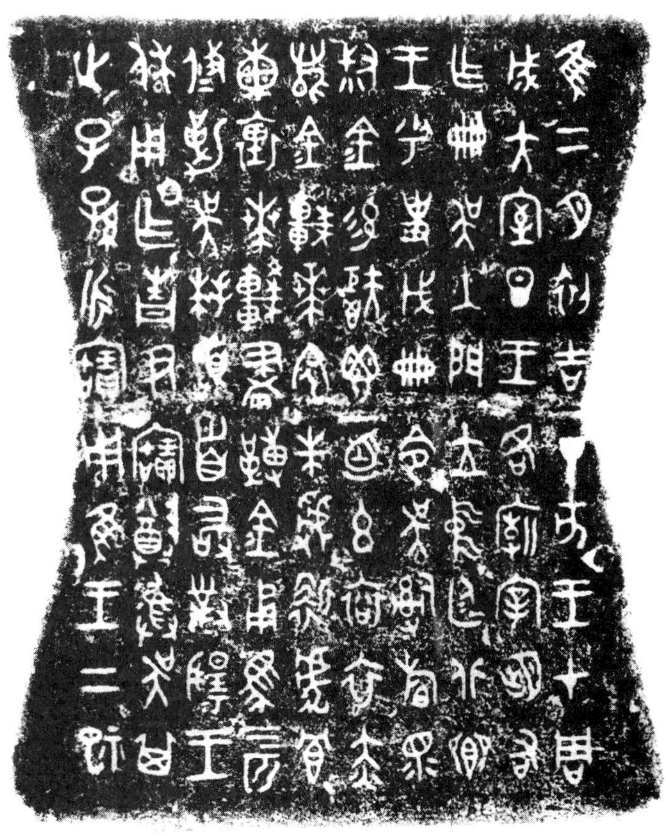

A. 三代 6、56、1

115. 師遽方彝

A. 三代11、37、2（蓋）

B. 上海博物館提供

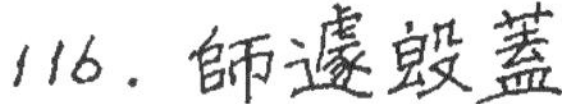

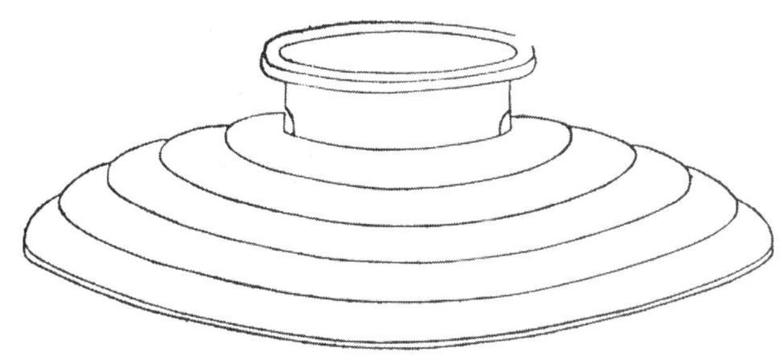

B. 恒軒39

A. 三代8、53、2

117. 鄭牧馬受毁蓋

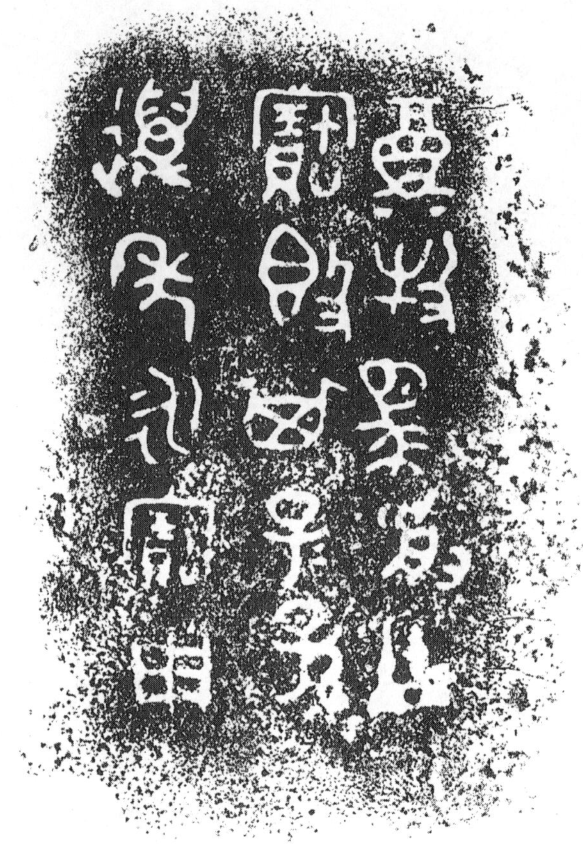

A. 録遺150

B. 作者自藏

118. 師湯父鼎

B. 善彝35

A. 三代4、24、1

119. 師𤸫毁蓋

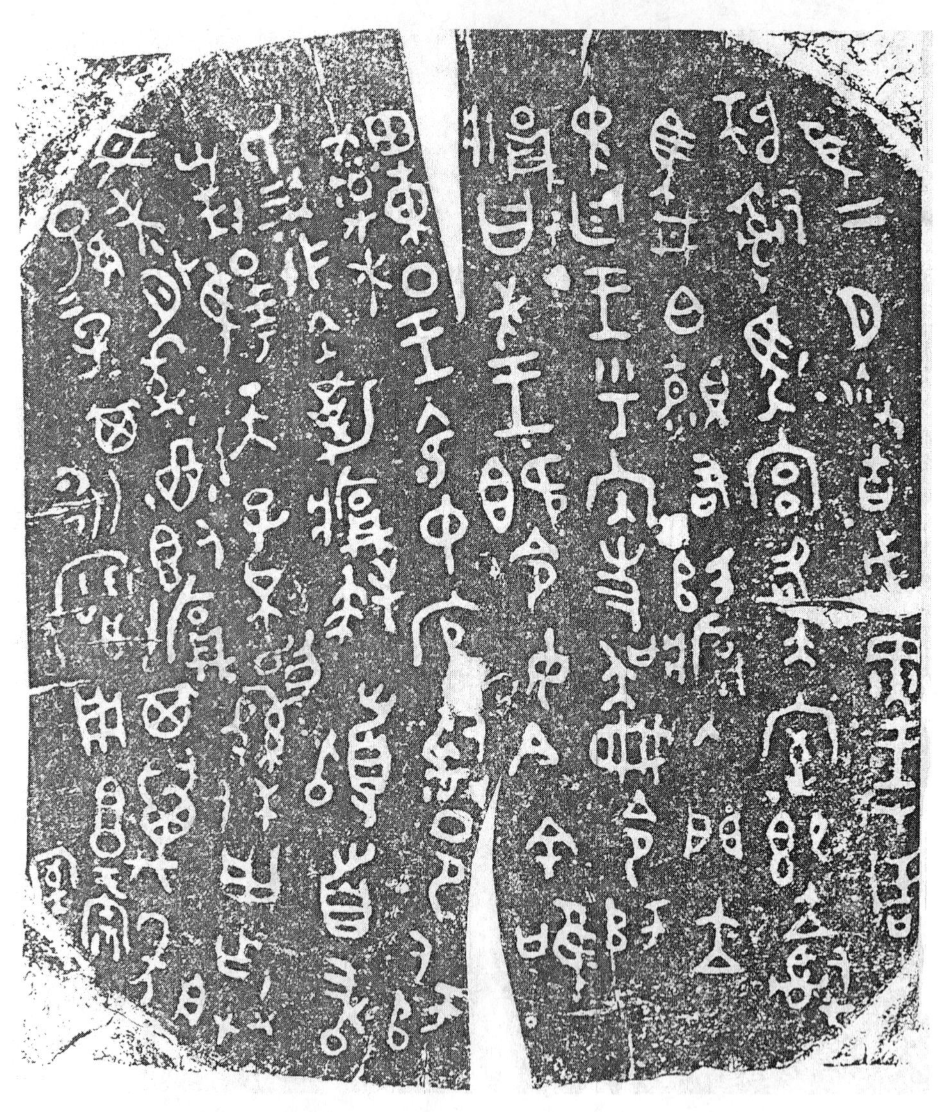

A. 文物1964年7期

119. 師瘨𣪘蓋

B. 作者自藏

120．豦毁

A．三代 6、52、3

121. 大乍大中毁

（失蓋）

A．三代 8、44、3

B．故宫博物院提供

122．盠組器

①盠方彝

A．陝西54

B．作者自藏

②盠方尊

A．陝西56

B．作者自藏

③駒尊

A. 陝西58

B. 作者自藏

123．姜林母𩰫㲃

A．三代7、14、5

B．商周280

124. 㝬胸𣪘

B. 作者自藏

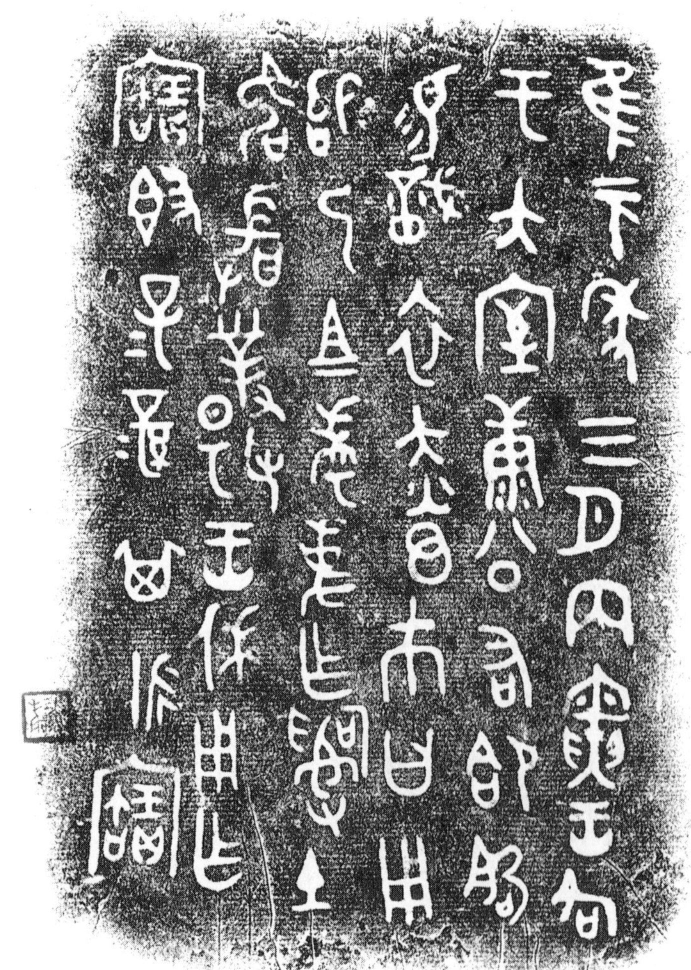

A. 錄遺165

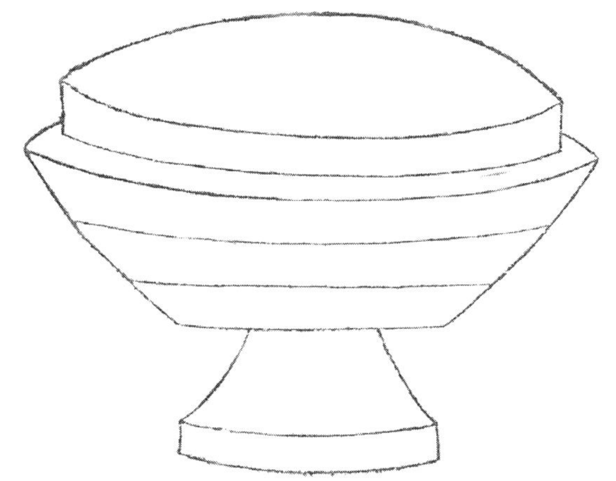

125. 戠毀蓋

B. 同A

A. 考古圖3、23

126．不壽毀

A．録遺159

B．故宫博物院提供

八、懿王銅器

127．匡卣

A．三代10、25、1

128. 免毁

A. 三代9、12、2

129. 免簠

A. 三代6、52、4

130. 免尊

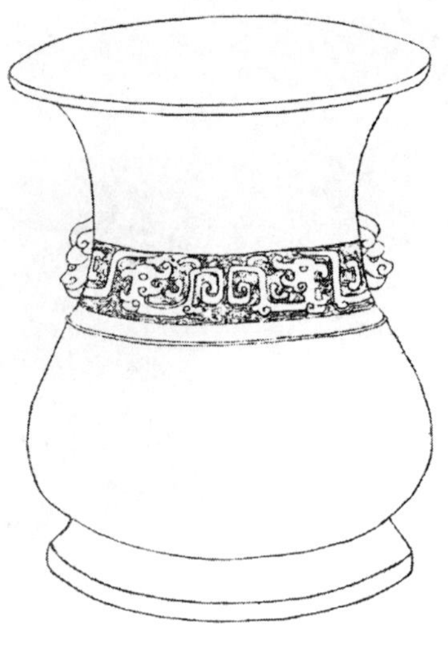

B．寧壽3、16

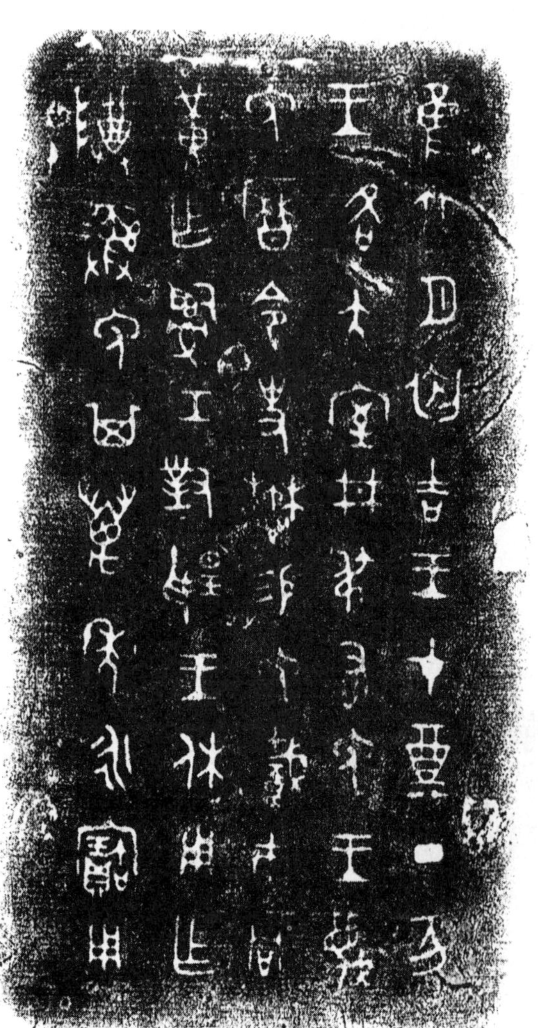

A．三代11、36、2

131. 免盤

A. 三代14、12、1

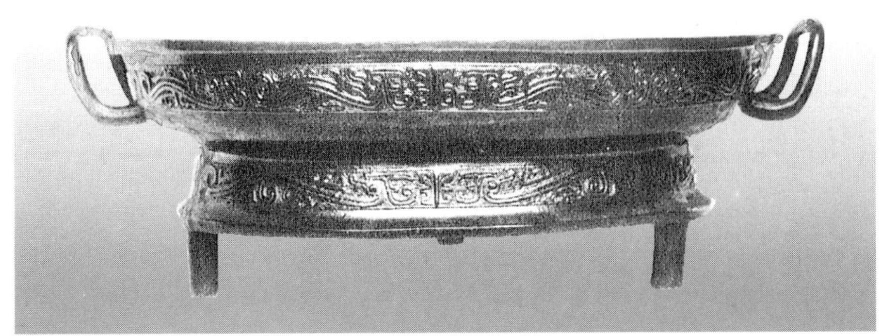

B. 殷周銅器 B155

132. 趩觶

B. 作者自藏

A. 三代11、38、3

133．守宮盤

B．作者自藏

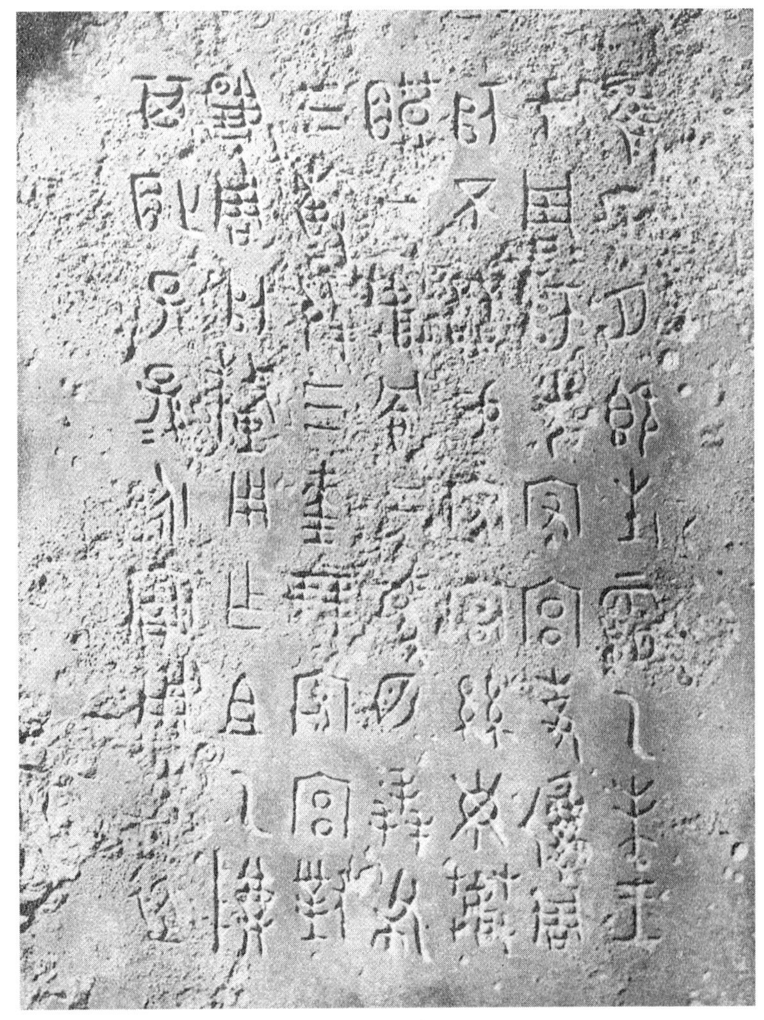

A．前未著録

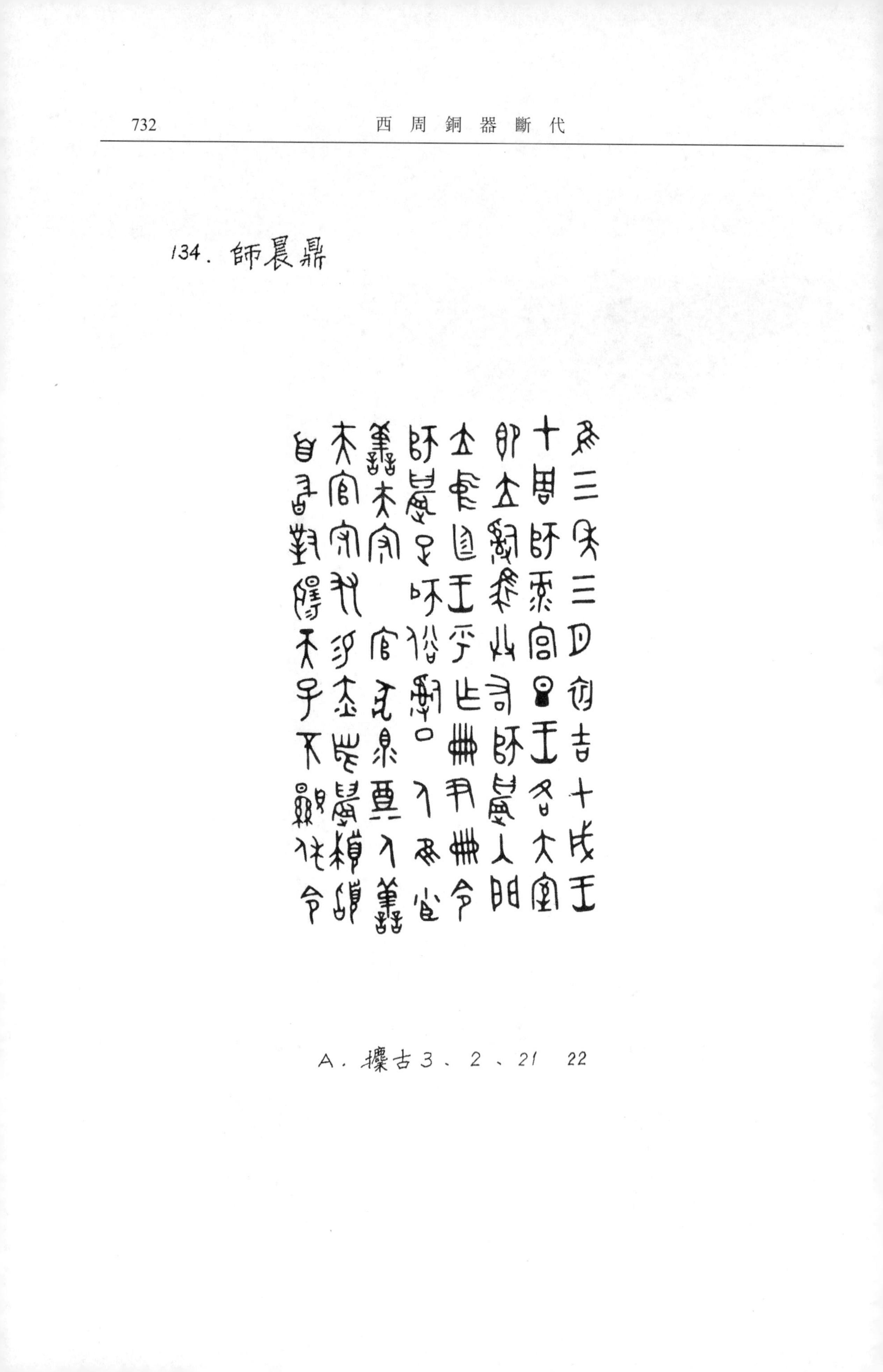

134. 師晨鼎

A. 攈古3、2、21　22

135. 師俞𣪘蓋

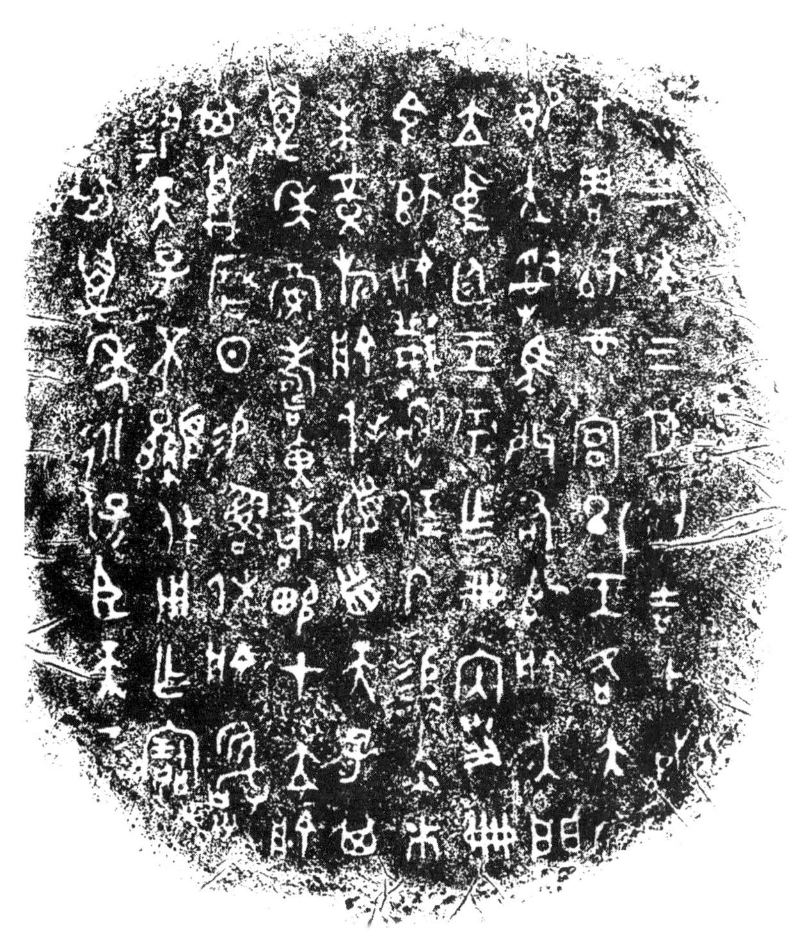

A. 三代 9、19、1

136. 諫毁

B. 故宫博物館提供

A. 三代 9. 19. 2

137. 大師虘簋

B. 上海博物館提供

A. 上海52

138．揚毁（失蓋）

B．故宫博物院提供

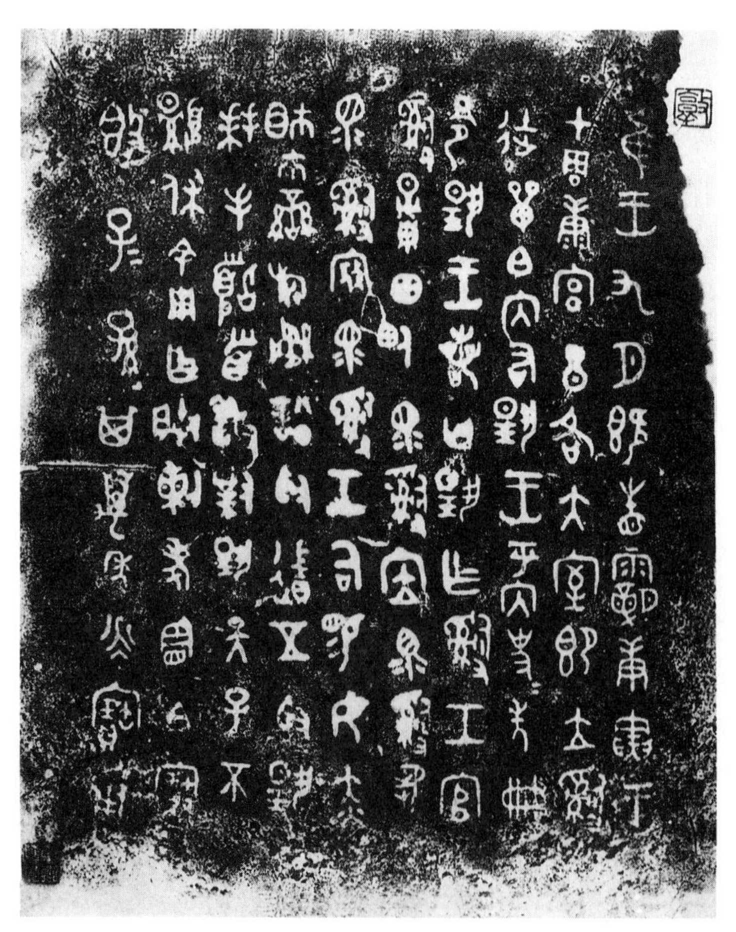

A．三代9、24、2

139. 蔡毁

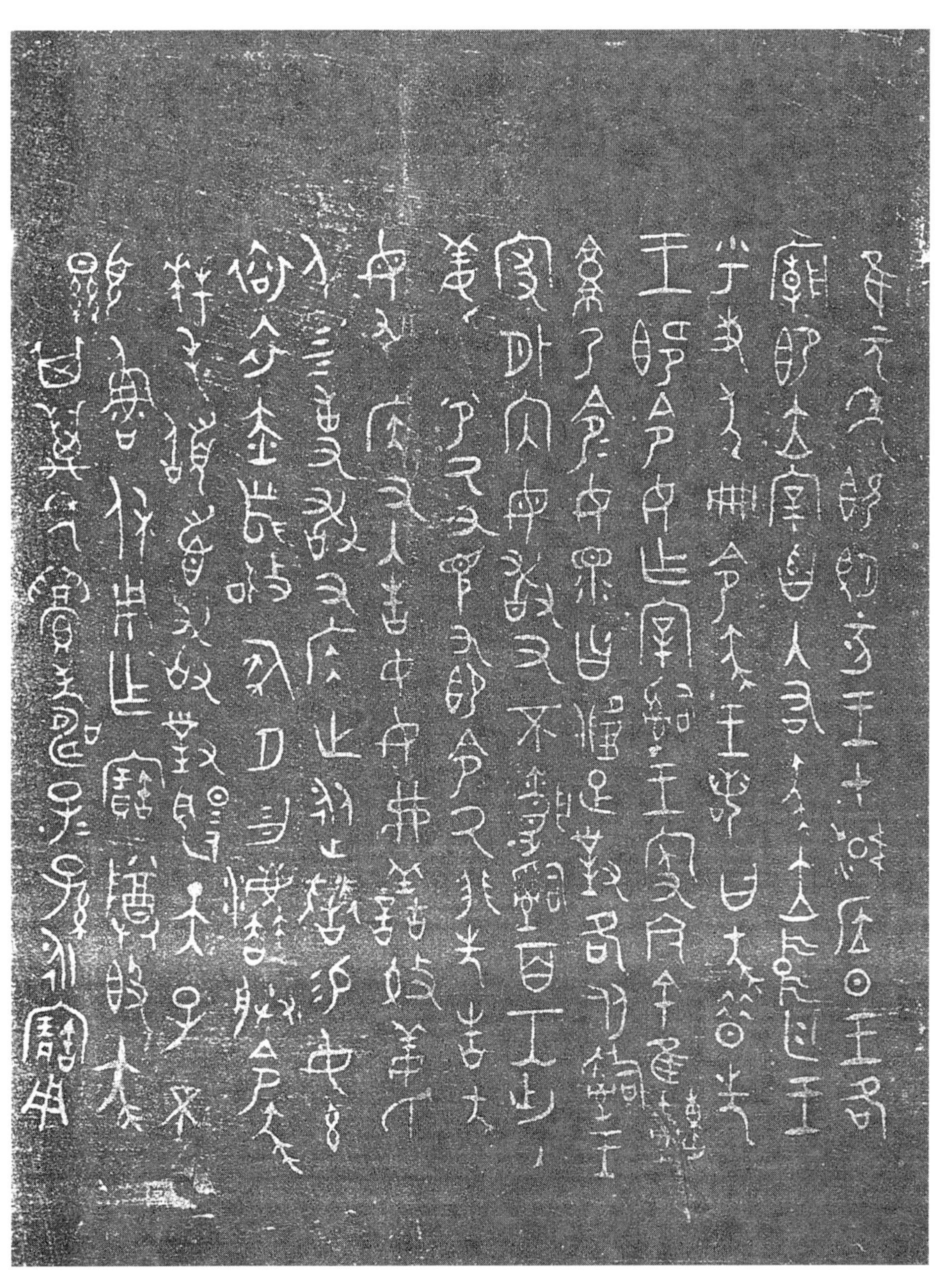

A. 薛氏(石本殘葉)

140. 師俞尊

A. 嘯堂26

B. 博古6、35

141. 單白昊生組器

①單白昊生鐘

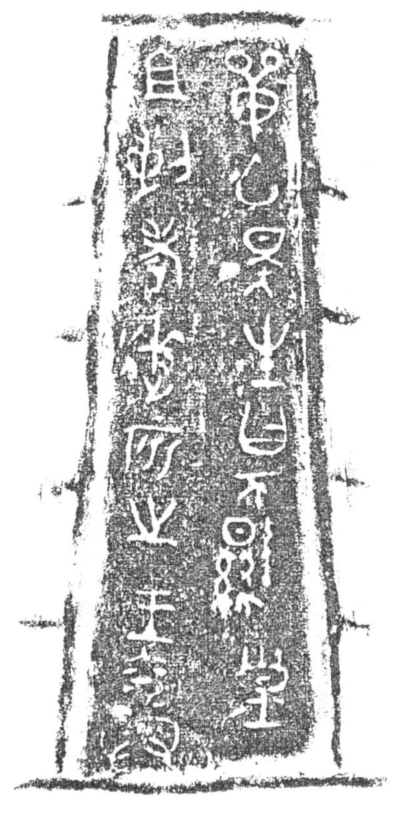

B. 上海博物館提供

A. 三代 1. 16. 2

②單白昊生豆

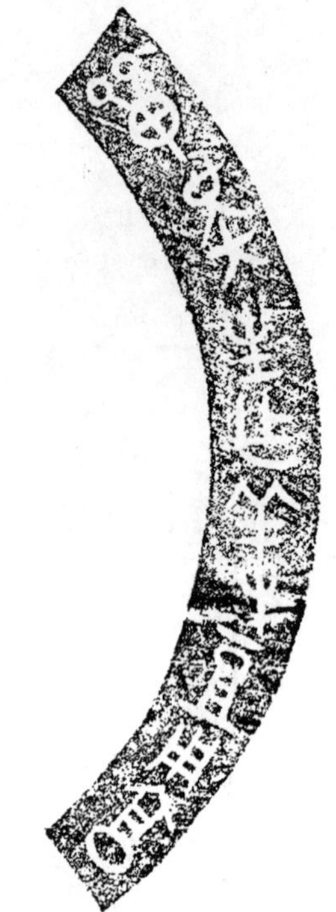

A. 博古18、15

B. 同A

142．輔師嫠𣪘

B．中國歷史博物館提供

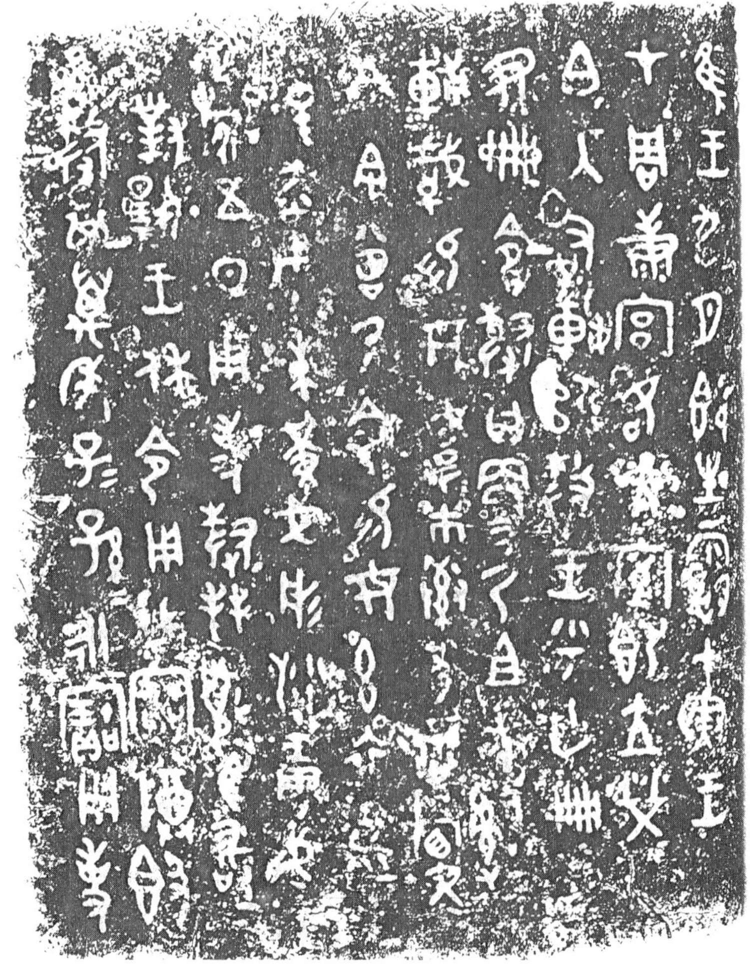

A．考古學報1958年2期

143. 曶鼎

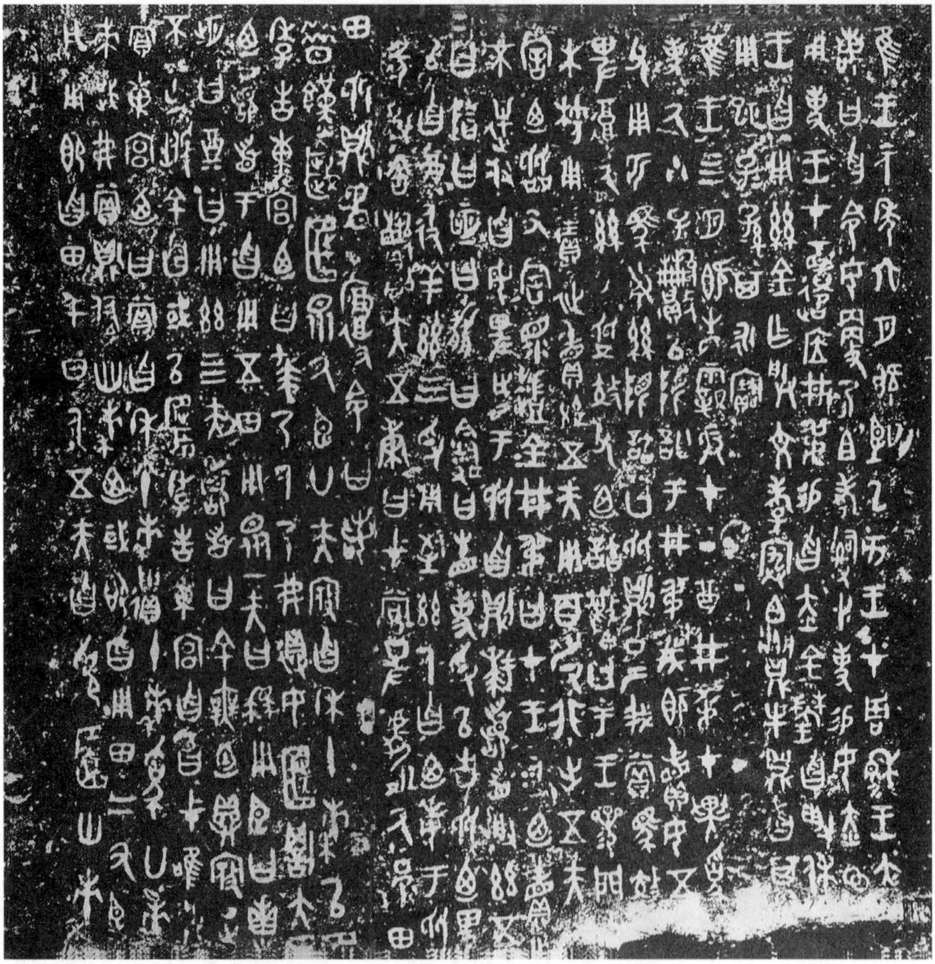

A. 三代4.45—46

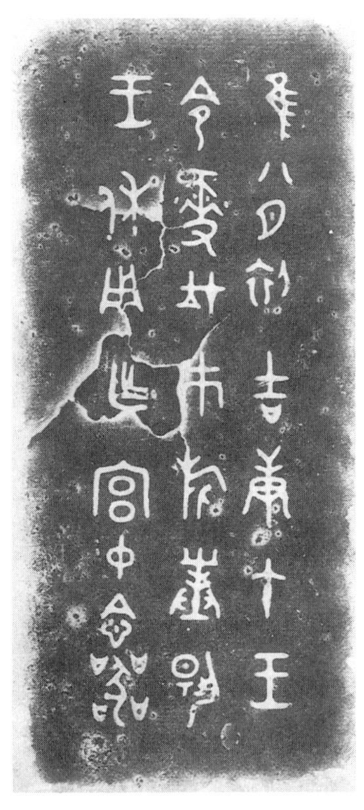

144. 燮毁

A. 三代8、19、3

B. 上海博物館提供

145．元年師事毁

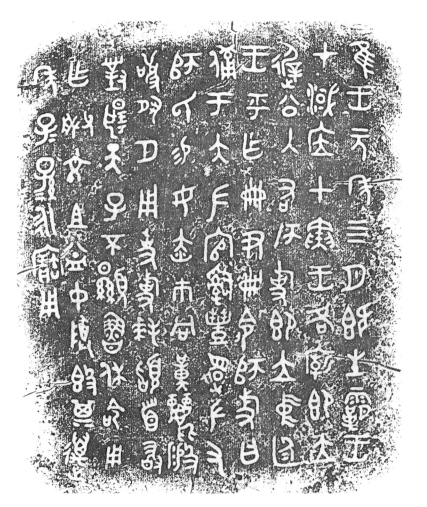

B．考古研究所藏

A．張家坡 8

146. 五年師事毀

B. 考古研究所藏

A. 張家坡 16

147. 師察毀

B. 藍田縣文管會提供

A. 文物1960年2期10頁

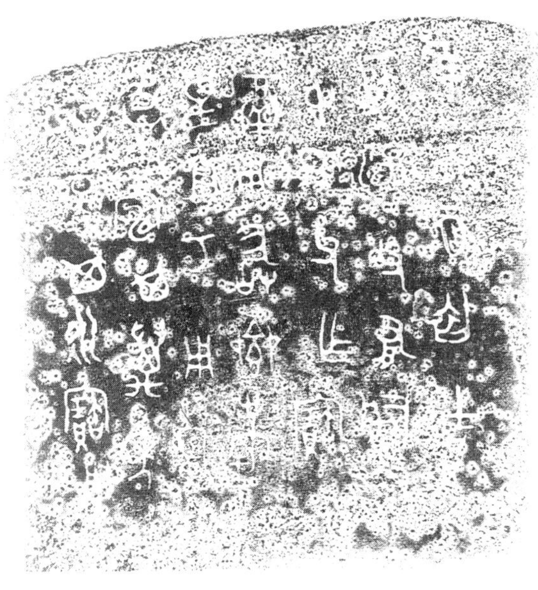

148. 中枏父組器

①中枏父鬲

A. 文物1965年1期59頁

B. 上海博物館提供

②中枏父毁

A．文物1965年11期

B．故宫博物院提供

③中枏父甗

A．考古圖2、17

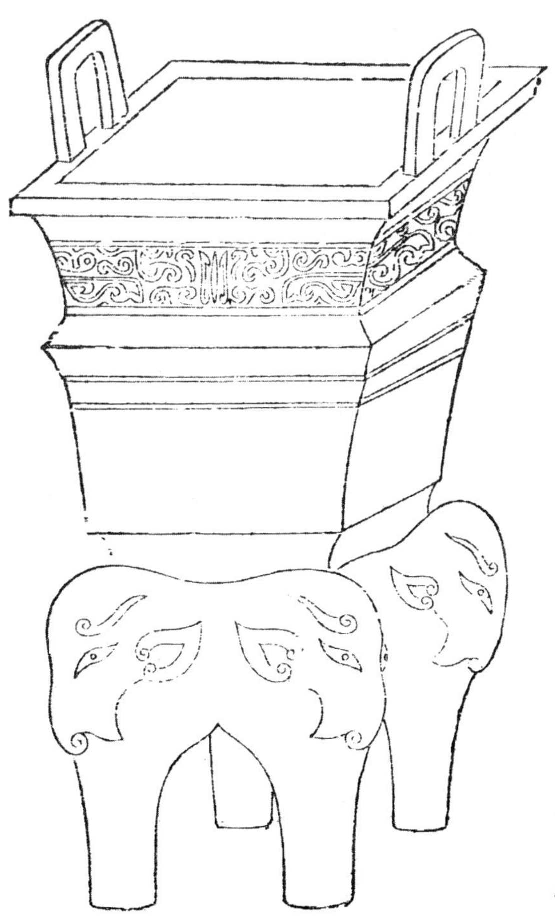

B．同A

149．師耤𣪕（失蓋）

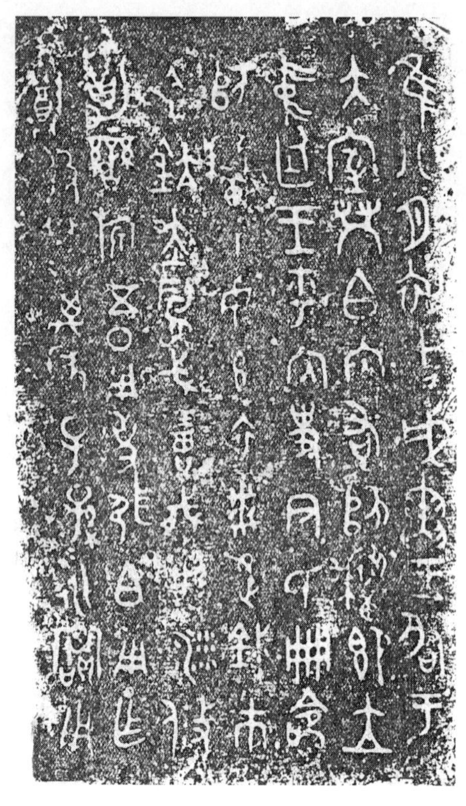

A．文物1965年11期

B．藍田縣文管會提供

150. 白庸父組器　白百父組器

①白庸父鬲

B. 考古研究所藏

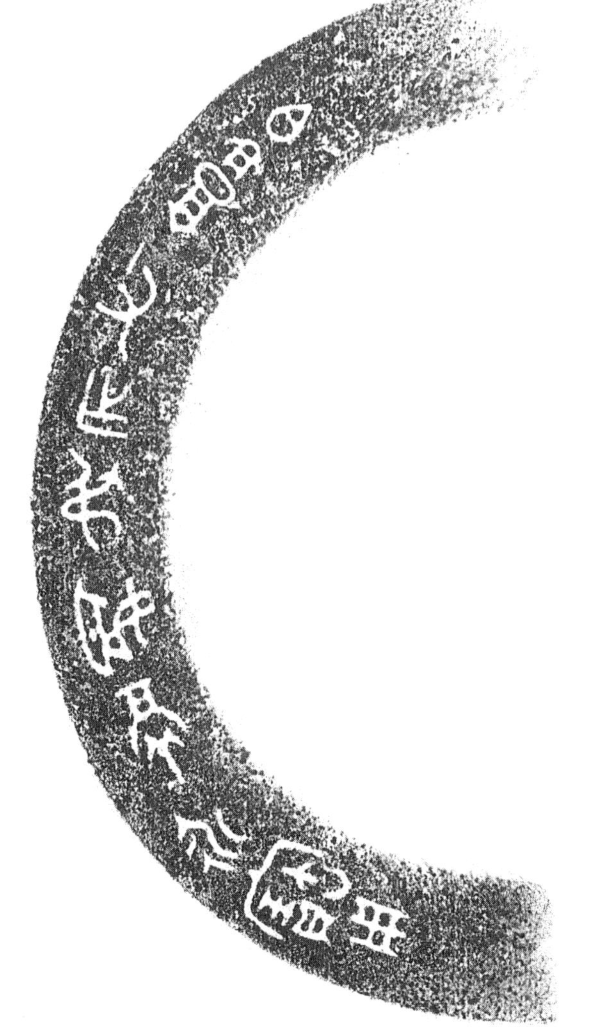

A. 張家坡2.1

②白庸父盉

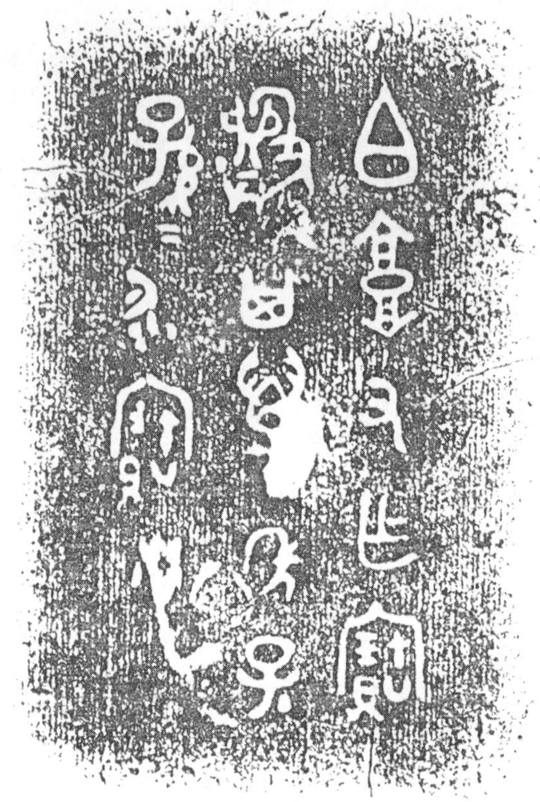

A. 張家坡24、2

B. 考古研究所藏

③筍侯盤

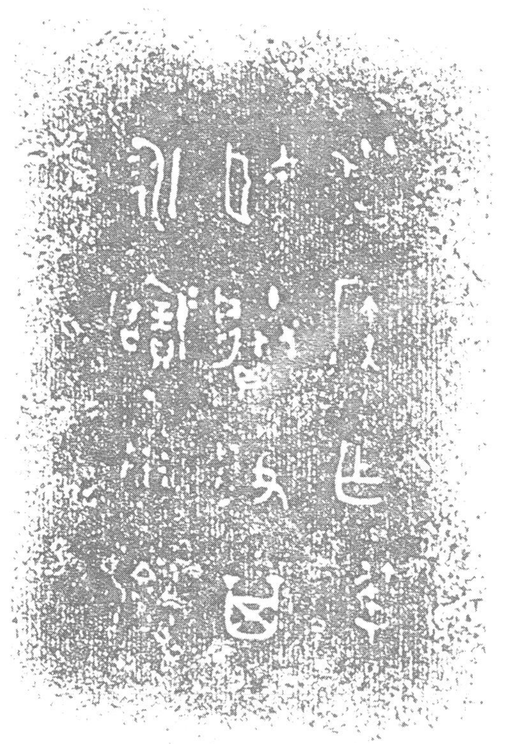

A．張家坡31、2

B．考古研究所藏

④白百父鎣

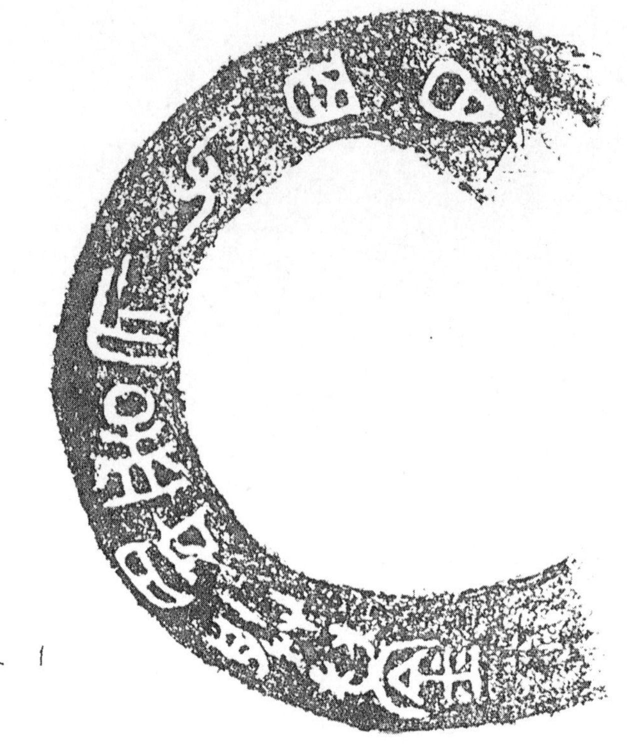

A．張家坡24．1

B．考古研究所藏

⑤白百父盤

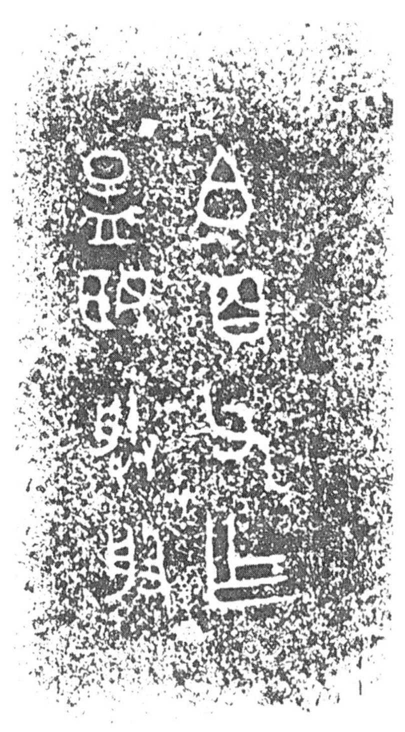

A．張家坡31、1

B．考古研究所藏

⑥ 白百父𣪘

A．嘯堂53

B．博古16．39

⑦白喜毁

B．考古研究所藏

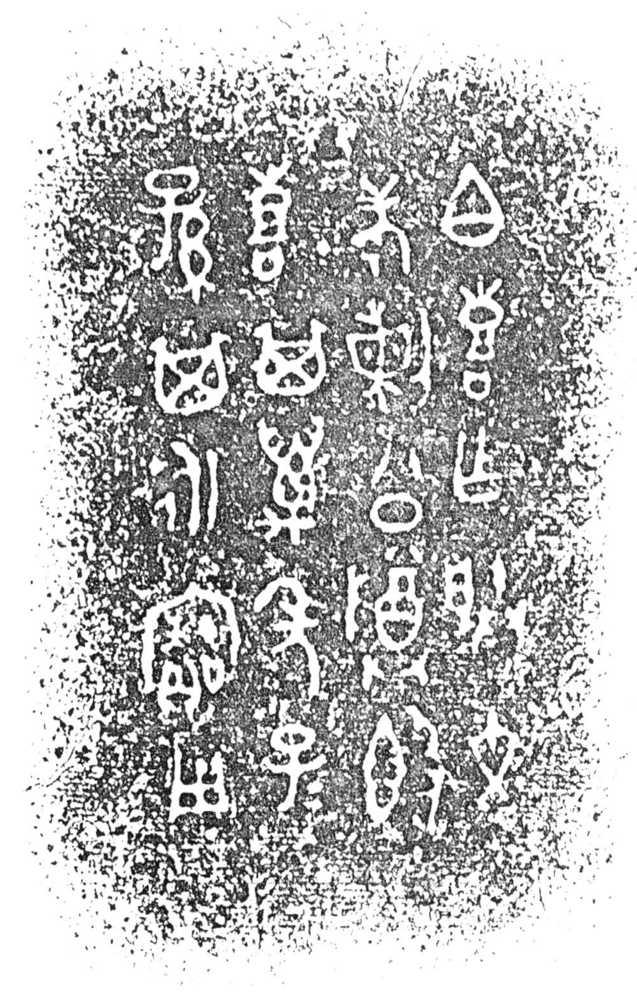

A．張家坡21、1（器）

⑧白沙父毁

B．考古研究所藏

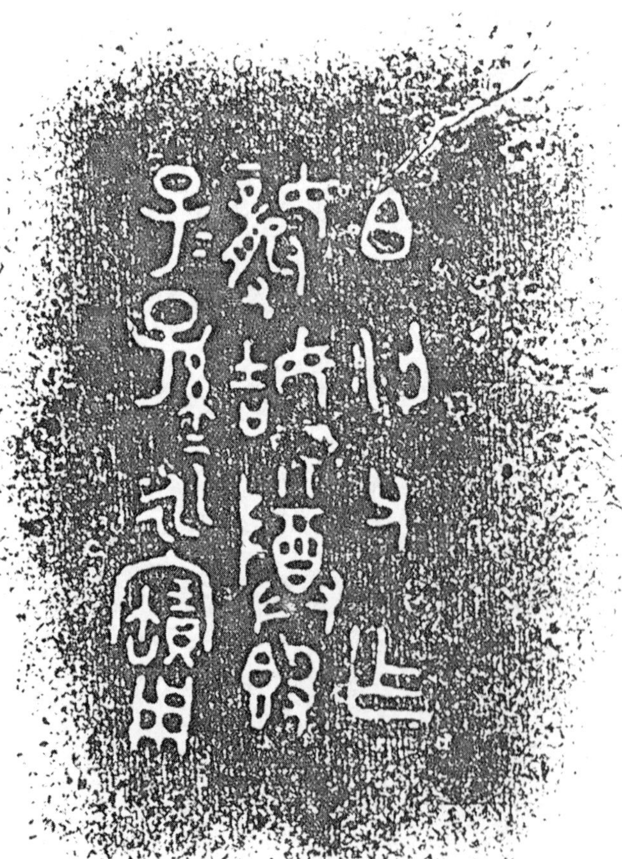

A．張家坡8、2（器）

⑨白壺

A. 張家坡26、1（蓋）

B. 考古研究所藏

九、孝王銅器

151. 𤇾白鬲

A. 三代5、28、2

B. 日本309

152. 奠井叔三器

①奠井叔盨（失蓋）

A．三代10、33、2

B．上海博物館提供

②奠井叔鐘

A．三代1、3、3

B．寶鼎33

③奠井叔甗

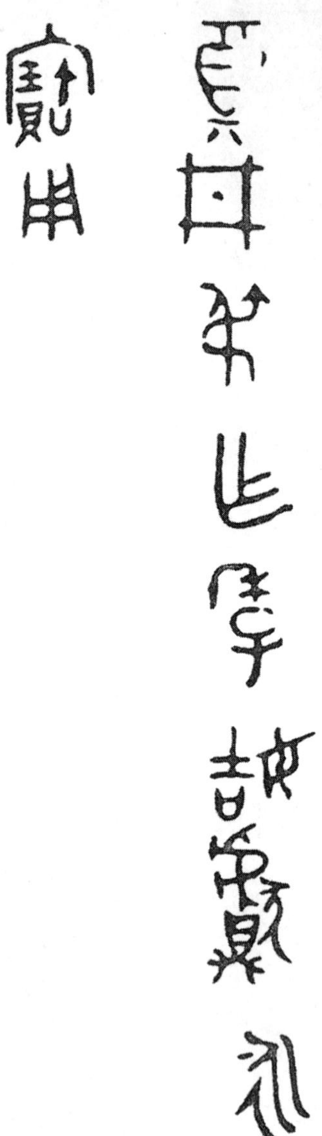

A．綴遺 9、31、1

153. 翏生盨

A. 考古1979年1期

B. 上海博物館提供

154. 鄂侯御方鼎

B. 上海博物館提供

A. 三代4、32、1

附：鄂侯毁（失蓋）

A．三代7、45、3

B．故宫6

155. 叔向父禹毁（失蓋）

B. 上海博物館提供

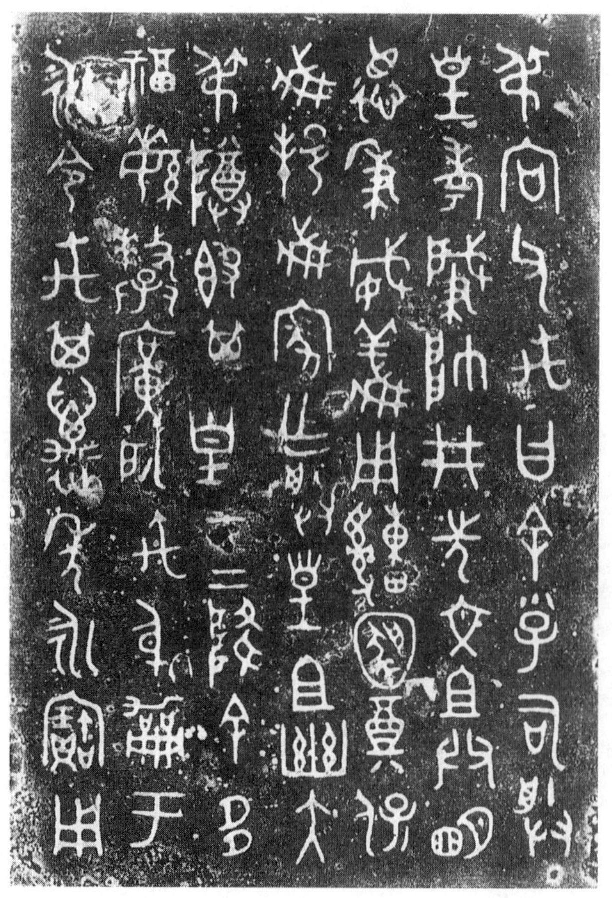

A. 三代 9、13、1

附：叔向父𣪕

A. 三代7、36

B. 故宫博物院提供

156．康鼎

B．故宫6

A．三代4、25、2

157．同毁

B．故宫博物院提供

A．三代9、18、1

158. 卯𣪘蓋

B. 懷米2、6

A. 三代9、37、2

159. 白頵父鼎

A. 三代4、1、1

B. 中國歷史博物館提供

160．害毁

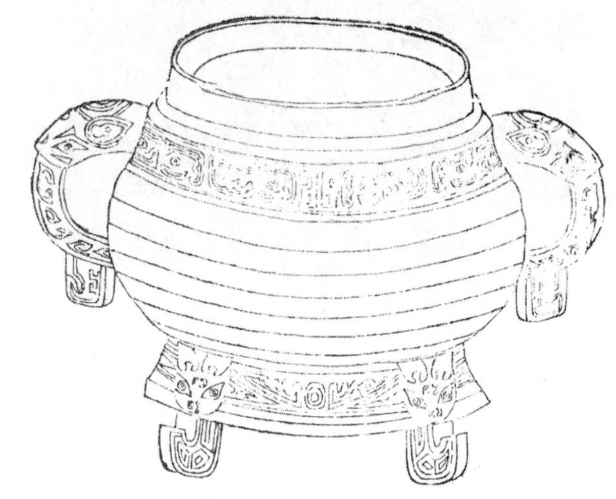

B．博古16、41

A．嘯堂56

161．遟父鐘

A．嘯堂83

B．博古22、19

162. 㒼毁

A. 三代 8、50、3

B. 善彝 78

B．十鐘4

A．三代1、2、1

附：己侯毁

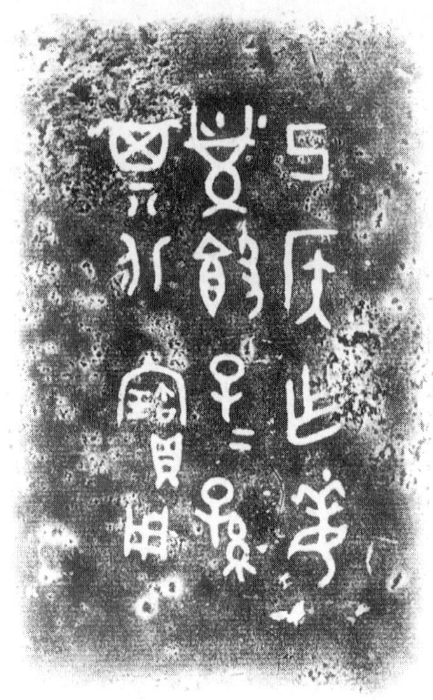

A．三代 7．27．4

B．上海博物館提供

164．南宫柳鼎

B．中國歷史博物館提供

A．録遺 98

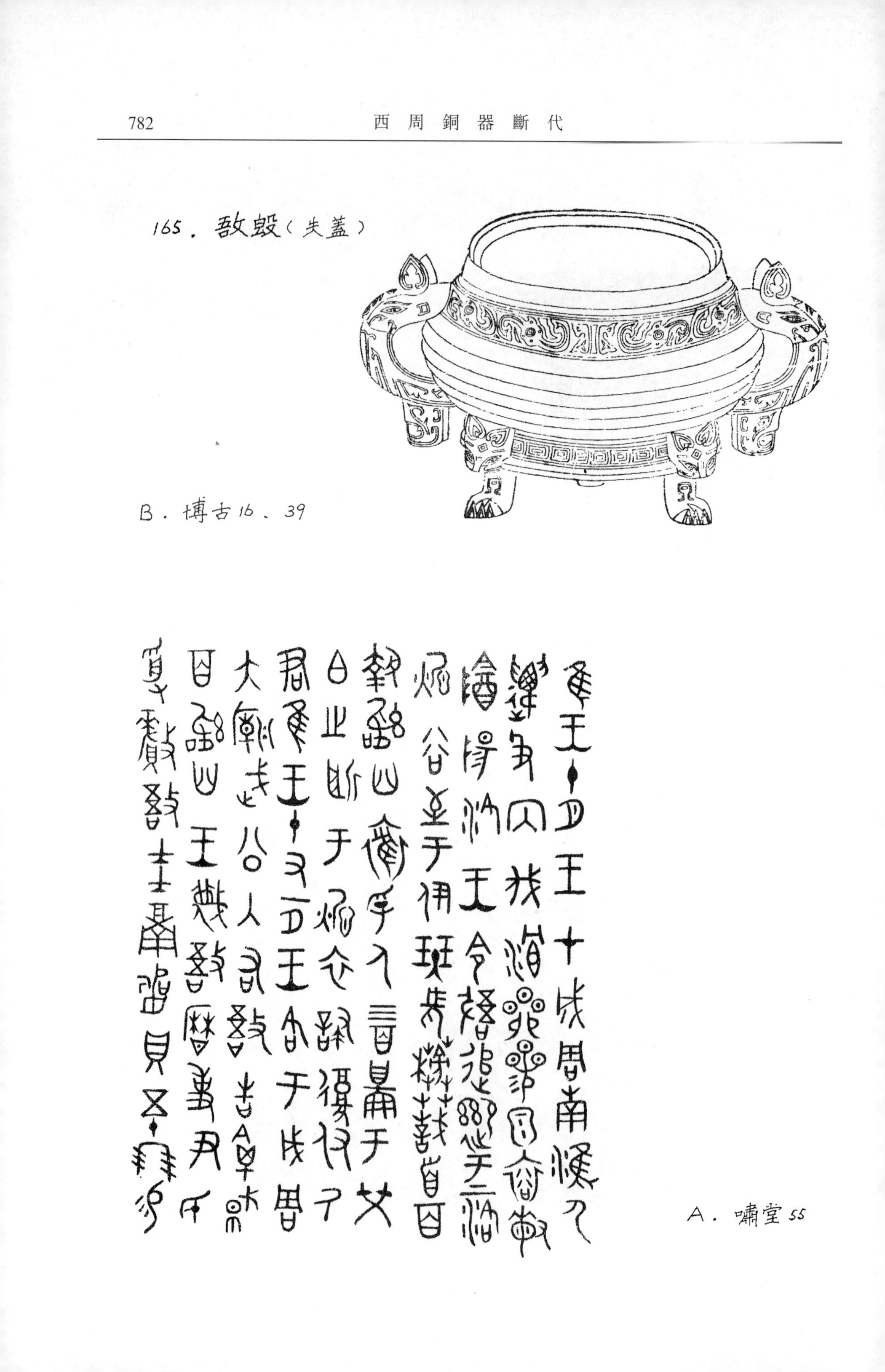

165. 敔毁(失蓋)

B. 博古16.39

A. 嘯堂55

166. 琱生毁

B. 中國歷史博物館提供

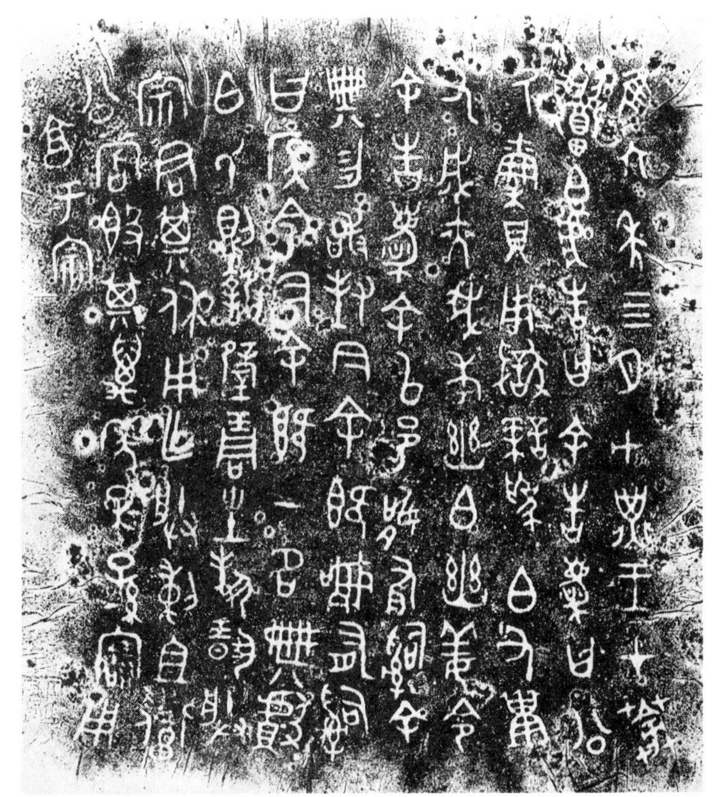

A. 三代9、21、1

167. 琱生鬲

B. 同A

A. 文物1965年7期

168．師嫠毀

B．上海博物館提供

A．三代9．36．1（蓋）

169. 師獸𣪘

A. 嘯堂53、1

B. 博古16、27—28

170．元年師兑毁

B．善彝74

A．三代9、32、1（蓋）

171. 三年師兑毁

A. 三代 9、30、1(器)

B. 上海博物館提供

172．幾父壺

B．作者自藏

A．齊家村3

173. 師酉毀

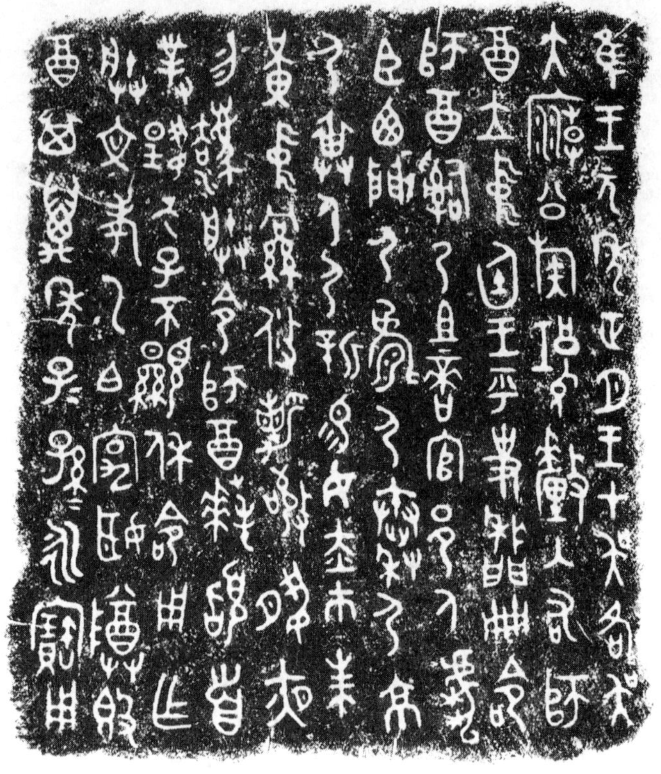

A. 三代9、22、2(蓋)

B. 中國歷史博物館提供

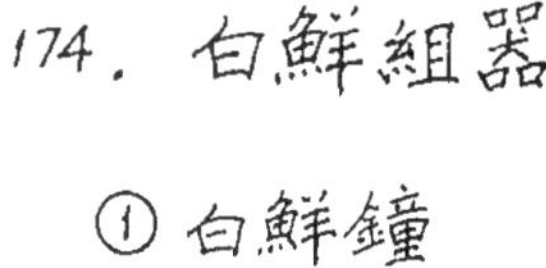

174. 白鮮組器

① 白鮮鐘

A. 陝西126

B. 同A

②白鮮鼎

B. 同A

A. 陜西68

③白鮮甗

A．陝西67

B．同A

④白鮮盨

A．美集録R407（蓋）

B．作者自藏

175. 中㑲父鼎

B. 博古3、16

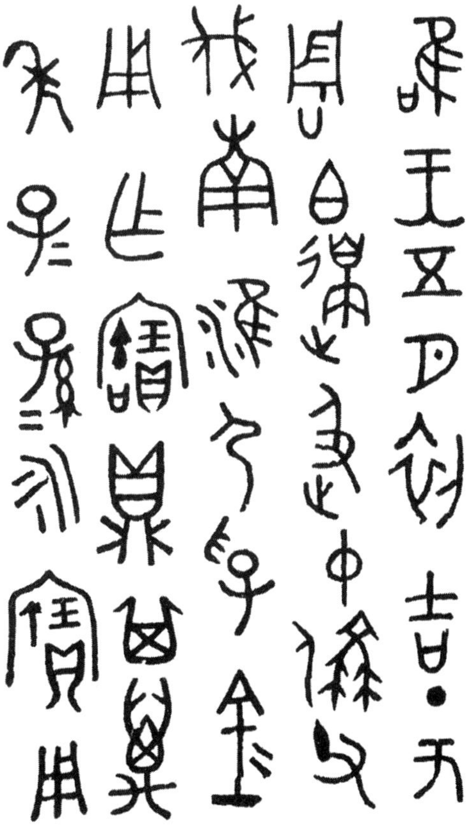

A. 嘯堂15

176. 中義父組器

①中義父鼎(一)

B. 故宫博物院提供

A. 三代 3、38、2

①中義父鼎(二)

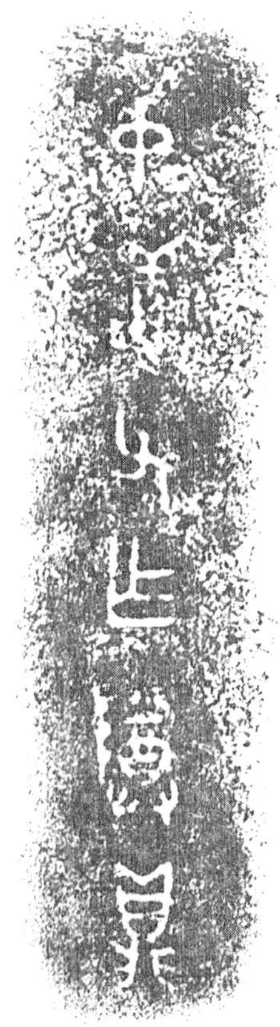

A．三代3、4、7

B．上海博物館提供

②中義父盨

A．三代 10、29

③中義父𧷹

A．三代18、15、2

B．上海博物館提供

④中姞羞鬲

A．三代5、17、3

B．作者自藏

⑤ 中姞義母匜

A. 考古圖 6、6

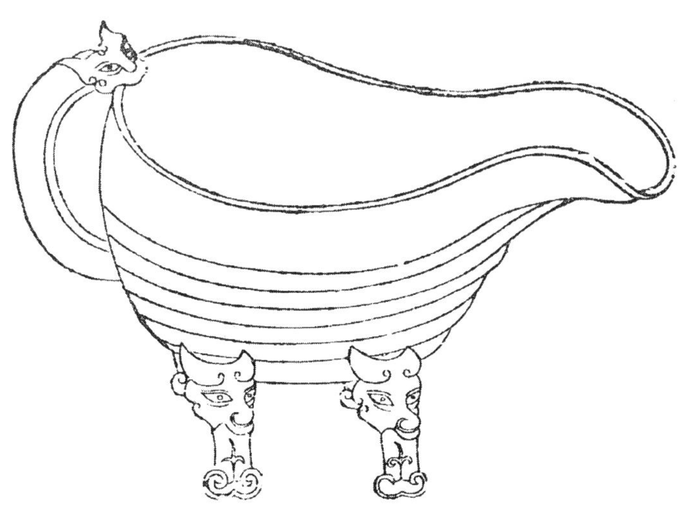

B. 同 A

177. 圅皇父組器

①圅皇父鼎(一)

B. 同A

A. 陜西61

① 圅皇父鼎(二)

B. 同A

A. 陝西62

②圅皇父毁

A．三代8、40（器）

B．日本324

③函皇父盤

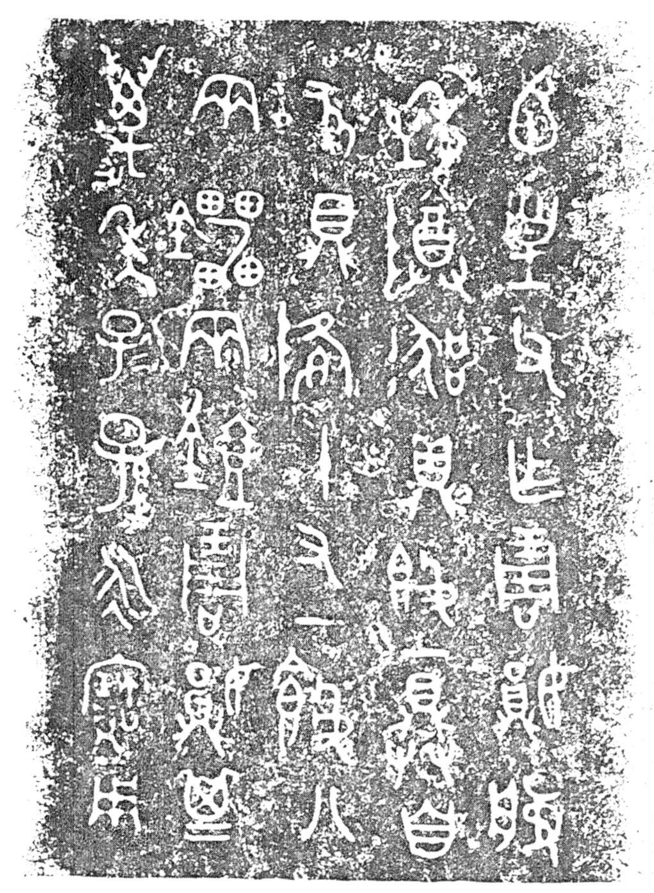

A．陝西65

B．同A

④ 函皇父匜

A. 三代 17、31、3

⑤圅交中簠

A．陝西66

B．同A

⑥甗

A．無銘

B．陝西63

178. 衛始毁

A. 録遺138、1(蓋)

B. 故宫博物院提供

179．何毁

A．嘯堂97

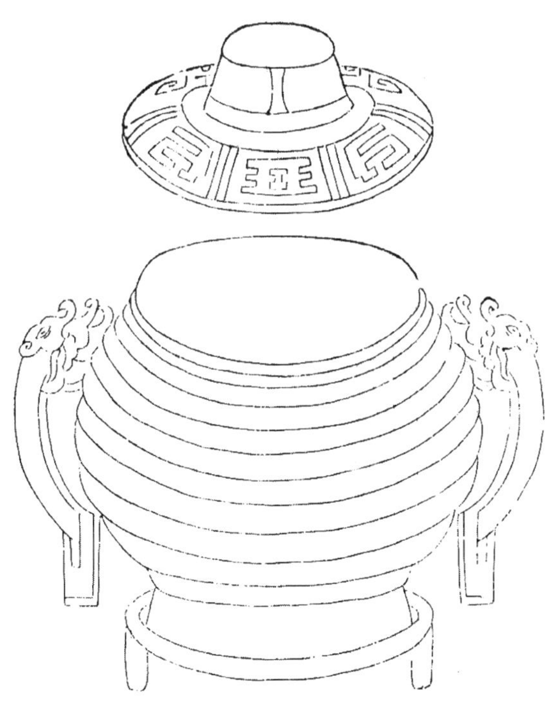

B．續考古3、25

180. □作父□盂

B. 同A

A. 文物1965年7期

181. 白考父盤

B. 同A

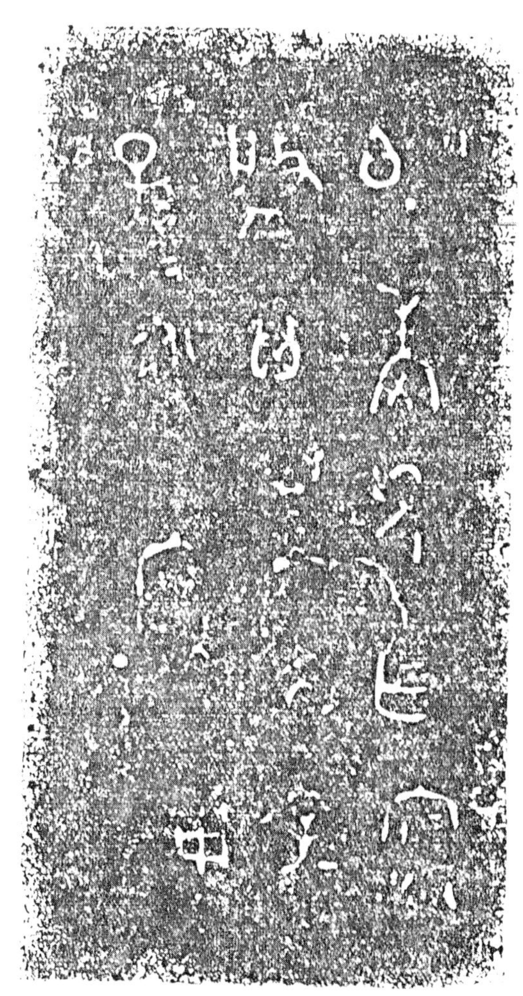

A. 文物1965年7期

十、夷王銅器

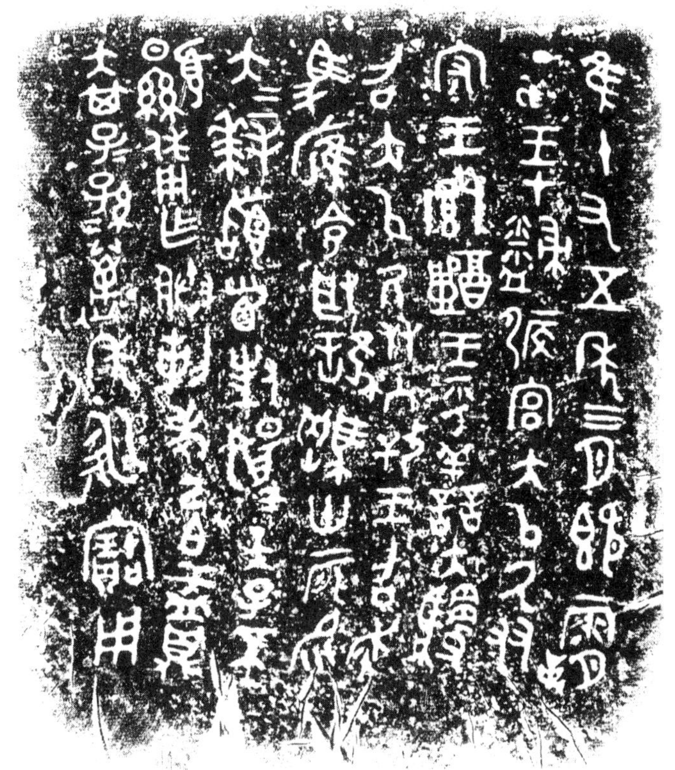

182．大鼎

A．三代4、33、1

B．參倫

183. 大㲃蓋

A. 三代9、25、2

B. 作者自藏

184．克鐘二器

①克鐘一

B．上海博物館提供

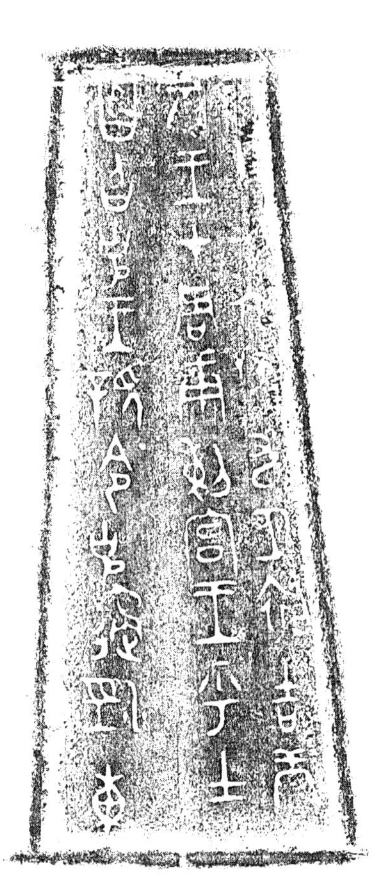

A．三代 1、20、2—21、1

② 克鐘二

B. 天津市藝術博物館提供

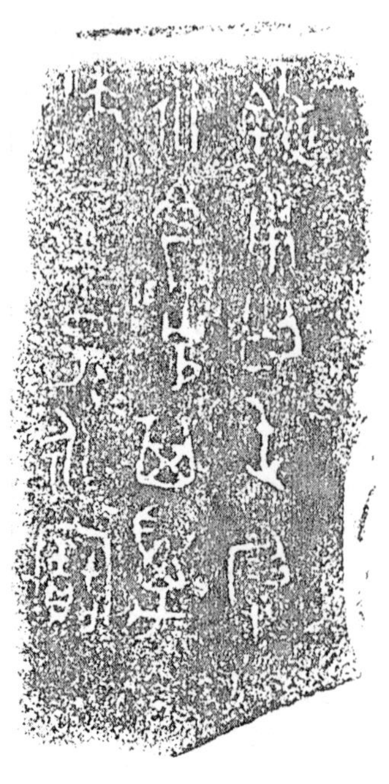

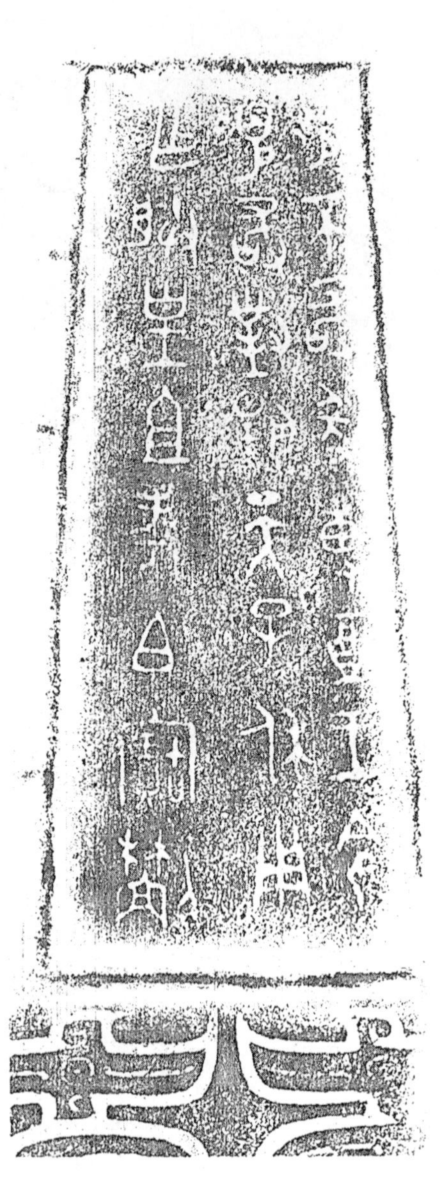

A. 三代 1、23、1

185. 大克鼎

A. 三代4、40、41

B. 上海博物館提供

186. 小克鼎

B. 上海博物館提供

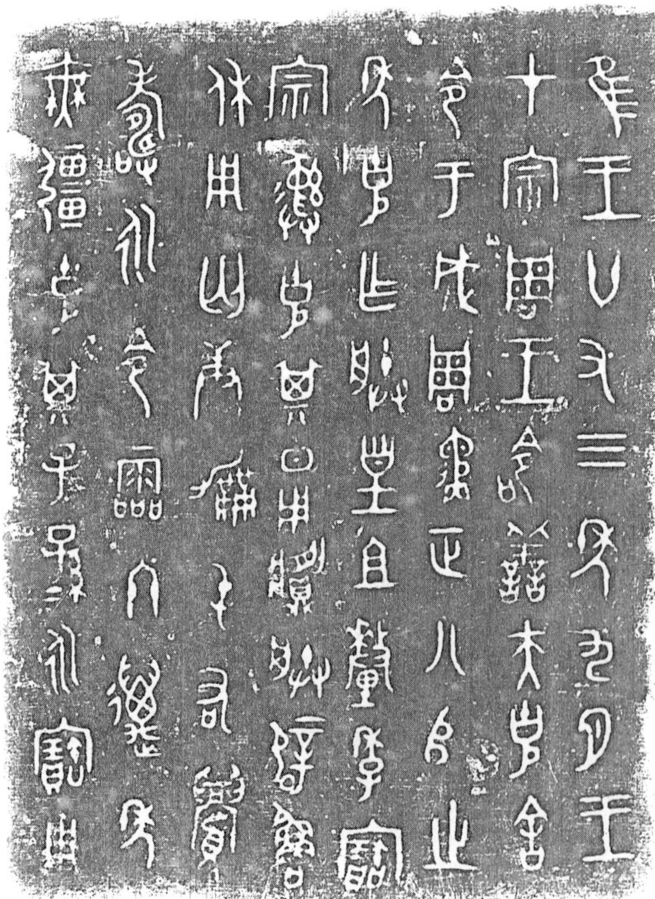

A. 三代4、28、2

187．克盨

B．作者自藏

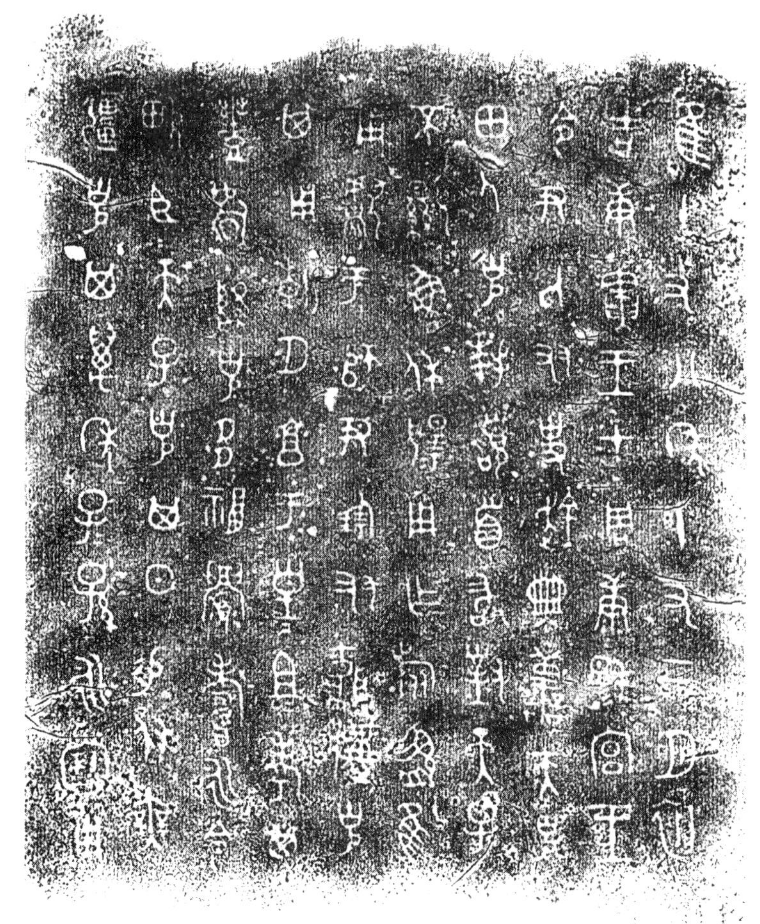

A．三代10、45、1（蓋）

188. 鬲攸比鼎

B. 日本314

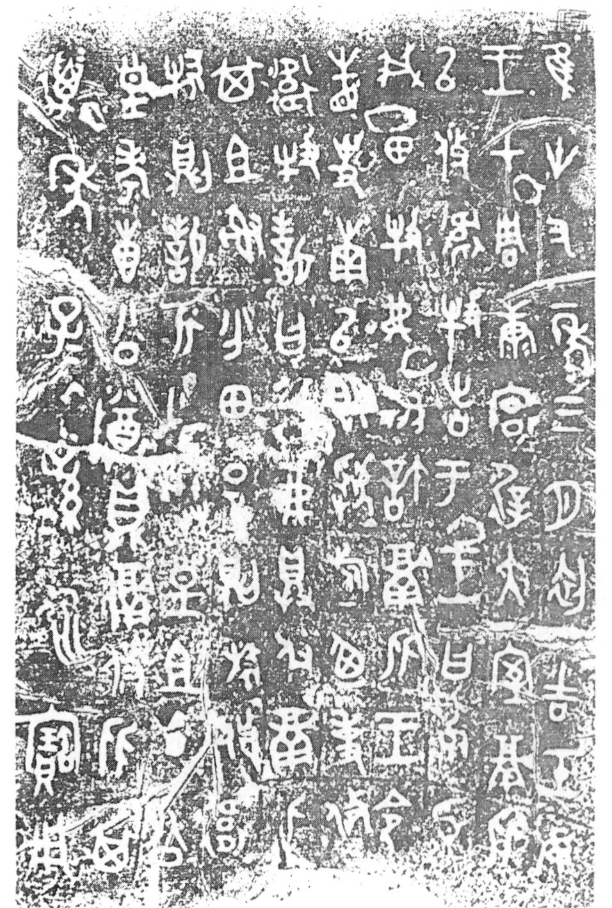

A. 三代4、35、2

189. 鬲比盨（失蓋）

B. 故宫博物院提供

A. 三代 10、45、2

190．禹鼎

B．中國歷史博物館提供

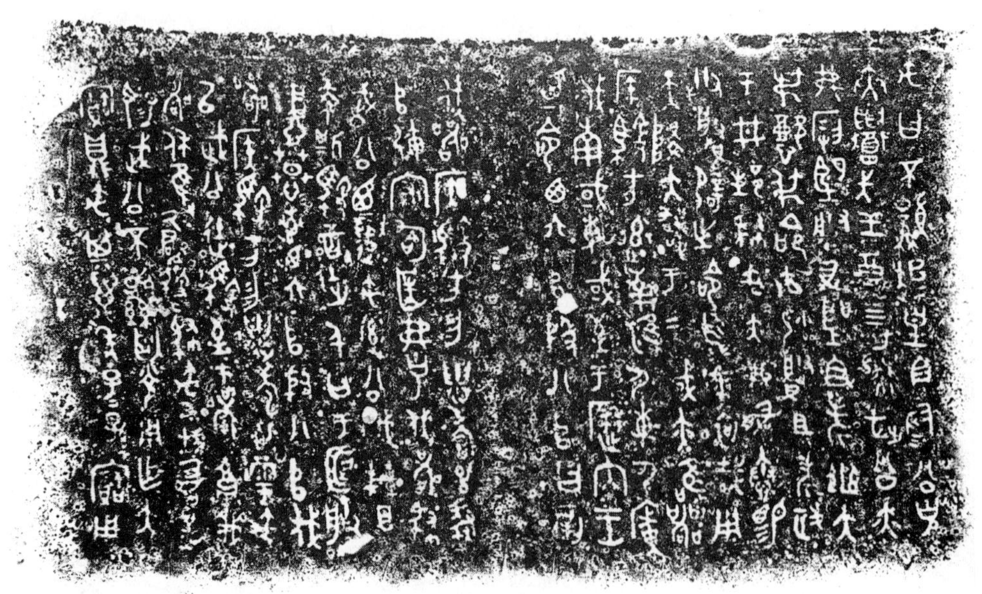

A．録遺99

191. 梁其器

① 梁其鐘一

B. 上海博物館提供

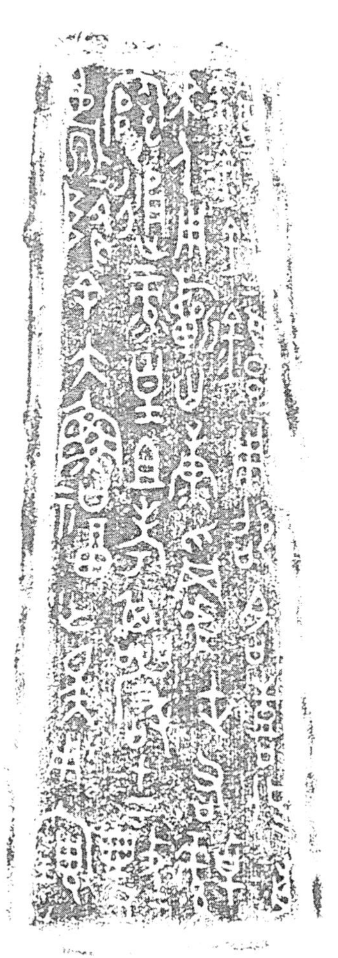

A. 上海 60

B. 考古研究所藏

②梁其鐘二

A. 前未著録（法國基美博物館藏品）

③梁其鼎

B. 同A

A. 陝西69

④梁其毁

A. 録遺164

B. 中國歷史博物館提供

⑤梁其盨

A．録遺180、2（器）

B．上海博物館提供

⑥ 梁其壺

B. 作者自藏

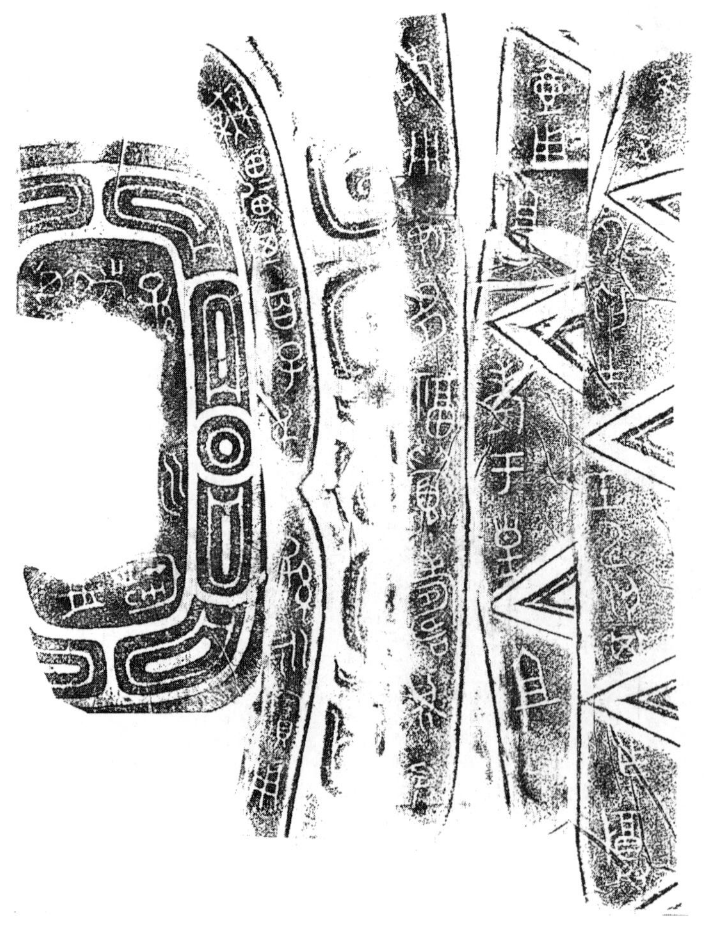

A. 美集録 R 485

192. 頌鼎

B. 上海博物館提供

A. 三代4、39、1—2

193. 微緐鼎

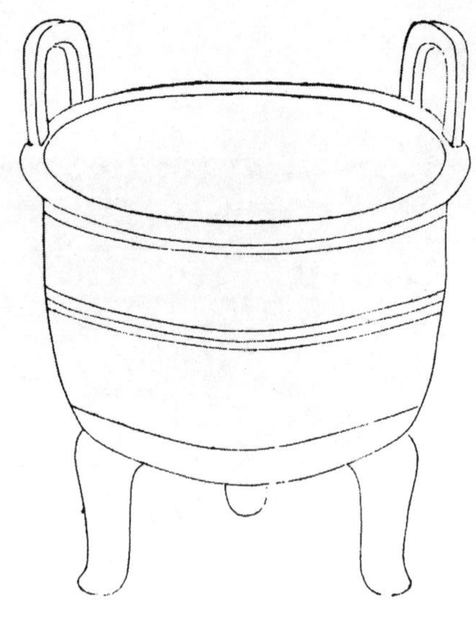

B. 續考古4、23

A. 薛氏10、110

194．𧽙鼎

B．中國歷史博物館提供

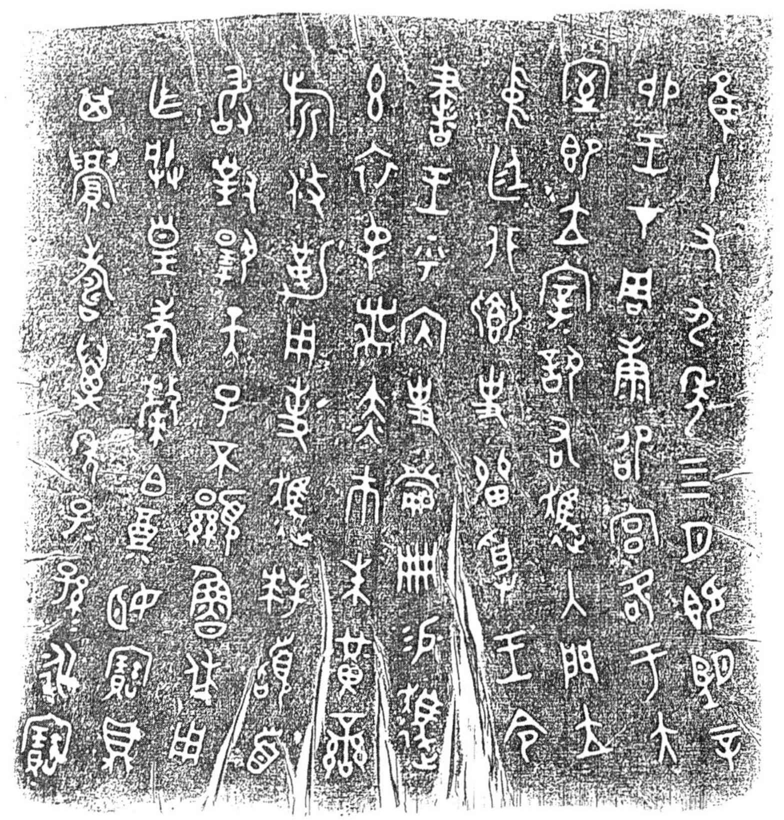

A．未著録

195. 十七祀詢毁

B. 作者自藏

A. 文物1960年2期

B．中國歷史博物館提供

196．歸芻毁

A．大系137

197. 休盤

B. 南京博物院提供

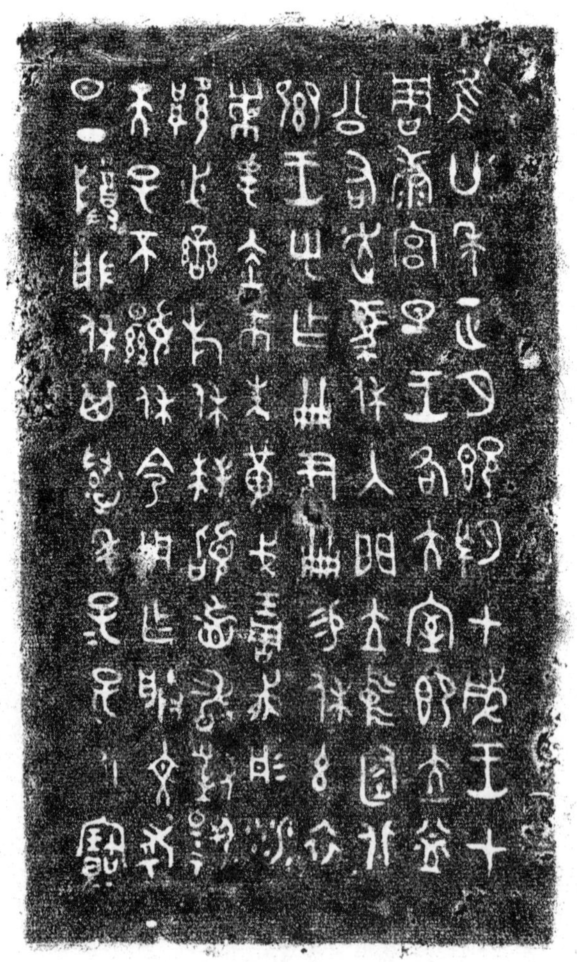

A. 三代17、18、1

198. 善夫山鼎

B. 同A

A. 文物1965年7期

199．齊家村窖藏宏組器

①宏鬲

B．文物出版社提供

②宏盤

A．考古1963年8期

B．文物出版社提供

③宏盉

B．文物出版社提供

④宁毁

A．博古17、4（蓋）

B．同A

200．杜祁鋪

A．考古圖 3、46

B．同A

201．毛公鼎（一）

A．三代4．46 49

201. 毛公鼎（二）

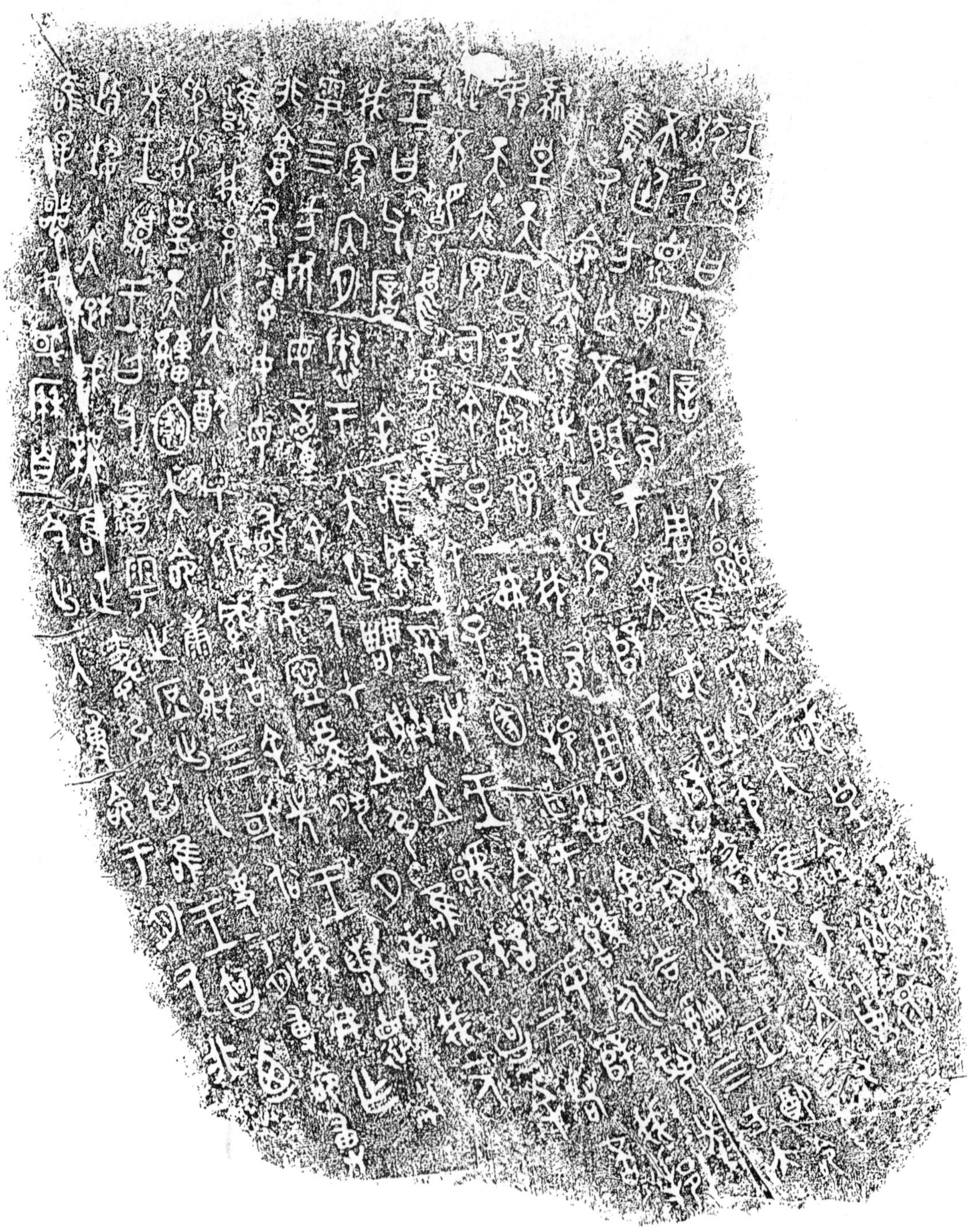

201. 毛公鼎

B. 商周69

202．益公鐘

B．青島市博物館提供

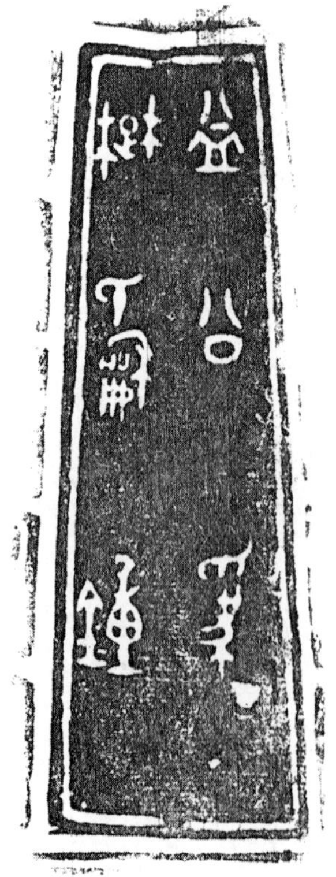

A．三代1、2、3

203. 井人鐘

B. 上海博物館提供

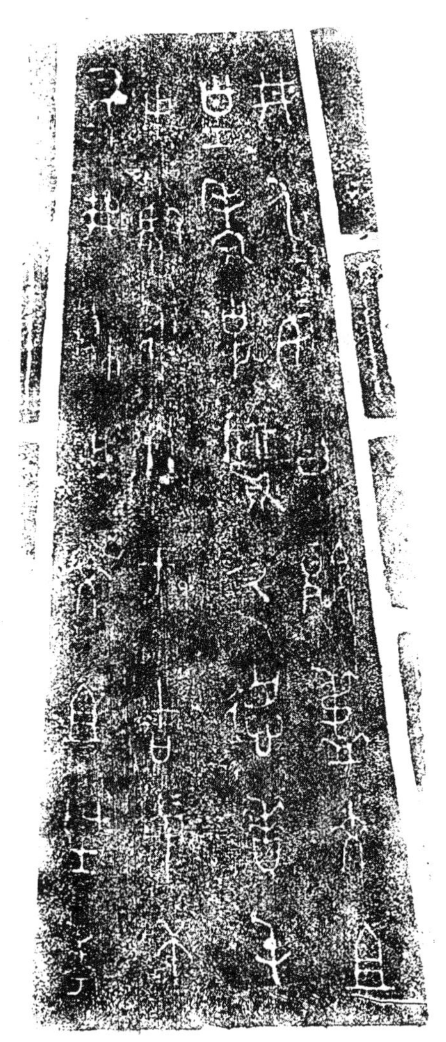

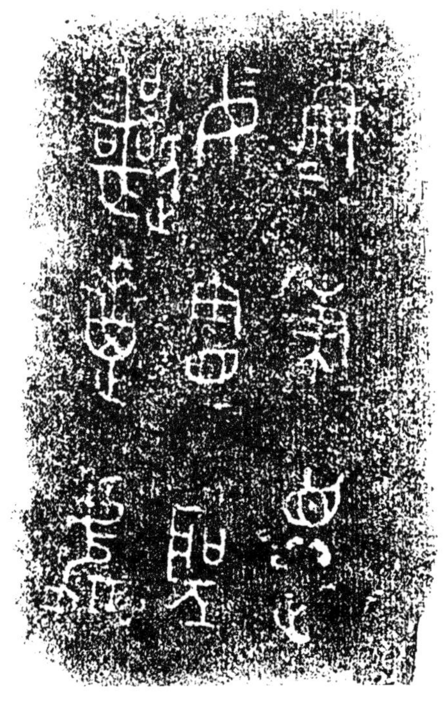

A. 三代1、25、2—26、1

204. 柞鐘

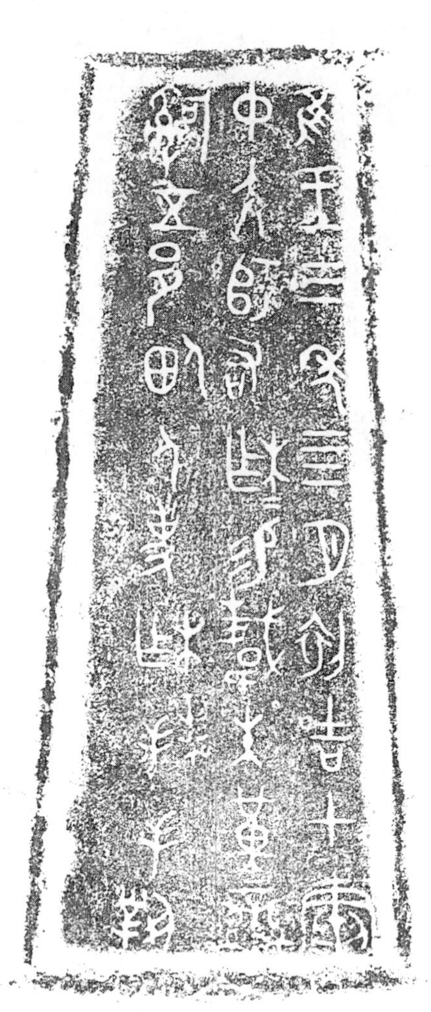

A. 齊家村25

B. 文物出版社提供

A．嘯堂82

205．甹鐘

B．博古22、21

十一、厲王銅器

206．史頌鼎

B．上海博物館提供

A．三代4、26、1—2

207．元年師訇毁

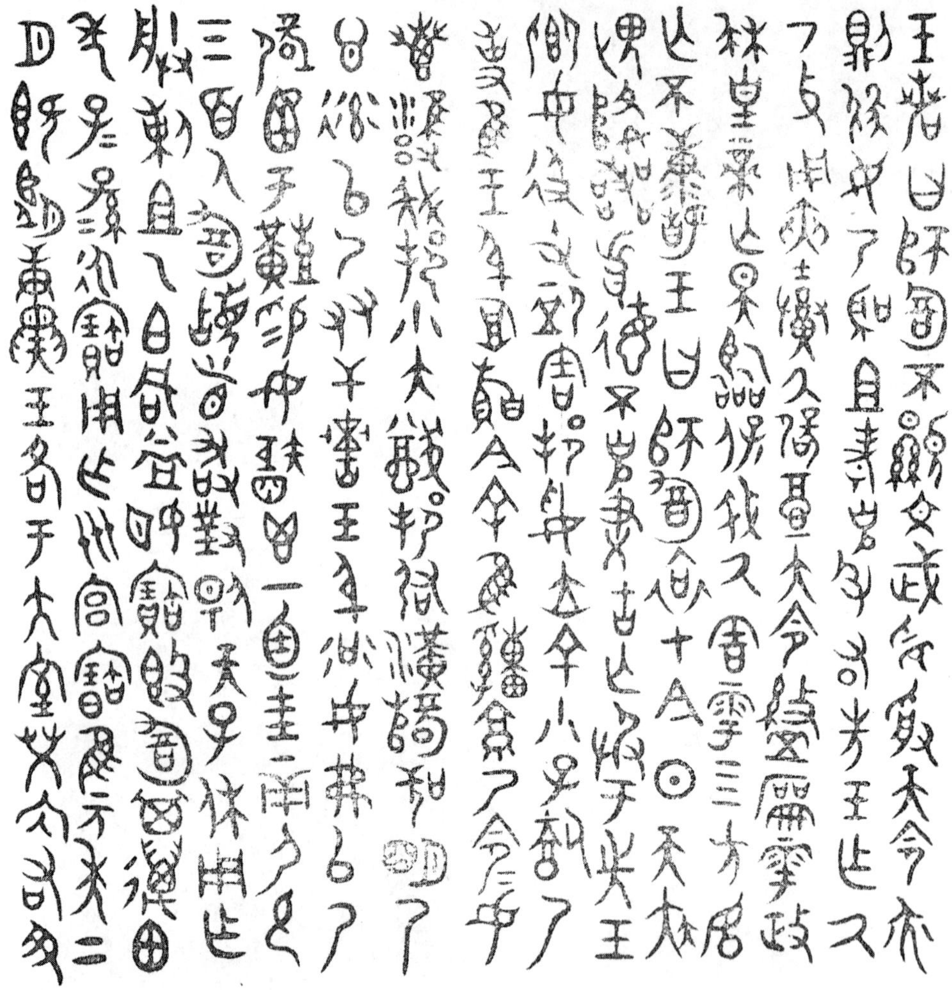

A．薛氏14、153—154

208．㝬鐘

A．三代1、65—66

208. 𫹃鐘

B. 博古 6、32

209. 白克壺

A. 嘯堂25

B. 博古6、32

210. 師克盨

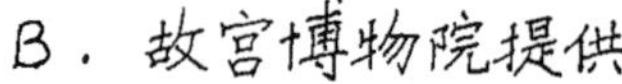

B. 故宫博物院提供

A. 文物1959年3期(器)

211．虢仲盨蓋

A．三代10、37、3

B．考古研究所藏

十二、宣王銅器

B．中國歷史博物館提供

212．不嬰簋蓋

附：

A．三代9、48、2

B．文物1981年9期圖版二

213. 兮甲盤

B. 商周839

A. 三代17、20、1

214. 虢文公子段鼎

B. 故宫博物院提供

A. 前未著録

附：虢文公子段鬲

A．三代5、39、2

B．貞圖1、28

215. 虢季子白盤

A. 三代17、19、1—3

B. 中國歷史博物館提供

216．虢宣公子白鼎

B．北京頤和園管理處提供

A．録遺90

217. 㠱白組器

①㠱白盨

B. 作者自藏

A. 録遺178、2（器）

②㠱白盤

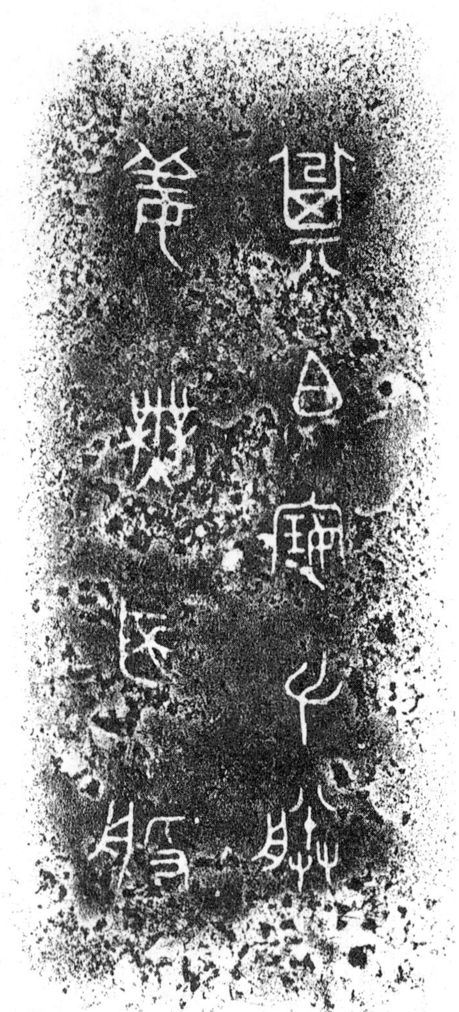

A．黄縣50頁

B．作者自藏

③真白匜

B．作者自藏

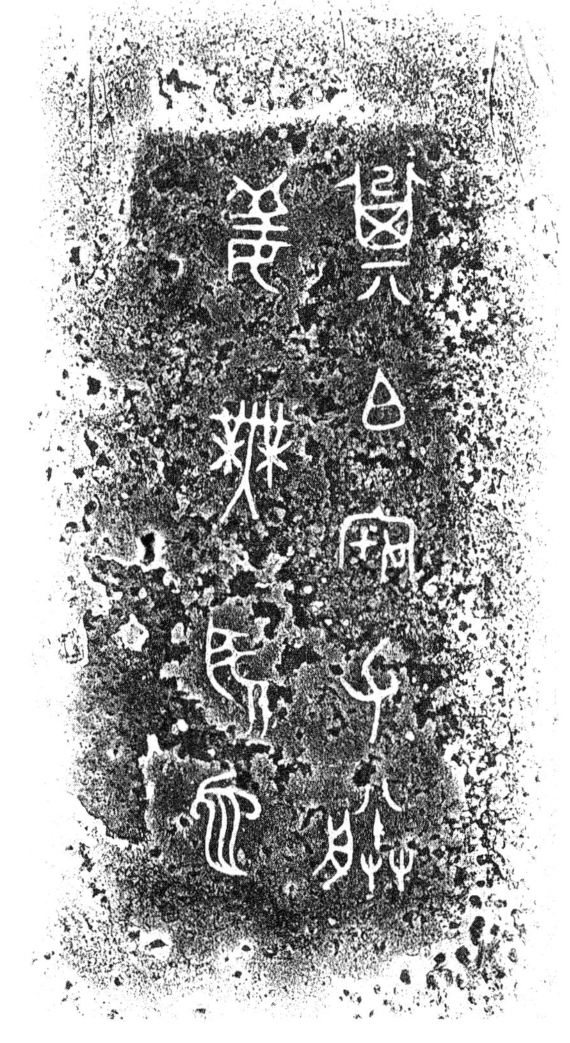

A．黃縣55頁

218．妊小毁

B．作者自藏

A．美集録 R 398

十三、未完稿

1. 穷鼎

B. 上海博物館提供

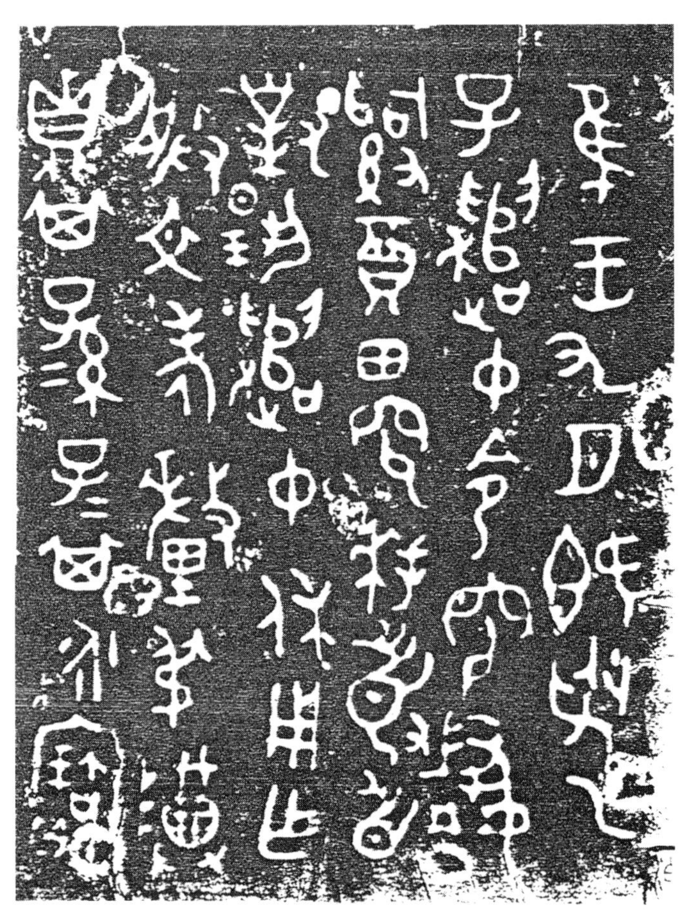

A. 三代4、21、2

2．𡨦鼎

B．南京博物院提供

A．三代4、20、1

3．大矢始鼎

B．續古4、3－4

A．嘯堂92

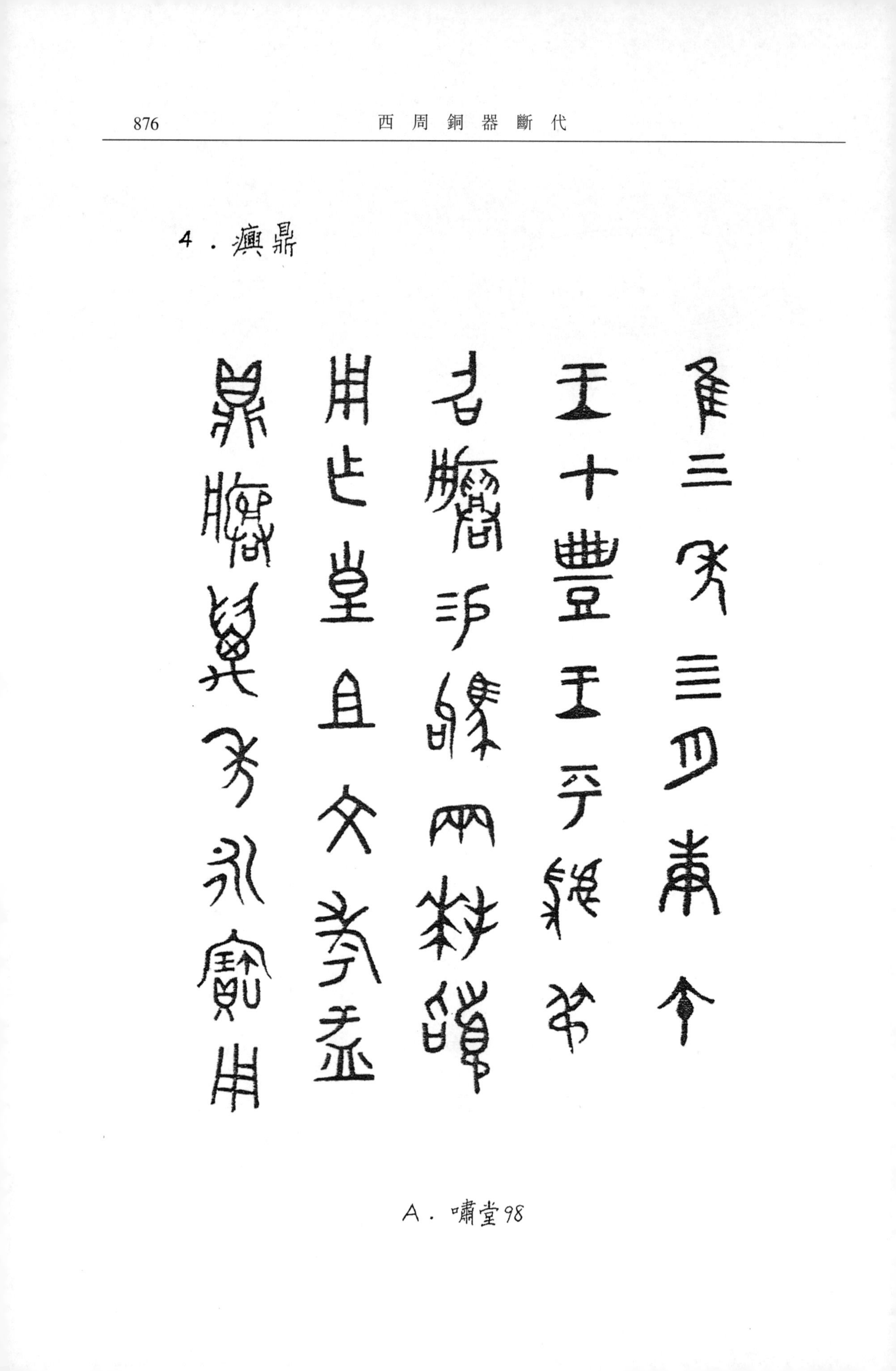

4．⿸疒興鼎

A．嘯堂98

5．易鼎

A．頌續6

B．同A

6．師秦鼎

B．博古3、31

A．嘯堂19、1

A．小校3、3、1

7．垂鼎

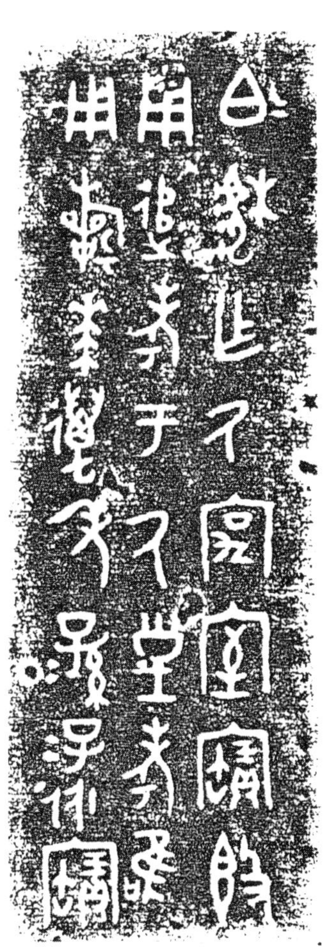

A．三代6、52、1

8．白椃毁

B．尊古2、6

9．宴毁

A．三代8、36、3

10．趞毁

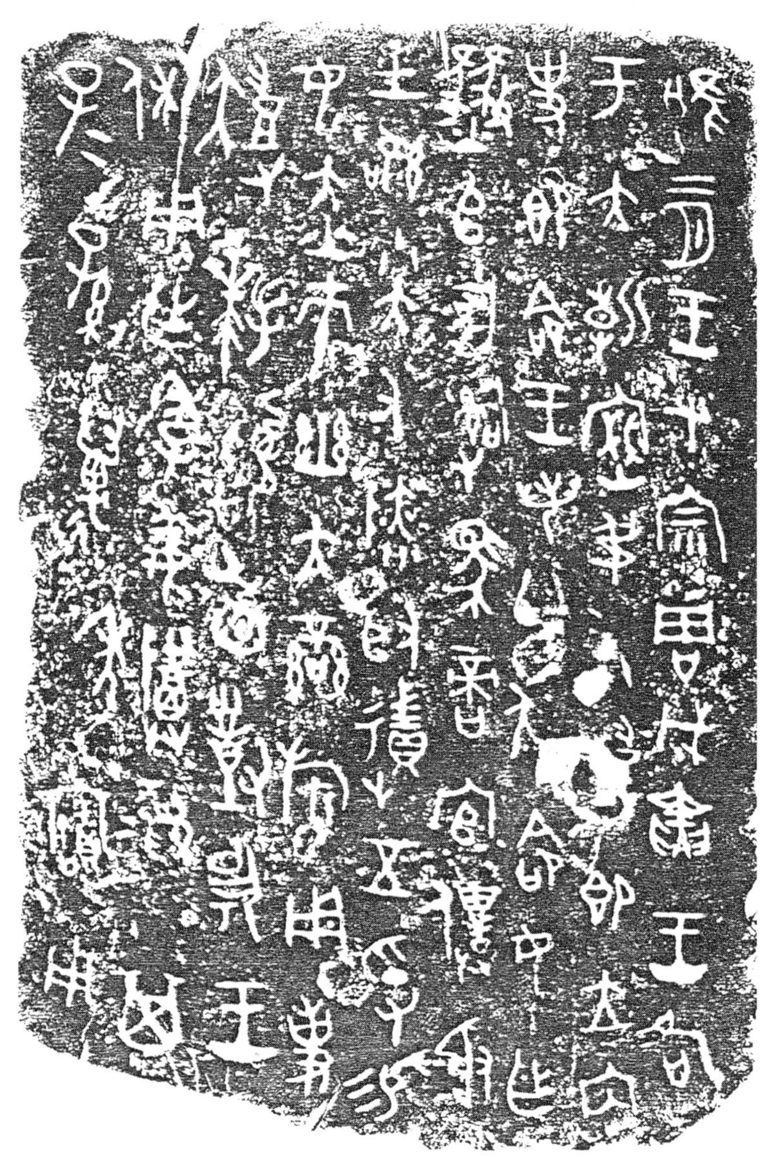

A．三代4、33、2

11．異毁

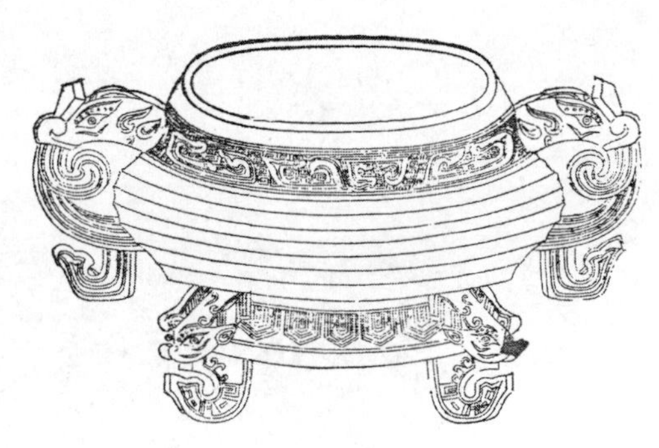

B．同A

A．考古圖3、7

B．上海博物館提供

12．井南白毁

A．小校8、26、2

13．周棘生毁

A．三代 7、48、2

14．⿱亼子林父毁

A．三代 8、14、3

B．考古研究所藏

15．是鬳毁

A．三代7、47、3

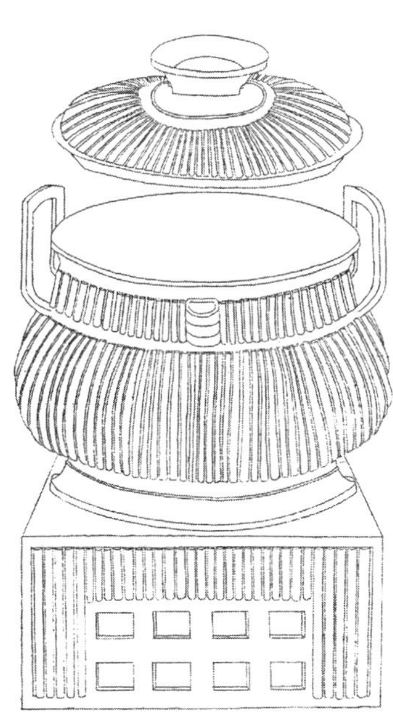

B．① 西清27、13

② 上海博物館提供

16．改盨蓋

A．三代10、35、4

17．師𩒨𣪘

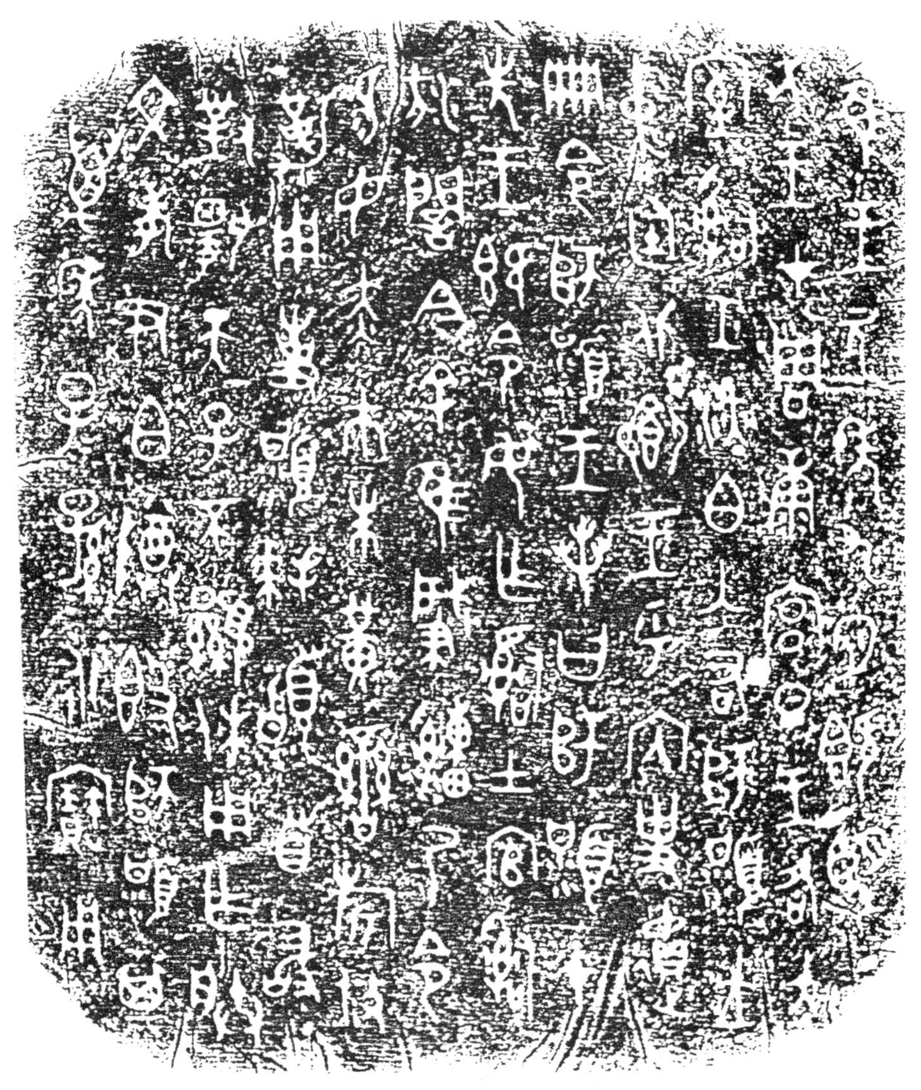

18. 楙季簋

B. 同A

A. 考古圖3、3

19．白椃虘毁

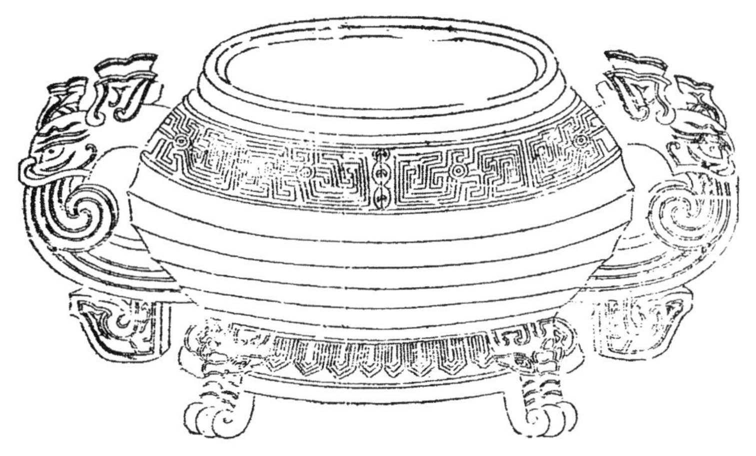

B．博古17、7

A．嘯堂59

20．虢姜簋蓋

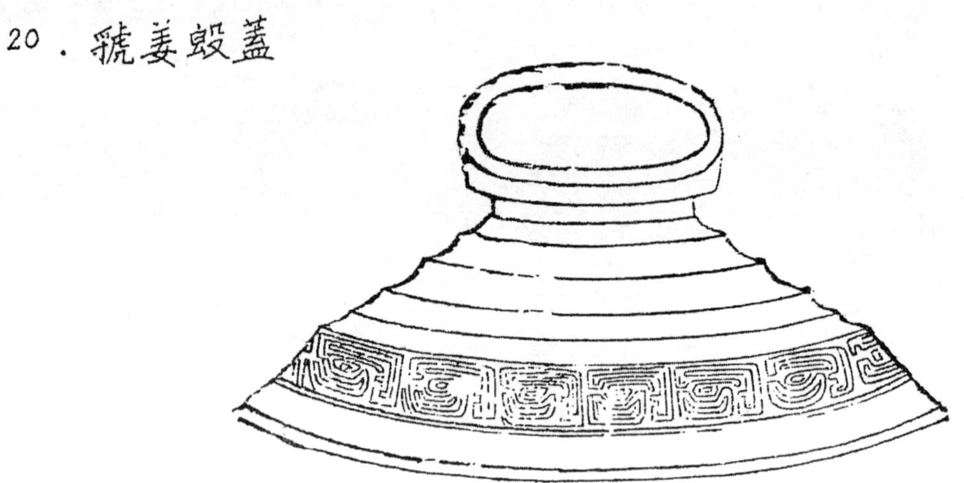

B．同A

A．考古圖3、18

21．弔俔方彝

B．洛陽市文物隊提供

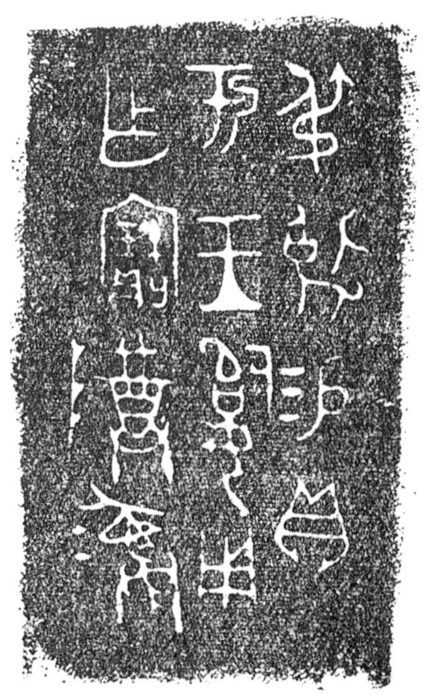

A．文物1962年1期

22．高卣蓋

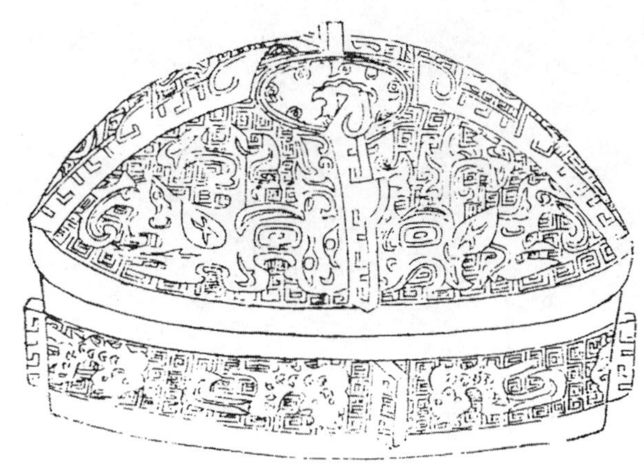

B．博古11、18、19

A．嘯堂41

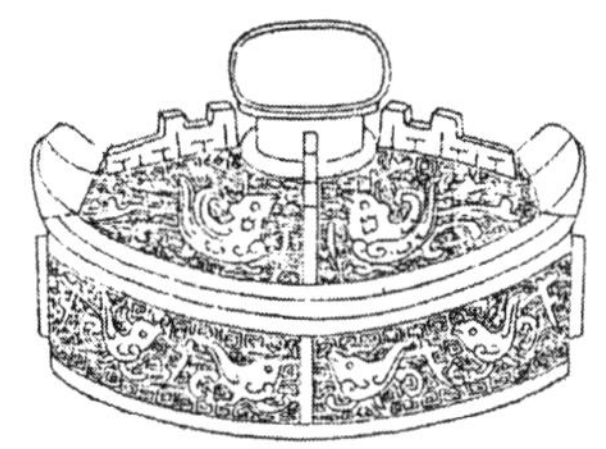

23．白倍卣

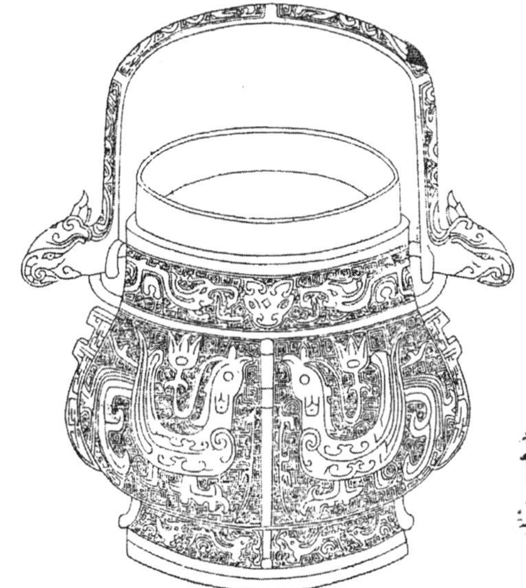

B．西清15、13

A．三代13、42、4

24. 弔師父壺

B. 同A

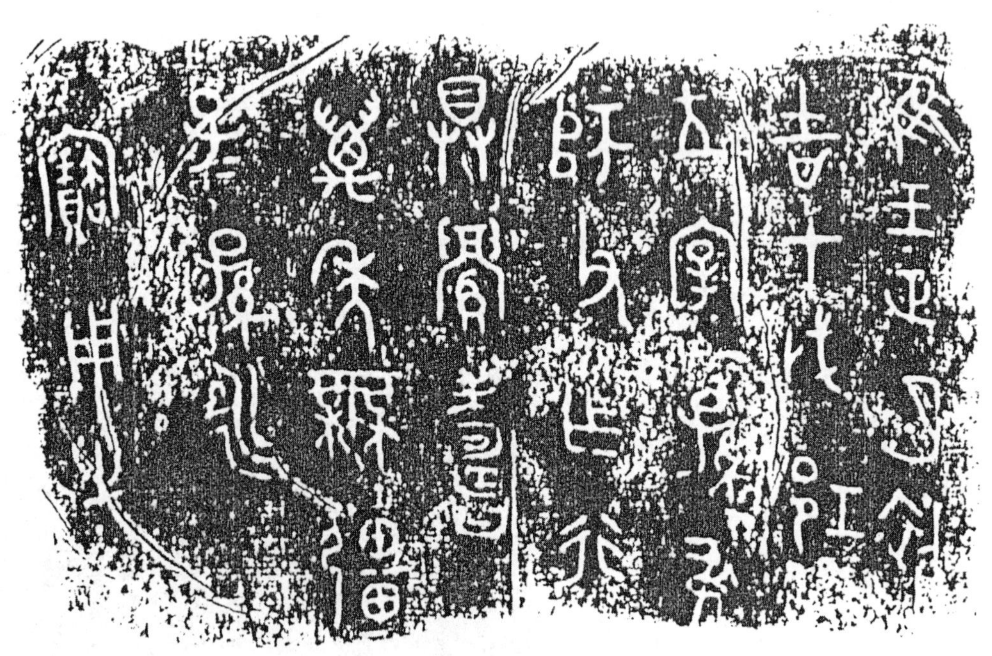

A. 日本301

25．冶仲考父壺

B．同A

A．考古圖4、53

26．壺蓋

B．同A

A．考古1963年12期

27．矢人盤

B．商周836

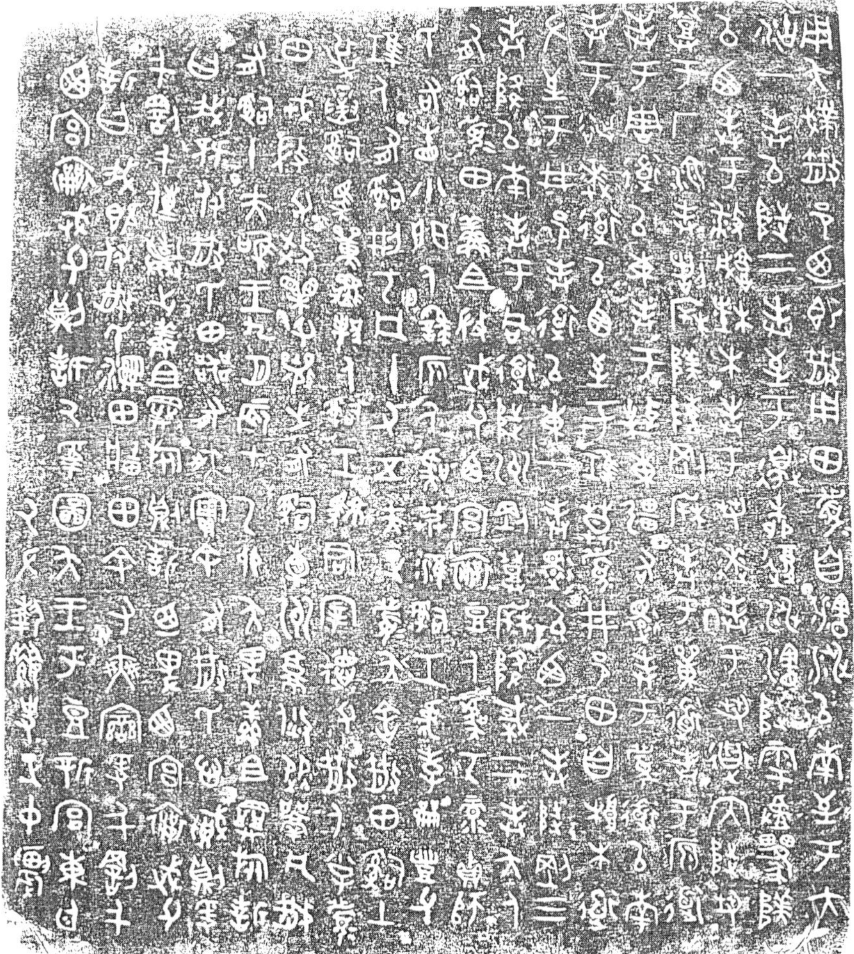

A．三代17、20、2

28．〔豖弔〕多父盤

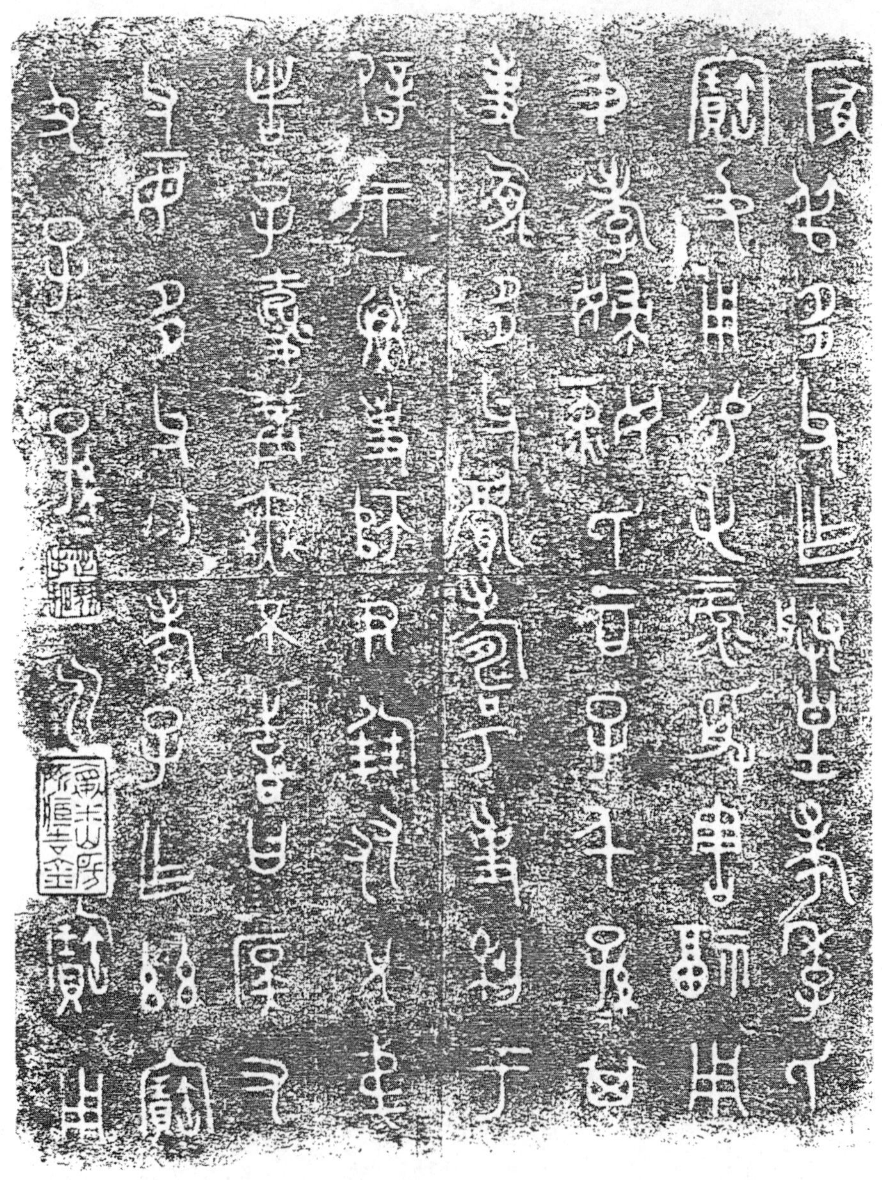

A．周金4、5

29．彭子中盆蓋

B．同A

A．考古1963年12期

十四、鐘的形制演變

中期鐘一

中期鐘二

中期鐘三（1）

中期鐘三（2）

中期鐘四

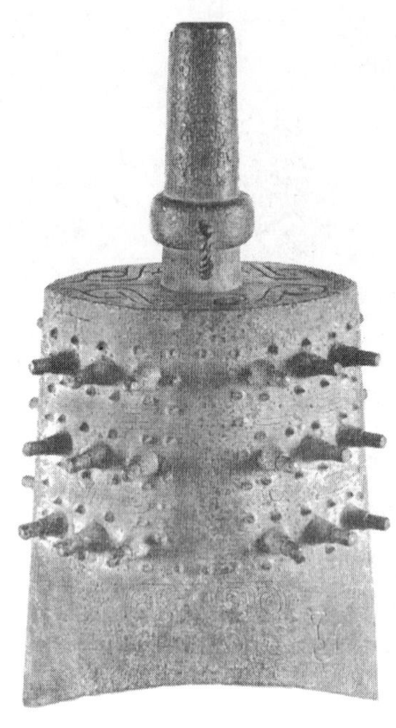

中期鐘五

長安普渡村西周墓出土三鐘

十五、卣的形制演變

1. A型 a 式

2. A型 b 式

3. B型 a 式

4. B型 a 式

5. B型b式

6. B型b式

7. B型b式

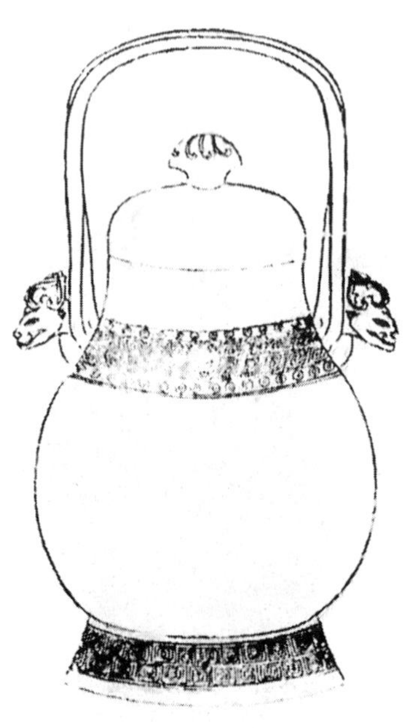

8. AB型

9. AB型

10. AB型

11. C型a式

12. C型b式

13. D型 a 式

14. D型 a 式

15. D型 b 式

16. D型 b 式

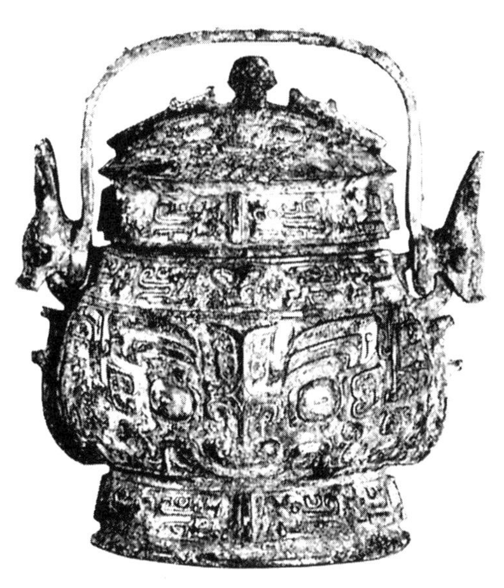

17. AD型a式

18. AD型a式

19. AD型a式

20. AD型b式

21. AD型b式

22. BD型

23. E型

24. F型a式

25. F型 a式

26. F型 a式

27. F型 b式

28. G型 a式

29. G型 b 式

30. G型 c 式

31. H型 a 式

32. H型 a 式

33. H型 a式

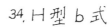

34. H型 b式

35. H型 b式

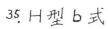

36. H型 c式

37. H型C式

38. H型C式